AIDE-MÉMOIR[illegible]

A L'USAGE

DES SOUS-OFFICIERS D'ARTILLERIE.

(Extrait de l'Aide-Mémoire à l'usage des officiers. — Édition 1856.)

LIBRAIRIE MILITAIRE DE Ve BERGER-LEVRAULT ET FILS,
Éditeurs de l'Annuaire militaire de l'Empire français,

Paris, Rue des Saints-Pères, 8.

Strasbourg, Rue des Juifs, 26.

1863.

AIDE-MÉMOIRE

A L'USAGE

ES SOUS-OFFICIERS D'ARTILLERIE

(Extrait de l'Aide-Mémoire à l'usage des officiers. — Édition 1856.)

Strasbourg, imprimerie de Ve Berger-Levrault.

AIDE-MÉMOIRE

À L'USAGE

DES SOUS-OFFICIERS D'ARTILLERIE.

(Extrait de l'Aide-Mémoire à l'usage des officiers. — Édition 1856.)

LIBRAIRIE MILITAIRE DE VEUVE BERGER-LEVRAULT ET FILS,

Éditeurs de l'Annuaire militaire de l'Empire français,

Paris,	**Strasbourg,**
Rue des Saints-Pères, 8.	Rue des Juifs, 26.

1863.

AVIS.

Quoiqu'elle soit publiée avec l'autorisation de Son Excellence le Ministre de la guerre, la 3e édition de l'Aide-Mémoire n'est pas officielle; les détails qu'elle renferme ne sont donnés que comme renseignements. L'Aide-Mémoire rappelle ou conseille, mais ne prescrit rien.

TABLE DES CHAPITRES.

TABLE DES TABLEAUX, MODÈLES ET TARIFS.

Tableaux.

Modèles.

Tarifs.

TABLE ALPHABÉTIQUE DES MATIÈRES.

A.

B.

C.

D.

E.

G.

N.

O.

P.

S.

U.

V.

Z.

AIDE-MÉMOIRE

A L'USAGE

DES SOUS-OFFICIERS ET BRIGADIERS

D'ARTILLERIE.

(Extrait de l'Aide-Mémoire à l'usage des officiers. Édition 1856.)

CHAPITRE PREMIER.

BOUCHES A FEU.

SOMMAIRE.

SYSTÈMES D'ARTILLERIE.

SYSTÈME VALLIÈRE. — Ce système, institué par l'ordonnance royale du 7 octobre 1732, qui diminuait le nombre des calibres et réglait d'une manière uniforme toutes les dimensions des bouches à feu, était composé des pièces en bronze suivantes :

1° Canons de 24, de 16, de 12, de 8 et de 4, sans distinction entre les pièces de siége ou de place et les pièces de bataille.

2° Pierrier de 15 pouces (41^{c}) à chambre tronconique.

3° Mortier de 12 pouces (32^{c}) à chambre cylindrique. — Mortier de 8 pouces 3 lignes (22^{c}) à chambre cylindrique. — Mortier de 12 pouces (32^{c}) à chambre en forme de poire, contenant 12 livres de poudre. — Mortier de 12 pouces (32^{c}) à chambre en forme de poire, contenant 5 livres et demie de poudre.

4° Obusier de 8 pouces (22^{c}), dont le modèle n'était pas bien déterminé.

5° Mortier-éprouvette. Charge 3 onces. Poids du globe, 60 livres (30^{k}). Portée pour que la poudre fût recevable, 50 toises (100^{m}).

Pour prolonger la durée des canons de 24 et de 16, il y avait au fond de l'âme des chambres porte-feu. Les dimensions de ces pièces ont été conservées dans le système Gribeauval.

SYSTÈME GRIBEAUVAL. — *Pièces en bronze.* — Le système Gribeauval, adopté en 1765, a pour traits caractéristiques la distinction établie entre les pièces de bataille et les pièces de siége ou de place, et la suppression des chambres porte-feu; il était composé ainsi qu'il suit :

1° Canons de siége et de place de 24, de 16, de 12 et de 8.

2° Canons de campagne de 12, de 8 et de 4.

3° Obusier de siége de 8 pouces (22^{c}).

4° Obusier de campagne de 6 pouces (16^{c}).

5° Mortiers à chambre cylindrique de 12 pouces (32^{c}), de 10 pouces (27^{c}) à grande et à petite portée, et de 8 pouces (22^{c}). — Mortier-éprouvette de 7 pouces (19^{c}).

6° Pierrier de 15 pouces (41^{c}).

Les mortiers à la Gomer de 12, de 10 et de 8 pouces (32^{c}, 27^{c} et 22^{c}) ont pris rang plus tard dans ce système, ainsi que le pierrier modèle 1822.

Les tables imprimées de Gribeauval donnent aussi les dimensions d'un canon de 1, dit de *troupes légères*, adopté en 1765 : calibre, 1 pouce 11 lignes 6 points (53^{mill}); diamètre du boulet, 1 pouce 10 lignes 6 points (51^{mill},3) ; poids du boulet, 1 livre (500^{gr}) ; longueur de l'âme, 40 pouces (1^{m},083); poids, 266 livres (130^{k}).

SYSTÈME DE L'AN XI. — *Pièces en bronze.* — A sa création, ce système était composé ainsi qu'il suit :

1° Canons de 24 court, de 12 long, de 12 court, de 6 long, de 6 court, de 6 de montagne, de 3 de montagne.

2° Obusier de 24 ou 5 pouces 7 lignes (15^{c}).

3° Mortier à la Gomer de 24 ou 5 pouces 7 lignes (15^{c}).

Les mortiers à la Gomer de 12 pouces et de 10 pouces (32^c et 27^c) étaient conservés. Plus tard on y ajouta un mortier de 6 pouces (16^c), et un obusier de 6 pouces (16^c) à longue portée, dit *à la Prussienne.*

SYSTÈME ACTUEL. — *Pièces en bronze.* — Après les guerres de l'Empire et une application partielle du système de l'an XI, on revint aux canons du système Gribeauval de 24, de 16 et de 12 pour le service de siége et de place, et aux canons de 12 et de 8 pour le service de campagne. La pièce de 4 fut supprimée.

Les mortiers à la Gomer de 32^c, de 27^c et de 22^c furent conservés; mais il fut décidé plus tard, à cause des approvisionnements existants, qu'on ne fondrait plus de mortier de 32^c jusqu'à nouvel ordre. De plus, on adopta successivement : le 15 mars 1828, un obusier de montagne de 12^c ; le 21 juin 1828, deux obusiers de campagne de 16^c et de 15^c ; le 21 décembre 1829, un obusier de siége de 22^c; le 27 juillet 1838, un mortier de 15^c.

Les nouvelles tables de construction rédigées dans le système métrique ont été adoptées le 15 février 1839. Tous les canons, les mortiers de 32^c, de 27^c et de 22^c ne diffèrent de ceux du système Gribeauval que par la suppression de quelques moulures.

Le pierrier de 41^c des tables de 1839 ne différait également du pierrier de 1822 que par les moulures. Une décision ministérielle du 30 mai 1854 l'a supprimé, en adoptant le tir des obus de 12^c et des grenades dans les mortiers.

Le mortier-éprouvette de 1769 et son globe, dont les dimensions, comme celles de toutes les autres bouches à feu, ont été déterminées en nouvelles mesures dans les tables de 1839, doivent être, d'après une décision du 5 juin 1839, coulés en fonte avec les mêmes dimensions intérieures (mortier) et le même calibre (globe).

Enfin, le 5 mars 1853, d'après les études de Sa Majesté Impériale, confirmées par des expériences décisives, on a adopté le canon-obusier de 12 de campagne, et, comme mesure transitoire pour les batteries à cheval, le canon-obusier de 12 léger (canon de 8 foré au calibre de 121^{mill}). Le canon de 8 et l'obusier de 15^c ont été supprimés.

Pièces en fonte. — Le 17 octobre 1847, on a adopté pour le service des places un obusier de 22^c, dit *obusier de place*, un canon de 24 et un canon de 16.

Le 26 juin 1850, on a adopté pour le matériel de côte de l'artillerie de terre, parmi les bouches à feu en fonte de la marine, le mortier à plaque de 32^c, un canon de 30, et un obusier de 22^c avec chambre de 30, qu'on désigne aussi sous le nom d'obusier de côte. (Voir les tables de la marine du 24 juin 1840. — Mortier à plaque de 32c. — Canon de 30 long. — Canon-obusier de 22c).

Ainsi, le système actuel d'artillerie se compose des 20 bouches à feu suivantes :

Canons. . .	en bronze .	de 24.	modèle 1839.
		de 16.	modèle 1839.
		de 12 de place	modèle 1839.
		de 12 de campagne.	modèle 1839.
	en fonte . .	de 24.	modèle 1847.
		de 16.	modèle 1847.
		de 30. (Tables de la marine de 1840. — Canons de 30 long).	
Can.-obusrs	en bronze .	de 12.	modèle 1853.
		de 12 léger.	modèle 1853.
Obusiers. .	en bronze .	de 22c	modèle 1829.
		de 16c	modèle 1828.
		de 12c	modèle 1828.
	en fonte . .	de côte de 22c. — Tables de la marine de 1840. — Canon-obusier de 22c).	
		de place de 22c.	modèle 1847.
Mortiers . .	en bronze .	de 32c . . . . (La fabrication de ce modèle est suspendue jusqu'à nouvel ordre).	modèle 1839.
		de 27c	modèle 1839.
		de 22c	modèle 1839.
		de 15c	modèle 1838.
	en fonte, à plaque . .	de 32c. (Tables de la marine de 1840. — Mortier à plaque).	
Éprouvette.	en fonte . .	de 19c	modèle 1839.

SIGNALEMENT DES BOUCHES A FEU.

Faire connaître l'espèce, le calibre, la matière (bronze ou fer), le poids marqué ordinairement sur la tranche du tourillon droit, le numéro de la pièce sur le tourillon gauche, la nation, la date, le lieu de la fonte, le nom du fondeur, celui de la bouche à feu, la devise, les marques particulières qui peuvent la faire reconnaître ; les principales altérations qu'elle peut avoir éprouvées ; s'il y a un grain ou une masse de lumière ; le titre du bronze, si on le connaît.

DIMENSIONS PRINCIPALES,

POIDS ET PRIX

DES BOUCHES A FEU.

CANONS.	DE SIÉGE ET DE PLACE en bronze. Gribeauval et 1839. 24.	16.	12.	Gribeauval. 8.
	mill.	mill.	mill.	mill.
Diamètre de l'âme	152,7	133,7	121,3	106,1
Vent du boulet (rapporté à la grande lunette)	3,4	3,4	2,3	2,3
Longueur de l'âme	3086	2978	2815	2545
Longueur de l'âme en calibres du boulet (grande lunette)	20,67	22,85	23,66	24,52
Longueur depuis le derrière de la plate-bande de culasse jusqu'à la tranche de la bouche	3233	3107	2932	2647
Longueur totale de la culasse comprenant le cul-de-lampe et le bouton	298	260	238	208
Demi-diamètre à la plate-bande de culasse	244,5	214	194	170
Demi-diamètre au plus grand renflement du bourlet	175	153	138,5	121
Longueur entre ces deux demi-diamètres (depuis le derrière de la plate-bande)	3211	3086	2913	2621
Longueur depuis le derrière de la plate-bande de culasse jusqu'au derrière des tourillons	1238	1202	1138	1031
Diamètre de la plate-bande de culasse	489	428	388	340
Longueur des tourillons	146	136	126	104
Diamètre des tourillons. (Avant 1839, il était égal à la longueur.)	147	129	119	104
Écartement des embases en arrière des tourillons. (Depuis 1839, la tranche est perpendiculaire à l'axe des tourillons.)	395	343	310	271
Longueur totale des canons	3531	3367	3170	2854
Diamètre de la lumière	5,6	5,6	5,6	5,6
Distance de l'axe des tourillons à celui de la pièce	73,5	64,5	59,5	53
Poids ... kil.	2740	2000	1550	1065
Prépondérance de la culasse ... kil.	135	100	77	»
Prix de fabrication (Entreprises de 1838, matières et valeur du déchet non comprises) ... fr.	800	700	570	420
Prix moyen de fabrication dans les fonderies en régie (1854, matières et valeur du déchet non comprises, non plus que les frais généraux et les réparations d'outils et de machines) ... fr.	590	453	382	»

OBUSIERS.
Diamètre de l'âme
Vent de l'obus (rapporté à la grande lunette)
Diamètre de la chambre
Longueur de l'âme, y compris son raccordement avec la chambre
Longueur de l'âme en calibres de l'obus
Longueur de la chambre
Longueur depuis le derrière de la plate-bande de culasse jusqu'à la tranche de la bouche

DE CAMPAGNE en bronze.						DE PLACE ET DE COTE en fonte.			OBSERVATIONS.
Gribeauval et 1839.		de l'an XI.	Gribeau-val.	Canons-obusiers.					
12.	8.	6.	4.	12.	12 léger.	30.	24.	16.	
mill.	mill.	mill.	mill.	mill.	mill.	mill.	mill.	mill.	
121,3	106,1	95,8	84,2	121	121	164,7	153,3	134,3	
2,3	2,3	2,3	2,3	2	2	5,1	4	4	
2002	1746	1591,5	1385,2	1815	1746	2641	2750	2670	
16,82	16,82	17,1	16,82	15,25	14,67	16,54	17,88	19,88	
2112	1841	1662,3	1461,7	1910	1841	2829	2900	2800	
178	156	140,4	122	156	156	329	300	270	
169	147	126,9	116,5	158	147	294,5	267,5	237,5	
133,5	116	103,2	92	127,5	116	184,5	205	183	
2086	1818	»	1434,7	1887	1818	2724	»	»	
824	717	650,2	672,4	760	717	1243,5	1088,5	1071,5	
338	294	253,9	232	316	294	»	»	»	
102	90	93,5	81,8	90	90	169	169	169	
119	104	93,5	81,8	104	104	169	169	169	
310	268	216,5	209,79	268	268	494	496	496	
2290	1997	1802,7	1571,2	2066	1997	3158	3200	3070	Le prix du **bronze** est évalué à **2 fr. 50** le kil. et le déchet maximum pour les bouches à feu **est** de 5 p. °/₀ du poids des pièces finies.
5,6	5,6	5,6	5,6	5,6	5,6	5,6	5,6	5,6	
10	9	7,7	7	1	9	»	73,5	64	
880	580	387	304	620	540	2990	2824	2164	
65	42	»	»	80	60	120	136	102	
420	340	»	»	»	»	»	»	»	*a* Pour la transformation.
234	203	»	»	238	17 *a*	»	*b*	*b*	*b* Environ 500 fr. les 1000 kil.

EN BRONZE.				EN FONTE.		OBSERVATIONS.
22c.	16c.	15c supprimé en 1853.	12c de montagne.	22c de place modèle 1847.	22c de côte.	
mill.	mill.	mill.	mill	mill.	mill.	
223	165,5	151,3	120,5	224	223,3	
2	2	2	1,5	3	2,3	
121	121	106	83	153,3	164,7	
800	1640	1485	740	2200	2127	
3,62	10,03	9,95	6,22	9,9	9,7	
200	145	130	70	250	215	
1320	1885	1715	860	2600	2490	

OBUSIERS.

Longueur totale de la culasse comprenant le cul-de-lampe et le bouton	
Demi-diamètre à la plate-bande de culasse	
Demi-diamètre à la plate-bande de la bouche, ou du plus grand renflement du bourlet	
Longueur entre ces deux demi-diamètres (plates-bandes comprises)	
Écartement des embases. (La tranche est perpendiculaire à l'axe des tourillons.)	
Longueur des tourillons	
Diamètre des tourillons	
Longueur totale	
Diamètre de la lumière	
Distance du derrière de la plate-bande de culasse au derrière des tourillons	
Distance de l'axe des tourillons au milieu de la plate-bande de culasse	
Distance de l'axe des tourillons à celui de la pièce	
Poids	kil.
Prépondérance de la culasse	kil.
Prix de fabrication. (Entreprise de 1838, matières et valeur du déchet non comprises)	fr.
Prix moyen de fabrication dans les fonderies en régie (1854, matières et valeur du déchet non comprises, non plus que les frais généraux et les réparations d'outils et de machines)	fr.

MORTIERS.	EN			
	A CHAMBRE TRONCONIQUE.			
	32c.	27c.	22c.	15c.
	mill.	mill.	mill.	mill.
Diamètre de l'âme	325	274	223	151,3
Vent de la bombe (rapport à la grande lunette)	3,5	2	2	2
Diamètre de la chambre (au fond, dans les mortiers à chambre tronconique)	134	126	75	50
Longueur de l'âme jusqu'à l'orifice de la chambre	488	420	336	302
Profondeur de la chambre	210	160	108	56
Longueur totale du mortier	896	765	552	424
Longueur depuis la tranche de la bouche jusqu'au derrière des tourillons	595	528	399	314
Écartement des embases	529	464	331	202
Diamètre des tourillons	216	216	126	90
Longueur des tourillons	162	162	108	75
Diamètre de la lumière	5,6	5,6	5,6	5,6
Poids . . . kil.	1300	930	290	70
Prix de fabrication. (Entreprise 1838, matières et valeur du déchet non comprises.) . . . fr.	540	450	260	100
Prix moyen dans les fonderies en régie. fr.	»	365	180	83

Éprouvette Gribeauval en bronze. — Poids 117 kil. — Prix 600 fr. — Poids des globes

EN BRONZE.				EN FONTE.		OBSERVATIONS.
22c.	16c.	15c supprimé en 1853.	12c de montagne.	22c de place modèle 1847.	22c de côte.	
mill.	mill.	mill.	mill.	mill.	mill.	
200	178	156	110	300	350	
225	175	155	95	285	332	
205	145	128	87,5	219	222	
1310	1880	1710	860	2590	2463	
395	310	268	175	496	602	
126	102	94	60	169	179	
147	119	104	68	169	179	
1520	2063	1871	970	2900	2840	
5,6	5,6	5,6	5,6	5,6	5,6	
595	824	717	396	995,5	903	
»	»	»	»	1040	969	
60	16	15	25	60	7	
1200	885	581	100	2765	3636	
150	98,33	64,55	16,50	197	175	
600	500	400	140	»	»	
315	247	220	92	»	»	

BRONZE. A CHAMBRE CYLINDRIQUE.				EN FONTE.		OBSERVATIONS.
32c.	27c à grande portée.	27c à petite portée.	22c.	MORTIER-ÉPROUVETTE modèle 1839.	MORTIER à plaque de la marine. 32c.	
mill.	mill.	mill.	mill.	mill.	mill.	
325	274	273	151	191,2	324,8	
2	2	2	2	*a*	»	*a* Diamètre du globe, 189mm,5.
126	149	111	77	49,6	294 *b*	*b* Diamètre de l'arrondissement hémisphérique du fond de la chambre.
487	411	411	335	235,7	638	
149	223	183	149	68,7	326	
812	810	743	579	»	1244	
725	628	628	528	»	»	
464	464	441	298	»	»	
217	217	217	126	»	»	
162	135	162	108	»	»	
5,6	5,6	5,6	5,6	3,4	5,6	
1541	982	783	269	156	4361	
»	»	»	»	450	c	c A raison de 500 fr. les 1000 kil.
»	»	»	»	»	»	

29k,37. — Prix du globe en fonte, 80 fr.; *idem* en bronze, 90 fr.

VÉRIFICATION DES BOUCHES A FEU EN SERVICE.

BOUCHES A FEU EN BRONZE.

Dégradations produites par le tir.

A l'extérieur, les formes et les dimensions essentielles sont en général peu exposées à s'altérer. Seulement, les tourillons peuvent fléchir à la suite d'un tir prolongé, particulièrement dans les mortiers de 32c et de 27c.

A l'intérieur, les dégradations sont produites, soit par la force élastique et la haute température des gaz, soit par la pression ou l'action du projectile sur les parois de l'âme.

Les premières se manifestent en arrière du projectile; les secondes, en avant; leur effet est de détruire toute justesse dans le tir. En général, ces dégradations augmentent avec le calibre, quelle que soit l'espèce de la bouche à feu.

Première catégorie.

REFOULEMENT. — Accroissement du diamètre de l'âme à l'emplacement de la charge; plus marqué avec boulets ensabotés qu'avec boulets roulants, et un peu plus fort dans le sens vertical.

CAVITÉS ou CHAMBRES, AFFOUILLEMENTS. — Vides agrandis ou produits par les gaz qui déterminent la fusion d'une partie du métal; ils prennent le nom d'*affouillements*, quand ils s'écartent de la forme ronde pour prendre une forme alongée.

CREVASSES. — Arrachement des molécules du métal; elles commencent par n'être que de simples fissures sans profondeur, et finissent quelquefois par traverser l'épaisseur totale du métal.

ÉGRÊNEMENTS. — Petits vides produits plus particulièrement dans la région qu'occupe la charge, par l'oxydation et la fusion de l'étain. Ils dégénèrent en stries vers les parties angulaires, telles que l'orifice intérieur de la lumière, ou l'arête circulaire de la chambre des bouches à feu dont l'âme est terminée en demi-sphère.

Deuxième catégorie.

LOGEMENT. — Dépression du métal produite sur la partie inférieure de l'âme, à l'emplacement du projectile, par la pression que les gaz exercent sur le projectile, en s'échappant par l'issue due au *vent*. L'usage des sabots ralentit cette dégradation, sans la prévenir entièrement.

BATTEMENTS. — Dépressions produites par les chocs du projectile. Il y en a ordinairement trois dans les canons : le premier, à la partie supérieure de l'âme, un peu en avant des tourillons ; le second, à la partie inférieure, en avant du premier ; le troisième, à la partie supérieure, vers la bouche. A mesure que le logement devient plus profond, les battements s'approfondissent aussi, en se rapprochant du fond de l'âme. C'est principalement par cette dégradation que les canons sont mis hors de service. Elle se modifie dans les obusiers, suivant la longueur de la charge ; elle est peu sensible dans les mortiers, à cause de la petite longueur de l'âme.

BOURLET. — Par suite d'un tir prolongé, le projectile refoule en avant le métal qui termine le logement, d'où résulte un renflement qu'on nomme *bourlet.*

TRAINÉMENTS. — Traces longitudinales peu profondes, laissées par les projectiles dont la surface n'est pas bien unie. — Le tir à balles produit, dans toutes les parties de l'âme, de nombreux battements et traînements fort apparents, mais généralement peu profonds.

ÉRAFLEMENTS. — Traces longitudinales profondes, produites par un projectile qui se brise dans l'âme.

ÉVASEMENT. — Accroissement des orifices de la bouche, de la chambre ou de la lumière, dû au refoulement du métal.

ÉGUEULEMENT. — Lorsque l'évasement de la bouche devient considérable, il prend le nom d'*Égueulement.*

BAVURES. — Saillies de métal sur la tranche de la bouche, produites par le choc du projectile.

GERÇURES. — Fentes à la surface extérieure, produites par une très-forte compression intérieure. Ce défaut se remarque encore aux tourillons, après un long service.

Défauts de fabrication.

Les visites et les épreuves qui ont lieu dans les fonderies, ont pour objet de garantir contre les défauts de fabrication. Cependant il importe de reconnaître ceux qui, dans certaines circonstances, auraient pu échapper.

DIMENSIONS A VÉRIFIER. — Celles qui sont essentielles pour la justesse du tir et pour la relation entre la pièce et son affût.

DÉFAUTS DE FONTE. — *Soufflures.* Cavités à parois lisses, provenant des gaz qui, n'ayant pas trouvé d'issue, sont restés dans la masse du bronze. — *Chambres.* Cavités à parois grenues, provenant principalement du retrait du métal. — *Piqûres.* De la même nature que les chambres, mais ne présentant qu'un point sans profondeur. — *Sifflets.* Sillons longitudinaux dus au dégagement des gaz ou au retrait du métal. — *Cendrures.* Taches plus ou moins profondes, produites par quelques impuretés mêlées au métal. — *Taches d'étain.* Marques blanchâtres, produites par un excès d'étain qui ne dépasse pas habituellement le double des proportions réglementaires. — *Pièces de rapport.* Elles servent à cacher quelques défauts; on les reconnaît facilement, en frottant la surface avec un peu d'acide nitrique. — *Ondes, rayures* et *coups de foret.* Ces défauts proviennent du mauvais ajustage ou du dérangement des outils; les ondes sont peu profondes et ordinairement tournées en hélice.

Classement hors de service des bouches à feu.

Les causes qui doivent faire classer hors de service les bouches à feu ne peuvent être déterminées d'une manière générale et précise. Si une pièce a des éraflements qui indiquent qu'elle casse ses projectiles, ou un égueulement qui annonce qu'elle les égare, ou des crevasses extérieures, elle doit être proposée pour la réforme; mais si elle n'a que des accroissements de diamètres, tels que le logement et les battements, toute limite assignée à leur profondeur exposerait à rejeter des bouches à feu encore susceptibles d'un bon service. Ce n'est donc qu'avec la plus grande circonspection que l'on doit en prononcer le rebut.

En moyenne, l'expérience montre que les bouches à feu ne sont plus d'un bon service : les canons, lorsque le logement du boulet a plus de 5 mill., s'ils doivent tirer à boulet roulant; plus de 6 mill., si c'est à boulet ensaboté; les mortiers et les obusiers, lorsque les enfoncements ou les augmentations de diamètre sont portés jusqu'à 8 mill.

Mais ces indications ne sont qu'approximatives. Dans toutes les vérifications de bouches à feu, il faut établir avec le plus grand soin le procès-verbal circonstancié de la visite intérieure et extérieure; y joindre les renseignements que l'on peut se procurer sur le nombre des coups qu'elles ont fournis, et sur la justesse, en recourant, si cela est praticable, au tir de quelques coups d'essai; et se rappeler que des canons hors de service, avec le chargement ordinaire, peuvent encore être utilisés, soit en déplaçant le logement par l'emploi de bouchons de longueurs variables, soit en relevant le boulet à l'aide d'un sabot.

Le procès-verbal de visite contenant tous les renseignements et les propositions motivées de la commission chargée de la vérification est adressé au Ministre de la guerre, qui prononce sur la mise hors de service ou la réparation des bouches à feu.

BOUCHES A FEU EN FONTE.

On procède à la vérification des bouches à feu en fonte de la même manière et avec les mêmes instruments que pour les bouches à feu en bronze.

Les principaux défauts de fabrication sont les suivants :

Excentricité, divergence entre l'axe de l'âme et celui de la surface extérieure de la bouche à feu. — *Arcure*, inflexion de la surface extérieure provenant de ce que les axes des divers tronçons dont se compose le modèle n'ont pas été mis en ligne droite, ou de ce que quelques corps étrangers ont été laissés entre les brides circulaires du châssis. — *Courbure*, inflexion de l'âme provenant de ce que le foret a fait *manivelle*, ou s'est dévié pendant le forage. — *Agrandissement de calibre*, provenant d'un écart dans la marche de l'alésoir. — *Taconnage*, défaut provenant de ce que la surface intérieure du moule s'est gercée, et de ce qu'une partie de la fonte étant passée en dessous des bords de la gerçure n'est adhérente à la masse du métal que d'un seul côté. — *Champignon*, défaut du même genre que le taconnage, n'en différant qu'en ce que ses bords forment une courbe fermée. — *Cicatrice*, défaut que présente la pièce quand un champignon a été enlevé incomplétement. — *Loupe*, portion de métal qui excède la surface de la pièce. — *Manque de matière*, défaut qui se produit principalement aux arêtes, lorsque la fonte ne s'est pas trouvée assez liquide pour bien remplir le moule. — *Écornure*, défaut provenant d'un morceau enlevé sur une arête par suite d'un choc ou d'un accident survenu dans le transport. — *Affaissement de matière*, défaut provenant d'une saillie du moule. — *Gravelures*, suite de petites cavités produites par des crasses à la surface du métal. — *Rugosités*, empreintes en relief des fissures du moule. — *Chambre*, *onde*, *coup de foret*, *rayure*, défauts déjà définis pour les bouches à feu en bronze.

Ces bouches à feu sont moins sujettes aux égrénements, aux refoulements et aux logements de boulet ; mais on y trouve souvent des évasements et des affouillements très-profonds, causés par l'action des gaz ou par l'oxydation, surtout dans le voisinage de la mer. On y remarque aussi les battements, traînements, éraflements, etc.

Les dégradations occasionnées par le tir se manifestent principalement à *la lumière*, dont l'orifice extérieur prend des dimensions considérables sans affecter de figure particulière, tandis que l'orifice intérieur présente la forme d'un triangle isocèle ayant son sommet sur la génératrice passant par la lumière, du côté de la volée, et sa base dans un plan à peu près perpendiculaire à l'axe de la pièce et passant par le raccordement du fond de l'âme.

VISITE ET RÉCEPTION DES BOUCHES A FEU NEUVES.

BOUCHES A FEU EN BRONZE.

Canons, obusiers, canons-obusiers.

Les canons sont forés à 2 mill., et les obusiers à 1 mill. au-dessous du calibre définitif, avec tolérance de $0^{mill},4$ en plus et en moins; les obusiers de montagne sont au calibre juste. On vérifie les dimensions extérieures et intérieures, ainsi que les défauts de fabrication, et on rejette immédiatement les pièces présentant des défauts qui ne pourront pas rentrer dans les tolérances accordées, lorsqu'elles seront terminées.

La bouche à feu est rebutée si l'eau, comprimée à la pression de quatre atmosphères, suinte dans une partie quelconque de l'âme. Si elle suinte entre le grain de lumière et le métal de la bouche à feu, on remet un grain; la pièce subit une nouvelle épreuve du tir d'un seul coup, et une nouvelle épreuve de l'eau.

TROISIÈME VISITE. — Les pièces après ces épreuves sont mises au calibre définitif, et terminées dans leurs dimensions extérieures.

Mortiers.

Les mortiers sont forés, avant l'épreuve, à 2 mill. au-dessous du calibre exact, avec tolérance de $0^{mill},4$ en plus et en moins; les mortiers de 15^c sont mis immédiatement au calibre exact.

BOUCHES A FEU EN FONTE.

Le tir d'épreuve ne produisant ni battement ni logement sensible, ces bouches à feu sont mises tout de suite au calibre définitif.

ÉPREUVES DANS LES FONDERIES.

Les *canons* et les *obusiers*, placés tout près de la butte, tirent 5 coups sous l'angle de 5°. Le chargement est le même que celui qui est en usage dans les écoles; pour les canons, à boulet roulant avec un bouchon sur la poudre et un autre sur le projectile, refoulés chacun de 1 coup. Les bouchons sont façonnés comme à l'ordinaire, et les gargousses sont confectionnées sur des mandrins en fonte.

Calibres.	24	— 16	— 12	— 8.
Poids des bouchons. . .	440^{gr}	— 360^{gr}	— 280^{gr}	— 200^{gr}.
Diamètre des mandrins	135^{mill}	— 119^{mill}	— 108^{mill}	— 95^{mill}.

Les boulets et les obus sont choisis et vérifiés avec les lunettes; ils doivent être sans couture ni éraflures, et, autant que possible, du calibre moyen entre les lunettes de réception.

La poudre, éprouvée par 3 coups d'éprouvette, doit être de la meilleure qualité. Les charges, pesées avec soin, sont fixées ainsi qu'il suit:

Canon de siége et de place en bronze.			Canons de campagne en bronze.			Obusiers en bronze. (Chambre pleine.)		
24.	16.	12.	12 (1839).	12 canon-obusier.	12 canon-obusier léger.	22c.	16c.	12c.
k. 6,00	k. 4,00	k. 3,00	k. 2,080	k. 1,594	k. 1,594	k. 2,000	k. 1,500	k. 0,385

Les mortiers tirent 4 coups à chambre pleine: 2 sous l'angle de 30°; 2 sous l'angle de 60°.

Mortiers de.			32c.	27c.	22c.	15c.
Charges, chambre pleine		kil.	5,385	3,671	0,979	0,215
Portées (*maximum*).	à 30° . .	mèt.	2754	2650	1900	750
	à 60° . .	mèt.	2650	2400	1700	900

Les bouches à feu en fonte tirent 2 coups avec les charges suivantes:

Canons: La moitié du poids du boulet, 1 valet, 2 boulets et 1 second valet.

Obusier de côte de 22c: 5k,874 de poudre, 1 valet, 1 boulet cylindrique pesant 53 kil. (ce qui équivaut au poids de deux obus de 22c).

Obusier de place de 22c: 4 kil. de poudre, 1 boulet cylindrique pesant 53 kil.

DURÉE DES BOUCHES A FEU.

La durée des pièces de campagne satisfait en général aux besoins du service. La durée des pièces de siége et de place était très-variable et allait rarement jusqu'à 600 coups sans altérations graves, avant l'emploi des gargousses alongées. Les épreuves de Douai, sur deux pièces de 24, en 1838 et 1839, ont fait voir ce qu'on pouvait attendre de cette amélioration; chaque pièce a tiré 3,761 coups à la charge du tiers, et, d'après le rapport de la commission, aurait pu aller jusqu'à 4500. — Lorsque les bouches à feu commencent à se dégrader, on emploie des bouchons de foin de plus en plus longs, afin de placer constamment le boulet un peu en avant du *logement*.

Les relevés faits depuis dix ans ont donné pour durées moyennes des bouches à feu réformées après avoir servi aux exercices des polygones, les nombres suivants :

Canon	de 24	—	2217 coups,	moyenne prise sur	14 b. à feu.	
—	de 16	—	2706 —	—	22	—
—	de 12 de place . .		1917 —	—	5	—
—	de 12 de campagne		2502 —	—	21	—
—	de 8 de campagne		2619 —	—	23	—
Obusier	de 22ᶜ	—	2300 —	—	25	—
—	de 16ᶜ	—	2425 —	—	20	—
—	de 15ᶜ	—	3057 —	—	11	—
—	de 12ᶜ	—	1363 —	—	3	—
Mortier	de 32ᶜ	—	3109 —	—	3	—
—	de 27ᶜ	—	3024 —	—	14	—
—	de 22ᶜ	—	3297 —	—	25	—
Mortier-éprouvette		—	1227 —	—	8	—

REMPLACEMENT DES GRAINS DE LUMIÈRE.

Anciennement, la lumière des bouches à feu était pratiquée dans le bronze; comme elle se dégradait vite, on employa d'abord *la masse de lumière* en cuivre pur, noyée dans le métal; plus tard, les grains de lumière filetés qui, étant posés à froid, sont plus facilement remplacés.

Les grains de lumière sont faits avec du cuivre pur; ils sont pris sur des barreaux coulés dans des moules, corroyés au martinet, et forgés à 8 pans aux dimensions convenables; ils sont ensuite tournés et filetés au moyen de machines.

On distingue dans le grain (Pl. 1ʳᵉ), le *canal de lumière* de 5ᵐⁱˡˡ, 6 de diamètre pour toutes les bouches à feu; les *orifices intérieur et extérieur;* les *filets, la partie cylindrique et la partie tronconique du téton;* la *tête carrée*, que l'on coupe après la pose du grain.

Il y a quatre numéros de grains de lumière. Le nº 1, pour les obusiers de 12ᶜ et les mortiers de 15ᶜ en service, dont la lumière primitive doit être renouvelée; le nº 2, pour les pièces de campagne, le mortier de 22ᶜ et l'éprouvette; le nº 3, pour les canons de siége et de place, l'obusier de 22ᶜ, les mortiers de 32ᶜ et de 27ᶜ. On l'emploie aussi pour remplacer le nº 2, quand le taraudage du bronze ne permet pas d'y remettre un grain du même numéro; le nº 4 sert pour toutes les bouches à feu ayant plus de 162 mill. d'épaisseur à la lumière, et pour remplacer le nº 3.

Avant 1819, il n'y avait que deux numéros de grains. Comme leurs dimensions sont plus fortes, on est obligé de les remplacer par un grain nouveau modèle d'un numéro supérieur.

GRAINS.	Nouveaux.				Anciens.	
	1.	2.	3.	4.	1.	2.
	mill.	mill.	mill.	mill.	mill.	mill.
Diamètre près du téton, filet compris .	32	45	57	69	46,3	64,3
— du téton près la partie filetée.	24	33	45	57	36,1	50,7
— — à l'extrémité	18	22	34	46	24,8	22,5
Hauteur et profondeur des filets	4	6	6	6	6,8	6,8
Longueur du téton	20	27	30	33	47,4	58,7
Hauteur de la tête	40	40	40	40	40	40
Équarrissage de la tête	32	45	45	45	43	42

La longueur du grain varie avec l'épaisseur du métal à la lumière; le diamètre du grain à la tête est égal au diamètre près du téton, augmenté d'un centième de la longueur de la partie filetée, afin de donner de l'entrée. Dans les nouveaux modèles, la longueur du téton donnée ci-dessus comprend une partie cylindrique de 6 mill. de hauteur pour les n° 2, 3 et 4 et de 4 mill. pour le n° 1, qui surmonte la partie conique.

Les grains de lumière sont remplacés: 1° lorsque le canal laisse pénétrer une sonde de rebut de 9 mill. de diamètre; 2° lorsque le canal à des affouillements, égrénements ou gerçures capables de réceler le feu (2 mill. environ); 3° lorsque le refoulement du téton du grain est parvenu à 2 mill. de profondeur; 4° enfin lorsque, par l'épreuve de l'eau, il se manifeste un suintement autour du grain.

Il est rare qu'un grain hors de service puisse être remplacé par un autre du même numéro. Souvent, le refoulement du métal a détruit l'uniformité du taraudage et l'action de la poudre a plus ou moins déformé le logement du téton, de sorte qu'il serait impossible de raviver ces parties et de refaire les filets dans le bronze, sans s'écarter trop des dimensions prescrites; d'autres fois, on trouve dans le logement du grain des souflures ou des affouillements qui obligent à recourir à un grain d'un numéro supérieur. Toutefois, on essaie presque toujours si cette opération peut réussir.

ENCLOUER ET DÉSENCLOUER LES PIÈCES. — METTRE LES PIÈCES HORS DE SERVICE.

Quand une lumière est neuve ou peu degradée, un clou conique ou prismatique peut y adhérer avec assez de force pour que l'action des gaz de la poudre ne réussisse pas à le chasser, du moins sans mettre la pièce hors de service.

Une baguette de fusil ne peut servir qu'à enclouer un lumière neuve ou en service depuis peu de temps; mais un seul clou tronconique en fer, de 20 cent. de longueur, ayant 5 mill. de diamètre au petit bout, et 10 mill. de diamètre au gros bout, peut enclouer toutes les bouches à feu françaises et étrangères, dont les lumières ne sont pas hors de service; il suffit d'enfoncer ce clou avec le marteau à main, et d'en casser la partie supérieure dépassant la pièce. Il ne faut pas plus de deux minutes pour exécuter cette opération, qui peut être faite, la nuit comme le jour, par un seul canonnier.

Introduire un boulet au fond de l'âme et l'éclisser fortement avec une éclisse en fer à l'aide d'un refouloir ou d'une barre de fer; une éclisse en bois serait facilement détruite à l'aide d'un feu de charbon alimenté par un soufflet de forge. — Faire éclater des obus ou des grenades dans l'âme. — Tirer à fortes charges avec des caffûts, qui produisent des éraflements. — Tirer les pièces bouche à bouche, ou la bouche de l'une vis-à-vis le milieu de la volée de l'autre. — Allumer un feu vif sous la volée ou sous les tourillons, et frapper avec des masses pour favoriser le ploiement. — Faire éclater les bouches à feu, en les tirant à 45° à forte charge, l'âme remplie de sable. — Casser les tourillons aux canons et le support-tourillon aux caronades.

Pour débarrasser l'âme des corps étrangers qui y ont été enfoncés avec force, charger comme à l'ordinaire, ou mieux avec deux boulets roulants; puis, mettre le feu par la bouche de la pièce avec une mèche à étoupilles.

Pour désenclouer, si le clou n'est pas vissé et s'il n'y a pas de corps étrangers dans l'âme, on met la charge de guerre et on bourre avec des bouchons de vieilles cordes bien refoulés à l'aide d'un levier, ou avec un tampon en bois et de l'argile. Puis, on met le feu par la bouche au moyen d'une mèche à étoupilles renfermée dans un petit auget en bois; si le clou résiste, on le cerne en burinant le cuivre tout autour, et on verse dessus de l'acide sulfurique; au bout de quelques heures, on recommence le tir. Si ce moyen répété plusieurs fois ne réussit pas, on met, en avant de la charge de poudre, un ou plusieurs projectiles éclissés ou non; la charge de poudre est enfermée dans une gargousse en parchemin ou en papier parcheminé, liée comme celles qui sont destinées au tir à boulet rouge. La mèche à étoupilles qui communique à l'intérieur de la charge, est enfermée dans un tube en papier fort, collé à l'enveloppe extérieure de la charge et solidement attaché, de manière qu'il ne puisse y avoir, en aucune façon, de la poudre ou du pulvérin répandu dans l'âme de la pièce. Ce tube de papier est huilé ou graissé, de manière à préserver la mèche de toute humidité; il doit avoir assez de longueur pour dépasser les projectiles. Les éclisses sont en bois, et, pour les enfoncer, on se sert d'un levier de manœuvre. — On apporte une grande attention à ne pas laisser introduire de sable dans la bouche à feu. — Si l'on met plusieurs projectiles, éclissés ou non, ils doivent être séparés par des sabots ou des rondelles en feutre ou en carton mouillé, afin qu'en aucun cas il ne puisse y avoir un choc direct entre eux.

On ne doit pas oublier que, lorsque la mèche à étoupilles est enfermée dans un tube, elle brûle presque instantanément; il faut donc en laisser un bout libre d'une longueur suffisante pour donner à l'homme qui met le feu, le temps de s'éloigner.

L'emploi de l'acide sulfurique pour détruire l'adhérence du clou avec le grain de lumière, exige un temps fort long; il est plus simple de percer dans le grain une nouvelle lumière, ce qui peut se pratiquer sur la pièce sans la déplacer.

FAIRE USAGE D'UNE PIÈCE ENCLOUÉE. — On peut se servir d'une pièce enclouée, en mettant le feu par la bouche.

Un mèche à étoupilles, allant de la bouche à la charge, communique très-bien le feu, même lorsqu'on a enfoncé plusieurs boulets par-dessus la charge.

Lorsqu'on n'a pas à sa disposition une mèche à étoupilles d'une longueur suffisante, on perce la serge de la cartouche avec le dégorgeoir; on y introduit un bout de mèche à étoupilles, sortant du côté du boulet, et, après avoir enfoncé la cartouche dans l'âme, on y jette deux ou trois poignées de poudre. Enfin, on place à la bouche un autre bout de mèche à étoupilles tombant sur la tranche de la bouche. On met ainsi le feu sans danger.

On peut se dispenser de mettre une mèche à étoupilles dans la cartouche, en perçant le sachet de trois ou quatre trous. Dans ce cas, on peut tirer presque aussi vite que si la pièce n'était pas enclouée.

CONSERVATION DES BOUCHES A FEU.

BOUCHES A FEU EN BRONZE.

Les bouches à feu sont réunies par espèces et par calibres sur des chantiers en pierre, en bois, ou en fonte avec une lisse en bois (modèles adoptés le 14 janvier 1849 et le 24 janvier 1852); ces chantiers sont établis en plein air, sur un terrain solide et recouvert d'une couche de mâchefer ou de toute autre substance propre à arrêter la végétation. —

Un intervalle de 50 cent. au moins est réservé entre les bouches à feu et les bâtiments.

CANONS. — Les culasses et les volées sur deux lignes de chantiers parallèles, les tourillons se touchant, l'axe incliné de 4 à 5 degrés du côté de la volée; la lumière en dessous; la bouche fermée avec un tampon de bois tronconique, enfoncé à coups de maillet, ayant environ 25 cent. de longueur, dont 15 cent. dans l'âme. — Les hausses sont enlevées, marquées des numéros de leurs pièces, enveloppées dans du papier avec leurs vis, et conservées dans des caisses. — S'il y a nécessité d'engerber, les pièces et les lignes de chantiers doivent se correspondre exactement les unes au-dessus des autres, chaque rangée conservant la même inclinaison; toutes les culasses sur le derrière de la pile, toutes les volées en avant.

OBUSIERS LONGS. — Comme les canons.

OBUSIERS COURTS ET MORTIERS. — Sur des madriers, dressés sur la bouche, la lumière en avant et bouchée, les tourillons se touchant.

BOUCHES A FEU EN FONTE.

Les bouches à feu en fonte sont disposées comme les pièces en bronze, les tourillons verticaux, si besoin est, ou légèrement inclinés; leur conservation exige des soins particuliers. — Gratter les surfaces intérieures et extérieures, pour enlever les couches d'oxyde ou de peinture écaillée; au besoin, laver au sable et sécher. — Les pièces bien nettoyées et bien sèches, enduire à chaud l'âme avec un mélange de 9 parties de suif et de 1 partie d'huile ordinaire, au moyen d'un refouloir qu'on promène longtemps sur tous les points; enduire le canal de lumière par un moyen analogue. — Les surfaces intérieures bien suivées, tamponner les ouvertures, savoir:

Le canal de lumière, avec une cheville de bois suivée, qui ne doit pénétrer que de 27 à 34 millimètres.

La bouche, avec un tampon en bois dur, tronconique, suivé, qui doit s'enfoncer dans l'âme de 80 à 110 mill. — Scier le tampon à 9 mill. de la bouche, après qu'il a été solidement fixé. — Peindre avec une forte couche de *colthar* toutes les parties de la surface extérieure que le pinceau peut atteindre, la lumière en dessus; lorsque cet enduit est sec, amener avec précaution la lumière en dessous et achever d'appliquer le colthar.

La couche de colthar doit être la plus épaisse possible, appliquée dans une journée chaude d'été, et lorsque la fonte a été échauffée par le soleil. — L'âme des mortiers et la surface intérieure de la partie encampanée des caronades sont peintes au colthar comme l'extérieur. — Les mortiers ne reçoivent pas de tampons. Les tampons des caronades sont placés à la partie cylindrique de l'âme, et non à la partie encampanée.

En batterie, les pièces ont des tampons à manche ou à bouton; si elles sont susceptibles de tirer d'un moment à l'autre, les chevilles de lumières sont saillantes et recouvertes du chapiteau. Dans ce cas, les mortiers ne sont point peints à l'intérieur (Instruct. du 26 mai 1826). Le tampon, recouvert d'une toile peinte, déborde la tranche de la bouche.

Sur les côtes, on doit renouveler la peinture et le graissage au moins tous les deux ans.

Avant de peindre les pièces, il faut boucher les cavités extérieures avec le mastic ordinaire de blanc d'Espagne et d'huile de lin. (Instruction du 26 mai 1826.)

La marine a adopté la peinture à la plombagine pour l'extérieur et l'intérieur de ses pièces, dans les parcs et les batteries de côte. (Décision du 6 juin 1853.)

La peinture au minium, recouverte d'une autre peinture à l'huile de lin cuite, est employée avec succès dans l'industrie pour la conservation des objets en fonte, et paraît préférable à la peinture à la plombagine.

DU BRONZE.

Le *bronze* réglementaire pour les bouches à feu est au titre de 11 parties d'étain pour 100 parties de cuivre, avec tolérance de 1 partie d'étain en plus ou en moins. Plus fusible que le cuivre et beaucoup moins que l'étain, il est plus dur, plus sonore, moins oxydable et surtout moins ductile que ses composants. Quand l'alliage est bien fait, le métal est homogène; la cassure, à grains réguliers, d'une couleur jaunâtre uniforme. — Densité, 8,70 environ; elle est supérieure à la moyenne des densités du cuivre et de l'étain.

Le *cuivre* pur est d'un rouge rosé franc, d'un bel éclat métallique. La cassure d'un lingot coulé est à grains réguliers; celle d'un barreau forgé présente un nerf serré, court, égal et soyeux. Le cuivre est très-ductile, très-malléable et très-tenace. — Densité, variable entre 8,79 et 8,95.

L'*étain* pur est d'un blanc un peu plus sombre que l'argent. Coulé en barres, il fait entendre, lorsqu'on le plie, un craquement particulier, d'autant plus sensible que le métal est plus pur. Il est très-ductile, très-malléable, mais peu tenace. — Densité, 7,285.

CHAPITRE II.

PROJECTILES.

SOMMAIRE.

NOMENCLATURE, DIMENSIONS, POIDS.

Boulets de	30.	24.	16.	12.	8.	6.	4.
	mill.	mill.	mill.	mill.	mill.	mill.	mill.
Diamètre de la grande lunette et du cylindre de réception	160,2	149,3	130,3	119,0	103,8	93,6	81,96
Diamètre de la petite lunette pour le service des forges . . .	159,0	147,8	128,8	117,8	102,4	91,9	81,96
Diamètre de la petite lunette pour le service des places . . .	158,5	147,4	128,4	117,3	102,1		
Poids . . . . kil.	15	12	8	6	4	3	2

Balles à mitraille.

NUMÉROS des balles.	DIAMÈTRE de la grande lunette.	POIDS de 10 balles.	BOUCHES A FEU auxquelles elles sont destinées.
	Balles en fonte.		
	mill.	kil.	
n° 1	55,0	6,000	canon de 36.
n° 2	48,0	4,000	canons de 30 et de 24, et obusier de 22c.
n° 3	42,0	2,700	canon de 16.
n° 4	38,5	2,000	canon de 12 de place et de campagne. obusier de 16c.
n° 5	33,5	1,350	canon de 8. obusier de 15c.
	Balles en fer forgé.		
n° 6	26,5	0,700	obusier de montagne.

Pour tous les numéros de balles, la différence de diamètre entre la grande et la petite lunette est de 1 millimètre.

On a conservé en fer forgé les balles n° 6, afin de ne pas trop diminuer leur poids par la substitution de la fonte.

Projectiles creux.	*Bombes de* 32ᶜ de côte.	32ᶜ.	27ᶜ.	22ᶜ.	*Obus de* 22ᶜ de côte.	22ᶜ.	16ᶜ.	15ᶜ.	12ᶜ.	12ᶜ à parois minces.	Boulet creux de 30.	Grenade à main.
	mill.	mill.	mill.	mill.	mill.	mill.	mill.	mill.	mill.	mill.	mill.	mill.
Diamètre de la grande lunette et du cylindre pour obus	321,5	321,5	272,0	221,0	221,0	221,0	163,5	149,3	119,0	119,0	160,2	81,8
Diamètre de la petite lunette — pour le service des forges	319,7	319,7	270,2	219,4	219,4	219,4	162,3	148,1	117,8	117,8	159,0	80,6
Diamètre de la petite lunette — pour le service des places	319,2	319,2	369,6	218,8	218,8	218,8	162,3	148,1	117,8	117,8	158,5	«
Épaisseur aux parois — au plus	59,7	42,5	42,5	27,7	33,6	27,7	26,5	20,5	19,0	13,0	25,9	10,0
Épaisseur aux parois — au moins	55,9	38,7	38,7	24,3	30,2	24,3	24,3	18,3	16,8	11,0	23,7	8,0
Épaisseur au culot — au plus	«	58,1	62,4	33,4	«	«	«	«	«	«	«	«
Épaisseur au culot — au moins	«	54,3	58,6	30,0	«	«	«	«	«	«	«	«
Diamètre de la lumière, en haut — au plus	36,0	36,0	36,0	27,0	27,0	27,0	25,0	25,0	24,0	23,6	25,0	19,3
Diamètre de la lumière, en haut — au moins	35,4	35,4	35,4	26,4	26,4	26,4	24,4	24,4	23,4	23,0	24,4	18,7
Diamètre de la lumière, en bas — au plus	34,0	34,0	34,0	25,5	25,5	25,5	24,0	24,0	23,0	22,6	24,0	18,3
Diamètre de la lumière, en bas — au moins	33,4	33,4	33,4	24,9	24,9	24,9	23,4	23,4	22,4	22,0	23,4	17,7
Poids . . . kil.	90	72	49	22	25	22	10,525	7,098	3,900	3,010	10	1,040
Anse ou mentonnet. — Longueur	82,0	82,0	69,0	56,0								
Anse ou mentonnet. — Largeur	41,0	41,0	35,0	28,0								
Anse ou mentonnet. — Hauteur	23,0	23,0	19,0	16,0								
Anse ou mentonnet. — Épaisseur — dans le sens de l'œil	21,0	21,0	18,0	14,0								
Anse ou mentonnet. — Épaisseur — au-dessus de l'œil	12,5	12,5	10,5	8,5								
Anse ou mentonnet. — Diamètre de l'œil	10,5	10,5	8,5	7,5								
Anse ou mentonnet. — Distance entre les centres de chaque œil	176,0	176,0	149,0	121,0								
Anneaux. — Diamètre intérieur	50,0	50,0	42,0	34,0								
Anneaux. — Longueur de la partie rectiligne	28,0	28,0	24,0	20,0								
Anneaux. — Diamètre du fil de fer	9,0	9,0	7,0	6,0								

On ne coule plus de bombes de 22ᶜ, l'obus de 22ᶜ est employé pour le tir du mortier et de l'obusier de ce calibre. (*Déc. min. du 11 avril 1844.*)

Diamètre des boulets en fonte depuis 1 demi-kil. jusqu'à 24 kil.

Les calculs ont été faits en supposant la fonte homogène et sa densité égale à 7,00 ; c'est la densité que l'on obtiendrait en opérant sur un volume de fonte égal à celui d'un boulet, à cause des vides intérieurs provenant du coulage.

kil.	mill.	kil.	mill.	kil.	mill.	kil.	mill.
0,5	51,5	6,5	121,0	12,5	150,5	18,5	171,5
1,0	64,8	7,0	124,1	13,0	152,5	19,0	173,1
1,5	74,2	7,5	126,9	13,5	154,4	19,5	174,6
2,0	81,7	8,0	129,7	14,0	156,3	20,0	176,0
2,5	88,0	8,5	132,4	14,5	158,1	20,5	177,0
3,0	93,5	9,0	134,9	15,0	159,9	21,0	178,9
3,5	98,5	9,5	137,4	15,5	161,7	21,5	180,3
4,0	102,9	10,0	139,7	16,0	162,4	22,0	181,7
4,5	107,1	10,5	142,0	16,5	165,1	22,5	183,1
5,0	110,9	11,0	144,2	17,0	166,8	23,0	184,4
5,5	114,5	11,5	146,4	17,5	168,4	23,5	185,8
6,0	117,8	12,0	148,5	18,0	170,0	24,0	187,1

Diamètre des balles de plomb depuis 1 jusqu'à 32 au demi-kil.

Les calculs ont été faits en supposant le plomb homogène et sa densité égale à 11,352.

	mill.		mill.		mill.		mill.
1	43,8	9	21,1	17	17,0	25	15,0
2	34,8	10	20,3	18	16,7	26	14,8
3	30,4	11	19,7	19	16,4	27	14,6
4	27,6	12	19,1	20	16,1	28	14,4
5	25,6	13	18,6	21	15,9	29	14,3
6	24,1	14	18,2	22	15,6	30	14,1
7	22,9	15	17,8	23	15,4	31	13,9
8	21,9	16	17,4	24	15,2	32	13,8

Tous les projectiles, à l'exception des balles pour obusiers de montagne, sont coulés en fonte.

CONSERVATION DES PROJECTILES. — FORMATION ET CALCUL DES PILES.

Les boulets et les projectiles creux sont empilés par espèces et par calibres sous des hangars ou dans des lieux aérés, aussi secs que possible, et où la circulation de l'air est bien établie, la lumière des bombes et obus tournée en dessous. Chaque pile porte une étiquette indiquant le calibre et le nombre des projectiles *de service* qu'elle contient.

Les balles à mitraille sont renfermées par numéros dans des barils ou des caisses étiquetées, et placées dans les rez-de-chaussée.

Les caffûts sont en tas étiquetés du poids total.

Pour établir une pile, il faut : — 5 hommes. — 1 cordeau. — 1 niveau de maçon. — Règles. — Pelles. — Pioches, etc.

Disposer une plate-forme horizontale en terre bien damée, de dimensions telles qu'elle dépasse la base de la pile d'un calibre et demi des projectiles à empiler, dominant le terrain naturel de 10 cent., et s'y raccordant par des pentes suffisantes. — Étendre un lit épais de cailloux bien dépouillés de terre et de sable, légèrement concassés, s'ils sont trop gros ; damer à petits coups ; sur ce lit de silex, former la base avec des projectiles hors de service, tous bien de niveau, ceux des côtés bien alignés. — Entourer la base d'un exhaussement de cailloux, à la hauteur du tiers au moins du diamètre des projectiles ; puis, damer tout autour pour faire appuyer les cailloux contre la fonte, et pour que les pentes extérieures de ce rebord se raccordent avec la pente de la plate-forme. — S'assurer que cette première couche de projectiles forme bien un plan horizontal ; relever au besoin ceux qui seraient trop bas, et enfoncer ceux qui seraient trop élevés. — Après avoir nettoyé la base, placer la première couche de projectiles et successivement toutes les autres, sans interposition de corps étrangers. — Faire les piles aussi oblongues que possible, afin de faciliter la circulation de l'air. — Ne jamais détruire les bases, s'il se peut.

Les dispositions suivantes règlent la manière de colthariser les projectiles pour les préserver de la rouille, la manière de former les piles, etc. (Circulaires ministérielles des 21 juin 1841, 28 juin 1845, 30 juin 1847 et 7 novembre 1852.)

Il résulte des expériences faites à Brest, en 1847, que, avec un kilogramme de colthar, on peut toujours enduire une surface comprise entre 5 et 6 mètres carrés, soit $5^{mc}.50$.

La surface de	1000 boulets de 24 est d'environ.	$68^{mc},78$.
Idem	1000 boulets ou obus de 12 . . .	43^{mc}.
Il faut donc pour	1000 boulets de 24.	12 kil. de colthar.
Idem	1000 boulets ou obus de 12. . .	8 kil. »

Avant d'appliquer le colthar, dérouiller les projectiles en les martelant, en les raclant, en les passant dans des tonneaux à rebattre, si cela se peut ; les essuyer fortement avec des sacs à terre, et faire jouer les anneaux des bombes.

Ne point chauffer le colthar. A défaut de meilleur, faire ajouter à celui qui serait trop pâteux jusqu'à 1/20 d'essence de térébenthine, pour le rendre plus liquide.

Appliquer une forte couche de colthar au moyen de gants en peau de mouton, ayant la laine en dehors, coupée à 1 cent. de longueur, le pouce seul séparé; choisir pour cette opération les jours d'été, et attendre que la fonte ait été échauffée par les rayons du soleil. Enduire successivement les projectiles de chaque couche, et attendre qu'ils soient secs pour passer à la couche suivante.

Ne donner aux piles que les longueurs et largeurs nécessaires pour que l'empilage puisse se faire avec facilité.

Conserver les projectiles hors de service en quantité suffisante pour les substituer à ceux de service qui sont actuellement employés à former les bases des piles. Éviter de former des bases mixtes en projectiles de service et en projectiles hors de service; ne pas coltharisor ces derniers, afin de ne pas les confondre avec les projectiles de service. Ne faire entrer dans les piles, à l'exception des bases, aucun projectile hors de service.

Indiquer sur l'étiquette de chaque pile : 1° le nombre des projectiles de service; 2° le nombre des projectiles hors de service, en le faisant précéder des lettres H. S.

Considérer comme hors de service toute bombe à laquelle manquent deux mentonnets.

Les faces extérieures des piles doivent être repeintes chaque année sur les côtes; et tous les deux ans, dans les places de l'intérieur. Le remaniement des piles peut ainsi ne devenir nécessaire qu'après 5 à 6 ans.

Si les locaux sains et disponibles des rez-de-chaussée ne suffisent pas pour former des piles régulières de projectiles de campagne, établir, le plus haut possible, des cadres à clairevoie en bois de rebut, consolidés par de vieux fers, pour y déposer doucement les projectiles enduits.

Les grilles ou châssis en fer et en fonte et l'enterrement des piles essayés à Cherbourg en 1833, les plates-formes en maçonnerie et en béton essayées dans neuf places de l'intérieur et du littoral en 1839, n'ont point donné de résultats de nature à les faire préférer aux bases en projectiles hors de service.

Les nombreux enduits essayés à Vincennes, en 1839, *Peinture anglaise, Oléine, Enduit du sieur Dives, Noir naval, Glu marine,* etc., ont paru, malgré leur prix élevé, tout au plus égaux au colthar en efficacité. Le plombage et le zincage essayés à Vincennes ont été rejetés : le plombage, à cause de son insuffisance; le zincage, à cause de son prix. — La peinture à la plombagine, adoptée par la marine, paraît aussi inférieure au colthar, d'après les derniers essais.

Les bons effets de la peinture au minium paraissent démontrés par la pratique de l'industrie, et par les expériences encore en cours d'exécution à Brest.

Le nombre des projectiles que contient une pile de forme quelconque est le tiers du produit d'une face triangulaire par la somme des trois arêtes parallèles.

Dans la pile carrée, une des arêtes parallèles n'a qu'un boulet. Dans la pile triangulaire, deux des arêtes se réduisent à un seul projectile.

n étant le nombre des projectiles de l'un des côtés d'une face triangulaire, on a $\frac{n(n+1)}{2}$ pour le nombre des projectiles de cette face, et la somme des trois arêtes parallèles est $n+2$ dans la pile triangulaire; $2n+1$ dans la pile carrée; $3N+2n-2$ dans la pile oblongue, N étant le nombre des projectiles de l'arête du sommet, ou $3m-n+1$, m étant le nombre des projectiles du grand côté de la base.

Dans le cas où la pile n'est pas complète, elle est la différence de deux piles complètes.

Une pile en retour d'équerre se compose de deux prismes triangulaires, l'un tronqué, l'autre entier, c'est-à-dire, d'une pile oblongue ordinaire, et d'une autre dont les trois arêtes parallèles sont égales.

Étant donné un nombre A de projectiles, on trouve le grand côté m de la base de la pile rectangulaire, dont on s'est donné le petit côté n, par la formule $m = \frac{6A + n(n+1)(n-1)}{3n(n+1)}$.

CHAPITRE III.

AFFUTS, VOITURES, ATTIRAILS.

SOMMAIRE.

Le système actuel d'artillerie a été adopté en principe en 1825, et le système Gribeauval a été dès lors abandonné.

Les affûts de siége, le chariot porte-corps et la charrette de siége . . . . ont été adoptés en 1825.
La chèvre . . . . a été adoptée en 1825.
Id. nouveau modèle . . . . *id.* 1840.
Le chariot de parc . . . . a été adopté en 1827.
Le coffre de supplément d'outils . . . . *id.* 1827.
Les affûts de campagne . . . . ont été adoptés en 1827.
Le caisson . . . . a été adopté en 1827.
Le coffre à munitions . . . . *id.* 1827.
Id. *id.* autre modèle . . . . . . *id.* 1833.
Id. *id.* nouveau modèle . . . . *id.* 1840.
Le chariot de batterie . . . . *id.* 1827.
Id. *id.* nouveau modèle . . . . *id.* 1833.
La forge de campagne . . . . a été adoptée en 1827.
L'affût et la caisse à munitions de montagne . ont été adoptés en 1828.
Les affûts de place de 24, de 16 et de 12 . . *id.* 1828.
Le haquet à bateau . . . . a été adopté en 1829.
Le triqueballe à treuil . . . . *id.* 1830.
La forge de montagne . . . . a été adoptée en 1831.
Le coffre d'outils tranchants . . . . a été adopté en 1832.
Le tombereau à bascule . . . . *id.* 1834.
L'affût de mortier de 15ᶜ . . . . *id.* 1838.
Les affûts de mortiers de 32ᶜ, de 27ᶜ et de 22ᶜ ont été adoptés en 1840.
Id. *id.* *id.* nouveaux modèles *id.* 1848.
La brouette, la chevrette et les civières . . . ont été adoptées en 1840.
L'affût d'obusier de place . . . . a été adopté en 1847.
L'affût de côte en fonte . . . . *id.* 1847.
Le lisoir directeur . . . . *id.* 1851.
L'affût de casemate de côte . . . . *id.* 1852.
La caisse de parc . . . . a été adoptée en 1852.
L'affût de mortier à plaque de 32ᶜ . . . . . . a été adopté en 1853.

Les renseignements qui suivent comprennent toutes les modifications approuvées jusqu'à ce jour.

Affûts de campagne.

Il y a 2 affûts de campagne: 1° l'affût de 12, pour le canon de 12 et l'obusier de 16ᶜ; 2° l'affût *léger de* 12, pour le canon-obusier de 12 et le canon-obusier de 12 léger; c'est l'ancien affût de 8 et d'obusier de 15ᶜ, modifié seulement dans les étriers porte-écouvillon qui sont disposés de manière à recevoir l'écouvillon de canon-obusier de 12.

Les 2 affûts ne diffèrent que par les dimensions de quelques pièces; les chevilles et les boulons ne diffèrent que par la longueur. Par une disposition récente, pour en faciliter la distinction, la tête du boulon de derrière de l'écrou de vis de pointage est en saillie et arrondie en goutte de suif sur le plateau de l'écrou dans l'affût de 12; et à fleur du plateau, dans l'affût léger de 12. — Le sabot n'ayant été adopté pour l'artillerie de campagne qu'en 1850, les voitures de construction antérieure peuvent encore se trouver munies de la chaîne d'enrayage.

Les affûts de campagne dont l'équarrissage de la flèche n'a pas été augmenté, restent en service: l'affût de 12, pour le canon de 12; l'affût de 8, pour les canons-obusieurs de 12 et de 12 léger. Toutefois, l'affût de 8 n'est employé avec le canon-obusier de 12 qu'à défaut d'affût à flèche renforcée.

L'augmentation d'équarrissage de la flèche, qui est de 15 mill. dans le sens de la hauteur et de 22 mill. dans le sens de la largeur, a entraîné des changements dans les dimensions de quelques ferrures, telles que: les *rondelles d'assemblage*, dont l'épaisseur a été réduite de 21 à 10 mill. — Le *bout de crosse-lunette*. — La *plaque de crosse*. — Les *pattes du petit anneau de pointage*. — La *semelle du grand anneau de pointage*. — Les *plaques à pitons d'étriers porte-écouvillon*.

Indépendamment de ces différences, la tête du boulon de derrière de l'écrou de vis de pointage des anciens affûts de 12 affleure le plateau de l'écrou, comme à l'affût léger de 12 et à l'ancien affût de 8, au lieu d'être en saillie et arrondie en goutte de suif.

Avant-train de campagne.

Il est commun aux affûts et aux autres voitures des batteries de campagne.

Les arrêtoirs sont construits sur 3 longueurs, mesure prise entre les épaulements et l'extrémité inférieure du trou de clavette, savoir:

Arrêtoirs	n° 1, d'avant-train	102 mill.
—	n° 2, de devant de caisson	117 —
—	n° 3, de derrière de caisson	122 —

Chaque arrêtoir porte son numéro, marqué avec un poinçon, sur le dessus de la tête.

Pour mettre les clavettes, serrer les branches avec une tricoise.

L'avant-train reçoit : 1 *coffre à munitions*, pour les affûts et le caisson; 1 *coffre d'avant-train de chariot de batterie et de forge*, pour chacune de ces voitures.

Dans les avant-trains construits avant 1850, la fourchette est d'une seule pièce, sans entretoise ni boulon d'assemblage. — Les marchepieds sont fixés : celui de devant, sur 4 *tasseaux* en bois, celui de derrière, sur les armons et la fourchette.

Dans les avant-trains auxquels le mode d'attache de timon au moyen d'une chevillette-clef n'a pas encore été appliqué, le timon est fixé à la fourchette par 1 *boulon*.

Caisson.

Le caisson porte 2 coffres à munitions.

Le crochet du brancard du milieu est destiné à recevoir la lunette d'une voiture privée d'avant-train.

Dans les caissons construits avant 1850, les marchepieds sont fixés directement sur les brancards.

Dans les caissons construits avant 1852, les deux branches de la lunette sont de même longueur ; celle de dessous doit être prolongée au moyen d'une bande de fer.

Chariot de batterie, modèle 1833.

Le chariot de batterie est destiné au transport des outils, rechanges et objets d'approvisionnement nécessaires à l'entretien du harnachement et du matériel des batteries de campagne ; il est simplement couvert par une toile-prélat, au moyen d'un perche mobile, qui s'élève sur le milieu de la voiture ou se rabat sur le côté. Tous les chariots portent la perche mobile ; on ne couvre de la toile-prélat que ceux qui sont affectés au transport des harnais.

La perche mobile est fixée dans les fourches de ses supports ; ceux-ci placés entre les bandes d'écartement et de bout de chariot, tournent à bascule sur leurs boulons dont les derniers filets sont rivés légèrement sur les écrous, qu'on desserre pour abattre ou relever la perche. Quand la perche est abattue, elle doit toujours être fixée par les tourniquets des moraillons.

La remarque ci-dessus, relative à la lunette de flèche du caisson, s'applique également au chariot de batterie.

Chariot de batterie, modèle 1827.

Remplacé par le chariot de batterie modèle 1833, parce que sa capacité était insuffisante.

Forge.

Une caisse à charbon est placée sur la flèche en arrière du contre-cœur.

La remarque (page 31) sur la lunette de flèche du caisson s'applique également à la forge.

Coffre d'outils de serrurier.

Le coffre est placé sur le derrière de la forge; il est mobile. Le limeur l'enlève, lorsqu'il a besoin de l'établi qui se trouve en dessous, pour monter l'étau.

Soufflet.

Pour placer le soufflet, détacher du 2e épars la plaque du dessous de mufle et la fixer au mufle; ajuster la buse en plaçant, au besoin, des rondelles en tôle entre la plaque et l'épars. Démonter préalablement les montants de branloire; on les replace en même temps que le soufflet.

Toutes les fois qu'on ne se sert pas du soufflet, il doit être accroché à la traverse de montant de branloire. Le cuir doit être graissé toutes les fois que cela est nécessaire pour lui conserver sa souplesse.

Étau à griffes.

L'étau s'adapte à l'épars de derrière de la forge au moyen des griffes, dont les pointes s'engagent dans les trous des plaques d'étau.

Bigorne et son bloc.

En marche, la bigorne se place sur l'âtre, le pied tourné vers le devant; le bloc debout sur la bigorne, et arrêté par les chaînettes passées par-dessus les arcs-boutants.

Seau.

En marche il est pendu au crochet porte-seau.

Coffre à munitions, modèle 1840.

Un seul modèle pour l'avant-train et pour le caisson; les garnitures intérieures varient avec l'espèce ou le calibre des munitions.

Coffre d'avant-train de chariot de batterie et de forge.

Même modèle que pour le coffre à munitions; seulement, il n'y a ni principale séparation ni boulon d'assemblage.

Coffre à munitions, modèle 1827 et modèle 1833.

Le coffre à munitions modèle 1827 n'a qu'un moraillon; celui de 1833 en a deux. Ils se distinguent du modèle actuel principalement en ce qu'ils ne sont pas recouverts en tôle.

Affût d'obusier de montagne de 12^c^ et sa limonière.

Les affûts construits avant 1840 ont été renforcés au moyen de 1 *bande-lunette*, fixée sous le corps d'affût par le boulon d'écrou de vis de pointage, et par 1 autre *boulon*.

Forge de montagne.

Elle est destinée à l'entretien du matériel, et au service de la cavalerie en campagne.

Elle comprend comme accessoires :

1 Soufflet. — 1 Bigorne. — 1 Seau. — 1 Sacoche à charbon (en cuir).

Caisse de transport.

2 *caisses* sont employées au transport de la forge et de l'outillage; elles ne diffèrent que par les garnitures intérieures; l'une contient la forge pliée et son soufflet; l'autre reçoit l'outillage. La première est désignée par la lettre *A*, et la seconde par la lettre *B*. (Page 57.)

Affûts de siége.

Il y a deux affûts de siége : l'un pour le canon de 24 et pour l'obusier de siége de 22^c^; l'autre pour le canon de 16. Les deux affûts ne diffèrent que par les dimensions de quelques pièces; les brides d'essieu seulement sont de forme différente. Les chevilles et les boulons ne diffèrent que par la longueur.

Le sabot n'ayant été adopté pour l'artillerie de siége qu'en 1854, les voitures construites antérieurement peuvent encore se trouver munies de la chaîne d'enrayage.

Avant-train de siége.

Commun aux affûts de siége et au chariot porte-corps.

Chariot porte-corps.

Destiné au transport des mortiers et de leurs affûts, et, au besoin, à celui des obusiers de siége, des canons et des gros projectiles.

Cadre pour le transport des gros projectiles.

Construit au moment du besoin avec des bois de peu de valeur. — Lorsqu'on doit charger des boulets, on fixe un fort liteau sur les brancards, en arrière de la bande de renfort d'épars de derrière.

Coussinet porte-volée pour le transport des canons.

Longueur, 32 cent.; largeur, 14 cent.; hauteur totale, 12 cent.; hauteur au milieu du dégorgement, en avant, 84 mill.; en arrière,

80 mill.; rayon du dégorgement du dessus, 14 cent. — Bois dur et noueux. — Fixé, au moment du besoin, sur les brancards du milieu, par 4 *broches* en fer de 20 cent. de longueur; le derrière à 4 cent. en avant du derrière du corps de la bride-support de timon. Le dessous entaillé, pour loger le devant de la bride et son écrou.

Charrette de siége.

Particulièrement destinée au transport des objets d'approvisionnement, munitions, projectiles, etc., dans les tranchées, pour le service des batteries de siége. Elle peut, au besoin, s'atteler à deux chevaux de front. Le second cheval se place à gauche; ses traits sont réunis, par la dernière maille de chaîne de bout de trait, dans leur crochet d'attelage, et sont tenus écartés au moyen d'une traverse en bois, ayant à chaque bout une gorge dans laquelle le trait est fixé par une lanière. Longueur de la traverse, mesure prise au fond des gorges, 65 cent.; largeur, 40 mill.; épaisseur, 28 mill.

Affûts de mortiers.

Il y a 5 affûts de mortiers: l'affût de mortier de 32^{c}, l'affût de mortier de 27^{c}, l'affût de mortier de 22^{c}, l'affût de mortier de 15^{c}, et l'affût de mortier à plaque de 32^{c} en fonte. — Les affûts de mortiers de 32^{c} et de 27^{c} ne diffèrent entre eux que par l'écartement des flasques et par le dégorgement de l'entretoise de derrière, qui n'existe que dans l'affût de mortier de 32^{c}.

Les affûts anciens modèles sont conservés; plusieurs ont été modifiés de manière à les rendre propres, comme ceux des modèles 1848, au tir à ricochet. Cette modification consiste à enlever du métal en avant du logement des tourillons, et à baisser l'entretoise de devant, pour permettre l'abaissement de la bouche du mortier. On a ajouté aux affûts modifiés 2 *cales en bois*, pour boucher le vide laissé par l'entretoise de devant dans ses embrèvements.

A chacun des affûts, on a retranché un boulon d'assemblage; aux affûts de mortiers de 32^{c} et de 27^{c}, la place du boulon d'assemblage est occupée dans les flasques par les boulons qui fixent les cales.

Les affûts anciens modèles non corrigés sont employés exclusivement dans les places.

Les affûts des différents modèles se distinguent les uns des autres par les traits suivants: les affûts modèles 1848 permettent le tir à ricochet, et ont le derrière des entretoises, plan dans les autres modèles, arrondi en demi-cercle; les affûts anciens modèles non corrigés ne permettent le tir que sous de grands angles; enfin, les affûts anciens modèles corrigés ont les flasques abaissés en avant des tourillons et de l'entretoise de devant, pour les rendre propres au tir à ricochet.

Le mortier de 15c et son affût peuvent être transportés par deux hommes, munis chacun d'une bretelle spéciale pour cet usage.

L'affût de mortier à plaque de 32c est employé dans l'armement des côtes pour le service du *mortier à plaque de* 32c en fonte, de la marine.

Le mortier-éprouvette est fixé sur une espèce de plateau mobile, nommé *Monture.*

Affûts de place.

Il y a quatre affûts de place:

L'affût d'obusier de place, qui sert aussi pour les canons			de 30 en fonte. de 24 *id.* de 16 *id.*
L'affût de place de	24, . .	pour les canons	de 24 en bronze.
L'affût de place de	16, . .	*id.*	de 16 *id.*
L'affût de place de	12, . .	*id.*	de 12 *id.*

Il y a deux grands châssis: l'un pour l'affût d'obusier de place, et l'autre pour tous les canons soit en fonte, soit en bronze.

Un seul petit châssis est commun à tous les affûts.

D'après une décision ministérielle prise en 1852, les bouches à feu de côte ne devant plus être employées dans les places, l'affût d'obusier de côte de 22c et son grand châssis, adopté en 1847, ne font plus partie du matériel de l'artillerie de place. Un certain nombre d'affûts et de châssis de ce modèle légèrement modifié, ont seulement été construits en 1848 pour l'armement des côtes. La nomenclature diffère peu de celle des affûts et des grands châssis de place.

A l'aide de quelques modifications, les affûts de place peuvent être montés sur un *lisoir directeur,* au lieu d'un grand châssis, pour le tir des pièces de place et de campagne dans les embrasures de siége et de casemate.

Aux affûts pour canons en bronze, l'écrou de vis de pointage est fixé par les boulons d'entretoise de crosse et de tirant. A l'affût d'obusier, la plus longue des pattes, tournée vers le derrière pour les canons, est fixée par le boulon de devant de l'entretoise de crosse; et, tournée vers le devant pour l'obusier, par le boulon d'échantignole et de tirant. L'autre patte, dans les deux cas, est fixée par 1 *boulon.*

Dans les affûts pour canons, construits avant 1847, il n'y a pas de guide de crosse; une entaille pratiquée vers le milieu de l'entretoise en tient lieu.

Grand châssis.

Dans les grands châssis pour canons, construits avant 1847, les entretoises du milieu n'ont ni étriers ni équerres, et sont fixées aux côtés par des boulons.

Petit châssis.

Dans les petits châssis construits avant 1848, la cheville-ouvrière traverse les semelles, et est fixée par 1 *écrou* ou par 1 *clavette.*

Affûts montés sur lisoir-directeur.

Les affûts de place sont employés au tir à embrasures de siége ou de casemate; ils sont montés à cet effet sur 1 *lisoir-directeur* substitué au *grand châssis*, et reçoivent les modifications suivantes: Les roues sont remplacées par 2 *roulettes* (fonte), et 2 *manchons de bout d'essieu;* la bride du milieu de corps d'essieu est remplacée par 1 *bride à T de corps d'essieu*, dont les pattes emboîtent la directrice du lisoir et servent de guides au-devant de l'affût.

En outre, l'affût de 12 reçoit quelques modifications s'il doit être employé au tir des pièces de campagne; les principales sont les suivantes:

BOIS. — Un *dégorgement* est pratiqué dans le dessus de l'entretoise de devant. — Le dessus de l'échantignole est mis à fleur du dessus de l'entretoise du milieu; ces deux pièces et le tirant sont percés de deux nouveaux trous de vis de pointage; l'un pour le 12 de campagne, et l'autre pour le 8. — 2 *tasseaux d'arcs-boutants* sont fixés dans l'angle des montants et des arcs-boutants.

1 *écrou de vis de pointage* (bronze), remplace celui d'affût de place: il occupe, pour le canon de 12 de place, l'emplacement de l'ancien écrou; pour les pièces de campagne, il est placé sur les deux nouveaux trous de vis de pointage, et tourné dans le sens convenable au service de la pièce. Il est remplacé dans la position qu'il n'occupe pas par 1 *plateau de recouvrement.*

Le boulon de devant et le boulon d'échantignole et de tirant sont supprimés: le boulon d'entretoise du milieu et de tirant est porté à 4 cent. en avant du boulon d'assemblage.

2 *manchons de tourillon*, pour le canon de 8 et l'obusier de 15^c.

Affût de côte en fonte.

Cet affût reçoit l'obusier de côte de 22^c, les canons de 36 de la marine et de 30, et, au besoin, l'obusier de place de 22^c, ainsi que les canons de place de 24 et de 16 en fonte; il est monté sur un *grand châssis* en fonte, et sur une *sellette de cheville-ouvrière*, également en fonte.

Le côté en ligne droite du support de vis de pointage est tourné en dessus pour l'obusier de côte, et en dessous pour les autres bouches à feu. Les tenons sont fixés dans les embrèvements du logement à coulisse ménagé à l'intérieur des flasques. Le 1er embrèvement, vers le devant, est pour l'obusier de côte; le 2e, pour l'obusier de place; le 3e, pour les canons de 30, de 24 et de 16; le 4e, pour le canon de 36.

2 *coussinets de tourillon de* 30 *et d'obusier de côte*, marqués du chiffre XXX; ou *de* 36 *et obusier de côte*, marqués du chiffre XXXVI. La bordure est placée en dedans pour les canons, et en dehors pour l'obusier.

Grand châssis.

Les *côtés* en fonte sont pareils et peuvent s'assembler entre eux par l'une ou par l'autre face. — Les *tampons de douille de chape* ferment les douilles des chapes en dessus. — Le *tampon de lisoir* ferme le trou de cheville-ouvrière en dessus.

Sellette de cheville-ouvrière (fonte); les pattes sont percées de 4 trous pour le passage des boulons qui la fixent sur la plate-forme. — 1 *cheville-ouvrière* (fer), placée dans la sellette.

Affût de côte en bois.

Il reçoit l'obusier de côte et a été construit par circonstance, en 1848. A cette même époque, on a construit pour le canon de 30 des affûts d'obusier de place; et, pour pouvoir les monter sur le grand châssis d'obusier de côte, on leur a donné l'essieu n° 5 d'affût d'obusier de côte.

Dans un but d'économie, on a supprimé quelques ferrures; en outre, on a remplacé les roues par des rouleaux, et la vis de pointage par un coin de mire avec coussinet.

Le grand châssis est en tout semblable à celui d'obusier de place, sauf qu'il est plus large de 15 cent.

Affût de casemate de côte.

Il reçoit l'obusier de côte de 22^c^, et les canons de 36 de la marine et de 30. Il est monté sur un *grand châssis.*

Chariot de parc.

Le chariot de parc sert au transport de tous les objets pour lesquels il n'a pas été créé de voiture spéciale.

Le sabot n'ayant été adopté pour les voitures de siége qu'en 1854, les chariots construits antérieurement peuvent encore se trouver munis de la chaîne d'enrayage.

Avant-train.

Il est particulier au chariot de parc.

Exhaussements du chariot de parc.

Il y a deux espèces *d'exhaussements,* adoptés l'un et l'autre en 1851 : l'un, dit *à hautes ridelles,* pour le service des places ; l'autre, dit *à moyennes ridelles,* pour le service de campagne (chargement des outils à pionniers) ; ce dernier a remplacé dans les constructions nouvelles l'exhaussement à cadre de 1833.

Le coffre de l'exhaussement à hautes ridelles n'est fermé sur les côtés et sur les bouts que quand la nature du chargement l'exige.

Les chariots mis en route ne conservent leur exhaussement que par ordre spécial ; toutefois, les étriers de brancard ne doivent jamais être enlevés.

Exhaussement à hautes ridelles.

Hauteur de l'exhaussement, du dessus des planches de fond à l'horizontale passant par l'axe des ridelles, 90 cent. ; largeur ou écartement des ridelles d'axe en axe, $1^m,20$.

Exhaussement à moyennes ridelles.

Hauteur de l'exhaussement, du dessus des planches de fond à l'horizontale passant par l'axe des ridelles, 60 cent. ; largeur ou écartement des ridelles d'axe en axe, $1^m,13$.

Caisse de parc.

Les caisses de parc sont employées au chargement des outils d'ouvriers en bois, des gros outils de pontonniers, des ustensiles d'artifices, des pièces d'armes de rechange, etc. Elles ont des garnitures intérieures appropriées à chaque espèce de chargement. — 4 caisses peuvent être chargées sur un chariot de parc.

Coffre de supplément d'outils d'ouvriers en fer.

Il est destiné au chargement des outils des compagnies d'ouvriers employés dans les parcs.

Coffre d'outils tranchants.

Il est destiné au transport des serpes et des haches.

Triqueballe à treuil.

Il est destiné au transport des bouches à feu, affûts de mortier, etc., dans les places et dans les tranchées.

Avant-train.

Il est particulier à cette voiture.

Tombereau à bascule.

Cette voiture est destinée au service des polygones et des établissements de l'artillerie.

Ce n'est qu'à défaut de roues et d'essieux de caisson Gribeauval que l'on doit monter le tombereau sur les mêmes roues et essieux que le chariot de parc.

Avant-train.

Il est particulier à cette voiture.

Haquet à bateau et à nacelle.

Le haquet sert au transport du bateau, de la nacelle et de divers engins et agrès de l'équipage de pont.

Le sabot d'enrayage n'ayant été adopté pour le haquet qu'en 1854, les haquets construits antérieurement peuvent encore se trouver munis de la chaîne d'enrayage.

Avant-train.

Il est particulier à cette voiture.

Voir chapitre XVI, pour le bateau, la nacelle, les agrès et engins de l'équipage de pont.

Chèvre, modèle 1840.

On l'équipe avec des chaînes.

Chèvre de place et de campagne, modèle 1825.

Il existe encore en service un grand nombre de chèvres, modèle 1825. On les équipe avec des cables.

Brouette.

Elle peut être transformée en *brouette à bombes*, en clouant sur le fond 2 *tasseaux*, de manière à former avec la planche du dossier une cavité triangulaire propre à recevoir les projectiles creux de tous calibres.

Chevrette.

Elle sert pour graisser les roues, etc.

On se sert, pour levier d'abattage de la chevrette, d'un timon ou de toute autre pièce de bois à peu près semblable.

Civière ordinaire.

On peut faire les civières à 3 épars, quand les objets à transporter n'ont pas besoin d'être soutenus.

Civière à poudre.

On emploie pour le transport des barils, des civières sans épars, composées de 2 *bras* de $1^m,78$ de longueur et 5 cent. de diamètre, réunis entre eux par une toile à voile d'environ 70 cent. de longueur, dont les deux bouts sont cousus de manière à former chacun un fourreau de 6 cent. de diamètre pour le logement des bras.

On ajoute à chacune de ces civières un prélat de même largeur, et de 1 mètre de longueur.

Roues.

	N°	1	2	3	4	5	6	de brouette.
BOIS	Moyeu	1	1	1	»	1	1	1
	Rais	14	14	12	10	12	14	6
	Jantes	7	7	6	»	6	7	6
	Goujons (à huit pans)	7	7	6	»	6	7	6
	Coins (pour les rais)	14	14	12	»	12	14	»
FER	Clous rivés	pour les jantes en chêne dont l'état peut l'exiger.						
	Contre-rivures							
	Cordons	2	2	2	»	2	2	»
	Frettes	2	2	2	»	2	2	2
	Caboches	12	12	12	»	12	12	4
	Cercle	1	1	1	1	1	1	1
	Boulons de cercle	7	7	6	»	6	7	»
	Écrous et rosettes	7	7	6	»	6	7	»
	Clous de cercle	»	»	»	10	»	»	6
	Crampons de boite de roue	1	1	1	»	»	1	»
	Goupilles à pointe (pour boite)	»	»	»	»	4	»	»
	Boite de roue	»	»	»	»	»	»	2
BRONZE	Boite de roue	1	1	1	»	1	1	»
FONTE	Moyeu	»	»	»	1	»	»	»

Roue N° 1, *de siége*, pour affûts de siége, chariot porte-corps, et avant-train de siége.
— N° 2, *de campagne*, pour affûts, voitures et avant-train de campagne, charette, chariot de parc, haquet, et tombereau.
— N° 3, *d'avant-train*, pour avant-train de chariot de parc, de haquet, de triqueballe, et de tombereau.
— N° 4, *de place*, pour affûts de place.
— N° 5, *de montagne*.
— N° 6, *de triqueballe*.

Manière de châtrer une roue.

Une roue a besoin d'être châtrée, quand les épaulements des rais ne portent plus sur le moyeu ou sur les jantes. — Le châtrage des roues ne peut s'effectuer convenablement que dans les établissements ou dans les parcs. En cas de nécessité, procéder de la manière suivante.

Repérer le cercle sur la roue. — Retirer les boulons et le cercle. — Enlever à l'un des bouts d'une jante, par un trait de scie tournant autour du goujon, 10 à 15 mill. de bois, selon le besoin ; si, en raison de l'état de délabrement de la roue, ce raccourcissement ne suffit pas, pratiquer la même opération à un joint diamétralement opposé. Le bois enlevé, frapper autour de la couronne et sur les coins des broches pour les resserrer. — Changer les coins défectueux.

Chauffer le cercle, en un point, à un degré voisin de celui de soudure ; deux hommes frappent extérieurement, de chaque côté de la partie chauffée, jusqu'à ce que le cercle soit refoulé de la quantité convenable, 15 à 25 mill. au plus.

Si le châtrage de la couronne a été opéré en deux endroits, refouler aussi le cercle en deux points, ou le couper et refaire la soudure de manière à le raccourcir de la quantité convenable. Dans ce dernier cas, conserver au cercle 2 à 4 mill. d'épaisseur de plus à l'endroit de la soudure.

Redresser et arrondir sur la bigorne les parties déformées du cercle ; enlever les bavures à la tranche, s'il y a lieu ; dresser les bords au marteau.

Disposer la roue à terre sur le petit bout du moyeu, les jantes sur 3 cales, un joint sur le milieu de chaque cale.

Chauffer le cercle le plus uniformément possible sur un feu de bois ou, à défaut, sur la forge, en le faisant tourner. — Le porter sur la roue au moyen de 3 poinçons ou autres outils analogues. — Le presenter suivant les repères, de manière à faire correspondre le mieux possible les trous de boulons. — Agir avec les tire-cercles, et achever, en frappant à petits coups sur le cercle, aux endroits où les jantes posent sur les cales, de mettre le cercle à fond. — Faire tourner la roue, pour amener sur les cales les parties où il est nécessaire de frapper. — Aussitôt que le cercle est à fond, le refroidir promptement, en jetant de l'eau dessus.

Dès que le refroidissement permet de dresser la roue sur champ, voir si le cercle affleure partout le devant des jantes ; rectifier, au besoin, en frappant à petits coups contre les jantes, et en appuyant en regard un marteau à devant contre le cercle.

Enfin, replacer les boulons ; passer, au besoin, une mèche dans les trous des jautes, en la dirigeant vers l'orifice intérieur de l'ancien trou, autant que l'obliquité qui pourrait en résulter n'empêcherait pas l'écrou de porter convenablement sur la jante.

Le cercle peut avoir besoin d'être raccourci, sans que la roue doive être châtrée ; dans ce cas, on opère sur le cercle sans toucher à la couronne.

Le cercle peut adhérer au point qu'on ne puisse le retirer, après avoir ôté les boulons, sans risquer d'endommager les jantes ; dans ce cas il convient d'effectuer d'abord le châtrage.

L'opération peut se faire de deux manières. 1° Le cercle étant encore en place, pratiquer le trait de scie au bout d'une jante, en le dirigeant de l'un à l'autre bord intérieur du cercle et en tournant autour du goujon ; agir ensuite au ciseau et au bec-d'âne entre le cercle et le goujon. Quand tout le bois est tombé, frapper autour du cercle pour le détacher. 2° Pratiquer le trait de scie depuis le dedans de la jante jusqu'au cercle, sans conserver le goujon. Le cercle enlevé, arracher les coins des broches des rais les plus voisins, en agissant avec un ciseau, sur chacun de ces coins, de chaque côté en même temps ; ouvrir le joint des jantes, remplacer le goujon, resserrer la couronne et recontre-coigner où il est besoin.

Sabots d'enrayage, chaînes et chaînettes.

Il y a deux modèles de sabot d'enrayage, l'un de siége, l'autre de campagne : le premier s'applique aux affûts de siége et au chariot porte-corps ; le second s'applique à toutes les voitures des batteries de campagne, au chariot de parc et au haquet.

Les chaînes sont désignées par une série de n^{os}, de 1 à 7 ; et les chaînettes par une autre série de 1 à 2, d'après les dimensions de leurs mailles.

DIMENSIONS PRINCIPALES, POIDS, ET DONNÉES DIVERSES.

AFFUTS DE	Campagne de 12.	Campagne léger de 12.	Montagne. Obusier de 12c.	Siége de 24.	Siége de 16.
	mill.	mill.	mill.	mill.	mill.
Écartement intérieur des sous-bandes	318	276	180	406	354
Diamètre du logement des tourillons	120	106	70	150	132
Enfoncement du centre du logement des tourillons, au-dessous du plan supérieur du derrière de la sous-bande	30	25	27	42	35
Distance du pied de la perpend. abaissée de l'axe de l'essieu sur la ligne de terre, au point de contact de la crosse avec le sol (L'affût en batt.)	2,039	1,986	1,107	2,730	2,630
Quantité dont le centre des tourillons est en arrière de la même perpendiculaire	3	3	55	42	45
Distance de l'axe de l'essieu à celui du logement des tourillons	350	325	210	506	492
Élévation au-dessus de la ligne de terre, de l'axe du logement des tourillons (L'affût en batterie)	1,095	1,069	682	1,294	1,282
Distance du devant des roues à l'extrémité de la lunette ou de la crosse (L'affût en batterie)	3,165	3,111	1,829	3,771	3,666
Distance entre les trains (entre-axe des essieux)	2,633	2,583	«	2,608	2,508
Champ vertical de tir avec la vis de pointage, l'affût sur plate-forme ou sol horizontal (1); environ — au-dessus de l'horizon	13°	11°	11°	12°	13°
Champ vertical de tir avec la vis de pointage, l'affût sur plate-forme ou sol horizontal (1); environ — au-dessous de l'horizon	7°	7°	9°	4°	4°
Longueur totale des affûts sur avant-train ou avec limonière	6,997	6,947	3,653	7,287	7,187
Poids de l'affût sans roues . . . kil.	395,00	353,00	75,00	676,00	583,00
Poids de la crosse sur le terrain — sans bouche à feu.	102,00	84,00	20,00	196,00	173,00
Poids de la crosse sur le terrain — avec bouche à feu.	135,00	112,00	34,00	311,00	254,00
Poids de la lunette sur le crochet cheville-ouvrière, l'affût — non chargé	81,50	72,50	«	«	«
Poids de la lunette sur le crochet cheville-ouvrière, l'affût — chargé	74,00	78,50	«	«	«
Poids moyen du timon, pris à l'emplacement du support, la voiture — non chargée	16,00	16,00	«	«	«
Poids moyen du timon, pris à l'emplacement du support, la voiture — chargée	12,00	12,00	«	«	«
Poids moyen du timon, pris à l'emplacement du support, la voiture — *idem* avec les servants sur le coffre.	17,00	17,00	«	«	«
Nombre de journées d'ouvriers . . . journées.	231	220	67	230	219
Quantité de bois . . . mètres cubes.	1,44	1,44	0,31	2,10	2,08
Quantité de métaux . . . kil.	710	690	85	1060	1000
Prix moyen . . . fr.	1180	1160	210	1600	1540

(1) La plate-forme de siége, inclinée de 16 cent. sur $4^m,50$, donne environ 2 degrés à retrancher de l'angle de tir au-dessus de l'horizon et à ajouter au-dessous.

AFFUTS ET GRANDS CHASSIS DE	Place de obusier de 22c.	Place de 24.	Place de 16.	Place de 12.	Côte en bois. Obusier de 22c.
	mill.	mill.	mill.	mill.	mill.
Écartement intérieur des montants	510	406	356	318	620
Diamètre du logement des tourillons	174	150	132	122	184
Enfoncement du centre du logement des tourillons, au-dessous du plan sup. des montants.	25	25	25	22,5	25

AFFUTS ET GRANDS CHASSIS DE	Place de obusier de 22c.	Place de 24.	Place de 16.	Place de 12.	Côte en bois. Obusier de 22c.
	mill.	mill.	mill.	mill.	mill.
Quantité dont le centre des tourillons est en arrière de la perpend. abaissée de l'axe de l'essieu sur la ligne de terre. (L'affût en batterie.) . .	100	100	95	90	100
Distance de l'axe de l'essieu à celui du logement des tourillons	1,000	1,000	990	980	1,040
Distance de l'axe de l'essieu au derrière de l'entretoise de crosse.	1,560	1,540	1,500	1,450	1,450
Élévation au-dessus de la ligne de terre, de l'axe du logement des tourillons. (L'affût en batt.).	1,792	1,742	1,732	1,722	1,832
Distance du devant des roues à l'extrémité de la lunette.	2,350	2,330	2,280	2,230	2,240
Champ vertical de tir avec la vis de pointage, l'affût et le grand châssis sur plate-forme horizontale, environ . . . . : au-dessus de l'horizon	11°	16°	10°	11°	14°
Champ vertical de tir … : au-dessous de l'horizon	11°	7°	8°	8°	9°
Champ latéral de tir sur plate-forme . . . . : de place	50°	50°	50°	50°	50°
Champ latéral de tir sur plate-forme : de côte.	90°	90°	90°	90°	90°
Élévation au dessus de la ligne de terre, du point de contact des côtés de châssis avec les roues. (L'affût en batterie.)	632	582	582	582	632
Inclinaison du châssis sur 1 mètre de longueur (environ)	70	50	50	50	70
Longueur totale du châssis	5,210	4,750	4,750	4,750	5,210
Rayon de la partie du moyeu formant rouleau .	160	160	160	160	160
Poids . de l'affût sans roues . . . . kil.	472,00	464,00	437,00	400,00	508,00
Poids . du grand châssis sans roulettes . . kil.	625,00	490,00	490,00	490,00	649,00
Poids . des roulettes avec chapes . . . . . kil.	89,00	89,00	89,00	89,00	89,00
Poids . du petit châssis . . . . kil.	123,00	123,00	123,00	123,00	123,00
Nombre de journées d'ouvriers . . . journées.	145	143	138	130	136
Quantité de bois. . . . . mètres cubes.	2,27	2,16	2,09	1,98	2,43
Quantité de métaux . . . . kil.	785	750	740	725	800
Prix moyen . . . . fr.	1085	1040	1025	980	1150

Poids . . { du lisoir-directeur d'affût de place . . . . 416 kil.
de l'affût de casemate de côte 1318
de l'affût de côte en fonte. 1655
du grand châssis d'affût de casemate de côte 1107
du grand châssis d'affût de côte en fonte 2395
de la sellette d'affût de côte en fonte (Plate-forme en pierre.) . . . 275

AFFUTS DE MORTIERS.	Écartement des flasques.	Longueur des flasques.	Poids des affûts.	Prix moyen des affûts.
	mill.	mill.	kil.	fr.
Affûts de mortier, modèle 1848 . . de 32c	545	1,530	1480	455
Affûts de mortier, modèle 1848 . . de 27c	480	1,530	1420	450
Affûts de mortier, modèle 1848 . . de 22c	345	1,200	530	170
Affûts de mortier, A. M. modifié . . de 32c	545	1,516	1400	420
Affûts de mortier, A. M. modifié . . de 27c	480	1,516	1350	410
Affûts de mortier, A. M. modifié . . de 22c	345	1,191	450	160
Affût de mortier de 15c	206	440	66	60
Monture du mortier-éprouvette. . . . en fonte.	«	«	54 à 59	«
Monture du mortier-éprouvette. . . . en bronze. . . .	«	«	91 à 96	«
Mortier-éprouvette monté	«	«	210 à 215	«

VOITURES.	Caisson à munitions.	Chariot de batterie. 1827.	Chariot de batterie. 1833.	Forge.	Chariot porte-corps.	Charrette.	Chariot de parc.	Haquet à bateau.	Triqueballe.
	mill.	mill.	mill.	mill.	mill.	mill.	mill.	mill.	mill.
Distance entre les 2 trains (entre-axe des essieux).	2,368	2,648	2,848	2,648	2,613	«	2,540	4,000	3,190
Longueur totale de la voiture sur avant-train . . .	6,972	7,237	7,587	7,197	7,292	3,960	6,993	8,924	7.793
	kil.	kil.	kil.	kil.	kil.	kil.	kil.	kil.	kil.
Poids de l'arrière-train, sans roues, ni coffres, ni garnitures intérieures.	238,00	321,00	368,00	401,00	445,00	251,00	356,00	348,00	427,00
Poids de l'avant-train, sans roues et sans coffre . . .	172,00	172,00	172,00	172,00	225,00	«	162,00	186,00	187,00
Poids de la lunette sur le crochet cheville-ouvrière, la voiture (1). — non chargée	51,00	«	54,00	71,00	«	«	«	«	«
Poids de la lunette sur le crochet cheville-ouvrière, la voiture (1). — chargée	89,00	«	150,00	103,00	«	«	«	«	«
Poids du bout du timon à l'emplacement du support, la voiture (2) — non chargée	17,50	«	17,50	16,50	«	«	«	«	«
Poids du bout du timon à l'emplacement du support, la voiture (2) — chargée	11,00	«	7,00	9,00	«	«	«	«	«
Poids du bout du timon à l'emplacement du support, la voiture (2) — *idem*, avec les servants sur le coffre.	16,00	«	«	«	«	«	«	«	«
Nombre de journées d'ouvriers	225	«	212	247	181	70	150	140	233
Quantité de bois . . . . mètres cubes.	1,45	«	1,62	1,51	1,62	0,79	1,40	1,37	1,58
Quantité de métaux . . . . kil.	700	«	618	810	840	216	531	530	900
Prix moyen. . . . . fr.	1150	«	1080	1300	1220	400	980	1020	1300

(1) Le caisson est supposé sans rechanges ni outils, et chargé pour canon-obusier. Le poids de la lunette varie avec les divers chargements. Le maximum est d'environ 200 kil.; il a lieu avec le coffre de devant chargé en cartouches à balle oblongue, portant 3 servants, les rechanges et outils en place, moins la roue, et le coffre de derrière vide. Le minimum est d'environ $0^{k},75$; il a lieu avec le coffre de devant vide, celui de derrière chargé en cartouches à balle oblongue, et la roue de rechange en place. La roue de rechange mise en place allége le poids de la lunette d'environ 35 kil.

(2) Le maximum du poids du bout du timon est d'environ 25 kil. Il a lieu avec le poids minimum de la lunette du caisson, et le coffre d'avant-train non chargé, portant 3 servants. Le minimum est d'environ 2 kil.; il a lieu avec le poids maximum de la lunette du caisson et le coffre d'avant-train chargé en cartouches à balle oblongue.

VOIE DES VOITURES.	Largeur.
	mill.
Affûts et voitures de campagne, charrette, chariot de parc et haquet	1,525
Affûts de siége et chariot porte-corps	1,545
Affût de montagne	750
Triqueballe	1,510

La voie se mesure du dedans d'une jante au dehors de l'autre, ou entre les milieux des jantes.

DIMENSIONS INTÉRIEURES ET POIDS.	Long.	Larg. moyenne.	Haut.	Poids.	
	mill.	mill.	mill.	kil.	
Coffres à munitions et d'avant-train de chariot de batterie et forge. 1840	1,010	430	384	82,00	Vides et sans garniture intérieure.
Coffres à munitions et d'avant-train de chariot de batterie et forge. 1833	1,010	430	379	66,00	Vides et sans garniture intérieure.
Caisse à munitions de montagne	838	120	244	8,50	Vides et sans garniture intérieure.
Coffre d'outils de serrurier	800	320	340	36,00	Vides et sans garniture intérieure.
Caisse de parc	1,550	340	525	61,00	
Coffre de supplément d'outils d'ouvriers en fer	810	360	415	32,00	
Coffre d'outils tranchants	820	320	580	33,00	
Caisse de transport pour forge de montagne	830	200	415	11,50	Vide. — Chargée, elle pèse 35k,70.
Chariot de batterie. 1833	2,440	930	560	«	Hauteur sur la perche mobile 1,034 mill.
Chariot de batterie. 1827	2,082	810	420	«	Hauteur sur la ridelle du couv. 740 mill.
Chariot de parc. ordinaire	3,298	885	420	«	
Chariot de parc. à moyennes ridelles	3,298	970	635	«	
Chariot de parc. à hautes ridelles	3,298	1,005	935	«	
Charrette	2,000	835	340	«	
Cadre du chariot porte-corps mis en place	1,928	958	330	«	
Limonière d'affût d'obusier de 12e				15,00	
Soufflet de la forge de campagne				58,00	
Volée de devant d'avant-train de siége				11,50	

La caisse à munitions de montagne exige : 8 journées d'ouvriers, 0m,025 cubes de bois, 5 kil. de fer; elle coûte 23 fr.

DIMENSIONS DES ROUES no		1.	2.	3.	4.	5.	6.
		mill.	mill.	mill.	mill.	mill.	mill.
Hauteur	en blanc	1,520	1,460	1,200	«	940	2,000
Hauteur	ferrée	1,550	1,490	1,230	1,100	956	2,030
Écuanteur	en blanc	90	80	80	«	50	100
Écuanteur	ferrée	100	90	90	«	57	115
Poids des roues ferrées	kil.	155	102	85	176	23,50	206

CHÈVRES.	1840.	1825.
	kil.	kil.
Poids de la chèvre montée avec le pied	304,00	269,00
— du pied	36,00	»
— d'une poulie enchapée	30,50	28,00
— d'une poulie non enchapée	13,00	11,50
— de la chaîne	56,00	»
Prix fr.	550	525

OBSERVATIONS RELATIVES AUX PIÈCES EN FER.

Essieux en fer.

N° 1, *de siége*, pour affûts de siége, chariot porte-corps, triqueballe et avant-train de siége.

N° 2, *d'affûts de campagne.*

N° 3, *de caisson*, pour voitures des batteries de campagne, charrette, chariot de parc, haquet et tombereau, et pour avant-trains de campagne, de chariot de parc, de haquet, de triqueballe et de tombereau.

N° 4, *de place*, pour affûts de place.

N° 5, pour affûts de côte en bois.

N° 6, *d'affût de côte en fonte*, pour affût de côte en fonte et de casemate de côte. Le corps de cet essieu est cylindrique.

L'essieu d'affût de montagne est en bois.

Rondelles.

D'épaulement :

N° 1, *de siége*, pour épaulement d'essieu n° 1.

N° 2, *de campagne*, pour épaulement d'essieu n°s 2 et 3, et bout d'essieu n°s 4 et 5.

N° 3, *de place*, pour épaulement d'essieu n°s 4 et 5.

De bout d'essieux :

N° 1, *de siége*, pour bout d'essieu n° 1.

N° 2, *de campagne*, pour bout d'essieu n°s 2 et 3.

N° 3, *de montagne*, pour bout d'essieu d'affût de montagne.

N° 4, *d'affût de côte en fonte*, pour bout d'essieu n° 6.

Esses d'essieux.

N° 1, *de siége*, pour essieux n°s 1, 4, 5 et 6.

N° 2, *de campagne*, pour essieux n°s 2 et 3.

N° 3, *de montagne*, pour essieu de montagne. — La tige est percée d'un trou de lanière.

Boulons, écrous et rosettes.

Les boulons, écrous et rosettes sont désignés pas des séries de n^{os} de 1 à 10 pour les boulons et écrous, et de 1 à 6 pour les rosettes. Les boulons sont en outre désignés par une lettre d'après la forme de leur tête.

Boîtes de roues (bronze).

N° 1, *de siége,* pour roue n° 1.

N° 2, *de campagne,* pour roues n°s 2 et 3.

N° 3, *de montagne.*

La boîte n° 3 n'a pas d'oreilles: elle est percée, à 25 mill. du gros bout, de 4 trous de goupilles de 7 mill. également espacés entre eux.

Crampons de boîtes de roues.

N° 1, *de boîte de roue* n° 1.

N° 2, *de boîte de roue* n° 2.

La boîte n° 3 est fixée par des *goupilles à pointe.*

PEINTURE.

Matières premières, composition et préparation.

Les proportions sont données pour fournir 100 parties en poids de matière ou de peinture préparée.

HUILE DE LIN. — Elle doit être pure de tout mélange, très-claire, et récemment fabriquée. Elle s'emploie généralement à l'état *d'huile cuite.*

OCRE JAUNE. — Elle est meilleure en pain qu'en poudre, celle-ci contenant du blanc d'Espagne qui lui ôte de ses qualités, ou du sable fin qui, résistant à l'action de la molette, empêche de broyer l'ocre suffisamment. L'ocre se détériore à l'air en vieillissant.

NOIR DE FUMÉE. — Préférer le noir volatilisé et à l'état de poussière impalpable. — A défaut, employer du noir ordinaire, qu'on calcine sur une plaque de tôle.

Les autres matières premières ne donnent lieu à aucune observation.

HUILE CUITE. — Renfermer dans un sac de toile 6,30 de litharge et 3,15 de couperose concassés et mélangés; suspendre le sac au milieu d'une chaudière contenant 102,50 d'huile de lin crue, et faire bouillir pendant environ 5 heures sur un feu doux et égal, pour que l'huile ne noircisse pas. Laisser reposer jusqu'à complet refroidissement. Décanter et conserver l'huile à l'abri de la poussière.

DESSICCATIF. — 55 du mélange cuit de litharge et de couperose, broyé avec soin, par petites parties, avec 20 d'huile cuite et 45 d'essence de térébenthine.

MASTIC. — Pour boucher les fentes du bois. 82 de blanc d'Espagne réduit en poudre, et 21 d'huile de lin cuite, formant une pâte pas tout à fait dure.

PEINTURES EN PATÉ. — Mélanger dans un seau en fer-blanc chacune des matières séparément avec l'huile cuite, et broyer par petites parties. A défaut d'une machine à broyer, se servir d'une pierre et d'une molette. — Reprendre le mélange ainsi obtenu, et le broyer de nouveau par petites parties, en y ajoutant la quantité convenable de dessiccatif préparé. — Nettoyer de temps en temps la molette et la pierre avec un peu d'essence de térébenthine. — Pour le pâté olive, ajouter, en broyant, à chaque partie de pâte d'ocre, une quantité convenable de pâte de noir de fumée.

Le mélange doit être intime, et n'accuser au toucher aucune partie sablonneuse.

PEINTURES EN PATÉ.	Huile cuite.	Ocre jaune.	Noir de fumée.	Blanc de céruse.	Dessicatif	Essence pour nettoyer la pierre.
Olive	41,50	68,00	2,00	«	6,50	0,50
Noir	85,00	»	29,00	«	10,00	0,50
Blanc pour numérotage	40,00	«	«	80,00	10,00	0,50
Gris pour les bâtiments	40,00	«	2,00	78,00	10,00	0,50

Le pâté se conserve dans des tonnes garnies de fer-blanc à l'intérieur. On le tient à l'abri de l'air, en le recouvrant d'une couche d'huile cuite de quelques centimètres d'épaisseur.

PEINTURES DÉLAYÉES. — Elles se font avec 50 de pâté et environ 50 d'huile cuite.

En campagne, où l'on a besoin d'aller vite et de faire sécher promptement, on peut rendre la peinture plus liquide en forçant la proportion de l'huile, et plus siccative, en y ajoutant du dessiccatif ou, à défaut, de l'essence de térébenthine.

La peinture pour *prélats* se compose de 100 de peinture olive délayée, avec lesquelles on mélange 6 de cire jaune, fondue dans 6 d'essence de térébenthine.

La peinture au minium se compose de 65 de minium en poudre; délayé dans 15 d'huile crue et 20 d'essence de térébenthine. Ne préparer à la fois que de faibles quantités de cette peinture, qui se décompose au bout de quelques heures.

Application de la peinture.

Peinture délayée, nécessaire pour peindre.	Un affût de campagne.	Un affût de montagne.	Un affût de siége.	Un affût de place.	Un affût de côte en fonte.	Un caisson.	Une forge de campagne.	Un chariot de batterie.	Un chariot de parc.	Un chariot porte-corps.	Une charrette.	Un triqueballe.	Un baquet.	Une chèvre.
	kil.	kil.	kil.	kil.	kil.	kil.	kil.	kil.	kil.	kil.	kil.	kil.	kil.	kil.
Olive	4, 50	1, 00	5, 20	6, 60	»	6, 00	4, 80	11, 50	6, 20	5, 00	2, 80	5, 20	4, 25	1, 90
Noire	0, 35	0, 05	0, 35	0, 40	1, 50	0, 40	0, 55	0, 43	0, 38	0, 28	0, 20	0, 80	0, 25	0, 35
Au minium. . . .	0, 15	»	»	»	3, 15	0, 45	0, 15	0, 15	»	»	»	»	»	»

Ce tableau donne les quantités nécessaires pour les voitures et affûts complets, avec roues, coffres, châssis, etc.

On met deux couches de peinture olive sur le bois ; une couche olive et une couche noire sur le fer. Les affûts de côte en fonte reçoivent une couche au minium et une couche de noir.

Si l'on est obligé d'employer des bois verts, ne les peindre que quelque temps après leur mise en œuvre.

Les objets à repeindre sont d'abord lavés avec soin. On enlève ensuite avec des couteaux ou des râcloirs, les corps étrangers et, autant que possible toute l'ancienne peinture, afin de mettre le bois et le fer à nu. On bouche les petites fentes avec du mastic, et les grandes avec des éclisses en bois enduites de peinture.

Si l'on ne peut mettre les voitures à l'abri, ne peindre que par un beau temps et quand le bois est parfaitement sec.

ENGERBEMENT OU DISPOSITION DANS LES MAGASINS.

On appelle *Rang,* une suite de voitures disposées soit à la suite, soit à côté les unes des autres.

Les diverses méthodes d'engerbement sont classées de telle sorte que celle qui a le numéro le plus élevé exige, en général, moins d'espace que celle du numéro inférieur. Dans la description, on ne fait connaître que les détails par lesquels chaque méthode diffère des méthodes déjà décrites.

AFFUTS DE CAMPAGNE. — 1re *Méthode.* Les affûts sur leurs roues, tous dans le même sens ; la flèche à terre dans la direction du rang ; les roues sur la même ligne, se touchant par les cercles. Les avant-trains, sans roues ni coffre, placés sur les affûts ; les fusées d'essieu portant sur le haut des roues d'un affût, le timon s'appuyant sur l'affût suivant. Les roues et les coffres des avant-trains sont engerbés séparément.

Dans cette méthode, au lieu de placer les roues sur la même ligne, on peut les croiser alternativement, en les rapprochant autant que possible.

2e *Méthode.* Les affûts sans roues, dressés sur la tête; les essieux perpendiculaires à la direction du rang; la flèche du 1er affût appuyée contre le mur sous un angle de 8° environ, le dessous de la flèche du côté du mur; le deuxième affût appuyé dans le même sens contre le premier, et ainsi de suite; tous les affûts maintenus parallèles entre eux au moyen de cales placées entre les crosses: les fusées d'essieu alignées. Les avant-trains, leurs coffres et leurs roues sont engerbés séparément.

3e *Méthode.* Un rang d'affûts dressés sur la tête contre le mur, les essieux se chevauchant entre eux. Les affûts du second rang et des suivants placés sur les premiers, et les uns sur les autres, comme il est dit dans la 2e *méthode.*

CAISSONS. — 1re *Méthode.* Les caissons sur leurs roues, tous dans le même sens; les flèches à terre dans la direction du rang; les roues se croisant alternativement en dedans et en dehors. Les avant-trains, leurs roues et les coffres sont engerbés séparément.

2e *Méthode.* Les caissons sans roues, par piles de 2 de base sur 4 de hauteur, les flèches se croisant et se touchant dans chaque couche, alternativement par le côté droit et le côté gauche. Les essieux et les flèches portant sur des cales, afin d'isoler les ferrures en saillie, etc.

CHARIOTS DE BATTERIE. — 1re *Méthode.* Les chariots sur leurs roues, les flèches à terre; les essieux dans la direction du rang, et se touchant bout à bout. Le deuxième rang disposé de la même manière; les roues correspondant à celles du premier rang et aussi rapprochées que possible. Les avant-trains et les coffres sont engerbés séparément.

2e *Méthode.* Les chariots, sans roues, dressés sur la partie postérieure des brancards; les essieux en dedans et dans la direction du rang, se chevauchant entre eux; les flèches appuyées contre le mur, etc.

FORGES DE CAMPAGNE. — 1re *Méthode.* Les soufflets recouverts de leurs chemises et les coffres d'outils non démontés; les forges sur leurs roues; toutes les flèches à terre, dans la direction du rang et dans le même sens; les roues sur la même ligne; le contre-cœur d'une forge touchant le coffre d'outils de la précédente. Les avant-trains sans roues ni coffre, sous les forges; les timons dans le même sens que les flèches; les fusées d'essieu touchant les roues de leur forge en avant. Les roues et les coffres des avant-trains sont engerbés séparément.

2e *Méthode.* Les soufflets recouverts de leurs chemises et les coffres d'outils non démontés ; les forges, sans avant-trains, dressées sur leurs roues et sur le derrière de leurs brancards ; les roues se chevauchant ; les essieux perpendiculaires à la direction du rang ; la flèche de la 1re forge appuyée contre le mur ; celle de la 2e joignant la traverse de montants de branloire, et soutenue au moyen de la servante, dont le bout s'appuie contre le devant de l'âtre de la 1re forge ; la 3e forge placée contre la seconde, et ainsi de suite ; la bigorne et le bloc placés sous chaque forge, entre les roues ; les avant-trains engerbés à part.

3e *Méthode.* Comme la 2e, les soufflets démontés, graissés, ouverts, et enveloppés de leurs chemises, suspendus au plafond ; les coffres d'outils engerbés à part.

AVANT-TRAINS DE CAMPAGNE. — 1re *Méthode.* Par piles de 1 de base sur 4 de hauteur au moins ; les corps d'essieu se correspondant et portant, ainsi que les volées, sur des cales, de manière à isoler le grand crochet de prolonge. Les coffres, les roues et les timons sont engerbés séparément.

2e *Méthode.* Dressés sur l'extrémité postérieure des armons, les essieux en dedans, se chevauchant entre eux ; les volées du 1er rang appuyées contre le mur au moyen de cales ; les autres rangs disposés de même et appuyés chacun sur celui qui le précède.

COFFRES ET CAISSES. — Réunis autant que possible par espèce et par destination ; engerbés dans leur position ordinaire en piles carrées de 2 ou 3 de base ; chaque couche croisant celle qui lui est inférieure ; la première reposant sur des chantiers, les autres sur des liteaux en bois blancs, placés le long des bords des couvercles de la couche inférieure ; les liteaux à peu près de la même longueur que les couvercles, et assez épais pour que les couches ne puissent se toucher.

Lorsque les coffres ou caisses sont chargés, les piles ne doivent comprendre que deux ou trois couches.

AFFUTS DE MONTAGNE. — Comme ceux de campagne. — Les limonières à plat, les unes sur les autres ; séparées par des cales, de manière à isoler les ferrures en saillie.

AFFUTS DE SIÉGE. — Comme ceux de campagne. — Dans les 2e et 3e méthodes, les flèches des premiers affûts s'appuient contre le mur par l'intermédiaire d'une cale, placée derrière la lunette de cheville-ouvrière, près du piton de chaîne d'embrelage ; les flèches des affûts suivants sont appuyées contre une cale placée au-dessus du coussinet de culasse des affûts qui précèdent.

4e *Méthode.* Les affûts sur leurs roues, dans la direction du rang ; le 1er, la crosse à terre ; le second, en sens contraire, la crosse entre les flasques du 1er; le 3e et les suivants, dans le même sens que le second, la crosse de l'un entre les flasques du précédent; toutes les roues sur la même ligne, se touchant par les cercles. Au lieu de placer les roues sur la même ligne, on peut les croiser alternativement en les rapprochant autant que possible.

CHARIOTS PORTE-CORPS. — 1re *Méthode.* Les chariots sur leurs roues, sans avant-trains; les brancards du milieu à terre dans la direction du rang; tous dans le même sens, les roues se touchant; les avant-trains sans roues sur les chariots, comme aux affûts de campagne.

2e *Méthode.* Les chariots, sans roues, dressés sur la partie postérieure des brancards; les essieux perpendiculaires à la direction du rang: le 1er chariot appuyé contre le mur, sous un angle de 8° environ, le dessous du côté du mur; le 2e chariot appuyé dans le même sens contre le 1er, et ainsi de suite; tous maintenus parallèles entre eux au moyen de cales placées vers le haut des brancards du milieu, entre le piton d'anneau d'embrelage et les anneaux de manœuvre. Les avant-trains et les roues engerbés séparément.

AVANT-TRAINS DE SIÉGE. — 1re *Méthode.* Les avant-trains, sans roues, par piles de 2 de base sur 4 de hauteur; les timons se croisant et se laissant alternativement à droite et à gauche; les essieux et les timons portant sur des cales.

2e *Méthode.* Les roues séparées des avant-trains; celles du 1er à placer, dressées contre le mur, se chevauchant de l'épaisseur des jantes; le gros bout du moyeu en dehors; l'avant-train dressé sur l'extrémité de l'une des fusées d'essieu, appuyé contre le mur, l'essieu en dehors; la volée touchant le cercle de l'une des roues; le timon reposant sur les moyeux. Les roues du 2e avant-train dressées contre les premières, les moyeux des roues voisines du bout du timon appuyés l'un sur l'autre, les moyeux des deux autres se chevauchant, celui de la roue du 2e avant-train étant plus rapproché du bout du timon; le 2e avant-train parallèle au 1er, placé de même; les essieux se correspondant, la fusée supérieure du 2e s'appuyant au moyen d'une cale contre celle du 1er. Le 3e avant-train et ses roues comme le 1er; le 4e comme le 2e, et ainsi de suite. La position des fusées d'essieu qui portent à terre est assurée sur un chantier au moyen de taquets. Des cales clouées sur les moyeux assurent l'appui des timons.

CHARRETTES. — 1re *Méthode.* Empilées horizontalement, au moyen de cales, sur 3 de hauteur, les limons d'un même côté, les essieux en dessous; les roues à part, sur les côtés des piles.

2e *Méthode*. Dressées contre le mur, les limons en l'air, les essieux du même rang se chevauchant. Les roues sont engerbées à part.

CHARIOTS DE PARC. — 1re *Méthode*. Les chariots sans roues ni avant-train; les essieux en dessous; le devant du 2e chariot au-dessus du derrière du 1er, le 3e dans le même sens que le 1er, les avant-trains, sans roues ni timon, sur le chariot de dessus; les timons dans les étriers porte-timon de rechange. Les roues de chariot debout de chaque côté de la pile, le gros bout des moyeux en dehors; les roues d'avant-train contre les chariots.

2e *Méthode*. Les chariots dressés, ceux du 1er rang sur le derrière des brancards, dont le devant s'appuie contre le mur; ceux du 2e rang dressés sur le devant des brancards, les essieux s'appuyant sur les ridelles du 1er rang; le 3e rang comme le 1er; les essieux, dans chaque rang, se chevauchant jusqu'à toucher les brancards. Les avant-trains et les roues sont engerbés séparément.

AVANT-TRAIN DE CHARIOT DE PARC. — Comme les avant-trains de siége.

AFFUT DE PLACE. — 1re *Méthode*. Les affûts sans roues, debout sur les tenons de manœuvre et sur la tête; tous dans le même sens; rapprochés autant que possible; les montants dans la direction du rang. Les roues sont engerbées à part.

2e *Méthode*. Les essieux dans la direction du rang, sur la même ligne; le dessous des affûts du 1er rang faisant face au mur; les affûts du 2e rang, en sens contraire, dans les intervalles des affûts du 1er rang; les fusées d'essieu venant s'appuyer contre la tête des arcs-boutants de ces derniers, qu'on doit espacer de manière à laisser une place suffisante pour loger ceux du 2e rang. Les rangs impairs comme le 1er; les rangs pairs comme le 2e. Les roues sont engerbées à part.

CHASSIS D'AFFUTS DE PLACE. — 1re *Méthode*. Les roulettes sont engerbées à part. Les grands châssis sur 6 de hauteur; le 1er horizontalement, le lisoir en dessous; le 2e renversé sur le 1er, son entretoise de derrière en arrière des taquets du 1er; les directrices se touchant par le côté; le 3e dans le même sens que le 1er, son lisoir en avant de celui du 2e, et ainsi de suite. Les petits châssis sont placés sur la pile.

2e *Méthode*. Les grands châssis dressés sur leur partie antérieure, le lisoir en dedans; le 1er appuyé contre le mur; le 2e sur le 1er, et ainsi de suite. Les petits châssis sont engerbés à part.

3e *Méthode*. Les grands châssis dressés sur un de leurs côtés; engerbés sur 2 de hauteur; le bout des directrices d'une couple, s'appuyant contre les lisoirs de la couple voisine; tous les grands châssis verticaux ; le 1er rang rapproché du mur autant que possible, le 2e touchant le 1er, et ainsi de suite. Les petits châssis sont placés sur les grands. Les roulettes se placent sous les extrémités des directrices des châssis inférieurs.

AFFUTS ET CHASSIS DE CÔTE EN FONTE. — Démontés ; les pièces principales par espèces, les unes à côté des autres, maintenues par des cales sur un ou deux chantiers, suivant la forme et la longueur des pièces. Les boulons d'assemblage, écrous, etc., comme les rechanges en fer. — Mêmes soins d'entretien que pour les bouches à feu en fonte.

AFFUTS DE MORTIERS. — 1re *Méthode*. Dans les rez-de-chaussée; le dessous à terre; la tête du côté du mur; les tenons de manœuvre se touchant ou se chevauchant. Faire au besoin plusieurs couches superposées, et disposées comme la 1re.

2e *Méthode*. Les affûts dressés sur la tête, les tenons de manœuvre dans la direction du rang et se chevauchant. Les affûts de mortiers de 15c les uns sur les autres, ou au besoin sur les autres affûts de mortiers.

FLASQUES D'AFFUTS DE MORTIERS. — En plein air ou à couvert, par espèces et par paires; placés de champ; parallèles entre eux; le dessous à terre; les têtes sur le même alignement. — Mêmes soins d'entretien que pour les bouches à feu en fonte.

ROUES. — Réunies par nos. Celles du 1er rang, le petit bout du moyeu du côté du mur, le plan du cercle oblique par rapport à la direction du rang; chaque roue touchant par son cercle le moyeu de la précédente. Les autres rangs comme le 1er, les moyeux appuyés sur ceux du rang précédent. — Au moyen de planches, on peut engerber les grandes roues sur 2 de hauteur, et les petites sur 3.

RECHANGES EN FER. — Dans des cases étiquetées; les essieux empilés en treillage; les roulettes empilées.

RECHANGES EN BOIS. — Comme les bois débités.

APPROVISIONNEMENTS. — Pour les approvisionnements en fer et en bois, métaux divers, outils, voy. CHAP. VII.

MACHINES ET INSTRUMENTS. — Les machines, généralement dans les rez-de-chaussée. — Les instruments, dans la salle aux modèles.

CHÈVRES. — Les chèvres assemblées ; empilées sur 10 de hauteur, toutes dans le même sens; les treuils superposés; les hanches appuyées sur des cales ; les pieds couchés à côté des hanches ou dressés contre le mur.

Équipage de pont.

BATEAUX ET NACELLES. — Engerbés sur 2 de hauteur dans leur position ordinaire; le 1er, sur 3 chantiers en travers; le 2e, sur 3 bouts de poutrelle placés sur les plats-bords du 1er, au-dessus des chantiers.

HAQUETS. — Sans roues; engerbés sur 4 de hauteur. Les avant-trains sont placés, la sellette sous les brancards, le timon dans l'ouverture de l'arrière-train. Les roues sont engerbées à part.

MADRIERS ET POUTRELLES. — Empilés en treillage.

TABLEAU DES MARQUES DISTINCTIVES.

Nota. Les inscriptions sont peintes en blanc sur chaque objet: au moment de la construction, pour ceux qui ont une destination permanente; au moment où ils sont spécialisés, pour ceux dont l'emploi peut varier. — Hauteur des lettres, 50 mill. ou 25 mill., selon la grandeur de l'emplacement. — Le cor de chasse pour coffre de cartouches d'infanterie à balle oblongue est inscrit dans un rectangle de 20 cent. sur 10 cent. — Les initiales *B* et *F* indiquent les bouches à feu en bronze ou en fonte.

DÉSIGNATION DES OBJETS.		MARQUES DISTINCTIVES.	EMPLACEMENT des marques.
Affût de campagne	de 12 et obusier de 16c . . .	DE 12.	Sur le flasque droit, entre les 2 chevilles à tête ronde, à environ 10 c. du dessus des flasques.
	léger de 12	L. DE 12.	
Affût de siége	de 24 et obusier de siége de 22c en bronze	DE 24.	
	de 16	DE 16.	
Affût de place	d'obusier de côte de 22c . .	OB. DE CÔTE.	Sur l'arc-boutant de droite, au-dessus du boulon d'assemblage de l'entretoise du milieu. En une ou deux lignes horizontales.
	d'obusier de place de 22c . .	OB. DE PLACE.	
	de 30, 24 et 16 en fonte . .	30, 24, 16 EN F.	
	de 24 en fonte m. ant. à 1847.	24 EN F.	
	de 24 en bronze.	24 EN B.	
	de 16 en bronze.	16 EN B.	
	de 12 en bronze.	DE 12.	
	Pour l'armement des côtes: d'obusier de côte de 22c . .	OB. DE CÔTE Pr CÔTE.	
	de 30	DE 30 Pr CÔTE.	
Grand châssis d'affûts de place	d'obusier de côte de 22c et de canon de 30 pour l'armement des côtes	OB. DE CÔTE ET 30 Pr CÔTE.	Contre le côté droit du châssis, sur une ou deux lignes.
	d'obusier de place de 22c. .	OB. DE PL.	
	de canon en fonte et en bronze.	24, 16, 12 ET 30 B. ET F.	
Affût de mortier	de 32c.	DE 32c.	Sur le plan incliné du dessus de l'entretoise de derrière.
	de 27c.	DE 27c ET Per	
	de 22c.	DE 22c.	

DÉSIGNATION DES OBJETS.	MARQUES DISTINCTIVES.	EMPLACEMENT des marques.
Coffre à munitions garni pour obusier de 16e. avant-train	OB. DE 16e AV.-T.	Contre le devant, vers le milieu de la hauteur et de la longueur.
Coffre à munitions garni pour obusier de 16e. arrière-train.	OB. DE 16e AR.-T.	
Coffre à munitions garni pour canon de 12 de réserve . . .	DE 12.	
Coffre à munitions garni pour canon-obusier de 12 . . .	C. OB. 12.	
Coffre à munitions garni pour canon-obusier de 12 léger .	C. OB. 12 L.	
Coffre à munitions garni pour obusier de 15e.	OB. DE 15e.	
Coffre à munitions garni pour canon de 8	DE 8.	
Coffre à munitions garni pour infanterie, cartouches à balle sphérique.	INF.	
Coffre à munitions garni pour infanterie, cartouches à balle oblongue .	Un cor de chasse.	
Coffre à munitions garni pour infanterie, cartouches à balle évidée. . .	INF. B. EV.	
Coffre à munitions garni pour infanterie, cartouches à armes à silex . .	SILEX.	
Coffre d'avant-train de chariot de batterie	CH. DE B^{ie}.	
Coffre d'avant-train de forge de campagne . . .	FORGE.	
Coffre d'outils de serrurier	FORGE.	
Coffre de supplément d'outils d'ouvriers en fer	OUT^s D'OUV. EN F.	
Coffre d'approvisionnement de chariot de batterie	CH. DE B^{ie} APPROV^t.	
Coffre d'outils tranchants	OUT^s TRANCH^s	
Caisse à munitions de montagne garnie pour obusier de 12e.	OB. DE 12e.	
Caisse à munitions de montagne chargée de cartouches d'infanterie à balle sphérique. . . .	INF.	
Caisse à munitions de montagne chargée de cartouches d'infanterie à balle oblongue. . .	Un cor de chasse.	
Caisse à munitions de montagne chargée d'outils d'ouvriers en bois.	OUT^s.	
Caisse d'outils d'ouvriers en bois, garnie pour 1/2 compagnie d'ouvriers A	OUT^s D'OUV. EN BOIS. A.	
Caisse d'outils d'ouvriers en bois, garnie pour 1/2 compagnie d'ouvriers B	OUT^s D'OUV. EN BOIS. B.	
Caisse d'outils d'ouvriers en bois, garnie pour une compagnie de pontonniers outils ordinaires . .	PONT. OUT^s ORD^s.	
Caisse d'outils d'ouvriers en bois, garnie pour une compagnie de pontonniers gros outils.	PONT. GROS OUT^s.	
Caisse d'outils d'ouvriers en bois, garnie pour ustensiles d'artificiers n° 1	ARTIF^s n° 1.	
Caisse d'outils d'ouvriers en bois, garnie pour ustensiles d'artificiers n° 2	ARTIF^s n° 2.	
Caisse d'outils d'ouvriers en bois, garnie pour ustensiles d'artificiers n° 3	ARTIF^s n° 3.	
Caisse d'outils d'ouvriers en bois, garnie pour ustensiles d'artificiers n° 4	ARTIF^s n° 4.	
Caisse de parc chargée de pièces d'armes de rechange pour infanterie	INF.	
Caisse de parc chargée de pièces d'armes de rechange pour chasseurs à pied. . . .	Un cor de chasse.	
Caisse de parc chargée de pièces d'armes de rechange pour artillerie.	ART.	
Caisse de parc chargée de pièces d'armes de rechange pour cavalerie de réserve et dragons	CAV. DE R^{ve}.	
Caisse de parc chargée de pièces d'armes de rechange pour cavalerie légère, lanciers et gendarmes.	CAV. L^{re}.	
Caisse aux menus objets du coffre d'avant-train du chariot de batterie.	CH. de B^{ie}.	Contre l'un des côtés et vers le milieu.
Caisse aux menus objets du coffre d'avant-train de la forge de campagne	FORGE.	
Caisse à charbon du chariot de batterie. . .	CH. DE B^{ie} CHARB.	Contre le devant, vers le milieu de la haut^r et de la long^r.
Caisse de transport de la forge de montagne A	FORGE DE MONT^e. A.	
Caisse de transport de la forge de montagne B	FORGE DE MONT^e. B.	
Écouvillon hampé de campagne d'obusier de 16e.	OB. 16.	Sur la hampe, près de la tête d'écouvillon.
Écouvillon hampé de campagne de canon de 12 de réserve .	12.	
Écouvillon hampé de campagne de canons-obusiers de 12 et de 12 léger	C. OB. 12.	
Écouvillon hampé de campagne d'obusier de 15e.	OB. 15.	
Écouvillon hampé de campagne de canon de 8.	8.	

DÉSIGNATION DES OBJETS.		MARQUES DISTINCTIVES.	EMPLACEMENT des marques.
Écouvillon hampé de siége, place et côte	de 30 et obusier de côte . .	30 ET OB. DE CÔTE.	Sur la hampe, près de la tête d'écouvillon.
	de 24 et obusier de place . .	24 ET OB. DE PLACE.	
	de 16	16.	
	de 12	12.	
	d'obusier de siége	OB. DE SIÉGE.	
	de 36	36.	
Écouvillon hampé de mortier	de 32e, 27^{e}	M. 32e ET 27e.	
	de 22e et 15^{e}	M. 22e ET 15e.	
Refouloir hampé	de 30	30.	Sur la hampe, près de la tête.
	de 24	24.	
	de 16	16.	
	de 12 de place	12.	
	d'obusier de place et obusier de côte en fonte	OB. EN F.	
Tire-bourre hampé de campagne	de 12 et obusier de 16e . . .	12.	Sur la hampe, près du tire-bourre.
	de canons-obusiers de 12 et de 12 léger	C. OB. 12.	
	de 8 et obusier de 15^{e}	8.	
Tire-bourre hampé de siége, place et côte	de 24 et de 16 en bronze . .	24 ET 16 EN B.	
	de 12 de place, 30, 24, 16 et obusier de 22e, en fonte.	12 B. ET P^{ces} EN F.	
Lanterne hampée	de 30 et ob^{r} de côte de 22e .	30 ET OB. DE CÔTE.	Sur la hampe, près de la tête.
	de 24 et ob^{r} de place de 22e.	24 ET OB. DE PLACE.	
	de 16	16.	
	de 12 de place	12.	
Gargoussier	de 30 et ob^{r} de côte de 22e .	30 ET OB. DE CÔTE.	Sur le couvercle.
	de 24 et ob^{r} de place de 22e.	24 ET OB. DE PLACE.	
	de 16	16.	
	de 12 et ob^{r} de siége de 22e et ob^{r} de 16e de campagne.	12 ET OB. EN B. DE 22e ET 16e.	
	de 8 et obusier de 15e. . . .	8 ET OB. DE 15e.	

CHAPITRE IV.

ARMEMENTS, ASSORTIMENTS, OUTILS A PIONNIERS ET OUTILS TRANCHANTS.

SOMMAIRE.

ARMEMENTS.

ÉCOUVILLONS. — 11 *modèles:* De 30 et d'obusier de côte. — De 24 et d'obusier de place. — De 16. — De 12 de place. — D'obusier de siége. — De mortiers de 32c et de 27c. — De mortiers de 22c et de 15c. — De 12 de campagne et d'obusier de 16c. — De canons-obusiers de 12 et de 12 léger. — De 8. — Et enfin, d'obusier de 15c.

Les quatre premiers n'ont pas de tête de refouloir. Les deux derniers ne diffèrent entre eux que par la tête du refouloir, qui est à godet pour l'obusier de 15c.

Les hampes de campagne sont garnies de 1 *virole*, placée près du refouloir.

TÊTES D'ÉCOUVILLONS. — 6 *modèles:* De 30 et d'obusier de côte. — De 24 et d'obusier de place. — De 16. — De 12, de canons-obusiers de 12, d'obusier de siége et d'obusier de 16c. — De 8, d'obusier de 15c, de mortiers de 32c et de 27c. — Et enfin, d'obusier de 12c, de mortier de 22c, et de mortier de 15c.

Toutes sont garnies de 1 *virole* en cuivre rouge. — La brosse est faite de soies de sanglier assujetties dans des tresses en fil de laiton fixées dans des cannelures.

REFOULOIRS. — 5 *modèles:* — De 30. — De 24. — De 16. — De 12 de place. — Et enfin, d'obusiers de 22c de place et de côte. La tête de ce dernier est à ailettes.

TÊTES DE REFOULOIRS. — 7 *modèles:* De 30 (*à godet*). — De 24. — De 16. — De 12 de place, d'obusier de 22c de siége, de 12 de campagne, d'obusier de 16c, de canons-obusiers de 12 (ces trois derniers, *à godet*). — De 8, d'obusier de 15c (celui-ci, *à godet*), de mortiers de 32c et de 27c. — De mortiers de 22c et de 15c. — Et enfin, d'obusiers de 22c de place et de côte (*à ailettes et à godet*).

Toutes sont garnies de 1 *virole* en cuivre rouge.

LANTERNES. — 4 *modèles:* De 30 et d'obusier de côte. — De 24 et d'obusier de place. — De 16. — Et enfin, de 12 de place.

TÊTES DE LANTERNES. — Comme la tête de refouloir du calibre correspondant. — La *cuillère* est en cuivre rouge.

TIRE-BOURRES HAMPÉS. — 5 *modèles:* De 24 et 16 en bronze. — De 12 de place, de 30, de 24, de 16, et d'obusiers en fonte. — De 12 de campagne. — De canons-obusiers de 12 et de 12 léger. — Et enfin, de 8.

Les hampes de campagne sont garnies de 2 *plaques*, à l'endroit correspondant au crochet-anneau porte tire-bourre.

TIRE-BOURRES (proprement dits). — 2 *modèles:* De siége. — De campagne.

LEVIER DE MANŒUVRE. — Longueur totale, 2m,10. — Le levier de manœuvre pour triqueballe à treuil est raccourci de 10 cent. à la pince.

LEVIER-PORTEREAU (pour affût de mortier de 15c). — Longueur: 1m,56.

LEVIER DE POINTAGE. — Longueur totale, 1m,65. — 1 *arrêtoir.* — 1 *bride;* 1 *maille d'idem.*

LEVIER-PORTEREAU (pour affût d'obusier de 12c). — Il est percé de 2 trous vers le milieu de sa longueur pour le passage d'une ganse en cordage. — Longueur du levier, 1m,10. — 1 *anneau à pattes.*

ÉCOUVILLON-LEVIER (pour affût d'obusier de 12c). — Le *refouloir* à godet formé dans l'un des bouts de la hampe. La *tête d'écouvillon* placée sur l'autre bout. La hampe percée de 2 trous comme le levier-portereau. — Longueur entre le refouloir et la tête d'écouvillon, 1m,02; du refouloir, 80 mill. — 1 *pilon rivé.*

LEVIER DE TREUIL DE CHARIOT PORTE-CORPS. — Longueur totale, 1m,30. — 1 *anneau à pattes de levier.*

LEVIER DE ROULEAU D'AFFUT DE CÔTE (fer).

LEVIER A GALET D'AFFUT DE CÔTE. — Le *levier* et le *galet* en fer. Le galet logé dans la pince du levier.

LEVIER A GALET D'AFFUT DE CASEMATE DE CÔTE. — Le levier en fer, le galet en fonte et garni de 1 *boîte* (bronze). Le galet est logé dans la pince.

BOUTE-FEU (frêne, orme ou chêne). — Longueur totale, 65 cent. — L'un des bouts en fourche, l'autre en pointe arrondie.

TIRE-FEU. — Il est composé de 1 *crochet;* 1 *cordon;* 1 *poignée.* Le cordon arrêté à la poignée par un nœud simple, et au crochet par un nœud à la hongroise, entouré d'une ligature en fil de cuivre.

GARGOUSSIERS. — 5 *modèles:* De 30 et d'obusier de côte. — De 24 et d'obusier de place. — De 16. — De 12, d'obusier de siége et d'obusier de 16c. — De 8 et d'obusier de 15c.

SAC A CHARGES DE CAMPAGNE.

SAC A CHARGES DE MONTAGNE.

SAC A ÉTOUPILLES.

BRICOLE (pour affûts de montagne). — 1 *banderole.* — 1 *trait*, en cordage, 1 *crochet.*

GENOUILLÈRE (pour affût de montagne). — 1 *corps.* — 1 *courroie de genouillère.* — 1 *boucleteau de genouillère.* — La genouillère se boucle au-dessus et au-dessous du genou.

BRETELLE (pour affût de mortier de 15c).

CORNE D'AMORCE. — *Le bouchon* (bois). — *L'anse* (corde).

DÉBOUCHOIR (pour fusée d'obus à balles). — Attaché au sac à charges avec une ficelle d'environ 80 cent. de longueur, qui traverse le manche.

DÉGORGEOIRS ORDINAIRES ET A VRILLE.— *4 modèles de chaque espèce:* De siége. — De côte. — De campagne. — De montagne. — Le dégorgeoir ordinaire est attaché au sac à étoupilles avec une ficelle d'environ 1^m,40 de longueur.

DOIGTIER.

HAUSSES (pour canons de siége, de place et de côte) [bois].

QUART DE CERCLE. — Divisé en 90°. — Le *fil à plomb* (cordonnet de soie). — Un *canal* circulaire est creusé dans le quart de cercle pour le libre mouvement de la balle.

MASSE DE BATTERIE.

COIN D'ARRÊT (pour affûts de place).

COINS DE MIRE. — *7 modèles:* D'affût de siége pour obusier. — D'affût de casemate de côte, et d'affût de côte en bois. — D'affûts de mortiers, modèles 1848 (ou anciens modèles corrigés pour le tir à ricochet) de 32^c et de 27^c. — D'affût de mortier de 22^c, modèle 1848. — D'affûts de mortiers de 32^c et de 27^c, anciens modèles non corrigés. — D'affût de mortier de 22^c, ancien modèle non corrigé. — D'affût de mortier de 15^c.

COINS DE MIRE D'AFFUTS	de siége.	de casemate de côte.	DE MORTIERS. Modèle 1848 de 27^c.	Modèle 1848 de 22^c.	Ancien modèle de 27^c.	Ancien modèle de 22^c.	de 15^c.
Hauteur des coins. . . . mill.	200	250	130	100	190	160	90
Poids . . . . kil.	6,20	7,50	2,60	1,00	5,44	2,38	0,65

CALES DE COINS DE MIRE pour affûts de mortiers de 32^c et de 27^c, anciens modèles non corrigés; poids 1^k,19. — De 22^c; poids, 750 grammes.

FICHES (pour mortiers). — Fil de fer (ou baguette de fusil hors de service); longueur, 50 cent.

FIL A PLOMB (pour mortiers).

CURETTE (pour mortiers).

ÉCLISSES (pour obusier de siége et mortiers à chambre cylindrique), [sapin]. — Longueur, 163 mill. — Largeur, 27 mill. — Épaisseur au gros bout, 7 mill.; l'autre bout en couteau.

CROCHET A BOMBES (simple). — En forme d'S.

CROCHET A BOMBES (double). — 1 *grand crochet* et 2 *petits crochets.*

SAC A TERRE (pour mortiers).

MANCHETTES (pour obusier de siége et mortiers).

DEMI-BARIL (adopté en 1853, pour lancer des pierres et des grenades avec les mortiers).

PANIER D'ARMEMENT (pour obusier de siége et mortiers) [osier fort]. — Diamètre et hauteur, 35 cent.; le fond est soutenu par une croix en bois.

BALAI (pour batteries de siége, de place et de côte).

PROLONGE (chanvre de 1re qualité) [à 4 brins]. — Longueur du cordage développé et de la prolonge ferrée, 8 mètres environ.

CORDAGE A ENRAYER (pour affût d'obusier de 12c). — Longueur, 2 mètres. — Diamètre, 20 mill.

SEAU D'AFFUT.

ARMEMENTS (pour bouches à feu de côte). — Par décision ministérielle du 20 janvier 1855, les principaux armements de l'affût de 36 du système Gribeauval, encore en bon état de service, doivent être employés avec le matériel de côte actuel.

En conséquence, les écouvillons, refouloirs, tire-bourres, gargoussiers et dégorgeoirs de 36 sont classés parmi les armements du canon de 30 et de l'obusier de 22c de côte, et employés comme tels.

Les écouvillons ont d'abord été essayés dans un canon de 30; les brosses de ceux qui forçaient trop dans l'âme pour la facilité de la manœuvre, ont été tondues avec soin, afin de ramener le diamètre à celui de la brosse d'écouvillon de 30 qui est de 18 cent.

Les têtes de refouloir ont été ramenées au diamètre de 155 mill.

Enfin, les tire-bourres, gargoussiers et dégorgeoirs n'ont eu à subir aucune modification.

ASSORTIMENTS ET AGRÈS.

ANNEAUX-ÉLINGUES pour les trique-balles affectés au transport des bouches à feu en fonte.

CLEF A ÉCROUS D'AFFUT DE CÔTE EN FONTE.

CHAINE DE CHÈVRE.

POULIE ENCHAPÉE.

ARRÊT DE CHAINE.

CHAINE D'ÉQUIPEMENT (du canon de 30 et de l'obusier de côte).

DAME DE BATTERIE. — Forme de pyramide quadrangulaire tonquée ou de tronc de cône.

SPATULES: *pour munitions d'artillerie; pour munitions d'infanterie.*

CROCHET A DÉSÉTOUPER. — Le *manche* (orme ou frêne) porte une encoche en regard du bec du crochet.

CHASSE-FUSÉE. — 4 *numéros:* N° 1, pour bombes de 32ᶜ et de 27ᶜ; N° 2, pour bombes et obus de 22ᶜ; N° 3, pour obus de 16ᶜ, de 15ᶜ et de 12ᶜ; N° 4, pour grenades.

MAILLET CHASSE-FUSÉE.

TIRE-FUSÉE.

CHAPITEAU (pour canons et obusiers, de siége, de place et de côte).

TAMPONS. — 2 *espèces:* Pour *canons* (bois d'une essence quelconque; seulement, le chêne est prohibé pour les bouches à feu en fonte).

BOITE A GRAISSE. — La boîte peut contenir 4 kil. de graisse.

LANIÈRE (pour les esses d'essieu). — *Cuir blanc hongroyé* neuf, à l'exclusion de tout autre.

PRÉLAT (pour abriter les poudres et artifices dans les transports, etc.). — *Toile de chanvre,* à quatre fils, dite *toile à tente.* — Il a généralement 4 mètres de longueur sur 2 lés ou largeurs de toile.

RÉCHAUD DE REMPART.

OUTILS A PIONNIERS ET OUTILS TRANCHANTS.

PELLES. — 2 *modèles : Carrée ; ronde,* le taillant aciéré.

Les pelles carrées ou rondes qui doivent s'accrocher au caisson ou à la forge de campagne, sont percées d'un trou de 15 mill. de diamètre; le centre du trou à 40 mill. du dessus, et à 35 mill. du côté droit. Les pelles carrées sont aiguisées au moment de les livrer aux équipages.

PIOCHE.

PIC-A-ROC. — La tête et la pointe aciérées.

HACHE. — Le taillant aciéré.

SERPE. — Le taillant aciéré.

La hache et la serpe sont aiguisées au moment de les livrer aux équipages.

ARRANGEMENT DANS LES MAGASINS.

Les armements sont rassemblés par espèces et par calibres, dans un local sec, dans des cases ou sur des étagères; en paquets, en bottes ou en caisses, suivant leur nature, avec des étiquettes portant le nom et la quantité des objets.

Les écouvillons, refouloirs et tire-bourres de campagne, hampés; placés horizontalement sur des chevilles, de manière à ne pouvoir se courber, ou suspendus verticalement.

Les écouvillons, refouloirs, etc., de siége et de place, démontés ; les têtes d'écouvillons enfilées sur des broches verticales, ou debout sur des étagères.

Pour préserver des vers les têtes d'écouvillons garnies, les tremper dans une dissolution de sulfate de cuivre ; 500 grammes de sulfate sur 10 kil. d'eau.

On a essayé avec succès de les enfermer dans des enveloppes en papier hermétiquement closes ; de les immerger tous les trois mois dans l'eau de mer.

Les têtes de lanternes et les tire-bourres sur des étagères ; les têtes de refouloirs empilées ; les hampes liées en faisceaux par espèces et par calibres.

Les objets en cuir suspendus à des chevilles.

Les leviers en piles carrées, présentant alternativement la pince et le petit bout du même côté.

Tous les bois peints, à l'exception des leviers de manœuvre.

Les ferrures peintes ou graissées.

Les outils à pionniers et outils tranchants empilés en treillage ; le fer enduit d'une couche de colthar (Voy. page 25).

CHAPITRE V.

POUDRE.

SOMMAIRE.

MATIÈRES PREMIÈRES.

Salpêtre.

Le salpêtre (nitre, nitrate de potasse, azotate de potasse) est un sel blanc transparent, cristallisé, anhydre, d'une saveur piquante et un peu amère; il renferme souvent de l'eau retenue dans les fissures qui sillonnent les faces des cristaux un peu gros. — Inaltérable à l'air ordinaire, il devient déliquescent dans une atmosphère presque saturée d'humidité. — Densité, 1,933. — Fusible vers 350°, en un liquide très-fluide qui donne, par le refroidissement, une masse blanche compacte, appelée *cristal minéral*. — Il commence à se décomposer vers 380°, en abandonnant de l'oxygène. A une chaleur blanche, la décomposition est complète ; il reste de la potasse caustique. — Insoluble dans les huiles et l'alcool absolu ; soluble dans l'eau, plus à chaud qu'à froid; il produit, en se dissolvant, un abaissement de température; il élève le point d'ébullition de l'eau au-dessus de 100°, et augmente sa densité de 0,0077 environ pour chaque partie de salpêtre contenue dans 100 parties d'eau.

Le salpêtre, par la grande quantité d'oxygène qu'il renferme et qu'il cède facilement, est un corps oxydant très-énergique. Projeté sur des charbons ardents, il *fuse* en activant la combustion.

Le salpêtre est un produit naturel; il existe dans certaines plantes, telles que la bourrache, la betterave, etc. On le trouve en abondance dans les pays chauds, près de la surface du sol ou dans certaines grottes. Il est plus rare dans les pays tempérés, et ne s'y produit, en général, que dans les parties basses et humides des habitations.

La nitrification paraît déterminée ou au moins favorisée par le concours des circonstances suivantes : une matière animale qui fournit l'azote; l'air atmosphérique qui fournit l'oxygène; l'humidité qui sert de véhicule, d'agent intermédiaire; une base puissante, pour déterminer la formation de l'acide nitrique et l'absorber; une température peu variable. On exploite dans divers pays des nitrières artificielles, formées en réunissant sur un même lieu toutes les conditions de la nitrification; elle est d'abord très-lente; mais, dès qu'elle a commencé sur quelques points, son activité s'accroît rapidement.

La saveur des matériaux suffit pour dénoter la présence du salpêtre, qui est toujours mêlé avec d'autres sels dans les terres où il se forme.

Charbon.

Des trois matières composantes, le charbon est celle qui influe le plus sur les qualités de la poudre, par suite des variations que peut apporter dans sa propre nature soit l'espèce de bois employée pour sa confection, soit le mode même de sa préparation.

En principe, le charbon de bois de bourdaine, obtenu par la combustion à l'air libre, est seul admis dans la fabrication réglementaire des poudres de guerre.

Néanmoins, on peut employer pour le même objet, sans trop de désavantages, tous les bois légers qui donnent un charbon facilement inflammable, tels que le coudrier, l'aune, le saule, le peuplier, le tremble, le tilleul, etc.

Le bois de tamaris, très-commun en Algérie, pourrait être aussi utilisé pour cet objet, ainsi qu'il résulte d'essais faits à la poudrerie de Saint-Chamas.

En général, on choisit autant que possible des bois n'ayant que 5 ou 6 ans d'âge. Les brins, de 15 à 30 mill. de diamètre, sont dépouillés de leur écorce, plus chargée de cendres que le bois lui-même.

Le charbon, pour les poudres de guerre, se prépare dans des chaudières en fonte, de formes diverses, mais généralement tronconiques, avec un fond en forme de calotte sphérique. Ces chaudières ont $1^m,10$ à $1^m,20$ de diamètre en haut, et 75 à 80 cent. de profondeur. Elles sont munies d'un couvercle en tôle, percé à sa partie supérieure de un ou plusieurs évents pouvant se fermer à volonté. Elles sont enterrées presque à fleur de terre, et sont maintenues par une maçonnerie en briques établie sur tout leur pourtour.

La carbonisation s'y opère en commençant à allumer dans le fond un feu de copeaux, sur lesquels on jette une petite quantité de bois à carboniser, coupé à la longueur de 50 cent. environ, et, à mesure que la combustion en détermine l'affaissement, on jette par-dessus de nouveau bois, de manière à empêcher le plus possible l'accès direct de l'air sur les parties déjà carbonisées; on continue ainsi, jusqu'à ce que la chaudière soit remplie convenablement. On la recouvre alors du couvercle, sur lequel on entasse de la terre ou de la cendre pour bien le luter tout autour. Afin de laisser échapper la fumée, on ne bouche l'évent qu'au bout de quelques minutes.

Deux jours après, le refroidissement permet de retirer le charbon; on le passe d'abord sur un crible en toile métallique en fer, à mailles de 8 à 10 mill. de côté, pour en retirer la braisette et les petits graviers; puis, on le trie à la main, pour retirer les *brûlots* (bois qui n'est pas suffisamment carbonisé).

Dans une chaudière des dimensions indiquées ci-dessus, on carbonise environ 200 kil. de bois de bourdaine ou 160 kil. de bois de saule, produisant en charbon 20 à 22 p. 100 de leur poids à l'état sec.

A défaut de chaudières en fonte, la carbonisation s'opère dans des fosses revêtues en maçonnerie de briques. On doit évaluer à raison de 350 kil. par mètre cube, le poids du bois que l'on peut carboniser dans une fosse pareille. Le refroidissement dure environ 3 jours. L'opération est conduite moins sûrement que dans les chaudières, et les produits sont moins bons. Aussi réserve-t-on généralement, dans les poudreries, ce mode de carbonisation pour les bois blancs destinés à la fabrication de la poudre de mine.

Le charbon ne doit être préparé qu'au fur et à mesure des besoins, parce qu'il est fort hygrométrique.

Soufre.

La densité ordinaire du soufre est de 1,99, et peut aller jusqu'à 2,087.

Il fond à 111°, et se volatilise vers 360°. Il est soluble dans la potasse caustique et dans les sulfites alcalins.

Tout le soufre employé dans les poudreries de l'État sort de la raffinerie impériale de Marseille, qui achète dans le commerce du soufre brut, tiré généralement de la Sicile et contenant 2 à 3 p. 100 de corps étrangers.

FABRICATION DE LA POUDRE.

On distingue en France sept sortes de poudres :

1° La poudre de guerre, dite *poudre à canon.*
2° *Idem, idem,* dite *poudre à mousquet.*
3° La poudre de chasse fine.
4° La poudre de chasse superfine.
5° La poudre de chasse extrafine.
6° La poudre de mine.
7° La poudre de commerce extérieur.

Toutes ces poudres sont fabriquées par l'État dans des établissements spéciaux et sous la surveillance de l'artillerie.

Dosage des poudres françaises.

	Salpêtre.	Charbon.	Soufre.
Poudres de guerre	75	12.50	12.50
Poudres de chasse fabriquées aux pilons	78	12	10
Poudres de chasse { fabriqués par les nouveaux procédés }	78	12	10
	80	14	10
Poudre de mine.	62	18	20
Poudre de commerce extérieur . . .	62	18	20

La fabrication de la poudre se fait par divers procédés : Pilons. — Tonnes, meules légères et laminoirs. — Meules pesantes. — Tonnes et presse hydraulique. — Tonnes de trituration et de granulation.

Poudres de guerre.

Le procédé des pilons est le seul réglementaire pour les poudres de guerre.

PRÉPARATION DU CHARBON. — On emploie du charbon noir fait dans les chaudières. On le triture seul dans des tonnes à bâtis en bois recouvert d'une enveloppe en cuir, au moyen de gobilles de bronze de 7 mill. de diamètre (décision ministérielle du 28 juin 1853). Chaque tonne a deux compartiments qui sont chargés chacun de 15 kil. de charbon et de 30 kil. de gobilles. Cette trituration dure une heure, les tonnes tournant à la vitesse de 20 à 22 tours par minute.

Le charbon pulvérisé est immédiatement passé dans un blutoir fermé, dont le tamis a environ cent mailles par centimètre carré. Ce tamisage a pour objet de séparer tous les corps étrangers, et particulièrement les petits graviers qui peuvent causer des explosions pendant la trituration des trois matières composantes, après leur mélange.

PRÉPARATION DU SOUFRE. — Le soufre raffiné est soumis, comme le charbon, à une pulvérisation et à un tamisage préalables.

La pulvérisation s'opère dans des tonnes semblables à celles qui sont employées pour le charbon. On met 30 kil. de soufre et 60 kil. de gobilles en bronze, de 10 à 12 mill. de diamètre, dans chaque compartiment des tonnes. La trituration dure une heure, les tonnes tournant à la vitesse de 20 à 22 tours par minute.

PRÉPARATION DU SALPÊTRE. — Le salpêtre sort des raffineries dans un état de pureté qui ne laisse rien à désirer. Comme il se forme en mottes dans les barils qui servent à le transporter, on le réduit en poudre au moyen d'un tourteau, sur un crible en toile métallique en laiton, à mailles de 2^{mill},1 de côté (perce de poudre à canon). Le tamisage que subit ainsi le salpêtre a aussi pour but de retirer les graviers ou autres corps étrangers qui, accidentellement, auraient pu s'introduire dans les barils renfermant le salpêtre.

FORMATION DES COMPOSITIONS. — On pèse, pour chaque mortier, 1^k,25 de charbon et autant de soufre, pulvérisés et tamisés, qu'on réunit dans une tine; on verse dessus 1^k,50 d'eau; on remue le mélange à la main pendant 5 minutes; puis, on le transvase dans un boisseau, dit *de composition*, et on y ajoute 7^k,50 de salpêtre tamisé. — Poids total des matières, 10 kil.

MISE AU MOULIN. — Un moulin à pilons se compose de 2 batteries, chacune de 8 à 12 pilons. Les mortiers sont creusés dans des pièces de chêne nommées *Piles;* le fond est garni d'un tampon en bois dur. Les pilons, en bois de hêtre, sont munis, à la partie inférieure, de boîtes piriformes en bronze, avec lesquelles ils pèsent 40 kil.; ils tombent de 40 cent. de hauteur.

Les boisseaux de composition sont apportés au moulin, et vidés dans autant de mortiers; on remue le mélange à la main, sans addition d'eau, pendant quelques minutes.

BATTAGE. — Chaque pilon donne d'abord 30 ou 40 coups par minute. Au bout de dix minutes environ, l'on augmente la vitesse au point d'obtenir 55 à 60 coups. Le battage ainsi réglé dure onze heures, y compris les dix minutes de battage préparatoire et les intervalles des rechanges. Les rechanges, qui consistent à transvaser la charge de chaque mortier dans le mortier voisin, ont lieu d'heure en heure. Ils ont pour effet de favoriser le mélange des matières, et de briser les culots qui s'attachent au fond des mortiers. Au 6e et au 8e rechange, on ajoute 250 grammes d'eau, plus ou moins, suivant la température, de manière à entretenir dans la pâte une humidité de 7 à 8 p. 100 d'eau. Pendant les deux dernières heures de battage, il n'y a point de rechanges, attendu qu'il convient de laisser les matières s'agréger, pour en obtenir des grains par la suite. On les retire des mortiers et on les met dans des tines que l'on porte au dépôt, où on les fait essorer de 1 à 3 jours, suivant la saison, de manière qu'elles ne contiennent plus que 6 p. 100 environ d'eau, au moment où elles sont transportées à l'atelier de grenage.

GRENAGE. — Cette opération s'effectue avec la *tonne-grenoir* proposée par M. Maurey, commissaire des poudres, et adoptée par décision ministérielle du 22 avril 1852.

Cette tonne est formée de deux disques en bois réunis par des traverses, et recouverte de deux toiles métalliques juxtaposées. La toile intérieure a des mailles de 7 mill.; la toile extérieure a la perce de grenoir à canon ($2^{mill},1$), ou celle de grenoir à mousquet ($1^{mill},2$), suivant le produit que l'on veut obtenir. L'une et l'autre, tendues au moyen de cordes qui agissent comme lacets, peuvent se changer facilement suivant les besoins du service. On met dans la tonne 50 à 60 gobilles en bois dur, de 50 mill. de diamètre; puis, les matières à grener.

La machine reçoit, mécaniquement ou à bras, un mouvement de rotation de 30 tours par minute. Brisées par le choc des gobilles, les matières passent à travers les toiles, et tombent dans une tine montée sur une plate-forme à roulettes. Un seul ouvrier suffit pour alimenter la tonne, et changer les tines à mesure qu'elles se remplissent.

On enlève le poussier et le grain trop fin au moyen de tamis en crin et de cribles en peau, dits *sous-égalisoirs*, qui laissent passer le grain trop fin. Le diamètre de la perce des *sous-égalisoirs* est de $1^{mill},4$ pour la poudre à canon, et de $0^{mill},6$ pour la poudre à mousquet.

LISSAGE. — On donne aux poudres de guerre un faible lissage, pour diminuer la quantité de poussier produite dans les transports. A cet effet, les grains, contenant encore 5 à 6 p. 100 d'humidité, sont mis, pendant 10 à 30 minutes, dans une tonne tournante, appelée *lissoir*. La durée du lissage, pour chaque sorte de poudre, est appréciée par le chef ouvrier qui surveille l'opération. Elle est, en général, plus longue pour la poudre à mousquet que pour la poudre à canon. Si les poudres ont été tenues moins de temps sur les tamis, ou si elles sont plus sèches, elles ont besoin d'être lissées plus longtemps. Dans tous les cas, il faut conduire le lissage de manière à ce que les poudres, une fois séchées et terminées, ne pèsent, par litre, ni plus de 860 grammes, ni moins de 820 grammes. (Voy. *Densité gravimétrique*, page 73).

SURÉGALISAGE. — En sortant du lissoir, la poudre est passée au travers d'un crible en peau, qui en sépare les grains trop gros. La perce de ce crible est de $2^{mill},5$ pour le canon, et de $1^{mill},4$ pour le mousquet.

SÉCHAGE. — On sèche ensuite la poudre, soit à l'air libre, soit à la sécherie artificielle.

Dans le premier cas, on l'étend au soleil sur des tables recouvertes de draps en toile, en ayant soin de la remuer d'heure en heure, pour renouveler les surfaces.

Dans le second cas, on la dispose en couches uniformes sur une toile, tendue à la partie supérieure d'une caisse dans laquelle on fait arriver un courant d'air chauffé par l'eau ou par la vapeur. Cet air, poussé par un ventilateur, s'échappe à travers la couche de poudre, en se chargeant de son humidité.

ÉPOUSSETAGE. — La poudre, séchée et refroidie, est blutée dans un tamis fin, pour la débarrasser du poussier, qui en altérerait la qualité.

REBATTAGE DES POUSSIERS. — Les poussiers qui proviennent de l'opération précédente, mêlés à ceux que l'on a séparés des grains avant le lissage, sont reportés aux moulins à pilons. On les arrose au degré nécessaire pour qu'ils contiennent 8 à 10 p. 100 d'eau, et on les rebat pendant trois heures dans les mortiers, en faisant un rechange au bout de la première heure de battage.

POUDRES RADOUBÉES. — Lorsque les poudres sont avariées par suite de leur séjour dans des lieux humides, elles perdent de leur force, et il devient nécessaire de leur faire subir un *radoub*. Si elles ne contiennent pas au delà de 7 p. 100 d'eau, on se contente, en général, de les faire sécher et de les épousseter ensuite. Mais, quand elles ont pris une plus grande quantité d'humidité, on en fait l'analyse, pour rétablir au besoin le dosage altéré, et on les remet en fabrication. Dans le cas où elles sont avariées par l'eau de mer ou mêlées de corps étrangers, elles ne peuvent plus être radoubées, et on les décompose au moyen de lavages, pour en retirer le salpêtre, qui doit être raffiné de nouveau.

Épreuves des poudres de guerre.

Avant d'être expédiées aux places, les poudres de guerre sont soumises, dans les poudreries, en présence d'un sous-intendant militaire ou de son représentant légal, à des épreuves de réception, afin de constater qu'elles remplissent les conditions exigées par les règlements.

A cet effet, le sous-intendant chargé de présider à la réception fait ouvrir un dixième des barils de 100 kil., et un vingtième des barils de 50 kil., puis prendre un échantillon sur chaque baril ouvert.

DENSITÉ GRAVIMÉTRIQUE. — Le *gravimètre* est une mesure cylindrique de la contenance d'un litre, ayant intérieurement 215 mill. de hauteur et 77 mill. de diamètre. On y verse la poudre avec un entonnoir qui s'y adapte, et dont le bas est fermé par un obturateur mobile. L'entonnoir plein, on fait couler lentement la poudre dans le gravimètre, qu'on arrase avec précaution au moyen d'une râcloire. Une pesée donne le poids du litre de poudre non tassée, c'est ce que l'on est convenu d'appeler la *densité gravimétrique*, fixée par les règlements à 820 grammes au minimum, et 860 à grammes au maximum.

DURETÉ. — On compose un échantillon moyen de 10 kil. avec les divers échantillons pris dans les barils. Après l'avoir épousseté, on en pèse exactement 8 kil., qu'on renferme dans un baril de la contenance de 12 kil. Ce baril est mis dans une chape appropriée à ses dimensions; puis, on le fait rouler sur un plan de 5 mètres de longueur, incliné de 15°, et garni, de mètre en mètre, de tasseaux en bois dur ayant une saillie de 3 cent. Il est arrêté, au bas de sa course, par un matelas formé de foin ou de copeaux, et mis sur un second plan disposé à côté du premier, mais incliné en sens inverse. L'opération est exécutée 100 fois sur chaque plan, de sorte que, à la fin, le baril a parcouru un trajet de 1000 mètres.

La poudre est alors tamisée, pour en séparer le poussier, puis pesée. La perte de poids ne doit pas excéder 16 gr., c'est-à-dire 0,20 p. 100 du poids primitif de la poudre.

Cette épreuve n'est pas considérée comme une épreuve de réception. Les résultats en sont consignés, seulement à titre de renseignement, sur l'expédition du procès-verbal d'épreuve adressée au directeur du service des poudres et salpêtres.

MORTIER-ÉPROUVETTE. — On tire 1 coup par 1000 kil., non compris le 1er coup de chaque séance, lequel ne compte pas dans la détermination de la portée moyenne. Si la quantité de poudre à essayer est inférieure à 3000 kil., on tire 4 coups, et la moyenne est prise sur les 3 derniers.

La charge de 92 gr. doit donner au globe une portée de 225 mètres au moins.

Les éprouvettes, surtout quand elles sont en bronze, s'altérant par le service, et donnant par suite des portées de plus en plus faibles, on corrige les résultats de l'épreuve au moyen d'une *poudre-type*, choisie parmi les poudres à canon de bonne fabrication courante, et soigneusement conservée dans des bouteilles cachetées. La portée de cette poudre, au moment de la mise en service de l'éprouvette, est fixée par le tir de 6 coups, en prenant la moyenne des 5 derniers.

Pour chaque série de 25 coups de l'éprouvette, on tire 4 coups avec la *poudre-type*. Les trois derniers donnent une moyenne qui, comparée à la portée primitive, fait connaître la perte due à l'altération de l'éprouvette, et, par conséquent, la correction à faire aux portées réelles des poudres éprouvées.

Lorsque les portées avec la poudre-type descendent au-dessous de 200 mètres, on renouvelle les globes ; et, lorsque, avec les globes renouvelés, elles sont de nouveau descendues au-dessous de 200 mètres, le mortier-éprouvette est mis hors de service.

Les poudres en service et les poudres radoubées ne sont rejetées que lorsque leur portée, corrigée, reste au-dessous de 210 mètres.

SÉPARATION DES GRAINS DE DIVERSES GROSSEURS. — Comme le sur-égalisoir du grain à canon a des trous de $2^{mill},5$ de diamètre, et le sous-égalisoir des trous de $1^{mill},4$, la poudre à canon est composée de grains de toutes sortes de grosseur entre ces deux limites. Comme, d'ailleurs, les grains peuvent ou se briser dans les manipulations, ou ne pas se présenter aux perces du sous-égalisoir de manière à les traverser, il en reste aussi, dans la poudre à canon, qui sont de dimensions inférieures ; et des observations analogues s'appliquent à la poudre à mousquet, sur-égalisée par la perce de $1^{mill},4$, et sous-égalisée par celle de $0^{mill},6$.

L'opération se fait sur 10 kil. de chaque poudre, et consiste à les passer sur des tamis de perces différentes. Pour la poudre à canon, on pèse à part les grains restant sur la perce de $1^{mill},4$; ceux qui, après avoir passé au crible de $1^{mill},4$, restent sur celui de 1 mill., et enfin ceux qui, après avoir passé au crible de 1 mill., restent sur celui de $0^{mill},5$.

Pour la poudre à mousquet, on pèse les grains au-dessus de 1 mill., ceux de 1 mill. à $0^{mill},5$, et enfin ceux au-dessous de $0^{mill},5$.

Même observation que pour l'épreuve de dureté.

MARQUES DES BARILS. — On marque sur l'un des fonds de la chape : le nom de la poudrerie, l'année de la fabrication, l'espèce de poudre (canon ou mousquet), la densité gravimétrique, la portée moyenne au mortier-éprouvette, et la vitesse moyenne au pendule à fusil.

Chaque fois que l'on essaie une poudre, on inscrit sur le fond de la chape renfermant le baril, la date de la nouvelle épreuve et la portée obtenue.

Quand la poudre a été radoubée, on l'indique par la lettre *R*.

Outre les épreuves qui ont lieu à chaque livraison de poudre, il en est qui se font dans chaque poudrerie : en avril, sur les poudres de guerre ou de commerce extérieur, fabriquées dans le semestre d'hiver; en octobre, sur les produits du semestre d'été.

Conservation des poudres de guerre.

EMBARILLAGE. — Les poudres de guerre sont livrées par les poudreries aux ministères de la guerre et de la marine, dans des barils de la contenance de 50 kil. et de 100 kil. Ces barils sont eux-mêmes renfermés dans d'autres, qu'on nomme *chapes* de 50 kil. et de 100 kil.

DIMENSIONS. (*Décision ministérielle du 23 mai 1851.*)	BARILS.		CHAPES.	
	de 100 k.	de 50 k.	de 100 k.	de 50 k.
	mill.	mill.	mill.	mill.
Longueur totale extérieure	630	630	750	750
Distance intérieure entre les jables	540	540	660	660
Diamètre extérieur au bouge	570	420	630	480
— — aux bouts	510	360	580	430
Épaisseur des douves au bouge	13 à 14	12 à 13	14 à 15	13 à 14
— — aux bouts	15 à 17	14 à 16	16 à 19	15 à 17
Épaisseur des fonds	14 à 15	13 à 14	15 à 16	14 à 15

Le nombre des pièces de merrain, appelées *douves*, qui forment le pourtour des barils et chapes, est généralement :

de 17 à 19 pour les barils de 100 kil.
19 à 21 pour les chapes de 100
14 à 16 pour les barils de 50
15 à 17 pour les chapes de 50

Ces douves ont, au milieu, une largeur de 7 à 10 cent. pour les barils, et de 9 à 12 cent. pour les chapes.

Les douves sont assemblées et maintenues en place au moyen de cercles en bois écorcés, placés à chaque extrémité et en dehors des barils et chapes. Ces cercles doivent couvrir environ les deux tiers de la longueur des barils et chapes. Le nombre des cercles varie, en conséquence, en raison de leur largeur ; ils sont en général au nombre de huit pour les barils, et de neuf pour les chapes.

Des fonds en bois fixés dans une gorge tracée à l'intérieur des douves et appelée *jable*, ferment les barils et les chapes à chaque extrémité. Ces fonds sont formés de 3 ou 4 pièces de merrain taillées en biseau sur leurs bords circulaires.

On place un cercle en dedans des douves, au-dessus de chaque fond; il est maintenu en place, ainsi que le cercle extrême du dehors, par trois chevilles qui traversent aussi la douve intermédiaire.

Poudres de chasse.

Les poudres de chasse se distinguent, au premier coup d'œil, des poudres de guerre par leur grain plus lissé et plus fin. La finesse des grains augmente de la poudre *fine* à la poudre *superfine*, et de celle-ci à la poudre *extrafine*.

CONSERVATION, MAGASINS, TRANSPORT.

Éviter de mettre dans les mêmes magasins les poudres en barils, les munitions confectionnées, et surtout les artifices. Les poudres doivent être séparées par espèces, par années de fabrication, et, autant que possible, par poudreries et par portées, dans des barils de 50 kil. et de 100 kil., enchapés et engerbés sur plusieurs rangs de hauteur.

L'instruction du 19 mars 1848 règle définitivement les modèles des magasins à poudre en petits et grands magasins, avec ou sans entresol.

PETITS MAGASINS. — Largeur dans œuvre, $5^m,60$. — On forme au rez-de-chaussée, comme à l'entresol, une allée centrale de 90 cent.— Deux rangées doubles de 3 mètres, l'une à gauche, l'autre à droite, et deux allées, le long des murs, de 85 cent. chacune.

GRANDS MAGASINS. — Largeur dans œuvre, $8^m,30$. — Au rez-de-chaussée, on forme au centre une double rangée, séparée par les poteaux de l'entresol, occupant $1^m,65$; à droite et à gauche, une allée de 92 cent.; puis, de chaque côté, une rangée double de barils; et enfin deux allées, de 90 cent. chacune, contre les murs latéraux. A l'entresol, on forme une allée centrale de 90 cent. A droite et à gauche, une double rangée de barils; puis, une allée de 90 cent.; et enfin une rangée simple de barils, ce qui laisse le long des murs latéraux deux allées de 55 cent.

Dans les deux modèles de magasins, on ménage une allée transversale de 2 mètres de long, le long des murs de pignon. A l'entresol, la rangée qui se rapproche de la cage de l'escalier ne commence qu'à 5 mètres du mur du pignon d'entrée pour les petits magasins, et à $3^m,50$ pour les grands.

Dans les magasins anciens, se rapprocher de ces dispositions; conserver aux allées 85 cent. de largeur au moins; 35 cent. entre les rangées extrêmes et les murs; 90 cent. aux allées transversales contre le pignon d'entrée, et 50 cent. pour celles du côté opposé.

Les rangs inférieurs de barils reposent sur des files de chantiers mobiles, placés directement sur le plancher, sans cales ni dés. Ces chantiers sont en chêne bien sain ou en sapin sans aubier, composés de deux côtés assemblés par deux épars chevillés, affleurant le dessous des côtés. Longueur, 3 mètres; largeur, 60 cent.

L'engerbement est dit *normal* pour une contenance déterminée du magasin, et *maximum* dans des circonstances exceptionnelles, en augmentant le nombre de barils en hauteur.

			NOMBRE DE BARILS en hauteur.			
			Barils de 50 k.		Barils de 100 k.	
			Engerbement normal.	Engerbement maximum.	Engerbement normal.	Engerbement maximum.
Petits magasins :						
Avec entresol.	rez-de-chaussée	toutes les rangées	4	5	3	4
	entresol	rangées simples extrêmes	3	3	2	2
		rangées simples centrales	4	5	3	4
Sans entresol		rangées simples extrêmes	«	5	«	3
		rangées simples centrales	«	6	«	4
Grands magasins :						
Avec entresol.	rez-de-chaussée	toutes les rangées	4	5	3	4
	entresol	rangées simples extrêmes	3	3	2	2
		les doubles rangées	4	5 ou 6	3	4
Sans entresol		toutes les rangées	«	6	«	4

Dans les magasins sans entresol, l'engerbement est toujours maximum.

L étant la longueur intérieure du magasin, d le diamètre de la chape ou du baril exprimé en mètres, n le nombre de barils du rang inférieur, on a : $n = \frac{L - 1,46}{d}$. Une rangée simple, sur 2 de hauteur, contient : $2n - 1$; sur 3, $3n - 3$; sur 4, $4n - 6$; sur 5, $4n - 10$.

Si on veut engerber sur une plus grande hauteur, on établit des cadres en bois composés de montants et de traverses. On met $3^m,45$ de distance entre les montants. Les barils reposent par les bouts sur deux traverses, se touchent par les bouges, et sont calés des deux côtés. Les traverses sont écartées de 46 cent., et le premier rang de traverses est élevé au-dessus du sol de $1^m,80$ environ.

Les magasins doivent avoir des voûtes sous leur sol. Le plancher est double, en chêne, fixé par des clous en cuivre rouge. L'air doit circuler sous le plancher. Les magasins sont construits pour être à l'épreuve de la bombe.

On peut absorber une partie de l'humidité d'un magasin au moyen de chlorure de calcium, qu'on renouvelle de temps en temps dans une caisse suspendue à la voûte. De la poudre en contact avec de la chaux vive pourrait s'enflammer.

Aérer les magasins, quand le ciel est serein, l'air sec, et la température extérieure moins élevée que celle du magasin. — Établir des moyens de ventilation. — Ne laisser croître à l'extérieur aucune plante ou arbuste qui puisse entretenir l'humidité ou empêcher l'action du soleil.

Quiconque entre dans un magasin, doit quitter sa chaussure ou prendre des sandales, et déposer en dehors canne, épée, sabre ou tout autre objet susceptible de produire des étincelles. — Les croisées doivent être garnies de toile métallique en laiton. — *Ne jamais laisser monter de feu pour les réparations à la toiture ou aux fils du paratonnerre.*

Avant d'ouvrir un magasin, on place devant la porte des hommes de garde sans armes, pour empêcher d'entrer sans autorisation. Les factionnaires, devant les magasins à poudre, ne doivent point porter d'armes à feu.

Les barils ne doivent jamais être roulés ou brouettés; on se sert, pour le transport, d'une civière en toile ou d'un levier et de deux traits à canon enveloppant le baril, et l'enlevant à 40 cent. de terre. Dans tous les *mouvements intérieurs*, placer des toiles sur le plancher ou arroser légèrement; écarter les pierres, les métaux; ne réparer et ne radouber jamais les barils dans les magasins.

Au printemps, faire la visite du barillage. On essuie avec la brosse *passe-partout* la partie apparente du cerclage, pour détacher les insectes qui, à cette époque, y déposent leurs œufs. Les cercles employés pour l'opération du barillage sont en chêne, en noisetier, en coudrier blanchâtre (jamais le rouge), etc. Ils sont achetés non écorcés.

Toute réparation au barillage se fait avec des outils en bois ou en cuivre.

Dans les transports, les barils, toujours enchapés, doivent être assujettis sur les voitures, de manière à éviter tout frottement, les barils de

50 kil. sur quatre de hauteur, au plus; ceux de 100 kil., sur trois. Le chargement doit être bâché en paille, et recouvert d'une toile très-serrée.

Dans les transports par eau, les barils sont empilés sur des planches, à 10 cent. du fond du bateau. — Écopper fréquemment les eaux, et laisser à cet effet des espaces libres dans la largeur, de 70 cent. environ.

Tout convoi de poudre doit être effectué avec une escorte suffisante. (On peut supprimer l'escorte, si le convoi n'est pas de plus de 500 kil.) Un homme de l'escorte est attaché à chaque voiture. Le commandant visite fréquemment les voitures; les fait marcher de préférence sur la terre et au pas, et sur une seule file. Dans les convois mixtes, les voitures ou bateaux chargés de poudre sont mis à part.

Sur les chemins de fer, les poudres de guerre sont transportées en barils enchapés; les poudres de mine, dans des sacs enfermés dans des barils; celles de chasse, en boîtes de fer-blanc emballées dans des caisses en bois, par les trains de marchandises seulement, et sur des wagons à ressorts de choc, attelés au contact, avec caisses fermées à pavillons recouverts en feuilles métalliques. Le plancher des wagons est recouvert d'un prélat imperméable; les ferrures apparentes sont recouvertes de manchons ou enveloppées. La charge d'un wagon est de 3000 kil. au plus, y compris les fûts. On ne peut livrer à la fois plus de quatre charges de wagon.

Deux employés civils ou militaires (ordinairement deux gendarmes, se relevant de brigade en brigade) suivent les convois de poudre, et ne doivent pas les perdre de vue dans les stations faites aux gares.

Les réquisitions d'escorte pour les convois de poudre sont faites par les soins du fonctionnaire de l'intendance qui a donné l'ordre du transport.

PARATONNERRES.

Un paratonnerre est un système de barres métalliques, s'élevant au-dessus d'un édifice ou d'un mât, et descendant, sans aucune solution de continuité, jusque dans l'eau d'un puits ou dans un sol humide.

La *tige* est une barre de fer de 5 à 10 mètres de hauteur, et de 54 à 60 mill. d'équarrissage à la base, diminuant de la base au sommet, en forme de pyramide. Vers la pointe, et sur une longueur de 50 cent., le fer est remplacé par une tige conique de cuivre jaune, terminée par une aiguille de platine, de 5 cent. de longueur, soudée sur le cuivre à la soudure d'argent, avec un petit manchon en cuivre pour renforcer l'ajustage. La tige de cuivre est réunie à la tige de fer au moyen d'un goujon taraudé en fer, maintenu par des goupilles également en fer;

ou, mieux encore, on taraude l'extrémité de la tige en fer et on la visse dans un manchon, formant renfort, ménagé au bas de la tige de cuivre; ce renfort, prolongé de 10 à 12 cent. au-dessous de la partie taraudée, entoure à frottement la tige en fer, et augmente la solidité de l'ajustage.

On doit autant que possible faire la tige d'une seule pièce. Lorsqu'on y est obligé pour la facilité du transport, on la coupe vers le tiers, à partir de la base; alors, la partie supérieure porte un tenon pyramidal de 20 cent. de longueur environ, qui s'emboîte exactement dans la partie inférieure, et qui est arrêté par une goupille.

La base est garnie d'une *embase* destinée à rejeter l'eau de pluie qui coulerait le long de la tige, et pourrirait les bois de la toiture.

Immédiatement au-dessus de l'embase, la tige est arrondie sur une étendue d'environ 5 cent., pour recevoir un *collier* brisé à charnière, portant deux *oreilles* entre lesquelles on serre l'extrémité du *conducteur* au moyen d'un *boulon*. Ce collier peut être remplacé par un *étrier carré*, dont les deux *branches* sont filetées à leurs extrémités pour recevoir une *traverse mobile* qu'on serre avec *deux écrous*. Dans ce cas, l'étrier porte une *queue* s'assemblant, au moyen d'un *boulon*, dans une fourchette qui termine le conducteur.

Le paratonnerre se fixe sur les toits, selon les circonstances. — Au-dessus d'une ferme, on perce le faîtage, et on assujettit la tige contre le poinçon au moyen de plusieurs brides. — Sur le faîte, on pratique un trou carré de mêmes dimensions que le pied de la tige; en dessus et en dessous on fixe, avec quatre boulons, deux plaques de fer de 2 cent. d'épaisseur. La tige s'appuie par un petit collet sur la plaque supérieure; elle est fortement serrée contre la plaque inférieure par un écrou. — Sur une voûte, on termine la tige par trois ou quatre *empattements* scellés au plomb dans la pierre.

Le *conducteur* est formé de barres de fer carrées, de 15 à 20 mill., assemblées bout à bout par un biseau à trois faces formant le Z, et par deux goupilles; il est soutenu à 12 ou 15 cent., et parallèlement au toit, par des *crampons à fourche* terminés, au lieu de pointes, par une *patte* mince pliée à angle droit et clouée sur un chevron, afin d'éviter l'infiltration de l'eau dans le bois; le conducteur est retenu dans chaque fourche par une goupille rivée; les crampons sont placés à environ 3 mètres les uns des autres.

Le conducteur se replie sur la corniche et contre le mur le long duquel il doit descendre, sans les toucher; il est fixé par des crampons scellés dans la pierre. A 50 ou 55 cent. au-dessous de la surface du sol, il se recourbe perpendiculairement au mur, se prolonge dans cette direction de 4 à 5 mètres, et s'enfonce dans un puits ou dans un trou creusé au moins jusqu'à 5 mètres de profondeur, si l'on ne rencontre pas l'eau ; moins profond, si on la rencontre.

Pour faciliter l'écoulement du fluide, et pour éviter que le conducteur ne s'oxyde par le contact de la terre et de l'humidité, on le fait courir dans un auget rempli de braise de boulanger, ou de charbon qui a été rougi au feu.

L'auget est formé de deux rangs de briques jointes et posées à plat pour le fond, et de deux rangs de briques superposées de chaque côté pour les parois; il est carré, et a 11 cent. de côté. Le dessus est en dalles dont l'une est munie d'un anneau, afin de faciliter les visites et les réparations du conducteur. — Cette disposition de l'auget n'est prescrite que pour les magasins à poudre. — La plupart du temps, on se contente de former l'auget de quatre rangs de briques; deux à plat pour le fond et le dessus, deux de champ pour les côtés; ou bien, on le fait en pierre, en tuile, en bois; l'enveloppe de braise autour du conducteur doit avoir 3 à 4 cent. d'épaisseur.

Le conducteur, sortant de l'auget, perce la paroi du puits dans lequel il doit descendre.

Pour rendre plus faciles les visites du conducteur renfermé dans l'auget, les dalles de recouvrement sont au niveau du sol, lorsque le puisard se trouve dans l'enceinte du magasin à poudre, et que l'auget ne sort pas de cette enceinte; mais lorsque le puisard est à l'extérieur, la partie de l'auget comprise entre le mur d'enceinte et le puisard est enterrée, de manière que le conducteur placé au milieu de l'auget se trouve à 50 ou 55 cent. en contre-bas du sol; on recouvre de terre les dalles formant le dessus de l'auget ainsi que le tampon qui ferme le puisard, afin de les dérober à la curiosité ou à la malveillance. Les deux portions de l'auget, placées à des hauteurs différentes, se raccordent entre elles par une partie inclinée traversant les fondations du mur d'enceinte. Dans cette partie, les parois de l'auget sont formées par la maçonnerie du mur, qui se trouve ainsi percé d'un trou carré d'environ 11 cent. de côté.

L'extrémité du conducteur se termine ordinairement par deux ou trois racines qui doivent rester immergées, au moins de 65 cent., dans les plus basses eaux. Si le trou est sans eau, on entoure le conducteur d'un auget de bois rempli de braise; et les racines, de braise bien damée.

Dans un terrain sec, dans le roc par exemple, on double au moins la longueur de la tranchée horizontale qui reçoit le conducteur; on la prolonge, si l'on peut, jusqu'à un terrain humide. Si on ne peut pas l'étendre en longueur, on en fait d'autres transversales qu'on remplit de braise, et dans lesquelles on met de petites barres de fer communiquant avec le conducteur, dont l'extrémité, divisée en plusieurs racines, doit s'enfoncer dans un large trou rempli de braise bien damée.

En général, on doit faire les tranchées dans l'endroit le plus humide et y diriger les eaux pluviales.

Les *conducteurs en cordes métalliques*, indépendamment de leur flexibilité, ont l'avantage d'éviter les raccordements, et de diminuer les chances de solution de continuité. Néanmoins, les barres de fer doivent être préférées comme moins destructibles.

On réunit quinze fils métalliques pour faire un toron, et quatre de ces torons forment la corde, qui a 16 à 18 mill. de diamètre. — Chaque toron est goudronné séparément. — La corde l'est ensuite avec beaucoup de soin; on l'attache à la tige du paratonnerre comme les conducteurs en barre. Les crampons qui la supportent sont terminés par des anneaux, au lieu de fourches.

A deux mètres au-dessus du sol, on réunit la corde à une barre de fer carrée de 15 à 25 mill. La partie supérieure de la barre est ronde et présente un trou cylindrique de 15 cent. de longueur, dans lequel la corde entre et est fixée par trois goupilles.

Les cordes en fil de cuivre ou de laiton sont préférables aux cordes en fil de fer.

Veiller avec le plus grand soin à ce que la tige et le conducteur ne présentent pas la moindre solution de continuité; prendre toutes les précautions et profiter de tous les moyens pour procurer au fluide électrique un facile écoulement dans le sol; sans ces conditions essentielles, un paratonnerre est plus dangereux qu'utile.

On admet qu'un paratonnerre peut défendre un espace circulaire d'un rayon double de sa hauteur au-dessus du faîtage. Néanmoins, lorsqu'il est établi sur une partie élevée d'un édifice, comme une tour, un clocher, on ne doit compter que sur un rayon de défense égal à son élévation au-dessus des parties qu'il domine, et il convient d'établir d'autres paratonnerres pour celles qui sont plus éloignées.

Un bâtiment est mieux défendu par deux tiges de 5 à 6 mètres, ayant entre elles une distance égale à la somme de leurs rayons d'action, que par une seule tige de 10 mètres.

Si le bâtiment renferme des pièces métalliques un peu considérables, comme des lames recouvrant quelques parties de la toiture, des gouttières, de longues barres, il faut les faire toutes communiquer avec le conducteur par des barres de 8 mill. Si ces pièces ne sont pas indispensables, on doit les supprimer. Les ferrures ordinaires, telles que gonds, serrures, etc., ne doivent inspirer aucune crainte.

Le conducteur doit parvenir au sol par le chemin le plus court. On peut quelquefois n'en mettre qu'un seul pour deux paratonnerres, sans augmenter son diamètre. Pour trois paratonnerres, il faut au moins deux conducteurs. On établit des communications entre les pieds des conducteurs.

En général, on doit placer les conducteurs sur les murs qui font face au côté d'où viennent le plus fréquemment les orages, et qui sont le plus souvent mouillés par la pluie, laquelle pourrait servir de conducteur imparfait et occasionner des accidents.

La moindre solution de continuité ou une communication insuffisante avec le sol pouvant donner lieu aux plus graves accidents, il est prudent d'établir les paratonnerres des magasins à poudre sur des mâts placés à deux ou trois mètres en dehors des murs. Il est suffisant de donner aux tiges 2 mètres de longueur; mais on donnera aux mâts une hauteur telle qu'avec la tige ils dominent le bâtiment de 4 à 5 mètres. Pour les paratonnerres placés sur les magasins, il est bon qu'il y ait deux conducteurs, l'un du côté où se forment le plus fréquemment les orages, l'autre du côté opposé.

Si le magasin est très-élevé, comme une tour, on peut se contenter de l'armer d'un double conducteur sans tige.

A défaut de paratonnerre, des arbres élevés, disposés à 5 ou 6 mètres des faces d'un magasin, peuvent le défendre efficacement des atteintes de la foudre.

La partie de la tige en cuivre et en platine coûte 25 francs. Le reste de la tige et le conducteur se payent comme fers ouvrés, suivant la qualité.

Suivant l'instruction du 13 décembre 1850, tout magasin à poudre doit être protégé par un paratonnerre, à moins de décision spéciale contraire. Il faut éviter de placer les parcs aux projectiles ou à bouches à feu à une distance plus faible que 3 ou 4 fois la hauteur du paratonnerre au-dessus du sol. Si cette condition ne peut être remplie, il faut avoir soin de faire venir l'un des conducteurs du côté de la masse métallique, afin que le fluide électrique ne soit point porté à traverser le magasin.

Tous les ans, au mois d'avril, on visite les paratonnerres des magasins à poudre, et un procès-verbal de visite très-circonstancié relatant les observations faites en temps d'orage, est adressé au ministre par le directeur d'artillerie. A cette même époque, on recouvre le paratonnerre et son conducteur d'une couche de peinture à l'huile ou de colthar.

CHAPITRE VI.

MUNITIONS ET ARTIFICES.

SOMMAIRE.

BATIMENTS ET OUTILLAGE.

Bâtiments.

Dans un grand établissement d'artillerie, les bâtiments destinés à la confection des munitions et artifices sont :

1° Une salle d'artifices ;

2° Un bâtiment aux fourneaux ;

3° Un magasin pour la poudre et les munitions confectionnées.

SALLE D'ARTIFICES. — La *salle d'artifices* se compose d'une salle précédée d'un porche, destinée spécialement aux manipulations de la poudre, et de deux cabinets : l'un pour les matières nécessaires à la consommation du jour, l'autre pour les outils et ustensiles. Le bâtiment doit être planchéié et surmonté d'un grenier.

BATIMENTS AUX FOURNEAUX. — Le *bâtiment aux fourneaux* est divisé en trois parties par des murs de refend montant jusqu'au comble. La première partie forme un hangar entièrement onvert sur une face, destiné à la trituration des matières et au chargement des fusées à projectiles creux. La seconde partie, celle du milieu, renferme deux fourneaux doubles adossés au mur de refend; ils servent aux manipulations. Enfin, la troisième partie contient, d'un côté un atelier de forgeur, de l'autre un atelier de menuisier et de tourneur.

MAGASIN POUR LA POUDRE ET LES MUNITIONS CONFECTIONNÉES. — Le magasin pour la poudre et les munitions confectionnées doit être planchéié et surmonté d'un grenier.

Tous ces bâtiments, sauf les fondations, doivent être construits en planches, loin des habitations, suffisamment espacés, et séparés par des plantations d'arbres ou par des traverses.

Meubles.

Dans la *salle d'artifices :* grandes tables de 4 mètres sur 1 mètre, espacées de 3 mètres d'axe en axe, pour la confection des cartouches d'infanterie. — Tables à rebords (une pour deux grandes tables). — Deux bancs par grande table.

Dans le *cabinet aux matières :* une table pour la balance. — Barils avec cercles et couvercle en cuivre.

Dans le *cabinet aux outils :* une table et des râteliers pour les ou tils et les ustensiles.

Dans la *salle aux fourneaux :* bancs pour couler les balles. — Bancs pour ébarber. — Bancs pour ensaboter. — Grande balance à plateaux en bois.

Dans le *hangar :* bancs pour charger les fusées à projectiles creux.

Dans l'*atelier de forgeur :* la forge et son outillage. — Un coffret contenant un assortiment complet d'outils de serrurier.

Dans l'*atelier de menuisier :* un banc de tour et son outillage. — Un établi et un coffret contenant un assortiment complet d'outils de menuisier et de tourneur.

Dans le *magasin pour la poudre :* une table à rebord pour les pesées.

Enfin, des tables à écrire, des tablettes, des rayons, des escabeaux, des bancs ordinaires, des porte-manteaux, des marchepieds, des échelles, etc., répartis dans les divers locaux, selon les besoins.

Fourneaux.

On emploie des fourneaux de deux espèces : 1° les fourneaux dits de *première espèce,* où la flamme est en contact avec le fond et les parois latérales de la chaudière; 2° les fourneaux dits de *deuxième espèce,* où la flamme ne touche que le fond de la chaudière. Ces derniers sont réservés pour les préparations très-inflammables. Il y a enfin des fourneaux spéciaux pour réduire les crasses de plomb, et d'autres sur les côtes, pour rougir les boulets.

Tous ces fourneaux peuvent être ou *permanents* ou *de campagne.*

Fourneaux permanents.

Fourneaux en briques.

Dans un établissement fixe, les fourneaux sont en briques et de première espèce. La chaudière est soutenue par des plaques circulaires en fonte, situées à diverses hauteurs et laissant des espaces vides communiquant entre eux par des trous; la flamme circule ainsi librement autour de la chaudière. On peut, en bouchant les trous de communication de la plaque inférieure, transformer le fourneau en fourneau de deuxième espèce.

FOURNEAU A RÉDUIRE LES CRASSES DE PLOMB. — Ce fourneau est établi en plein air, sur un socle en maçonnerie. Il se compose d'une muraille cylindrique en terre réfractaire, consolidée par une enveloppe extérieure en tôle. La paroi intérieure a la forme d'un tronc de cône renversé, terminé en creuset, dont le fond s'incline vers un trou de coulage. Le feu se fait dans le fourneau même ; il est alimenté par un soufflet dont la tuyère débouche à la naissance du creuset. Les crasses, ainsi que le charbon destiné à les réduire, sont jetées sur le feu par le haut du fourneau. Le métal réduit s'échappe par le trou de coulage et est reçu dans une lingotière.

Quatre hommes, en sept heures et demie, retirent de 500 kil. de crasses non lavées ni vannées, dont le litre pèse 3k,450, 430 kil. de plomb ou 86 p. %. — La consommation en charbon est de 18 kil. pour 100 kil. de crasses.

FOURNEAU A ROUGIR LES BOULETS. — Il a 90 cent. de long sur 75 cent. de large, et 30 cent. de hauteur ; au fond est une grille pour le combustible; au-dessous de cette grille est le cendrier; au-dessus se trouve une seconde grille nommée *chaufferie*, sur laquelle on place les boulets. La chaufferie, divisée en cinq sillons, est inclinée vers l'arrière, afin de faciliter l'enlèvement successif des boulets. — Ce fourneau suffit au service d'une batterie de douze canons; il faut une heure pour le mettre en train, et une demi-heure pour chauffer au rouge-cerise des boulets de 36. En activant le feu avec un soufflet de forge, on peut avoir des boulets rouge-blanc en moins d'un quart d'heure.

Fourneaux de campagne.

Pour toutes les préparations dangereuses, et, en campagne, pour suppléer aux fourneaux permanents, on construit des fourneaux en gazons, ou bien on les creuse en terre.

FOURNEAUX EN GAZONS. — La chaudière est placée à 30 ou 40 cent. du sol, sur un trépied solidement établi. On l'entoure d'un massif de gazons en contact avec ses parois dans sa partie supérieure seulement, si le fourneau est de première espèce, et sur toute sa hauteur, s'il est de deuxième espèce : dans ce cas, on supprime le trépied. La bouche du fourneau est carrée; elle a 30 cent. de côté. Vis-à-vis la bouche, à 15 cent. du sol pour les fourneaux de première espèce, et à son niveau pour ceux de deuxième espèce, on ouvre le canal de la cheminée. Ce canal est carré, et a 15 cent. de côté dans toute sa longueur; incliné d'abord à 15 degrés, il est coudé à environ 40 cent. de son ouverture, puis s'élève verticalement. La partie supérieure de la bouche doit être soutenue avec de petites barres de fer. Il faut, autant que possible, employer des briques pour la construction de la bouche et de la cheminée, et adosser le fourneau à un mur.

FOURNEAUX CREUSÉS EN TERRE. — Dans les deux espèces de fourneaux, la chaudière dépasse le niveau du sol de 2 ou 3 cent., et est tenue à 30 ou 40 cent. de la surface du foyer. Dans ceux de première espèce, son logement va en s'élargissant jusqu'au fond du foyer, en sorte que la chaudière n'étant maintenue que par le haut, il faut le plus souvent la soutenir à l'aide d'un trépied. Dans ceux de deuxième espèce, le logement n'a que juste le diamètre de la chaudière, et une profondeur égale à sa hauteur, moins 2 ou 3 cent.; l'excavation du foyer lui est concentrique, mais de 5 cent. environ de diamètre plus petite, ce qui permet d'asseoir solidement la chaudière; on fait en outre glisser sur toute sa hauteur de la terre qu'on refoule contre les parois. A 30 cent. de ce logement, on creuse le terrain verticalement pour former le devant du fourneau. On perce la bouche carrée de 30 cent. de côté; en avant de la bouche, on fait un petit palier en contrepente pour éloigner les eaux; puis, on le raccorde avec le terrain par une rampe. Le canal de la cheminée est percé en face de la bouche, à 15 cent. au-dessus du sol du foyer pour les fourneaux de première espèce, et à son niveau pour ceux de deuxième espèce; on le fait déboucher à 45 cent. du fourneau dans une rigole à section carrée de 20 cent de côté, et de 3 mètres de longueur, recouverte de gazons et de terre. Dans les deux espèces de fourneaux, on entoure les bords de la chaudière d'un talus formant entonnoir.

FOURNEAU A ROUGIR LES BOULETS. — On fait en terre une excavation de 33 cent. de profondeur, et de la largeur du gril à rougir les boulets, se terminant sans talus sur les côtés et en arrière, et restant ouverte par devant; sur l'aire qui forme le fond de cette excavation, on dispose en quinconce plusieurs briques ou pierres plates qu'on enfonce en terre, en leur laissant une saillie de 10 à 12 cent. On place le gril, et on le couronne de cinq arceaux surbaissés en fer plat; quatre de 22 à 25 cent. de flèche; le cinquième, placé derrière, de 15 à 18 cent. seulement; trois s'appuyant sur les extrémités des traverses du gril, et deux reposant à distance égale des traverses sur deux pierres appuyées contre les barreaux latéraux. Cette carcasse est ensuite recouverte de gazons, puis de 40 à 50 cent. de terre; on ferme la partie postérieure du fourneau par un mur de gazons, en ménageant en arrière du dernier arceau une cheminée carrée de 15 cent. de côté. Une plaque de tôle ou, à défaut, un gazon épais sert de registre à l'orifice de la cheminée pour faire varier le tirage du fourneau, lequel doit être réglé de manière que jamais la flamme ne sorte par la porte. Les boulets sont placés sur le gril, en laissant libre en avant à peu près le quart de sa longueur; sur cette partie vide et sous le devant du gril, on place le bois coupé en morceaux de 35 à 40 cent. de longueur sur 5 à 6 cent. de diamètre. Ce fourneau donne des boulets rouges après une heure de chauffage, et peut fournir au service de trois pièces.

Outils et ustensiles d'artifices employés dans les parcs.

Le chargement des outils et ustensiles d'artifices se fait dans la *caisse de parc,* qui reçoit quatre garnitures différentes, suivant la composition du chargement.

Dimensions dans œuvre: longueur, 1^m,550. — Largeur, 340 mill.— Hauteur sous le couvercle, 525 mill.

Les caisses sont distinguées entre elles par les n°s 1, 2, 3, 4.

Les caisses n°s 1 et 2 sont affectées au transport des ustensiles spéciaux pour la confection des munitions et artifices des armes à feu portatives et des bouches à feu de campagne. Elles sont particulièrement destinées aux parcs de réserve des corps d'armée, et contiennent ensemble les outils et ustensiles propres aux manipulations suivantes: Chargement et déchargement des coffres à munitions. — Défonçage des barils et embarrillage. — Coulage des balles de plomb. — Confection des cartouches d'infanterie, à balle oblongue, etc. — Démolition des cartouches. — Nettoyage et calibrage des boulets et des obus de campagne. — Confection de la colle. — Trituration des matières et préparation des compositions. — Confection de la mèche à étoupilles. — Confection des étoupilles en roseau et des lances à feu.

La caisse n° 3 est affectée au transport des ustensiles spéciaux pour le service des parcs généraux d'armée. Elle contient les outils et ustensiles propres aux manipulations suivantes : Confection et vérification des sachets. — Confection des sabots et des tampons. — Confection des bandelettes et des rondelles d'ensabotage. — Ensabotage des boulets et des obus. — Montage des cartouches à boulets et à obus, et des charges pour boîtes à balles et pour obus. — Calibrage des balles pour boîtes à balles. — Chargement des boîtes à balles. — Chargement et déchargement des obus. — Confection de la mèche à canon. — Confection, réception et chargement des fusées d'obus. — Confection des flambeaux. — Confection des cylindres de roche à feu. — Confection des fusées de signaux et des artifices de garniture.

La caisse n° 4 est destinée uniquement aux équipages de siége. Elle contient les outils et ustensiles propres aux manipulations suivantes : Confection des gargousses. — Nettoyage et calibrage des projectiles de gros calibre. — Chargement et déchargement des projectiles creux (moins le tire-fusée). — Chargement des fusées des projectiles creux de gros calibre. — Confection des cylindres de roche à feu. — Elle contient, en outre, divers artifices.

Une cinquième caisse, dite *caisse aux lanternes*, contient 4 lanternes à éclairer et leur approvisionnement.

Pour exécuter le chargement des caisses, il faut deux hommes dirigés par un maître artificier. Le temps nécessaire est de 3 heures environ par caisse. Dans les caisses et les boîtes, les objets sont convenablement isolés et maintenus en place avec des étoupes.

La nomenclature est établie suivant l'ordre dans lequel se fait le chargement. — La droite et la gauche des caisses ou des boîtes sont celles de l'homme faisant face à leur ouverture; les compartiments sont comptés en allant de gauche à droite ou du devant au derrière de la caisse ou de la boîte.

Caisse n° 1.

Ustensiles pour la confection des munitions et artifices des armes à feu portatives et des bouches à feu de campagne.

Cette caisse renferme 4 boîtes en bois.

Liste alphabétique des objets composant le chargement.

DÉSIGNATION DES OBJETS.			Quantités.
Baguette (bronze)	pour rouler les cartouches de lance à feu		1
	pour charger les cartouches de lance à feu		2
Balance avec bassins en cuivre	grande	bassins, fléau	1
	petite	bassins, fléau	1
Boîte en bois pour le chargement intérieur		n° 1	1
		n° 2	1
		n° 3	1
		n° 4	1
Bout de lame du sabre			4
Brosse	à manche		2
	rude, pour les munitions		2
Canif à tailler les roseaux pour étoupilles		lame, manche (bois)	6
Cercle de support de la chaudière en fonte			1
— quatre pieds de support de la chaudière en fonte			4
Chassoir de tonnelier (orme)			1
Chaudière	en cuivre		1
	en fonte		1
Chien de tonnelier ou tire-cercle (fer), manche (frêne ou orme)			1
Cisaille à cavité sphérique pour balles d'infanterie		partie en fer, poignée, partie en bois	3
Ciseaux (paires) pour étoffes et papier			10
Ciseau à froid pour fendre les bandelettes			2
Ciseau	de menuisier	lame, manche (bois)	2
	en bronze pour le déchargement des projectiles creux et le défonçage des barils		3

DÉSIGNATION DES OBJETS.				Quantités.
Compas ordinaire				2
Couteau	de menuisier		lame / manche (bois)	2
	ordinaire		lame / manche (bois)	12
Crochet (cuivre) pour le déchargement des projectiles creux			tige / poignée (bois)	2
Crochet (fer)	à désétouper		tige / poignée (bois)	2
	à dégager les balles des moules		tige / poignée (bois)	2
Cuillère (fer) à couler les balles de plomb			cuillère / soie / manche	2
Cylindre (fer-blanc) pour charger les lances à feu			partie supérieure / partie inférieure	3
Dé pour la confection des cartouches d'infanterie (bronze et frêne)				60
Entonnoir (cuivre) pour la confection de la mèche à étoupilles			corps / douille	1
Entonnoir (fer-blanc) pour charger les lances à feu			corps / douille	1
Entonnoir (fer-blanc) pour remplir les cartouches d'infanterie			corps / douille	12
Éponge				2
Gamelle (fer étamé)				12
Hache à main			hache / manche	1
Lanterne (cuivre) pour charger les lances à feu. — poignée seule (bois)				7
Lime	grande, de 1 au paquet			2
	douce demi-ronde			4
	tiers-point			2
	queue de rat			2
Lunette (acier)	double, pour calibrer	les balles d'infanterie		2
		les roseaux d'étoupilles		2
	pour calibrer	les boulets de 12 et les obus de 12c	grande / petite	4
		les obus de 16c	grande / petite	2
Maillet	cylindrique, pour charger les fusées des projectiles creux, etc.		tête (orme) / manche (frêne)	5
	de menuisier		tête (orme) / manche (frêne)	2
Main (cuivre) pour prendre les matières	grande		main / poignée	1
	petite		main / poignée	1
Mandrin (frêne), pour cartouches d'infanterie				10
Mandrin (laiton), pour la confection des étoupilles avec tubes en papier				60
Marteau ordinaire			marteau (fer) / manche (frêne)	4
Masse pour tonnelier			masse (cuivre) / manche (frêne)	1
Mèche de vilebrequin, ordinaire				4

DÉSIGNATION DES OBJETS.	Quantités.
Mesure (étain) pour liquides — de 1 litre	1
— de 1/2 litre	1
— de 1/4 litre	1
— de 2/10 litre	1
— de 1/10 litre	1
Mesure à poudre pour cartouches d'infanterie — mesure cylindrique (fer-blanc), douille pour recevoir le manche, manche (bois)	12
Moule à balles pour fusil d'infanterie — corps (bronze), poignées (bois), crochet (fer)	6
Pierre à aiguiser	2
Pince plate (fer), pour tordre le fil de fer, etc.	2
Pince plate à ressort, pour les moules fixes (pour mémoire)	2
Pinceau à colle	6
Pincette pour le chargement et le déchargement des obus	2
Poids. — en fonte — de 1 kil.	1
— de 2 kil.	1
— de 3 kil.	1
— de 5 kil.	1
— en cuivre, de 1 kil. divisé	2
Poinçon à percer les bandelettes	2
Pointe à tracer	1
Pot à colle, avec son bain, pour colle forte — pot à colle, bain	1
Queue de rat double, pour nettoyer les roseaux pour étoupilles	3
Râpe à bois — demi-ronde	1
— plate	1
Règle (fer) — de 27 mill. de largeur, pour confectionner les lances à feu, les gargousses, etc.	2
— de 54 mill. de largeur, encastrée dans une règle en bois, pour découper le papier	1
Scie à chantourner ou à main — lame, bras, sommier, chevilles	1
Serpe. — lame et soie, poignée (bois)	1
Spatule à étouper les munitions (frêne) — d'artillerie	1
— d'infanterie	1
Tambour pour tamis — en crin, n° 1 — supérieur	1
— inférieur	1
— en laiton, inférieur	1
Tamis. — en crin, n° 1	1
— en laiton	1
Tire-fond (fer) de tonnelier	1
Tourne-vis à manche — lame, manche (bois)	1
Trapèze (fer) pour la confection des cartouches d'infanterie	1
Tricoise ordinaire	2
Triple décimètre	2
Vilebrequin. — pommeau, col de cygne	1
Vrilles de différentes grosseurs, de 5 à 10 mill. de diamètre	6

Caisse n° 2.

Ustensiles pour la confection des munitions et artifices des armes à feu portatives et des bouches à feu de campagne.

Cette caisse renferme :

1° Deux boîtes coniques en tôle, pour contenir des gobilles en bronze;

2° Trois boîtes en bois.

Liste alphabétique des objets composant le chargement.

DÉSIGNATION DES OBJETS.			Quantités.
Baril à triturer	baril		1
	arbre		
	manivelles	bras	2
		poignées	
		écrous	
Boîte en bois pour le chargement intérieur		n° 1	1
		n° 2	1
		n° 3	1
Boîte en tôle pour les gobilles (placée dans le mortier)			2
Chlorate de potasse			2 kil.
Cisaille à cavité sphérique pour balles d'infanterie		partie en fer	3
		poignée	
		partie en bois	
Cisaille droite pour balles oblongues		partie en fer	1
		poignée	
Crible passe-balles (fer et tôle d'acier)			1
Crochet (fer)	à désétouper	tige	2
		poignée (bois)	
	à dégager les balles des moules	tige	2
		poignée (bois)	
Cylindre (bronze) pour calibrer les balles oblongues			2
Dé pour la confection des cartouches d'infanterie (bronze et frêne)			24
Entonnoir (fer-blanc) pour remplir les cartouches		corps	6
		douille	
		poignée	
Gobilles (bronze) pour la trituration		de 20 mill.	10 kil.
		de 9 mill.	10 kil.
Main (cuivre), pour prendre les matières	grande	main	1
		poignée	
	petite	main	1
		poignée	
Mandrin (frêne) pour cartouches		d'infanterie	24
		à balle oblongue	16
Mesure à poudre pour cartouches d'infanterie et à balle oblongue	mesure cylindrique (fer-blanc)		6
	douille pour recevoir le manche (fer-blanc)		
	manche (bois)		
Mortier (bronze) avec couvercle			1
— le pilon (bronze)			1
Moule à balles	pour balles d'infanterie	corps (bronze)	6
		poignées (bois)	
		crochet (fer)	
	pour balles oblongues	corps (bronze)	2
		poignées (bois)	
		crochet (fer)	

DÉSIGNATION DES OBJETS.		Quantités.
Pince plate à ressort, pour les moules fixes (pour mémoire)		2
Planchette à crible		1
Rectangle pour cartouches à balle oblongue		1
Remplissoir pour cartouches à étui		5
Sac en cuir de vache, pour écraser le charbon		2
Spatule à étouper les munitions (frêne)	d'artillerie	1
	d'infanterie	1
Sulfure d'antimoine		2 kil.
Tambour pour tamis n°s 2 et 3	supérieur	1
	inférieur	1
Tamis en crin	n° 2	1
	n° 3	1
Toile métallique pour démolition des cartouches		1
Trapèze (fer) pour cartouches à balle oblongue	grand	1
	petit	1

Caisse n° 3.

Ustensiles spéciaux pour le service des parcs généraux.

Cette caisse renferme 6 boîtes en bois.

Liste alphabétique des objets composant le chargement.

DÉSIGNATION DES OBJETS.			Quantités.
Baguette (fer) pour charger les fusées à projectiles creux	fusée n° 3, baguette	n° 3	8
		n° 4	12
	fusée n° 4, —	n° 4	12
Baguettes pour charger les fusées de signaux de 27 mill.	à asseoir		3
	en bronze	n° 1	3
		n° 2	3
		n° 3	3
		n° 4	3
		n° 5	3
	poignées seules		3
Baguette (fer) à rainure, pour rouler les cartouches de fusées de signaux de 27 mill.			3
Baguette (fer)	pour rouler les serpenteaux		2
	avec poignées en bois pour charger les serpenteaux	corps	3
		poignée	3
Baguette (bronze) à rouler les cartouches pour cylindres de roche à feu	n° 1		1
	n° 2		1
	n° 3		1
Baguette (fer) à rouler les tubes d'amorce pour cylindres de roche à feu			2
Bec-d'âne, la lame et la soie			1
Boîte pour le chargement intérieur	n° 1		1
	n° 2		1
	n° 3		1
	n° 4		1
	n° 5		1
	n° 6		1

DÉSIGNATION DES OBJETS.				Quantités.
Broche (fer)	pour charger les fusées de signaux de 27 mill.		broche conique téton embase queue filetée	3
	à épaulement pour percer à chaud les sabots pour obus de 16c		broche épaulement tige	2
Brosse à manche				2
Calibre (tôle d'acier)	pour la confection des cartouches		de fusées de signaux	1
			de serpentaux	1
			de cylindres de roche à feu	1
	pour la confection et la réception	des sabots	de boulet de 12	1
			d'obus de 16e	1
			d'obus de 12e de montagne	1
			de boulet et d'obus de canons-obusiers de 12	1
			de boite à balles d'obusiers de 16e	1
			de boite à balles d'obusiers de 12e	1
		des tampons pour charges d'obusiers de 16e		1
		des fusées à projectiles creux	n° 3	1
			n° 4	1
Chasse-fusée (bronze) n° 3				2
Cheville pointue (bois) pour le chargement des boites à balles				3
Cisaille de ferblantier				1
Ciseau à froid pour fendre les bandelettes				3
Ciseau	de menuisier		lame manche (bois)	1
	de tour, la lame et la soie			4
Clef à écrous, dite *anglaise*				1
Compas à pointes renversées				1
Compas	à ressort			1
	courbe, pour le tour			1
	ordinaire			1
	à pointes renversées			1
Couteau de sabotier			lame manche (bois)	1
Crochet (fer) à désétouper			tige poignée (bois)	2
Crochet de tour			pour le bois	4
			pour le fer	3
Dégorgeoir (tôle d'acier) avec manche (bois) pour fusées à projectiles creux de campagne et de montagne n°s 3 et 4				1
Emporte-pièce	pour culots de sachets		de 12 et d'obusier du 16c	1
			de canons-obusiers de 12c	1
			d'obusier de 12c	1
	pour rondelles d'ensabottage			2
	pour coiffes et rondelles de fusées à projectiles creux et fusées de signaux			7
Entonnoir (fer-blanc) pour pour charger	les obus		corps douille poignée	1
	les serpenteaux		corps douille	1
Entonnoir (fer-blanc) pour remplir les gargousses et les sachets			corps douille poignée	1

DÉSIGNATION DES OBJETS.	Quantités.
Fermoir pour ébaucher le bois, la lame et la soie sans le manche	1
Gamelle (bois), avec couvercle en fer-blanc	1
Gouge de tour	3
Hache à main { hache / manche	2
Lanterne (cuivre) pour charger { les fusées à projectiles creux. { n° 3 et n° 4 / poignée seule (bois)	12
Lanterne (cuivre) pour charger { les fusées de signaux de 27 mill.	3
Levier (fer), pour visser sur les billots les broches à charger les fusées de signaux.	1
Lime { grande, de 1 au paquet	2
Lime { douce, demi-ronde	4
Lime { tiers-point	2
Lime { queue de rat.	2
Lissoir (crin), pour la mèche à canon	3
Lunette double (acier), pour calibrer les balles en fer { n° 2.	1
Lunette double (acier), pour calibrer les balles en fer { n° 3.	1
Lunette double (acier), pour calibrer les balles en fer { n° 4.	1
Lunette double (acier), pour calibrer les balles en fer { n° 6.	1
Maillet { cylindrique, pour charger les fusées à projectiles creux { tête (orme) / manche (frêne)	18
Maillet { de menuisier { tête (orme) / manche (frêne)	1
Maillet { sphérique, p^r charger les fusées de sign., découp. à l'emp.-p. { tête (orme) / manche (frêne)	4
Manche d'emporte-pièce. { pour coiffes et rondelles de fusées à projectiles creux et de fusées de signaux, et pour rondelles d'ensabotage d'obus / clef	1
Manche d'emporte-pièce. { pour culots de gargousses et de sachets / clef	1
Manche d'outils (bois)	20
Mandrin (bois), pour la vérification des sachets modèles. { de canon de 12.	1
Mandrin (bois), pour la vérification des sachets modèles. { de canons-obusiers de 12	1
Mandrin (bois), pour la vérification des sachets modèles. { d'obusier de 12c de montagne	1
Mandrin (bois), pour la vérification des sachets modèles. { poignée	1
Mandrin (bois) { pour rouler les pots des fusées de signaux de 27 mill.	2
Mandrin (bois) { pour rouler les chapitaux des fusées d'*idem*.	1
Mandrin (bois) { pour former la gorge des cartouches des fusées d'*idem*	3
Manivelle à crochets, pour tordre la mèche à canon / — sa rondelle en fer	1
Manivelle à poignée de la baguette à rouler les cartouches	1
Marteau à ensabotter. { marteau (fer) / manche (frêne)	12
Mèche { conique, pour percer les baguettes à charger les fusées de signaux de 27 mill.	1
Mèche { de tour (de différentes grosseurs)	10
Mèche { de vilebrequin ordinaire	12
Mèche { anglaise	4

DÉSIGNATION DES OBJETS.				Quantités.
Mesure	à épaulement pour la confection des sachets (bois)	de canon de 12		1
		de canons-obusiers de 12		1
		d'obusier de 12ᶜ de montag.		1
	à poudre (cuivre)	pour le service de campagne	de 1k,958	1
			de 1 ,500	1
			de 1 ,400	1
			de 1 ,000	1
			de 0 ,750	1
			de 0 ,500	1
			de 0 ,400	1
			de 0 ,300	1
			de 0 ,270	1
			de 0 ,200	1
			de 0 ,090	1
		leur couvercle en bois		1
Moule à étoiles	moule (fer-blanc) poignée (bois) tige (fer)			4
Moule	pour couler la roche à feu			3
	pour flambeaux			1
Patron pour culots de sachets (fer-blanc)	de canon de 12			1
	de canons-obusiers de 12			1
	d'obusier de 12ᶜ de montagne			1
Patron (tôle d'acier)	pour boîtes à balles	de canon de 12		1
		de canons-obusiers de 12		1
		d'obusier	de 16ᶜ	1
			de 12ᶜ de montagne	1
	pour sachets	de canon de 12		1
		de canons-obusiers de 12		1
		d'obusier de 12ᶜ de montagne		1
Peigne de tour pour vis à bois				3
Pierre à aiguiser				2
Pince	pour monter les cartouches à boulet (bois)			12
	plate, pour tordre le fil de fer, etc. (fer)			2
Pinceau à colle				5
Plaque de plomb pour découper à l'emporte-pièce				2
Poinçon	à arrêt	tige poignée		3
	à percer les bandelettes			3
	à pointe droite et à poignée	tige poignée		5
	effilé, pour serpenteaux	tige poignée		1
Pointe à tracer				2
Rabot, ses deux fers et son coin				1
Râpe à bois	demi-ronde			3
	plate			3
Règle	en couteau (frêne), pour coller la révolution intérieure des cartouches en carton			1
	en fer, de 54 mill. de largeur, pour tracer les bandelettes			1
Scie à araser	lame bras sommier			1
Serpe	lame et soie poignée (bois)			2

DÉSIGNATION DES OBJETS.		Quantités.
Spatule à étouper les munitions (frêne)	d'artillerie	1
	d'infanterie	1
Tarière	lame	3
	manche (bois) commun aux différentes lames	1
Tire-fond (fer) pour fusées à projectiles creux n° 3		1
Tire-fusée	châssis, la vis de serrage / bras de levier d'abattage	1
Tour en l'air et ses accessoires		1
Tourne-vis à manche	lame / manche	1
Tricoise		1
Trusquin	tige / planchette	1
Vilebrequin	pommeau / col de cygne	1
Vrilles de différentes grosseurs de 5 à 10 mill. de diamètre		2

Caisse n° 4.

Ustensiles spéciaux pour la confection des munitions et artifices de siége. — Artifices confectionnés.

Cette caisse renferme 5 boîtes en bois.

Liste alphabétique des objets composant le chargement.

DÉSIGNATION DES OBJETS.			Quantités.
Baguette (fer) pour charger et amorcer les fusées à projectiles creux	fusée n° 1, baguette	n° 1	8
		n° 2	8
		n° 4	12
	fusée n° 2, baguette	n° 1	8
		n° 2	8
		n° 4	12
Baguette (bronze) à rouler les cartouches pour cylindres de roches à feu		n° 1	1
		n° 2	1
		n° 3	1
Baguette (fer) à rouler les tubes d'amorce pour cylindres de roche à feu			2
Boîte pour le chargement intérieur		n° 1	1
		n° 2	1
		n° 3	1
		n° 4	1
		n° 5	1
Bout de lame de sabre			4
Calibre (tôle d'acier)	pour la confection des cartouches des cylindres de roche à feu		1
	pour la confection et la réception des fusées à projectiles creux	n° 1	1
		n° 2	1

DÉSIGNATION DES OBJETS.			Quantités.
Chasse-fusée (bronze)		n° 1	2
		n° 2	2
Ciseau à froid pour découper les franges des gargousses			2
Ciseau (grand) pour le déchargement des projectiles creux et le défonçage des barils (bronze)			1
Couteau de sabotier		lame manche (bois)	1
Crochet pour le déchargement des projectiles creux (cuivre)		tige poignée (bois)	2
Crochet à désétouper (fer)		tige poignée (bois)	2
Crochet double, à bombes (fer)		grand petit	1
Cylindres de roche à feu		n° 1	150
		n° 2	350
Dégorgeoir (tôle d'acier) avec manche (bois) pour fusées à projectiles creux		n° 1 n° 2	2
Emporte-pièce à manche (étoffe de fer et d'acier), pour culots de gargousses			7
Entonnoir (fer-blanc)	pour charger les bombes	corps douille poignée	1
	pourremplir les gargousses et les sachets	corps douille poignée	1
Éponge			2
Étoupilles fulminantes			2000
Fusées de signaux			30
Gamelle (cuivre)			3
Lanterne pour charger les fusées à projectiles creux (cuivre)		n° 1 poignée seule (bois)	6
		n° 2 poignée seule (bois)	6
Lunette pour calibrer les boulets (acier)	de 24	grande petite	2
	de 16	grande petite	2
Lunette pour calibrer les bombes (acier)	de 32c	grande petite	2
	de 27c	grande petite	2
	de 22c	grande petite	2
Maillet	cylindrique, pour charger les fusées à projectiles creux, etc.	tête (orme) manche (frêne)	18
	sphérique, pour charger les fusées de signaux, découper à l'emp.-p.	tête (orme) manche (frêne)	2
Mandrin pour gargousses (bois)		de 24	1
		de 16	1
		de 12	1
Mèches à étoupilles		mètres	400

DÉSIGNATION DES OBJETS.			Quantités.
Mesures à poudre (cuivre)	pour le service de siége.	de 3k,000	1
		de 2,000	1
		de 1,000	1
		de 0,750	1
		de 0,500	1
		de 0,400	1
		de 0,300	1
		de 0,250	1
		de 0,200	1
		de 0,100	1
		de 0,050	1
		de 0,030	1
		de 0,020	1
		de 0,010	1
	couvercle en bois		1
Moule pour couler la roche à feu			3
Patron (fer-blanc) pour culots de gargousses.		de 24	1
		de 16	1
		de 12	1
Patron (tôle d'acier)	pour découper les franges des gargousses		1
	pour boîte à balles	de canon. de 24	1
		de canon. de 16	1
		d'obusier de 22c.	1
Patron (tôle d'acier) pour gargousse.		de 24	1
		de 16	1
		de 12	1
Pinceau à colle			6
Pincette pour le chargement et le déchargement des bombes			1
Pincette — — des obus			1
Râpe à bois, demi-ronde			1
Règle en fer de 27 mill, pour confectionner les lances à feu, les gargousses, etc.			2
Spatule à étouper les munitions (frêne)		d'artillerie	1
		d'infanterie	1
Tire-fond pour fusées à projectiles creux n° 1 et n° 2 (fer) — sa broche			1

Caisse aux lanternes.

Elle contient : 4 lanternes pour éclairer, 1 briquet garni et 1 boîte aux bougies.

Chargement des caisses d'ustensiles d'artifices sur le chariot de parc.

Quatre caisses d'ustensiles et une caisse aux lanternes forment le chargement d'un chariot de parc. Les nos des caisses varient avec l'espèce d'équipage auquel le chargement est destiné.

Répartir également le poids sur les côtés, et mettre les caisses les plus légères sur le devant; faire porter les caisses par le bout contre les hayons, et par le devant contre les côtés. Dans l'intervalle et touchant le hayon de devant, placer 30 baguettes de fusées de signaux (poids, 4 kil.), et 4 grandes spatules dont 2 sabotées (poids $5^k,54$). — Accrocher la caisse aux lanternes au hayon de devant, et l'y fixer par 4 vis à bois, dont 1 à chaque crochet et 1 sur chaque épars près du fond de la caisse. — Assujettir le chargement au moyen de bouchons de paille ou de foin bien serrés.

Six hommes suffisent pour charger ou décharger le chariot.

Précautions à prendre pour prévenir les accidents.

Éviter autant que possible l'emploi du fer dans la construction des salles d'artifices, des magasins, des tables, bancs, caisses, etc.; noyer la tête des clous dans le bois, coller par-dessus plusieurs bandes de papier. — Avant chaque séance de travail, couvrir les planchers de prélats non goudronnés qu'on replie avec soin, à la fin de la séance, pour que la poudre et la poussière ne puissent se répandre sur le plancher. — Porter ces prélats ainsi à l'extérieur; les secouer et les battre à 50 mètres au moins des salles ou des magasins. — Arroser et balayer presque continuellement pendant le travail, surtout par les temps secs et chauds et quand on manipule de la poudre. — Mettre des stores en toile aux fenêtres exposées au soleil. — Empêcher qu'on n'entre dans les salles avec des sabres, des épées, des cannes, etc. — Faire mettre des sandales à tous ceux qui entrent ou qui travaillent dans les ateliers; les faire quitter en sortant; prescrire aux hommes de ne pas traîner les pieds en marchant. — A défaut de sandales, faire ôter les chaussures quand on manipule de la poudre.

Rendre facile le jeu des portes et des fenêtres, en évitant partout les frottements; les tenir ouvertes, toutes les fois que le temps le permet.

N'avoir jamais dans l'atelier que la quantité de poudre nécessaire. — Faire porter au magasin les munitions et artifices, au fur et à mesure de leur confection. — Transporter les barils de poudre sur des civières en corde ou en toile, les munitions et artifices dans des civières à coffre. — Faire porter tous les objets que l'on doit changer de place; défendre de les rouler ou traîner.

Ne jamais charger par percussion aucun artifice, et ne jamais ensaboter de projectiles dans une salle où il y a de la poudre ou des compositions détonnantes. — Le chargement et le déchargement des projectiles creux, le chargement des fusées de signaux, la trituration des matières, la préparation des compositions qui exigent l'emploi du feu et dans lesquelles entrent les composants de la poudre, doivent, dans tous les cas, se faire en plein air ou sous des tentes et loin des salles d'artifices et des magasins.

N'entrer de nuit dans les ateliers et magasins que quand cela est indispensable; dans ce cas, avoir une lanterne bien fermée avec de la *corne et éclairant* avec de la bougie. — *Veiller avec une attention* soutenue à ce que les hommes n'aient pas sur eux d'allumettes chimiques.

Lorsqu'on fond du plomb, s'assurer qu'il ne contient pas d'humidité; *introduire les saumons avec précaution dans la chaudière.*

Lorsqu'on fond des matières grasses, avoir les mêmes soins, et n'en mettre dans la chaudière que les deux tiers de ce qu'elle peut contenir.

PREMIERS SOINS EN CAS DE BRULURES. — Appliquer sur les brûlures du coton en rame et les en couvrir entièrement; bassiner les parties brûlées et les envelopper ensuite avec un linge imbibé d'un mélange formé d'une partie d'ammoniaque liquide et de huit parties d'huile d'olive, bien battues ensemble; on peut aussi les arroser immédiatement et pendant longtemps avec de l'eau froide.

MATIÈRES.

Nota. Les proportions sont données en poids, et les températures en degrés centigrades.

SALPÊTRE. — *Pour la composition des artifices*, il *doit être purgé* de tout corps étranger par le collage, et réduit en poudre impalpable ou du moins en farine.

CHARBON. — Pour les artifices, on recherche les charbons les plus *inflammables et qui laissent le moins de cendres*, *tels que ceux de* bourdaine, de peuplier, de saule, de tilleul, de coudrier, de fusain, de chènevottes, etc. Il est cependant quelques cas où l'on emploie des charbons de bois durs, tels que le chêne, l'aune, le hêtre, etc., c'est lorsqu'on *veut obtenir de longues traînées de feux.*

Le charbon propre à la confection des artifices se fait dans une chaudière.

Le charbon prend feu vers 240°. Un charbon noir, fortement calciné, prend feu très-vite, mais s'éteint *facilement*; un charbon roux est plus long à s'allumer, mais il conserve le feu et se combure rapidement. Cette combustibilité est d'autant plus grande que le charbon est plus léger. Le charbon, à une température rouge, décompose l'eau pour s'emparer de son oxygène. — La densité absolue est de 1,5 au moins; la densité apparente est très-variable. — Le poids de 1 litre de charbon noir trituré est approximativement:

		Noir ordin.	
Charbon de . . .	chènevottes	59 gr.	
	fusain	124	
	hêtre	132.	
		Noir ordin.	**Fort' calciné.**
Charbon de . . .	peuplier	124 gr.	187 gr.
	bourdaine	133	177
	chêne	385	471.

Le charbon ne devient conducteur de la chaleur et de l'électricité que lorsqu'il a été fortement calciné au rouge-blanc.

Le charbon, surtout en poudre fine, absorbe rapidement l'humidité de l'air. Principalement quand il est fraîchement préparé et trituré, ou quand il a été fortement distillé, il absorbe et condense les gaz; il s'échauffe alors, et s'il est en masse de plus de 15 kil., il prend feu spontanément. Le charbon noir et très-calciné, lorsqu'il est en morceaux, peut s'enflammer aussi par un choc violent ou par le frottement.

SOUFRE. — Lorsqu'on doit employer le soufre fondu, éviter qu'il ne passe à l'état pâteux, ce qui arrive à 160° environ. — Ne prendre le soufre en fleur que quand on ne peut pas en avoir d'autre.

POUDRE ET PULVÉRIN. — Pour la composition des artifices, la poudre s'emploie en grains ou en pulvérin. (Voy. page 112, *Trituration.*) — Le poussier qu'on obtient en tamisant les poudres ne peut remplacer le pulvérin, parce que le dosage n'est plus ce qu'il était dans la poudre.

POUDRES FULMINANTES. — Ce sont des compositions qui détonnent fortement par le choc ou par le frottement. Les poudres fulminantes employées en artifices sont:

1° Le mélange de chlorate de potasse et de sulfure d'antimoine;

2° Le fulminate de mercure.

La préparation et la manipulation de ces poudres sont très-dangereuses et doivent être faites avec de grandes précautions, loin des salles d'artifices et des dépôts de munitions. Les résultats suivants montrent combien leurs effets diffèrent de ceux de la poudre ordinaire.

La poudre de chlorate de potasse et de sulfure d'antimoine ne peut être manipulée sans danger, si elle ne renferme au moins 20 p. % d'eau. En cet état, le choc ou le frottement ne fait détonner que la partie choquée ou frottée; le reste de la matière est projeté sans prendre feu.

Avec 30 p. % d'eau, le fulminate de mercure détonne encore partiellement, quand on le broie sur un marbre avec une molette en bois;

mais l'explosion ne se communique pas. — C'est avec cette quantité d'eau que l'on doit toujours le manipuler.

La poudre au chlorate, avec 20 p. % d'eau, enflammée par un corps chaud, fuse aussi lentement que la poudre à canon humectée aussi de 20 p. % d'eau. Elle se consume sans bruit, avec une lumière à peine visible dans l'obscurité, et en développant par conséquent une température bien plus basse que la poudre à canon.

Le fulminate de mercure, avec 5 p. % d'eau, fuse comme la poudre à canon humectée à 15 p. % d'eau; la température développée est encore plus basse qu'avec la poudre au chlorate. La poudre à canon, même avec 20 p. % d'eau, fuse avec bruit et lumière.

La plus grande distance à laquelle une masse de 2 gr. de poudre au chlorate puisse mettre le feu à une masse de 2 gr. de même poudre, est de 16 cent.; elle est de 10 cent. pour une masse de 2 gr. de poudre à canon; tandis que 2 gr. de poudre à canon mettent le feu, à 52 cent. de distance, à 2 gr. de poudre au chlorate.

25 gr. de fulminate de mercure ne mettent pas le feu à une autre masse de 25 gr. de fulminate, si la distance est seulement de 12 cent.

Quand on place à côté l'une de l'autre deux traînées, l'une de poudre à canon, l'autre de poudre au chlorate, toutes deux brûlent entièrement, n'importe à laquelle des deux on mette le feu. Si on remplace la poudre au chlorate par du fulminate, même en mettant le feu à la poudre à canon, presque toute cette poudre est projetée intacte par l'explosion du fulminate, plus rapide, par conséquent, que la propagation du feu dans la traînée de poudre.

25 gr. de poudre à canon, placés dans un baril de 50 kil. défoncé et reposant sur le sol, le soulèvent de 13 à 16 cent. sans le renverser.

Dans les mêmes conditions, 25 gr. de poudre au chlorate de potasse soulèvent le baril de 22 mill. seulement sans le renverser; 25 gr. de fulminate de mercure le réduisent en pièces.

25 gr. de poudre à fusil ou 25 gr. de poudre au chlorate, placés sur une planche qui repose sur le sol, brûlent à l'air libre sans endommager la planche et presque sans bruit; 25 gr. de fulminate réduisent la planche en pièces, et font un trou en terre au-dessous.

PYROXYLE. — En traitant la partie fibreuse des végétaux par un mélange d'acide nitrique et d'acide sulfurique concentrés, on la transforme en une matière appelée *pyroxyle*, qui brûle rapidement sans résidu et presque sans fumée.

Le meilleur pyroxyle est préparé avec du coton que l'on fait tremper quelques minutes dans un mélange de trois parties d'acide nitrique à

51°, et de cinq parties d'acide sulfurique à 66° (en volume). Quand le coton est bien imprégné, on le retire et on le lave à l'eau froide; puis, on le plonge dans une solution légèrement alcaline de potasse, de soude ou d'ammoniaque, et on le lave de nouveau. On le passe ensuite dans une eau acidulée avec de l'acide nitrique; on le lave encore, et on le fait sécher à l'air.

Le pyroxyle est très-inflammable; il développe, en brûlant, une température au moins aussi élevée que la poudre et environ trois fois plus de gaz. Il détonne par le choc; quelquefois, spontanément; mais on croit que c'est seulement lorsqu'il a été mal préparé. Néanmoins, comme il est inaltérable et insoluble dans l'eau, il est prudent de le submerger pour le conserver. — Jusqu'à présent le pyroxyle s'est comporté dans les armes comme une poudre brisante; mais il est utilement employé comme poudre de mine, en le mêlant avec du salpêtre, qui empêche la formation des gaz dangereux pour les mineurs.

PLOMB. — Métal blanc-bleuâtre, éclatant; il se ternit rapidement à l'air. — Densité, lorsqu'il est pur, 11,480. — Fusible à 334°, il se volatilise à la température rouge.

Pour s'assurer de la pureté du plomb, on en vérifie la densité: à cet effet, après avoir pesé le saumon, on le suspend à un fil de fer et on le fait descendre dans un baquet plein d'eau, placé sur un des plateaux d'une balance, de manière qu'il soit complétement immergé, sans toucher les parois. Le poids qu'il faut ajouter à la tare du baquet sur l'autre plateau, pour rétablir l'équilibre, donne le volume du saumon. En divisant le poids par le volume, on a la densité qui doit être au moins de 11,350 pour le plomb du commerce.

Le plomb fondu au contact de l'air se couvre d'une couche d'oxyde gris qui s'épaissit de plus en plus, et forme ce que l'on appelle des *crasses;* une oxydation plus avancée produit le *massicot,* puis la *litharge*, enfin le *minium*. Afin de diminuer la formation des crasses, on doit couvrir d'une couche de charbon pilé le plomb qu'on fait fondre.

Pour réduire les crasses, en mettre dans une chaudière 20 kil. avec 2 kil. de poussier de charbon; recouvrir la chaudière, et porter au rouge. Remuer la masse, et à mesure que les crasses jaunissent, ajouter du poussier; il en faut en tout environ un sixième du poids des crasses. Puiser avec une cuillère de fer le plomb rassemblé au fond de la chaudière, et le couler sur des plaques de tôle. — Après avoir obtenu en plomb deux tiers du poids des crasses, vider la chaudière dans un cuvier plein d'eau, agiter et décanter; puis, laver le précipité par portions dans des gamelles, pour séparer la grenaille et les crasses de la plus grande partie des cendres et du charbon. Mettre dans une cuillère de fer la grenaille et les crasses séchées; y ajouter un vingtième en poids de colophane; porter au rouge, enflammer la résine, agiter et couler. De nouvelles additions de colophane font encore obtenir du plomb. On emploie ordinairement en colophane un quatorzième du poids des crasses.

Pour extraire le plomb d'une grande quantité de crasses, employer le fourneau et le procédé décrits page 86.

SOUDURE DE PLOMBIER. — C'est un alliage de 2 de plomb et 1 d'étain.

ACÉTATE DE PLOMB (sel de Saturne). — Sel blanc, sucré, efflorescent, soluble dans trois ou quatre fois son poids d'eau froide. — Densité, 2,345. — On l'obtient en chauffant un mélange de vinaigre et de litharge. La dissolution étant concentrée et refroidie, le sel cristallise en aiguilles blanches et brillantes.

ANTIMOINE (régule d'antimoine). — Métal blanc-grisâtre, très-brillant, très-cassant, à texture lamelleuse. — Densité, 6,7. — Fusible à 432°. — On le trouve rarement pur dans le commerce; celui qu'on vend sous le nom de *régule* contient toujours un peu de sulfure d'antimoine, d'arsenic, et quelquefois de sulfure de fer.

CUIVRE. — Métal rouge, brillant, très-ductile, très-malléable, et d'une grande ténacité. — Densité, 8,9. — Fusible vers 1100°. — On fait en cuivre les ustensiles servant au raffinage, les mesures à poudre, etc., parce que le salpêtre a peu d'action sur lui. Il ne faut pas exposer les chaudières en cuivre à une haute température, ni s'en servir pour fondre le soufre, qui les dégraderait promptemement. — Dans les feux de joie, la limaille de cuivre donne une flamme *bleu-verdâtre*.

BRONZE. — Il sert à la confection des ustensiles d'artifices qui reçoivent des chocs ou agissent par percussion; il remplace le fer et l'acier partout où l'on a à redouter une explosion par le choc ou le frottement.

LAITON. — Alliage de 66 de cuivre, et 34 de zinc environ. — En fils, il sert pour les ligatures, pour les cribles et les tamis métalliques.

ZINC. — Métal blanc-bleuâtre. — Densité, 6,9. — Fusible à 418°. — Se volatilise vers 600°, et s'enflamme alors facilement. — Malléable de 130° à 150°. — En le chauffant jusqu'à 205°, on peut le réduire en poudre sous le marteau. — Dans les feux de joie, la grenaille de zinc sert à produire une flamme bleuâtre. — L'oxyde de zinc (ou fleurs de suie ou tutie) doit être acheté en écailles, et non en poudre, parce que dans ce dernier état, il peut être mélangé de corps étrangers.

FER. — Métal gris-bleuâtre, ductile, malléable, très-tenace. — Densité, 7,788. — Fusible vers 1600°. Dans les feux de joie, la limaille et les copeaux très-minces servent à produire des étincelles brillantes, des étoiles dont les effets varient suivant la grosseur sous laquelle on les a employés. Il faut se les procurer au moment de s'en servir, ou les conserver avec soin pour les préserver de l'oxydation.

TÔLE DE FER. — Choisir la plus douce et la moins cassante. — Lorsqu'on la substitue au fer-blanc pour l'ensabotage des projectiles, il faut la recuire. Pour cela, on chauffe les feuilles au rouge obscur, et on les laisse refroidir, à l'abri de l'air, sous des cendres chaudes.

FER-BLANC. — Tôle de fer recouverte d'étain. — Il doit être uni, souple, d'une épaisseur uniforme, sans tache de rouille; la cassure doit être blanche et homogène.

FONTE. — Combinaison de fer et de carbone. — Pulvérisée, elle donne, dans les feux de joie, des étincelles blanches très-larges (feu chinois). — Choisir la fonte blanche, ou prendre des fragments d'ustensiles à parois minces; la chauffer au rouge et la projeter dans l'eau froide, pour la pulvériser plus facilement.

ACIER. — Combinaison de fer et de carbone, avec une proportion de carbone moindre que pour la fonte. — Il durcit et devient cassant par la trempe. — Dans les feux de joie, la limaille et les petits fragments donnent les étincelles les plus brillantes.

PAPIER. — Voici les conditions que doit remplir le papier à cartouches et les épreuves qu'il doit subir d'après le cahier des charges du 5 mars 1853 (approuvé par le Ministre).

Le papier doit être homogène et sans traces de chènevottes, bien collé, uni, souple, avoir du corps sans être trop épais, être exempt de faux plis et sans déchirures. La feuille mouillée doit présenter à la vue une teinte uniforme, sans tache ni marbrures, sortie de l'eau et suspendue un instant par les extrémités du petit côté, elle ne doit pas se déchirer sous son propre poids. — La feuille froissée dans la main, pincée sous l'ongle, ne doit pas se couper dans les plis; déchirée, la déchirure doit être fibreuse.

Une bande de papier de 24 cent. de longueur sur 25 millim. de largeur ne doit pas se rompre sous un poids inférieur à 4^{k},50 dans le sens de la longueur, et de 3 kil. dans le sens de la largeur.

Les épreuves de traction des bandes se font à l'aide de deux étaux en bois dur; chacun d'eux se compose de deux mâchoires rectangulaires, pouvant s'appliquer l'une contre l'autre par une face plane bien dressée. L'une porte deux tenons qui traversent l'autre dans toute son épaisseur et ressortent au dehors de quelques centimètres, en présentant deux mortaises, dans lesquelles se logent des clavettes pour serrer fortement les deux mâchoires l'une contre l'autre.

La bande de papier à expérimenter est coupée de 25 mill. de largeur et d'environ 35 cent. de longueur. On l'introduit dans les étaux de manière que la partie comprise entre les deux étaux soit exactement de 24 cent. On serre alors fortement les clavettes, et l'on suspend, par une poignée en corde un des étaux à une potence solide, tandis qu'on accroche un plateau de balance à l'étau inférieur. On charge progressivement et avec précaution ce plateau jusqu'à ce qu'on arrive au poids de rupture, qui se compose du poids du plateau chargé, augmenté de celui de l'étau inférieur.

Les bandes à expérimenter ne doivent pas être prises exclusivement sur les bords des feuilles; mais dans toutes leurs parties, et successivement dans la longueur et dans la largeur, parce que, dans ces deux sens, les résistances ne sont pas les mêmes. En général, on prend cinq feuilles par rame sur lesquelles, par tolérance, une feuille seule peut avoir 1/10 de résistance en moins. Si cette condition n'est pas remplie, la rame est rejetée.

Le papier peut être fabriqué soit à la forme, soit à la mécanique. Les dimensions des feuilles ouvertes doivent être de 555 mill. de longueur et 420 mill. de largeur. La rame doit être composée de vingt mains de 25 feuilles ou de 500 feuilles, ébarbées, non pliées; son épaisseur, feuilles ouvertes, doit être comprise entre 54 et 68 mill. Cette épaisseur se mesure en plaçant la rame sur une table plane et horizontale, et par-dessus une planchette bien dressée, chargée à chacun de ses bouts d'un poids de 25 kil. — Le poids de la rame doit être au moins de 9 kil.

PAPIER-PARCHEMIN. — Il doit être fabriqué entièrement avec des matières animales, fort et souple; on l'emploie, dans la marine et sur les côtes, à la confection des gargousses.

PARCHEMIN. — Il se fabrique avec des peaux de mouton ou de chèvre; on l'emploie pour faire des enveloppes solides; il doit être sans trous ni piqûres.

PAPIER PARCHEMINÉ. — C'est du papier ordinaire, recouvert d'un enduit composé de matières animales; il peut, dans quelques cas, remplacer avec économie le parchemin.

ÉTOUPES. — **Elles doivent être entièrement de chanvre ou de lin, nettes, sèches, saines, purgées de chènevottes, de corps étrangers et de rubans.**

SERGE. — Elle doit être tout en laine, forte, serrée, croisée, point éraillée. — La largeur du commerce la plus commode est de 68 cent. — Pour la couleur, choisir dans l'ordre suivant : verte, grise, jaune, bleue, rouge, blanche ; rejeter la noire, qui est presque toujours brûlée. — Elle doit se dissoudre entièrement dans une solution concentrée de potasse chauffée à 90° environ. — Le tissu doit être moins de 19 à 20 fils pour la chaîne et 15 à 16 pour la trame, dans 1 centimètre carré. — Le poids de 100 mètres de serge de 63 cent. doit être d'au moins 12 kil. — Une bande de 10 cent. sur 4 ne doit pas se rompre sous un poids inférieur à 18 kil. pour la chaîne, et 17^k,50 pour la trame.

TREILLIS. — C'est une toile croisée en fil écru. — Choisir le plus serré et le plus fort ; une bande de 5 cent. de large doit porter 225 kil. dans le sens de la chaîne, et 250 kil. dans le sens de la trame.

COTON FILÉ. — Il doit être fort, d'égale grosseur, et à un seul fil. Six à huit fils réunis, doublés et tordus légèrement ensemble, doivent former un brin de 2 mill. de diamètre. L'acheter, autant que possible, dévidé en pelottes d'égale grosseur.

LAINE FILÉE. — Elle doit être en cordonnet de quatre à cinq fils, et avoir de 1^{mill},5 à 2 mill. de diamètre ; chaque fil, sur une longueur de 15 cent., doit pouvoir porter, pendant deux heures, 1^k,50.

FIL. — On emploie du fil de deux espèces : l'un écru, retors à deux brins ; l'autre écru, non retors, à un seul brin. Tous deux doivent être forts et de grosseur uniforme. — En soie pour sachets de campagne.

FIL DE CARRET. — C'est du fil peu tordu, de 3 à 4 mill. de diamètre.

FICELLE. — Elle doit être forte, bien tordue et bien lissée ; de grosseur égale, à un, deux et trois brins.

CORDAGES. — Ils doivent être lissés, bien tordus, et formés de plusieurs torons composés chacun de plusieurs brins.

CORDE MAL TORDUE. — Elle est faite avec des étoupes de chanvre ou de lin, peu serrées, à trois torons ; elle a 18 mill. de diamètre.

Les cordages et ficelles doivent être souples sans être mous ; faits avec du chanvre de bonne qualité, roui à l'eau et bien débarrassé de chènevottes, de couleur argentine, gris-perle, verdâtre ou jaune, et non trop foncée, ou noire, ou tachée de brun. — La grosseur doit être égale dans toute la longueur.

GOMME ARABIQUE. — Transparente, blanc-jaunâtre, cassante, insipide, inodore, soluble dans l'eau et le vinaigre, insoluble dans l'alcool. On la préfère aux gommes de cerisier, prunier, etc., qui sont peu solubles dans l'eau. Elle s'emploie en dissolution pour donner du corps et de la ténacité aux compositions, ou pour ralentir la combustion; on la prépare au fur et à mesure des besoins, parce que, en dissolution, elle se décompose.

EAU-DE-VIE. — On s'en sert pour humecter les compositions d'artifices, parce que le salpêtre ne s'y dissout pas. L'eau-de-vie doit marquer 48° à l'aréomètre de Beaumé; on y mêle un peu d'*assa fœtida*, quand on veut la rendre impropre à la boisson. A défaut d'eau-de-vie, on emploie le vinaigre.

HUILES. — L'huile de lin doit être pure, sans mélange. — Densité, 0,932. — Elle bout à 316°, et dissout un peu le soufre. — L'huile d'olive sert à l'entretien des parties en fer de l'outillage.

SUIF. — Insoluble dans l'eau, et très-peu soluble dans l'alcool. — Densité moins grande que celle de l'eau. — Fusible à 33°. — Traité par l'essence de térébenthine, il devient dur, cassant, et ne fond plus qu'à 61°. — On l'achète fondu; il doit être blanc et cassant.

CIRE JAUNE. — Elle peut être pâle ou foncée, mais sans mélange de gris, et exempte de corps étrangers. — Densité, 0,96. — Fusible à 60°.

POIX. — Les poix noire et blanche doivent être de couleur franche, exemptes de corps étrangers, et surtout sans eau. Elles sont cassantes à froid; la cassure est lisse et brillante. — Elles se ramollissent quand elles sont maniées entre les doigts, et s'y attachent fortement. — La poix résine est solide, jaune d'or, très-cassante. Sa cassure est lisse et brillante. Elle doit être pure de tout corps étranger.

COLOPHANE. — Solide, de couleur brune, cassante et friable; sa cassure est vitreuse. — Elle doit être pure de tout corps étranger.

TÉRÉBENTHINE. — Liquide demi-transparent, ayant la consistance d'un sirop épais; sa couleur varie du blanc au jaune d'ambre. — Insoluble dans l'eau; soluble dans l'alcool et dans les huiles. — Densité, 0,87. — Elle bout à 157°.

GOUDRON. — Consistance sirupeuse, bleu-noirâtre, tenace, demi-transparent. — Odeur résineuse et empyreumatique; saveur amère; quand il est de bonne qualité, il communique à l'eau une couleur brun-rosé.

OPÉRATIONS PRÉLIMINAIRES.

Préparation des colles.

COLLE DE FARINE. — Délayer à froid de la farine de froment dans huit fois et demi son poids d'eau; faire bouillir pendant environ trois quarts d'heure, en agitant avec une spatule pour empêcher la colle de s'attacher au fond du chaudron. Quand elle file, la verser dans des gamelles en terre ; l'agiter avec des spatules, pour qu'elle ne se prenne pas en gelée ; la passer au tamis de crin n° 2, quand elle est tiède. Il faut environ une heure et demie pour la faire ; on obtient en colle à peu près sept fois le poids de la farine.

COLLE D'AMIDON. — On prépare la colle d'amidon de la même manière que la colle de farine, en faisant bouillir, pendant dix minutes, 1 d'amidon et 8,5 d'eau. Il faut une heure environ pour la faire ; on obtient en colle huit fois le poids de l'amidon.

COLLE POUR CARTON. — On la fait avec 1 de farine ou 1 d'amidon et 12 d'eau. On obtient en colle environ neuf fois le poids de la farine ou onze fois celui de l'amidon.

COLLE MÉLANGÉE DE COLLE FORTE. — On la prépare en ajoutant à la colle ordinaire, et avant de la faire cuire, une dissolution de colle forte dans la proportion de un seizième du poids de la farine ou de l'amidon.

COLLE FORTE. — On la prépare avec 1 de colle forte concassée et 1 d'eau. Il faut la faire cuire au bain-marie pour qu'elle ne brûle pas, et remuer jusqu'à ce qu'elle soit entièrement dissoute.

COLLE AU CASÉUM. — On l'emploie dans la marine pour coller le parchemin et le papier-parchemin. Elle se fait avec du fromage blanc frais et de la chaux vive. — Agiter et broyer le fromage dans un mortier avec de l'eau bouillante ; laisser reposer et décanter ; répéter cette opération trois ou quatre fois ; broyer ensemble trois parties de ce fromage ainsi parfaitement dégraissé et une de chaux vive, en humectant avec de l'eau pure jusqu'à ce que la pâte file comme du miel. — Il ne faut en préparer que peu à la fois. — On peut remplacer le fromage dégraissé par du fromage de gruyère.

Confection du carton.

On emploie à la confection du carton le papier grand éléphant mi-blanc de 73 cent. sur 60, dont la rame, feuilles ouvertes, sous un poids de 50 kil., a une épaisseur de 8 cent. au moins. A défaut de ce papier, on emploie le grand raisin gris de 595 mill. sur 460, dont la rame, feuilles ouvertes, a une épaisseur de 68 à 80 mill. — La veille ou quelques jours à l'avance, on humecte le papier destiné à faire du carton et on le met en presse.

CARTON DE DEUX FEUILLES. — Étendre de la colle, à l'aide de brosses plates et rudes, sur une première feuille de papier ; en placer sur celle-ci deux autres qui la recouvrent exactement ; étendre de la colle sur la troisième, et ainsi de suite jusqu'à ce que l'on ait confectionné environ 75 feuilles de carton.

CARTON DE TROIS FEUILLES. — Étendre de la colle sur une feuille de papier; placer une seconde feuille sur la première, de manière qu'elle la recouvre exactement; étendre de la colle sur cette seconde feuille, en placer deux autres par-dessus, ces deux feuilles recouvrant exactement les deux premières; étendre de la colle sur la quatrième feuille; sur celle-ci en placer une cinquième que l'on encolle, et ainsi de suite jusqu'à ce qu'on ait confectionné environ 50 feuilles de carton. — Mettre en presse pendant une heure les feuilles confectionnées; les étendre ensuite à l'ombre pour les faire sécher, et les remettre de nouveau en presse, pendant une heure, avant qu'elles ne soient tout à fait sèches.

Deux hommes, en dix heures, humectent et mettent en presse six à sept rames de papier pour carton. Deux hommes, dans le même temps, transforment six rames de papier en carton de deux feuilles, ou cinq rames en carton de trois feuilles.

Trituration des matières.

Les matières destinées à la confection des artifices sont réduites en poudre dans un baril à contour en cuir, au moyen de gobilles en bronze. A défaut de baril, on se sert de sacs en cuir ou de mortiers, en suspendant le pilon à une perche élastique.

Pendant la trituration au baril, un des quatre hommes frappe de temps en temps avec un maillet sur les barreaux extérieurs, afin de détacher la matière qui adhère aux parois. La matière retirée du baril est passée d'abord au crible de laiton, pour séparer les gobilles; puis, au tamis.

Dans certains cas, par exemple pour la confection des fusées de signaux, le charbon ne doit pas être en poudre impalpable; alors on ne le triture qu'avec le sac en cuir. On charge le sac et on le ferme. Un des hommes le prend par le col, l'applique à plat sur un bloc uni, et le retourne fréquemment, tandis que l'autre frappe dessus avec une masse en bois. Au bout de cinq minutes, on retire le charbon; on le passe au tamis de soie pour enlever le poussier; puis, on sépare ce qui reste en trois numéros. Le n° 1 passe par le tamis de crin n° 1; le n° 2, par le tamis n° 2; le n° 3, par le tamis n° 3.

Le résidu est remis dans le sac pour être rebattu.

Tamis de crin.	nº 1	20 intervalles au centimètre, ou 1600 trous dans un carré de 2 cent. de côté; 1 seul crin dans un sens; 2 crins accolés dans l'autre.	Peut être remplacé par le nº 55 du commerce, en laiton.
	nº 2	10 intervalles ou 440 trous; 2 crins accolés dans les deux sens.	Nº 35, *idem*.
	nº 3	5 intervalles ou 110 trous; 3 crins accolés dans les deux sens.	Nº 21, *idem*.

Le tamis de soie est construit comme le nº 1 et le remplace souvent Les tamis en laiton ne doivent être employés que pour tamiser des matières sèches.

Le crible circulaire, servant à séparer les gobilles des matières triturées, est fait avec des fils de laiton de 1 mill. environ de diamètre, disposées de manière à donner environ 4 1/2 intervalles au centimètre, ou un peu moins de 36 trous dans un carré de 2 cent. de côté.

On peut le remplacer par le crible à démolir les cartouches d'infanterie, qui est aussi en fil de laiton à 4 1/2 intervalles au centimètre.

Défonçage des barils.

USTENSILES. — 1 maillet. — 1 ciseau en bronze. — 1 chassoir de tonnelier. — 1 tire-fond.

Pour enlever le fond d'un baril, couper les chevilles avec le ciseau entre la douve et les cercles extérieur et intérieur; enlever les quatre premiers cercles; faire tomber le fond, le retirer, puis remettre les cercles en place en les serrant à la main seulement.

Pour replacer le fond d'un baril, enlever les quatre premiers cercles; faire entrer le fond dans le jable en s'aidant, au besoin, du tire-fond; puis, remettre en place et serrer fortement les quatre cercles enlevés.

MUNITIONS POUR ARMES A FEU PORTATIVES.

Il y a quatre espèces de cartouches de guerre : la *cartouche d'infanterie* et la *cartouche à balle Nessler*, pour les armes à canon lisse; la *cartouche à balle oblongue* et la *cartouche à balle évidée*, pour les armes à canon rayé.

Cartouches d'infanterie.

Fabrication des balles.

ATELIER. — 6 hommes : 1 chef d'atelier. — 1 couleur. — 1 dégageur. — 3 ébarbeurs.

MATIÈRES. — Plomb. — Charbon grossièrement pilé. — Combustible.

USTENSILES. — 1 chaudière en fonte, sur un fourneau de première espèce. — 1 balance à plateaux, avec ses poids. — 1 banc à couler. — 6 moules à balles (chacun avec 2 rangées de 8 balles). — 1 cuillère à couler le plomb. — 2 maillets. — 2 crochets à dégager. — 1 lunette double à calibrer. — 1 banc à ébarber, avec auget en planches. — 4 cisailles. — 1 crible passe-balles et ses deux piquets. — Caisses.

Les maillets et les crochets à dégager peuvent être remplacés par une pince plate à ressort, comme pour le moule fixe nouveau modèle. (Voy. pages 120 et 124.)

DISPOSITIONS PRÉLIMINAIRES. — Le couleur, aidé du dégageur, pèse le plomb et en remplit la chaudière, qu'il recouvre de son couvercle. Les ébarbeurs mettent près du fourneau le banc à couler sur lequel ils posent, perpendiculairement à sa longueur, les moules nettoyés et séchés, les manches du côté opposé au fourneau ; ils disposent le banc à ébarber parallèlement au banc à couler, et y fixent les cisailles perpendiculairement à sa longueur, et à égale distance les unes des autres, les deux extrêmes affleurant le bout du banc ; les charnières doivent être à 6 cent. en dehors du bord opposé au fourneau. Le couleur, à mesure que la fusion s'opère, ajoute du plomb préalablement bien séché, jusqu'à ce que le bain arrive à 8 ou 10 cent. des bords. Il recouvre ce bain d'une couche de charbon pilé de 2 cent. d'épaisseur pour empêcher la formation des crasses, et pousse le feu jusqu'à ce qu'un morceau de papier, mis en contact avec le plomb, se charbonne et s'enflamme.

COULER LES BALLES. — Le chef d'atelier découvre en partie la chaudière ; le couleur remplit la cuillère aux trois quarts, ramène le charbon sur le bain, remplit tous les moules d'un côté, puis de l'autre, quand le dégageur les a retournés. Dès que le plomb est figé dans les moules, le dégageur les ouvre avec son maillet, dégage les balles avec le crochet, referme les moules, et la coulée recommence. Le chef d'atelier remet dans la chaudière les rangées de balles des premières coulées, et les balles qui dans le cours du travail lui paraissent défectueuses. Il place les rangées à portée des ébarbeurs, calibre de temps en temps quelques balles, et fait boucher avec du cuivre les cavités qui donnent de mauvais produits.

ÉBARBER. — Les ébarbeurs, auxquels se joint le dégageur quand il est libre, courbent les gouttières en demi-cercle, introduisent successivement chaque balle dans la cavité sphérique de la cisaille, tirent légèrement dessus pour le faire appuyer contre le tranchant, et coupent le jet, sans entamer la balle. Les balles tombent sur l'auget incliné, et roulent dans une caisse placée à son extrémité. Les ébarbeurs et le dégageur chargent de 25 kil. de balles le crible, monté d'avance sur ses piquets, et lui impriment un mouvement de bascule; les balles qui ne passent pas sont refondues.

PRODUIT DU TRAVAIL. — L'atelier confectionne, en 10 heures à partir de la première coulée, 20 à 25,000 balles. Le déchet est de 2 p. % environ pour le plomb neuf, et de 3 p. % pour le vieux plomb. — Avec un bon fourneau, pour fondre 100 kil. de plomb, il faut de 3 à 4 kil. de charbon de bois.

Les balles pour pistolets de gendarmerie sont fabriquées de la même manière. Les moules donnent aussi 2 rangées de 8 balles. Il n'y a pas de crible spécial; on vérifie seulement le poids. Cent de ces balles pèsent moyennement $1^{k},923$.

Couper le papier et la ficelle.

Couper le papier.

Le papier doit être tel que la feuille puisse être divisée exactement en rectangles de 18 cent. sur 14 environ. Chaque rectangle fournit deux trapèzes, ayant chacun 14 cent. de hauteur, 12 cent. de grande base et 6 cent. de petite base.

ATELIER. — 2 hommes: 1 coupeur. — 1 aide.

MATIÈRES. — Papier. — Savon. — Crayon.

USTENSILES. — 1 triple décimètre. — 1 règle en fer encastrée dans une règle en bois. — 1 poinçon. — 1 plateau. — 1 levier. — 1 taquet. — 1 bout de cordage. — 1 couteau de menuisier. — 1 lime douce ou 1 pierre à aiguiser.

Le coupeur divise une première feuille ouverte, d'abord en rectangles, puis en trapèzes, de manière à tirer le meilleur parti possible de la feuille suivant ses dimensions; il répète la division sur un certain nombre de feuilles, en les piquant avec le poinçon; il met ensuite sur le plateau 6 à 8 mains, feuilles ouvertes, place dessus une des feuilles divisées, et pose la règle suivant une des divisions, le taquet sur le milieu de la règle. L'aide pèse alors sur le taquet avec le levier dont la pince est engagée dans le bout de cordage fixé à l'un des pieds de la table. Le coupeur, tenant le couteau des deux mains, l'extrémité du manche appuyée à l'épaule, coupe le papier suivant la ligne tracée, jusqu'à ce que le couteau s'engage dans le plateau. — Avec un couteau ordinaire, on ne coupe qu'une demi-main à la fois, en la pliant suivant les lignes de division. — S'il faut couper des morceaux de papier irréguliers, on se sert d'un trapèze en fer pour diriger le couteau, et d'un valet pour tenir pressée sous le trapèze une épaisseur de feuilles de 2 ou 3 cent. environ.

Le rectangle-enveloppe du paquet de cartouches a de 30 à 40 cent. de longueur et 18 cent. de largeur environ; il est triple du rectangle qui fournit deux trapèzes. — Il est en papier ordinaire, sans couleur spéciale.

PRODUIT DU TRAVAIL. — L'atelier, en 10 heures, coupe par le premier moyen, 50,000 trapèzes; par les deux derniers procédés, un homme, en 10 heures, en coupe 8 à 9000.

Couper la ficelle.

La ficelle est à 1 ou 2 brins; elle a 1 mill. environ de diamètre. On la dévide sur deux clous fixés à 60 cent. l'un de l'autre, et l'on coupe l'écheveau à mi-distance des deux clous. — Il faut environ 500 gr. de ficelle pour 1000 cartouches.

Confection des sachets de capsules.

Il faut pour chaque sachet un rectangle-enveloppe, et un rectangle pour languette.

Le rectangle-enveloppe a 185 mill. sur 145 environ. Le rectangle pour languette a 145 mill. sur 92. Ils sont, l'un et l'autre, coupés comme les trapèzes.

ATELIER. — 4 empaqueteurs.

MATIÈRES. — Capsules. — Rectangles-enveloppes. — Rectangles pour languettes.

USTENSILES. — 4 fourchettes. — 4 broches cylindriques de 4^{mill},5 de diamètre.

CONFECTION. — L'empaqueteur plie en quatre, suivant le petit côté, les rectangles pour languettes; pose parallèlement au bord de la table les rectangles-enveloppes, le petit côté devant lui; place la fourchette, les bords relevés en dessus, parallèlement au petit côté du rectangle, à 3 cent. du côté le plus près de lui, et à la même distance du grand côté; met six capsules dans chaque fente, l'ouverture en dessous, et les couvre avec la languette étendue à plat dans le sens de sa longueur, le petit côté affleurant les deux capsules extrêmes. Appuyant la broche sur le milieu de la languette, il la fait entrer entre les deux rangs de capsules; replie l'enveloppe, en commençant par le côté qui est près de lui; retire la broche; ferme l'extrémité libre par deux plis obliques et un rabattement sur la fourchette, du côté opposé à l'ouverture des capsules, et frotte les plis sur la table. Il retire ensuite la fourchette, en empêchant avec le pouce les capsules de sortir; ferme ce côté par un simple rabattement, au ras des capsules, et replie l'extrémité libre de la languette entre les bouts rabattus du sachet. Enfin, il frotte le sachet sur la table, pour assujettir les plis.

Les dimensions du sachet fini sont: longueur, 60 mill.; largeur, 27 mill.; épaisseur, 11 mill. — Poids, 11 grammes.

PRODUIT DU TRAVAIL. — L'atelier, en 10 heures, confectionne 1000 à 1200 sachets de capsules.

Confection des cartouches d'infanterie.

ATELIER. — 14 hommes : 1 chef d'atelier. — 5 rouleurs. — 1 remplisseur. — 2 plieurs. — 5 empaqueteurs.

MATIÈRES. — Poudre. — Balles. — Trapèzes. — Rectangles. — Sachets de capsules. — Bouts de ficelle. — Savon.

USTENSILES. — 1 table à rouler. — 5 mandrins de $16^{mill},3$ de diamètre. — 5 dés et 5 taquets ou, à défaut, 5 sabots. — 5 sabots d'obus (pour mettre les balles). — 3 cylindres à calibrer les cartouches, ou 3 bouts de canon de fusil. — 12 caisses à balles. — 1 prélat. — 1 table à rebords (une suffit pour 2 tables à rouler). — 1 entonnoir à remplir ou, à défaut, 1 mesure à poudre de 9 gr. et 1 entonnoir ordinaire. — 2 brosses à manche. — Barils ou caisses, pour les paquets de cartouches finis.

DISPOSITIONS PRÉLIMINAIRES. — On place la table à rebords sur le prélat à 1 mètre de la table à rouler; sur cette dernière à partir du bout opposé à la table à rebords, et à 35 cent. des bords, on cloue deux liteaux dans le sens de la longueur, l'un de 2 mètres, l'autre de $1^m,40$; 5 caisses, dont 4 adossées 2 à 2, sont appuyées sur ces liteaux; les 5 taquets ou sabots sont cloués à hauteur de l'extrémité de chaque caisse, et à l'autre extrémité sont placés les sabots d'obus remplis de balles. On colle du papier sur les joints de l'intérieur des caisses, sur ceux de la table à rebords, et sur la tête des clous. Le remplisseur se tient debout devant la table à rebords; les plieurs, à l'extrémité de la table à rouler la plus rapprochée du remplisseur et du même côté; les 5 empaqueteurs, vis-à-vis des plieurs; les 5 rouleurs, en face de leurs caisses.

ROULER DES CARTOUCHES. — Le rouleur dispose un certain nombre de trapèzes, en retraite de 2 mill. les uns sur les autres; pose le mandrin bien savonné sur le premier, parallèlement au côté perpendiculaire aux bases; place une balle dans la cavité du mandrin, de manière qu'elle soit à 14 mill. de la grande base; roule la cartouche; fait 4 plis sur la balle, le premier sur l'angle aigu du trapèze; fait serrer les plis dans le sabot, ou en coiffant la cartouche avec le dé et en frappant deux coups sur le taquet par l'extrémité arrondie du mandrin.

Il place la cartouche dans la caisse qui est devant lui, et retire le mandrin avec précaution. — Frotter de temps en temps le mandrin avec du savon. — Quand une caisse est pleine, le chef d'atelier la porte à la droite du remplisseur.

REMPLIR LES CARTOUCHES. — Le remplisseur place à sa gauche, au bout de la table à rebords, la caisse sur laquelle il veut opérer; remplit les cartouches avec ordre, au moyen de l'entonnoir à remplir, ou en versant dans chacune d'elles, à l'aide d'un entonnoir ordinaire, la poudre contenue dans une mesure comble. Il brosse ensuite la caisse et la porte devant les plieurs, qu'il aide quand il est de trois caisses en avance sur eux.

PLIER LES CARTOUCHES. — Le plieur, pour tasser la poudre, frappe légèrement la cartouche sur la table du côté de la balle; la calibre, si l'on ne se sert pas de dés; aplatit la partie vide du cylindre au-dessus de la poudre, le côté oblique du trapèze en dessus; plie, à angle droit, cette partie aplatie, de manière que sa grande base arase la poudre, et rabat cette partie le long de la cartouche, en partageant le premier pli en deux parties égales.

EMPAQUETER LES CARTOUCHES. — L'empaqueteur plie les rectangles en deux sur le milieu de leur longueur, et en place un déplié, devant lui, le long côté perpendiculaire au bord de la table. Sur la moitié de ce rectangle la plus éloignée de lui, il place, parallèlement au petit côté, 2 couches de 5 cartouches chacune, les balles alternant dans chaque couche et d'une couche à l'autre, celles de la couche supérieure reposant sur l'extrémité triangulaire vide des cartouches inférieures; il enveloppe les cartouches, et les serre fortement avec les bouts libres du rectangle, en commençant par celui qui est le plus près de lui; ferme le paquet en rabattant, à chacune des extrémités, la partie libre de la face supérieure, puis des faces latérales, puis de la face inférieure. A l'un des bouts il met à plat, les plis en dessus, un sachet de capsules qui se trouve ainsi couvert en partie lorsqu'il rabat ce dernier pli. Il lie ensuite le paquet en l'entourant avec la ficelle, d'abord dans le sens de la longueur et en serrant sur les plis, puis dans le sens de la largeur; il arrête la ligature sur une arête par un demi-nœud droit double, surmonté d'un demi-nœud droit gansé.

Avec la balle de $16^{mill},7$ et la charge de 9 gr., les dimensions des paquets sont: longueur, 85 mill.; largeur, 64 mill.; épaisseur, 35 mill. — Poids, 382 gr.

PRODUIT DU TRAVAIL. — L'atelier, en 10 heures, confectionne et empaquette de 8000 à 10,000 cartouches.

Les cartouches pour pistolet de gendarmerie se font d'une manière analogue.

CARTOUCHES D'EXERCICE. — Les cartouches à balle pour exercice et les cartouches sans balle sont généralement confectionnées dans les corps, pour l'instruction des hommes.

CARTOUCHES SANS BALLE. — Les cartouches sans balle se font comme les cartouches à balle; seulement, pour fermer la cartouche sur le bout arrondi du mandrin, après avoir fait les trois premiers plis, on tord le 4e avant de le rabattre, pour empêcher la poudre de tamiser.

OBSERVATIONS GÉNÉRALES. — Les balles sphériques sont calibrées avec une lunette double ; la différence entre les deux lunettes est de $0^{mill},2$.

Le mandrin à rouler les cartouches d'infanterie a 19 cent. de longueur. Il se termine d'un côté par un hémisphère, de l'autre par une cavité sphérique ayant pour profondeur un tiers du diamètre de la balle.

La hauteur de la charge dans la cartouche est d'environ 5 mill. par gramme pour le fusil d'infanterie.

On donne aux mesures à poudre une contenance légèrement en excès; on les règle ensuite d'après le poids de 100 mesures de poudre, au moyen de rondelles de liége ou de carton. Pour 9 gr., le cylindre a intérieurement 24 mill. de diamètre et 21 mill. de hauteur.

Le diamètre intérieur du cylindre vérificateur des cartouches a $0^{mill},6$ de plus que le diamètre de la balle pour les armes à canon lisse, et $0^{mill},5$ pour les armes à canon rayé. Les dés et les cylindres vérificateurs ont le même diamètre intérieur.

Pour confectionner, empaqueter et embariller 10,000 cartouches d'infanterie, il faut environ :

Coulage des balles .	275 kil. de plomb, y compris 2 p. °/o de déchet.	
	10 kil. de charbon de bois.	
	5 heures de travail à 6 hommes.	
Confection des cartouches.	90 kil. de poudre.	
	1000 sachets de capsules, pesant 11 kil.	
	9500 rectangles de 18 cent. sur 14, ce qui fait:	1056 feuilles de papier *dit* carré, ou 2,15 rames, non compris le déchet, ou 1584 feuilles de papier *dit* couronne, ou 3,17 rames, non compris le déchet.
	600 mètres de ficelle, pesant 500 gr.	
	50 gr. de savon.	
	10 heures de travail à 16 hommes.	

Embarillage. . . . . { 3 1/2 barils de 50 kil.
4 heures de travail à 1 homme.

Le déchet en papier peut s'élever à 20 feuilles par rame.

Cartouches à balle oblongue.

Fabrication des balles.

ATELIER. — 6 hommes : 1 chef d'atelier. — 1 couleur. — 1 ouvreur de moules. — 1 dégageur. — 2 ébarbeurs.

MATIÈRES. — Plomb. — Charbon grossièrement pilé. — Combustible.

USTENSILES. — 1 chaudière en fonte, sur un fourneau de première espèce. — 1 balance à plateaux, avec ses poids. — 1 banc à couler. — 6 moules fixés au banc à couler, avec serrage à vis (chacun avec une rangée de 8 balles). — 1 cuillère à couler le plomb. — 1 pince plate à ressort, à dégager les balles. — 2 cylindres à calibrer. — 1 banc à ébarber, avec auget en planches. — 2 augets en carton. — 2 cisailles droites, à couper les jets. — Caisses.

Les balles oblongues se coulent comme les balles d'infanterie. — Les dégager des moules avec précaution pour ne pas déformer les arêtes ; on emploie à cet effet la pince plate à ressort avec laquelle le dégageur saisit l'extrémité du jet de son côté.

PRODUIT DU TRAVAIL. — L'atelier, en 10 heures, coule et ébarbe 20 à 21,000 balles oblongues.

Couper le papier, etc. — Confection des sachets de capsules.

Les rectangles en carton sont fournis tout découpés ; ils ont 82 mill. de base, et 42 mill. de hauteur. — Les petits trapèzes sont en papier : grande base, 150 mill. ; petite base, 135 mill. ; hauteur 63 mill. — Les trapèzes-enveloppes sont aussi en papier : grande base, 150 mill. ; petite base, 54 mill. ; hauteur, 145 mill. — Les rectangles-enveloppes sont en papier épais et fort ; de couleur bleue, pour éviter toute confusion avec les cartouches d'infanterie ; ils ont 34 cent. de base et 14 cent. de hauteur. — Les bouts de ficelle ont 50 cent. de longueur.

Le sachet ne contient que 8 capsules ; il est confectionné comme le sachet pour cartouches d'infanterie, sauf les dimensions des rectangles. — Les rectangles sont en papier ; ils ont 14 cent. de base et 14 cent. de hauteur.

Confection des cartouches à balle oblongue.

ATELIER. — 13 hommes : 1 chef d'atelier. — 4 rouleurs d'étuis. — 4 rouleurs de cartouches. — 2 plieurs. — 2 empaqueteurs. — Le rouleur d'étuis est contrôlé par le rouleur de cartouches ; de cette façon, le travail se fait mieux et plus rapidement que si le même homme roulait l'étui et la cartouche.

Un atelier de quatre remplisseurs doit suffire pour quatre ateliers de confectionneurs de cartouches. — Un des hommes remplit les tubes du *remplissoir ;* deux placent les cartouches sur les tubes : le quatrième vide les tubes, et place les cartouches dans les caisses.

MATIÈRES. — Poudre. — Balles oblongues. — Rectangles de carton. — Trapèzes (petits et grands). — Rectangles-enveloppes. — Sachet de capsules. — Bouts de ficelle. — Savon. — Graisse composée de 4 parties de suif et une de cire.

USTENSILES. — Mêmes ustensiles que pour la confection des cartouches d'infanterie. Les mandrins doivent être en bronze avec manche en bois. — 1 gamelle, pour fondre la graisse. — 4 remplissoirs en laiton.

ROULER LES ÉTUIS. — Le rouleur d'étuis place un rectangle de carton sur un petit trapèze, l'un des grands côtés du rectangle dépassant la petite base de 1 mill., l'un des petits côtés du rectangle coïncidant avec le côté du trapèze perpendiculaire aux bases. Il pose le mandrin sur le rectangle parallèlement aux petits côtés, l'épaulement joignant le grand côté, la cavité tournée du côté de la grande base du trapèze ; roule ensemble sur le mandrin le rectangle et le trapèze ; place le mandrin verticalement, l'extrémité non garnie sur la table ; maintient le rouleau avec la main gauche ; fait un premier pli en commençant par l'angle aigu du trapèze ; enfonce le papier qui dépasse le carton dans la cavité du mandrin ; fait un second pli opposé au premier ; enfonce le reste du papier dans la cavité, et retire le mandrin.

ROULER LES CARTOUCHES. — Le rouleur de cartouches prend un étui ; y introduit le mandrin ; place une balle, la partie ogivale dans la cavité du mandrin pour serrer le pli, en ayant soin de ne pas déchirer le papier ; place le mandrin ainsi garni perpendiculairement aux bases du trapèze-enveloppe ; engage et serre l'ogive de la balle dans la cavité, la partie plane postérieure de la balle à 12 mill. de la grande base du trapèze ; roule le trapèze-enveloppe sur le mandrin garni, et fait quatre plis sur la base plane de la balle, en commençant par l'angle aigu du trapèze ; coiffe la cartouche d'un dé ayant la forme de la balle à sa base, et le tenant de la main droite, assure les plis en donnant un coup sur la table; retire le mandrin, en appuyant la base de la cartouche sur la table; serre l'étui de carton avec la main gauche; soulève le mandrin avec la main droite et place ensuite la cartouche roulée dans une boîte qui est devant lui.

REMPLIR LES CARTOUCHES. — Le remplisseur vérifie si les tubes du remplissoir gradués pour la charge de 4gr,50 ne contiennent aucun corps étranger; saisit les tubes vers la partie supérieure, en les serrant jusqu'à ce qu'ils se touchent; verse la poudre dans les tubes avec une main de cuivre, jusqu'à ce qu'elle déborde; pose le remplissoir sur un crible placé au-dessus de la table à rebords où est la poudre, et continue la même opération avec les autres remplissoirs. Deux aides coiffent les tubes de chaque instrument avec six cartouches vides renversées. Le troisième aide saisit le remplissoir et les cartouches de la main gauche, le petit doigt du côté des balles; retourne l'instrument et les cartouches au-dessus de la table à rebords, en les serrant de manière à empêcher la poudre de s'échapper; laisse tomber brusquement tout le système dans la caisse à cartouches, et retire le remplissoir. Le choc du cylindre en bois placé au centre de l'instrument suffit pour faire descendre toute la poudre vers les balles, sans qu'il en reste dans les tubes.

PLIER LES CARTOUCHES. — Le plieur, pour tasser la poudre, frappe légèrement la cartouche sur la table du côté de la balle; fait rentrer une partie du papier qui dépasse le carton dans l'intérieur de l'étui, et en laisse en dehors sur le côté de la cartouche, un centimètre environ.

GRAISSER LES CARTOUCHES. — Un atelier de 4 graisseurs, et 1 aide occupé à porter et rapporter les cartouches, suffit à 6 ateliers de treize hommes. Chaque graisseur trempe les cartouches dans le bain de graisse, une à une, par la base, et sur une longueur de 1 cent.

EMPAQUETER LES CARTOUCHES. — Comme il a été dit pour les cartouches d'infanterie ; le paquet ne contient que 6 cartouches au lieu de 10. Les dimensions du paquet sont : longueur, 74 mill.; largeur, 53 mill.; épaisseur, 34 mill. — Poids du paquet, 345 grammes.

PRODUIT DU TRAVAIL. — L'atelier, en 10 heures, confectionne 3,900 cartouches à balle oblongue.

Note sur la fabrication des cartouches à étui.

S'il est impossible de se procurer du carton convenable, on peut fabriquer l'étui par l'un des deux procédés suivants :

PREMIER PROCÉDÉ. — L'étui se fait au moyen de trapèzes de papier qui ont pour dimensions : grande base, 13 cent.; petite base, 6 cent.; hauteur, 186 mill. — Placer le trapèze la hauteur à gauche, la petite base vers soi; former un premier pli en portant la petite base à 18 mill. de la grande; appliquer le pli ainsi fait sur la petite base, ce qui forme un second pli.

Le trapèze étant plié, le placer la hauteur vers soi, la grande base à gauche ; disposer le mandrin parallèlement à la hauteur, l'épaulement contre le pli à droite; rouler comme si on opérait sur le rectangle de carton et le petit trapèze réglementaire, et continuer comme il est dit plus haut.

DEUXIÈME PROCÉDÉ. — Pour former l'étui, étendre sur un plateau en laiton de 30 cent. de côté un carré de papier à cartouches de 27 cent.; enduire cette feuille de colle de pâte; la rouler sur un mandrin en fer de 15^{mill},3 de diamètre et de 42 cent. de longueur; retirer le tube ainsi fait, et le faire sécher à l'air, ou dans une étuve si on est pressé.

Engager les tubes séchés sur un mandrin en fer de 15 mill. de diamètre, et les passer dans une filière pour les lisser; couper les tubes à la longueur de 42 mill. au moyen d'un couteau à ressort et d'un mandrin en bois; rouler les cartouches en se servant de trapèzes réglementaires dont les dimensions de chacune des bases ont été réduites de 4 cent., et continuer l'opération comme il a été dit plus haut.

Cartouches à balle évidée et à balle Nessler.

La fabrication des balles s'opère provisoirement par les procédés suivants, au moyen du *moule à balles fixe* adopté le 21 juillet 1855.

Fabrication des balles.

ATELIER DE SIX MOULES. — 7 hommes : 1 chef d'atelier. — 1 couleur. — 1 dégageur. — 1 fermeur. — 3 ébarbeurs.

MATIÈRES. — Plomb. — Charbon grossièrement pilé. — Combustible.

USTENSILES. — 1 chaudière en fonte, sur un fourneau de première espèce. — 1 balance à plateaux, avec ses poids. — 1 banc à couler. — 6 moules, fixés sur le banc à couler au moyen de trois boulons, de manière que la manivelle ne soit pas gênée dans son mouvement; on les espace de 50 cent. environ. — 1 cuillère à couler le plomb. — 1 fourchette à dégager les balles. — 1 cylindre à calibrer. — 1 banc à ébarber, avec auget en planches. — 2 augets en carton. — 3 cisailles droites, à couper les jets. — Caisses.

Les dispositions préliminaires sont les mêmes que pour les autres balles; seulement, comme le nœud de charnière des moules est en fer cémenté et trempé, il est important que cette partie soit lubrifiée d'huile.

COULER LES BALLES. — Le chef d'atelier découvre le plomb; le couleur remplit sa cuillère de manière à suffire aux six moules. Dès que le plomb est figé dans les moules, le dégageur les ouvre, saisit le jet au moyen de la fourchette, et enlève les balles. Le fermeur suit le dégageur et ferme les moules. Les ébarbeurs coupent les jets. Le chef d'atelier vérifie souvent les dimensions des balles, en les faisant passer dans le cylindre, la partie antérieure la première. — Si le dégageur éprouve de la difficulté à enlever les balles, il appuie par un coup sec sur le manche de la fourchette qui embrasse le jet dans toute sa longueur, et produit ainsi un ébranlement qui facilite l'opération. — Il est important de ne pas laisser refroidir les balles sur les broches, pour éviter des difficultés réelles à les dégager par suite du retrait du plomb.

Le chef d'atelier remet les rangées de balles dans la chaudière jusqu'à ce que les moules soient assez échauffés pour ne plus donner de balles défectueuses. Il veille à ce que les tables du moule et les broches soient nettoyées plusieurs fois par jour, afin d'éviter l'encrassement ou la présence de parcelles de plomb dont l'épaisseur empêcherait le moule de joindre et lui ferait produire des balles trop fortes.

ATELIER DE DOUZE MOULES. — 14 hommes : 1 chef d'atelier. — 2 couleurs. — 2 dégageurs. — 2 fermeurs. — 6 ébarbeurs. — 1 aide.

Le nombre des ustensiles est doublé.

RÉPARATION DES MOULES. — Toutes les pièces mobiles peuvent être réparées ou remplacées dans les directions, excepté: 1° les côtés du moule; 2° les broches; 3° le nœud de charnière, dont les parties ne doivent sous aucun prétexte sortir de leur logement; 4° les soies, qui étant fixées à chaud ne doivent jamais être séparées du moule; si l'extrémité taraudée est usée, on peut la remplacer par une pièce brasée au cuivre jaune.

Confection des cartouches.

La confection des cartouches à balle évidée est la même que celle des cartouches à balle oblongue; seulement, le dé à presser le pli de la cartouche est différent. Ce dé a une saillie intérieure qui s'emboîte dans le creux de la balle, et peut rendre aux balles déformées leur forme primitive. — Dimensions du paquet: longueur, 78 mill.; largeur, 52 mill.; épaisseur, 35 mill. — Poids, 270 gr.

Les cartouches à balle Nessler se roulent comme les cartouches à balle sphérique. La base plane de la balle est en contact avec le mandrin. Les dimensions du trapèze sont : grande base, 14 à 15 cent.; petite base, 8 cent.; hauteur, 11 cent.

Le papier replié sur le mandrin, rompre les plis dans un dé, en ayant soin de ne pas frapper le mandrin sur la table, mais de le presser simplement sur son extrémité, en le faisant tourner dans le dé. — Remplir et plier, comme pour les cartouches à balle sphérique. La charge de poudre est de 6 gr. — Calibrer toutes les cartouches dans un cylindre en bronze de 17^{mill},7 de diamètre, en engageant seulement la balle sans faire entrer la partie de l'étui qui contient la poudre. — Graisser, comme pour les cartouches à balle oblongue. — Empaqueter, comme pour les cartouches à balle sphérique.

Les dimensions du paquet sont: longueur, 65 mill.; largeur, 65 mill.; épaisseur, 35 mill. — Poids, 375 gr.

Pour éviter toute confusion entre les munitions, le rectangle-enveloppe est de couleur brune pour les cartouches à balle évidée; de couleur gros-vert, pour les cartouches à balle Nessler.

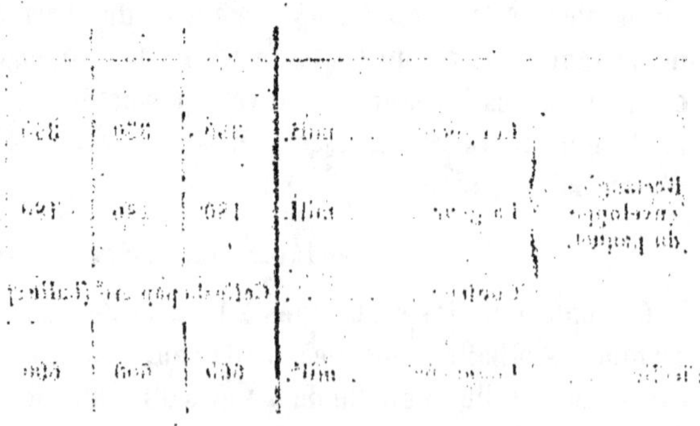

Munitions pour armes

DÉSIGNATIONS.		FUSILS A CANON LISSE.						
		INFANTERIE, VOLTIGEUR, MARINE.			Double	DRAGON.		
		1822 à silex.	1822 transformé. — 1840. — 1842.	1853.	1850.	1822 transformé.	1842.	1853.
Calibre de réception. . . . . . . mill.		17,5	18	17,8	17,5	17,8	18	17,8
Balle	Diamètre (*a*) . . mill.	16,3	16,7	16,7	16,7	16,7	16,7	16,7
	Poids . . . . . . gr.	25,6	27	27	27	27	27	27
Charge de poudre . . . . gr.		10,52	9,00	9,00	9,00	6,75	6,75	6,75
Trapèze. . . .	Hauteur . . . . mill.	140	140	140	140	100	100	100
	Grande base . . mill.	120	120	120	120	120	120	120
	Petite base. . . mill.	60	60	60	60	60	60	60
Rectangle-enveloppe du paquet.	Longueur . . . mill.	350	350	350	350	350	350	350
	Largeur . . . . mill.	180	180	180	180	150	150	150
	Couleur	Celle du pap.ord.(balle sphérique). Gros-vert(balleNessler).						
Ficelle	Longueur . . . mill.	600	600	600	600	550	550	550

(*a*) Le diamètre donné pour les balles est la moyenne entre les deux lunettes ou les deux cylindres.

à feu portatives.

FUSILS D'INFANTERIE et mousqueton de gendarmerie, à canon rayé.	CARABINES	MOUSQUETONS.			PISTOLETS.		
	à TIGE.	CANON rayé.	CANON LISSE.		CANON LISSE.		
Grenadier, voltigeur, mousqueton de gendarmerie de la Garde impériale. — 1854.	— 1846. — 1853.	— Artillerie — 1829 transformé à tige.	Gendarm. — 1825 transformé. — 1842. — 1853.	Cavalerie — 1822 transformé.	Cavalerie — 1822 transformé.	Marine. — 1849.	Gendarm. — 1822 transformé. — 1842.
17,8	17,8	17,6	17,6	17,8	17,6	15,2	15,2
17,2	17,2	17,2	16,7	16,7	16,7	14,7	14,7
36	48	48	27	27	27	19,2	19,2
4,50	4,50	3,00	6,75	4,50	3,00	2,00	1,50
Carton.	Papier.						
82	63	145	100	100	100	70	70
42	150	150	120	120	120	110	110
42	135	54	60	60	60	50	50
340	340	340	350	350	350	350	350
140	140	140	150	150	150	100	100
Brun (b. évidée)	Gros-bleu (b. oblongue)		Celle du pap. ord. (b. sphérique).			Gros-vert (b. Nessler).	
500	500	500	550	550	450	400	400

MUNITIONS POUR BOUCHES A FEU DE CAMPAGNE ET DE MONTAGNE.

Les bouches à feu de campagne sont :

1° Le canon de 12, lançant des boulets et des boîtes à balles ;

2° L'obusier de 16c, lançant des obus et des boîtes à balles ;

3° Le canon-obusier de 12, } lançant des boulets, des obus, des
4° Le canon-obusier de 12 léger, } obus à balles et des boîtes à balles.

Il n'y a qu'une bouche à feu de montagne : c'est l'obusier de 12c, lançant des obus, des obus à balles, et des boîtes à balles.

Sachets.

Le sachet est un sac cylindrique en serge de laine, formé d'un rectangle et d'un culot.

ATELIER. — 3 hommes : 1 traceur. — 1 aide. — 1 découpeur.

MATIÈRES. — Serge de laine. — Crayon rouge. — Fil écru retors à deux brins, coupé en aiguillées.

USTENSILES. — 2 règles en fer de 50 cent. — Clous à ensaboter, la tête limée en crochet. — 1 marteau. — 1 tenaille. — Patrons en tôle d'acier pour rectangles et culots. — 1 paire de ciseaux de tailleur. — 1 emporte-pièce avec son manche et son billot. — 1 plaque de plomb de 3 cent. d'épaisseur. — 1 fort maillet. — A défaut d'emporte-pièce, 3 paires de ciseaux ordinaires. — 1 double décimètre. — 1 poinçon. — Aiguilles. — Dés. — Mesures.

Confection.

DÉCOUPER L'ÉTOFFE. — Le traceur et son aide plantent 2 ou 3 clous à crochet à l'extrémité de la table, y accrochent la pièce de serge et la déroulent, en la tendant sans la tirer, et la fixent à l'autre bout de la table avec d'autres clous à crochet. Au moyen des patrons et des règles, ils tracent les lignes suivant lesquelles on doit couper l'étoffe. Le coupeur découpe les rectangles sur une autre table ; les culots sont détachés, 12 ou 16 à la fois, à l'emporte-pièce, ou découpés, 7 ou 8 à la fois, suivant les contours du patron.

L'étoffe ne s'étendant pas en longueur, prendre dans ce sens le développement des cylindres. — Combiner les rectangles et les culots de manière à tirer le meilleur parti possible de l'étoffe.

COUDRE LES SACHETS. — La lisière de la pièce, si elle existe, doit être à la bouche du sachet ; à l'aide des patrons, on trace la ligne de couture sur les rectangles et les culots. Le sachet est cousu à pointsarrière de 2 mill. environ, espacés entre eux de la même quantité; la bande du rempli est rabattue de manière à couvrir l'envers de la couture, puis faufilée sur le corps du sachet par des points de 7 mill. environ; le culot est cousu et le rempli faufilé de la même manière. On arrête la couture à 4 cent. de la bouche pour les cartouches à boulet, et à obus de 12^{c}; elle est prolongée jusqu'au haut pour tous les autres sachets. Quelques sachets sont donnés pour modèles; ils doivent laisser entrer le mandrin du calibre, et, quand ils sont remplis de poudre tassée, passer par la petite lunette des projectiles du calibre. — Vérifier si les sachets sont bien cousus, et si leur longueur est la même que celle du sachet modèle. Tolérance, en plus ou en moins, 2 mill.

PRODUIT DU TRAVAIL. — Un homme exercé coud 25 à 30 sachets en 10 heures; une femme en coud le double.

Le rectangle de tous les sachets est en serge verte; il en est de même du culot des sachets pour cartouches à boulet et pour charges de boîtes à balles; mais le culot des sachets pour cartouches à obus de 12^{c} est en étoffe blanche, et celui des sachets pour cartouches à obus à balles en étoffe rouge.

Sabots et tampons.

Les sabots pour boulets, et pour obus de 12^{c}, sont en bois d'aune, de tremble ou de tilleul; ceux pour obus de 16^{c}, en orme ou en noyer; ceux pour boîtes à balles d'obusier, en orme, noyer, tremble ou tilleul. Les tampons sont en aune, tremble, tilleul ou peuplier. — Le bois doit être refendu de droit fil et bien sec; mais, quel que soit le défaut de siccité, on ne doit jamais augmenter le diamètre des sabots ou des tampons. — Les sabots et les tampons sont faits sur le tour.

ATELIER. — 5 hommes: 1 tourneur. — 1 ébaucheur. — 1 aide. — 2 manœuvres.

MATIÈRES. — Bois de refend.

USTENSILES. — 1 tour équipé. — 1 calibre. — 1 établi. — 1 scie à main. — 1 mesure, ayant 4 mill. de plus de hauteur que les sabots ou les tampons. — 2 compas. — 2 haches. — 2 billots. — 1 meule à aiguiser. — 1 pierre à affiler. — 1 baril ou caisse. — 1 vilebrequin. — 1 mèche de 4^{mill},5 de diamètre. — 2 broches en fer à épaulement. — 2 pinces plates.

CONFECTION. — L'ébaucheur et l'aide scient le bois, d'après la mesure, en tronçons de longueur convenable, qu'ils ébauchent à la hache, en se guidant sur une circonférence décrite sur un des bouts. Le tourneur les façonne sur le tour, d'abord à l'extérieur; puis, il creuse les rainures; enfin, la cavité pour le projectile. Sur les sabots d'obus et de boîtes à balles d'obusier de 16c, il marque avec un gabarit la position des trous d'anse; les fore au vilebrequin, et y passe la broche en fer, chauffée au rouge, pour les achever et faire le logement du nœud.

PRODUIT DU TRAVAIL. — L'atelier, en 10 heures, confectionne:

Sabots . . .	140 pour boulets, ou pour obus de 12c de campagne. 110 pour obus de 16c. 100 pour obus de 12c de montagne. 110 pour boîtes à balles d'obusier de 16c. 100 pour boîtes à balles d'obusier de 12c.
Tampons. .	200 pour grandes charges d'obus. 150 pour petites charges d'obus.

Bandelettes et rondelles.

Le projectile est fixé sur le sabot au moyen de bandelettes en fer-blanc.

ATELIER. — 4 hommes: 1 traceur. — 1 découpeur. — 1 dresseur. — 1 aide.

MATIÈRES. — Fer-blanc ou tôle recuite.

USTENSILES. — 1 triple-décimètre. — 1 règle en fer. — 1 cisaille à plaque et son banc. — 3 plaques de plomb. — 2 billots. — 2 emporte-pièces et leur manche. — 2 marteaux ordinaires. — 1 maillet sphérique. — 1 masse. — 3 ciseaux à froid, de 13 mill. de largeur. — 2 maillets cylindriques. — Caisses.

Bandelettes.

CONFECTION. — Sur la feuille de fer-blanc, le traceur construit un rectangle d'une longueur égale à celle des bandelettes, et, si les bandelettes sont pour boulets, il trace une ligne divisant cette longueur en 2 parties égales. Avec la cisaille, dont il a enlevé la plaque, il découpe ces rectangles; puis, quand il en a un nombre suffisant, il remet la plaque et découpe les bandelettes, en ayant soin de bien faire appuyer la feuille de fer-blanc sur la branche fixe des cisailles. Le dresseur, et le traceur lorsqu'il est en avance, dressent ces bandelettes en les frappant sur le banc avec un maillet; au milieu (marqué d'avance) des bandelettes pour boulets, ils font, au ciseau et sur la plaque de plomb, une fente longitudinale, y passent en croix une bandelette non fendue, et l'assujettissent en frappant, avec le marteau, sur la fente. Ils font aux bandelettes pour obus une agrafe de 1 cent. à l'une des extrémités.

PRODUIT DU TRAVAIL. — L'atelier, en 10 heures, confectionne environ 1200 bandelettes assemblées en croix, ou 1200 bandelettes pour obus.

Rondelles.

Le découpeur et l'aide découpent les rondelles à l'emporte-pièce, d'abord à l'extérieur; puis, ils pratiquent l'œil intérieur. L'aide, et le découpeur quand il est libre, font les 4 fentes auxquelles les bandelettes doivent être agrafées.

Chargement et goudronnage des obus.

Les obus sont chargés avant d'être ensabotés. Pour le tir d'école, on les ramène au poids de guerre au moyen d'un mélange de sable et de sciure de bois.

ATELIER. — 6 hommes: 2 chargeurs. — 1 marqueur. — 3 aides.

MATIÈRES. — Poudre. — Cylindres de roche à feu. — Fusées chargées. — Étoupes. — Bois de chauffage, si les projectiles sont humides. — Rondelles d'ensabotage. — Craie blanche. — Rondelles de serge. — Ficelle à cartouches d'infanterie. — Bouts de mèche à étoupilles, si l'on doit en garnir les fusées.

USTENSILES. — 1 civière à coffre, pour le transport des obus. — Chiffons en serge. — 2 pincettes. — 2 fortes épingles. — 1 ciseau en cuivre. — 1 maillet. — Les lunettes de réception. — 1 gril, pour faire sécher les projectiles humides. — 1 paire de ciseaux. — 1 vrille. — 1 entonnoir. — 1 mesure à poudre. — 1 règle en bois. — 1 baquet, pour la poudre. — 2 paniers, pour les cylindres de roche à feu, les rondelles et les fusées. — 2 râpes à bois. — 1 vis de pression ou, à défaut, 2 chasse-fusées en bronze et 2 maillets.

DISPOSITIONS PRÉLIMINAIRES. — Avant de charger les projectiles, les nettoyer intérieurement et extérieurement; les calibrer, et les bien visiter pour s'assurer qu'ils ne sont pas fendus, qu'il ne s'y trouve point, à l'extérieur, de soufflures ou piqûres de plus de $4^{mill},5$ de profondeur, que l'œil est exempt de bavures qui pourraient faire fendre la fusée, et que la surface intérieure autour de l'œil n'a pas de soufflures profondes. Un seul de ces défauts doit faire rejeter le projectile. — Essuyer les projectiles; s'ils sont humides, les bien sécher en les chauffant à petit feu, et les laisser refroidir lentement; enfin, abattre avec une fraise l'arête supérieure de l'œil, si elle est trop vive.

Toutes les fusées doivent rester entières et conserver leur massif intact. Elles sont percées latéralement d'un trou de 6 mill. de diamètre, à une distance constante de la tranche de la tête. — Les fusées ne doivent être fixées aux projectiles que 8 jours au moins après qu'elles ont été chargées.

CHARGER LES OBUS. — Le marqueur et les aides placent les obus sur deux rangs. Le marqueur tient l'entonnoir et la craie; un chargeur mesure et verse la poudre, portée par 2 aides dans un baquet; le marqueur, pour empêcher les méprises, marque à la craie les obus où l'on a versé la poudre. Le 3e aide porte les paniers dans lesquels sont les cylindres de roche à feu, les rondelles d'ensabotage et les fusées. Le 2e chargeur introduit les cylindres dans les projectiles, et met en place les rondelles et les fusées percées préalablement du trou de vrille. (Voy. ci-dessus.) Cela fait, les 2 chargeurs et les 2 aides enfoncent les fusées, à l'aide de la vis de pression, en prenant bien soin de ne jamais dépasser le trait qui limite le bord inférieur des évents. — A défaut de vis de pression, on se sert d'un chasse-fusée en bronze et d'un maillet; dans ce cas, l'aide recouvre d'étoupes la tête de la fusée, et le chargeur frappe à petits coups sur le chasse-fusée.

Le marqueur et le 3e aide coiffent les fusées d'une rondelle de serge, qu'ils fixent au-dessous des évents avec un bout de ficelle arrêté par un nœud d'artificier croisé, surmonté d'un demi-nœud droit double.

GOUDRONNER LES OBUS. — Quand les obus sont ensabotés, le marqueur fait fondre une composition de 10 parties de cire jaune, 5 de poix noire, et 4 de poix résine. Chaque homme vient y plonger une fusée, de manière à recouvrir l'obus jusqu'à 25 mill. environ des bords de l'œil.

PRODUIT DU TRAVAIL. — L'atelier, en 10 heures, charge environ 900 obus; dans le même temps, le même atelier en goudronne 1200.

CHARGER L'OBUS A BALLES DE 12c. — L'obus à balles contient 80 balles d'infanterie et au moins 75 gr. de poudre à mousquet. — Le chargement se fait ainsi : l'obus étant sur un sabot, on y met 40 balles par-dessus lesquelles on verse environ 90 gr. de sable sec. On introduit ensuite dans l'obus les 40 autres balles, et l'on verse 150 gr. de soufre fondu. On incline légèrement le projectile en tous sens pour que le soufre relie toutes les balles, et, lorsqu'il est refroidi, on achève de remplir l'obus avec de la poudre à mousquet, sans la tasser trop fortement.

L'obus chargé reçoit sa fusée et est ensaboté comme l'obus ordinaire. — La fusée est à 3 caneaux renforcés par des tubes en fer blanc.

Ensabotage.

ATELIER. — 5 hommes : 4 ensaboteurs. — 1 aide.

MATIÈRES. — Boulets ou obus chargés. — Sabots, bandelettes et rondelles. — Clous de 13 mill. de longueur et de 1^{mill},5 de diamètre, à tête plate et de 4 à 5 mill. de diamètre. — Cordages d'anse de 28 cent. de longueur et de 4 à 5 mill. de diamètre, si l'on ensabote des obus de 16^{c}.

USTENSILES. — 1 marteau ordinaire. — 1 bout de lame de sabre. — Chiffons ou étoupes. — Lunettes de réception. — 1 brouette. — 1 prélat, si l'atelier n'est pas planchéié. — 1 banc. — 4 marteaux d'ensabotage. — 4 poinçons. — 2 sabots pour les clous. — 1 cylindre vérificateur pour cartouches à boulet, ou, si ce sont des obus, lunettes pour obus ensabotés. — 4 couronnes en corde.

ENSABOTER LES BOULETS. — L'aide nettoie les projectiles avec les chiffons ou les étoupes, détache la rouille ou la crasse avec le marteau et le bout de lame de sabre, puis les calibre avec les 2 lunettes. Chaque ensaboteur, à cheval sur le banc, place dans la cavité du sabot la partie du boulet qui a le plus d'aspérités, et s'assure, par le son, en frappant avec le marteau sur la base du sabot, que le boulet porte au fond de la cavité; sinon, il essaie un autre sabot. Il applique dans la rainure, avec la panne du marteau, une des extrémités d'une bandelette non fendue; fixe cette extrémité au fond de la rainure par un clou planté dans un trou fait au poinçon; tire sur cette bandelette pour l'appliquer sur le boulet, de manière qu'elle le divise en 2 parties égales, et fixe l'autre extrémité dans la rainure comme il vient d'être dit. Il dispose ensuite la bandelette fendue perpendiculairement à la bandelette non fendue, et la fixe au sabot comme il a fixé la première. Il casse l'extrémité des bandelettes, après les avoir percées avec le poinçon de 2 ou 3 trous à 3 mill. de la tête des clous. Ensuite, couchant le poinçon sur la tête des clous, puis sur les bandelettes à la jonction du sabot et du boulet, il frappe dessus avec le marteau, pour enfoncer les clous et serrer les bandelettes. L'aide calibre les boulets ensabotés, et désensabote ceux qui ne passent pas dans les cylindres vérificateurs.

PRODUIT DU TRAVAIL. — L'atelier, en 10 heures, ensabote environ 280 boulets.

ENSABOTER LES OBUS. — Les obus sont préalablement nettoyés, comme il vient d'être dit. Les sabots d'obus de 16^{c} portent une poignée fixée au fond de leur cavité par deux nœuds faits aux extrémités du cordage d'anse.

L'ensaboteur place l'obus dans un sabot garni de son anse, la fusée dans l'axe du sabot; agrafe les bandelettes à la rondelle, qu'il fait bien appliquer sur l'obus avec le bout du manche du marteau; fait tendre les bandelettes, sans déranger la position de la fussée par rapport au sabot, et fixe chacune d'elles, d'abord sur le pourtour du sabot par un clou planté au tiers de la hauteur, à partir de la base, puis sur la base par 2 clous, dont 1 à 5 mill. de l'extrémité de la bandelette, et l'autre à égale distance du 1er et de la circonférence de la base.

Pour les obus de 12c, les bandelettes sont fixées, comme celles des boulets, dans la rainure du sabot. — Les obus de 16c doivent passer dans les lunettes de réception, et les obus de 12c dans le cylindre pour cartouches à boulet de 12.

PRODUIT DU TRAVAIL. — L'atelier, en 10 heures, ensabote environ 240 obus de 16c, ou 320 de 12c.

A défaut de bandelettes en fer-blanc ou en tôle, se servir de bandes de treillis de 23 mill. de largeur, cousues au point où elles se croisent. On les enduit de colle-forte avant de les appliquer sur les projectiles, et l'on double leurs extrémités, avant de les fixer, soit dans la rainure, soit sur la base du sabot.

Confection des boîtes à balles.

Les boîtes à balles sont composées d'un cylindre en fer-blanc, d'un culot et d'un couvercle en fer; elles renferment une certaine quantité de balles en fonte ou en fer. Les boîtes à balles d'obusiers de 16c et de 12c ont, de plus, un sabot.

ATELIER. — 3 hommes: 1 traceur. — 1 coupeur. — 1 soudeur.

MATIÈRES. — Feuilles de fer-blanc de 0mill,5 à 0mill,7 d'épaisseur. — Soudure de plombier. — Étain mêlé de résine, pour étamer les fers à souder. — Charbon de bois. — Résine pilée et tamisée. — De plus, si l'on doit confectionner des boîtes à balles pour obusiers: — Sabots en bois. — Cordages d'anse. — Clous d'ensabotage.

USTENSILES. — 1 établi. — Patrons. — 1 pointe à tracer. — 1 triple-décimètre. — 1 cisaille, dégarnie de sa plaque. — 1 bigorne de ferblantier, ou, à défaut, 1 étau et 1 cylindre en bois dur. — 1 maillet cylindrique. — 1 tasseau. — Les grandes lunettes de réception. — 1 chaudron en fer et son trépied. — 1 fer à souder. — 1 morailles. — 1 grattoir. — 1 boîte à bec, pour la résine. — 1 boîte, pour l'étain. — De plus, si l'on confectionne des boîtes à balles pour obusiers: 1 marteau d'ensabotage. — 1 poinçon. — 1 sabot pour les clous.

CONFECTION. — Le traceur trace les rectangles sur la feuille de fer-blanc, à l'aide des patrons et de la pointe à tracer. Le coupeur les découpe. Le traceur, à l'aide de la pointe à tracer et du patron servant de règle, trace la bande de soudure, et parallèlement à l'un des longs côtés du rectangle, la ligne des franges; puis, si la boîte à balles est pour canon, celle du recouvrement du culot, dont le coupeur enlève la partie qui se trouve sur la bande de soudure. Le traceur courbe le rectangle, premièrement sur les bords; puis, de manière qu'il prenne la forme cylindrique.

Le soudeur maintient avec les morailles les deux bords du rectangle qu'il doit souder ensemble; saupoudre la ligne de soudure avec de la résine pilée; prend le fer chauffé, le biseau en dessus, à une température au-dessous du rouge-brun, et le charge d'une goutte de soudure qu'il promène ensuite lentement le long de la bande à souder. Si la soudure laisse des bavures ou des aspérités, il les enlève avec le grattoir. Le traceur achève d'arrondir le cylindre, en le battant avec le maillet sur la partie plane de la plus large branche de la bigorne. Il le calibre ensuite extérieurement, et, s'il n'est pas de calibre, il le dessoude en exposant la bande au feu, et le fait souder de nouveau.

Si la boîte à balles est pour canon, il forme le rebord destiné à supporter le culot, en battant le cylindre d'abord sur la bigorne, puis sur le tasseau. Le coupeur découpe les franges avec les cisailles. Si la boîte à balles est pour obusier, le traceur introduit dans le cylindre toute la partie cylindrique du sabot garni préalablement de son anse, et la fixe par 12 ou 8 clous d'ensabotage, selon le calibre; il redresse les cylindres, s'il est nécessaire, en les battant sur la bigorne, et les calibre de nouveau; puis, le coupeur découpe les franges.

Chargement des boîtes à balles.

ATELIER. — 6 hommes: 4 chargeurs. — 2 aides.

MATIÈRES. — Cylindres en fer-blanc. — Culots exempts de bavures trop prononcées. — Couvercles. — Balles. — Sciure de bois bien sèche et passée au crible. Exclure la sciure de bois de chêne, à cause de la rouille.

USTENSILES. — 2 bancs. — 4 baquets ou caisses, dont 2 pour les balles et 2 pour la sciure de bois. — 2 maillets cylindriques. — 4 chevilles pointues en bois. — 2 chasses en bois. — Les grandes lunettes à calibrer les projectiles du calibre des boîtes.

CHARGEMENT. — Les chargeurs sont à cheval sur un des bancs, par couple, se faisant face, ayant à leur portée les cylindres, les balles,

les culots, et sur le banc, devant eux, les chevilles. Les aides, aussi à cheval sur l'autre banc placé parallèlement au premier, et se faisant face, ont à leur portée les couvercles, et sur le banc, devant eux, les autres ustensiles. Les baquets contenant la sciure de bois sont entre les bancs, et également à portée des chargeurs et des aides.

Chaque chargeur place verticalement devant soi un cylindre, les franges en haut; y introduit un culot, bien d'aplomb sur le rebord ou sur le sabot; forme sur ce culot une couche de balles; remplit les interstices de sciure de bois bien refoulée avec une cheville pointue, de manière que les balles ne puissent pas se déplacer lorsqu'il renverse la boîte pour ôter l'excédant de sciure de bois. Il fait successivement des couches semblables à la première, chaque balle reposant sur deux balles de la couche inférieure. Dans les boîtes à balles pour canons et canons-obusiers, le chargeur supprime la balle du centre de l'une des couches.

Chaque aide prend une boîte à balles chargée, recouvre avec de la sciure de bois les balles de la couche supérieure, et place par-dessus un couvercle. Il introduit l'anneau du couvercle dans la fente d'une des chasses qu'il tient d'une main, tandis que de l'autre il frappe dessus quelques coups de maillet, pour tasser la sciure de bois, jusqu'à ce que la partie supérieure du couvercle arase la naissance des franges. Il empêche le couvercle de remonter, en pressant sur la chasse; rabat les franges une à une, avec le maillet cylindrique, en les dirigeant vers le centre du couvercle; frappe ensuite dessus pour les faire bien appliquer; puis, calibre la boîte à balles, qui doit passer dans la grande lunette de réception des projectiles du même calibre.

PRODUIT DU TRAVAIL. — L'atelier, en 10 heures, charge environ 120 boîtes à balles pour canons et canons-obusiers de 12, ou 90 pour obusiers de 16^{c}, ou 150 pour obusiers de 12^{c}.

Cartouches à boulet et à obus pour canons, canons-obusiers et obusier de 12^{c}.

ATELIER. — 16 hommes: 1 remplisseur. — 1 aide. — 12 monteurs. — 2 pourvoyeurs.

MATIÈRES. — Sachets secs et brossés. — Poudre à canon, en barils. — Boulets ensabotés. — 6 pelotes de ficelle de 1^{mill},5 à 1^{mill},7 de diamètre.

USTENSILES. — 1 mesure à poudre. — 1 règle en bois. — 1 entonnoir. — 1 petite lunette de réception des projectiles. — Barils vides. — Baquets ou caisses. — Prélats. — Bancs. — 12 pinces en bois, dont 6 trouées et 6 fendues. — 6 canifs. — Cylindres vérificateurs des cartouches. — Civière à coffre, et bouts de prélats pour la couvrir. — Brouette.

Confection.

REMPLIR LES SACHETS. — Les sachets sont remplis et tassés dans le magasin pour la poudre. Le remplisseur et l'aide placent près de la porte deux baquets vides, l'un pour les sachets remplis, l'autre pour les sachets tassés; tout auprès, ils ouvrent un baril de poudre sur un prélat, et mettent à côté la caisse contenant les sachets vides. L'aide introduit la douille de l'entonnoir dans un sachet, et tient des deux mains l'étoffe serrée contre la douille; le remplisseur remplit comble la mesure de poudre, l'arase avec la règle et la verse dans l'entonnoir. Quand ils ont ainsi rempli 24 sachets, ils les tassent, en secouant chacun d'eux à petits coups; ils les présentent à la petite lunette, et ceux qui ne passent pas facilement sont vidés et mis au rebut. Les pourvoyeurs transportent, avec la civière, à l'atelier de montage les baquets remplis de sachets tassés.

MONTER LES CARTOUCHES. — Les monteurs, à cheval sur un banc, se font face par couples. Le premier de chaque couple, après avoir tassé, s'il le faut, un sachet, l'ouvre et égalise la poudre; le deuxième y introduit un projectile ensaboté, la base du sabot d'aplomb sur la poudre, la bande de couture entre deux bandelettes; fait monter la serge, la tend, et la serre au-dessus du boulet. Le premier monteur passe dans le trou d'une pince percée $1^m,20$ de ficelle, avec laquelle il fait autour du sachet et dans la rainure du sabot un nœud d'artificier croisé, arrête par un nœud le bout libre de la ficelle dans une pince fendue, et serre le nœud d'artificier en roulant la ficelle sur les pinces et en prenant des points d'appui sur le sabot; il dégage ensuite le bout libre, arrête le nœud d'artificier par un demi-nœud droit double qu'il serre avec les pinces, et coupe la ficelle tout près du nœud. Le deuxième monteur rabat la bouche du sachet sur le sabot et sur la charge; le premier fait une ligature semblable à la précédente au-dessous de la base du sabot, en ayant soin de loger la ficelle de toute son épaisseur entre le sabot et la poudre; il dispose symétriquement les nœuds entre les deux mêmes bandelettes, de manière à ce qu'ils ne soient pas sur la bande de couture. Si le projectile ensaboté et le sachet n'ont pas le même axe, le deuxième monteur, tenant le projectile d'une main, le sachet en avant et le côté où le sabot fait saillie en dessus, frappe avec l'autre main sur le sabot pour le redresser. Les pourvoyeurs calibrent les cartouches, les couchent à plat dans la civière, et les portent au magasin. Les cartouches qui ne passent pas dans le cylindre sont démontées, et montées de nouveau.

A défaut de bandelettes, placer le sabot sur la poudre tassée et égalisée, le boulet dans le sabot; lier l'étoffe tendue par-dessus le boulet; faire une seconde ligature dans la rainure du sabot, et une troisième entre la base du sabot et la poudre. Le sachet doit avoir 10 cent. de plus en hauteur. (*Méthode prussienne.*)

A défaut de sabot, placer sur la poudre tassée et égalisée une couche d'étoupes bien sèches, façonnée en nid, de 4 à 5 mill. environ d'épaisseur au centre; mettre le boulet sur ces étoupes; faire tendre fortement le sachet, le lier au-dessus du boulet, et faire une seconde ligature à hauteur des étoupes. Le sachet doit avoir 7 cent. de plus en hauteur. (*Méthode autrichienne.*)

PRODUIT DU TRAVAIL. — L'atelier, en 10 heures, monte environ 650 cartouches de 12, ou de canons-obusiers de 12, ou d'obusier de 12^c.

Charges pour obusier de 16^c et pour le tir à balles. — Cartouches à balles pour obusier de 12^c.

ATELIER. — 16 hommes: 1 remplisseur. — 1 aide. — 12 monteurs. — 2 pourvoyeurs.

MATIÈRES. — Sachets secs et brossés. — Poudre à canon, en barils. — Obus ensabotés. — Boîtes à balles. — Tampons. — 6 pelotes de ficelle de 1^{mill},5 à 1^{mill},7 de diamètre.

USTENSILES. — Les mêmes que pour les cartouches à boulet et à obus.

CHARGES POUR OBUSIER DE 16^c. — La première ligature se fait dans la rainure, et la deuxième entre le tampon et la poudre. Les charges doivent passer dans les cylindres vérificateurs des cartouches à boulet de 12.

CHARGES POUR LE TIR A BALLES DES CANONS ET CANONS-OBUSIERS. — Le sachet est fermé immédiatement au-dessus de la poudre par un nœud d'artificier croisé, surmonté d'un nœud droit double; il doit passer dans la petite lunette de réception du projectile.

CARTOUCHES A BALLES POUR OBUSIER DE 12^c. — Elles sont confectionnées comme les cartouches à obus; on les vérifie avec le cylindre des cartouches à boulet de 12.

PRODUIT DU TRAVAIL. — L'atelier, en 10 heures, monte environ 700 charges pour obusier de 16^c, ou 1000 charges pour le tir à balles des canons, ou 500 cartouches à balles pour obusier de 12^c.

MUNITIONS

POUR BOUCHES A FEU DE CAMPAGNE

ET DE MONTAGNE.

Munitions pour bouches à feu

DÉSIGNATION DES OBJETS.	CANONS				CANONS-		
	de 12.		de 8.		de 12.		
1. NOTA. A l'avenir les *Boîtes à balles* prendront la dénomination de *Boîte à mitraille*. (Note du 4 avril 1860.)	Boulet.	Boîte à balles.[1]	Boulet.	Boîte à balles.[1]	Boulet.	Obus ordinaire.	Obus à balles.
Charge de guerre — Poids . . . kil.	1,958		1,225		1,400	1,000	1,400
Charge de guerre — Hauteur . mill.	215		176		180	130	180
Sachet — Rectangle — Longueur, y compris les remplis de 26 mill.	365		325		353		
Sachet — Rectangle — Largeur, y compris les remplis de 13 mill.	313		280		250		
Sachet — Culot, diamètre, y compris les remplis de 26 mill.	135		122		131		
Sachet — Mandrins vérificateurs, diamètre . . mill.	108		95		104		
Sachet — Poids du sachet et de la ficelle . . . gr.	76		61		65		
Chargement de guerre des obus — Poids de la poudre . . . gr.	«		«		«	200	90
Chargement de guerre des obus — Nombre des cylindres n° 3 de roche à feu.	«		«		«	2	«
Chargement de guerre des obus — Poids de la roche à feu . . . gr.	«		«		«	35	«
Chargement de guerre des obus — Sable sec . . . gr.	«		«		«	«	55
Chargement de guerre des obus — Soufre . . . gr.	«		«		«	«	90
Chargement de guerre des obus — Balles de pistolet de gendarmerie. nomb.	«		«		«	«	64
Sabot (*a*) — Hauteur — totale . . . mill.	52	«	47	«	52		
Sabot (*a*) — Hauteur — partie cylindrique . . . mill.	«	«	«	«	«		
Sabot (*a*) — Diamètre — supérieur . . . mill.	116	«	102	«	116		
Sabot (*a*) — Diamètre — inférieur . . . mill.	108	«	95	«	104		
Sabot (*a*) — Diamètre — au fond de la rainure . . mill.	102	«	89	«	98		
Sabot (*a*) — Cavité sphériq. — profondeur . . . mill.	40	«	35	«	40		
Sabot (*a*) — Cavité sphériq. — rayon . . . mill.	60	«	53	«	60		
Sabot (*a*) — Dist. du milieu de la rain. à la base (*b*) mill.	12	«	12	«	12		
Sabot (*a*) — Dist. entre les centr. des tr. d'anse (*c*) mill.	«	«	«	«	«		
Tampon — Hauteur . . . mill.	«	«	«	«	«		
Tampon — Diamètre — maximum . . . mill.	«	«	«	«	«		
Tampon — Diamètre — au fond de la rainure . . mill.	«	«	«	«	«		
Tampon — Dist. du milieu de la rain. à la base. mill.	«	«	«	«	«		
Cordage d'anse ; longueur . . . mill.	«	«	«	«	«		
Bandelette d'ensabotage ; longueur (*d*) . . . mill.	352	«	297	«	352	183	
Poids des sabots, bandelettes et clous . . . gr.	199	«	122	«	195	240	
Boîte à balles.[1] — Corps (*e*) — longueur, y compris 7 mill. pour soudure . . . mill.	«	372	«	325	«	«	
Boîte à balles.[1] — Corps (*e*) — hauteur . . . mill.	«	230	«	202	«	«	
Boîte à balles.[1] — Culots et couvercles (*f*), diamètre. . mill.	«	115	«	100	«	«	
Boîte à balles.[1] — Numéro des balles . . .	«	4	«	5	«	«	
Boîte à balles.[1] — Nombre — de couches . . .	«	6	«	6	«	«	
Boîte à balles.[1] — Nombre — de balles par couche (*g*) . . .	«	7	«	7	«	«	
Boîte à balles.[1] — Nombre — total des balles . . .	«	41	«	41	«	«	
Diamètre des cylindres vérificateurs des cartouches et des lunettes des obus ensabotés et des boites à balles .	120,2	119,0	105,0	103,8	120,2		
Munitions finies. — Hauteur tot. maxim. (y compris la saillie de la fusée, du cordage, ou de l'anneau).	360	224	300	196	312	275	323
Munitions finies. — Hauteur des charges pour obus ou pour boites à balles . . .	«	220	«	181	«	«	«
Munitions finies. — Poids total . . . kil.	8,230	10,200	5,415	6,410	7.675	5,440	7,000

de campagne et de montagne.

OBUSIERS					OBUSIERS								
	de 12 léger.				de 16c.			de 15c.			de 12c.		
Boîte à balles.[1]	Boulet.	Obus ordinaire.	Obus à balles.	Boîte à balles.[1]	Obus ordin. G. C.	Obus ordin. P. C.	Boîte à balles.[1]	Obus ordin. G. C.	Obus ordin. P. C.	Boîte à balles.[1]	Obus ordinaire.	Obus à balles.	Boîte à balles.[1]
1,000	1,000				1,500	0,750	1,500	1,000	0,500	1,000	0,270		
130	130				174	90	174	150	80	150	68		
353					365			325			264		
250					250			230			121		
131					135			122			102		
104					108			95			74		
65					60			55			20		
«	«	200	90	«	400		«	300		«	200	75	«
«	«	2	«	«	6		«	6		«	2	«	«
«	«	35	«	«	100		«	100		«	35	«	«
«	«	«	55	«	«		«	«		«	«	90	«
«	«	«	90	«	«		«	«		«	«	150	«
«	«	«	64	«	«		«	«		«	«	80[h]	«
«	52			«	55		95	51		88	55		80
«	«			«	«		18	«		18	«		10
«	116			«	152		158	138		145	108		115
«	104			«	130		130	118		118	74		74
«	98			«	«		«	«		«	66		66
«	40			«	43		«	39		«	32		«
«	60			«	84		«	76		«	60		«
«	12			«	«		«	«		«	11		11
«	«			«	70		80	60		75	«		«
«	«			«	20	90	«	20	80	«	«		«
«	«			«	105	105	«	90	90	«	«		«
«	«			«	97	97	«	82	82	«	«		«
«	«			«	10	12	«	10	12	«	«		«
«	«			«	140		400	140		360	«		«
«	352	183		«	250		«	230		«	180		«
«	195	240		«	305		«	255		«	240		«
372	«	«		372	«		507	«		468	«		372
198	«	«		185	«		178	«		162	«		102
115	«	«		115	«		156	«		145	«		115
4	«	«		4	«		4	«		5	«		6
5	«	«		5	«		4	«		4	«		3
7	«	«		7	«		12	«		14	«		14
34	«	«		34	«		48	«		56	«		42
119,0	120,2			119,0	164,5		163,5	150,3		149,3	120,2		119,0
192	264	275	275	192	192		250	177		227	220		232
135	«	«	«	135	200		185	180		165	«		«
8,430	7,275	5,440	7,000	8,430	11,300		13,300	7,750		10,100	4,770	5,970	4,690

NOTA. La charge qui remplit la chambre est de: 1k,500, pour l'obusier de 16c; 1 kil., pour l'obusier de 15c; 385 gr., pour l'obusier de 12c.

Le poids de la poudre qui remplit l'obus est de: 700 gr., pour l'obusier de 16c; 600 gr., pour l'obusier de 15c; 280 gr., pour l'obusier de 12c.

La saillie des fusées est de 11 mill. à tous les obus. Tolérance, 2 mill. en plus.

(*a*) Le rayon de l'arrondissement de la base est de 3 mill. aux sabots de boulets et aux tampons; de 5 mill., aux sabots d'obus et de boîtes à balles.

(*b*) La largeur de la rainure est de 8 mill. à tous les sabots et tampons; sa profondeur est de 3 mill., pour les sabots de boulets, et de 4 mill., pour tous les autres sabots ou tampons.

(*c*) Le diamètre des trous pour cordages d'anse est de 5 mill. pour tous les sabots. Les axes des trous concourent au centre de la cavité pour les obus, et sont parallèles à l'axe pour les boîtes à balles. La distance des axes portée au tableau est mesurée sur la corde de la cavité. Le diamètre des trous pour loger le nœud est de 12 mill.; la profondeur, de 1 cent. à tous les sabots. Le cordage a 4 à 5 mill. de diamètre.

(*d*) Les bandelettes d'ensabotage ont toutes 1 cent. de largeur; elles sont clouées au sabot par 8 clous, pour les boulets et obus de 12c; par 12 clous, pour les obus de 16c et de 15c.

Toutes les rondelles ont 27 mill. de diamètre intérieur, et 55 mill. de diamètre extérieur. La distance de la fente au bord intérieur est de 5 à 6 mill.

(*e*) La hauteur et la largeur des franges sont de 1 cent.; le rebord qui supporte le culot est de 4 mill. Les boîtes d'obusiers sont fixées à leur sabot par 12 clous, pour l'obusier de 16c ou de 15c; par 8, pour l'obusier de 12c.

(*f*) L'épaisseur des culots est de 1 cent., pour les boîtes d'obusiers de 16c et de 15c; de 7 mill., pour les autres; celle de tous les couvercles est de 2mill,5. Le couvercle des boîtes à balles pour canons portent un anneau en fil de fer de 4mill,5 de diamètre.

(*g*) Pour les canons et les canons-obusiers, on supprime la balle du centre de la deuxième couche.

(*h*) Balles sphériques d'infanterie.

MUNITIONS POUR BOUCHES A FEU DE SIÉGE.

Les bouches à feu de siége sont:

1° Les canons de 24 et de 16 en bronze, lançant des boulets, des boîtes à balles et des obus à balles;

2° L'obusier de 22c en bronze à chambre du calibre de 12, lançant des obus, des boîtes à balles et des obus à balles;

3° Les mortiers de 32c, de 27c, de 22c et de 15c, lançant respectivement les bombes de 32c, de 27c, et les obus de 22c et de 15c.

On tire également des obus de 12c et des grenades avec les mortiers de tous les calibres, au moyen d'un appareil particulier.

Gargousses.

Les charges de poudre des bouches à feu de siége sont renfermées dans un sac cylindrique en papier, appelé *gargousse*.

ATELIER. — 5 hommes: 1 coupeur. — 2 rouleurs. — 1 aide. — 1 plieur.

MATIÈRES. — Papier grand-éléphant mi-blanc, ayant 725 sur 585 mill. Épaisseur de la rame, feuilles ouvertes, sous un poids de 50 kil., 12 cent. environ. Poids, le papier conservé en lieu sec, au moins 31 kil. Une bande de 50 cent. sur 3 ne doit pas se rompre sous un poids inférieur à 13 kil. — Colle de farine. — Savon. — Ficelle de 1 mill. de diamètre.

USTENSILES. — Ustensiles pour couper le papier. — Patrons en tôle, pour les rectangles et les franges. — Emporte-pièces et leurs accessoires, ou, à défaut, patrons circulaires en fer-blanc et ciseaux ordinaires pour les culots. — 1 ciseau à biseau mince, de 2 cent. de largeur. — 1 maillet. — 2 mandrins cylindriques. — 2 pinceaux à colle. — Éponges. — 1 règle en fer de 54 cent. de longueur, et de 27 mill. de largeur.

Confection.

DÉCOUPER LE PAPIER. — Le coupeur et le plieur découpent le papier en rectangles et en culots, ainsi que les franges des rectangles, en opérant à la fois sur 3 mains de papier, feuilles ouvertes. S'ils n'ont pas d'emporte-pièces, ils ne découpent les culots que sur 10 à 12 feuilles à la fois. A défaut de ciseau à biseau mince, ils découpent à la fois, avec des ciseaux ordinaires, les franges de 10 ou 12 rectangles seulement, après avoir tracé ces franges au crayon, à l'aide d'un patron, sur le premier rectangle.

ROULER, PLIER ET EMPAQUETER LES GARGOUSSES. — L'aide met alternativement de chaque côté des rouleurs de 5 à 10 rectangles, en retraite les uns sur les autres de 27 mill. dans le sens de la longueur, et de 2 mill. du côté des franges, au delà de leur naissance; puis, il encolle les bandes et les franges en limitant la bande à coller sur le rectangle supérieur avec la règle en fer.

Chaque rouleur enroule un rectangle sur le mandrin, la base du mandrin arrivant à 4 mill. de la naissance des franges; fait bien appliquer la bande de recouvrement dans toute sa longueur; relève le mandrin sur sa poignée; place un culot sur la base du mandrin, et rabat les franges une à une, en les dirigeant vers le centre du culot; les fait bien appliquer, retire le mandrin, et pose la gargousse debout sur l'ouverture. Lorsque les gargousses sont sèches, le plieur les plie en aplatissant le corps de manière que la bande collée se trouve au milieu, et en rabattant le culot, sans le plier, sur le corps de la gargousse, du côté de la bande. Le coupeur dispose les gargousses en paquets de 50, les unes au-dessus des autres, les culots en dessus et alternés. Chaque culot doit être en retraite de 27 mill. sur la bouche de la gargousse inférieure, et celui de la gargousse supérieure doit être placé en dessous. Le coupeur enveloppe le paquet à chaque bout, à hauteur du centre des culots, avec une bande de papier double maintenue par 2 tours de ficelle, et arrêtée sur un des côtés par un nœud droit gansé.

PRODUIT DU TRAVAIL. — L'atelier, en 10 heures, confectionne et empaquette environ 300 gargousses de 24 et de 16, ou 350 gargousses de 12 pour obusier de 22c.

Remplissage des gargousses.

ATELIER. — 4 hommes : 1 remplisseur. — 1 aide. — 2 plieurs.

MATIÈRES. — Poudre en barils. — Gargousses vides.

USTENSILES. — Barils, contenant les gargousses vides. — Barils, pour recevoir les gargousses remplies. — Mesures à poudre. — 1 entonnoir. — 1 règle en bois. — 1 balance et ses poids. — 1 main en cuivre ou en fer-blanc. — 1 prélat.

REMPLIR ET PLIER LES GARGOUSSES. — Le remplisseur et l'aide se placent en face l'un de l'autre, entre la table et le baril de poudre, le prélat sous leurs pieds. L'aide introduit la douille de l'entonnoir dans une gargousse, serre d'une main le papier contre la douille, et porte la gargousse au-dessus du baril de poudre, en plaçant l'autre main sous le culot. Le remplisseur verse dans l'entonnoir une mesure de poudre arasée ; puis, l'aide pose debout sur la table la gargousse remplie. — Quand on change de poudre, le remplisseur s'assure que les mesures en contiennent le poids déterminé. S'il n'a pas de mesure exacte, il doit peser chaque charge.

Chaque plieur tasse et égalise la poudre dans la gargousse, aplatit la partie vide, et plie le haut de cette partie en une bande transversale de 2 cent. de largeur, autour de laquelle il enroule, en serrant, le reste du papier jusqu'à la poudre. La bande collée de la gargousse doit se trouver au milieu de la longueur et en dessus de cette partie enroulée. Le plieur fait bien appliquer ce grand pli sur la poudre, et rabat en dessus les extrémités qui dépassent le cylindre de la gargousse.

On se sert pour l'obusier et les mortiers des gargousses confectionnées pour les canons. Dans un siége, on ne remplit les gargousses qu'au fur et à mesure des besoins, dans les magasins des batteries.

PRODUIT DU TRAVAIL. — L'atelier, en 10 heures, en se servant de mesures, remplit et plie environ 500 gargousses.

GARGOUSSES POUR LE TIR A BOULETS ROUGES. — On les fait en parchemin, comme les gargousses en papier ; seulement, on se sert de colle mélangée de colle-forte ; on les remplit de même. On les ferme en plissant la partie qui dépasse la poudre, et la serrant par une ligature en ficelle, comme les sachets pour boîtes à balles des pièces de campagne. — Les visiter avec soin avant de les remplir et de les employer. — A défaut de parchemin, employer du papier-parchemin ou du papier parcheminé, ou encore 2 gargousses ordinaires en papier mises l'une dans l'autre, et reliées avec de la ficelle dans le sens de la longueur.

Bouchons.

Pour le tir ordinaire des canons, on se sert de bouchons de foin. — Enrouler, sur une forte poignée de foin, un toron serré de foin; l'arrêter aux deux extrémités, et couper carrément le foin excédant. — Le bouchon doit être cylindrique, d'un diamètre égal à celui de l'âme, et d'une longueur égale au calibre de la pièce. Il pèse environ 200 gr. pour le canon de 24, et 150 gr. pour celui de 16.

Dans un tir prolongé, pour ménager les pièces, faire varier la longueur des bouchons, afin de déplacer souvent le boulet, et de retarder ainsi la formation du logement.

BOUCHONS POUR LE TIR A BOULETS ROUGES. — On les fait en terre grasse, sans sable, et légèrement humide; la pétrir et en faire des cylindres ayant un calibre de diamètre et un calibre de longueur. Ce bouchon se place entre un bouchon de foin ordinaire et le boulet rouge. — Remplacer au besoin le bouchon de terre par un bouchon de foin trempé pendant un quart d'heure dans l'eau, puis égoutté.

Sabots.

Généralement, on ne se sert pas de sabots pour le tir des bouches à feu de siége. Si pour ménager les bouches à feu, particulièrement dans le tir en brèche, on voulait s'en servir, on emploierait, soit des sabots en bois tournés, soit des sabots-éclisses formés d'une bande en carton roulée en cylindre et maintenue avec de la ficelle, soit enfin des sabots en boissellerie.

Chargement des projectiles creux.

ATELIER. — 2 hommes : 1 chargeur. — 1 aide.

MATIÈRES. — Poudre. — Cylindres de roche à feu. — Fusées chargées. — Étoupes. — Bouts de mèche à étoupilles. — Pâte de pulverin légèrement gommée.

USTENSILES. — 1 crochet à bombes et 1 levier, pour le transport des bombes. — 1 civière à coffre, pour le transport des obus. — 2 marteaux ordinaires. — 2 bouts de lames de sabre. — 2 crochets à désétouper. — Chiffons en serge. — 2 pincettes. — 1 ciseau en cuivre. —

1 maillet. — Les lunettes de réception. — 1 gril, pour faire sécher les projectiles. — Patrons en tôle, 1 pour chaque n° de fusée. Ces patrons sont des rectangles en tôle dont l'un des grands côtés est découpé de manière à présenter exactement le profil extérieur de la fusée. Ils portent, tracée à la peinture blanche, une échelle en millimètres propre à déterminer la position du trou de vrille. Le 0 de cette échelle est à 17 mill. de la tranche de la tête pour les n°s 1, 1 *bis* et 2; et à 14 mill. de la tranche de la tête pour les n°s 2*bis*, 3 et 4. A partir du 0, les points de division sont tracés de 6 mill. en 6 mill. pour la fusée n° 1*bis* de côte, et de 7^{mill},2 en 7^{mill},2 pour toutes les autres fusées, correspondant à autant de secondes pour la combustion de la fusée. — 1 taquet en bois, ayant la forme d'un triangle rectangle dont les deux côtés de l'angle droit ont environ la longueur de la fusée, et dont l'hypothénuse est creusée en forme de gorge. — 1 vilebrequin, avec une mèche anglaise ou allemande de 6 mill. de diamètre. — 1 petite broche en fer. — 1 couronne en cordes. — 1 entonnoir. — 2 mesures à poudre. — 1 règle en bois. — 1 baquet pour la poudre. — 2 paniers pour les cylindres de roche à feu, les rondelles et les fusées. — 2 râpes à bois. — 1 vis de pression, des douilles et des sabots.

PERCER LES FUSÉES. — Le chargeur applique sur chaque fusée le patron de calibre, et marque la place du trou de vrille. L'aide, à cheval sur le banc, place alors la fusée dans la gorge du taquet, la tête reposant sur le banc; au point marqué par le chargeur, il perce avec le vilebrequin, bien normalement à la surface de la fusée, un trou de 6 mill. de diamètre qui doit arriver jusqu'à la composition sans la traverser.

Dès que le trou est percé, le chargeur examine attentivement la fusée, et la rejette s'il y a la moindre fissure. Il plonge dans la pâte de pulvérin l'extrémité d'un bout de mèche à étoupilles, l'introduit dans le trou de vrille, et le fait appliquer au fond contre la composition à l'aide de la petite broche en fer. Quand la pâte de pulvérin est sèche, il coupe la mèche de manière qu'elle dépasse l'extérieur de la fusée de 2 ou 3 mill. au plus.

Lorsque le trou de vrille doit être masqué par l'épaisseur du projectile, on pratique à partir de ce trou une rainure longitudinale de 6 mill. de largeur et de 3 mill. de profondeur, dans laquelle on couche un brin de mèche suffisamment long pour arriver dans l'intérieur du projectile. On maintient ce brin de mèche dans cette position par quelques tours de fil faits sur le corps de la fusée.

CHARGER LES BOMBES ET LES OBUS. — L'aide place le projectile sur la couronne en cordes, l'œil en dessus, et y introduit la douille de l'entonnoir. Le chargeur verse la poudre, puis introduit les cylindres de roche à feu. L'aide prend alors le projectile et le pose bien d'aplomb sur le sabot de la vis de pression. Le chargeur, avec une cheville en bois, écarte les cylindres de roche à feu qui pourraient se trouver sur la direction de la fusée, place dans l'œil une fusée, qui doit y entrer des 3/4 environ de sa longueur, sans frapper (sinon, il la râpe convenablement); recouvre la tête d'étoupes, puis la coiffe avec la douille. Agissant ensuite sur le bras de la vis, il enfonce la fusée jusqu'au trait qui indique la quantité dont elle doit être en saillie sur le projectile.

CHARGER LES GRENADES. — Après avoir versé la poudre, le chargeur introduit la fusée simplement coupée en sifflet à hauteur du massif, de manière à mettre à nu la naissance de la composition; puis, il l'appuie par terre contre un morceau d'étoffe plié en quatre, et frappe avec le maillet sur le projectile jusqu'à ce qu'elle soit suffisamment entrée. Ce chargement doit se faire près d'un abri derrière lequel on puisse jeter la grenade, si l'amorce fulminante vient à prendre feu.

Boîtes à balles.

Elles sont confectionnées et chargées comme les boîtes à balles des bouches à feu de campagne. Finies, elles doivent passer dans la grande lunette de réception des projectiles de la bouche à feu.

Quand on doit, *exceptionnellement*, tirer à balles avec l'obusier de siége de 22c, on se conforme à ce qui est dit pour l'obusier de 22c de place, en employant un sabot en bois en partie hémisphérique. Le chargement de la boîte à balles peut être fait avec toute espèce de balles, ce qui fait varier sa hauteur; mais le poids total de la boîte finie ne doit pas dépasser celui de l'obus.

Tir des obus de 12c et des grenades avec les mortiers de tous les calibres.

L'appareil se compose: 1° d'un demi-baril de 50 ou de 25 kil. garni d'un double fond extérieur en bois quelconque, d'une seule pièce ou au plus de 2 (le demi-baril de 25 kil. est employé pour le mortier de 15c); 2° d'un bout de madrier de plate-forme de siége; 3° d'un tampon prismatique en bois léger (peuplier bien sec); 4° d'une plaque en feuilles de tôle. — Clous d'épingle n° 1 et n° 1 *A*.

DEMI-BARIL ET DOUBLE FOND. — Choisir un demi-baril en bon état, ayant ses 8 cercles très-forts et très-serrés, le fond bien dressé extérieurement et muni de 2 anses en forte corde. Enlever le cercle qui se trouve au-dessus du jable; ajouter un double fond d'une épaisseur telle qu'il affleure l'extrémité des douves, auxquelles on le fixe par des clous d'épingle n° 1, enfoncés sur le dernier cercle.

PLATEAU. — C'est un bout de madrier de plate-forme de siége, en bon état. Longueur, 35 à 40 cent., pour le baril de 50 kil.; 32 à 38 cent., pour le baril de 25 kil. Largeur, 32 cent. Épaisseur, 55 mill. — Le dresser sur les 2 faces; abattre les quatre angles tangentiellement aux douves.

TAMPON. — C'est un prisme droit d'une hauteur égale à celle de la partie cylindrique de l'âme du mortier; la base est un polygone régulier de 16 côtés pour les mortiers de 32^c et de 27^c, et de 12 côtés pour les mortiers de 22^c et de 15^c, inscrit dans le cercle ayant le diamètre du projectile. — Choisir du bois léger, bien sec, et de préférence du peuplier, la hauteur du tampon dans le sens des fibres du bois, les faces latérales bien dressées à la hache; sur l'une des bases, appliquer une plaque en feuilles de tôle, dont les franges de 2 cent. sont rabattues sur le corps du tampon, et fixées par des clous d'épingle n° 1.

AJUSTAGE. — Marquer, sur le double fond, les points où 6 trous de 8 à 10 mill. de diamètre pour les mortiers de 15^c et de 22^c, et de 10 à 12 mill. pour ceux de 27^c et de 32^c, doivent êtres percés tangentiellement aux faces du tampon, à travers le double fond, le fond du baril et le plateau. Assembler ensuite le tampon avec le plateau par 4 clous n° 1 *A*, à tige ronde et de 10 cent. de longueur, en plaçant le plateau sur la base du tampon non garnie de tôle; puis, les réunir au baril par 4 autres clous semblables enfoncés par l'intérieur du baril. Pour l'appareil destiné au mortier de 15^c, 6 clous suffisent.

CHARGEMENT. — Pour l'obus de 12^c, employer la fusée en bois à calice. — Prolonger le canal des fusées de grenade jusqu'au bout, de manière à ne pas laisser de massif. Ces fusées sont chargées avec la composition pour fusée à bombe de côte n° 1 *bis*, et amorcées comme le prescrit l'instruction; mais non coupées en sifflet.

Mettre les obus ou les grenades dans le baril un à un, l'œil en dessous, les fusées décoiffées. Disposer au fond tous ceux qui peuvent y trouver place, et compléter toujours une couche avant de commencer la suivante; sur la dernière, mettre un peu de foin, tassé de manière à bien maintenir les projectiles.

TIR. — La poudre étant dans le mortier, pointer, donner les degrés; puis, placer le baril, en introduisant entièrement dans l'âme le tampon bien essuyé.

MUNITIONS POUR BOUCHES A FEU DE PLACE.

Les bouches à feu de place sont :

1° Les canons de 24 et de 16 en fonte, et le canon de 12 long en bronze, lançant des boulets pleins, des boulets creux, des boîtes à balles et des obus à balles.

2° L'obusier de 22c de place en fonte, à chambre du calibre de 24, lançant des obus, des boîtes à balles et des obus à balles.

3° Les mortiers de 32c, de 27c, de 22c et de 15c.

Gargousses.

Les gargousses sont confectionnées en papier, remplies et fermées comme celles des bouches à feu de siége. — 5 hommes, en 10 heures, confectionnent et empaquettent 300 gargousses de 24 ou de 16, et 350 de 12. — Quand les pièces doivent rester longtemps chargées, employer des gargousses en serge qui se conservent mieux que celles en papier ; les confectionner, sauf les dimensions, comme les sachets de campagne; les remplir et les fermer comme les charges pour boîtes à balles. — Pour l'obusier et les mortiers, se servir de gargousses confectionnées pour les canons.

Bouchons.

Ils sont en foin et confectionnés comme ceux des bouches à feu de siége; celui de 12 pèse 140 gr. — Faire varier la longueur des bouchons pour ménager les canons en bronze.

Sabots et tampons.

Les projectiles creux seuls sont ensabotés. On emploie avec avantage les sabots en boissellerie, dont les éclats ne sont pas dangereux pour les troupes par-dessus lesquelles on est obligé de tirer.

CONFECTION DES SABOTS EN BOISSELLERIE. — Ce sabot est formé d'une bande de bois roulée en couronne, et maintenue par des clous rivés et de la colle forte. Choisir du bois (hêtre, tilleul, noyer, pin, ou sapin) qui ne soit pas trop sec, et, autant que possible, exempt de nœuds. On le débite en plateaux des dimensions suivantes :

	Obus de 22c.	Obus de 16c et 15c.	Obus de 12c.	Obus de 10c.
Longueur. . . mill.	220	150	125	110
Épaisseur. . . mill.	50	45	45	45

Ces plateaux sont dressés à la varlope ordinaire; on les divise ensuite en bandes de 1mill,5 d'épaisseur, au moyen d'une grosse varlope particulière manœuvrée par trois hommes. Chaque bande est roulée en cercle sur un cylindre en fer, dans lequel est pratiquée une rainure longitudinale, et qu'on fait tourner au moyen d'une manivelle. Le diamètre du cylindre est de 206 mill., pour obus de 22c; de 148 mill., pour obus de 16c; de 134 mill., pour obus de 15c; de 107 mill., pour obus de 12c; de 90 mill., pour obus de 10c.

L'enroulement se fait en sens inverse de la courbure produite par la varlope, afin que la surface la plus unie soit à l'extérieur. On amincit d'abord un des bouts de la bande et on l'humecte; puis, on l'introduit dans la rainure du cylindre. L'ouvrier qui tourne la manivelle, dirige la bande de manière qu'elle s'enroule exactement sur le cylindre dont elle doit faire 3 fois le tour. Un deuxième ouvrier la fait serrer fortement, en tirant sur l'extrémité libre. Pour maintenir les tours du cercle, on les cloue aux extrémités de 2 diamètres à angles droits, avec 3 clous sur les bouts de la bande, et avec 2 aux autres points. On coupe ensuite l'excédant de la bande à 5 mill. des clous, et avec une râpe on abat l'arête. Les clous sont ceux dits *petite semence;* leur pointe est rivée sur le fer du cylindre. Enfin, on enlève le cercle de dessus le cylindre et on le plonge dans un bain très-chaud et assez liquide de colle forte. — A défaut de bois, se servir de fort carton.

Quand on n'a pas à craindre les éclats, on peut se servir de sabots en bois tournés. — Afin de ménager les bouches à feu en bronze, on peut employer pour le tir à boulets pleins et à fortes charges les sabots en boissellerie ou les sabots-éclisses en carton roulé.

Le sabot de boîte à balles d'obusier de 22c est en bois tourné, de même forme que ceux des obus de campagne; seulement, il n'y a pas de trous pour un cordage d'anse. — Avec l'obusier de 22c, pour les charges au-dessous de 3k,50, il est convenable de remplir le vide de la chambre par un tampon en bois tourné, ou au moins par un bouchon de foin.

ENSABOTAGE. — Le sabot en boissellerie est relié à l'obus au moyen de 4 bouts de fort ruban de fil de 25 mill. de largeur, ayant 40 cent. de longueur pour l'obus de 22c; 33 cent., pour l'obus de 16c; 32 cent., pour l'obus de 15c; 25 cent., pour l'obus de 12c; 20 cent., pour l'obus de 10c. Chaque bout, plié en deux, embrasse le cercle de boissellerie; puis, les extrémités sont cousues fortement ensemble, et cette partie cousue est arrêtée sur la face intérieure du cercle par un clou planté à l'extérieur, au milieu de la largeur de la bande. Les 4 bouts de ruban sont fixés ainsi aux extrémités de 2 diamètres perpendiculaires, marquées par 4 pointes plantées sur un plateau. Entre ces pointes, on place le sabot. Par-dessus, on met le projectile, la fusée en bas, dans l'axe du sabot. Les 4 rubans sont ensuite réunis sur la partie supérieure du projectile par un bout de ficelle engagé 2 fois dans chacune des boucles formées par ces rubans, fortement serré avec un nœud d'artificier, et arrêté par un nœud droit.

Avant de placer l'obus sur le sabot, on embrasse 2 rubans opposés avec chacune des extrémités d'un bout de ficelle de 40 à 50 cent. de longueur, et de 3 à 4 mill. de diamètre, et, quand le projectile est fixé, on forme avec cette ficelle une anse au-dessus de la fusée, en enroulant les 2 brins libres autour de l'autre portion, et en les arrêtant par un nœud droit.

Pour les sabots en bois tourné, on se sert de bandelettes et de rondelles en fer-blanc, comme pour l'ensabotage des projectiles de campagne.

Chargement des projectiles creux.

Les projectiles creux sont chargés comme ceux de campagne ou de siége, avant d'être ensabotés. On goudronne les fusées de ceux qui sont chargés à l'avance, comme pour les obus de campagne; pour les gros projectiles, le goudron est mis avec un pinceau.

Boîtes à balles.

Les boîtes à balles pour canons sont confectionnées comme celles des canons de campagne, sauf les dimensions.

La boîte à balles de l'obusier de 22[c] est en tôle de 1 mill. d'épaisseur. Le cylindre est maintenu par 6 rivets fixés sur un recouvrement de 12 mill. Les trous de ces rivets sont légèrement fraisés, et la rivure est limée à l'extérieur, ainsi que l'arête du recouvrement. 6 franges de 15 mill. de largeur et de 20 mill. de longueur, également espacées sur la circonférence, sont rabattues entre le culot et le sabot. L'anse en corde est attachée à 2 pitons fixés sur le couvercle. La boîte à balles est du reste confectionnée et chargée comme celle des obusiers de campagne. Les boîtes à balles sont peintes à l'extérieur avec du colthar; elles doivent passer dans la grande lunette de réception des projectiles de la bouche à feu.

A défaut de fer-blanc ou de tôle, on y supplée par les moyens suivants :

BOITES A BALLES EN CARTON. — Rouler, en collant toutes les révolutions, une feuille de carton de 2 ou 3 mill. d'épaisseur autour d'un mandrin cylindrique plus petit de 13 mill. que le calibre de la pièce. Clouer ce cylindre de carton avec des clous d'ensabotage sur un culot en bois de 4 cent. d'épaisseur; puis, l'entourer sur toute la hauteur de ficelle à cartouches à boulet fortement serrée. Le mandrin retiré, remplir la boîte de balles, sans arrangement fixe, jusqu'à une hauteur à peu près double du calibre de la pièce, et fermer la boîte avec un culot en bois de 4 cent. d'épaisseur, sur lequel on cloue le haut du carton.

BOITES A BALLES EN PLATRE. — On confectionne ces boîtes au moyen d'un moule en fer-blanc, s'ouvrant à charnière dans le sens de la longueur, et ayant pour diamètre intérieur le diamètre de la boîte à balles ordinaire de la pièce. Autour d'une balle placée au centre d'un culot en bois de 4 cent. d'épaisseur, enfoncer six clous dont les têtes s'appuient sur la balle pour la maintenir. Sur ce culot, placer le moule en fer-blanc; puis, disposer les balles de la première couche autour des clous, et former les autres couches. Quand le moule est rempli, y verser du plâtre gaché, en le faisant pénétrer au fond et dans tous les interstices, au moyen de légères secousses, jusqu'à ce que le plâtre dépasse de 2 cent. environ la couche de balles supérieure. Placer alors sur le plâtre un culot en bois auquel sont fixés 3 clous rivés à l'extérieur, et ayant la tête en saillie à l'intérieur, de manière à se loger dans le plâtre entre les balles. Dès que le plâtre est solidifié, ouvrir le moule pour en retirer le bloc. Quand il est sec, l'envelopper d'un sac en toile fermé par une ligature, et couvert d'une couche de peinture à l'huile.

Les balles des anciens numéros peuvent être employées dans ces boîtes.

MUNITIONS POUR BOUCHES A FEU DE CÔTE.

Les bouches à feu de côte sont :

1° Le canon de 30 en fonte (canon de 30 long de la marine), lançant des boulets pleins et des boîtes à balles à la charge du tiers ou 5 kil., des boulets creux et des obus à balles à la charge du quart ou 3^k,750.

2° L'obusier de 22^c en fonte, à chambre du calibre de 30 (canon-obusier de 80, obusier de 22^c de la marine), lançant des obus, des obus à balles et des boîtes à balles à la charge de 3^k,500.

3° Le mortier de 32^c en fonte (mortier à plaque de la marine), lançant des bombes ordinaires de 32^c, et des bombes de côte de 32^c. — Charge maximum avec la bombe de la marine, 15 kil.; avec la bombe ordinaire, 13 kil.

Gargousses.

Il n'y a qu'une seule espèce de gargousses, du calibre de 30 et en papier-parchemin collé avec de la colle au caséum ou avec de la colle de farine mêlée de colle forte. Le culot a un diamètre de 6 mill. plus grand que celui des mandrins, afin que son pourtour puisse être collé de 3 mill. contre la paroi intérieure du cylindre, pour mieux assurer la fermeture de la gargousse.

ATELIER. — 7 hommes : 1 chef d'atelier. — 4 rouleurs. — 2 plieurs.

MATIÈRES. — Papier-parchemin. — Colle au caséum.

USTENSILES. — Les ustensiles nécessaires pour découper le papier et pour préparer la colle au caséum. — 8 mandrins (2 par rouleur). — 4 pinceaux à colle. — Sable très-sec.

CONFECTION. — Le chef d'atelier et les plieurs préparent la colle et découpent les rectangles, les culots et les franges, comme pour les gargousses en papier.

ROULER LES GARGOUSSES. — Chaque rouleur pose un rectangle devant lui, les franges à gauche; le plie en deux dans le sens de la hauteur, de manière que la portion rabattue laisse à découvert sur la portion inférieure une bande de 3 cent. environ; place une règle à 3 cent. du bord de la portion supérieure, et encolle à la fois les 2 bandes de 3 cent. de chaque bord du rectangle. Il relève la partie rabattue, place le mandrin sur le milieu, de manière qu'il dépasse les franges de 5 cent. environ, et fait superposer les 2 bandes encollées, en serrant le papier sur le mandrin. Il couche à côté de lui le mandrin ainsi garni de son cylindre de papier, la bande collée en dessous, pèse dessus et le cale. Le rouleur prend ensuite le 2e mandrin, sur lequel il roule de la même manière un rectangle de papier-parchemin, et le couche à la place du 1er. Il dresse alors le 1er mandrin; fait glisser le cylindre jusqu'à ce que la base du mandrin soit à 3 mill. au-dessous de la naissance des franges; coupe les franges qui sont recouvertes par la bande de recouvrement; pose un culot sur la base du mandrin, et le maintient par un morceau de plomb; encolle les franges en les écartant en éventail; fait descendre le corps de la gargousse de 10 cent. environ pour encoller le pourtour du culot; relève le cylindre à la première hauteur, et rabat les franges, en commençant par celles du recouvrement. Quand le culot est bien collé, il retire la gargousse, la pose debout sur son culot et la remplit de sable.

Laisser sécher ainsi les gargousses jusqu'au lendemain; les vider alors en les secouant bien; les plier et les empaqueter comme les gargousses en papier.

Si l'on se sert de colle de farine mêlée de colle forte, opérer comme pour les gargousses en papier, les précautions précédentes étant nécessitées par la colle au caséum, qui sèche très-vite. — Remplir les gargousses comme celles de siége; les fermer en plissant la partie qui est au-dessus de la poudre, et en la liant fortement avec un cordonnet de laine de 30 cent. de longueur et 2^{mill},5 de diamètre.

PRODUIT DU TRAVAIL. — L'atelier, en 10 heures, confectionne 250 gargousses; 4 hommes, en 10 heures, en remplissent et ferment environ 800.

Pour le mortier, la gargousse ne sert que pour apporter la charge jusqu'à la pièce. — Pour une pièce qui doit rester longtemps chargée, avoir quelques gargousses en serge.

Mêmes gargousses en papier parcheminé pour le tir à boulets rouges. — Les visiter soigneusement avant de charger.

Bouchons.

Ils sont en foin, et pèsent 300 gr., pour le tir ordinaire; en terre ou en foin mouillé, pour le tir à boulets rouges, comme pour les bouches à feu de siége.

Sabots et tampons.

Les projectiles creux seuls sont ensabotés avec des sabots en boissellerie ou en bois tournés. Ces derniers peuvent être reliés aux projectiles suivant le mode employé par la marine et décrit plus bas; le cordage d'anse passé dans les anneaux des lamettes est placé au-dessus de la fusée, comme pour les sabots en boissellerie.

Le sabot de boîte à balles de l'obusier de 22^c est en bois, tourné en forme tronconique, comme celui de boîte à balles d'obusier de campagne; mais sans trous pour le cordage d'anse, qui est placé au couvercle de la boîte.

Dans le tir de l'obusier de 22^c, pour les charges au-dessus de 3^k,50, remplir le vide de la chambre par un tampon en bois tourné ou un bouchon de foin.

Chargement des projectiles creux.

Ils sont chargés comme ceux des bouches à feu de siége, avant l'ensabotage. On goudronne les fusées de ceux qui sont chargés à l'avance, comme il est prescrit pour les obus de campagne; pour les gros projectiles, le goudron est mis avec un pinceau.

Boîtes à balles.

La boîte à balles de 30 est confectionnée et chargée comme celles des canons de campagne. Le cylindre est en tôle de 1 mill. d'épaisseur, assujetti par 7 rivets sur un recouvrement de 12 mill., comme pour la boîte à balles de l'obusier de 22c de place. Le rebord qui soutient le culot est de 5 mill. environ. Le couvercle porte 2 brides auxquelles est attaché un cordage d'anse.

La boîte à balles de l'obusier de 22c ne diffère de celle de l'obusier de 22c de place que par les dimensions du sabot.

Les boîtes à balles de canon de 30 et d'obusier de 22c ont la balle n° 2 ; elles sont peintes à l'extérieur au colthar, et doivent passer dans la grande lunette de réception des projectiles de la pièce.

Bouches à feu anciennes encore en service.

Il existe encore en service sur les côtes des canons de 36 ; leurs munitions sont confectionnées comme les précédentes, sauf les dimensions. La boîte à balles est en fer-blanc comme celles des canons de campagne ; la balle est la balle n° 1.

TABLEAUX RELATIFS AUX MUNITIONS POUR BOUCHES A FEU.

Tableau relatif aux sabots.

DIMENSIONS.	SABOTS									
	POUR PROJECTILES CREUX en boissellerie.							POUR BOITES A BALLES.		
	Canons de				Obusiers de			Obusiers de 22c de		
	24 15c	16 13c	12 12c	8 10c	22c	16c	15c	siége.	place.	côté.
	mill.	mill.	mill.	mill.	mill.	mill.	mill.	mill.	mili.	mill.
Hauteur totale	45	45	45	45	50	45	45	100	160	135
Hauteur de la partie cylindrique	45	45	45	45	50	45	45	20	20	20
Diamètre supérieur	143	129	116	99	215	157	143	214	214	214
Diamètre inférieur	143	129	116	99	215	157	143	141	155	167
Rayon de l'arrondissement de la base	»	»	»	»	»	»	»	»	10	10
Clous . . . nombre.	9	9	9	9	9	9	9	»	»	»
Diamètre intérieur ou diamètre du cylindre en fer sur lequel on roule la bande de boissellerie	134	120	107	90	206	148	134	»	»	»

Tableau relatif aux bandelettes, rondelles, lamettes, cordages d'anse et clous d'ensabotage.

DÉSIGNATION DES OBJETS.			POUR SABOTS EN BOISSELLERIE.							OBSERVATIONS.
			CANONS DE				OBUSIERS DE			
			24.	16.	12.	8.	22c.	16c.	15c.	
			mill.	mill.	mill.	mill.	mill.	mill.	mill.	
Bandelette. (4 par projectile.)	Longueur		320	280	250	200	480	330	320	Les bandelettes sont en ruban de fil pour les sabots en boissellerie; en fer-blanc, pour les sabots en bois tourné. Pour les sabots en boissellerie, les 4 bandelettes sont réunies avec une ficelle de 3 mill. de diamètre et de 12 cent. de longueur environ.
	Largeur		25	25	25	25	25	25	25	
Anse en corde. (1 par projectile.)	Longueur	totale	750	700	700	650	850	800	750	
		finie	350	325	325	300	400	375	350	
	Diamètre		4	4	4	4	4	4	4	
Clous	Diamètre	tête	3	3	3	3	3	3	3	
		tige	1,5	1,5	1,5	1,5	1,5	1,5	1,5	
	Longueur		8	8	8	8	8	8	8	
	Nombre		4	4	4	4	4	4	4	

Tableau relatif au chargement des projectiles creux de l'artillerie de terre.

CHARGES.			BOMBES de				OBUS de					GRENADES.
			32ᵉ de côte.	32ᵉ.	27ᵉ.	22ᵉ.	22ᵉ de côte.	22ᵉ.	16ᵉ.	15ᵉ.	12ᵉ.	
			kil.	kil.	kil.	kil.	kil.	kil.	kil.	kil.	kil.	kil.
Charge du projectile entièrement rempli	de poudre seulement		»	5,500	3,000	2,200	»	2,200	0,700	0,600	0,280	0,110
	de poudre et de roche à feu	Poids de la poudre.	»	5,340	2,840	2,100	»	2,100	0,625	0,525	0,255	»
		Nomb. de cylindres	»	6	6	6	»	6	6	6	2	»
		Poids des cylindres	»	0,480	0,480	0,250	»	0,250	0,100	0,100	0,035	»
Charge suffisante	pour faire éclater		»	1,900	1,130	0,675	»	0,675	0,345	0,273	0,160	0,060
	pour chasser la fusée		»	0,125	0,125	0,065	»	0,065	0,040	0,040	0,015	0,010
Charge de guerre.	Poudre		3,615	3,000	1,50 à 2	0,75 à 1	1,000	0,75 à 1	0,400	0,300	0,200	0,110
	Cylind. de roche à feu.. nombre		»	6	6	6	»	6	6	6	2	»
Saillie de la fusée sur le projectile.	Bombes. . . . . mill.		»	27	27	20	»	»	»	»	»	»
	Obus et grenades. . . . mill.		»	»	»	»	»	11	11	11	11	11
Poids total avec fusée			94,000	75,550	51,050 à 51,550	23,060 à 23,310	26,300	23,040 à 23,290	11,090	7,563	4,162	1,162

Tableau relatif aux

GARGOUSSES.	DIMENSIONS.	36.			30.			24.			
		$\frac{1}{3}$	$\frac{1}{4}$	$\frac{1}{6}$	$\frac{1}{3}$	$\frac{1}{4}$	$\frac{1}{6}$	$\frac{1}{2}$	$\frac{1}{3}$	$\frac{1}{4}$	$\frac{1}{6}$
		mill	mill	mill	mill	mill	mill	mill	mill	mill	mill
En serge.	Rectangles. Longueur, y compris 26 mill. pour les remplis.		516			488				450	
	Rectangles. Largeur ou hauteur, y compris 13 mill. pour le rempli.	498	428	300	478	418	300		458	350	270
	Diamètre des culots, y compris 26 mill. pour les remplis		182			173				161	
	Diamètre des mandrins vérificateurs		156			147				135	
En papier.	Rectangles. Longueur, y compris 27 mill. de recouvrement.		495			450				435	
	Rectangles. Hauteur, y compris celle des franges	530	440		510	430		632	474	395	316
	Diamètre des culots et des mandrins		149			141				130	
	Hauteur des mandrins		530			510				474	
	Longueur et largeur des franges		18			18				18	
En papier-parchemin.	Rectangles. Longueur, y compris 62 mill. de recouvrement.		560			530				500	
	Rectangles. Hauteur, y compris celle des franges	520	450	380	500	440	350		480	420	330
	Diamètre des culots		165			156				144	
	Diamètre des mandrins		159			150				138	
	Franges. Largeur		45			42				40	
	Franges. Longueur		25			22				21	

On emploie la gargousse de 30 pour l'obusier de 22^c de côte et pour le mortier à plaque de 32^c.
— 24 pour l'obusier de 22^c de place et le mortier de 32^c ordinaire.
— 16 pour le mortier de 27^c.
— 12 pour l'obusier de 22^c de siége et pour l'obusier de 16^c.

gargousses pour canons.

CANONS DE 18.			16.				12.			8.			6.			4.
CHARGES DU																
1/3	1/4	1/6	1/2	1/3	1/4	1/6	1/3	1/4	1/6	1/3	1/4	1/6	1/3	1/4	1/6	1/3
mill	mill	mill	mill	mill	mill	mill	mill	mill	mill	mill	mill	mill	mill	mill	mill	mill
	416				386			365			325			303		265
428	368	278		420	340	250	380	320	240	340	280	220	300	250	200	260
	150				146			133			119			114		102
	124				120			107			93			88		76
	404				388			366			325			307		268
450	380		560	426	360	293	383	325		340	271		298	262		264
	120				115			108			95			90		78
	450				426			383			340			325		300
	18				18			18			14			14		14
	460															
450	390	300														
	132															
	126															
	35															
	18															

On emploie la gargousse de 8 pour l'obusier de 15c et pour les mortiers de 22c et de 15c.
Pour le tir à ricochet des canons de 24 et de 16, on emploie la gargousse de 4 dont on fait varier la longueur suivant le poids de la charge.

Tableau relatif aux

1. Nota. A l'avenir les *Boîtes à balles* porteront la dénomination de *Boîte à mitraille*. (Note du 4 avril 1860.)

DÉSIGNATION DES PARTIES.		36.	30.	24.
		mill.	mill.	mill.
Corps de boîtes.	Épaisseur du fer-blanc ou de la tôle (environ)	1,0	1,0	0,6
	Rectangles — Longueur, y compris la largeur des bandes de recouvrement	540	505	468
	Rectangles — Hauteur, y compris les franges et le rebord	255	246	246
	Hauteur des franges	14	14	10
	Hauteur du rebord rabattu sur le culot ou cloué sur le sabot	5	5	4
	Nombre de rivets sur le recouvrement	7	7	«
	Diamètre intérieur de la boîte	167,5	156,5	145,5
	Clous — Diamètre de la tête	«	«	«
	Clous — Diamètre au gros bout de la tige	«	«	«
	Clous — Longueur (environ)	«	«	«
	Clous — Nombre par boîte	«	«	«
Culots et couvercles.	Diamètre des culots et des couvercles	167	156	145
	Épaisseur des culots	10	10	10
	Épaisseur des couvercles	4	2,5	2,5
	Épaisseur de la bride de l'anneau	2,5	2,5	2,5
	Diamètre du fil de fer de l'anneau	7	7	7
	Diamètre du fil de fer des pitons de l'anse	«	«	«
	Diamètre intérieur de l'anneau des pitons de l'anse	«	«	«
	Trous percés sur le couvercle pour le passage des pitons de l'anse — Longueur	«	«	«
	Trous percés sur le couvercle pour le passage des pitons de l'anse — Largeur	«	«	«
	Anse en corde — Diamètre (environ)	«	«	«
	Anse en corde — Longueur (environ)	«	«	«
Chargement des boîtes.	Numéro des balles	1	2	2
	Nombre de couches	4	5	5
	Nombre de balles par couche	7	7	7
	Nombre total des balles	28	34	34
Hauteur des boîtes finies (environ)		236	228	232
Poids total ... kil.		20,932	17,300	15,575
Charge de tir ... kil.		«	5,000	«

boîtes à balles.[1]

CANONS DE						OBUSIERS DE 22c DE		
18.	16.	12.	8.	6.	4.	siége.	place.	côte.
mill.	mill.	mill.	mill.	mill.	mill.	mill.	mill.	mill.
0,6	0,6	0,6	0,6	0,6	0,6	1,0	1,0	1,0
422	408	372	325	298	260	688	688	688
212	220	230	202	188	166	139	225	225
10	10	10	10	10	10	14	14	14
4	4	4	4	4	4	20	20	20
«	«	«	«	«	«	4	6	6
132,5	126,5	115,5	100,5	91,5	79,5	214,5	214,5	214,5
«	«	«	«	«	«	5	5	5
«	«	«	«	«	«	2	2	2
«	«	«	«	«	«	13	13	13
«	«	«	«	«	«	18	18	18
131	126	115	100	91	79	214	214	214
10	10	7	7	7	7	11	11	11
2,5	2,5	2,5	2,5	2,5	2,5	4	4	4
2,5	2,5	1,5	1,5	1,5	1,5	«	«	«
7	7	5	5	5	5	«	«	«
«	«	«	«	«	«	8	8	8
«	«	«	«	«	«	11	11	11
«	«	«	«	«	«	16	16	16
«	«	«	«	«	«	8	8	8
«	«	«	«	«	«	9	9	9
«	«	«	«	«	«	500	500	500
3	3	4	5	sans n°, dites de 6.	6	2	2	2
5	5	6	6	6	6	2	4	4
7	7	7	7	7	7	14	14	14
34	34	41	41	41	41	28	56	56
198	206	216	188	174	152	206	354	329
11,325	11,160	10,200	6,410	3,370	5,920	19,574	32,962	32,360
«	»	1,958	1,225	1,100	0,850	2,000	3,500	3,500

Mesures à poudre cylindriques, la poudre étant supposée d'une densité gravimétrique de 840 gr., et tassée comme elle l'est quand on remplit la mesure pour la confection des charges.

SERVICE DE CAMPAGNE.				SERVICE DE SIÉGE, PLACE ET CÔTE.			
CONTENANCE EN		Diamètre.	Hauteur.	CONTENANCE EN		Diamètre.	Hauteur.
poids.	centimèt. cubes.			poids.	centimèt. cubes.		
kil.		mill.	mill.	kil.		mill.	mill.
1,958	2330,9	135	163,0	3,000	3571,4	155	189,0
1,500	1785,7	130	134,5	2,000	2380,9	140	154,5
1,400	1666,7	126	132,0	1,000	1190,5	110	125,0
1,224	1457,1	120	129,0	0,750	892,9	100	113,5
1,000	1190,5	110	125,0	0,500	595,2	85	105,0
0,750	892,9	100	113,5	0,400	476,2	80	95,0
0,500	595,2	85	105,0	0,300	357,1	75	81,0
0,400	476,2	80	95,0	0,250	297,6	65	89,5
0,300	357,1	75	81,0	0,200	238,1	60	84,0
0,270	321,4	70	83,5	0,100	119,0	45	75,0
0,200	238,1	60	84,0	0,050	59,5	35	62,0
0,090	107,1	45	67,5	0,030	35,7	30	50,5
				0,020	23,8	25	48,5
				0,010	11,9	20	38,0

Nota. Ces mesures sont en cuivre rouge, de 1 mill. d'épaisseur. Chacune porte la marque D[é] = 840 gr. ; au-dessous, le poids de la contenance en poudre. Celles de campagne portent en outre l'indication de la bouche à feu ou du projectile creux auquel elles sont destinées.

ARTIFICES DE GUERRE POUR LA COMMUNICATION DU FEU.

Capsules de guerre.

Les capsules de guerre sont toutes fabriquées à la capsulerie de Paris. Quand elles sont chargées et vernies, on les met en sacs de 10,000 pour être expédiées aux directions. Ces sacs portent la désignation de l'année et du mois du chargement des capsules; ils pèsent 6^{k},94. —

Les capsules ne sont livrées au service qu'après avoir été visitées et éprouvées par une commission d'officiers d'artillerie. Voici quelles sont leurs dimensions :

Hauteur extérieure.		$6^{mill},9$
Diamètre . .	intérieur à l'entrée	$5^{mill},9$
	— au fond	$5^{mill},8$
	du rebord.	$10^{mill},9$
Épaisseur du cuivre, de		$0^{mill},36$ à $0^{mill},40$
100 capsules pèsent.		$67^{gr},4$.

Mèche à canon ou mèche à feu.

La mèche à canon est une corde convenablement préparée pour conserver le feu.

ATELIER. — 5 hommes : 1 artificier. — 4 aides.

MATIÈRES. — Cordes à 3 torons peu tordus, commis au 1/5 ou au 1/4 ; faites avec des étoupes de chanvre roui à l'eau ou avec des étoupes de lin purgées de chènevottes. Longueur, 24 mètres ; diamètre uniforme, 18 mill. environ. — Acétate de plomb. — Eau de pluie ou de rivière. — Combustible.

USTENSILES. — 1 chaudière. — 2 spatules en bois. — 4 billots. — 3 lissoirs en crin. — 1 litre. — 1 brouette. — 2 seaux. — 1 grand baquet. — 2 pelles carrées. — 1 poteau avec une manivelle à crochet. — 10 petits piquets. — 1 masse. — 1 balance et ses poids. — Bouts de ficelle. — 1 triple décimètre. — 2 crochets en bois. — 1 gabarit en tôle, de 14 mill. d'ouverture.

CONFECTION PAR L'ACÉTATE DE PLOMB. — Les aides mettent un nombre déterminé de litres d'eau dans la chaudière, près de laquelle ils placent le baquet ; ils plantent le poteau, puis les piquets qui doivent être espacés 2 à 2 de 45 cent. ; et font autour de ces couples, avec chaque corde, un écheveau dont ils arrêtent les tours par un bout de ficelle. Quand l'eau est en ébullition, l'artificier y jette 1/20 en poids d'acétate de plomb. Cinq minutes après, il y plonge les écheveaux, les ficelles d'attache restant en dehors de la chaudière. Deux aides remuent la corde avec les spatules, et au bout de dix minutes, l'artificier retire les écheveaux un à un et les dépose dans le baquet. Les aides les tordent avec les billots au-dessus de la chaudière, et les portent auprès de la manivelle. — L'artificier attache au crochet un des bouts d'un écheveau ; un aide fait tendre légèrement la mèche avec un billot passé dans une boucle faite à l'autre bout ; un second aide tourne la manivelle pendant que l'artificier et les deux autres aides enveloppent successivement la mèche près de la manivelle avec un lissoir qu'ils font glisser rapidement d'un bout à l'autre de la corde jusqu'à ce qu'elle ait partout la même dureté, la même torsion, et 14 mill. environ de diamètre. Ils la suspendent ensuite pour la faire sécher, et la remettent en écheveaux qu'ils arrêtent par une vingtaine de tours bien serrés sur les brins.

PRODUIT DU TRAVAIL. — L'atelier, en 10 heures, confectionne 500 mètres de mèche, et les met en écheveaux en 2 heures.

Il faut 25 litres d'eau et $1^{k},25$ d'acétate de plomb pour préparer 100 mètres de mèche. La mèche ainsi préparée brûle de 16 cent. par heure. On peut faire de bonne mèche en traitant par l'acétate de plomb de mauvaise mèche ou de vieilles cordes, après les avoir battues.

CONFECTION PAR LE LESSIVAGE. — A défaut d'acétate de plomb, on lessive le cordage. — Mettre les écheveaux dans un cuvier avec de l'eau pure, et les laisser tremper pendant douze heures; faire écouler l'eau, et la remplacer par une lessive faite à l'avance avec 3 p. % de chaux vive, et une quantité de cendres égale en poids à la moitié de celui de la corde (on couvre les écheveaux d'un cendrier et l'on met dessus la lessive tiède avec les cendres). — Quelque temps après, ouvrir la chantepleure; retirer de l'eau; la faire chauffer; la verser sur le cendrier, et continuer ainsi en versant la lessive de plus en plus chaude, de sorte qu'elle soit presque bouillante après douze heures environ. Au bout de ce temps, retirer les écheveaux; les tordre; les agiter pendant cinq minutes dans l'eau pure chaude; les égoutter, et les tordre de nouveau; puis les lisser, comme il a été dit ci-dessus. Cette mèche brûle de 13 cent. par heure.

On fait aussi une mèche à canon lente, en plongeant des feuilles de fort papier dans une dissolution chaude de 1 kil. de salpêtre pour 15 litres d'eau environ. On roule ensuite chaque feuille, lorsqu'elle est sèche, en la serrant fortement, et on colle la dernière révolution. Une demi-feuille ainsi préparée peut garder le feu pendant trois heures.

Mèche à étoupilles ou mèche en coton.

La mèche à étoupilles est la réunion de plusieurs brins de coton imbibés et recouverts d'une composition propre à communiquer le feu.

ATELIER. — 4 hommes: 1 artificier. — 1 saupoudreur. — 2 aides.

MATIÈRES. — Pulvérin. — Coton filé, dévidé en pelotes (1000 mètres pèsent 885 gr. et forment 10 pelotes; le brin, doublé et tordu légèrement dans les doigts, à 2 mill. environ). — Eau-de-vie, gommée à raison de 15 gr. de gomme arabique par litre. — Bandes de papier. — Ficelle.

USTENSILES. — 1 table à mélanger. — 4 gamelles. — 1 litre. — 1 entonnoir à douille mobile. — 1 cadre pour dévider la mèche. — 1 tamis de soie ou de crin n° 1 et ses 2 tambours. — 1 main en cuivre.

CONFECTION. — L'artificier, le saupoudreur et un aide font imbiber les pelotes de coton dans l'eau-de-vie gommée, et convertissent en pâte le pulvérin, en y versant un litre d'eau-de-vie gommée par kilogramme de pulvérin. L'aide arrange avec les mains, au fond d'une gamelle, une couche de pâte épaisse de 1 cent. environ, sur laquelle l'artificier forme un lit de coton, en déroulant une pelote imbibée, et arrangeant uniformément les brins jusqu'à ce qu'il y en ait environ 6 les uns sur les autres. L'aide met alors une seconde couche de pâte, sur laquelle l'artificier arrange un second lit de coton, et ainsi de suite. Le dernier lit de coton est recouvert d'une couche de 1 à 2 cent. de pâte rendue plus épaisse avec du pulvérin. L'extrémité du brin doit sortir de la gamelle.

Trois ou quatre heures après, l'artificier fait filer tout le coton dans ses mains, et le place, comme la première fois, dans une autre gamelle par lits alternés avec des couches de pâte. Il s'assied ensuite à l'abri du vent; place la gamelle entre ses jambes, et introduit l'extrémité de la mèche, d'abord dans l'entonnoir qu'il remplit de pâte, puis dans la douille mobile. Les aides se placent en face l'un de l'autre, les poignées du cadre sur leurs épaules, de façon que les longs côtés, en tournant, viennent affleurer la gamelle. L'artificier attache le bout de la mèche à l'un des côtés, et dirige convenablement la douille de l'entonnoir, pendant que les aides font tourner le cadre pour y enrouler les brins également espacés; il a soin que l'entonnoir soit toujours bien plein de pâte. De temps à autre, le saupoudreur, avec le tamis, saupoudre de pulvérin la mèche, des deux côtés successivement. Quand le cadre est rempli, on le fait sécher; puis, on coupe les brins sur le côté inférieur, et on les attache avec une bande de papier et un bout de ficelle à l'endroit où ils portaient sur le cadre.

En hiver, la mèche à étoupilles se fait dans une salle chauffée.

PRODUIT DU TRAVAIL. — L'atelier, en 10 heures, confectionne environ 600 mètres de mèche à étoupilles.

Pour confectionner 1000 mètres de mèche, il faut à peu près 6 litres d'eau-de-vie, 90 gr. de gomme arabique, 8 kil. de pulvérin et 885 gr. de coton filé.

La bonne mèche doit être ferme, bien imprégnée de composition, et ne pas s'en dégarnir facilement. Elle brûle à l'air libre de 65 mill. par seconde.

La mèche préparée avec du vinaigre, au lieu d'eau-de-vie, brûle à l'air libre de 52 mill. par seconde.

On rend la mèche plus lente, en mêlant du soufre au pulvérin. Ainsi, la mèche faite avec de l'eau-de-vie, 1 de pulvérin et 1/4 de soufre, brûle à l'air de 20 mill. par seconde, et s'il y a 1 de pulvérin et 1/2 de soufre, elle ne brûle que de 5 à 6 mill. par seconde.

Renfermée dans des tubes, la mèche à étoupilles brûle beaucoup plus rapidement qu'à l'air libre, et d'autant plus vite que les tubes sont d'un diamètre plus petit.

Étoupilles ou fusées d'amorce.

L'étoupille est un petit tube contenant une préparation destinée à enflammer la charge des bouches à feu.

L'étoupille fulminante est composée de:

1° Un tube extérieur, dit *grand tube*, en cuivre rouge embouti, terminé à la partie supérieure par 4 oreilles rabattues formant la tête, et muni d'un tampon en bois, percé d'un petit trou suivant l'axe et assujetti près de la tête par un étranglement; à l'autre extrémité est indiquée l'année de la fabrication. — Longueur du grand tube, non compris les oreilles, 45 mill.; diamètre extérieur, $5^{mill},3$; longueur du tampon, 7 mill.

2° Un tube intérieur, dit *petit tube*, en cuivre rouge embouti. Ce tube reçoit la composition fulminante formée de 1/3 de chlorate de potasse et 2/3 de sulfure d'antimoine, humectée avec de l'alcool gommé, puis séchée avec soin; elle occupe le tiers de la longueur du petit tube, et elle est percée suivant l'axe.

EMPAQUETAGE. — Les étoupilles sont réunies en paquets de 100, composés de 2 demi-paquets renfermant chacun 5 dizaines. — Choisir pour enveloppes ce qu'il y a de plus fort en papier à cartouches d'infanterie.

Dizaines.

Le rectangle-enveloppe a 24 cent. sur 12. — A 3 cent. du petit côté, placer parallèlement une couche de 5 étoupilles, les têtes du même côté, les oreilles s'emboîtant et les boucles en dessous; rabattre sur cette couche les 3 cent. de papier réservé, et plier une première fois par-dessus le reste du rectangle. Renverser le paquet, afin que la première couche soit isolée de la seconde; mettre une seconde couche au-dessus de la première, toutes les têtes dans le sens opposé, les boucles en dessous; achever de plier comme il est prescrit pour un paquet de cartouches d'infanterie, mais sans ligature. — Longueur, 54 mill.; largeur, 35 mill.; épaisseur, 21 mill. — Poids, 50 gr. environ.

Demi-paquets.

Le rectangle-enveloppe a 48 cent. sur 15. — A 3 cent. du petit côté, placer 5 dizaines de champ dans le sens de la longueur du rectangle, et les envelopper comme un paquet de cartouches, mais sans ligature. — Longueur, 101 mill.; largeur, 62 mill.; épaisseur, 39 mill. — Poids, 250 gr. environ.

Paquets.

Le rectangle-enveloppe a 60 cent. sur 28. — Ce paquet se fait, comme le précédent, avec deux demi-paquets. On le lie, comme un paquet de cartouches, avec de la ficelle à cartouches d'infanterie, coupée en brins de 90 cent. de longueur. — Longueur, 107 mill.; largeur, 78 mill.; épaisseur, 62 mill. — Poids, 540 gr. environ.

Fusées à projectiles creux.

Les bois durs sont les plus propres à faire les fusées; les choisir dans l'ordre suivant: orme, frêne, noyer, poirier, etc. — Prendre le cœur de l'arbre et le tronc de préférence aux branches, en rejetant l'aubier.

La *tête* de la fusée est la partie comprise entre la tranche supérieure et le bas des évents dans le canal. La *saillie* est la portion qui dépasse la surface extérieure du projectile. Le *massif* est la portion conservée pleine au petit bout.

La longueur de la fusée est fixée par la condition que, entre le petit bout et la paroi opposée du projectile, un cylindre de roche à feu puisse passer librement.

Amorces fulminantes pour fusées de grenade.

Avant de remplir, de coiffer et de goudronner les fusées de grenade, on les garnit d'une amorce fulminante, qui consiste en un petit *tube* chargé de composition fulminante, et garni d'un *frotteur* ou *rugueux* portant une boucle de tirage. Ce tube est fixé par des *attaches* dans le calice de la fusée, et sert à y mettre le feu quand on lance la grenade à la main.

Les tubes sont en bois dur, tel que sorbier, alizier, buis, charme, etc.; on les confectionne sur le tour.

ARTIFICES INCENDIAIRES.

Roche à feu.

La roche à feu est une composition lente destinée à incendier; celle que l'on met dans les projectiles creux est enveloppée d'un *cartouche* cylindrique, et porte une amorce dans l'axe.

Fascines goudronnées.

Ce sont des fagots de branchages secs, enduits d'une composition incendiaire.

Une fascine brûle environ une demi-heure.

Pour incendier, les disposer en piles entremêlées de riflures, de bouts de mèche à étoupilles, de morceaux de lances à feu, etc., de manière que le feu prenne à toute la masse à la fois. — Pour les employer comme moyen d'éclairage ou comme signaux de nuit, les enfiler debout sur la tige d'un réchaud de rempart ou sur des piquets plantés en terre, ou les coucher simplement à terre. Pour éclairer une ligne, les espacer de 10 mètres au plus, si elles sont couchées; de 15 mètres, si elles sont sur des piquets, et de 20 mètres, quand on les brûle dans des réchauds.

ARTIFICES D'ÉCLAIRAGE.

Flambeaux.

Ce sont des faisceaux de brins de fil mal tordu, enduits d'une composition propre à éclairer.

Pour allumer un flambeau, il faut couper tous les brins près de la ligature du sommet, et écraser cette extrémité à coups de maillet. Il dure 2 heures au repos et 1 heure et un quart en marche, par un temps sec et chaud. — Poids moyen, 1^k,850.

Pour éclairer la marche d'une colonne, espacer les flambeaux de 30 mètres. Pour éclairer au repos un passage, espacer les flambeaux de 20 mètres.

Tourteaux goudronnés.

Le tourteau goudronné est une *couronne* faite avec de la vieille mèche à canon, enduite d'une composition propre à éclairer.

Un tourteau peut durer 1 heure par un temps calme, et une demi-heure si le vent est fort, qu'il pleuve ou non. — Poids moyen, 880 gr.

Les tourteaux se placent par couples, sur un lit de copeaux, dans des réchauds de rempart. — Pour éclairer un passage, espacer ces réchauds de 80 mètres; pour éclairer une marche, les hommes qui portent les réchauds peuvent marcher sous le vent, à 100 mètres les uns des autres.

Balles à feu.

La balle à feu est composée d'un *sac* en treillis, renforcé *par une enveloppe en fil de fer*, contenant une composition propre à éclairer, et un projectile creux chargé, pour en défendre l'approche.

On tire les balles à feu dans des mortiers, les charges de poudre renfermées dans des gargousses. — Mettre entre la charge et la balle à feu une couronne faite avec une tresse de paille enroulée sur elle-même, de manière à former une sorte de tampon ayant 16, 18 ou 20 cent. de diamètre, et 6, 7 ou 8 cent. d'épaisseur au centre, selon le calibre.

ARTIFICES DE SIGNAUX.

Fusées de signaux.

La fusée de signal ou fusée volante, se compose d'un *cartouche* chargé de composition, d'un *pot* rempli *d'artifices de garniture*, et d'une *baguette de direction*.

ARTIFICES DE RUPTURE.

Pétard.

Le pétard est une boîte en bois, remplie de poudre, qu'on emploie pour briser les portes, barrières, etc.

Le pétard doit contenir au moins 9 kil. de poudre. Prêt à mettre en place, il pèse environ $15^{k},500$. Pour en faire usage, un homme le porte au pied de l'obstacle à renverser, le couvercle contre l'obstacle, la fusée tournée à droite, décoiffe la fusée, y met le feu, et se retire rapidement derrière un abri. Si le pétard doit être accroché, l'homme fixe contre l'obstacle le clou ou la vis qui doit le soutenir; l'accroche, puis y met le feu.

Les effets du pétard sont à peu près proportionnels aux carrés du poids des charges de poudre; ils augmentent considérablement si on le charge de 4 sacs à terre de 50 kil. chacun: un contre la face antérieure, un contre la face opposée à la fusée, et deux par-dessus. Ils restent les mêmes lorsqu'on fait varier sa hauteur, la capacité et l'épaisseur des parois restant constantes, et augmentent, pour la même matière, de quantités proportionnelles à l'épaisseur des parois.

On peut remplacer le pétard par une bombe de 32 ou de 27 cent.

qu'on remplit entièrement de poudre, et qu'on amorce avec une fusée à bombe garnie d'un long brin de mèche à étoupilles.

Fusées de guerre.

Une fusée de guerre se compose : 1° d'un cartouche en tôle, comprenant la composition fusante qui lui imprime le mouvement. Dans l'axe est ménagé une *âme*, comme pour les fusées de signaux ; 2° d'une armure fixée à la partie antérieure du cartouche. Cette armure consiste en un boulet plein ou creux, ou en un pot en forte tôle, rempli de poudre ou de composition incendiaire ; 3° d'une baguette directrice, vissée au culot dans l'axe du cartouche. Les gaz s'échappent par des orifices percés dans le culot autour de l'écrou de la baguette, etc.

Dans l'état de choses actuel, on ne peut donner d'autres détails.

CONSERVATION DES MUNITIONS ET ARTIFICES DE GUERRE DANS LES MAGASINS.

Les magasins doivent être tenus avec la plus minutieuse propreté, les objets réunis autant que possible par catégories, espèces et calibres, et étiquetés ; il faut les aérer de temps en temps au milieu du jour et par les beaux temps, surtout ceux qui contiennent des munitions et artifices craignant l'humidité. — Garnir de stores en toile les ouvertures exposées au soleil.

BALLES DE PLOMB. — Renfermées dans des caisses solides qui en contiennent 50 kil. environ (2000 balles d'infanterie, 1000 balles oblongues, etc.). Dimensions des caisses dans œuvre : longueur, 40 cent. ; largeur, 14 cent. ; hauteur, 15 cent. — Pour le transport, entourer ces caisses de liens en bois flexible bien cloués.

CARTOUCHES D'INFANTERIE. — Disposer les paquets dans des barils de 50 kil., en 7 couches, debout, la largeur perpendiculaire aux rayons, excepté à la quatrième couche où les paquets sont à plat, la longueur perpendiculaire aux rayons. Les serrer autant que possible, en garnissant les vides avec du foin, et en égalisant la surface de chaque couche avec une petite planchette sur laquelle on presse sans frapper. — Le baril de 50 kil. contient environ 317 paquets, et pèse à peu près 130 kil. A défaut de barils de 50 kil., employer ceux de 100 kil., les chapes de barils de 50 kil., ou les caisses. — Le baril de 100 kil. peut contenir environ 626 paquets en 6 couches debout, et pèse alors 260 kil. — La chape du baril de 50 kil. contient environ 538 paquets disposés en 5 couches debout et une de champ ; elle pèse alors 220 kil. — Un homme met une heure pour remplir un baril de 50 kil., et 2 heures pour un baril de 100 kil. ou une chape de 50 kil. — Si l'on emploie des caisses, placer les paquets debout dans chaque couche; remplir les vides avec des étoupes ou du foin bien refoulé. — Emmagasiner en lieux secs, les barils solidement calés sur des chantiers, engerbés sur 3 ou 4 de hauteur au plus. — A défaut de barils ou de caisses, disposer les paquets à plat sur un prélat, les empiler sur 10 de hauteur, et les recouvrir d'un autre prélat; éviter dans ce cas les rez-de-chaussée.

CARTOUCHES POUR ARMES RAYÉES. — Comme les cartouches sont graissées, il faut les enfermer dans des barils ou des caisses solides, à l'abri des rats; les barils sont chargés absolument comme pour cartouches d'infanterie. — N'employer que les barils de 50 kil., à cause du poids des cartouches; ils en contiennent 500 paquets en 6 couches. Poids, 180 kil.

CARTOUCHES A BOULET ET A OBUS. — Brosser les cartouches; les disposer en piles parallèles, formées de 2 rangées de cartouches adossées 2 à 2 par les culots, sur 4 de hauteur. — Placer sous la base un lit de feuilles de papier; caler la base de la pile, en enveloppant la dernière cartouche avec une feuille de papier pliée en deux suivant sa longueur; une des moitiés est engagée sous la base, l'autre est rabattue sur la première couche et assujettie par le poids de la seconde. Placer entre les projectiles de 2 couches consécutives, une feuille de papier pliée en deux, et faire reposer chaque cartouche des couches supérieures sur 2 de la couche inférieure. — Recouvrir les piles avec des prélats. — Allées de 50 cent. environ de largeur entre les piles, et de 70 cent. entre les piles et les murs. Étiquette indiquant le nombre et le calibre des cartouches de chaque pile.

On préserve la serge des insectes soit en coiffant le sachet avec une gargousse en papier liée sur le sabot, soit en plongeant préalablement la serge dans une dissolution de sulfate de cuivre. (Voy. page 65.)

Établir les piles dans des lieux secs, et, autant que possible, dans les étages supérieurs. Aérer les salles toutes les fois que le temps le permet. — Tous les six mois au moins, refaire les piles; brosser les cartouches, réparer les sachets, et démolir les cartouches trop endommagées.

CHARGES POUR OBUS ET POUR BOITES A BALLES. — Les disposer comme les cartouches à boulet, les tampons ou la ligature en dehors, et sur une hauteur telle qu'elles ne puissent pas s'écrouler.

BOITES A BALLES. — Disposer les boîtes à balles comme les cartouches à boulet, culot contre culot, sur 4 de hauteur, pour les calibres de 24, de 16, et pour les obusiers de 16^{c} et de 15^{c}; sur 5 de hauteur, pour les autres. — Les boîtes vides sont empilées sur 10 à 12 de hauteur; les culots et les couvercles sont conservés séparément par espèces et par calibres.

GARGOUSSES. — Mettre les gargousses cylindriques en paquets de 50, les gargousses tronconiques les unes dans les autres, comme des cornets. — Les renfermer dans des caisses ou des barils. — Les emmagasiner dans des lieux secs.

PROJECTILES CREUX CHARGÉS. — Éviter le plus possible de garder en magasin les projectiles creux chargés, parce que la poudre s'y conserve mal. — Disposer les projectiles creux chargés, en piles, au rez-de-chaussée de magasins fermés et bien secs, sur un sol planchéié ou sur des madriers. Les côtés de la base de chaque pile doivent être appuyés sur des chevrons de 11 cent. d'équarrissage solidement assemblés. — Les empiler sur 6 de hauteur au plus, les fusées de la base dans les vides entre les projectiles, celles des couches supérieures tournées en bas, comme la lumière des projectiles vides. — Recouvrir les piles avec des prélats. — Prendre contre l'humidité et les accidents les mêmes précautions que pour un magasin à poudre.

BALLES A MITRAILLE. — Les conserver, séparées par numéros, dans des barils, ou mieux dans des cases.

CAPSULES DE GUERRE. — Renfermées par sacs de 10,000, ou en sachets de 12 ou de 8 dans des barils ou dans des caisses. Une caisse de 50 cent. de longueur, 13 cent. de largeur, 13 cent. de hauteur dans œuvre, contient 342 sachets de 12 capsules, en 4 couches.

MÈCHE A CANON. — En paquets dans des barils, ou empilée sur les planchers des étages supérieurs des magasins.

MÈCHE A ÉTOUPILLES. — La suspendre en faisceaux dans un lieu sec, le point de suspension garni de papier. — Pour le transport, la couper en bouts de 32 cent. de longueur, que l'on place dans des caisses carrées de 32 cent. de côté intérieur, garnies de plusieurs couches de papier collé pour qu'elles ne laissent pas tamiser le pulvérin.

ÉTOUPILLES FULMINANTES. — Les paquets de 100 placés debout et par couches, maintenus avec du foin dans des barils de 50 kil. Chaque baril renferme 100 paquets et pèse 64 kil. environ. — Placer au fond du baril un lit de foin; mettre une couche de 18 paquets debout, 11 à la circonférence extérieure, les grandes faces contre les douves, 6 à la circonférence intérieure et 1 au centre, en garnissant les vides avec du foin fortement refoulé. Faire la seconde couche de 21 paquets, en procédant comme pour la première; puis, la troisième de 22, la quatrième de 21, et la cinquième de 18. Étendre un lit de foin entre chaque couche et sur la dernière, de manière que l'on arrive à araser le jable, et fermer le baril. — Le baril de 100 kil., chargé d'après la même méthode, contient de 191 à 198 paquets, et pèse de 123 à 127 kil.

ÉTOUPILLES EN ROSEAUX. — Les paquets de 100 placés dans des chapes ou dans des caisses d'armes. — La chape du baril de 50 kil. contient environ 114 paquets d'étoupilles de campagne, debout en 3 couches; celle du baril de 100 kil., environ 200 paquets disposés de même. La caisse d'armes pour fusils d'infanterie peut en contenir 300 paquets en 5 couches de champ.

LANCES A FEU. — Les paquets de 10 lances à feu sont placés debout, sur l'extrémité tamponnée, dans des barils.

FUSÉES A PROJECTILES CREUX. — Renfermées dans des barils ou dans des chapes, debout, par couches horizontales, les gros bouts et les petits alternativement en haut et en bas. — Sur le fond du baril, placer une couche d'étoupes ou de foin sec et un disque de carton par-dessus. Placer des feuilles de carton entre les couches de fusées, et sur la dernière; achever ensuite de remplir le baril avec des étoupes ou du foin sec, de manière qu'il faille serrer fortement le chargement pour mettre le fond en place. — Tenir le baril incliné pendant le chargement. — Autant que possible, ne mettre dans un baril que des fusées de même numéro. — Les barils ou les chapes contenant les fusées doivent être réunis dans des magasins très-secs et bien aérés.

CYLINDRES DE ROCHE A FEU. — Placer les cylindres de roche à feu dans des caisses ou dans des barils, comme les fusées à projectiles creux.

FASCINES GOUDRONNÉES, FLAMBEAUX ET TOURTEAUX GOUDRONNÉS. — Emmagasiner les fascines, flambeaux et tourteaux goudronnés dans des locaux secs et frais; les fascines empilées par couches séparées au moyen de tringles de bois; les flambeaux en faisceaux, suspendus par l'anse ou empilés comme les fascines; les tourteaux enfilés avec un bout de corde, et suspendus en chapelets.

BALLES A FEU. — Les conserver dans des endroits frais, mais secs et aérés suspendues par l'anse, le culot reposant sur un appui pour qu'elles ne se déforment pas. Chacune d'elles doit porter, attachée à l'anse par un bout de fil de fer, une étiquette en fer-blanc indiquant le calibre, le poids, l'année de la confection, et si le projectile contient la charge de guerre ou celle d'école.

FUSÉES DE SIGNAUX. — Dans les magasins, les fusées de signaux, garnies et équipées, sont assemblées en paquets de 5, par calibres et par espèces de garniture. Lier fortement ensemble les 5 baguettes, les unes contre les autres, avec du fil de fer ou de la ficelle, au-dessous des cartouches, à l'extrémité inférieure et au milieu de la longueur. — Pour le transport, les fusées ne sont pas équipées; envelopper d'étoupes les cartouches jusqu'à ce qu'ils aient un diamètre un peu plus fort que celui du pot, et les maintenir avec un bout de fil de fer recuit ou de ficelle assez long pour servir ensuite à équiper les fusées; placer ces cartouches dans des caisses, debout, reposant par leur calice sur un lit d'étoupes; refouler légèrement des étoupes entre les pots et les chapiteaux, et recouvrir le tout d'une épaisse couche d'étoupes avant de placer le couvercle de la caisse. — Les baguettes sont réunies en faisceaux fortement serrés par 3 ligatures, et encaissées. — Les artifices de garniture sont renfermés par espèces dans des caisses ou des barils déposés dans un endroit bien sec.

FUSÉES DE GUERRE. — Conservées dans des magasins bien secs, avec les mêmes précautions que les projectiles creux chargés.

DÉMOLITION DES MUNITIONS ET ARTIFICES.

Cartouches d'infanterie, à balle oblongue, etc.

ATELIER. — 6 démolisseurs.

USTENSILES. — 1 crible rectangulaire en fil de laiton, s'adaptant sur une table à rebords. — 1 planchette garnie de 4 crochets en cuivre, placée en travers du crible sur le milieu de sa longueur. — 1 tamis n° 1. — 1 presse. — Caisses, pour recevoir les capsules et les balles. — Barils, pour les cartouches et la poudre.

EXÉCUTION. — 2 démolisseurs, outre leurs fonctions spéciales, sont chargés de mettre les paquets sur le crible, au fur et à mesure des besoins. Les démolisseurs défont les paquets au-dessus et tout près de la toile métallique; suspendent les bouts de ficelle aux crochets; déposent les sachets de capsules dans les caisses; développent et nettoient les rectangles et les trapèzes, et les mettent en tas par espèces sur la planchette. La poudre tombe sur la table à rebords, en passant à travers le crible sur lequel restent les balles, qui sont ensuite lavées à grande eau, si cela est nécessaire, et encaissées. — Les ficelles sont réunies en paquets. — Les rectangles ou trapèzes hors de service sont noyés; les autres sont mis en presse pendant environ 12 heures, puis renfermés dans des barils. — Les sachets de capsules sont embarillés sans être défaits, à moins que les capsules ne soient avariées; s'ils sont démolis, les rectangles sont réunis à ceux des cartouches, en paquets séparés;

les capsules sont renfermées à part dans des sacs. — La poudre est tamisée pour en séparer le pulvérin et la poudre en roche, qui sont embarillés et renvoyés aux poudreries.

Cartouches à boulet, à obus, à obus à balles, etc.

ATELIER. — 5 hommes : 2 démolisseurs. — 1 désensaboteur. — 1 nettoyeur. — 1 aide.

USTENSILES. — 2 barils. — 1 canif. — 2 brosses rudes. — 1 poinçon. — 1 marteau d'ensabotage. — 1 bout de lame de sabre. — Étoupes ou chiffons. — 1 baquet à moitié plein d'eau. — Prélats. — Caisses.

EXÉCUTION. — Les 2 démolisseurs s'asseoient en face l'un de l'autre, ayant entre eux une caisse et à côté les 2 barils. L'aide leur apporte les cartouches, et porte les projectiles ensabotés au désensaboteur. L'un des démolisseurs tenant une cartouche au-dessus de la caisse, l'autre en coupe les ligatures près des nœuds, enlève le projectile, le brosse, et le pose debout sur le prélat. Le premier verse la poudre en grains dans un des barils, et la poudre en roche dans l'autre baril ; retourne le sachet, le brosse, et le dépose dans la caisse. Le désensaboteur sépare le projectile du sabot, plonge dans le baquet les boulets qui ont besoin d'être nettoyés, et met de côté les obus pour être déchargés. Les boulets sont ensuite portés au nettoyeur. On passe la poudre au crible, on la fait sécher, puis on la tamise. — Les sachets sont séparés en 3 catégories : sachets de service, sachets à réparer, et sachets hors de service ; ces derniers sont noyés et mis ensuite aux chiffons. — Les bouts de ficelle sont réunis en paquets.

La démolition des cartouches à boulet et à obus exige beaucoup de précautions ; elle doit se faire hors des magasins, et, autant que possible, en plein air. — N'avoir dans l'atelier que peu de poudre et de cartouches à la fois.

Pour les boîtes à balles, redresser les franges à l'aide d'un petit ciseau ; enlever le couvercle ; faire tomber dans une caisse les balles et la sciure de bois, à l'aide d'un crochet à retirer les balles des moules ; enlever le culot, et redresser le cylindre à coups de maillet sur une bigorne.

Déchargement des projectiles creux.

Cette opération doit se faire avec beaucoup de précautions et dans un lieu éloigné des salles d'artifices, des magasins et des bâtiments d'habitation, en n'y employant que le nombre d'hommes strictement nécessaire. — Séparer les ateliers les uns des autres ; les placer au bord d'un fossé ou d'un trou suffisamment profond, pour pouvoir y jeter un projectile qui prendrait feu, et mettre ainsi les hommes à l'abri des éclats. — Enlever souvent la poudre qu'on retire des projectiles.

ATELIER. — 2 hommes : 1 artificier. — 1 aide.

USTENSILES. — Pour les obus : 1 tire-fusée. — 2 couronnes en cordes. — 1 baquet. — 1 couteau. — 1 morceau de prélat. — 1 panier. — 1 crochet en cuivre. — Chiffons. — 1 tire-fond et sa broche. — 2 lames de plomb. — 1 vilebrequin avec des mèches d'un diamètre égal à celui du canal de la fusée. — 1 ciseau en cuivre. — 1 repoussoir en bois. — 1 maillet. — 1 pince.

De plus, pour { les bombes : 1 crochet à bombes. — 1 levier de manœuvre. — 2 tréteaux. — 1 châssis.
les grenades : 1 rondelle en cuivre. — 1 tricoise. }

EXÉCUTION. — L'aide place le projectile sur une couronne en cordes et décoiffe la fusée. (Si c'est une grenade, il coupe, à l'aide des tricoises, les fils d'attache du tube d'amorce, et retire ce tube, en saisissant avec les pinces les fils d'attache à l'intérieur.) L'artificier place concentriquement à l'œil une couronne en cordes ou la rondelle en cuivre pour servir d'appui au tire-fusée, serre la fusée entre les mors du tire-fusée, et agit sur les leviers sans à coup, au besoin avec le secours de l'aide, pour dégager la fusée de l'œil. Dès qu'elle cède, l'aide desserre les mors ; enlève la fusée; la met dans le panier, et renverse, au-dessus du baquet, le projectile que l'artificier vide à l'aide du crochet en cuivre; il le nettoie intérieurement avec des chiffons; puis couvre le baquet d'un bout de prélat, et dépose à part le projectile vide. Pour vider les bombes, on les place sur le châssis posé sur les tréteaux, au-dessus du baquet.

Si la fusée est cassée et ne peut être serrée par le tire-fusée, l'artificier, avec le vilebrequin, vide le canal jusqu'à 8 cent. environ de profondeur, l'aide mouillant continuellement la composition; il visse le tire-fond dans le canal jusqu'à 7 cent. environ; garnit son collet d'une lame de plomb ou d'éclisses, et agit avec le tire-fusée. A défaut de tire-fond, ou lorsqu'il ne peut suffire, l'artificier enfonce la fusée dans le projectile avec le repoussoir en bois et le maillet; retire la poudre et les matières incendiaires; puis, avec le ciseau en cuivre, il fend la fusée en morceaux qu'il enlève avec les pinces.

Si la fusée résiste trop au repoussoir, l'artificier, en détrempant la composition, vide entièrement le canal avec le vilebrequin et perce la fusée; verse de l'eau par son canal, pour noyer la poudre de l'intérieur; l'enfonce de force dans le projectile, la fend et la retire par morceaux; puis, il fait sortir la poudre et les matières incendiaires, et nettoie l'intérieur du projectile.

CHAPITRE VII.

MATIÈRES ET OBJETS DIVERS POUR LES CONSTRUCTIONS ET LES APPROVISIONNEMENTS.

SOMMAIRE.

BOIS.

Le choix, la réception, le débit et la conservation des bois dans les magasins exigent une attention particulière. Les qualités des bois de même essence, les défauts auxquels ils sont sujets, les effets de la dessiccation des bois débités, varient en raison du sol, de l'exposition, et surtout du climat. Ce qu'a appris l'expérience dans une localité ne peut pas s'appliquer toujours convenablement dans une autre, et des indications générales sur cette partie importante du service ne sauraient être suivies d'une manière absolue.

Choix des bois sur pied.

Dans les terres humides ou marécageuses, le bois est tendre et sujet à pourrir promptement; dans les terres arides et sèches, il est assez bon, mais rarement beau; dans les terres noires, mêlées de pierres et de graviers, il est ordinairement beau et de bonne qualité. Le peuplier et les arbres aquatiques tels que l'aune, le saule, etc., font exception à cette règle. — Le chêne qui croît au milieu des pins ou des sapins, est généralement mauvais.

Les bois du Midi sont plus durs et moins sujets à la pourriture que ceux du Nord ; ces derniers sont ordinairement d'une plus belle venue, moins sujets à se fendre et à se déformer pendant la dessiccation. En plaine ou dans le centre des forêts, les bois sont moins denses que sur la lisière ou sur le penchant d'une montagne ; mais, communément, ils sont plus sains et de plus belle venue.

Dans les expositions au Midi et à l'Est, le bois est dur et bon, mais branchu et tortueux ; au Nord, il est moins dur, mais plus beau ; à l'Ouest, les bois tourmentés et ébranlés par les vents, sont quelquefois tors et sujets aux gouttières. — Ces caractères dépendant de l'exposition ne se présentent pas d'une manière constante et absolue.

Les branches de la cime, vigoureuses, bien garnies de feuilles ; l'écorce uniforme et d'une couleur égale, indiquent un arbre sain. Une tête arrondie, dont les feuilles rares jaunissent avant les autres ; l'écorce plus rugueuse que d'ordinaire, couverte de plantes parasites, de taches blanches et rousses, indiquent un arbre malade. Quand l'arbre se couronne, c'est-à-dire, quand les branches du haut meurent, c'est un signe infaillible que le bois s'altère ; il en est de même si l'écorce se détache. — D'après ce qui vient d'être dit, le choix des bois doit se faire avant la chute des feuilles.

Bois durs.

CHÊNE (blanc). — Employé presque exclusivement pour les constructions de l'Artillerie, il forme les 5/6 de l'approvisionnement des arsenaux. Celui de $1^m,60$ à $2^m,20$ de circonférence est le plus avantageux.

ORME. — Pour jantes de roues, bouts de coffres à munitions, têtes d'écouvillons et de refouloirs, sabots d'obus, fusées à projectiles creux, etc.

NOYER. — Pour la monture des armes portatives. — Pour les mêmes usages que l'orme, à défaut de cette essence.

FRÊNE. — Pour volées, leviers, hampes d'écouvillons, manches d'outils, etc.

HÊTRE. — Pour établis, bancs, etc.

CHARME. — Pour leviers de brin, masses, dames, fusées à projectiles creux, etc.

CORMIER, POMMIER ET POIRIER SAUVAGE. — Pour varlopes, rabots, etc.

Bois tendres.

SAPIN DU NORD (choisir le rouge de préférence au blanc). — Pour côtés et fonds de coffres à munitions, hampes d'écouvillons de siége, etc.

SAPIN DE FRANCE. — Mêmes usages que le sapin du Nord, à défaut de cette essence. — Pour hanches et pieds de chèvres, coffres et caisses d'outils, caisses d'armes, bateaux, nacelles, poutrelles et madriers de pont, etc.

PEUPLIER. — Pour coffres et caisses, comme le sapin.

PLATANE, TILLEUL, AUNE. — Pour sabots à boulets, tampons de charges d'obusiers, etc.

PIN. — Pour caisses d'armes (peu employé).

Abattage et réception.

Les bois doivent être abattus pendant l'hiver, au plus tard avant la fin de mars. — Couper l'arbre le plus près possible de terre. — La section des branches doit être faite assez bas, pour ne présenter qu'un cœur.

La réception n'a lieu dans les arsenaux que 15 jours au moins après l'abattage. — Examiner les arbres dans tous les sens, autant que possible après plusieurs jours d'un temps sec, afin de mieux apercevoir aux sections des bouts certains défauts que l'humidité rend moins apparents. — Tronçonner au gros bout pour s'assurer si le cœur n'aurait pas quelque défaut dissimulé par la coupe à la hache. — Le bois est bon, si, avec les caractères indiqués plus haut pour l'écorce, les sections des bouts de l'arbre sont sans défauts et d'une couleur uniforme, un peu plus foncée au cœur qu'à la circonférence ; des taches blanches, répandues çà et là, indiquent un bois échauffé, à rejetter. — Ne pas rechercher des arbres de plus fortes dimensions qu'il n'est nécessaire pour fournir les pièces à débiter.

Les tolérances sont subordonnées aux ressources de l'approvisionnement.

Défauts des arbres.

Les détails suivants s'appliquent particulièrement au chêne.

ROULURE. — Défaut d'adhérence des couches annuelles ; fente circulaire.

GÉLIVURE. — Fente rayonnant de la circonférence au centre.

CADRANURE, ÉTOILE. — Fentes rayonnant du centre vers la circonférence.

Ces trois défauts se remarquent plus particulièrement à la section du tronc ; ils peuvent s'étendre dans toute la longueur de l'arbre. La roulure et la gélivure se montrent dans les jeunes arbres de la plus belle apparence, comme dans les vieux. — Ces défauts ne sont point un indice d'altération dans la qualité du bois et ne donnent pas lieu au rejet, quand le débit permet de les extraire entièrement ; mais, si les pièces débitées en conservent des restes, ils ne font que s'étendre pendant la dessiccation. — La cadranure indique un arbre sur le retour; elle est ordinairement accompagnée d'un commencement de pourriture au cœur ; on la rencontre principalement dans les gros arbres. Rejeter la partie affectée de cadranure, qui ne pourrait disparaître dans le débit.

GÉLIVURE ENTRELARDÉE. — Écorce morte, enfermée dans le bois. Rejeter la partie affectée.

GOUTTIÈRE. — Faisceau de fibres altérées et pourries, au milieu du bois. Ce défaut provient de l'infiltration de l'eau par un nœud ou une branche cassée. Il s'annonce quelquefois sur l'écorce par une bande de couleur ou de texture distinctes ; on peut alors le reconnaître avant l'abattage. Sonder, et rejeter toute la partie affectée.

DOUBLE AUBIER. — Aubier logé dans les bois ; il se reconnaît à la couleur claire ou rougeâtre des cercles qui le forment. Il est quelquefois difficile de découvrir ce défaut quand les arbres sont fraîchement abattus ou quand les sections sont très-sèches ; on le rend apparent en mouillant la section. Rejeter la partie affectée.

BOIS GRAS. — Pores ouverts, couleur fauve, écorce épaisse et rugueuse, aubier roux et épais, cassure sèche et sans fibres, copeaux se divisant en parcelles. Les arbres sur le retour deviennent presque tous *gras*. Rejeter ces bois qui sont cependant employés avec avantage dans la menuiserie, parce qu'ils se travaillent aisément et sont peu sujets à se voiler.

BOIS TORS. — Fibres en spirales ; l'écorce cache quelquefois ce défaut. Le bois tors, dont les fibres sont toujours contre-taillées dans le débit, ne peut pas être employé pour des pièces un peu longues. — Bon seulement pour les pièces courtes, comme moyeux, entretoises d'affûts de mortiers, etc.

BOIS TORTILLARD. — Fibres enchevêtrées qui empêchent de fendre régulièrement le bois. — Difficile à travailler ; bon pour moyeux, masses, dames, etc.

BOIS MORT SUR PIED. — A rejeter.

BOIS NOUEUX. — Découvrir et sonder les nœuds. Bois peu propre à être employé.

BOIS RAFAU, RABOUGRI. — D'une vilaine venue, tortueux, branchu, noueux. Presque toujours à rejeter.

BOIS ROUGE, ÉCHAUFFÉ, SUR LE RETOUR. — A rejeter. L'orme et le hêtre s'échauffent promptement, quand on les laisse trop longtemps en grume. Ce défaut grave, très-fréquent dans les deux essences, est accompagné de taches blanches.

LOUPE, NŒUD COUVERT, ETC. — Ces défauts cachent presque toujours de la pourriture. Entamer à la hache et sonder; procéder de même pour toute cicatrice ou altération dans la forme et la texture de l'écorce.

Cubage.

Les arbres reçus sont mesurés et cubés. L étant la longueur de l'arbre et C la circonférence au milieu, exprimées en mètre, le cube sera $\frac{C^2}{25} L$ mètres cubes; c'est la moitié environ du cube réel. Ce cube est à celui du commerce dans le rapport de 16 à 25; il est calculé de manière à ne comprendre qu'environ le cube des pièces débitées que chaque arbre peut fournir.

Débit.

Le *grand débit* a lieu à la scie de long, et est employé pour la plupart des pièces; le *petit débit* se fait au coin et à la hache pour les rais, moyeux, sabots, fusées, manches d'outils, entretoises de mortiers, etc.

Voir quelles sont les pièces que l'arbre peut fournir avec le plus d'avantage, eu égard à ses défauts, et surtout au service que ces pièces doivent faire. — Rechercher généralement les plus grosses pièces ou celles qu'il est le plus difficile de se procurer. — Marquer sur l'arbre la longueur des pièces; tronçonner par billes de la longueur d'une ou de plusieurs pièces. — Examiner successivement chaque section, à mesure qu'elle est mise à découvert, afin de modifier le débit suivant les défauts.

GRAND DÉBIT. — Tracer de chaque côté du cœur, sur le petit bout de la bille, deux plateaux de l'épaisseur voulue. — Prendre entre ces plateaux un plateau de cœur, dont l'épaisseur varie suivant le diamètre de la bille, de manière à comprendre le meilleur bois dans les plateaux et à n'y laisser ni cœur ni aubier. — Chaque bille ainsi débitée donne 2 plateaux, 1 plateau de cœur et 2 dosses. — Chaque plateau fournit, suivant l'équarrissage, une ou plusieurs pièces affranchies de l'aubier et du bois touchant l'aubier. — Les dosses peuvent servir à faire des planches; les coins des plateaux fournissent des liteaux et des coins pour l'engerbement des bois débités. — Deux scieurs de long scient environ 15 mètres carrés de chêne ou 18 de sapin en 10 heures. Une lame de scie mue par l'eau ou par la vapeur fait à peu près le même ouvrage que dix scieurs de long.

PETIT DÉBIT. — Les billes de rais sont fendues au coin ou à la hache, en quartiers donnant chacun un rais dont la largeur est prise dans le sens du rayon de l'arbre, l'épaisseur dans le sens de la circonférence.

— Tracer la division en quartiers sur le bout de la bille; enlever à chaque quartier un coin du côté du cœur, et l'excédant de largeur du côté opposé. — Préférer pour les rais les jeunes arbres ne donnant qu'un rais par quartier. — Proscrire les rais d'épaule, second rais tiré d'un même quartier, et dont la largeur est prise dans le sens de la circonférence. — Prendre les billes de rais au pied de l'arbre.

Les jantes en chêne se débitent à la hache, quand le fil du bois ne peut pas être tenu parallèle au plan de la jante par le sciage en plateaux. Ce mode de débit exige beaucoup de soins et une surveillance toute particulière pour prévenir les coups de hache donnés par maladresse et qui, bien que pouvant passer inaperçus au moment du débit, deviennent ordinairement l'origine de grandes fentes, dans la dessiccation.

Conservation.

BOIS EN GRUME. — Les empiler en plein air sur des terrains élevés où l'eau ne puisse séjourner; les séparer par forêts, par années de coupe, par essences et par espèces; marquer au pied tous les arbres d'un numéro de réception. — Ne pas garder longtemps les bois en cet état, surtout l'orme et le hêtre.

BOIS ÉQUARRIS. — Empilés sur des chantiers, sous des hangars bien aérés.

BOIS DÉBITÉS. — Séparés par essences et par espèces, et autant que possible par années de débit. — Les bois nouvellement débités sont d'abord, et autant que possible, empilés dans des rez-de-chaussée, en espaçant suffisamment les pièces qu'on resserre après un temps convenable. Les gros bois restent dans les rez-de-chaussée, les autres sont reportés après quelques mois de débit dans les étages supérieurs. — Former les piles de manière que l'air puisse circuler entre les pièces. — Recouvrir le sol des rez-de-chaussée ou des hangars de fraisil, si l'on craint l'humidité.

Les plateaux sont empilés dans les rez-de-chaussée ou sous les hangars, les piles reposant sur des chantiers, les lits séparés par des liteaux suffisamment rapprochés pour empêcher le bois de se voiler; chaque pièce marquée, aux deux bouts, de l'année de la coupe et de celle du débit. — Les planches empilées comme les plateaux, ou en piles triangulaires, selon l'espace. — Les jantes en piles rondes, d'abord par lits de deux, la concavité en dedans, celles de chaque lit croisées sur celles du lit précédent. Après un certain temps, les piles sont refaites par couches de 4. — Les rais en piles carrées. — Les bois pour hampes réunis en faisceaux et brêlés avec des cordages, afin qu'ils ne se courbent pas en séchant. — Les moyeux dans des fosses à rouir ou dans des lieux frais, suivant les localités et la nature des bois.

TÔLES ET FERS-BLANCS.

La *tôle de fer* est fabriquée au laminoir ; il faut que le fer soit doux et nerveux ; la surface bien polie, sans trous ni battitures, d'une couleur bleuâtre, quelquefois nuagée ; l'épaisseur régulière ; la feuille élastique, ondulant dans la main avec une souplesse égale. — La tôle, pincée à l'un des angles, doit se plier et se redresser plusieurs fois de suite, sans aucune déchirure. Pliée au maillet pour être *agrafée*, elle ne doit laisser voir aucune gerçure à l'extérieur du pli. — S'assurer que les feuilles n'ont ni pailles ni doublures ; les présenter au jour, pour vérifier s'il y a des piqûres ; les calibrer dans tous les sens ; les percer près des bords, et voir si après cette opération il n'y a ni fentes ni criques. — L'emboutissage est la plus forte épreuve.

La *tôle d'acier* se fabrique par les mêmes procédés ; elle doit présenter les mêmes qualités avec une élasticité et une dureté plus grande sous une épaisseur moindre.

On appelle *tôles fines*, celles dont l'épaisseur est de $1^{mill},5$ et au-dessous.

Il y a deux espèces de *fer-blanc*, le *brillant* et le *terne*. Le premier est étamé avec de l'étain pur ; le second, avec de l'étain mélangé de moitié ou 2/3 de plomb. — On peut également employer l'un et l'autre. Ordinairement, on emploie le fer-blanc terne pour les boîtes à balles, parce qu'il est moins cher ; le fer-blanc brillant, pour les petits objets, tels que mesures à poudre, etc. — Les feuilles de fer-blanc les plus petites ont 330 mill. sur 244, les plus grandes 501 mill. sur 352. L'épaisseur varie depuis $1^{mill},4$ jusqu'à $0^{mill},6$. — Les qualités du fer-blanc dépendent de celles de la tôle et de l'étamage. La surface doit être polie, plus ou moins brillante, sans mouches ou taches, ni bouillons ou bulles.

CONSERVATION DANS LES MAGASINS, DES MÉTAUX, DES PIÈCES CONFECTIONNÉES ET DES OUTILS.

Les métaux, dans des rez-de-chaussée secs et bien aérés, que l'on ouvre par le beau temps, et que l'on tient fermés lorsque l'air est humide ; les saumons en piles carrées ; les plaques, les unes sur les autres.

Les fers et aciers en barres, par espèces et par échantillons, dans des cases. — Les fers ébauchés, comme les fers en barres. — Les ferrures de service, dans des cases. — Les ferrures hors de service et les riblons, en tas étiquetés du poids. — Les feuilles de tôle et de fer-blanc, graissées, debout, dans des cases, dans un lieu sec. — Les fils de fer, suspendus en cerceaux à des chevilles, par numéros. — Les grandes chaînes, ployées et empilées ; les petites, réunies par paquets de 10 ou de 20, dans des caisses ou sur des étagères. — Les boîtes de roues et objets divers confectionnés, par espèces, rangés, empilés, ou dans des caisses. — Les parties en fer ou en acier des outils à pionniers et autres gros outils, recouvertes d'une couche de colthar ; d'une couche de vernis noir composé de vernis blanc et de noir d'ivoire, pour les outils dont la surface est polie. — Les outils d'ouvriers et les limes, par espèces, dans un local sec et dans des cases. On les garnit de poussier de charbon pour les préserver de l'humidité. — Les clous, par espèces, et par numéros, dans des cases. — Les enclumes et bigornes, posées à terre, sur des bouts de madriers.

Toutes les cases, piles ou caisses, étiquetées suivant la nature des objets, de l'espèce, du nombre, du poids, du numéro.

CHARBON DE BOIS.

Quand le charbon n'est pas assez cuit, il a une couleur grisâtre ; il produit une flamme blanche, se rompt difficilement et brûle avec fumée. — Trop cuit, il est d'un noir terne, moins dur, moins sonore, et semblable à la braise. — Comme il absorbe aisément l'humidité de l'air, et perd alors beaucoup de ses qualités, il doit être mis à couvert dans des magasins ou tout au moins sous des hangars.

On peut quelquefois être obligé d'avoir recours au procédé de carbonisation dit des *meules* pour se procurer le charbon nécessaire aux travaux des parcs.

Préférer les bois de 18 à 20 ans. La carbonisation peut se faire immédiatement après la coupe. Le bois coupé depuis plus d'une année, et qui est resté exposé à l'air et à la pluie, ne donne que du mauvais charbon. — Couper des rondins de 4 à 10 cent. de diamètre et de 1 mètre à $1^{m},50$ de longueur ; refendre les bûches trop fortes. — Autant que possible, former les meules avec une même nature de bois ; si l'on est obligé de mêler des bois légers et des durs, mettre les premiers en dehors et dans la calotte. — Choisir un terrain sec, à l'abri du vent ; l'aplanir. — Planter au milieu une perche verticale ; former sur le sol un plancher composé de bois convergent vers le centre ; mettre du menu bois dans les intervalles, sur les rayons et au centre. — Dresser autour de la perche, dans une direction presque verticale, les bûches, très-serrées, sur plusieurs étages ; terminer par une calotte dont les bûches sont couchées et serrées le plus possible ; ménager une galerie horizontale, au niveau du sol et aboutissant au centre. — Couvrir la meule, en commençant par le haut, de feuillages et d'une couche de 8 à 10 cent. de terre, que l'on arrose ; laisser en bas sans couverture un espace de 15 cent. de hauteur, afin de donner passage à l'air et aux vapeurs.

Retirer la perche et mettre le feu, soit par le vide que laisse la perche, soit par la galerie horizontale que l'on a remplie de matières combustibles. Pendant cette première période de l'opération, activer le feu pour qu'il s'étende en largeur, et pour se débarrasser des vapeurs qui plus tard pourraient causer des explosions. — Laisser brûler jusqu'à ce que la flamme s'élève au-dessus de la cheminée. — Boucher alors la cheminée avec une pièce de gazon, et diminuer l'espace non couvert, ou même le fermer entièrement, en ménageant des soupiraux de distance en distance. — La fumée doit s'échapper également de tous côtés, excepté vers le sommet, où il faut empêcher le tirage de s'établir, surtout du côté du vent. — Quand la meule a suffisamment *sué,* renforcer la couverture. Modérer le feu, le diriger de manière que la combustion soit égale dans toute la masse, et l'attirer toujours vers la base, en faisant des ouvertures dans des points convenables ; laisser les trous ouverts tant qu'ils exhalent une vapeur noire et épaisse; les fermer dès qu'elle devient légère et bleuâtre.

La carbonisation est achevée quand la flamme s'échappe par les soupiraux de la base. Boucher alors les ouvertures et charger la meule de terre ; laisser cette terre au moins 24 heures ; la renouveler ensuite ; achever d'éteindre, et attendre encore 12 ou 24 heures. — Ouvrir la meule d'un côté seulement ; faire le triage, et mettre à part les fumerons.

HOUILLE ET COKE.

HOUILLE. — On distingue deux espèces de houille, relativement à leur emploi : la *houille grasse* et la *houille sèche* ou *maigre,* qui présentent l'une et l'autre plusieurs variétés.

La *houille grasse* est légère, assez friable, très-combustible. Elle brûle avec une flamme blanche et longue, produit une chaleur très-forte, se gonfle, semble presque se fondre, s'agglutine facilement et laisse peu de résidu. En s'agglutinant, elle forme en avant de la tuyère une voûte sous laquelle le fer est chauffé également, et qui ne s'écroule pas lorsqu'on le retire ou qu'on le remet ; ce qui est très-favorable au travail de la forge. — Les houilles des environs de Mons, de Saint-Etienne et de Valenciennes appartiennent à cette espèce.

La *houille sèche* ou *maigre* est plus lourde et plus solide; elle se brise moins facilement; sa couleur noire est moins foncée et tire sur le gris de fer; sa surface et sa cassure sont souvent très-éclatantes. Elle s'enflamme plus difficilement, ne gonfle presque pas au feu, ne s'agglutine jamais et produit une flamme bleuâtre, accompagnée d'une fumée fétide ou âcre. Elle laisse plus de résidu que la houille grasse. Elle est ordinairement accompagnée de pyrites ou sulfures de fer, nuisibles pour le traitement des minerais de fer et pour le travail de la forge. — Les environs de Marseille, d'Aix, de Toulon, de Grenoble, de Charleroy, fournissent de la houille sèche.

La houille peut être mouillée sans rien perdre de ses qualités; au contraire, l'eau ne fait que la bonifier. — Densité moyenne, 1,329. — On estime l'hectolitre comble à 100 kil., et l'hectolitre ras à 85 kil. Le poids du mètre cube varie entre 1170 et 1460 kil.

COKE. — En carbonisant la houille par des procédés analogues à ceux qui sont employés pour carboniser le bois en vases clos, on obtient en poids 60 à 70 p. % de coke, avec une augmentation de volume de 5 à 15 p. %. — Le bon coke est sonore, poreux; il n'est ni vitreux ni gras; sa cassure est mate, tout au plus d'un éclat soyeux. La grosseur des morceaux et le peu de cendres qu'ils produisent, indiquent une bonne qualité. — Le coke, comme le charbon de bois, se détériore à l'humidité; il peut absorber la même quantité d'eau. — Poids moyen du mètre cube, 658 kil.

CORDAGES.

Pour les dimensions des principaux cordages, leur force, leur poids, leur prix, etc., voyez les articles relatifs aux armements, manœuvres de force, harnais, ponts militaires, etc.

RÉSISTANCE. — En nommant d le diamètre d'un cordage, en millimètres, le poids de rupture est exprimé par $4\ d^2$ kil. On ne doit pas faire supporter aux cordages plus de la moitié de ce poids. Avant de se rompre, un cordage neuf s'allonge de 1/7 à 1/5, et son diamètre diminue de 1/7 à 1/14. — Le goudron ne change rien à la force des cordages neufs; et il la diminue avec le temps; en général, les cordages blancs durent plus longtemps que les cordages goudronnés; cependant il faut goudronner les cordages d'ancre, parce qu'ils sont fréquemment plongés dans l'eau. — La graisse ou l'huile diminue la force des cordages sans augmenter leur durée. — La nature du chanvre peut changer de plus de 1/4 la résistance des cordages de même grosseur.

QUALITÉS. — Le bon chanvre se reconnaît à la couleur; le plus estimé est gris de perle ou argentin ; vient ensuite le verdâtre, puis le jaune. La couleur brune dénote qu'il a été trop roui, qu'il a trop fermenté, qu'il y a un commencement de pourriture ; des taches brunes dénotent qu'il a été mouillé et que les endroits tachés sont pourris. — Il est bon qu'il ait une odeur forte ; mais il faut rejeter celui qui sent le pourri, le moisi ou seulement l'échauffé. — Il doit être bien peigné, souple et purgé de chènevottes. — On ne prend que le premier brin pour les cordages d'ancre et les lignes de halage. On mêle le second brin au premier pour les autres cordages. — Le chanvre doit être filé fin et peu tordu ; la grosseur des fils doit être de 9 mill. au plus de circonférence avec le premier brin, et de 11 à 15 mill. avec le premier et le second brin mêlés. — Un cordage est défectueux lorsque les *torons* sont d'inégale grosseur ou inégalement tordus, lorsqu'il paraît cotonneux sans avoir servi, ou qu'on trouve des esquilles de chènevottes, ce qui dénote que le chanvre n'a pas été bien peigné.

COMMETTAGE. — On commet en *aussière,* avec des *torons* composés chacun d'un certain nombre de fils ; en *grelin,* avec 3 ou 4 *aussières.* Les cordages en *aussière* ne sont commis qu'une fois ; les cordages en *grelin* le sont deux fois.

Un cordage est dit *commis au tiers, au quart,* selon qu'il est plus court de 1/3, de 1/4 que les *torons* tendus. — On mesure la quantité dont un cordage est commis, en formant un triangle rectangle dont un des petits côtés est la hauteur, *comptée parallèlement à l'axe,* de la révolution complète d'un toron ; l'autre, la circonférence du cordage développée ; l'hypothénuse représente la longueur primitive du toron, le premier petit côté la longueur actuelle ; la différence entre ces deux longueurs est la quantité dont le cordage est commis. — Les cordages de l'Artillerie sont commis au quart. Il faut qu'ils soient tordus également dans toute leur longueur ; que les fils et les torons aient une grosseur et une tension uniformes.

L'*âme* que l'on met quelquefois dans un cordage ne sert qu'à faciliter le commettage des torons. On n'en met pas aux cordages de l'Artillerie.

CONSERVATION. — Les cordages doivent être placés dans les étages supérieurs des magasins, roulés et étiquetés ; les gros cordages, empilés sur des chantiers assez élevés pour laisser un libre passage à l'air ; les menus cordages, suspendus au plafond ou à des chevilles. — Les cordages ne doivent être roulés que lorsqu'ils sont bien secs ; on doit les dérouler tous les ans, et les étendre pendant quelques jours au retour de la belle saison. — Les cordages conservés trop longtemps en magasin perdent de leur force.

GOUDRON.

On retire le goudron des bois résineux lorsque, par écoulement naturel ou par incision, ils ne fournissent plus de térébenthine. A cet effet, on les abat et on les brûle, à peu près comme pour en faire du charbon. La térébenthine s'écoule peu à peu, abandonne une partie de son essence, se rassemble sur l'aire du fourneau, s'altère, se colore en noir, se sépare de l'eau et de l'acide acétique que peut fournir le bois, et se transforme en goudron. — Le goudron doit être coulant, de consistance sirupeuse, transparent et d'une couleur rougeâtre. Il a une odeur forte, qui lui est particulière. On le rend plus fluide en le faisant chauffer, ou en y mêlant un peu d'essence de térébenthine. — Il brûle avec une flamme très-vive, et laisse un charbon sec et léger. — Il sert à enduire les bois qui ne doivent pas plonger dans l'eau, et les cordages.

Dans le commerce, il est souvent mélangé d'eau. — On le purifie en le faisant cuire dans une chaudière en fer, et en le décantant après l'avoir tenu pendant quelque temps en fusion tranquille; on vaporise ainsi l'eau et l'acide pyroligneux, et l'on sépare les matières terreuses.

BRAI GRAS. — Le *brai gras* est un mélange par parties égales de goudron, de colophane ou *brai sec* (arcanson) et de poix grasse, cuits ensemble dans une chaudière en fonte; il devient solide en se refroidissant; pressé entre les doigts, il est adhérent et tenace; il s'amollit promptement à la chaleur de la main. La transparence et la dureté sont des indices de bonne qualité. — Il sert pour enduire les bois plongés dans l'eau.

On applique le brai gras ou le goudron, en l'étendant à chaud avec une grosse brosse, appelée *guipon*, faite avec des morceaux d'étoffe de laine cloués au bout d'un manche. — L'opération doit se faire par un temps sec.

Le *galipot* ou *résine blanche*, la *résine jaune*, la *colophane* ou *brai sec*, la *poix noire*, mélangées avec des matières grasses, peuvent suppléer le *brai gras*. — On obtient une espèce de *brai gras* en faisant cuire ensemble dans une chaudière, deux parties de résine ou de brai sec avec une partie de suif ou de graisse; si l'on se sert d'huile, on en met moins que de suif. — On emploie encore le *bitume* ou goudron minéral seul ou combiné avec le goudron végétal.

COLTHAR.

Le *colthar* provient de la distillation de la houille dans les usines à gaz; on s'en sert pour enduire les bouches à feu en fonte, les flasques d'affûts de mortier, les projectiles, les parties en fer des outils à pionniers et autres gros outils, etc. (Voy. page 26.)

CHAPITRE VIII.

CHARGEMENT DES MUNITIONS, APPROVISIONNEMENTS, OUTILS, ETC.

POIDS DES AFFUTS ET VOITURES CHARGÉES.

SOMMAIRE.

MUNITIONS DE CAMPAGNE.

Artillerie.

CHARGEMENT.	COFFRE A MUNITIONS POUR							Caisse à munitions de montagne, pour obusier de 12ᶜ.
	Canons		Canons-obusiers		Obusiers			
					de 16ᶜ.		de 15ᶜ.	
	de 12.	de 8.	de 12.	de 12 léger.	Avant-train.	Arrière-train.		
Cartouche à boulet.	21	28	12	6	«	«	«	«
Cartouche à obus ordinaire .	«	«	8	14	«	«	«	6
Cartouche à obus à balles . .	«	«	3	3	«	«	«	1
Cartouche à boîte à balles . .	«	«	«	«	«	«	«	1
Obus ensabotés	«	«	«	«	12	14	20	«
Boîte à balles.	2	4	3	3	2	1	2	«

CHARGEMENT.	COFFRE A MUNITIONS POUR — Canons de 12.	Canons de 8.	Canons-obusiers de 12.	Canons-obusiers de 12 léger.	Obusiers de 16c. Avant-train.	Obusiers de 16c. Arrière-train.	Obusiers de 15c.	Caisse à munitions de montagne, pour obusier de 12c.
Charge grande ou de boîte à balles.	2	4	3	3	4	4	6	«
Charge petite	«	«	«	«	12	12	18	«
Étoupilles fulminantes	36	48	40	40	24	24	36	12
Mèche . . . . mètres.	6	6	6	6	6	6	6	2
Nombre de coups par coffre ou caisse. . .	23	32	26	26	14	15	22	8
	kil.	kil.	kil.	kil.	kil.	kil.	kil.	kil.
Poids des garnitures. . .	8	6	8	8	14	15	13	1,25
Poids du chargement, y compris les garnitures	219	205	207	190	219	230	228	41,50
Poids du coffre ou de la caisse chargés. .	301	287	289	272	301	312	310	50
Poids de l'av.-train, avec coffre chargé . .	680	666	668	651	680		689	«
Poids de l'affût, avec bouche à feu et av.-train chargé . .	2162	1806	1848	1751	2167		1830	210
Poids du caisson, avec coffres et av.-train chargés.	1727	1685	1691	1640	1749		1754	«

Infanterie.

CHARGEMENT.	COFFRE A MUNITIONS, POUR CARTOUCHES A — Balle sphérique.	Balle oblongue.	Balle évidée.	Balle Nessler.	CAISSE DE MONTAGNE, POUR CARTOUCHES A — Balle sphérique.	Balle oblongue.	Balle évidée.	Balle Nessler.
Paquets de cartouches.	770	960	1092	924	105	144	144	117
Nombre de coups par coffre ou caisse . .	7700	5760	6552	9240	1050	864	864	1170
	kil.	kil.	kil.	kil.	kil.	kil.	kil.	kil.
Poids des garnitures . .	3,50	3,50	3,50	3,50	«	«	«	«
Poids du chargement, y compris les garnitures.	305	348	311	350	41,50	49,70	38,90	43,90
Poids du coffre ou de la caisse chargés .	387	430	393	432	50	58,20	47,40	52,40
Poids de l'av.-train, avec coffre chargé. .	766	809	772	811	«	«	«	«
Poids du caisson, avec coffres et avant-train chargés. .	1985	2114	2003	2120	«	«	«	«

A ajouter au poids
- des affûts : les armements et assortiments, environ 35 kil.
- de tous les caissons : 1 pelle, 1 pioche . . . . . . 5k,78.
- d'un certain nombre de caissons : 1 roue de rechange (102 kil.), 1 timon ferré (20 kil.) ou en blanc (12 kil.), 1 boîte à graisse remplie, 1 levier, 1 prolonge, etc. (Voy. ch. IV.)

Détail du chargement des coffres et caisses.

Nota. On distingue le demi-coffre de gauche et le demi-coffre de droite, par la gauche et la droite de l'homme faisant face au-devant du coffre. — Dans chaque demi-coffre, on désigne les cases par des numéros d'ordre de gauche à droite, lorsqu'elles sont formées par des séparations transversales, et par les noms de *cases de devant, du milieu, de derrière*, lorsqu'elles sont formées par des séparations longitudinales. — Dans tous les coffres, lorsqu'un chargement est terminé, on colle sur la planchette du couvercle une étiquette indiquant très-lisiblement la composition de ce chargement.

Coffres à munitions d'obusier de 16c. (Pl. 18.)

Coffre d'avant-train.

GARNITURES. — 4 *grandes séparations*, 2 dans chaque demi-coffre, perpendiculaires aux côtés. — 16 *liteaux d'idem.* — 3 *doubles supports d'obus*, sur le fond, au milieu des 1re et 2e cases du demi-coffre de gauche et de la 3e case du demi-coffre de droite. — 6 *séparations mobiles*, 2 dans chacune des cases ci-dessus, parallèlement aux côtés. — 6 *tasseaux d'idem.* — 6 *planchettes d'idem*, dans les 2 premières cases du demi-coffre de gauche et dans la 3e du demi-coffre de droite, contre les bouts et les grandes séparations. — 12 *liteaux d'idem;* ils forment, avec les planchettes, les coulisses où se logent les séparations mobiles. — 12 *supports d'obus*, 6 aux séparations mobiles, et 6 aux côtés du coffre. — 2 *séparations de boîtes à balles;* dans la 2e case du demi-coffre de droite; elles prolongent les séparations mobiles. — 2 *tasseaux d'idem.* — 2 *planchettes d'idem*, fixées, dans la même case que les séparations, contre les grandes séparations. — 4 *liteaux d'idem*, de chaque côté des planchettes.

CHARGEMENT. — *Demi-coffre de gauche :* 1re et 2e cases, 4 *obus* chacune. — 3e case, 8 *petites charges.*

Demi-coffre de droite : 1re case, 4 *grandes charges* et 4 *petites.* — 2e case, 2 *boîtes à balles* (à 48 balles); 24 *étoupilles fulminantes*, 6 *mètres de mèche.* — 3e case, 4 *obus.*

Le coffre d'avant-train contient donc : 12 *obus*, 2 *boîtes à balles*, 12 *petites charges*, 4 *grandes*, 24 *étoupilles fulminantes*, et 6 *mètres de mèche* (14 coups).

Coffre d'arrière-train de caisson.

Le coffre ne diffère de celui de l'avant-train qu'en ce que la 2e case du demi-coffre de droite est disposée pour recevoir 2 obus sur le devant; elle est garnie à cet effet de 1 *support simple*, semblable à un double support coupé en regard de la séparation de boîtes à balles. — 1 *séparation mobile*, 1 *tasseau d'idem*, 2 *liteaux d'idem*, 2 *supports d'obus*, comme dans les autres cases d'obus.

CHARGEMENT. — *Demi-coffre de gauche :* 1re et 2e cases, 4 *obus* chacune. — 3e case, 8 *petites charges*.

Demi-coffre de droite : 1re case, 4 *grandes charges* et 4 *petites*. — 2e case, 2 *obus*, 1 *boîte à balles* (à 48 balles); 24 *étoupilles fulminantes ; 6 mètres de mèche*. — 3e case, 4 *obus*.

Le caisson contient donc : 40 *obus*, 4 *boîtes à balles*, 36 *petites charges*, 12 *grandes*, 72 *étoupilles fulminantes*, et 18 *mètres de mèche* (44 coups).

Les obus rangés sur 2 de hauteur; ceux du premier rang couchés sur les doubles supports, entre deux bandelettes, la fusée vers le milieu; ceux du deuxième rang debout sur les supports, la fusée en dessous, les bandelettes vers les angles de la case. — Les boîtes à balles, debout sur le culot. — Les charges debout, sur 2 de hauteur; celles du premier rang le tampon en dessous, celles du deuxième rang le tampon en dessus; les 4 grandes, réunies vers le derrière du coffre.

Pour charger : Oter les séparations mobiles; nettoyer le fond du coffre, y placer des étoupes de manière à maintenir le cul du sabot parallèle aux côtés du coffre, l'obus reposant sur le double support; étouper fortement autour des obus et des sabots jusqu'à hauteur des entailles des planchettes. — Replacer les séparations mobiles; étouper les angles des cases, et placer les obus du second rang sur les supports; étouper fortement jusqu'au bord des séparations. — Placer les boîtes à balles sur une couche d'étoupes de 1 cent. environ; les étouper solidement sur toute la hauteur. — Placer les charges du premier rang sur une couche d'étoupe; les étouper sur toute la hauteur et les recouvrir d'une couche d'étoupes comme celle du fond; placer les charges du second rang, et étouper jusqu'au bord des grandes séparations; serrer avec force autour des tampons, et avec ménagement autour des sachets. — Envelopper d'étoupes et placer : les étoupilles, dans les petites cases vides vers le bout du coffre; la spatule et le crochet à désétouper, sur les grandes séparations du demi-coffre de gauche; quand il y a lieu, les dégorgeoirs et le doigtier dans les petites cases vides du même demi-coffre. — Enfin, garnir d'étoupes jusqu'au couvercle, et placer le paquet de mèche, qui doit rester apparent, au-dessus de la case des étoupilles.

Coffres à munitions pour canon de 12 de réserve et canons-obusiers de 12 et de 12 léger.

GARNITURES. — 16 *liteaux de fond;* ceux des cases longitudinales de devant et du milieu, parallèles aux bouts du coffre; ceux des cases de derrière, parallèles aux côtés. Ils sont disposés par couple dont chacune conserve, en son milieu, un intervalle de 34 mill. destiné à loger, quand il y a lieu, les fusées d'obus. — 2 *grandes séparations longitudinales*, 1 dans chaque demi-coffre, parallèlement au derrière. — 8 *liteaux d'idem.* — 2 *séparations transversales,* 1 dans chaque demi-coffre, parallèlement à la principale séparation. — 8 *liteaux d'idem.* — 2 *petites séparations longitudinales,* 1 dans chaque demi-coffre, parallèlement et à égale distance du devant et de la grande séparation. — 8 *liteaux d'idem.* — 4 *séparations d'obus des cartouches couchées* (cuir de semelle de 4 à 5 mill. d'épaisseur). — 4 *pattes d'attache d'idem* (sangle d'environ 6 cent. de largeur, en fil de chanvre), 2 dans chacune des cases transversales, contre le devant du coffre.

Chargement pour canon de 12 de réserve. (Pl. 18.)

DEMI-COFFRE DE GAUCHE. — Cases de devant et du milieu, chacune 3 *cartouches à boulet.* — Case de derrière, 4 *cartouches à boulet,* 36 *étoupilles fulminantes*, 6 *mètres de mèche.* — Case transversale, 2 *cartouches à boulet.*

DEMI-COFFRE DE DROITE. — Case de devant, 3 *cartouches à boulet.* — Case du milieu, 2 *boîtes à balles* (à 41 balles) et 2 *charges de boîtes à balles.* — Case de derrière, 4 *cartouches à boulet.* — Case transversale, 2 *cartouches à boulet.*

Le coffre contient donc: 21 *cartouches à boulet,* 2 *boîtes à balles,* 2 *charges pour boîtes à balles,* 36 *étoupilles fulminantes*, et 6 *mètres de mèche* (23 coups).

Le caisson contient donc : 63 *cartouches à boulet*, 6 *boîtes à balles,* 6 *charges pour boîtes à balles,* 98 *étoupilles fulminantes*, et 18 *mètres de mèche* (69 coups).

Les cartouches et les boîtes à balles, debout dans toutes les cases; l'une des charges des boîtes à balles couchée sur celle-ci; l'autre debout vers le bout du coffre.

Pour charger: Nettoyer le fond du coffre, et le couvrir d'une couche d'étoupes s'élevant de 1 cent. environ au-dessus des liteaux. — Ranger dans les cases, et autant que possible également espacées entre elles, les cartouches à boulet, les boîtes à balles et la charge debout. Étouper les unes et les autres jusqu'à 2 cent. environ du bord des séparations. Placer, en étoupant, la charge couchée sur les boîtes à balles recouvertes d'une couche d'étoupes. — Envelopper d'étoupes et placer dans la case de derrière du demi-coffre de gauche : vers le bout, le paquet d'étoupilles ; vers la principale séparation, la spatule et le crochet à désétouper, et, quand il y a lieu, les dégorgeoirs et le doigtier. — Enfin, garnir d'étoupes jusqu'au couvercle et placer le paquet de mèche, qui doit rester apparent, au-dessus de la case des étoupilles. (Voy. page 195, Ficelles de déchargement.)

Chargement pour canon-obusier de 12. (Pl. 19.)

DEMI-COFFRE DE GAUCHE. — Case de devant et du milieu, chacune 3 *cartouches à boulet.* — Case de derrière, 1 *cartouche à obus ordinaire,* 3 *boîtes à balles* (à 34 balles) et leurs 3 *charges.* — Case transversale, 3 *cartouches à obus ordinaire.*

DEMI-COFFRE DE DROITE. — Cases de devant et du milieu, chacune 3 *cartouches à boulet.* — Case de derrière, 1 *cartouche à obus ordinaire,* 3 *cartouches à obus à balles,* 40 *étoupilles fulminantes* et 6 *mètres de mèche.* — Case transversale, 3 *cartouches à obus ordinaire.*

Le coffre contient donc : 12 *cartouches à boulet,* 8 *cartouches à obus ordinaire,* 3 *cartouches à obus à balles,* 3 *boîtes à balles,* 3 *charges pour boîtes à balles,* 40 *étoupilles fulminantes,* et 6 *mètres de mèche* (26 coups).

Le caisson contient donc : 36 *cartouches à boulet,* 24 *cartouches à obus ordinaire,* 9 *cartouches à obus à balles,* 9 *boîtes à balles,* 9 *charges pour boîtes à balles,* 120 *étoupilles fulminantes,* et 18 *mètres de mèche* (78 coups).

Chargement pour canon-obusier de 12 léger. (Pl. 19.)

DEMI-COFFRE DE GAUCHE. — Case de devant, 3 *cartouches à obus ordinaire.* — Case du milieu, 3 *cartouches à boulet.* — Case de derrière, 1 *cartouche à obus ordinaire,* 3 *boîtes à balles* (à 34 balles) et leurs 3 *charges.* — Case transversale, 3 *cartouches à obus ordinaire.*

DEMI-COFFRE DE DROITE. — Case de devant, 3 *cartouches à obus ordinaire.* — Case du milieu, 3 *cartouches à boulet.* — Case de derrière, 1 *cartouche à obus ordinaire,* 3 *cartouches à obus à balles,* 40 *étoupilles fulminantes* et 6 *mètres de mèche.* — Case transversale, 3 *cartouches à obus ordinaire.*

Le coffre contient donc : 6 *cartouches à boulet,* 14 *cartouches à obus ordinaire,* 3 *cartouches à obus à balles,* 3 *boîtes à balles,*

3 *charges pour boîtes à balles*, 40 *étoupilles fulminantes*, et 6 *mètres de mèche* (26 coups).

Le caisson contient donc : 18 *cartouches à boulet*, 42 *cartouches à obus ordinaire*, 9 *cartouches à obus à balles*, 9 *boîtes à balles*, 9 *charges pour boîtes à balles*, 120 *étoupilles fulminantes*, et 18 *mètres de mèche* (78 coups).

Les deux chargements ne diffèrent entre eux qu'en ce que les trois cartouches contenues dans chacune des cases de devant, sont : à boulet, pour le canon-obusier de 12 ; à obus ordinaire, pour le canon-obusier de 12 léger. — Les cartouches et les boîtes à balles, debout dans les cases longitudinales, couchées dans les cases transversales, les projectiles les uns au-dessus des autres vers le devant ; les charges des boîtes à balles au-dessus de celles-ci, la ligature en dessous. — Dans chacune des cases de derrière, une cartouche à obus ordinaire contre la principale séparation, les cartouches à obus à balles ou les boîtes à balles à leur suite.

Pour charger : Nettoyer le fond du coffre ; le couvrir d'une couche d'étoupes, s'élevant de 1 cent. environ au-dessus des liteaux ; former le lit des cartouches couchées en relevant les étoupes sur les côtés, de manière à ne laisser qu'une épaisseur de 5 mill. au milieu sous le projectile, à maintenir la cartouche parallèle au fond du coffre, et à la bien soutenir, dans toute sa longueur, sur les côtés. — Placer une cartouche couchée, après avoir relevé la séparation d'obus contre le devant du coffre ; étouper sur les côtés, et rabattre la séparation sur le projectile. Former le lit de la seconde cartouche ; la placer et l'étouper comme il a été dit pour la première, et procéder de la même manière pour la troisième. Régler l'épaisseur des couches d'étoupes, de manière que l'obus de la troisième cartouche arrive près du couvercle. Placer les cartouches et les boîtes à balles ; les étouper sur toute leur hauteur. — Couvrir les boîtes à balles d'une couche d'étoupes de 5 mill. d'épaisseur ; placer les charges et les étouper. — En étoupant, bourrer fortement autour des projectiles, légèrement autour des sachets. — Envelopper d'étoupes et placer dans la case de derrière du demi-coffre de droite : vers le bout, le paquet d'étoupilles ; vers la principale séparation, la spatule et le crochet à désétouper, et, quand il y a lieu, les dégorgeoirs, le doigtier et les débouchoirs. — Enfin, garnir d'étoupes jusqu'au couvercle, et placer le paquet de mèche, qui doit rester apparent, au-dessus de la case des étoupilles.

FICELLES DE DÉCHARGEMENT. — Elles sont destinées à faciliter l'enlèvement des premières charges. — Dans toutes les cases où les cartouches sont placées debout, on ajuste deux ficelles, ayant chacune 5 mill. de diamètre et $1^m,50$ de long, à la cartouche ou à la boîte à balles voisine du bout, de manière à former une couronne sur laquelle repose le projectile. A cet effet, ouvrir l'une d'elles à 4 cent. à droite et à gauche de son milieu; passer dans ces deux ouvertures les deux bouts de l'autre ficelle. Passer de même les bouts de la première dans deux ouvertures pratiquées de la même manière dans la seconde; tirer sur les quatre brins libres, de façon à les espacer également entre eux, et fixer chaque brin par une demi-clef. — Pour exécuter le chargement, s'il s'agit d'une cartouche, poser d'abord le projectile sur la couronne; relever le long du sachet les quatre brins libres, et les nouer fortement deux à deux diagonalement sur le culot. Placer la cartouche dans sa case et l'étouper sans se préoccuper de la ficelle. Quand l'étoupage est arrivé à hauteur des culots, desserrer les nœuds, de manière à laisser entre eux et le sachet l'intervalle nécessaire pour passer la main ou un manche d'outil; achever le chargement. S'il s'agit d'une boîte à balles, opérer d'une manière analogue. — Pour enlever une des charges ainsi disposées, arracher d'abord avec la main les étoupes qui la recouvrent; passer entre les nœuds et le dessus de la charge, la main, le manche de la spatule, le petit bout d'un levier de pointage ou un manche d'outil, et faire effort pour dégager la charge.

Coffre à munitions de 12, antérieurement à 1854. (Pl. 20.)

GARNITURES. — 4 *séparations*, 2 dans chaque demi-coffre, parallèles aux côtés. — 16 *liteaux d'idem*.

Chargement.

DEMI-COFFRE DE GAUCHE. — Dans chaque case, 4 *cartouches à boulet*.

DEMI-COFFRE DE DROITE. — Case de devant, 4 *cartouches à boulet*. — Case du milieu, 1 *cartouche à boulet*, 2 *boîtes à balles*, 2 *charges de boîtes à balles*, 36 *étoupilles fulminantes*, et 6 *mètres de mèche*. — Case de derrière, 4 *cartouches à boulet*.

Le coffre contenait donc: 21 *cartouches à boulet*, 2 *boîtes à balles*, 2 *charges pour boîtes à balles*, 36 *étoupilles fulminantes*, et 6 *mètres de mèche* (23 coups).

Le caisson contenait donc: 63 *cartouches à boulet*, 6 *boîtes à balles*, 6 *charges pour boîtes à balles*, 98 *étoupilles fulminantes*, et 18 *mètres de mèche* (69 coups).

Les cartouches et les boîtes à balles, debout. — L'une des charges couchée sur des étoupes au-dessus des boîtes à balles; l'autre debout dans le fond du coffre.

Pour charger: Nettoyer le fond du coffre; le couvrir d'une couche d'étoupes de 1 cent. environ d'épaisseur. — Ranger les cartouches à boulet, les boîtes à balles et la charge debout, en les espaçant également. — Étouper jusqu'à 2 cent. environ du bord supérieur des séparations; bourrer fortement autour des boulets, des sabots et des boîtes à balles, légèrement autour des sachets. — Envelopper d'étoupes et placer les étoupilles et la mèche, et dans le demi-coffre de gauche des coffres qui doivent les contenir, le crochet à désétouper, les dégorgeoirs, le doigtier et la spatule. — Garnir d'étoupes jusqu'au couvercle.

Coffre à munitions de 8. (Pl. 20.)

GARNITURES. — 6 *séparations*, 3 dans chaque demi-coffre perpendiculairement aux côtés. — 24 *liteaux d'idem.*

Chargement.

DEMI-COFFRE DE GAUCHE. — Dans chaque case, 4 *cartouches à boulet.*

DEMI-COFFRE DE DROITE. — 1re case, 4 *boîtes à balles* et 4 *charges de boîtes à balles.* — 2e case, 4 *cartouches à boulet,* 48 *étoupilles fulminantes.* — 3e et 4e cases, chacune 4 *cartouches à boulet,* et sur ces deux cases, 6 *mètres de mèche.*

Le coffre contenait donc: 28 *cartouches à boulet, 4 boîtes à balles, 4 charges pour boîtes à balles,* 36 *étoupilles fulminantes,* et 6 *mètres de mèche* (32 coups).

Le caisson contenait donc: 84 *cartouches à boulet,* 12 *boîtes à balles,* 12 *charges pour boîtes à balles,* 98 *étoupilles fulminantes,* et 18 *mètres de mèche* (96 coups).

Les cartouches à boulet et les boîtes à balles debout, les charges de boîtes à balles au-dessus des boîtes, sur une légère couche d'étoupes.

Pour charger: Nettoyer le fond du coffre; le couvrir d'une couche d'étoupes de 3 à 4 cent. d'épaisseur dans les cases à boulet seulement. — Les étoupilles, la mèche, les crochets à désétouper, les dégorgeoirs, le doigtier et la spatule comme dans le coffre de 12. — Même procédé que ci-dessus pour le chargement.

Coffre à munitions d'obusier de 15^c^. (Pl. 21.)

GARNITURES. — 4 *grandes séparations,* 2 dans chaque demi-coffre, parallèles aux côtés. — 16 *liteaux d'idem.* — 7 *petites séparations fixes;* 1 *séparation de boîtes à balles.* Ces 8 séparations sont réparties dans les quatre cases du devant et du derrière qu'elles divisent, chacune en trois petites cases égales. — La séparation de boîtes à balles, dans la case de derrière du demi-coffre de droite, vers la principale séparation. — Les petites séparations fixes reposent sur le fond, portent des supports d'obus, et ont, en regard des bouts et de la principale séparation, un dégorgement destiné à faciliter le dégagement de l'obus du fond. — 32 *liteaux d'idem,* 7 *petites séparations mobiles,* au-dessus des petites séparations fixes. — 40 *supports d'obus,* sur les petites séparations, les bouts et la principale séparation du coffre.

Chargement.

DEMI-COFFRE DE GAUCHE. — Case de devant, 6 *obus.* — Case du milieu, 11 *petites charges.* — Case de derrière, 6 *obus.*

DEMI-COFFRE DE DROITE. — Case de devant, 6 *obus.* — Case du milieu, 5 *grandes charges* et 6 *petites.* — Case de derrière, 2 *obus,* 2 *boîtes à balles,* 1 *grande charge* et 1 *petite,* 36 *étoupilles fulminantes* et 6 *mètres de mèche.*

Le coffre contenait donc: 20 *obus,* 2 *boîtes à balles,* 18 *petites charges,* 6 *grandes charges,* 36 *étoupilles fulminantes,* et 6 *mètres de mèche* (22 coups).

Le caisson contenait donc: 60 *obus,* 6 *boîtes à balles,* 54 *petites charges,* 18 *grandes charges,* 98 *étoupilles fulminantes,* et 18 *mètres de mèche* (66 coups).

Les obus sur les supports, le sabot en dessus; les bandelettes, vers les angles des cases. — Les boîtes à balles, debout sur le couvercle. — Les charges: 12 couchées sur 2 de hauteur au fond, les tampons vers le bout; 10 debout sur celles-ci, les tampons en dessus; 2 couchées sur les boîtes à balles.

Pour charger: Oter les séparations mobiles; nettoyer le fond du coffre; le couvrir d'une couche d'étoupes de 1 cent. environ, en réservant un logement pour la fusée dans les cases d'obus. — Placer les obus du premier rang, et étouper fortement jusqu'au-dessus des petites séparations fixes. — Placer les séparations mobiles; étouper sur les obus du premier rang comme sur le fond; placer les obus du deuxième rang; étouper fortement jusqu'au-dessus des séparations. — Placer les boîtes à balles; les étouper fortement sur toute leur hauteur; les couvrir d'une couche d'étoupes. — Placer 6 petites charges; les étouper et les couvrir d'une couche d'étoupes comme celle du fond; placer, étouper et recouvrir de la même manière 6 autres petites charges; placer 5 petites charges dans la case du demi-coffre de gauche, et 5 grandes dans la case du demi-coffre de droite; les étouper sur toute leur hauteur; serrer fortement autour des tampons, légèrement autour des sachets. — Placer une grande et une petite charge sur les boîtes à balles; y joindre les étoupilles, la mèche, et, dans les coffres d'avant-train d'affût, le doigtier; étouper jusqu'au-dessus des séparations. — Placer de même dans le demi-coffre de gauche, quand il y a lieu, le crochet à désétouper, les dégorgeoirs et la spatule.

Coffres à munitions d'infanterie. (Pl. 22.)

GARNITURES. — 2 *planchettes de pression*, 1 dans chaque demi-coffre. — 4 *traverses d'idem*, fixées aux planchettes. — 4 *bandes de toile* (toile écrue), 2 dans chaque demi-coffre: longueur, $1^{m},60$; largeur, de l'une, 48 cent.; de l'autre, 42 cent.; elles sont superposées en croix, réunies au milieu par quelques points de couture, et placées de manière à tapisser les faces intérieures du coffre.

Chargement.

CARTOUCHES A BALLE SPHÉRIQUE. — *Dans chaque demi-coffre*, 385 paquets de 10 cartouches. Les paquets placés sur 6 couches de hauteur, celle du fond à plat, les autres de champ. La couche du fond composée de 5 rangées de 7 paquets; les autres, de 5 rangées de 14. Dans chaque couche, les rangées parallèles au-devant du coffre; les grands côtés des paquets parallèles aux bouts; les capsules vers le devant du coffre dans les couches de numéro impair, en sens inverse dans les autres.

Pour charger: Oter les planchettes; nettoyer le coffre, et y placer les bandes de toiles. — Former les couches de paquets. — Matelasser successivement chaque couche, en introduisant d'abord la spatule et ensuite du foin entre la toile et les parois du coffre; refouler le foin avec la spatule, sur les quatre faces latérales de chaque couche, sans trop le comprimer sur les faces, perpendiculaires l'une à l'autre, matelassées les premières; le comprimer fortement sur les faces opposées, pour serrer les paquets les uns contre les autres. — Égaliser et comprimer successivement chaque couche à l'aide de la planchette, en montant dessus. — Rabattre sur la couche supérieure les bouts des bandes de toile; étendre une couche de foin assez épaisse pour que, quand la planchette de pression est placée et le coffre fermé, le chargement soit fortement comprimé. — En route, après les premières marches et aussi souvent qu'il est nécessaire, resserrer fortement le chargement au moyen de torons de paille ou de foin placés sur les planchettes. — Chaque caisson est pourvu de 2 *spatules* placées au-dessus des planchettes de pression.

CARTOUCHES A BALLE OBLONGUE. — *Dans chaque demi-coffre,* 480 paquets de 6 cartouches. Les paquets placés sur 7 couches de hauteur; celle du fond à plat, les autres de champ. La couche du fond composée de 6 rangées de 8 paquets; les autres, de 6 rangées de 12. Dans chaque couche, les rangées parallèles à la principale séparation; les grands côtés des paquets parallèles au-devant du coffre; les capsules vers la droite dans les couches de numéro impair, et en sens inverse dans les autres. — Même mode de chargement que le précédent.

CARTOUCHES A BALLE ÉVIDÉE. — *Dans chaque demi-coffre,* 546 paquets de 6 cartouches. Les paquets placés de champ sur 7 couches de hauteur. Chaque couche composée de 6 rangées de 13 paquets. Dans chaque couche, les rangées parallèles à la principale séparation; les grands côtés des paquets parallèles au-devant du coffre; les capsules vers la droite du coffre dans les couches de numéro impair, en sens inverse dans les autres.

CARTOUCHES A BALLE NESSLER. — *Dans chaque demi-coffre,* 462 paquets de 10 cartouches, les paquets sur 6 couches, comme pour les cartouches à balle sphérique, sauf les différences ci-après: 1re couche, 6 rangs de 7 paquets; les 5 autres couches, 7 rangs de 12 paquets.

Caisse à munitions de montagne.

GARNITURES POUR OBUSIER. — 8 *tasseaux* et 8 *supports d'obus,* contre les côtés.

Chargement pour obusier. (Pl. 21.)

6 *cartouches à obus ordinaire,* 1 *cartouche à obus à balles* et 1 *cartouche à boîte à balles,* 12 *étoupilles fulminantes* et 2 *mètres de mèche.*

Toutes les cartouches debout: 3 *cartouches à obus ordinaire* et la *cartouche à obus à balles,* le sachet en dessus; les 4 autres dans l'autre sens; la cartouche à obus à balles à l'extrême gauche; la cartouche à boîte à balles à l'extrême droite. Le chargement étoupé comme celui des coffres de campagne; les étoupilles, la mèche, et, quand il y a lieu, le débouchoir contre les côtés de la caisse.

Chargements pour cartouches d'infanterie.

La caisse n'a pas de garnitures.

CARTOUCHES A BALLE SPHÉRIQUE. — 105 paquets de 10 cartouches. Les paquets de champ, sur 3 couches de hauteur. Dans chaque couche, 25 paquets contre le derrière, les grandes faces parallèles aux bouts; 10 dans l'autre sens, contre le devant. — Remplir les vides avec des étoupes ou du foin bien bourré, de manière que le couvercle maintienne le chargement et qu'aucune partie du matelassage ne paraisse à l'extérieur.

CARTOUCHES A BALLE OBLONGUE. — 144 paquets de 6 cartouches. Même disposition et même mode de chargement que le précédent, en portant à 4 le nombre de couches et plaçant 11 paquets au lieu de 10 sur le devant.

CARTOUCHES A BALLE ÉVIDÉE. — 144 paquets de 6 cartouches. 3 couches de 3 rangées chacune; chaque rangée de 16 paquets. Les paquets debout, les grandes faces parallèles à la longueur de la caisse.

CARTOUCHES A BALLE NESSLER. — 117 paquets de 10 cartouches, 3 couches de 3 rangées chacune; chaque rangée de 13 paquets. Les paquets debout, les grandes faces parallèles à la longueur de la caisse.

Caisse blanche de double approvisionnement en munitions de canons-obusiers de 12.

CAISSE. — 2 *côtés.* — 2 *bouts,* reliés aux côtés par des morceaux de cercle cloués en équerre d'angle à 6 cent. du dessus. — 6 *épars d'idem;* les 2 du milieu portent une encoche pour recevoir les poignées. — 1 *fond,* relié aux côtés par 2 *morceaux de cercle* cloués à 10 cent. des bouts; des encoches arrondies sont pratiquées sur le corps de la caisse pour le passage des morceaux de cercle. — 1 *couvercle.* — 2 *épars d'idem.* — 2 *poignées* (cordage de 10 à 12 mill.), fermées par des nœuds simples; assez longues pour qu'on puisse y passer un levier pour porter la caisse; rabattues, elles ne doivent pas tomber plus bas que le fond. — Dimensions intérieures de la caisse: longueur, 68 cent.; largeur, 366 mill.; hauteur, 325 mill.; épaisseur du bois, 22 à 26 mill.

GARNITURES. — 4 *séparations,* perpendiculaires à la longueur de la caisse qu'elles divisent en 5 cases égales. — 16 *liteaux.* — 8 *liteaux de fond* (voy. pag. 193), au fond des 4 cases extrêmes.

Chaque caisse contient le chargement d'un demi-coffre. Toutes les cartouches sont placées debout. — Les 3 charges de boîtes à balles et 1 boîte à balles dans la case du milieu de la caisse qui contient le chargement du demi-coffre de gauche. 1 cartouche à boulet, les étoupilles et la mèche dans la case correspondante du demi-coffre de droite. — Étouper comme dans les coffres à munitions. — Les caisses sont marquées sur le couvercle comme les coffres à munitions, et portent de plus l'initiale *G* ou *D*, indiquant le chargement du demi-coffre de gauche ou celui du demi-coffre de droite. — 8 caisses garnissent le fond d'un chariot de parc, la longueur dans le sens de celle du chariot. — Poids de la caisse vide, 22 kil.

Caisse pour le transport des capsules de guerre.

CAISSE (bois blanc). — 2 *côtés* et 2 *bouts*, assemblés à queues d'aronde collées et clouées. — 4 *équerres*, au milieu de la hauteur. — 1 *fond*. — 1 *couvercle*. — Dimensions intérieures de la caisse: longueur, 72 cent.; largeur, 36 cent.; hauteur, 26 cent.; épaisseur du bois, environ 25 mill. — La caisse contient 100,000 capsules en 10 sacs de 10,000 chacun, placés sur 2 rangs, l'ouverture en dessus.

Pour charger: Garnir de foin en dessous et en dessus, ainsi que dans les intervalles et contre les parois de la caisse. — 16 caisses placées sur 2 de hauteur, la longueur dans le sens de la largeur de la voiture, composent le chargement d'un chariot de parc. — Poids de la caisse vide, $13^k,50$; de la caisse chargée, 84 kil., foin compris.

Déchargement des coffres et caisses.

Arracher les étoupes, soit à la main, soit avec le crochet, dont on dirige la pointe vers les parois des cases. L'entaille circulaire pratiquée vers le milieu de la longueur du manche, en regard du bec du crochet, indique la position qu'il faut prendre. — Enlever les charges des extrémités, et épuiser successivement chaque case. — Prendre les obus dans l'ordre inverse de celui où ils ont été placés; saisir les boîtes à balles et les obus par les anneaux ou les anses des sabots. — Replacer, dès qu'on le peut, les séparations mobiles. — Si le coffre doit se remettre en marche avec une case incomplète, remplir l'espace vide avec des étoupes bien bourrées. (Voy. page 195, Ficelles de déchargement.)

OUTILS, APPROVISIONNEMENTS, RECHANGES, ETC.

Nota. Dans les listes alphabétiques qui indiquent la composition du chargement de l'arrière-train, les objets marqués d'un astérisque (*) sont placés directement dans le chariot; les autres sont contenus dans les coffres ou caisses.

Chariot de batterie affecté au matériel.

Deux chariots sont affectés à chaque batterie de campagne: l'un pour les outils d'ouvriers en bois, et une partie des approvisionnements et rechanges nécessaires à l'entretien du matériel; l'autre pour les objets de harnachement.

Coffre de l'avant-train.

Liste alphabétique des objets contenus dans le coffre de l'avant-train.

DÉSIGNATION DES OBJETS.		Quantités.	DÉSIGNATION DES OBJETS.	Quantités.
Amorçoir à tige (en fer)		1	Lanières	100
Becs-d'âne		2	Limes (tiers-points)	3
Caisse aux menus objets		1	Maillets	2
Chasse-boîte		1	Manches de tarières	3
Ciseaux		4	Marteau à panne fendue	1
Clous n° 4	kil.	1	Masse à enrayer	1
— d'épingle	kil.	1	Mèches de vilebrequin	8
Cognée de charron		1	Pierre à affiler	1
Compas		2	Planes	2
Débouchoirs		8	Pointe à tracer	1
Dégorgeoirs (2 à vrille)		8	Rabot	1
Équerre. { à chapeau (en fer)		1	Râpe à bois	1
Équerre. { en bois		1	Rivoir	1
Fers plats nos 9, 12, 22, 23	kil.	170	Scie à main	1
Ficelle (paquets)		2	Tarières	6
Flambeaux		4	Tricoise	1
Fraises pour clous rivés		2	Triples décimètres	2
Gouge. { ronde (tige en fer)		1	Trusquin	1
Gouge. { carrée (*idem*)		1	Vilebrequin (en fer)	1
Gouges rondes, emmanchées		2	Vrilles	3
Hache. { à main		1		
Hache. { à tête		3		

Arrière-train, modèle 1833.

Coffre d'approvisionnements.

C'est le coffre d'outils tranchants avec des garnitures intérieures différentes.

Caisse à charbon.

BOIS. — Dimensions et assemblages comme au coffre d'outils tranchants, excepté la hauteur qui n'est que de 50 cent. Pas de couvercle.

Liste alphabétique des objets portés par l'arrière-train.

DÉSIGNATION DES OBJETS.	Quantités.	DÉSIGNATION DES OBJETS.	Quantités.
Boîte avec 24 chandelles	1	*Manches de pelle	6
Boute-feu	8	*Manches de hache et de pioche	12
*Caisse à charbon	1	*Manches de marteau	8
Charbon . . . kil.	125	Mèche à canon . . . mètres.	100
Chasse-fusées	12	Mesures à poudre	4
*Coffre d'approvisionnements	1	*Montants de fourragère	2
Cordage de 1 cent. environ . . mètres.	30	*Rais	40
Entonnoirs	4	Refouloirs	6
*Épars de fourragère	4	*Scie tournante	1
*Flèche ferrée	1	Serpes	6
*Flèches en blanc	2	Têtes d'écouvillons	6
*Jantes	24	Tire-fusée	1
Lanternes à éclairer	2	Vis de pointage	1
Maillets chasse-fusées	6	*Volées	2

Arrière-train, modèle 1827.

Liste alphabétique des objets portés par l'arrière-train.

DÉSIGNATION DES OBJETS.	Quantités.	DÉSIGNATION DES OBJETS.	Quantités.
Boute-feu	6	*Manches de pelle	6
*Caisse intérieure	1	*Manches de hache et de pioche	12
Chandelles	24	*Manches de marteau	8
Charbon (dans des sacs) . . . kil.	70	*Mèche à canon . . . mètres.	100
Chasse-fusées	12	Mesures à poudre	4
Cordage de 1 cent. environ . . mètres.	30	*Montants de fourragère	2
Entonnoirs	4	*Prélat	1
*Épars de fourragère	3	*Rais	25
*Essieux nos 2 et 3	2	Refouloirs	3
*Flèches de caisson ferrée	1	*Scie tournante	1
*Flèches de caisson en blanc	2	Serpes	6
*Jantes	15	Têtes d'écouvillons	4
Lanternes à éclairer	2	Tire-fusées	1
Maillets chasse-fusées	6	Vis de pointage	1

Chariot de batterie, modèle 1833, affecté au harnachement.

CHARGEMENT DU COFFRE DE L'AVANT-TRAIN. — 20 *sacs à charge*, à plat, formant 2 piles de 10 de hauteur. — 8 *sacs à étoupilles*, par moitié entre les 5e et 6e sacs à charge de chaque pile.

CHARGEMENT DE L'ARRIÈRE-TRAIN. — 2 *essieux* nos 2 et 3, sous le fond du chariot; l'une des fusées dans la lunette porte-essieu de rechange, l'autre sur le corps d'essieu. — 1 *prélat* (poids, 14 kil.), dans le chariot. — Les *objets d'entretien* et de *rechanges du harnache-*

ment; les *harnais des chevaux morts ou malades*, jusqu'à ce qu'on puisse les déposer en lieu convenable.

On peut charger 16 harnais complets, sans que l'élévation du chargement l'empêche d'être entièrement couvert par la toile-prélat. Les accessoires du collier troussés, former 4 piles, chacune de 4 colliers posés à plat; leur longueur dans le sens de la largeur du chariot; le haut et le bas placés alternativement à droite et à gauche; les garnitures de tête, les surfaix, etc., dans les ouvertures des colliers; 2 selles sur chaque pile de colliers, leur longueur dans les sens de celle du chariot, un quartier engagé entre le côté du chariot et les colliers, l'autre à plat sur les colliers; les schabraques pliées, sur les selles; les parties détachées des harnais et les objets de bourrellerie logés à mesure dans les espaces vides.

FORGES DE CAMPAGNE.

2 forges sont affectées à chaque batterie de campagne: l'une, pour l'entretien du matériel, est chargée d'outils d'ouvriers en fer, d'objets d'approvisionnement et de rechange; l'autre est spécialement destinée au ferrage des chevaux.

4 forges et 1 coffre de supplément d'outils d'ouvriers en fer sont affectés à une demi-compagnie d'ouvriers employée à un parc de campagne ou à équipage de siége.

Coffre de supplément d'outils d'ouvriers en fer.

Il se place sur le devant d'un chariot de parc chargé d'objets d'approvisionnement; on l'élève au moyen de pièces de bois, de manière que les anneaux des bandelettes de poignées soient vis-à-vis de l'intervalle qui sépare les ridelles des planches de côtés du chariot.

Forge affectée au ferrage des chevaux.

Le *charbon*, dans sa caisse. — La *bigorne* et son *bloc*, sur l'âtre. — Les *outils*, dans la case de devant du coffre d'outils de serrurier. — *Clous à cheval*, dans la case de derrière. — *Fers à cheval* et *fer en barres*, dans le coffre d'avant-train. L'approvisionnement doit être réglé de manière à ne pas dépasser 50 kil. pour les clous, et 300 kil. pour les fers. Il est fait par l'administration des corps.

Caisse de parc pour outils d'ouvriers en bois; pour parcs de campagne et équipages de siége.

Deux caisses de parc, désignées *A* et *B*, différant par leurs garnitures intérieures, contiennent ensemble la moitié des outils d'ouvriers en bois nécessaires à une demi-compagnie; deux autres caisses, contenant à peu près les mêmes objets, complètent la totalité de ces outils. Les 4 caisses se placent sur un chariot de parc; les caisses *A*, à côté l'une de l'autre, touchant le hayon de devant par un bout, et les côtés du chariot par le devant; les caisses *B*, de même, sur le derrière du chariot. On place des bois de rechange entre les bouts et les côtés de caisses, pour les maintenir en place.

Coffre d'outils tranchants.

8 coffres se placent sur un chariot de parc, leur longueur dans le sens de la largeur de la voiture; celui de devant, le moraillon en avant, et les autres, le moraillon en arrière.

Chariot de parc et charrette de siége.

Le chargement du chariot de parc se compose d'objets divers, tels que: *caisses d'armes, de munitions, d'outils*, etc., *projectiles, poudre en barils, agrès, engins, chèvres, plates-formes, rechanges et approvisionnements de toute espèce*, etc. — Le chariot de parc avec exhaussement à moyennes ridelles est spécialement affecté au transport des outils à pionniers.

175 pelles, 175 pioches, 75 manches de rechange de pelle, 75 *idem* de pioche.

Le chargement de la charrette se compose d'objets divers, tels que: *poudre en barils, projectiles, armements et approvisionnements des batteries de siége.*

	kil.		kil.
Poids du chariot de parc non chargé .	898	Poids de la charrette non chargée . .	458
— avec le chargement maximum. .	2100	— avec le chargement maximum .	1200

Forge de montagne.

Deux caisses de transport, désignées *A* et *B*, reçoivent la forge de montagne (avec ses accessoires) affectée aux batteries de montagne et aux régiments de cavalerie. — Le chargement est le même pour ces deux destinations, à l'exception des outils qui sont particuliers à la forge des batteries. — Le charbon est renfermé dans une sacoche en cuir. (Voy. page 33.)

Les caisses sont suspendues de chaque côté d'un bât de caisses, aux bandelettes à crochets, la caisse *A* à droite, la caisse *B* à gauche; les courroies de brêlage sont passées dans les chapes de ces caisses, et bouclées de manière à les maintenir contre les arcades de l'arçon. La sacoche est attachée par ses poignées aux arcades du bât.

POIDS DES AFFÛTS DE SIÉGE ET DU CHARIOT PORTE-CORPS.

			CANON DE 24.	CANON DE 16.	Obusier de 22c.
			kil.	kil.	kil.
Poids	de l'avant-train, avec volée de devant et roues		551	551	551
Poids	de l'affût avec roues, sans bouche à feu ni avant-train		990	897	990
Poids	total de l'affût, avec bouche à feu, avant-train et roues		4281	3448	2741
Poids	de l'arrière-train du chariot, avec roues, leviers et coussinet				771
Poids	du chariot avec avant-train, chargé d'un canon	de 24			4062
Poids	du chariot avec avant-train, chargé d'un canon	de 16			3322
Poids	du chariot avec avant-train, chargé d'un affût et d'un mortier	de 32c.			4096
Poids	du chariot avec avant-train, chargé d'un affût et d'un mortier	de 27c.			3676
Poids	du chariot avec avant-train, chargé de 3 affûts et de 3 mortiers de 22c				3767
Maximum du chargement du chariot, en gros projectiles					2000

CHAPITRE IX.

DU CHEVAL.

SOMMAIRE.

ACHAT.

Qualités à rechercher, examen.

CHEVAL. — Le cheval propre à l'artillerie doit être âgé de 5 à 7 ans plutôt 7 que 5, et avoir la taille de $1^m,515$ à $1^m,542$.

Le cheval de selle doit avoir les mouvements libres, la vue nette, la poitrine intacte, le pied bon et sûr, un bon appétit, de la franchise et du courage, plus de fond que d'ardeur, plus de solidité que de brillant.

Le cheval de trait doit avoir de bons aplombs ; les formes dégagées, mais bien fournies; les épaules suffisamment larges pour l'appui du collier, mais pas trop chargées; le corps plein, pas trop long; les côtes bien tournées, les extrémités solides, le canon un peu fort, les pieds excellents; à ces qualités, il doit réunir, autant que possible, les qualités du cheval de selle; trotter et galoper avec aisance; avoir des allures égales, et n'être pas ombrageux. — Souvent dans les remontes, on reçoit les chevaux sans distinction de destination; on choisit ensuite pour la selle ceux qui ont l'avant-main le plus léger et les aplombs de devant les plus réguliers. — Le cheval le plus propre au bât est celui qui, par sa conformation, se rapproche du mulet; il doit être très-fort des reins. — Taille de 1^{m},44 à 1^{m},52.

Rejeter les chevaux hauts sur jambes, étroits, efflanqués, grêles, long-jointés surtout, ainsi que les chevaux rétifs ou méchants.

MULET. — On distingue deux espèces de mulets : le *mulet* proprement dit, qui provient de l'âne et de la jument, et qui est le plus estimé; le *bardeau,* qui provient du cheval et de l'ânesse. Le premier brait, le second hennit.

Le mulet peut être employé utilement depuis 4 ans jusqu'à 25 et plus. Sa taille est ordinairement de 1^{m},38 à 1^{m},54. Il passe pour être entêté et indocile; mais s'il est conduit avec douceur et intelligence, on en tire un excellent parti; souvent, des mulets réputés rétifs deviennent, en changeant de maîtres, très-doux et très-soumis. — Le mulet a des qualités essentielles : robuste, sobre, craignant peu la chaleur, facile à nourrir, ayant le pied très-sûr, il est également propre à tirer et à porter; toutefois, il convient peu pour l'attelage des pièces, parce qu'il s'effraie au bruit des armes et au feu. Il est rarement malade; ses affections sont ordinairement aiguës.

CHEVAL ET MULET. — Ce qui va être dit du cheval, est en grande partie applicable au mulet.

Pour juger les chevaux, les voir à l'écurie; examiner leur attitude et leurs habitudes; les faire sortir de l'écurie, et les arrêter sur le seuil pour observer les yeux; la pupille doit se contracter lorsqu'elle est frappée par la lumière. — Le cheval sorti, empêcher que le vendeur ne *le place* ou ne le tourmente; se tenir en garde contre les effets du fouet, des cris, du gingembre, etc. — Examiner à plusieurs reprises les aplombs, les extrémités, l'âge, la taille. — Faire marcher le cheval en main, les rênes longues; observer les extrémités postérieures quand il s'éloigne, les extrémités antérieures quand il revient; les unes et les autres, quand il traverse. — Répéter l'examen au trot; observer comment le derrière chasse le devant, si le cheval *billarde, se berce, se traverse.* — Le faire reculer; le faire monter par un canonnier; voir s'il est sage au montoir, si la tête est légère. — Le faire galoper un peu pour voir s'il y a *cornage,* et quel est l'état du flanc. — Lever le pied, l'examiner avec soin, et frapper sur le fer, pour voir si le cheval est facile à ferrer.

Age.

Les dents incisives de lait tombent à peu près en même temps aux deux mâchoires, dans l'ordre suivant : à 2 ans et demi, les 2 pinces; à 3 ans et demi, les 2 mitoyennes; à 4 ans et demi, les 2 coins. Les dents de cheval ou de remplacement leur succèdent dans le même ordre; de sorte qu'à 3 ans les pinces, à 4 ans les mitoyennes, à 5 ans les coins ont leur partie libre toute sortie. Les dents se trouvent alors dans chaque mâchoire au même niveau, et se touchent quand le cheval ferme la bouche. Les époques indiquées plus haut peuvent varier et éprouver des retards de 7 à 8 mois.

Dans le courant de la 4e et de la 5e année apparaissent, le plus souvent, les crochets et les dernières molaires. Ordinairement, les juments n'ont pas de crochets; lorsqu'elles en ont, ils sont très-petits, et n'existent que sur la mâchoire inférieure. On appelle ces juments *bréhaignes.*

Les premières dents incisives, ou dents de poulain, sont d'un blanc de lait, petites, courtes, le collet très-prononcé; la muraille est unie; la table, très-étroite et allongée, est rase un an après la sortie. La dent de cheval a sa muraille plus ou moins jaunâtre, toujours striée; la table, moins étroite que celle de la dent de lait, présente une cavité, au fond de laquelle est souvent un point noir, appelé *germe de fève.* — Lorsqu'une dent incisive complétement formée n'a pas encore été altérée par la mastication, l'émail qui forme la muraille externe se replie sur la table et entoure la cavité centrale.

Dix-huit mois environ après l'apparition de chaque dent de la mâchoire mobile, l'émail qui recouvrait le bord externe de la table est usé, et laisse voir la substance médiane éburnée, qui forme alors le pourtour de la cavité centrale; dix-huit mois plus tard, le bord interne est également usé. Alors la cavité de la table a disparu, et l'on dit que le cheval *a rasé*. Ce changement est ordinairement opéré à 6 ans pour les pinces, à 7 ans pour les mitoyennes, à 8 ans pour les coins; de sorte que les dents de la mâchoire mobile rasent ensemble par paire et à une année d'intervalle. — Quelquefois la cavité subsiste, bien qu'on aperçoive distinctement tout autour de la dent les couches des deux substances différentes de couleur; alors le cheval est dit *bégu*, et si le germe de fève survit à la cavité, le cheval est dit *faux-bégu*; mais cela ne change en rien les conclusions que l'on doit tirer pour l'âge.

Les mêmes changements s'opèrent dans les dents de la mâchoire immobile, mais dans un espace de temps double; de sorte qu'ils sont terminés à 9 ans, pour les pinces; à 10 ans, pour les mitoyennes; entre 11 et 12 ans, pour les coins; toutefois, ils sont beaucoup moins réguliers, et les indications douteuses que l'on en tire ne doivent servir qu'à confirmer les autres observations qu'on a pu faire.

La mâchoire mobile présente en outre quelques indices qui peuvent être consultés, sans y attacher trop d'importance. La table des pinces, à 8 ans, est ovale; de 9 à 12 ans, arrondie; de 13 à 18 ans, triangulaire; au-dessus de cet âge, elle est aplatie d'un côté à l'autre. La même gradation se remarque dans les mitoyennes et les coins; mais un an plus tard pour les mitoyennes, deux ans pour les coins.

A mesure que le cheval vieillit, les dents des deux mâchoires s'allongent, jaunissent, se touchent par la muraille interne, forment entre elles des angles de plus en plus aigus, car elles croissent plus qu'elles ne s'usent; mais lorsque le cheval devient extrêmement vieux, ses dents raccourcissent, parce qu'elles s'usent plus qu'elles ne croissent. — Les bords de l'auge, dans la mâchoire mobile, deviennent de plus en plus aigus et tranchants; les parties des joues, voisines du chanfrein, s'aplatissent.

Pour découvrir les ruses que peuvent employer les maquignons, soit en sciant les dents, soit en les creusant ou en brûlant la table pour figurer le germe de fève, il faut examiner les substances et la forme de la table; voir si les deux râteliers portent bien l'un sur l'autre, et consulter les différents signes indiqués. — Se méfier des chevaux qui se défendent quand on leur ouvre la bouche, et de ceux qui l'ont pleine d'écume.

Aplombs et proportions. (Pl. 23.)

Les aplombs ont la plus grande importance pour la durée et la sûreté du service d'un cheval.

Le cheval étant vu de profil, les membres antérieurs doivent être compris entre deux verticales tombant, la première A, de la pointe de l'épaule et aboutissant à la pince; la seconde B, de la sommité du garrot, et joignant la pointe du coude; une ligne C, menée du tiers postérieur de l'avant-bras au boulet, doit partager le membre en deux parties égales. — Les membres postérieurs doivent être compris entre les deux verticales, A' tombant de la hanche et B' tombant de la pointe de la fesse, le pied à peu près à égale distance de ces deux lignes. Une ligne C', abaissée du milieu de la cavité cotyloïde, doit tomber à égale distance de A' et de B'.

Le cheval étant vu de face, une verticale D, abaissée de la pointe de l'épaule, doit partager chaque membre antérieur suivant son axe. — *Étant vu par derrière*, une verticale D', abaissée de la pointe de la fesse, doit partager chaque membre postérieur dans toute son étendue.

Le cheval étant vu de profil, sa hauteur mesurée verticalement du sommet du garrot à terre, doit être égale à sa longueur mesurée de la pointe de l'épaule à la pointe de la fesse. — Vu de face, il doit avoir la poitrine large. — Vu par derrière, il doit être large, bien musclé, et, suivant l'expression vulgaire, *bien gigotté*.

Tares et défectuosités, qui déprécient sensiblement un cheval, sans pourtant le faire rejeter.

APLOMBS DÉFECTUEUX. — *Cheval sous lui du devant*, la pince en arrière de A; *sous lui du derrière*, la pince trop rapprochée de A'. — *Campé du devant*, la pince en avant de A; *campé du derrière*, le pied trop rapproché de B'. — Il ne faut pas attacher trop d'importance à ces quatre défectuosités d'aplomb; elles résultent souvent de l'âge ou de mauvaises habitudes, sans pour cela nuire aux allures du cheval. — *Bas ou long-jointé*, le boulet se rapproche trop de B ou B', l'angle du canon et du paturon n'est pas assez ouvert; *droit jointé*, défaut contraire. — *Brassicourt*, le genou en avant de C; *genou creux*, défaut contraire. — *Trop ouvert, trop serré*, les membres portés en dehors ou en dedans des lignes D ou D'. — *Panard*, les membres tournés en dehors, la pince en dehors des lignes D ou D'; *cagneux*, défaut contraire. — *Panard ou cagneux du boulet*, mêmes défauts, affectant seulement le pied et le boulet. — *Genoux de bœuf*, portés en dedans des lignes D; *genoux trop ouverts*, défaut contraire. — *Jarrets clos ou crochus*, en dedans des lignes D'; *jarrets trop ouverts*, défaut contraire. Ces défauts nuisent à la solidité, à la facilité et à la souplesse des mouvements; l'animal se blesse souvent avec ses fers.

DÉFAUTS DE PROPORTIONS. — *Trop long de corps*, le cheval a les reins faibles, il est peu maniable, et devient promptement ensellé. — *Trop haut sur membres*, il est peu solide, et est vite ruiné.

Pieds trop grands ou trop petits. — *Corne haute ou trop basse.* — *Pieds pinçards.* — *Pieds plats*, sans creux inférieur. — *Pieds gras ou mous.* — *Corne sèche ou maigre.* — Les chevaux de sang ont en général le pied petit et la corne dure; mais comme le pied se rétrécit et durcit avec l'âge, il n'y a pas d'inconvénients à ce qu'un jeune cheval ait le pied un peu grand.

Éparvin sec, mouvement convulsif de l'extrémité postérieure, ce qu'on appelle *harper*. — *Capelet*, engorgement de la peau à la pointe du jarret. — *Molette*, tumeur molle au boulet produite par la dilatation des capsules synoviales, ordinairement à la suite d'un travail forcé. — *Vessigon*, tumeur molle au jarret. — *Osselet*, exostose au genou. — *Suros* et *fusée*, exostoses au canon; sans gravité, lorsqu'ils ne sont pas sur le trajet d'un tendon. — *Boîterie*; sans gravité, quand il est évident qu'elle ne provient que de causes légères et passagères.

Tares, défectuosités et maladies, qui doivent faire rejeter un cheval.

Cheval arqué, position analogue à celle du cheval brassicourt; perte d'aplomb des articulations, tremblement des jambes. — *Bouté* ou *Bouleté*; l'articulation du boulet est droite. — *Molette chevillée*, apparaissant des deux côtés du boulet. — *Molette soufflée*, remontant très-haut le long du tendon. — *Tumeur au genou*, provenant de blessures. — *Forme*, exostose au paturon et à la couronne. — *Suros* et *fusée*, exostose au canon; seulement lorsqu'ils sont sur le trajet d'un tendon. — *Boulet cercle*, exostose au boulet. — *Éparvin calleux* et *éparvin de bœuf*, exostose à la face interne du jarret. — *Jarde* et *jardon*, exostose à la face externe du jarret. — *Courbe*, exostose à la partie inférieure et interne du tibia.

Pied encastelé, trop étroit au talon et aux quartiers. — *Pied rampin*, qui se traîne près du sol et ne pose que sur la pince; même défaut que celui du pied pinçard, mais plus prononcé. — *Pied comble*, sole convexe. — *Pied cerclé*, tumeur provenant souvent d'une ancienne fourbure. — *Javart*, ulcération des cartilages latéraux du pied; petite ouverture à la peau, matière purulente, couronne souvent tuméfiée au dehors. — *Oignon*, exostose apparente à la sole, qui en est soulevée.

— *Cerise*, excroissance de chair à la sole par suite de blessures. — *Bleime*, meurtrissure entre la chair et la corne; dangereuse si elle suppure. — *Seime*, fente de la couronne suivant la direction des fibres. — *Fourbure*, inflammation générale du tissu réticulaire du pied; causée par des travaux excessifs, une trop grande quantité d'aliments excitants, ou un repos prolongé, pendant de grandes chaleurs. — *Crapaud*, désorganisation de la sole et de la fourchette. — *Eaux aux jambes*, écoulement considérable d'humeurs roussâtres et infectes. — En général, toute blessure, suppuration ou difformité du pied.

Boîterie, comprenant des accidents anciens devenus chroniques, tels que : *Luxation*, déboîtement de l'articulation du boulet, de la rotule, de la hanche. — *Entorse*, distension des ligaments articulaires. — *Écart*, distension des muscles et des aponévroses qui unissent les membres au corps; le cheval marche en fauchant; le faire tourner sur le côté affecté. — *Rhumatismes*, etc.

Fistule lacrymale, ouverture de la peau au-dessous de l'angle nasal; écoulement de larmes et suppuration. — *Cecité*, cristallin blanc et opaque. — *Taie* ou *albugo*, tache de la cornée lucide, qui se distingue du cas précédent par l'ombre que l'on aperçoit dans la chambre antérieure. — *Goutte sereine* ou *amaurose;* l'iris ne se contracte plus, parce que le nerf optique étant paralysé, la rétine ne perçoit plus aucune sensation. — *Fistule salivaire*, écoulement de salive, surtout près des joues. — *Carie des dents.* — *Toux*, lorsqu'en serrant la trachée-artère elle est répétée, pénible et convulsive, le cheval paraissant d'ailleurs en santé. — *Roux vieux*, gale invétérée. — *Tic d'appui* et *tic rongeur;* ils se reconnaissent à ce que les dents sont usées à l'extérieur. — *Tic en l'air*, difficile à reconnaître hors de l'écurie. Ne pas attacher une grande importance à ces divers tics, si le cheval n'est pas maigre. — *Hernie*, ombilicale, inguinale. — *Cheval éreinté*, reconnaissable à la marche. — *Cheval rétif ou méchant;* un cheval n'est rétif ou méchant que parce qu'il souffre étant monté, ou qu'il a été mal monté, ou maltraité. En changeant de maître, le cheval peut aussi lui-même changer complétement.

Gale, maladie contagieuse. — *Charbon* ou *anthrax*, inflammation gangréneuse, tumeur noire. — *Fortraiture* ou *gras fondu*, faiblesse, poil piqué, mouvements irréguliers du flanc, lequel est cordé; les reins roides; toux sèche, écoulement glaireux par les naseaux, amaigrissement. — *Rage.* — *Tétanos.* — *Morve*, écoulement par les naseaux d'une humeur épaisse; chancres sur la membrane pituitaire; ganache engorgée. — *Écoulement, chancres* et *glande*, d'un seul côté. —

Pousse; l'expiration, contrairement à ce qui a lieu dans l'état normal, est plus longue que l'inspiration, et s'opère en deux temps séparés par un soubresaut assez marqué des flancs. — *Fluxion périodique;* les accès durent un mois environ, et sont séparés par des intervalles, à peu près de même durée. La fluxion périodique n'attaque qu'un œil à la fois; pendant la fluxion, trouble de l'humeur aqueuse, couleur brune, larmes, paupières grosses et fermées; dans les intervalles, l'œil plus petit, moins vif, peu de cils. Lorsque l'un des yeux est perdu, l'autre devient malade à son tour, et le cheval finit par devenir aveugle. — *Immobilité;* elle se manifeste de beaucoup de manières, entre autres par la difficulté que le cheval éprouve à reculer, ou à décroiser ses jambes de devant quand on les lui croise.

Rejeter provisoirement les chevaux entiers et ceux qui sont atteints de blessures graves ou de maladies, telles que les suivantes, bien que susceptibles de guérison : *Mal de garrot.* — *Mal de rognon.* — *Testudo*, tumeur phlegmoneuse à la nuque. — *Trombus*, extravasion du sang sous la peau après une saignée mal faite. — *Farcin*, boutons qui suivent ordinairement les veines; ulcères fétides. — *Affections des yeux*, comprenant: *l'onglée*, inflammation du corps clignotant; *l'ophthalmie*, inflammation de la conjonctive. — *Gourmes*, tumeur de la ganache; écoulement considérable par les naseaux, toux. Elles surviennent ordinairement vers 5 ans, quelquefois aussi vers 6 ans, et même encore à 7 ans. — *Catarrhe*, toux; écoulement sans engorgement. — *Inflammation de poitrine.* — *Lampas*, inflammation du palais. — *Crevasses*, suintement, écoulement séreux, particulièrement aux pieds. — *Sole battue*, contusion de la sole. — *Sole brûlée*, par l'action du fer. — *Bleime sèche.* — *Clous de rue.* — *Piqûres.* — *Étonnement du sabot*, produit par un choc violent.

Acte de vente, cas rédhibitoires.

Les cas rédhibitoires sont fixés en France par la loi du 28 mai 1838; ce sont: La *morve.* — Le *farcin.* Ces deux maladies sont regardées comme contagieuses. — La *pousse.* — La *fortraiture.* — Le *cornage chronique*, bruit particulier causé par une gêne dans la respiration. — Le *tic*, sans usure des dents. — La *fluxion périodique des yeux.* — Les *hernies inguinales intermittentes.* — La *boîterie intermittente*, pour cause de vieux mal. — L'*épilepsie.* — L'*immobilité*, dans la colonne vertébrale ou les muscles.

Il est prudent de faire stipuler la garantie dans l'acte de vente, surtout dans les pays étrangers. Outre la garantie légale, si l'acte de vente déclare les chevaux *sains et nets*, clause qu'il faut par conséquent ne pas négliger, la rédhibition s'étend alors en France à tous les vices, même les plus apparents. L'acte de vente doit contenir les noms, qualités et demeures du vendeur et de l'acheteur; le signalement très-exact du cheval; la garantie et sa durée (30 jours pour le cas d'épilepsie et de fluxion périodique des yeux; 9 jours pour tous les autres cas); le prix de vente (en toutes lettres); le nom du lieu, et la date précise (en toutes lettres).

L'acheteur qui veut faire annuler la vente, doit, dans les délais fixés, présenter sa requête au juge de paix du lieu où se trouve l'animal, afin de faire nommer les experts. L'instance étant commencée devant le tribunal, il convient de mettre le cheval en fourrière; il faut surtout s'abstenir de modifier en rien l'animal, de lui faire aucune marque, etc. (Voy. la décision ministérielle du 9 février 1839.)

Le signalement doit être précis, court, clair, exact; comprendre la date, le sexe, l'âge, la taille, la couleur de la robe, les marques particulières, qui sont les signes les plus sûrs pour reconnaître le cheval en tous temps.

NOURRITURE.

FOIN. — Le foin est le produit des prairies naturelles. La première qualité est fournie par les prairies les plus élevées; la seconde, par les prairies d'une élévation moyenne, exposées à des inondations momentanées; la plus médiocre, par les prairies basses et marécageuses.

Le foin des prairies élevées se compose principalement d'*avoines vivaces*, de *fétuques*, de *dactyles* et de *flouve odorante*. — On trouve les *chiendents*, les *bromes*, l'*agrostis*, le *fléau*, l'*orge des prés*, l'*ivraie* (*raygrass* des Anglais), l'*alopécure* ou *queue-de-renard*, la *crételle*, la *brize*, etc., dans les élévations moyennes; les *roseaux*, les *phalaris*, la *fétuque flottante*, etc., dans les endroits bas et marécageux; les *luzernes*, *trèfles* et *sainfoins naturels*, les *vesces*, les *lotiers*, le *lupin*, la *coronille*, l'*orobe*, etc., dans toutes les expositions. Enfin, on trouve encore dans le foin la *pimprenelle*, l'*aigremoine*, les *marguerites*, les *paquerettes*, la *jacobée*, la *jacée* ou *bouquet-de-foin*, dont la présence annonce que le fourrage est venu dans un terrain bien situé, et, seulement en petite quantité, les *carrottes*, les *camelines*, le *géranium des prés*, la *scabieuse*, la *sauge des prés*, etc.

Les plantes mauvaises sont: presque toutes les plantes marécageuses, qui ne fournissent que très-peu de substance nutritive; celles qui altèrent le foin par leur humidité, par leur odeur trop forte, ou parce qu'elles tombent en poussière, telles que la *patience* ou *oseille*, le *plantin*, la *rue-des-prés*, l'*aunée*, la *consoude*, la *bourrache*, la *buglose*, la *mauve*, le *caille-lait*, la *menthe*, la *mélisse*, le *mille-feuille*, l'*aristoloche*, etc.; les plantes vénéneuses, telles que l'*euphorbe*, la *chélidoine*, la *ciguë*, la *renoncule*, qui perdent une partie de leur action délétère en se desséchant, mais qui altèrent lentement la santé des chevaux; enfin, celles qui déterminent des accidents dans la bouche, les yeux, les oreilles, par des épis garnis de barbes et d'arêtes dentelées, par des feuilles aiguës ou coupantes, comme les *orges* et les *bromes* dans les expositions élevées, et plusieurs espèces marécageuses.

Le bon foin est vert, ni pâle ni foncé, d'une odeur agréable sans être aromatique, d'une saveur douce et même sucrée; les tiges sont plutôt fines que grosses, d'une médiocre longueur, ne se brisent pas trop aisément et ne résistent pas trop à la main. — Il doit être récolté depuis 4 mois au moins, 12 au plus. — Trop nouveau, il renferme des principes de fermentation; les chevaux le mangent avec avidité, mais il leur donne des indigestions, des vertiges, des maux d'yeux, etc. Trop vieux, il a perdu toute propriété alimentaire; il est devenu sec, jaunâtre, cassant; il exhale une odeur de renfermé et de moisi. — Rejeter également le foin qui est trop gros, ligneux, rempli de roseaux, humide, de mauvaise odeur; *vasé*, *maré* ou *marné*, c'est-à-dire, chargé de limon par une eau bourbeuse; *poudreux*, c'est-à-dire, réduit en poussière par la fermentation qui s'est développée avant qu'il ne fût sec; *rouillé*, c'est-à-dire, sur lequel l'humidité a fait germer une plante de la famille des champignons, ne présentant en apparence que des taches jaunes ou noirâtres. — Conserver le foin dans des magasins secs et bien aérés; le remuer souvent par un temps sec.

LUZERNE, TRÈFLE, SAINFOIN. — Ces fourrages, produits par les prairies artificielles, ne doivent être employés qu'à défaut de foin. Il faut se régler pour leur distribution d'après les besoins du service, les ressources et les habitudes des localités. Lorsqu'ils sont de bonne qualité, ils ne peuvent produire d'autres inconvénients que ceux qui suivent un changement de régime trop brusque.

PAILLE. — Choisir la paille de froment, médiocrement grande, plutôt fine que grosse, *fourrageuse*, sans barbes d'épis, non rouillée, d'un blanc jaunâtre, d'une saveur douce, à peu près sans odeur. On peut la donner nouvelle. — Souvent, en route, la paille est remplacée dans la ration par moitié de foin en poids. — Les pailles d'orge, de seigle et d'avoine, ne sont employées qu'à défaut de paille de froment.

AVOINE ET AUTRES GRAINS. — L'*avoine* doit être pesante, lisse, résister à la pression des doigts, bien sèche, sans odeur; exempte de corps étrangers, tels que pierres, poussière, grains de nielle, d'ivraie, de folle avoine, etc. — La couleur, très-variable, est de peu d'importance. — Elle doit avoir au moins 4 à 5 mois de récolte. — Poids moyen du litre, 420 gr. — L'avoine nouvellement mouillée est fraîche et terne; elle ne coule pas dans la main; mouillée et séchée plusieurs fois, elle perd de son poids. Trop nouvelle, elle est dangereuse; trop vieille, elle perd de sa qualité. Dans ces différents états, l'avoine doit être rejetée.

La *farine d'orge,* dans les substitutions, est donnée à raison des 8/10 du poids de l'avoine; le *son,* en prenant moitié en sus. Le *son,* entièrement privé de farine, est malfaisant, indigeste, et ne nourrit pas. Celui qui contient une certaine quantité de farine, et qu'on nomme *recoupe* et *recoupette,* peut être un aliment salutaire.

Les circonstances peuvent forcer à remplacer l'avoine par l'*orge,* le *seigle,* le *blé,* le *maïs,* la *féverole,* le *sarrasin,* l'*épeautre,* les *pois,* les *vesces,* les *bisailles.* Les rations sont alors fixées par des règlements locaux et temporaires. Ces substitutions exigent de grandes précautions, et surtout, une gradation bien entendue. — Consulter les habitudes locales.

Conserver les grains dans des magasins très-secs, en tas de 50 cent. de hauteur au plus, et isolés des murs.

ALIMENTS VERTS. — Au premier rang est l'*orge carrée* ou *escourgeon;* au second, sont les autres céréales. Ces plantes doivent être coupées au moment où les épis commencent à se former. — Si l'on est forcé de les employer à un degré de maturité plus avancé, en faire un usage modéré. Oter les épis dans les premiers jours; ne jamais en laisser de barbus. — Au troisième rang sont la *luzerne,* le *trèfle* et le *sainfoin;* préférer la première coupe au regain ou seconde coupe; ne les donner que privés d'humidité. — On peut, au besoin, employer les *carottes,* les *panais,* les *betteraves* et les *pommes de terre,* crus et coupés ou bien cuits et mélangés avec du son ou des grains; enfin, les jeunes pousses d'arbres, tels que l'*acacia sans épines,* la *vigne,* l'*olivier.*

Les aliments verts se donnent comme nourriture ou comme régime hygiénique. Commencer par la demi-ration, l'augmenter peu à peu, et finir par en donner à satiété, lorsque le cheval s'en trouve bien; continuer la ration ou la demi-ration d'avoine pendant les premiers jours. — Ne donner le vert que sur l'avis du vétérinaire, à moins d'y être forcé. — Consulter les habitudes du pays.

ALIMENTS DIVERS. — La *drèche*, résidu de l'orge qui a servi à faire la bière, est très-favorable à l'engraissement, mais donne peu de vigueur aux chevaux, qui ne peuvent la quitter sans être exposés à des maladies, lorsqu'ils en ont pris l'habitude. — L'*ajonc* ou *genêt épineux*, est très-nutritif et propre à soutenir la vigueur des chevaux; ne le donner qu'après l'avoir macéré ou pilé au marteau ou à la meule, à cause de ses feuilles rudes et piquantes. — Les *gousses du caroubier* sont employées avec avantage dans quelques parties de l'Espagne. — En cas de nécessité, on donne aux chevaux la *graine de lin*, la *racine du gazon*, bien lavée, des *écorces d'arbres*, même du *bois sec* réduit en copeaux.

EAU. — La bonne eau est claire, limpide, insipide, inodore; elle contient de l'air, dissout le savon, bout facilement, et cuit bien les légumes. — Préférer les eaux de pluie fraîchement recueillies, celles des grandes rivières, et généralement les eaux courantes. — Les plus mauvaises sont les eaux de puits, les eaux séléniteuses, dormantes, vaseuses et surtout croupissantes. — Si l'eau est trop froide, y mêler un peu de son ou de farine, et l'agiter. — En été, donner l'eau à une température peu différente de celle de l'air; l'exposer à l'action du soleil. En hiver, donner l'eau fraîchement tirée. — En station, lorsque l'eau est insalubre, établir en grand des filtres au sable et au charbon; jeter du charbon dans les citernes et dans les mares. — Quand les eaux contiennent des sangsues, faire boire les chevaux dans une musette.

RÉGIME. — Autant que possible, la ration de foin, de même que celle de paille, se donne en trois fois; l'avoine, bien vannée, en deux fois. — Le cheval boit deux fois par jour. — Il importe peu que l'avoine soit donnée avant ou après l'abreuvoir, que la paille précède ou suive le foin, pourvu que l'on conserve toujours le même ordre. — Ne pas faire travailler un cheval immédiatement après qu'il a mangé, ou au moins ne pas le faire travailler immédiatement aux allures vives. — Après une longue fatigue, ne pas lui offrir des aliments qui excitent son avidité; commencer par lui donner de la paille. — Ne pas le faire boire lorsqu'il est en sueur; s'il le faut absolument, lui faire sur-le-champ reprendre de l'exercice. — Lorsque les chevaux n'ont pas d'appétit, ou lorsque les denrées ne sont pas de bonne qualité, jeter de l'eau salée sur les aliments. — Au commencement d'une route, les chevaux sont sujets à se dégoûter de l'avoine; il faut alors ne la leur donner que par petites portions.

Composition des rations de fourrage.

1° Intérieur. *(Décision du 7 août 1846.)* (*Journ. mil. offic.*, 1er sem. 1853, n° 62, p. 632.)

DÉSIGNATION DES PARTIES PRENANTES.	SUR LE PIED DE PAIX ET DE RASSEMBLEMENT.			SUR LE PIED DE GUERRE.			EN ROUTE (1)			SUPPLÉMENT d'avoine en cas de marche militaire (2).	FOURNITURE AU VERT.	
	Foin.	Paille.	Avoine	Foin.	Paille.	Avoine	Foin.	Paille.	Avoine		Vert.	Paille pour litière.
	kil.	kil.	kil.	kil.	kil.	kil.	kil.	kil.	kil.	kil.	kil.	kil.
Chevaux de selle et de trait (officiers et troupe)	5	5	3,60	7	4	4,20	5,50	«	5,20	0,60	50	2,50
Mulets	4	5	3,00	5	4	3,80	4,50	«	4,80	0,80	40	2,50

(1) L'officier qui précède le corps pour faire le logement a le droit, pour tout ou partie de l'effectif, suivant les circonstances, de réclamer le remplacement de 1 kil. d'avoine au plus pour chaque ration par 4 kil. de paille.

(2) *Ce supplément est accordé dans les cas prévus par les art.* 295 et 397 de l'ord. du 2 nov. 1833, sur le service intérieur des troupes à cheval. Voir pour l'application des dispositions prescrites par les deux articles sus-mentionnés, la décision ministérielle du 6 février 1835. (*Journal militaire officiel*, 1er sem. page 72.)

Camps d'instruction. — Il est alloué pour les chevaux faisant partie de camps de manœuvre et d'instruction, un supplément de nourriture dont l'espèce, la quotité et la *durée sont déterminées chaque fois par le ministre au moment de la formation des camps.*

Denrées d'assimilation qui peuvent entrer dans les substitutions de la ration de fourrage, et bases d'après lesquelles elles sont décomptées par l'entrepreneur, lorsqu'elles sont prescrites par l'administration en raison des proportions admises pour les substitutions. (*Art. 34 du cahier des charges.*)

PROPORTION DES SUBSTITUTIONS.

Foin.

Sainfoin . . . . *poids pour poids.*
Luzerne (1re coupe et regain). *poids pour poids.*
Paille . . . . double du poids.
Avoine. . . . . moitié du poids.

Paille.

Foin. . . . . moitié du poids.
Avoine . . . . *quart du poids.*

Avoine.

Foin . . . . *double du poids.*
Paille . . . . quatre fois le poids.
Son . . . . *moitié en sus.*
Farine d'orge . . . . . . 8/10 du poids.

---

40 kil. de fourrages verts à l'écurie, ou une journée de cheval à la prairie, représentent 12 kil. de foin.

2° Algérie. *(Décision du 23 avril 1853.)* *(Journ. mil. offic.*, 1er sem. 1853, n° 62, p. 634.)

DÉSIGNATION DES PARTIES PRENANTES.	SUR LE PIED de station.			SUR LE PIED DE ROUTE, en expédition et dans toutes les positions y assimilées. (3)		
	Foin.	Paille. (1)	Orge.	Foin.	Paille.	Orge.
	kil.	kil. (2)	kil.	kil.	kil. (4)	kil.
Chevaux de selle. Race française	4	2	4	5	»	4
Chevaux de selle. Race arabe, sarde, etc.	3	2	4	4	»	4
Chevaux de trait	6,5	2	5,5	7,5	»	5,5
Mulets de trait	4	2	5	5	»	5
Mulets de bât	3	2	5	4	»	5

OBSERVATIONS.

(1) La paille sera autant que possible de la paille longue, battue au fléau ou à la mécanique, et ayant au moins 60 cent. de longueur.

Il sera fourni de la paille courte, dépiquée par les pieds des chevaux, partout où la culture locale ne permettra pas de se procurer à un prix admissible, en quantité suffisante, la paille longue qui est définie au paragraphe précédent.

(2) Indépendamment des allocations de paille déterminées par le présent tarif pour la position de station, il sera accordé 3 kil. de paille à titre de première mise pour la litière à tous les chevaux et mulets des corps et détachements arrivant de France ou rentrant d'expédition.

(3) La ration de route sera appliquée à toutes les places et dans toutes les positions où, soit en raison de la difficulté de se procurer de la paille, soit en raison des besoins éventuels des colonnes expéditionnaires, soit pour tout autre motif, M. le Gouverneur général reconnaîtra qu'il y a lieu de fournir exclusivement en foin les approvisionnements en fourrages.

(4) Dans les places de passage, où il existera des approvisionnements suffisants de paille, une troupe en marche ou en expédition pourra demander que cette denrée entre dans la ration des chevaux pendant la durée de son séjour, mais sans dépasser dans aucun cas la quantité de 2 kil. de paille pour 1 kil. de foin selon la proportion admise pour les places de stations.

Nota. En conformité des prescriptions du réglement sur le service des subsistances, aucun changement ne pourra être apporté à la composition des rations déterminées par le tarif ci-contre, sans une approbation du Ministre de la guerre.

PROPORTION DES SUBSTITUTIONS.

Foin.

Paille . . . . double du poids.
Orge . . . . moitié du poids.

Paille.

Foin . . . . moitié du poids.
Orge . . . . quart du poids.

Orge.

Foin . . . . double du poids.
Paille . . . . quatre fois le poids.
Son . . . . moitié en sus.
Farine d'orge. . . . . 8/10 du poids.

---

40 kil. de fourrages verts à l'écurie, ou une journée de cheval à la prairie, représentent 12 kil. de foin.

ÉCURIES.

DISPOSITIONS RÉGLEMENTAIRES. — Placer, autant que possible, les chevaux d'une batterie dans un même bâtiment, divisé en écuries de même capacité. — Lorsqu'on peut prendre des jours sur les deux façades, mettre les chevaux tête à tête et séparés par une cloison longitudinale, laquelle, entre les piliers qui la consolident, ne doit s'élever que de 30 cent. au plus au-dessus du couronnement du râtelier.

DIMENSIONS. — Largeur dans œuvre d'une écurie pour un seul rang de chevaux, 6 mètres; pour deux rangs de chevaux, placés tête à tête, 12 mètres; placés croupe à croupe, $10^{m},40$; hauteur, 5 mètres.

OUVERTURES. — Percer des portes dans les murs de pignon et de refend, pour procurer une ventilation dans le sens de la longueur de l'écurie pendant l'absence des chevaux. Percer les portes destinées au service habituel dans les murs de façade. Largeur, 2 mètres; hauteur, $2^{m},60$ au moins. — Percer des fenêtres nombreuses, de 3 en 3 chevaux, le bas à 3 mètres du sol; s'ouvrant autour de l'arête inférieure, et sur une surface de $1^{m},50$ carré. Les garnir de volets en bois, s'il est nécessaire. Descendre les embrasures jusqu'au sol, et y établir des crochets et des chevalets pour suspendre le harnachement; y pratiquer quelques ouvertures de 1 mètre de largeur sur 70 cent. de haut pour sortir la litière. — Au besoin, établir des ventouses supérieures, au-dessus de l'axe des passages, en arrière des chevaux. Ne faire usage de ventouses inférieures qu'en cas de nécessité absolue.

PAVAGE. — Former le pavage en pierres dures; le poser sur une forme résistante, et le garnir dans tous les points d'une matière imperméable, telle que mortier hydraulique, ciment romain, asphalte. Éviter cependant autant que possible de former un sol glissant. — Donner une pente de 2 à 3 cent. par mètre.

MANGEOIRES. — Mangeoires en bois, en pierre dure ou en fonte; posées sur un massif en maçonnerie dont le parement est incliné, comme la face antérieure des mangeoires, de 1/5 en surplomb par rapport à la verticale. Les mangeoires en bois, divisées par cheval; les mangeoires en fonte ou en pierre, creusées sur une longueur de 60 cent., le massif s'élevant entre les parties creusées. Profondeur, 20 cent.; largeur en haut, 30 cent.; au fond, 24 cent. — Hauteur du plan supérieur au-dessus du sol, $1^{m},10$.

RATELIERS. — Râteliers en bois. Hauteur, 1 mètre; au-dessus du sol, $1^{m},60$. Les fuseaux, ronds et mobiles, ont 3 cent. de diamètre, et sont espacés de 10 cent. d'axe en axe. L'emploi des râteliers en fonte ou en fer peut être autorisé.

SYSTÈME D'ATTACHE. — Il se compose: 1° d'une barre de fer rond, courbée à ses deux extrémités, posée de haut en bas parallèment à la face antérieure de la mangeoire, fixée au sommet de celle-ci et scellée en bas dans le massif en maçonnerie; 2° d'une chaîne en fer, dite *longe fixe*, de 65 cent. de longueur, y compris un anneau qui glisse le long de la barre, et un T qui s'engage dans l'anneau du licol.

ESPACEMENT DES CHEVAUX. — Il est fixé à $1^m,45$. Il peut, suivant les dimensions des écuries, être augmenté ou diminué, sans cependant descendre au-dessous de $1^m,40$, de manière à conserver pour chaque cheval une capacité de 20 mètres cubes au moins, et en outre l'espace nécessaire aux gardes d'écurie et aux utensiles.

BARRAGE. — Par un, pour tous les chevaux de remonte, et, provisoirement, à raison de 20 par batterie, pour les chevaux vicieux. — On place en arrière des chevaux, de 3 en 3', de forts poteaux reliés par des traverses pour soutenir les cordes de suspension. Les barres, en sapin, sont garnies à chaque bout d'une virole en tôle épaisse, et entourées, vers l'extrémité postérieure, de paille nattée. Le mode de suspension consiste en une bascule en bois, retenue contre la corde par un anneau coulant en fer; la partie inférieure de la corde est entourée d'un rouleau en bois.

ÉCURIES EN ROUTE ET EN CAMPAGNE, BIVOUACS. — Choisir les écuries les plus claires, les plus sèches et les mieux aérées; établir, s'il se peut, des courants d'air, qu'on supprime avec soin quand les chevaux sont dans les écuries. — Maintenir la température à un degré raisonnable; éviter l'action directe du soleil et des vents violents; entretenir la plus grande propreté. Enlever à fond le fumier qui recouvre le sol. Ménager la litière, en l'exposant souvent à l'air. — Laisser pendant le jour une demi-litière. — Choisir, pour le bivouac, un terrain ferme et sec, sans être sablonneux; abrité contre les vents, le soleil et les insectes; à proximité de l'eau, etc. — Ne rien négliger pour procurer aux chevaux le repos, qui leur est nécessaire autant que la nourriture; leur préparer un bon couchage; les débarrasser de toutes les parties du harnais qu'on peut ôter sans inconvénient; une fois qu'ils sont établis, ne pas les déranger sans nécessité.

SOINS EN ROUTE ET EN CAMPAGNE. (Voy. CHAP. XI.)

Le cheval chargé ou attelé ne peut pas fournir plus de 5 à 6 myriamètres par jour; pour suffire à la continuation de ce travail, il faudrait

même qu'il fût entouré des soins les plus assidus, et surtout, qu'en arrivant au gîte, il pût trouver immédiatement la nourriture et le repos; conditions auxquelles il n'est pas toujours possible de satisfaire en campagne. — Au départ, porter principalement l'attention sur le harnachement et sur le chargement. — A toutes les haltes, qui doivent se faire d'heure en heure, et surtout à la première, faire ressangler les chevaux, assurer la selle et la charge, visiter les pieds. — Aux montées et aux descentes longues et rapides, faire mettre pied à terre; mais ne pas souffrir que les hommes descendent et remontent fréquemment. S'il est possible, ne laisser à cheval aucun homme ivre ou sommeillant.

Éviter les longues colonnes, en fractionnant la troupe et divisant la surveillance. Veiller attentivement à ce que la tête de chaque colonne partielle conserve toujours le même degré de vitesse, *sans se préoccuper de la distance*, que l'on reprend successivement en passant au pas ou en s'arrêtant. La vitesse de la tête de chaque colonne doit toujours être d'autant plus modérée que la colonne est plus profonde. Sans ces précautions qui sont de nécessité absolue, le milieu, et surtout la queue de la colonne, éprouvent des à-coups et des changements d'allures qui, par leur répétition continuelle, fatiguent excessivement les chevaux.

En arrivant au gîte, décharger immédiatement les chevaux; ôter la croupière; déboucler le poitrail. — S'ils ont très-chaud, mettre de la paille sous la couverture; les bouchonner. — S'ils sont couverts de poussière, éponger les yeux, le naseaux, les lèvres, le fondement, le fourreau. — Lorsque les chemins sont boueux, laver les jambes et les bouchonner immédiatement avec une poignée de paille. — Desseller quand les chevaux n'ont plus chaud; bouchonner aussitôt le dos, l'examiner avec soin; la moindre tumeur négligée peut mettre un cheval hors de service; si l'on en aperçoit quelqu'une, y porter remède aussitôt. — Visiter la ferrure. — Souvent les chevaux refusent de manger, parce qu'ils ont soif, les faire boire aussitôt que possible; par les temps chauds, on peut faire boire une heure après l'arrivée.

Abréger les pansages, lorsque la route doit être longue; supprimer même celui du matin, pour laisser reposer les chevaux. — S'ils ont beaucoup sué, se servir principalement du bouchon; si l'on a fait route dans la boue, bouchonner plus longtemps les jambes (les queues ont dû être retroussées); par des temps de sécheresse et de poussière, éponger et peigner davantage. — User fréquemment des bains de rivière, quand la température le permet, à moins que la corne des pieds ne s'écaille; dans ce cas, avoir soin de la graisser.

Dans les batteries de montagne, faire suivre chaque mulet par un canonnier qui observe les mouvements de la charge, surtout dans les montées et les descentes, pour en rétablir l'équilibre. — Ne débâter que 2 heures après l'arrivée au gîte. — Visiter les mulets, afin de porter remède aux blessures récentes, de reconnaître les défauts des bâts, et d'en faire modifier le rembourrage convenablement. — Exposer les bâts au soleil pour les faire sécher; et, lorsqu'ils sont secs, battre légèrement le rembourrage avec une baguette. — Refaire le rembourrage tous les 3 ou 4 mois; en refaire le dessus, lorsqu'on est obligé de mettre sur un mulet un bât qui a été porté par un autre. — Pour transporter le bât, il faut toujours le saisir par les arcades de l'arçon, afin d'éviter tout dérangement dans le rembourrage. — Lorsque les mulets sont en sueur, et que l'on est obligé de s'arrêter par un temps froid et humide, il faut les abriter le plus possible, les couvrir avec des couvertures, des sacs, des prélats, etc.

Blessures, maladies, pertes.

Les vétérinaires seuls peuvent traiter les chevaux dans les cas graves; les officiers doivent se borner à prévenir les accidents par leur surveillance, à les reconnaître, et à y apporter les premiers soins.

BOITERIES. — Le cheval boîte, parce que l'appui sur le membre malade lui est douloureux; par conséquent, l'autre membre se porte plus en avant pour arriver au secours du membre malade, et le cheval tombe d'une manière plus lourde, plus visible sur le membre qui ne souffre pas. — Quand un cheval boîte, si l'on ne connaît pas la cause de sa boiterie, il faut le faire déferrer. — On distingue comme il suit de quelle jambe boîte un cheval: au pas, l'avant-main s'élève au moment où le pied malade pose à terre, si c'est un pied de devant; l'arrière-main, si c'est un pied de derrière; au trot, le contraire a lieu. Il faut observer la marche du cheval sur des terrains de dureté différente.

Pour les claudications provenant de la ferrure, voyez ci-après. — Pour les autres: repos, bains d'eau froide, cataplasmes. — Lorsqu'il y a douleur dans les articulations, avec gonflement des tissus, pratiquer des frictions spiritueuses.

FOURBURE. — Il y a forte chaleur au pied, sans mal apparent; le cheval marche avec difficulté en s'appuyant sur les talons; tristesse, manque d'appétit, fièvre. — Il faut déferrer, couper la corne jusqu'au vif vers la pince, la faire même saigner; bains froids et salés; envelopper le pied avec des linges imbibés de vinaigre, en l'entourant jusqu'à la couronne; plus tard, fortes frictions aux jarrets et aux genoux, avec de l'essence de térébenthine et de l'eau-de-vie camphrée; diète, eau de son. — Le cheval ne peut suivre.

CREVASSES, EAUX AUX JAMBES. — Ces affections n'exigent en général que des soins de propreté, quelques lotions d'eau tiède avec un peu de vin, et sur la fin de sous-acétate de plomb.

BLESSURES. — A la moindre apparence de tumeur, arrêter le développement de l'inflammation par des lotions d'eau fraîche, vinaigrée ou salée; raffermir les tissus par des frictions d'eau-de-vie savonneuse ou camphrée. — Déplacer la charge; rembourrer la selle de manière à laisser un vide au-dessus de la tumeur. Pour les colliers, se servir de coussinets en toile, rembourrés de crin d'une consistance moyenne; triangulaires, s'il s'agit d'élever le collier au-dessus du garrot; rectangulaires, s'ils doivent être placés entre le collier et l'épaule; en mettre un seul, ou deux posés de chaque côté de la blessure; les fixer au collier par des lanières ou des cordons. — Si le mal empire malgré ces précautions, débarrasser le cheval de tout ce qui peut le blesser, en continuant les lotions et les frictions. Si néanmoins la tumeur augmente, l'ouvrir. — Lorsqu'une blessure est ouverte, laver la plaie une fois par jour seulement; ne pas ôter complétement le pus; empêcher le contact de l'air, avec de l'étoupe ou de la charpie. — Quand la plaie est d'une bonne nature et commence à se guérir, les lotions de sous-acétate de plomb hâtent la cicatrisation.

AFFECTIONS INTERNES. — Les symptômes ordinaires sont: toux sèche et fréquente, écoulement d'humeur par les naseaux; engorgement, adhérence et sensibilité des glandes de la ganache; inquiétude et tristesse, dégoût des aliments, abattement; altération des flancs, poil piqué, fièvre. — Séparer le cheval des autres; le mettre à la diète, au régime blanc, en attendant les prescriptions du vétérinaire. Si le cheval, se levant et se couchant sans cesse, regarde ses flancs d'un air inquiet, il a des coliques. Souvent alors il suffit, pour le guérir, de promenades en main, de frictions sèches au bouchon sur le ventre, et de lavements émollients de mauve ou de laitue. S'il se campe souvent pour uriner, et manifeste de la douleur, il est attaqué de rétention d'urine. Avoir recours aux lavements émollients et aux boissons nitrées. — Dans certaines maladies de poitrine, il faut de prompts secours, sous peine de perdre le cheval. Faire poser des vésicatoires ou des sétons sur la poitrine, et saigner, pourvu que le cheval n'ait pas mangé depuis plusieurs heures. Supprimer complétement l'avoine et le foin.

Le jeune cheval en arrivant au corps est presque toujours, dans les 12 ou 15 premiers mois, soumis à des maladies inflammatoires de poitrine et d'intestins. Pour combattre les causes de ces graves affections, n'amener les chevaux que par une très-lente progression à manger la ration réglementaire, si différente par ses principes des aliments donnés chez l'éleveur. Éviter de les employer à l'instruction des classes des recrues ; mais on peut les faire marcher et tirer longtemps, au pas, sur les routes ; les visiter fréquemment, surtout à l'heure du repas.

Le mulet est sujet aux mêmes maladies que le cheval ; mais elles sont moins fréquentes et ordinairement plus aiguës.

Les objets nécessaires aux premiers soins, sont : seringues, bistouris, rubans et aiguilles à sétons, étoupes sèches, eau-de-vie camphrée, savon, nitre, essence de térébenthine, sous-acétate de plomb liquide, onguent de pied, onguent populéum, onguent vésicatoire.

La perte d'un cheval, de quelque manière qu'elle arrive, doit être constatée par un procès-verbal du sous-intendant militaire, ou, à son défaut, de celui qui le représente dans l'endroit où l'on se trouve. En France, la signature du maire doit être légalisée par le sous-préfet. — Quand un cheval doit être abattu, il faut, s'il est possible, en faire prévenir le sous-intendant.

FERRURE.

Les officiers doivent se mettre en état de surveiller les maréchaux-ferrants.

OUTILS DE MARÉCHAL-FERRANT. — Le *ferretier,* marteau à main, pour forger le fer. — Les *tricoises,* tenailles, pour enlever le fer du pied et arracher les clous. — Le *brochoir,* petit marteau, pour enfoncer les clous. — Le *boutoir,* espèce de ciseau, pour parer le pied. — Le *rogne-pied,* tronçon de lame de sabre, pour abattre la corne extérieurement. — La *râpe,* pour unir les rivures. — Le *repoussoir,* pour chasser les clous.

FERS ET CLOUS. — On distingue dans le fer : Les *deux faces.* — Les *deux bords* ou *rives ;* le *bord externe* et le *bord interne.* — La *pince,* partie antérieure ; sa *voûte,* partie de la rive intérieure qui lui correspond. — Les *branches,* réunissant la pince aux éponges. — Les *éponges,* extrémité de chaque branche qui répond au talon. — Les *étampures,* trous recevant les clous ; habituellement au nombre de huit. L'étampure est *maigre,* lorsqu'elle est placée près du bord extérieur du fer ; *grasse*, dans le cas contraire. — Les *crampons,* crochets à l'extrémité de l'éponge qui est ployée perpendiculairement aux branches, de dessus en dessous ; il sert principalement à empêcher le cheval de glisser ; les employer avec beaucoup de réserve. —

Les *pinçons*, espèce de griffe sur l'épaisseur de la rive externe du fer; ordinairement à la pince des pieds postérieurs; quelquefois à la branche externe, alors on en fait un petit à la branche interne; ils servent à assurer le fer et à garantir la corne. — L'*ajusture*, concavité de la face supérieure pour la commodité de la marche, et pour que, dans aucun cas, le fer n'appuie sur la sole. — Les fers de derrière sont ordinairement un peu plus épais et plus larges en pince que ceux de devant; ceux-ci étampés en *pince*, les autres en *talons*.

Dans les clous on distingue la *tête*, la *lame* et la *pointe*. La tête doit se loger en partie dans l'étampure, le plus exactement possible; la lame, juste avec le fond de l'étampure, ne doit pas être trop déliée; elle a une légère courbure, pour que le clou sorte, au lieu de s'enfoncer dans le pied. — Rejeter les clous pailleux ou fendus.

Le fer fort ou doux du commerce est celui qui convient le mieux pour la ferrure.

Préceptes généraux.

Forger le fer d'après la forme du pied; il doit déborder en dehors d'environ son épaisseur, à commencer de la dernière étampure jusqu'à l'extrémité de l'éponge; être juste en pince et en dedans. — Les éponges généralement courtes et minces. — Étamper plus gras en dehors, plus maigre en dedans; les fers de devant en pince, ceux de derrière en talon. — Donner l'ajusture convenable; que le fer porte également partout sur la muraille, et pas du tout sur la sole. — Brocher en bonne corne, les rivets solides, tous à même hauteur. — N'abattre de la muraille que ce qu'il faut pour bien faire porter le fer. Ne parer que rarement la sole et la fourchette; en parant le pied, poser le boutoir à plat, afin d'enlever la corne bien également. — Ne pas appliquer le fer trop chaud, et ne le laisser que peu de temps sur le pied. — Ne râper que les rivets, jamais la muraille; ce qui appauvrirait le pied. — Quand un clou se coude, le retirer et en mettre un autre; si le cheval, tranquille d'ailleurs, retire vivement le pied après un coup de brochoir, enlever le clou sur-le-champ. — Toutes les cinq semaines au plus, faire parer aux quatre pieds la corne inutile, et remettre le fer s'il est encore bon. Se régler bien plutôt sur la longueur de la corne que sur l'usure du fer.

La ferrure à glace ne diffère de la ferrure ordinaire que par la forme des clous, dont la tête est plus longue et plus pointue.

Un maréchal, aidé d'un manœuvre, ferre un cheval des quatre pieds en 2 heures. — 3 ouvriers peuvent forger 100 fers en 16 heures.

4 fers pèsent moyennement $2^k,40$; 100 clous, $1^k,25$.

Ferrures particulières, pour quelques pieds défectueux.

PIEDS TROP GRANDS. — Parer avec ménagement ; diminuer un peu la circonférence de l'assiette. Fer léger, étampé maigre, débordant très-peu en dehors, très-juste en dedans.

PIEDS LARGES OU ÉVASÉS. — Parer très-peu. Fer un peu couvert, c'est-à-dire, présentant moins de vide intérieur, un peu mince, étampé maigre ; clous à lame déliée.

PIEDS TROP PETITS. — Fer ordinaire, presque sans ajusture, débordant un peu le pied en dehors.

PIEDS TROP LONGS EN PINCE. — Retrancher le plus possible de la pince, peu des talons. Fer ordinaire, à pince un peu relevée, c'est-à-dire, plus convexe, surtout si le cheval est sujet à butter, débordant vers le talon, très-juste en pince.

PIEDS A TALONS TROP HAUTS. — Abattre les talons ; fer débordant un peu en pince ; étampures portées un peu plus vers les talons.

PIEDS A TALONS BAS. — Parer la pince ; ne pas toucher aux talons. Étampures portées un peu vers la pince, qu'on tient courte.

PIEDS ENCASTELÉS. — Parer beaucoup les talons et les quartiers ; ne pas toucher à la fourchette. — Fer à éponges tronquées ou raccourcies. — Graisser souvent le pied. — Si le cheval doit marcher sur le pavé, *fer à planche,* c'est-à-dire, fer dont les éponges sont réunies.

PIEDS PINÇARDS OU RAMPINS. — Abattre les quartiers, les talons et la fourchette. Fer à pince épaisse et à planche. — Ramener le talon à sa hauteur, par plusieurs ferrures successives. — Pour les pieds de derrière, pince prolongée.

PIEDS PLATS OU COMBLES. — Toucher très-peu à la sole et aux talons. Fer très-couvert et ayant beaucoup d'ajusture. Quand les talons sont très-bas et faibles, *fer à planche.* Ce défaut du pied est un des plus fâcheux pour le service.

PIEDS PANARDS. — Abattre le côté externe du pied. Fer ordinaire. Si le défaut est très-prononcé, *fer en bosse* sur le milieu de l'éponge interne.

PIEDS CAGNEUX. — Moyens contraires.

PIEDS GRAS OU MOUS. — Fer léger ; clous à lame déliée.

PIEDS SECS OU MAIGRES. — Abattre le plus possible la circonférence du pied. Fer léger, peu d'ajusture, débordant faiblement ; clous à lame déliée. — Employer d'ailleurs tous les moyens propres à ramollir la corne : les corps gras, l'*onguent de pied,* appliqués sur la couronne, sur le pied et dans la fourchette. — Ferrer rarement, ne pas brûler la corne, ne pas se servir de la râpe.

PIEDS DÉROBÉS. — Retrancher autant que possible la mauvaise corne; parer bien également le bord inférieur de la muraille. Les étampures dans les endroits où la corne est bonne; clous à lame déliée.

PIEDS A FOURCHETTE GRASSE OU MOLLE. — Comme les pieds combles. — Propreté extrême; lotions de vinaigre, de sous-acétate de plomb liquide.

PIEDS A FOURCHETTE MAIGRE OU SÈCHE. — Parer sans creuser la fourchette et les talons. Graisser fréquemment.

PIEDS A OIGNONS. — Fer couvert ou à planche.

CHEVAUX QUI SE COUCHENT EN VACHE (les fers de devant contre les coudes). — Fer à éponge interne raccourcie; incruster l'extrémité de l'éponge dans le talon, au niveau de la corne.

CHEVAUX COURT-JOINTÉS OU DROITS SUR LEURS MEMBRES. — Abattre les quartiers, les talons et la fourchette, sans toucher à la pince. Fer à éponges courtes et minces, et à pince relevée.

CHEVAUX BRASSICOURTS, ARQUÉS OU BOUTÉS. — Abattre les talons. Fer à pince prolongée, plus ou moins relevée. — Redresser le pied progressivement.

CHEVAUX LONGS-JOINTÉS. — Moyens contraires. *Fer à bosse* au milieu des éponges.

CHEVAUX QUI SE COUPENT. — Fer très-juste du côté interne; diminuer la partie qui coupe; ne pas y pratiquer d'étampures.

CHEVAUX QUI FORGENT (les pinces des pieds postérieurs rencontrent les talons, les éponges ou la voûte des fers de devant). Si cet effet ne résulte pas de la faute du cavalier, abattre les talons des pieds antérieurs et la pince des pieds postérieurs. Fer de devant à éponges courtes, ou même à planche, si le cheval se meurtrit les talons; fer de derrière à pince tronquée, avec pinçons latéraux.

Principaux accidents qui peuvent résulter de la ferrure.

PIQURE. — Si le clou est retiré tout aussitôt, le mal n'a ordinairement pas de suites, à moins que la piqûre ne soit profonde. Il faut alors agrandir l'ouverture, y introduire de l'essence de térébenthine, panser avec des plumasseaux imbibés de la même substance; agir de même si le mal est ancien, après avoir fait ôter le clou et parer à fond l'ouverture.

BLEIME. — Meurtrissure du quartier et surtout du talon, reconnaissable à une tache rouge. Parer le mal à fond, et panser comme ci-dessus. Pour prévenir le retour du mal, il peut être nécessaire de parer à fond la partie offensée pendant plusieurs ferrages.

SOLBATURE. — Meurtrissure causée par le fer qui porte sur la sole, ou par un corps dur introduit entre la sole et le fer. Parer la partie blessée ; appliquer des plumasseaux imbibés de térébenthine et retenus par une éclisse ; donner au fer beaucoup d'ajusture. — Quand la sole a été brûlée par un fer appliqué trop chaud et tenu trop longtemps, agir comme pour la solbature.

Ces accidents sont annoncés par la claudication ; en pinçant avec des tricoises, on reconnaît exactement le siége du mal. — On peut ajouter aux moyens précédents, les lotions de vinaigre, de sous-acétate de plomb étendu d'eau. — Si le cheval doit marcher, rattacher le fer avec peu de clous, de manière à le faire tenir seulement.

HARNACHEMENT DES CHEVAUX.

COMPOSITION. — Le harnachement complet des chevaux d'artillerie est composé comme il suit :

Garniture de tête. — *Selle,* commune à tous les chevaux montés. — *Harnais d'attelage.* — *Sellette,* pour l'attelage de la charrette de siége.

Le harnachement modèle 1833 a été adopté après plusieurs années d'expériences, à la suite de la création du nouveau matériel. En 1848, de nouvelles garnitures de tête remplacèrent celles du modèle 1833. Enfin en 1854, les garnitures de tête, la selle et ses accessoires, et la majeure partie des objets qui composent le harnais d'attelage ont été changés. Il n'est resté du modèle de 1833 que la sellette pour l'attelage de la charrette de siége, et du modèle 1848 que le bridon d'abreuvoir et le licol d'écurie.

La garniture de tête, modèle 1848, et le harnais d'attelage, modèle 1833, sont encore en service dans plusieurs régiments.

Tous les objets de harnachement doivent être jugés, sous le rapport des dimensions, avec une tolérance raisonnable et basée sur le degré de précision qu'il est possible d'obtenir dans les fabrications courantes du commerce.

Cuirs.

On distingue les cuirs, d'après leur nature, en *bœuf, vache, veau, cheval* et *mouton* ou *basane ;* d'après leur couleur, en *noir* et *fauve ;* d'après leur préparation, en : *Cuir en plein suif* ou *en suif,* cuir nourri au suif et employé dans son suif. — *Cuir en suif à chair propre.* C'est le précédent mis au dégras, et paré du côté de la chair. — *Cuir étiré* ou *à l'eau,* préparé à l'eau sans nourriture grasse. — *Cuir à l'huile,* nourri à l'huile, comme pour la chaussure. — *Cuir sec d'huile,* nourri légèrement à l'huile sans avoir été *drayé* (dépouillé de la chair). — *Cuir verni,* nourri à l'huile, et verni du côté de la chair. — *Cuir hongroyé* ou *cuir blanc,* lavé, mis au sel et à l'alun, séché et graissé au suif. — *Cuir vert,* cuir non tanné. — *Cuir lissé, cuir grené,* etc.

La force réelle des cuirs dépend plus de leur qualité que de leur épaisseur; c'est donc surtout à la qualité qu'il faut s'attacher dans la réception des fournitures. Le cuir de taureau doit être rejeté; il est épais et souple; mais, comme les pattes et les flancs des autres cuirs, il est creux, sans résistance et sans durée, ordinairement plucheux à la coupe et du côté de la chair; pour peu qu'on le froisse, le côté de la fleur prend un aspect crispé, qu'il conserve.

Tous les cuirs autres que les courroies et objets analogues sont découpés sur des patrons. — Les coutures des cuirs sont faites à 2 branches et à raison de 9 à 10 points pour 3 cent.; celles qui suivent les bords des cuirs sont à 4 ou 5 mill. de ces bords.

CONDITIONS POUR QU'UN CHEVAL SOIT BIEN HARNACHÉ.

La selle doit être ajustée de manière que l'on puisse passer aisément la main entre elle et le garrot ou les rognons, le cavalier étant à cheval; que le garrot ne soit pas serré sur les côtés; que les panneaux portent bien également de toutes parts sans toucher la colonne vertébrale, et que les pointes de l'arçon ne portent pas. La placer sur le dos du cheval, de façon que la pointe de l'arcade soit à environ trois doigts en arrière de la pointe de l'épaule (omoplate), pour ne pas gêner ses mouvements. — La couverture ne doit pas comprimer le garrot; elle doit venir par derrière au ras de la schabraque. — Le poitrail doit être placé au-dessus de la pointe des épaules, pour n'en pas gêner les mouvements. — La croupière ne doit pas être tendue, pour ne pas blesser le cheval sous la queue ou le faire ruer. — Le porte-manteau ne doit pencher d'aucun côté. — La charge de devant doit être disposée de manière à élever le moins possible la main de la bride. Rien ne doit dépasser la schabraque.

Pour que le cheval soit bien bridé, il faut que les boucles des montants de la bride et du bridon-licol soient à la même hauteur; que les sous-gorges ne soient pas serrées de manière à gêner la respiration; que celle de la bride recouvre celle du bridon-licol et passe dans l'alliance de ce bridon ; que la muserolle soit convenablement serrée ; que les montants de la bride soient en arrière des os des tempes, et que le mors du filet ne soit pas engagé sous celui de la bride. — Dans les anciennes brides, les boucles du montant, de la sous-gorge et du filet du côté montoir, doivent former une espèce de patte d'oie. — Le mors doit être proportionné à la bouche du cheval. L'embouchure doit porter sur les barres, à un doigt au-dessus des crochets d'en bas, sans que le haut touche le palais. La gourmette doit être ajustée de manière à faire son effet sur la barbe, et à ne pas la comprimer lorsque la main de la bride n'agit pas.

Il faut que le collier soit aisé à l'encolure, sans être trop large ; que la longueur soit telle qu'on puisse passer la main à plat entre la partie inférieure du collier et le poitrail ; que la largeur soit proportionnée à celle de l'encolure, de manière à ne pas gêner les mouvements des épaules ; que la plate-longe et les traits en cuir ou les fourreaux soient sur leur plat ; que le bras du bas de l'avaloire soit un peu au-dessus de la pointe des fesses dans le nouveau modèle, un peu au-dessous dans l'ancien. Le bras du haut dans ce dernier doit correspondre à la partie supérieure des hanches ; tandis que dans le nouveau modèle, où il partage l'effort à peu près également avec le bras du bas, il doit être placé vers le milieu de la croupe.

Un collier trop grand blesse le cheval plus promptement qu'un collier trop petit. — Le collier modèle 1854, ouvert par en bas, peut s'ajuster à plusieurs tailles et facilite le moyen de garnir le cheval. — Entretenir les mamelles de manière qu'elles soient souples et douces. — Si un cheval se blesse et qu'on soit obligé de le mener haut le pied, le débarrasser entièrement de son harnais ; le collier aggraverait le mal encore plus que si le cheval continuait à tirer.

DES DIFFÉRENTS MODES D'ATTELAGE.

L'attelage des voitures à timon, dit *à l'allemande*, a lieu par couples sur deux files ; les traits sont attachés aux palonniers d'une volée particulière à chaque couple de chevaux. La volée des chevaux de derrière est fixe ; les autres sont mobiles et simplement attachées au timon avec des chaînes. Les deux chevaux de derrière concourent pour diriger la voiture, la retenir dans les descentes, ou la faire reculer, au moyen de chaînes ou de courroies de bout de timon, qui sont mises en communication avec l'avaloire par l'intermédiaire de la plate-longe.

Toutes les voitures de l'artillerie étant à timon, à l'exception de la charrette de siége, elles sont attelées suivant ce mode avec les particularités suivantes : La volée mobile ou de devant n'est employée que dans les affûts de siége et le chariot porte-corps, et seulement pour séparer les chevaux de derrière du couple qui les precède immédiatement. Sauf cette séparation, l'attelage pour toutes les voitures a lieu trait sur trait dans chaque file, de manière que chaque cheval tire sur les traits de tous ceux qui le suivent. Les traits sont attachés au collier au moyen d'une longe de trait servant à rendre indépendante la traction de chaque cheval sur la file de traits, et à prévenir toute action des chevaux de devant sur le collier de ceux qui les suivent. — Les traits des chevaux de derrière sont accrochés à la volée, sans palonniers.

Dans les affûts de siége, le chariot porte-corps, le chariot de parc, le haquet à bateau, et le triqueballe à treuil, le timon est soutenu naturellement dans la position horizontale d'attelage, par les relations établies entre les deux trains, en avant et en arrière de la cheville-ouvrière.

Dans les affûts et voitures des batteries de campagne, ou de part et d'autre du crochet cheville-ouvrière, les deux trains sont complétement indépendants, les chevaux de derrière soutiennent le timon à l'aide d'*un support de timon*, sur chaque branche duquel glisse un anneau attaché par une courroie à la partie inférieure du collier.

L'attelage des voitures à deux roues ou à limonière, dit *à la française,* a lieu sur une seule file. Le cheval de derrière (limonier) est pourvu d'une dossière portée sur une sellette, et d'une sous-ventrière de limonière, qui servent, l'une à supporter la limonière, l'autre à l'empêcher de s'élever. Ce cheval est aussi garni d'une avaloire, dont les grandes boucles sont mises en communication au moyen de petites chaînes avec des crochets de retraite (dits *ragots,* dans l'ancien matériel), fixés sur les bras de la limonière, vers le milieu de l'établage, pour servir à reculer la voiture, ou à la retenir dans les descentes.

Les traits sont quelquefois remplacés par une paire de mancelles dans lesquelles entrent les bouts des bras de limonière. Les traits du cheval qui précède immédiatement le limonier sont ordinairement attachés aux bouts des bras de la limoniére ; ceux des autres chevaux de devant sont attachés, au moyen de crochets en fer ou de billots en bois, soit à la tête du trait, soit au collier du cheval qui les suit. — Cet ancien attelage, encore en usage dans les affûts et voitures de siége et de place à quatre roues, aussi bien que dans les voitures à deux roues (charrettes et camions) du matériel Gribeauval, n'est plus employé dans le matériel d'artillerie actuel que pour la charrette de siége. Les chevaux sont garnis comme pour l'attelage de derrière à timon, avec cette seule différence que le surfaix du sous-verge est remplacé par une sellette, avec dossière et sous-ventrière de limonière. Les deux chevaux peuvent, au besoin, être attelés en file traits sur traits, le porteur en avant; mais ils sont attelés de front le plus souvent, pour plus de facilité dans la conduite de la voiture. Les bouts des traits du porteur sont à cet effet réunis dans un même crochet placé dans un piton à fourche en dehors du limon de gauche. Les traits sont tenus écartés en arrière du cheval au moyen d'une traverse à fourches à laquelle ils sont fixés chacun par une lanière.

HARNACHEMENT DES MULETS DE L'ARTILLERIE DE MONTAGNE.

L'obusier de montagne et son affût sont portés à dos de mulet, ou attelés. Les caisses à munitions, celles de la forge, les caisses pour les outils, rechanges et approvisionnements, sont transportés à dos de mulet seulement.

COMPOSITION. — Le harnachement adopté en 1845 se compose d'une *garniture de tête* et de deux modèles de *bât:* Le *bât d'affût*, destiné au transport de l'obusier ou de son affût, et au besoin à celui des caisses à munitions; le *bât de caisses*, destiné spécialement au transport des caisses. Chacun de ces bâts est pourvu d'un harnais particulier; celui du bât d'affût est disposé pour l'attelage.

Les confections sont réglées dans la proportion de trois bâts de caisses pour un bât d'affût. — Les bâts d'affût destinés aux mulets de derrière reçoivent le *surfaix-dossière*, les *courroies de retraite* et les *courroies-supports de limonière;* ceux qui sont destinés aux mulets de devant, reçoivent les *traits* et les *courroies porte-traits;* il y en a moitié d'une espèce, moitié de l'autre.

Garniture de tête.

La garniture de tête se compose de 1 *collier* et 1 *bridon.*

COLLIER (la bouclerie étamée). — 1 *corps de collier*, recouvert de 1 *blanchet d'idem;* 1 *boucle;* 1 *passant fixe;* 1 *renfort de blanchet*, double le blanchet à l'endroit de l'anneau de courroie de longe; 1 *sous-boucle;* 1 *anneau de courroie de longe.* — 1 *longe en chaîne étamée;* 1 *courroie de longe;* 1 *boucle;* 2 *passants fixes.*

BRIDON (le mors étamé, la bouclerie vernie en noir). — 1 *mors;*

2 *anneaux d'idem ;* 1 *frontal sous-gorge*, formé d'une seule courroie fixée aux montants au moyen de 2 *lanières* servant à régler la longueur du frontal ; 1 *boucle d'idem ;* 1 *passant fixe.* — 2 *montants ;* 1 *boucle* au montant gauche et 1 *passant fixe ;* 2 *œillères*, assujetties au frontal par 2 *lanières.* — 1 *rêne ;* l'un des bouts enchapé sur l'anneau de droite du mors, l'autre bout passé dans l'anneau de gauche et retenu par 1 *olive.*

Bât d'affût.

Il se compose de : 1 *arçon ;* 2 *panneaux ;* 1 *harnais de bât d'attelage ; courroies* et *cordes*, pour le chargement.

Arçon.

BOIS. — 2 *arcades.* — 2 *entretoises* assemblées avec les arcades. — 6 *planchettes*, fixées aux arcades.

FER. — 8 *bandelettes d'assemblage d'arcades*, fixées sur les joints des arcades. — 1 *bandelette à crochet, de devant*, et 1 *contre-bandelette d'idem*, la première à l'extérieur, la seconde à l'intérieur de l'arcade de devant ; 1 *crampon de rênoir*, 2 *boulons d'assemblage.*— 1 *bandelette à crochet, de derrière ;* 1 *contre-bandelette d'idem*, 1 *crampon de longe de croupière*, 2 *pitons de support de limonière ;* 2 *contre-rivures d'idem ;* 2 *anneaux triangulaires.* — 4 *liens d'arcade.*

GARNITURES POUR LES HARNAIS (les dés et les boucles sont étamés). — 2 *dés de poitrail ;* 2 *enchapures d'idem*, le bout libre de chaque enchapure fendu pour former 2 lanières qui, passées dans les trous de l'arcade de devant, et réunis entre elles par un nœud carré, fixent les enchapures. — 2 *contre-sanglons de montant de poitrail*, passés dans leurs mortaises et cloués contre le derrière de l'arcade de devant. — 1 *rênoir ;* 1 *courroie d'idem ;* 1 *passant fixe.* — 2 *contre-sanglons d'avaloire*, l'un des bouts fendu pour former 2 lanières qui, passées dans les trous de l'arcade de derrière, et réunies entre elles par des nœuds carrés, fixent les contre-sanglons.— 2 *chapes de brêlage de caisse ;* 2 *enchapures d'idem*, fixées aux planchettes inférieures de l'arçon par 2 *lanières.*

GARNITURES DU CORPS DU BAT. — 1 *faux siége.* — 2 *galbes ;* 2 *joncs.* — 1 *recouvrement de siége ;* 2 *joncs d'idem.*

PANNEAUX. — 2 *basanes de dessus ;* 2 *doublures d'idem ;* 2 *toiles de matelassure*, 2 *joncs.* Les deux panneaux sont réunis entre eux, à la partie supérieure ; les deux toiles sont fendues au milieu des panneaux pour l'introduction du rembourrage (3^k,750 à 4 kil. de paille, 1^k,500 de bourre et 2 kil. de crin). La paille sur une couche contre le dessus, dans le sens de la hauteur du bât; la bourre par-dessus la paille, le crin par dessus la bourre. Le rembourrage est maintenu par une piqûre faite près des bords inférieurs des panneaux. Les panneaux sont fixés à l'arçon par 16 *lanières.*

Harnais de bât et d'attelage.

Il se compose de: 1 *poitrail ;* 1 *avaloire ;* 1 *croupière ;* 1 *coussinet de bras d'avaloire ;* 1 *surfaix ;* 1 *surfaix-dossière ;* 2 *courroies de retraite ;* 2 *supports de limonière;* 2 *courroies porte-traits ;* 1 *paire de traits.* — La bouclerie est étamée.

POITRAIL. — 1 *corps ;* 2 *contre-sanglons,* aux extrémités du corps; 1 *blanchet* sur le corps et les contre-sanglons; 2 *montants* sur le corps; 4 *boucles,* 4 *passants fixes.*

AVALOIRE. — 1 *corps ;* 2 *boucles ,* 2 *passants fixes.* — 2 *boucleteaux* , composés de 2 *courroies d'enchapure* et 2 *sous-boucles,* sur le corps d'avaloire; 2 *boucles;* 2 *passants fixes.*

CROUPIÈRE. — 1 *culeron;* 1 *fourche,* les extrémités de la fourche cousues au culeron, l'autre extrémité cousue à 1 *longe d'idem;* 1 *boucle,* 1 *passant fixe ;* 1 *passant coulant.* La fourche de croupière est percée de dix trous pour recevoir les lanières qui fixent le coussinet. — 2 *bras d'avaloire.*

COUSSINET DE BRAS D'AVALOIRE. — 1 *dessus de coussinet;* 1 *toile de matelassure ;* 1 *bordure;* 2 *passants de bras d'avaloire.* La doublure est fendue pour permettre d'introduire la matelassure en bourre. Le coussinet est placé sur les bras d'avaloire, auquel il est réuni, ainsi qu'à la fourche de croupière, par une *lanière.*

SURFAIX. — 2 *dés,* l'un fixe dans une enchapure cousue, l'autre mobile dans une enchapure arrêtée par 1 *lanière;* 1 *lanière de surfaix* , fixée au dé mobile.

SURFAIX-DOSSIÈRE, composé comme le surfaix simple. De plus: 2 *passants, de dossière* sur le surfaix; 1 *courroie-dossière ;* 1 *boucle ;* 2 *passants fixes.* — 2 *boites-supports de limonière,* elles enveloppent 2 *olives*, et sont ouvertes vers le milieu de ces dernières pour le passage de la courroie-dossière.

COURROIES DE RETRAITE. — 2 *boucles ;* 4 *passants fixes.*

SUPPORTS DE LIMONIÈRE. — 2 *courroies-supports de limonière ;* 2 *chaînettes d'idem ,* 2 *boucles ;* 2 *passants fixes ;* 2 *longes de courroie-support de limonière.*

COURROIES PORTE-TRAITS. — 2 *boucles; 4 passants fixes.* — 1 *paire de traits* (corde en chanvre) ; longueur, y compris la boucle de 5 cent. formée à l'un des bouts, 4 mètres ; diamètre, 15 mill.

COURROIES ET CORDES (pour le chargement). — 1 *courroie de chargement ;* 1 *boucle ;* 1 *passant fixe.* — 4 *courroies d'arcade ;* 4 *boucles ;* 4 *passants fixes.* — 2 *courroies de brêlage de caisse ;* 2 *boucles ;* 4 *passants fixes ;* ces courroies ne s'appliquent aux bâts d'affûts que lorsqu'ils sont employés au transport des caisses. — 2 *cordes à bottillon* (en fil de chanvre) ; longueur, environ 4 mètres ; diamètre, 12 mill.

Bât de caisse.

Il se compose de : 1 *arçon ;* 2 *panneaux ;* 1 *harnais de bât ; courroies* et *cordes*, pour le changement.

Arçon.

BOIS. — 2 *arcades*, comme celles du bât d'affût, excepté la forme extérieure. — 6 *planchettes*, comme au bât d'affût.

FER. — 1 *bandelette à crochet, de devant*, et 1 *contre-bandelette d'idem*, la première à l'extérieur, la seconde à l'intérieur de l'arcade, 1 *crochet-rénoir*, 2 *viroles*, logées et rivées dans les trous de cordes à bottillon. — 1 *bandelette à crochet, de derrière*, et 1 *contre-bandelette d'idem*, comme celles de devant, 1 *crampon de longe de croupière*, 2 *viroles.*

GARNITURES POUR LES HARNAIS. — 2 *contre-sanglons de poitrail*, fixés, à l'arcade de devant par 4 *clous broquettes*, et sous les planchettes inférieures par 2 *lanières* placées en dedans de l'arcade, et en outre, par 2 des lanières qui fixent les panneaux. — 2 *contre-sanglons de montant de poitrail*, contre l'intérieur de l'arcade de devant. — 2 *contre-sanglons d'avaloire*, fixés en arrière du bât, comme les contre-sanglons de poitrail en avant. — 2 *chapes de brêlage de caisse ;* 2 *enchapures d'idem*, comme au bât d'affût.

GARNITURES DU CORPS DU BAT. — Comme au bât d'affût.

PANNEAUX. — Comme au bât d'affût, sauf les dimensions ; toutefois, les panneaux peuvent passer de l'un à l'autre bât.

Harnais de bât.

Il se compose de : 1 *poitrail ;* 1 *avaloire ;* 1 *croupière ;* 1 *surfaix.*

POITRAIL. — 1 *corps ;* 2 *boucles*, 2 *passants fixes.* — 2 *montants de poitrail*, contre le devant du corps ; 2 *boucles ;* 2 *passants fixes.*

AVALOIRE. — Comme celle du harnais de bât d'affût.

CROUPIÈRE. — Comme celle du harnais de bât d'affût, sauf que la fourche n'est pas percée de trous de lanières, et que les bras d'avaloire sont cousus entre la fourche et le contre-sanglon.

SURFAIX. — Comme celui du harnais de bât d'affût.

CORDES ET COURROIES (pour le chargement). — 2 *courroies de brêlage de caisses* et 2 *cordes à bottillon,* comme celles du bât d'affût.

Transport, les mulets chargés.

L'obusier se place sur le bât, la bouche en arrière, dans les encastrements des arcades et des entretoises; il est brêlé avec une courroie de chargement. — La limonière se place sens dessus dessous sur le même bât que l'obusier, l'entretoise sur le bouton de culasse; les bras sont brêlés avec les courroies d'arcade.

L'affût se place sur le bât, l'essieu contre la face antérieure de l'arcade de devant; il est brêlé avec la courroie de chargement. — Les roues se placent sur le même bat que l'affût, une de chaque côté, le petit bout des moyeux contre le bât entre les arcades, l'un des rais s'appuyant sur la fusée d'essieu; elles sont brêlées avec les courroies d'arcade.

Les caisses sont suspendues aux bandelettes à crochets, et brêlées avec les courroies de brêlage.

Transport, les mulets attelés.

L'obusier est monté sur son affût. Le mulet, garni du surfaix-dossière, des courroies de retraite et des supports de limonière, est attelé dans la limonière; les contre-sanglons du corps de poitrail sont détachés du bât et passés dans les anneaux à patte des bras de limonière; le poitrail reste fixé au bât par ses montants; les chaînettes des supports de limonière suspendues à la bandelette à crochets de derrière. Le second mulet est attelé en avant du premier au moyen des traits.

CONSERVATION ET ENTRETIEN DU HARNACHEMENT.

MAGASINS. — Ils doivent être bien aérés, ni humides ni trop secs.

Les différents objets sont rangés par espèces et par classes; séparés ou réunis en paquets, suivant leur nature; disposés de manière qu'ils aient le moins possible de points de contact, soit entre eux, soit avec les murs, et que l'air circule bien tout autour. — Les selles sur des chevalets. — Les colliers accrochés à des chevilles. — Les traits, leurs ralonges en cordes, les plates-longes, les surfaix suspendus, ou placés sur des perches ou des chevilles et tombant verticalement. — Les objets composant les garnitures de tête, en paquets de 5 ou de 10, suspendus à des chevilles; les courroies de toute espèce, par paquets de 10 ou de 20. — Les mors et autres ferrures détachées, dans des caisses ou sur des étagères. — Visiter fréquemment tous ces objets, et les nettoyer toutes les fois que leur état l'exige; au moins une fois par an. — Faire battre les couvertures et les schabraques trois ou quatre fois par an.

Brosser les cuirs et passer dessus une éponge imbibée d'eau; les graisser ensuite légèrement sur la fleur avant qu'ils soient entièrement secs, en y appliquant de l'huile de pied de bœuf avec une brosse molle. S'ils prennent une teinte rousse, délayer un peu de noir de fumée dans l'huile. — Si l'huile de pied de bœuf n'est pas de bonne qualité, y introduire environ 1/5 en poids de suif de bœuf ou de mouton. — Graisser au suif les fers qui ne sont ni peints ni étamés, et ceux dont la peinture ou l'étamage sont en partie détruits.

HARNAIS EN SERVICE. — Ils doivent être essuyés et nettoyés soigneusement toutes les fois qu'ils ont servi; cirés au moins une fois par semaine avec le cirage employé pour la chaussure, lequel ne doit contenir aucune partie corrosive; graissés avec de l'huile de pied de bœuf épurée ou non épurée, quatre fois par an, aux époques indiquées par le colonel. Il faut $1^{k},50$ pour le graissage des harnais d'un attelage complet de 6 chevaux. — A défaut d'huile de pied de bœuf, employer l'huile de poisson pure. Rejeter les huiles de faîne, de navette et de chènevis. Au besoin, faire usage d'un mélange de 3/4 de suif fondu et de 1/4 d'huile d'olive ou de baleine; se servir d'un morceau de laine pour en frotter les cuirs. — Faire sécher et battre les couvertures et les schabraques aussi souvent que possible.

VISITE DU HARNACHEMENT. — Porter une attention toute spéciale sur les enchapures, chapes, boucles, boucleteaux, sangles, contre-sanglons, lanières de brédissure, esses et crochets de gourmette; les enchapures sont sujettes à se découdre, les ardillons à se fausser, à se perdre, etc.

Quand un trait s'affaiblit et qu'on ne peut pas le changer, le mettre aux chevaux de devant.

RÉPARER UN TRAIT EN CORDE CASSÉ A LA TÊTE. — Dégager le crochet du nœud tombé après la rupture; passer le cordage dans l'anneau double de la longe de trait, puis dans la boucle du crochet; faire un nœud ordinaire à l'extrémité antérieure du cordage; ajuster le trait à la longueur voulue au moyen de l'extremité postérieure. (Pl. 27.)

DÉSINFECTION DES ECURIES ET DES HARNAIS.

ÉCURIES. — Les nettoyer d'abord parfaitement ; laver les murs et le sol à grande eau ; laver avec une eau de savon vert les mangeoires, les râteliers et tous les bois non ferrés ; laver avec une dissolution de 1 partie de potasse du commerce dans 15 parties d'eau, les bois ferrés, comme seaux, baquets, etc.; blanchir les murs à la chaux.

Faire une fumigation de chlore. A cet effet, dans une terrine assez grande pour n'en être remplie qu'à moitié, mettre un mélange de 4 parties de sel marin et 1 partie d'oxyde noir de manganèse; verser dessus 2 parties d'acide sulfurique concentré, étendu de 2 parties d'eau ; placer la terrine sur des charbons incandescents, et fermer hermétiquement l'écurie pendant 12 heures. Ouvrir ensuite; bientôt, toute odeur a disparu. — 50 grammes de sel, et le reste dans la proportion indiquée, suffisent pour une écurie de 15 à 20 chevaux. — Mettre plusieurs terrines, si l'écurie est grande. — Si le sol de l'écurie n'est pas pavé et s'il présente des cavités, le repiquer et le battre. — A défaut des substances indiquées, faire des fumigations avec du nitre et de l'acide sulfurique, avec du soufre seul ou mélangé au nitre; enfin, allumer des feux avec flammes dans l'intérieur des écuries ; y brûler de la poudre.

Les vapeurs de vinaigre et de plantes aromatiques sont sans effet, et ne servent qu'à masquer une odeur par une autre.

Un ordre ministériel prescrit le lavage à la brosse de toutes les parties de l'écurie, des effets et ustensiles, avec 1 partie de chlorure de soude ou de chaux dans 12 parties d'eau ; ensuite, nouveau lavage à grande eau et séchage par des courants d'air ou des feux. Ce moyen paraît préférable aux fumigations.

HARNAIS. — Laver les harnais provenant des chevaux suspects dans une dissolution de chlore ou de chlorure de chaux, et ensuite dans l'eau. — Démonter les panneaux des selles et les coussinets ; éplucher les crins. Laver séparément dans la même dissolution les crins, les toiles, les cuirs, les peaux et les tissus de laine. Passer ensuite tous ces objets dans l'eau. — Brosser avec du savon vert tout ce qui est métal. — Aussitôt que les cuirs sont secs, y passer de l'huile de pied de bœuf.

Les effets de pansage qui ont servi pour les chevaux affectés de maladies contagieuses, doivent être détruits. Les effets d'habillement des hommes qui les ont soignés doivent être lavés au chlore comme les harnais.

On obtient la *solution de chlore* au moyen de l'appareil de Wolff, avec les proportions indiquées de sel marin, d'oxyde de manganèse, etc. 1 kil. de sel est plus que suffisant pour saturer de chlore 12 litres d'eau. Si on ne peut pas se procurer l'appareil nécessaire, on forme un chlorure de chaux, en faisant passer le chlore dans des vases où l'on a mis de la chaux éteinte en poudre. 100 grammes de chlorure saturent 4 litres d'eau. — La solution de chlorure de soude de Labarraque peut être employée, étendue de 12 parties d'eau.

CHAPITRE X.

COMPOSITION DES ÉQUIPAGES D'ARTILLERIE. ARMEMENT DES PLACES ET DES COTES.

SOMMAIRE.

ÉQUIPAGES DE CAMPAGNE.

Un équipage de campagne comprend des *batteries* et des *parcs.* Parmi les batteries, les unes, dites *Batteries de division,* marchent avec les divisions d'infanterie ou de cavalerie des corps d'armée ou des réserves d'infanterie et de cavalerie; les autres, dites *Batteries de réserve,* sont réunies pour former les *réserves d'artillerie* qui sont de deux espèces: Les *réserves de corps d'armée,* attachées à chaque corps d'armée; la *réserve générale,* placée directement sous la main du général en chef.

Les *parcs de corps d'armée* ne comportent de rechanges et de réserves d'approvisionnements que pour les corps d'armée auxquels ils appartiennent.

Le *grand parc* doit subvenir aux consommations : 1° des parcs de corps d'armée; 2° des batteries de la réserve générale d'artillerie; 3° des batteries de division attachées aux divisions de réserve de cavalerie. Ce grand parc comprend une *partie mobile* composée de voitures d'artillerie toujours attelées pour suivre à peu de distance les mouvements de l'armée, et une *partie non attelée* dont la composition varie suivant l'état du matériel, les communications, et l'éloignement des *places de dépôt* où ont été réunies, à portée des opérations, des bouches à feu, des projectiles, de la poudre, des affûts, voitures et approvisionnements de toute espèce. — Les équipages de ponts marchent avec les parcs.

Bases de la composition des équipages de campagne.

La force de l'artillerie, relativement à celle des autres armes, varie suivant le but de la guerre, le pays qui doit en être le théâtre, la valeur des troupes qu'il faut soutenir, et la composition de l'armée à combattre. On compte dans les circonstances ordinaires 2 bouches à feu *au moins* pour 1000 hommes, infanterie et cavalerie, réparties généralement de la manière suivante :

Bouches à feu.

Des 2/3 aux 3/4 de la totalité aux divisions.	d'infanterie. — 1,3 à 1,5 b. à f. par 1000 h.	Canons-obusiers de 12 . . .	Batt. mont.
	de cavalerie. — 2 *id.* *id.*	Canons-obusiers de 12 lég. .	Batt. à chev.
Du 1/3 au 1/4.	aux réserves de corps d'armée (2/3 de la réserve totale).	1/2 canons de 12 et obus^rs de 16^c ou can.-obus^rs de 12 .	Batt. à pied ou mont.
		1/2 canons-obus^rs de 12 lég.	Batt. à chev.
	à la réserve générale (1/3 de la réserve totale).	2/3 can^s de 12 et ob^rs de 16^c ou canons-obus^rs de 12 . .	Batt. mont. ou à pied.
		1/3 canons-obus^rs de 12 lég.	Batt. à chev.

Suivant les besoins, on remplace un certain nombre de batteries de campagne par des batteries de montagne.

Munitions des bouches à feu.

2 approvisionnements.	Le 1er à la suite de la batterie.		
	Le 2^e	pour une batterie de corps d'armée	moitié au parc du corps d'armée. moitié au grand parc.
		pour une batterie de la réserve générale ou d'une réserve de caval.	au grand parc.

Ces deux approvisionnements à peu près égaux donnent un total d'environ 430 coups par canon de 12 ; 300 par obusier de 16^c et par canon-obusier.

Cartouches pour armes portatives.

	Par homme armé d'un fusil ou d'une carabine.	Par cavalier, officiers compris.	Par canonnier non monté.
Dans la giberne (ou le sac).	40	10	24
Dans les caissons.	60	20	30
Total	100	30	54

Les caissons d'infanterie sont ainsi répartis : 6 par batterie de division d'infanterie ; 2 par batterie de division de cavalerie ; le reste en réserve, 1/3 aux parcs de corps d'armée, 2/3 au grand parc.

Le nombre des voitures, y compris les affûts dans les batteries et les parcs, est environ huit fois celui des bouches à feu, et le nombre des chevaux, sauf ceux haut le pied, s'obtient à peu près en multipliant par 5,2 celui des voitures. Il y a de plus avec le grand parc un équipage de pont, et avec chaque parc de corps d'armée une portion d'équipage dont l'importance dépend de la nature du pays et des cours d'eau qui le traversent.

Composition des batteries de campagne.

DÉSIGNATION des objets.	BATTERIES DE 12 et obusiers de 16c. (1)	canons-obusiers de 12.	canons-obusiers de 12 léger. (2)	OBSERVATIONS. (1) Les batteries de réserve n'ont pas de caissons d'infanterie. (2) Pour division de cavalerie.
Bouches à feu.				
Canons	4	«	«	
Obusiers	2	«	«	
Canons-obusiers	«	6	6	
Total des bouches à feu.	6	6	6	
Voitures.				
Affûts	8	8	8	Dont 2 de rechange.
Caissons à munitions pour canons	12	«	«	
Caissons à munitions pour obusiers	6	«	«	
Caissons à munitions pour can^s-obus^{rs}	«	12	12	
Caissons à munitions pour infanterie	«	6	2	Avoir égard au nombre d'hommes munis d'armes rayées dans la division à laquelle est attachée la batterie.
Chariots de batterie avec leurs chargements	2	2	2	L'un pour l'entretien du matériel, l'autre pour l'entretien du harnachement.
Forges	2	2	2	L'une pour l'entretien du materiel, l'autre pour le ferrage des chevaux.
Total des voitures	30	30	26	
Armements et assortiments.				
Boute-feu	8	8	8	1 par affût.
Crochets à désétouper	44	32	32	Dans les coffres à munitions; 2 par caisson de bouche à feu, 1 par affût.
Débouchoirs	«	28	28	Dans les coffres d'avant-train d'affût et de caisson de 1re ligne.
Dégorgeoirs ordinaires	14	14	14	
Dégorgeoirs à vrille	8	8	8	Dans les coffres d'avant-train d'affût.
Doigtiers	8	8	8	
Écouvillons	16	16	16	2 par affût.
Leviers	16	16	16	
Sacs à charges	20	20	20	Dans le coffre d'avant-train du chariot de harnachement.
Sacs à étoupilles	8	8	8	
Spatules pr munit. d'artillerie	44	32	32	Dans les coffres à munitions; 2 par caisson de bouche à feu, 1 par affût.
Spatules pr munit. d'infanterie	«	12	4	2 par caisson d'infanterie.
Tire-bourres	4	4	4	1 pour 2 affûts.
Tire-feu	16	16	16	2 par coffre d'avant-train d'affût.
Boîtes à graisse	6	6	5	Aux avant-trains des caissons.
Pelles	20	20	16	1 par caisson et par forge.
Pioches	18	18	14	1 par caisson.

DÉSIGNATION des objets.	BATTERIES DE 12 et obusiers de 16e.	canons-obusiers de 12.	canons-obusiers de 12 léger.	OBSERVATIONS.
Prolonges	8	12	12	1 par avant-train d'affût, aux batteries de 12 ; 1 par avant-train de pièce et de caisson de 1re ligne, aux batteries de canons-obusiers.
Seaux. d'affût	8	8	8	1 par affût.
Seaux. de forge	2	2	2	1 par forge.
Rechanges.				
Arrêtoirs de timon (pour mémoire)	2	2	2	Compris dans le chargement de la forge.
Chevillettes-clefs de timon, avec chaînettes (pour mémoire)	3	3	3	
Esses de bout d'essieu, n° 2	30	30	26	1 au crampon de chaque avant-train.
Essieu. n° 2 (p. mém.)	1	1	1	A gauche, sous le fond du chariot du harnachement.
Essieu. n° 3 (*idem*)	1	1	1	A droite, *idem*.
Flèche ferrée (p. mém.)	1	1	1	Compris dans le chargement du chariot de batterie affecté au matériel.
Leviers	14	10	10	Aux caissons à munitions des bouches à feu.
Roues n° 2	10	8	6	Aux essieux porte-roue, et principalement à ceux des caissons de la rés.
Timons ferrés	6	6	5	Aux caissons de la réserve, les branches de supports attachées contre le timon en arrière du collier.
Timons en blanc	4	4	3	Aux caissons de la réserve.
Chevaux de trait	180	180	156	6 par voiture, excepté aux affûts de *rechange qui n'en ont que 4, le reste* haut le pied.

En campagne, les doigtiers, les débouchoirs et les sacs à charges ou à étoupilles nécessaires à la manœuvre sont placés au-dessus du chargement dans les coffres, et principalement dans ceux des avant-trains des pièces.

Composition des parcs de campagne.

DÉSIGNATION.	PARC DE CORPS D'ARMÉE.	GRAND PARC (Partie mobile).
Caisson à munitions chargé pour canon de 12.	1 1/2 p. pièce du corps d'armée.	1 1/2 par pièce de corps d'armée ; 3 par pièce de la réserve générale.
Caisson à munitions chargé pour obusier de 16c	1 1/2 p. pièce du corps d'armée.	1 1/2 par pièce de corps d'armée ; 3 par pièce de la réserve générale.
Caisson à munitions chargé pour can.-obusrs	1 par pièce du corps d'armée.	1 par pièce de corps d'armée ; 2 par pièce de la réserve générale ou d'une réserve de cavalerie.
Caisson à munitions chargé pr infanterie	Ce qu'il en faut pour compléter l'approvisionnement ci-dessus indiqué ; 1/3 aux parcs du corps d'armée, 2/3 au grand parc.	

DÉSIGNATION.	PARC DE CORPS D'ARMÉE.	GRAND PARC (Partie mobile).
Affûts de rechange. .	1/8 par pièce du corps d'armée.	1/8 par pièce de corps d'armée; 1/4 par pièce de la réserve générale ou d'une réserve de cavalerie.
Char[ts] de parc chargés d'objets d'approvisionnements et attirails.	6 7 ou 8 (a)	12 14 ou 16 (b)
Char[ts] de parc chargés d'outils d'ouvriers	1	2
Char[ts] de parc chargés de pièces de rechange p[r] armes portatives. . . .	«	5 6 ou 7 (c)
Char[ts] de parc chargés d'ustensiles et matières d'artifices.	1	2
Chariot de batterie. .	1 pour 100 chevaux.	1 pour 100 chevaux.
Forges outillées (non compris 2 forges portatives placées sur un chariot de parc). . .	4	8
Forge pour le ferrage.	1 pour 250 chevaux.	

(a) 6 pour un corps de 20,000 à 25,000 hommes, 8 pour 35,000 hommes.
(b) Le double des nombres de la première colonne.
(c) 5 suffisent à une armée de 100,000 hommes, pour 6 mois; 6, à 120,000 hommes; 7, à 140,000 hommes. (Voy. CHAP. XVII.)

Armements, assortiments, outils à pionniers: comme aux affûts et voitures des batteries. — Rechanges. — Chevaux de trait: 6 par chariot et par forge, 4 par caisson et par affût de rechange; haut le pied, 1/12 en sus.

Composition des batteries de montagne.

DÉSIGNATION.	Dans les trois sections.	A la réserve.	Total.	OBSERVATIONS.
Obusiers de 12[e]	6	«	6	C'est le nombre admis en principe; mais il y a des batteries composées de 4 sections de 2 obusiers.
Affûts	9	«	9	
Caisses à munitions d'obusier.	36	70	106	141 coups par obusier.
Caisses à munitions d'infant.	18	28	46	Un certain nombre pour armes rayées suivant la composition de la colonne.
Caisses d'approv. et rechang.	12	2	14	
Forge de montagne garnie (2 caisses).	«	1	1	
Caisses d'outils (chargées) .	«	2	2	Voy. page 206, CHAP. VIII.
Caisses de comptabilité. . .	«	4	4	
Caisses d'effets de linge et chaussure.	«	4	4	
Caisses d'effets à l'usage du bourrelier	«	2	2	
Limonières	12	«	12	

DÉSIGNATION.	Dans les trois sections.	A la réserve.	Total.	OBSERVATIONS.
Armements, assortiments, rechanges.				
Bricoles	30	«	30	4 par obusier, 2 par affût de rechange.
Débouchoirs	18	«	18	1 par obusier, le reste dans les caisses d'approvisionnements.
Dégorgeoirs ordinaires	18	«	18	
Dégorgeoirs à vrille	9	«	9	Dans les caisses d'approvisionnements.
Doigtiers, genouillères et sacs à étoupilles, de chaque	9	«	9	1 par affût.
Écouvillons	18	«	18	1 par affût; 9 de rechange, aux caisses.
Leviers	14	«	14	1 par affût; 5 de rechange, aux caisses.
Hausses	12	2	14	1 par affût; 3 de rechange, dans les caisses.
Enrayures	9	3	12	1 par affût; 3 de rechange, aux caisses.
Sacs à charges	14	«	14	2 par obus[r]; 2 de rechange dans les caisses.
Tire-feu	18	«	18	2 par affût, dont 12 dans les caisses d'appr.
Boîtes à graisse	3	1	4	Dans les caisses d'approvisionnements.
Pelles, pioches, haches, de chaque	24	12	36	Aux caisses.
Lanières	36	12	48	Dans les caisses; non compris ceux de ces objets que contiennent les caisses *A* et *B*. (CHAP. VIII, page 206.)
Esses de rechange, bandes de support de limonière, rondelles de bout d'essieu, de chaque	6	2	8	
Lanternes, livres de bougie, briquets, de chaque	3	1	4	
Clefs à écrous	3	1	4	
Masses en fer	6	2	8	
Mulets.				
Mulets, haut le pied	9	5	14	Pourvus de bâts d'affût.
Mulets (nombre total)	57	63	120	Dont 30 pourvus de bâts d'affût, et 90 pourvus de bâts de caisses.

Cette composition se modifie suivant les circonstances.

La batterie est ainsi approvisionnée à 141 coups par obusier, et porte de 40 à 50,000 cartouches d'infanterie; mais ces nombres sont très-variables. — Si l'on a à transporter des cartouches en plus grande quantité, organiser des brigades de 70 à 80 mulets environ, spécialement affectées à ce service.

ÉQUIPAGES DE SIÉGE.

Bases de la composition des équipages de siége.

Pour déterminer la composition d'un équipage de siége, il faut avoir égard à la force, à l'armement et à la garnison de la place à assiéger; à la facilité et à la sûreté des communications, etc.

Les différents auteurs qui ont cherché à déterminer la quantité de bouches à feu nécessaires pour l'attaque d'une place de première force ont indiqué les équipages suivants :

NOMS DES AUTEURS.		Nombre de bouches à feu.	PROPORTION DE				OBSERVATIONS.
			Canons.	Obusiers.	Mortiers. (1)	Pierriers.	
Vauban		160	0,70	«	0,15	0,15	(1) Les mortiers étaient pour la plupart destinés au tir à ricochet.
Bousmard		168	0,50	0,18	0,22	0,10	
Durtubie		207	0,62	0,12	0,18	0,08	
Dupuget		200	0,65	0,12	0,18	0,05	
Gassendi		160	0,62	0,15	0,15	0,08	
Projets d'équipages	anglais	145	0,63	0,12	0,14	0,11	
	autrichien.	178	0,45	0,13	0,35	0,07	
	prussien.	142	0,60	0,15	0,20	0,05	

ARMEMENT DES PLACES.

L'armement de chacune des places de France a été arrêté, le 30 septembre 1847, par le Ministre, après l'examen d'une *commission spéciale d'armement* instituée en 1845. Quant à l'approvisionnement, les places ont été réparties en 3 classes, suivant leur importance déterminée par la position, la force intrinsèque, la durée présumée de la défense, et le plus ou moins de probabilité d'un siége à soutenir.

Le nombre et le calibre des bouches à feu, et les proportions des divers approvisionnements et rechanges ont été établis pour chacune des trois classes.

L'*armement de sûreté* a pour objet de mettre la place à l'abri d'un coup de main, sur toute l'étendue de son enceinte. Il s'applique à tous les ouvrages susceptibles d'être enlevés par une attaque brusque, aux flancs qui surveillent les fossés, aux saillants qui ont des vues sur les terrains les plus accessibles, et aux faces principales qui flanquent les dehors, les routes, etc. Il se compose principalement de pièces légères, placées sur les flancs, et de gros obusiers placés sur les saillants pour tenir l'ennemi à distance. On le calcule en général sur le pied de 5 ou 7 bouches à feu par front et par ouvrage équivalent (tel qu'ouvrage à cornes, couronne, etc.). On le porte à 9 dans les parties les plus exposées; on le diminue sur les fronts couverts par des inondations.

L'*armement de défense* est restreint aux points d'attaque et aux ouvrages qui peuvent diriger des feux contre les travaux de l'assiégeant. Pour le déterminer, on suppose que l'ennemi attaque la place par le côté faible; on calcule d'une manière approchée quelle serait, dans une attaque régulière, la composition de ses batteries, et on en déduit le nombre des bouches à feu nécessaires pour conserver au moins l'égalité des feux. — En principe, dans les places, de la grandeur d'un heptagone et au-dessus, susceptibles d'être attaquées sur plusieurs fronts à la fois, il doit y avoir en artillerie l'armement de deux fronts au moins, et, dans celles de la grandeur d'un hexagone et au-dessous, l'armement d'un front. Outre cela, il faut une réserve suffisante pour renforcer rapidement tout point menacé, et un certain nombre de batteries mobiles pour les sorties; on en compte 3 ou 4 dans l'armement des places de première classe, 1 ou 2 dans celles de deuxième classe, 1 ou 1/2 dans celles de troisième classe.

Bouches à feu.

Les bouches à feu affectées à l'armement des places sont: les canons de 30, de 24 et de 16, en fonte; de 24 et de 16, en bronze; de 12 de place et de campagne, et de 8; les obusiers de 22ᶜ de place, en fonte; les obusiers de 22ᶜ de siége, de 16ᶜ et de 15ᶜ; les mortiers de 32ᶜ, de 27ᶜ, de 22ᶜ et de 15ᶜ.

L'armement maximum d'un front de défense était, d'après la commission mixte de 1814, de 158 bouches à feu. La commission de 1841 l'a fixé à 125 dont 75 canons, 35 mortiers, 15 pierriers, plus 24 mortiers de 15ᶜ. Le cours d'attaque et de défense des places, à 110 dont 62 canons, 24 mortiers, 24 obusiers, plus 15 à 20 mortiers de 15ᶜ. La commission de 1845 n'a pas fixé d'armement général.

CANONS. — Le canon de 16 doit être, en beaucoup de cas, préféré à celui de 24, comme d'un effet suffisant et consommant 1/3 en moins de munitions; cependant il faut des pièces de 30 et de 24 pour les ouvrages collatéraux éloignés et les cavaliers. Il a été admis par la commission d'armement que les bouches à feu de gros calibre seraient en bronze sur les fronts d'attaque, et en fonte sur les fronts hors d'attaque; mais ces règles ne sont pas absolues. — Le canon de 12 long se place sur les faces de demi-lunes, les réduits, les contre-gardes, les ouvrages à cornes. Le canon de 12 de campagne et les canons-obusiers sont employés à l'armement des ouvrages détachés, ainsi qu'aux sorties. Le canon de 8 et l'obusier de 15ᶜ sont conservés provisoirement pour l'armement de sûreté des places. (Décision ministérielle du 9 avril 1853.)

OBUSIERS. — Les obusiers sont d'un excellent effet contre les batteries de l'assiégeant. Ceux de 22ᶜ se placent aux saillants, pour ricocher en capitale sur les communications de l'ennemi; ceux de 16ᶜ et de 15ᶜ, dans les chemins couverts et sur les flancs du corps de place, pour la défense des fossés et des brèches. — Les obusiers sont préférables aux canons pour l'armement de sûreté, leur tir à balles étant plus efficace. — Dans les pays de montagnes, des obusiers de 12^{c} sont affectés aux sorties. — Les obusiers de 80 sont aussi employés avec avantage.

MORTIERS. — Le mortier de 32^{c} entre, en très-petite proportion, dans l'armement des places. On doit même préférer, dans beaucoup de cas, celui de 22^{c} à celui de 27^{c}, le nombre des bombes produisant plus d'effet que leur poids dans les ouvrages en terre. — Les gros mortiers sont établis sur les courtines et les tenailles; ils n'entrent dans l'armement de sûreté que pour le tir des balles à feu. — Le mortier de 15^{c} est excellent pour la défense rapprochée; on en compte une vingtaine par front d'attaque. — Il faut quelques mortiers dans les chemins couverts, pour le tir des obus et des grenades contre les travaux en avant de la trosième parallèle. — On lance des fusées de guerre dans le terre-plein des batteries, les têtes de sape, les cavaliers de tranchée, etc.

ARMEMENT DES CÔTES.

Le projet d'armement des côtes de la France, de la Corse et des îles, a été arrêté par la commission mixte de 1841, et approuvé par le Ministre le 12 juillet 1847. — Les ouvrages affectés à la défense des côtes sont partagés en trois classes, suivant leur importance. (Voy. CHAP. XIV.) — L'armement des batteries est déterminé par leur classe et par les circonstances locales; il est au moins de 4 bouches à feu, et par exception seulement de 3 ou de 2. Il se compose exclusivement des bouches à feu en fonte de la marine, canon de 30, obusier de côte de 22^{c}, et mortier à plaque de 32^{c}. — Les batteries sont en général armées par moitié de canons et d'obusiers. Quelques mortiers de 32^{c} sont employés à la protection des mouillages. — Les fronts de mer des places sont armés comme les batteries de côte, et reçoivent le même approvisionnement. — Les obusiers de 16^{c} et de 12^{c} en bronze sont affectés à la défense des réduits. — Dans les réduits des batteries, on met des fusils de rempart ou d'autres armes portatives destinées à en tenir lieu, dans la proportion du 1/5 de la garnison.

CHAPITRE XI.

CONDUITE DES BATTERIES, PARCS ET CONVOIS.

SOMMAIRE.

RÉCEPTION D'UN PARC OU D'UNE BATTERIE.

L'officier commandant ou son délégué, avec un garde, et en présence de l'officier ou employé qui fait la remise, s'assure de l'exactitude de l'inventaire dans tous ses détails. Il fait un examen minutieux des bouches à feu, affûts, voitures et munitions, aidé d'un officier d'ouvriers ou des ouvriers et artificiers dont il peut disposer. Il vérifie la quantité, la qualité, la disposition et le chargement de tous les objets.

ROUES. — Frapper sur les rais, particulièrement vers les pattes et les broches, pour s'assurer qu'ils ne sont pas fendus ; sur les jantes, pour reconnaître s'il n'y a pas d'éclats à leurs jonctions ; sur les cordons et les frettes, pour voir s'ils joignent bien, s'ils ne sont pas cassés, s'ils sont retenus par des caboches ; sur les cercles, pour voir s'ils s'appliquent bien sur le bois. — Examiner si les épaulements des rais ne portent pas sur le moyeu ou sur la jante, ce qui exigerait que la roue fût châtrée (voyez page 41). Sonder tous les assemblages avec une pointe à tracer, particulièrement sur le moyeu ; si la pointe pénètre, enlever un peu de bois, d'un coup de ciseau, pour voir s'il est sain; dans le cas contraire, changer la roue. — S'assurer que les boîtes de roues ne jouent pas, que l'épaisseur des cercles n'a pas été trop diminuée par le frottement lorsqu'on a enrayé.

CORPS DES VOITURES. — Sonder les bois aux assemblages, dans les parties horizontales, et partout où l'eau peut séjourner. — Voir si les chaînes de bout de timon, d'enrayage et de sabot ont la longueur voulue. — Placer le sabot à toutes les voitures, pour s'assurer que les roues y entrent bien. — Vérifier si les objets d'armement et d'assortiment sont à leur place et en bon état; s'il ne manque aucune clavette, chaînette, rondelle, esse, lanière, etc.

MUNITIONS ET ARTIFICES. — Faire ouvrir les coffres et les caisses à munitions, en choisissant, autant que possible, un temps sec et les heures de soleil. Vérifier la quantité et l'état des munitions et des artifices. Voir si le chargement est bien fait; le nombre des étoupilles, tire-feu, spatules, crochets à désétouper, débouchoirs, dégorgeoirs, etc., doit être conforme à l'état de chargement. — Si l'on ne peut vérifier le calibre des sachets et des projectiles, se faire présenter le procès-verbal de la commission qui a dû procéder à cette vérification en vertu de la décision du 26 juillet 1839.

ARMEMENTS, OUTILS, RECHANGES. — Essayer les leviers de pointage à tous les affûts, et vérifier au têtard les dimensions des timons de rechange. — S'assurer que le chargement des coffres et caisses d'outils est fait réglementairement; que les autres objets de rechange sont placés sur les voitures d'une manière régulière, et dans la proportion déterminée.

Cet examen terminé, le commandant signe l'inventaire qui lui est présenté, en double expédition, par l'officier ou l'employé chargé de faire la remise; il devient responsable de la conservation du matériel. — Aussitôt, une garde est établie au parc.

Si la vérification détaillée n'a pu être faite avant le départ, faute de temps, y procéder avec le plus grand soin à la première station où cela devient possible.

CONDUITE DES BATTERIES, PARCS ET CONVOIS.

DISPOSITIONS AVANT LE DÉPART. — Faire au matériel les réparations nécessaires, et prendre des mesures pour que tous les objets soient complétés, selon les besoins et les circonstances. — Remplir les boîtes à graisse. — Numéroter les voitures suivant l'ordre dans lequel *elles doivent marcher.* — *Autant que possible, former les attelages de* chevaux de même taille et d'égale force. Éviter de mettre ensemble deux chevaux fougueux. Mettre les plus forts au timon, les plus faibles au milieu; le plus ancien conducteur au timon, le moins ancien au milieu, *quand il y a six chevaux.* — *Dans les batteries organisées*, les armements des pièces sont distribués aux canonniers, qui en deviennent responsables. Chaque chef de pièce vérifie le matériel de sa pièce et de son caisson, et en surveille l'entretien.

ORDRE DE MARCHE. — Avant le *départ, le commandant donne un* ordre de service à suivre pendant toute la durée de la route ou de la campagne, pour faire connaître d'avance à chacun ce qu'il aura habituellement à faire en présence de l'ennemi, dans les marches, et pendant le repos. — Dans l'intérieur ou en pays ami, un officier précède la colonne de 24 heures. Il est chargé de préparer le logement, et des autres soins communs à toutes les troupes en marche. Il doit de plus reconnaître un emplacement convenable pour le parc; faire désigner un corps de garde à proximité; faire en sorte que les canonniers et les chevaux soient logés dans le même quartier, et rapprochés du parc autant que possible. — L'officier de distribution part, avec les fourriers, une heure avant la colonne. — La troupe se rend au parc une demi-heure avant le départ, pour atteler et charger le fourrage, s'il y a lieu. — Il est sévèrement défendu de placer sur les voitures ou les chevaux aucun objet étranger au service, excepté les fourrages et les vivres lorsque les circonstances l'exigent. — A proximité de l'ennemi, le fourrage ne doit être porté que sur les caissons, en l'attachant sur les coffres de manière qu'on puisse les ouvrir facilement. L'avoine se place sur la flèche des voitures.

Les *batteries* marchent sur une file, tenant la droite de la route, suivant l'ordre des numéros des voitures, les pièces en tête, chacune suivie de son caisson. — La réserve, sous les ordres du capitaine en second, marche dans l'ordre suivant: caissons à munitions par calibres, caissons d'infanterie, affûts de rechange, chariots de batterie, forges; les servants aux pièces, les hommes en sus à la réserve, les ouvriers aux forges; les chevaux de main à la queue de la colonne, jamais attachés derrière les voitures. — S'il y a plusieurs batteries, elles alternent pour le rang à prendre dans la colonne.

Les *parcs de campagne* marchent dans le même ordre, les canonniers répartis le long de la colonne, les ouvriers aux forges, les chevaux de main derrière. Les parcs nombreux peuvent être partagés en divisions, qui alternent entre elles pour le rang de la marche. — Ne pas faire marcher les voitures attelées à deux chevaux derrière des caissons, le timon pouvant défoncer les coffres.

Les *équipages de siége* sont partagés en divisions composées chacune d'un certain nombre de bouches à feu rangées par calibres, de leurs affûts, des voitures qui portent leurs approvisionnements de toute espèce, de chariots d'outils, de forges, etc.; les hommes et les chevaux, comme dans les parcs de campagne.

Pour *les équipages de ponts,* voy. Chap. XVI.

L'allure doit être de 4 kilomètres par heure en pays plat, bien réglée et sans à-coup. Les voitures qui perdent leur distance, la reprennent sans trotter. — S'il arrive un accident à une voiture, on la fait sortir de la file pour la réparer; elle prend ensuite rang dans la colonne, là où elle se trouve. Selon l'urgence, la décharger et même la démonter, et répartir sur les autres voitures son chargement et ses différentes parties; ou bien la laisser, sur *reçu,* aux autorités civiles ou militaires voisines. — Tous les hommes montés doivent toujours être à cheval, en passant dans les lieux habités. On fait porter les armes ou mettre le sabre à la main, en entrant dans les villes ou bourgs.

Les officiers et sous-officiers s'arrêtent souvent pour voir défiler la partie de la colonne à laquelle ils sont attachés. — Dans les marches avec troupes, ils veillent à ce que la colonne ne soit pas coupée, et à ce que l'ordre établi soit conservé. — Les gardes, dans les batteries, surveillent la réserve, et, dans les parcs, se partagent les divisions; ils veillent au chargement, font faire les réparations urgentes, et prennent note de celles qui doivent être faites à l'arrivée.

AVANT-GARDE, ARRIÈRE-GARDE, ESCORTE. — Dans les batteries ou dans les parcs, l'artillerie fournit toujours une avant-garde et une arrière-garde. La garde montante forme l'avant-garde à 200 mètres de la tête de la colonne; elle fait écarter les obstacles qui arrêteraient la marche, éteindre les feux à proximité de la route, et fermer les boutiques dans lesquelles il y a des forges allumées. Elle donne avis au commandant des réparations nécessaires au chemin, lorsqu'elle ne peut pas les exécuter elle-même. — La garde descendante, à 200 mètres de la queue de la colonne, veille à ce que rien ne se perde, et à ce que les hommes ne restent pas en arrière; elle prête assistance aux voitures qui ont éprouvé quelque accident, et laisse une garde à celles qui sont obligées de rester quelque temps en arrière pour des réparations.

A portée de l'ennemi, les parcs qui sont isolés de la masse des troupes ont une escorte d'infanterie. Cette escorte fournit une avant-garde et une arrière-garde plus fortes, et qui se tiennent à une plus grande distance de la colonne, afin qu'en cas d'attaque on ait le temps de se mettre en défense. — Le reste de l'escorte se partage en pelotons sur les flancs de la colonne, éclaire le pays, fouille les endroits couverts, les défilés, prend des positions, etc. — Les rapports entre les commandants d'escorte et les officiers d'artillerie sont réglés par l'art. 140 de l'ordonnance du 3 mai 1832. (Voy. Chap. XX.)

MONTÉES ET DESCENTES. — *Dans les montées,* faire prendre plus de distance aux voitures (au moins dix pas). Si la montée est longue, les conducteurs mettent pied à terre; si elle est courte et rapide, ils doivent rester à cheval. Les servants se tiennent prêts à caler les roues pour empêcher les voitures de reculer, et les calent dès qu'on s'arrête pour faire reposer les chevaux. — Dans une montée rapide, doubler les attelages, faire monter le parc en deux fois. — N'atteler jamais plus de 10 chevaux à une voiture. — S'il y a de la glace, la casser et la couvrir de terre.

Dans les descentes, les conducteurs restent à cheval; ceux du timon dirigent seuls la voiture, les autres empêchent leurs chevaux de tirer Si la descente est rapide, surtout s'il y a de la neige ou du verglas, enrayer. — Les servants se tiennent prêts à caler les roues, et veillent à ce que les chaînes de sabot ne soient pas tordues. — Désenrayer sans arrêter, et attendre pour accrocher le sabot qu'il ne soit plus brûlant. — S'il y a des voitures pourvues de chaînes d'enrayage, changer de temps en temps la chaîne de rais, et veiller à ce que le feu ne prenne pas à la jante inférieure; pour désenrayer, arrêter et reculer un peu, afin de dégager la clef de son anneau.

LIEUX HABITÉS. — Éviter autant que possible les lieux habités; tourner les villes et les villages, lorsqu'on peut le faire sans alonger beaucoup le chemin. Lorsqu'on est obligé de les traverser, faire serrer les voitures; empêcher de trotter; prendre les précautions les plus minutieuses contre le feu. — Si quelques voitures laissent tamiser la poudre, faire arroser les rues; laisser entre ces voitures des intervalles de 40 à 50 mètres, ou leur faire prendre la queue de la colonne.

PASSAGES DIFFICILES. — S'informer chaque jour des difficultés que présentera la route le lendemain; partir de manière à franchir les mauvais pas à l'heure la plus convenable. — Suivre les chemins les plus frayés, quoique plus longs. Au besoin, prendre des guides et les surveiller. Si cela est nécessaire, faire marcher un officier à l'avant-garde.

Employer les canonniers, l'escorte, et même des paysans, munis de cordages, pelles, pioches, leviers, haches, fascines, fagots, etc., pour faire au chemin les réparations nécessaires, ou aider les efforts des chevaux.

Quand le passage difficile est long, partager la colonne en plusieurs sections, chacune de 30 voitures environ; les sections paires s'arrêtent, font reposer et manger les chevaux; les sections impaires franchissent le passage successivement, et s'arrêtent de l'autre côté; la première se remet en marche, avant que la dernière ait passé, et chacun reprend son rang dans la colonne.

Sur les pentes rapides, s'aider de palans et de moufles fixés à des arbres, à des pieux, etc., pour faire monter les voitures ou les retenir à la descente. — Appliquer à ces machines la force des chevaux; établir un treuil, etc. Par exemple, au sommet de la pente, fixer une moufle à 2 piquets solidement enfoncés l'un près de l'autre ou à une prolonge dont les bouts sont attachés à des arbres. A la partie supérieure de cette première moufle, arrêter le bout d'une prolonge double qu'on fait passer dans la gorge de la première poulie d'une seconde moufle placée au bas de la pente, puis dans celle de la première poulie de la première moufle, et ainsi de suite, en tendant tous les brins. Ne laisser au dernier brin venant de la moufle supérieure que la longueur nécessaire pour y attacher une volée; puis, fixer un cable au crochet de la moufle inférieure par un de ses bouts et à la voiture à monter par l'autre bout. Cela fait, atteler les chevaux à la volée équipée sur la prolonge; 12 à 15 hommes avec des leviers poussent aux roues; 3 ou 4 au timon aident à diriger l'avant-train; les chevaux descendent lentement jusqu'à ce que les 2 moufles se touchent. — Il faut, pour monter ainsi une pièce de 24, lorsqu'on n'a pas de chevaux, environ 150 hommes.

S'il y a des gués à passer, il faut d'abord les reconnaître. Lorsque la profondeur dépasse 80 cent., l'eau peut atteindre les coffres; il faut alors, suivant les circonstances, prendre des moyens pour que les munitions ne soient pas avariées; les décharger ou séparer les coffres des voitures, et les passer en bateau. — Disposer le terrain, pour faciliter l'entrée et la sortie. — Faire garder aux voitures, à l'entrée, une distance suffisante. Faire prendre aux chevaux une allure ferme et décidée, sans trotter; les empêcher de boire, afin de ne pas retarder la colonne.

Sur les ponts mobiles ou peu solides, faire passer les voitures une à une, les conducteurs, à pied, soutenant leurs chevaux. — Renforcer les ponts, s'il y a lieu, par des étais, par des corps d'arbres placés suivant la longueur, et d'autres plus faibles sur la largeur. — Sur un pont volant, après avoir placé les voitures, dételer les chevaux, les tenir par la bride; si la rivière est agitée, enrayer les voitures.

Pour faire passer des pièces de canon sur le fond d'une rivière, reconnaître, aussi bien que possible, l'endroit le plus convenable pour le passage. Attacher un cordage d'une force et d'une longueur suffisantes à l'essieu de l'avant-train ; ôter le timon, ou bien le brêler sur ce cordage dont on passe le bout sur l'autre rive, où l'on établit un treuil, des palans, etc. Quelques hommes retiennent la pièce, quand on la descend dans l'eau, au moyen d'un cordage attaché à la tête de l'affût, et faisant 2 ou 3 tours sur un fort piquet. — On facilite le passage en attachant à la pièce, bien symétriquement, des tonneaux vides, des outres, etc.

Sur un lac, un marais, une rivière glacés, reconnaître d'abord le passage avec soin ; marcher sans lenteur ni précipitation, les chevaux menés à la main, en laissant de grandes distances entre les voitures. (Voy. CHAP. XVI.)

Dans les défilés, hâter la marche, faire serrer les voitures, arrêter la colonne de l'autre côté pour la rallier.

MARCHES DE NUIT. — Redoubler d'attention. Faire serrer les voitures ; elles doivent marcher dans la même voie. — Veiller à ce que les hommes montés ne s'endorment pas, et à ce qu'ils ne mettent pas pied à terre. — Faire de temps en temps soulever les traits surtout après les haltes et les temps d'arrêt, pour s'assurer que les chevaux ne sont pas empêtrés. — Dans les passages difficiles, et par une nuit obscure, allumer des torches qui sont portées à distance des voitures et avec précaution. — Devant l'ennemi, faire observer le silence. — Dans des circonstances où il importe qu'aucun bruit ne puisse être entendu, envelopper les roues, les chaînes, etc., avec de la paille.

HALTES. — Faire une halte de dix minutes, d'heure en heure. On en profite pour reprendre les distances, ressangler les chevaux, replacer les couvertures, et rétablir le chargement. Lorsque la route est bonne, et que la distance à parcourir n'est pas considérable, ces haltes suffisent. — Dans les marches longues et pénibles, ou quand la chaleur est forte, faire une halte d'une heure à moitié chemin ; choisir à cet effet un emplacement où l'on puisse parquer et où l'on trouve de bonne eau. Distribuer du fourrage aux chevaux ; les faire boire, et leur donner l'avoine.

En pays ennemi, ne faire halte que dans un lieu bien découvert, loin de tout défilé. Parquer les voitures, s'il est possible, ou bien les doubler. Laisser les chevaux attelés ; ne par les faire boire tous en même temps. — S'il est nécessaire, l'escorte prend position.

Le commencement d'une halte est indiqué par une sonnerie ; la fin par la sonnerie à *cheval*, et la reprise du mouvemement par le premier couplet de la *marche*.

CAS D'ATTAQUE. — Tandis que l'escorte fait face à l'ennemi, les voitures continuent de marcher. Si l'attaque devient plus sérieuse, on les fait doubler. — Au besoin, on s'en fait un retranchement, en se couvrant de celles qui ne contiennent pas de poudre. — Si les circonstances le permettent, former les voitures en un ou plusieurs grands carrés; les voitures contenant la poudre au milieu, les pièces sans avant-train et les autres voitures en dehors, à 100 mètres au moins des premières; les hommes et les chevaux derrière.

ARRIVÉE. — L'officier qui a précédé la colonne vient à sa rencontre pour la conduire à l'emplacement du parc, faire connaître la manière dont le logement est établi, les lieux de réunion, de distributions, etc.; informer le commandant des ordres qu'il a pu trouver pour lui, etc.

Autant que possible, choisir pour l'emplacement du parc un terrain sec sans être pierreux, découvert, assez spacieux, pas trop accidenté, d'un accès facile, éloigné des habitations de 100 mètres au moins, et de 500 à 600 mètres au plus.

Suivant le terrain, parquer sur deux ou plusieurs lignes. — Dans les batteries, les pièces et les premiers caissons se forment suivant leur ordre de bataille, les voitures de la réserve à la gauche ou en arrière, dans l'ordre de marche. — Dans les parcs ou convois on forme successivement les différentes lignes suivant l'ordre de marche; les pièces en première ligne, les plus forts calibres à la droite. Il doit y avoir au moins 2 mètres entre les moyeux; 12, 8 ou 4 mètres entre les timons d'une ligne et les voitures de la ligne précédente, suivant que les attelages sont à 8, 6 ou 4 chevaux. — Tous les timons tournés vers le côté par où l'on doit sortir. — Les forges toujours à 100 mètres de distance, et sous le vent du parc.

Aussitôt que la troupe est réunie, établir la garde dans une maison à proximité, ou bien sous une tente ou une baraque. Elle se compose: dans les parcs, d'un poste d'infanterie et d'artillerie commandé par un officier d'infanterie; dans les batteries, d'un poste d'artillerie commandé par un sous-officier ou un brigadier. Le nombre des factionnaires varie selon les circonstances; autant que possible, il y en a toujours de l'artillerie. — Faire des rondes, pour s'assurer que toutes les précautions sont bien observées. — Aucun étranger, aucun sous-officier, canonnier ou soldat, ne doit pénétrer dans le parc, sans être conduit par un officier ou un garde. Aucun objet ne doit sortir du parc sans l'ordre du chef de poste. Pendant la nuit, on n'y laisse introduire personne qui ne soit accompagné par le chef ou par un sous-officier du poste; on double les sentinelles. — La garde étant établie, les logements sont distribués, et des ordres sont donnés pour les distributions, pansages, rassemblements, appels, cas d'alerte, etc.

VISITE DU MATÉRIEL, GRAISSAGE DES VOITURES. — Le garde visite avec soin les voitures, les chargements, les munitions, et fait faire sur-le-champ les réparations. Il ouvre quelquefois les coffres, par un temps sec; place des bouts de planche ou des cales sous les roues, lorsque le terrain est humide, etc. — Si le séjour se prolonge, il fait de temps en temps avancer ou reculer les voitures de 1 ou 2 mètres. — Il fait disposer les issues du parc pour le départ.

Tous les cinquièmes jours de marche, le garde fait graisser toutes les voitures. — Il faut environ 120 gr. de graisse par essieu. Couvrir particulièrement la partie de la fusée voisine de l'épaulement. — La graisse qu'on emploie de préférence est le *vieux oing,* graisse de porc qu'on a laissée vieillir pour qu'elle soit plus molle. Lorsqu'elle est fraîche, il convient de la piler. A défaut de vieux oing, on prend une graisse quelconque, fondue avec de l'huile, si elle est trop dure.

Le garde emploie ordinairement pour ces corvées les hommes du poste. Si leur nombre est insuffisant, il s'adresse à l'officier chargé du matériel; celui-ci demande au commandant les hommes nécessaires.

FERRAGE ET HARNAIS. (Voy. CHAP. IX.) — Les visiter fréquemment, en présence du maréchal-ferrant et du bourrelier. Faire tenir au complet les approvisionnements en fers, clous, etc., cuirs, courroies, boucles, bourre, etc.

CAMPS ET BIVOUACS. — Lorsque les batteries se trouvent en ligne avec d'autres troupes, l'emplacement qu'elles doivent occuper est déterminé par l'ordre de bataille, et elles établissent leur campement suivant les dispositions prescrites. (Voy. CHAP. XVIII.)

Pour une batterie ou un parc isolé, ou lorsque l'emplacement n'est pas obligé, choisir un terrain découvert, uni, dont les abords soient faciles; assez éloigné des habitations; salubre; à proximité de l'eau, des fourrages, et de quelques plantations qui puissent fournir des abris contre la pluie ou l'ardeur du soleil. — Si l'on craint une attaque, disposer les voitures en carré, les pièces aux angles; la troupe et les chevaux s'établissent en dehors, et rentrent dans l'intérieur quand la défense l'exige. — Éviter d'attacher les chevaux aux voitures; au besoin, les attacher à des prolonges tendues sur des piquets.

VIVRES ET FOURRAGES. — Lorsque les distributions n'ont plus lieu, et que les corps sont obligés de s'approvisionner eux-mêmes, ce service doit se faire avec ordre et en armes. — Des détachements sont commandés et conduits par des officiers ou des sous-officiers qui s'entendent autant que possible avec les autorités locales, et qui prennent les précautions nécessaires contre les surprises. On emploie des voitures de paysan, et, s'il le faut, les chevaux de trait du convoi, en ayant soin de laisser toujours au parc assez de chevaux pour l'atteler au besoin.

ARTILLERIE DE MONTAGNE.

RÉCEPTION DU MATÉRIEL. — Comme pour le matériel de campagne (voy. page 252). Essayer de plus les limonières à tous les affûts; voir si les chevillettes entrent et sortent facilement; visiter les essieux avec le plus grand soin, en ôtant les roues et frappant avec un marteau sur l'équignon pour s'assurer qu'il n'y a pas de cassure cachée.

AVANT LE DÉPART. — Choisir les mulets de pièce et d'affût parmi les plus vigoureux et les plus doux; qu'ils soient, s'il se peut, de taille peu élevée, afin que le chargement soit moins difficile. — Essayer les bâts, et refaire les rembourrages défectueux. — Faire attacher les pelles et les pioches aux caisses qui ne renferment pas de munitions. — Les servants chargent les mulets de leurs pièces, en commençant par les mulets de caisses. Les ouvriers et les maréchaux-ferrants chargent les caisses d'outils et la forge. — Veiller à ce que la charge soit bien également répartie des deux côtés, solidement reliée au bât, et disposée de façon à ne pas gêner l'ouverture des caisses à munitions.

EN MARCHE. — Garder l'ordre en bataille le plus possible, en réduisant les intervalles; les servants et les chefs de pièce partagés entre la première ligne et la réserve. — Si un mulet s'abat, lui maintenir la tête près de terre, et l'empêcher de se relever avant que les servants ne puissent l'aider en soulevant la charge. — Dans les haltes assez longues pour décharger les mulets, les dessangler un peu; mais avoir soin, avant de repartir, de les ressangler, après avoir replacé les couvertures. — Atteler, lorsqu'un mulet de pièce ou d'affût est blessé par le bât, ou lorsqu'on est à proximité de l'ennemi. Un servant maintient alors l'obusier au moyen d'un écouvillon engagé dans l'âme, pour aider à franchir les mauvais pas et empêcher de verser. Retirer cet écouvillon en passant des fossés étroits, pour ne pas briser la hampe. — En cas d'attaque subite, lorsque le matériel est porté, il suffit à une troupe exercée d'une minute pour décharger, mettre en batterie et tirer le premier coup. — Graisser les roues tous les deux jours au moins, et, si les étapes sont longues, tous les jours. — Atteler le moins possible dans les marches de nuit.

ARRIVÉE. — Décharger les mulets; former le parc, les bouches à feu en batterie sur le front du camp, les caisses sur une ligne parallèle aux cordes de campement vis-à-vis les mulets qui les ont portées (voy. chap. XVIII). Attacher les mulets aux cordes, les débrider; faire boire une heure après au moins, et débâter deux heures après au moins. Le vétérinaire visite alors les mulets avec les chefs de section et de pièce.

RÉPARTITION DES CHEVAUX, LONGUEUR DES COLONNES, MULETS, ETC.

DÉSIGNATION des VOITURES.	Nombre de chevaux qu'on attelle *ordinairement*.	Longueur depuis l'extrémité postérieure jusque		Diamètre du cercle dans lequel la voiture peut tourner.	
		au bout du timon.	à la tête du 1er cheval.	à 2 chevaux.	à 6 chevaux.
		mètres.	mètres.	mètres.	mètres.
Affût de siége de 24, portant sa pièce (position de route).	8	7,97	17,00	10,50	15,50
Affût de siége de 24, portant un obusier de 22c (*idem*)	8	7,30	16,30	«	«
Affût de siége de 24, allant à vide	4	7,30	11,10	«	«
Affût de siége de 16, portant sa pièce (position de route)	8	7,44	16,45	10,30	15,20
Affût de siége de 16, allant à vide	4	7,20	11,00	«	«
Affût de camp. de 12, portant sa pièce	6	7,57	13,90	10,10	15,00
Affût de camp. de 12, portant un obusier de 16c	6	7,35	13,70	«	«
Affût de camp. de 12, de rechange, sans écouvillons	4	7,00	10,75	«	«
Affût de camp. léger de 12, portant le can.-obusier de 12	6	7,39	13,75	10,00	14,80
Affût de camp. léger de 12, portant le can.-obusier de 12 *léger*	6	7,36	13,70	«	«
Affût de camp. léger de 12, de rechange, sans écouvillons	4	6,95	10,70	«	«
Caisson, chargé, avec roue de rechange	6	7,37	13,80	9,80	14,70
Caisson, vide, sans roue de rechange	2	6,97	«	«	«
Chariot de batt. mod. 1833, chargé, fourragère baissée à 45°	6	8,15	15,50	10,60	«
Chariot de batt. mod. 1833, vide, fourragère relevée	2	7,60	«	«	«
Forge de campagne chargée	6	7,20	13,60	10,50	«
Chariot porte-corps chargé	8	7,30	16,40	10,10	14,[illegible]0
Chariot de parc chargé	6	7,00	13,30	10,30	15,30
Charrette de siége chargée	2	3,96	8,00	«	«
Haquet chargé du bateau	6	11,62	17,60	11,20	15,20
Haquet chargé de la nacelle	6	10,88	16,85	«	«
Haquet chargé de la sonnette	6	9,85	15,80	«	«
Triqueballe allant à vide	4	7,80	11,15	«	«

		mètres.
Longueur du timon, en avant de la volée de l'avant-train.	de campagne	2,74
	de siége.	3,00
	de chariot du parc, de haquet, de triqueballe.	2,82
Longueur d'un cheval dans ses traits.	environ.	3,90
Distance à laisser dans la file entre une voiture et la tête des chevaux de celle qui suit	lorsque celle-ci est attelée de plus de 2 chevaux.	1,00
	lorsque celle-ci est attelée de 2 chevaux seulement	4,00
Intervalle entre les voitures d'une même ligne au parc		2,00
Voie des voitures (Voy. page 113).		
Longueur des essieux : de siége, 2,016 ; de campagne, 1,902 ; de montagne, 1,672.		
Longueur de 2 mulets accouplés par la longe		5,00
Distance à laisser dans la file entre la croupe d'un mulet et la tête du suivant. . . .		1,00
Intervalle entre les mulets d'une même ligne en bataille		7,00
Intervalle entre les pièces au parc		2,00

Dans la longueur de chaque voiture attelée, on a compté $3^m,90$ pour les premiers chevaux seulement, la longueur des traits ($2^m,60$) pour ceux du milieu, et pour ceux de derrière aussi la longueur des traits, ou bien celle du timon, lorsqu'il y a une volée de devant.

Le temps nécessaire pour mettre en file un parc ou un convoi s'évalue, à raison de 1 heure par 4000 mètres, d'après la somme des longueurs des voitures attelées, augmentée de 1 mètre par voiture, plus 1/4 en sus du total pour les accidents ordinaires.

Les essieux ayant tous près de 2 mètres de longueur, on a le nombre de mètres carrés nécessaires pour un parc, en multipliant par 4 la longueur des voitures attelées, augmentée de 1 mètre par voiture, et en prenant pour toutes les voitures de chaque ligne la longueur de celles qui sont les plus longues.

L'espace nécessaire pour tourner est donné d'après les essais faits à Toulouse en 1834. Les cercles dont on donne les diamètres sont ceux que décrivent les sous-verge, en tournant au pas, la roue intérieure de l'avant-train rapprochée autant que possible de la plaque d'appui, sans frotter contre. Le diamètre du cercle, décrit par la roue extérieure, est en général de $1^m,50$ plus petit que celui du cercle décrit par les sous-verge. Lorsqu'on tourne au trot, les diamètres des cercles des sous-verge augmentent de 1 à 3 mètres environ.

Le poids à tirer par cheval en campagne ne doit pas aller, outre la voiture, à plus de 250 à 300 kil. — Le cheval attelé ou chargé ne peut pas fournir plus de 50 à 60 kilom. par jour.

EMBARQUEMENT ET DÉBARQUEMENT.

Dresser un état des objets à embarquer, faisant connaître leur nombre, les poids individuels, le poids total par espèce, etc., et conservant une large colonne d'observations. — Dans l'évaluation des poids, augmenter de moitié celui des objets encombrants qui pèsent peu sous un volume assez considérable, comme les armements, les outils à pionniers, etc. — Demander les bâtiments nécessaires pour le transport du poids total. — Préférer les bâtiments pontés à ceux qui ne le sont pas, surtout s'il y a des munitions à embarquer.

Le port des bâtiments s'estime par *tonneaux* de 1000 kil. Le lest ne doit pas compter dans le tonnage d'un bâtiment; déduire 1/3, s'il y était compris. — Les capitaines ont ordinairement une attestation du tonnage de leurs bâtiments. Au besoin, on peut l'estimer par cette formule de jaugeage: multiplier l'une par l'autre les 3 dimensions principales du bâtiment exprimées en mètres; diviser le produit par 3,2; le quotient est le nombre de tonneaux.

Faire un état de répartition entre les bâtiments, et l'état par numéros des objets à embarquer sur chaque bâtiment, en double expédition, dont l'une est remise au commandant du bord, et l'autre, signée par lui, reste entre les mains du garde d'artillerie. — Souvent les capitaines des bâtiments se disent surchargés longtemps avant de l'être; veiller à ce que le chargement soit complet, à ce que la capacité du navire soit bien employée.

Répartir le chargement suivant le but qu'on se propose. Pour une expédition, placer sur chaque bâtiment tout ce qui est nécessaire pour agir au moment du débarquement, malgré les retards que d'autres bâtiments auront pu éprouver. Mettre avec chaque bouche à feu ses armements, ses munitions, et les voitures qui doivent les transporter; les plates-formes, outils, instruments, matériaux pour la construction des batteries. Si un certain calibre est indispensable pour une opération, ne pas mettre sur le même bâtiment toutes les bouches à feu de ce calibre, afin de ne pas en être totalement privé par un accident.

Démonter les affûts, voitures et avant-trains, en ôtant les roues et les coffres. Placer dans des caisses les ferrures, avec les outils nécessaires pour remonter les voitures.

Mettre les munitions confectionnées, bien étoupées, dans des caisses pesant de 65 à 75 kil., munies de 2 poignées en cordage, fermées avec des vis à bois ou avec 2 cercles. — Les gargousses, fusées à bombes, artifices et matières d'artifices, dans des tonneaux. — Les poudres, en barils de 50 kil. autant que possible, ceux de 100 kil. étant difficiles à manier. — Les écouvillons, refouloirs, tire-bourres, lanternes sont réunis en faisceaux, par calibres, pour 1 ou 2 pièces, et liés autour de 2 ou 3 plateaux circulaires avec échancrures; les gargoussiers, dans l'intérieur de ces faisceaux. Les autres objets d'armement ou d'assortiment, les outils à pionniers, les règles, niveaux, etc., réunis par espèces, en paquets ou dans des caisses. — Les bouchons de foin, par 100 ou 150 du même calibre, dans des sacs ou des filets. — Les armes portatives, dans des caisses. — Chaque caisse, tonneau, etc., étiqueté de l'espèce et de la quantité des objets.

Placer les objets les plus lourds en dessous, en commençant par les projectiles (les bombes et obus vides), ensuite les bouches à feu, les plates-formes, affûts, voitures, avant-trains, coffres, etc. — Les caisses d'armes et de munitions, dans les endroits les moins exposés à l'humidité. — Éviter de rien mettre dans la partie inférieure de la cale, où l'eau pénètre ordinairement; s'il y a urgence, n'y placer que les objets les moins susceptibles de se détériorer.

Si le débarquement doit avoir lieu devant l'ennemi, charger de manière à pouvoir débarquer sur-le-champ quelques pièces de campagne, leurs armements et leurs munitions, les chevaux de frise, et les outils pour se retrancher ou faciliter les abords. — Ces pièces et leurs affûts peuvent se placer sur le pont, le long du bastingage, dans les endroits où elles ne gênent pas les manœuvres. — Les voitures et les affûts démontés, les premiers à prendre, s'arriment facilement sur les porte-haubans, entre le bastingage et les haubans.

Quand il y a beaucoup de bâtiments, chacun d'eux doit porter à tribord, à bâbord et sur un guidon au haut du grand mât, un numéro facile à distinguer. Au moyen de ces numéros, marqués sur l'état d'embarquement, on connaît à chaque instant les ressources dont on peut disposer. — Quelques bâtiments, distingués par un pavillon particulier, doivent être spécialement affectés au transport des poudres, des artifices, des munitions qui peuvent être séparées des pièces.

Débarquer d'abord les pièces destinées à agir. — Suivre pour le débarquement l'ordre contraire à celui de l'embarquement. — Remonter le plus vite possible les voitures qui doivent servir au transport. — Réunir les objets, par espèces, assez loin du bord pour ne pas en être embarrassé. — Pour les poudres et les munitions qui ne doivent pas être transportées de suite, prendre toutes les précautions nécessaires, afin de prévenir la confusion, les avaries, les accidents.

S'il est nécessaire de transborder, ou si on laisse des objets sur les bâtiments, avoir soin de les noter sur les états.

Les équipages des bâtiments sont chargés de l'embarquement et du débarquement, qu'ils exécutent facilement au moyen des vergues et de palans. Il suffit ordinairement de leur fournir des rouleaux et des chantiers pour approcher les attirails du bord. — Dans quelques circonstances, il est nécessaire d'établir des culées de ponts de chevalets, des chèvres à haubans, grues, etc. — A défaut des moyens ordinaires, établir une grue provisoire; percer un arbre, environ au tiers de sa longueur, d'une mortaise allongée; fixer sur le sol un châssis portant une forte cheville verticale; poser l'arbre sur ce châssis, en faisant entrer la cheville dans la mortaise, comme une cheville-ouvrière, mais de manière que les extrémités de l'arbre puissent s'élever et s'abaisser; tourner vers le fardeau la partie de l'arbre la plus courte, et brêler le fardeau à l'arbre en soulevant l'autre extrémité; abaisser ensuite cette extrémité, et faire tourner l'arbre autour de la cheville, jusqu'à ce que le fardeau soit au-dessus de la barque; le laisser descendre doucement, et le détacher. Si on ne peut pas se procurer un arbre ou une pièce de bois convenable, brêler et cheviller ensemble des poutrelles.

TRANSPORT SUR LES CHEMINS DE FER.

Transport des batteries.

AUTORITÉ, RESPONSABILITÉ. — Pendant tout le voyage, le chef de corps ou de détachement est tenu de suivre strictement les indications qui lui sont données par l'employé chargé de diriger le train, auquel demeure la responsabilité du mouvement. Par le même motif, les officiers, sous-officiers et soldats doivent se conformer, durant toute la route, aux recommandations des agents du chemin de fer.

DIVISION PAR TRAINS COMPLETS. — Toutes les fois que la troupe à transporter exige plusieurs trains, on doit proportionner ceux-ci à la force des moteurs et les charger à plein, sans tenir compte des divisions en batteries, demi-batteries, sections ou pièces.

VIVRES ET FOURRAGES. — La troupe est pourvue, avant le départ, des vivres nécessaires pendant tout le voyage. — Les servants à pied mettent le pain sur le sac, à côté de la petite gamelle qui renferme la viande. Les hommes montés placent leurs vivres dans un des côtés du bissac, détaché du paquetage; la viande est enfermée dans l'intérieur du pain. Les petits bidons sont remplis d'eau que l'on mélange avec de l'eau-de-vie, dans la saison des chaleurs. — Les chevaux mangeant facilement dans les wagons, même pendant la marche, il est distribué 3, 5 ou 10 kil. de foin, *pressé* s'il est possible, selon que le voyage doit durer moins de 12 heures, de 12 à 24 heures, ou plus de 24 heures. Un repas d'avoine (demi-ration de route) est renfermé dans des sacs, qui sont déposés dans les wagons à bagages; il ne doit être donné aux chevaux qu'à l'arrivée à destination, et non pendant le trajet sur la voie ferrée.

MATÉRIEL DU CHEMIN DE FER. — Les officiers voyagent dans des wagons de 1re ou de 2e classe, complétés au besoin par des sous-officiers et des canonniers.

La troupe est transportée dans des wagons de 3e classe, à l'exception des hommes qui sont placés dans les wagons à selles et à chevaux. — Huit places, au lieu de dix, par compartiment pour les musiciens. Neuf places, au lieu de dix, pour les autres militaires équipés. Les soldats non équipés sont traités comme les voyageurs civils.

Les chevaux sont transportés dans des voitures couvertes, dites *wagons à bœufs*, qui doivent être pourvues chacune de deux strapontins pour asseoir les canonniers, et d'une barre de fermeture pour empêcher les chevaux de reculer lorsque les portes sont ouvertes. L'expérience a démontré qu'en ayant soin de maintenir les chevaux calmes, l'emploi des barres de fermeture provisoire n'est pas indispensable. — Les selles avec leur paquetage, les porte-manteaux des conducteurs haut-le-pied et les sacs remplis d'avoine sont placés dans des wagons à bagages munis de freins extérieurs.

Le matériel est chargé sur des *trucks* ou wagons plats de dimensions variables et munis de rebords qui se rabattent, au moyen de charnières, sur les quatre côtés de la plate-forme ou seulement sur un ou deux de ses côtés. — Choisir de préférence les trucks qui se chargent par les petits côtés, et ceux dont les rebords ont le moins d'élévation.

OBJETS ACCESSOIRES POUR L'EMBARQUEMENT. — Les cordages et les cales nécessaires pour assurer la stabilité des voitures sur les trucks sont préparés d'avance par les soins du corps.

RÉUNION DE LA TROUPE A LA GARE DE DÉPART. — La troupe arrive au point désigné pour l'embarquement deux heures avant le moment du départ. — Les chevaux doivent avoir terminé leur repas deux heures avant de se rendre à la gare ; ils sont alors plus dociles. — Les bagages sont conduits à la gare trente minutes avant l'arrivée de la troupe, et sont chargés sous la direction des employés du chemin de fer. — Les canonniers d'escorte s'embarquent avec le reste de la troupe.

COMPOSITION ET ORDRE DU CONVOI. — Une demi-batterie d'artillerie (personnel et matériel) suffit, en général, au chargement d'un convoi. Les wagons sont, autant que possible, rangés dans l'ordre suivant : Un wagon à bagages; un truck portant les ponts et poutrelles de débarquement; wagons à chevaux; wagons à voyageurs, dont un à freins; trucks chargés de matériel; wagons à bagages à freins, chargés de selles. Deux wagons à freins extérieurs doivent toujours être placés l'un en tête, l'autre en queue du convoi.

Les manœuvres nécessaires pour amener les wagons au point d'embarquement, pour mettre le train en état de marcher et pour conduire les wagons au quai de débarquement, sont exécutées par les employés du chemin de fer, assistés, toutes les fois qu'il en est besoin, par les canonniers disponibles.

POSTE DE POLICE. — Il est formé un poste composé : D'un maréchal-des-logis, d'un brigadier, d'un trompette, et d'un nombre de canonniers proportionné à l'effectif (environ 6 hommes sur 120), pris parmi les servants ou les conducteurs haut-le-pied. Ce poste occupe une partie du wagon le plus voisin de celui des officiers ; il est préposé au maintien de l'ordre, aux stations et à l'arrivée.

DISPOSITIONS PRÉPARATOIRES. — La demi-batterie étant arrivée dans la gare, le commandant reconnaît le matériel du chemin de fer mis à sa disposition, et arrête immédiatement la répartition des hommes, des chevaux et des voitures.

Un officier est désigné pour diriger l'embarquement des chevaux ; il fait garnir chaque wagon à chevaux de deux bottes de paille en litière, et s'assure que les deux strapontins sont fixés à la barre de tête. Le fourrage est disposé le long de la grande paroi du wagon, en face de la porte.

Un sous-officier dirige le chargement des selles dans des wagons à bagages, où il fait porter des bottillons de paille cylindriques, de 80 cent. de longueur sur 25 à 30 cent. de diamètre, attachés avec deux liens ; il en faut un par attelage, ou un pour cinq chevaux de selle.

Les servants déposent le sac et le mousqueton ; ils sont formés, sous la surveillance d'un officier, en détachements proportionnés à l'importance du matériel à embarquer.

Les chevaux de devant et du milieu sont dételés et réunis, sous les ordres d'un sous-officier, avec les chevaux de selle, dans un lieu voisin du quai où ils doivent être embarqués. — Les voitures sont amenées sur le quai d'embarquement ou au pied de la rampe par les chevaux de derrière, qui sont dételés à leur tour et conduits successivement auprès des autres. — Les chevaux sont divisés par fractions correspondantes à la capacité des wagons, de façon que les chevaux d'une voiture se trouvent, autant que possible, placés dans le même groupe. — Les diverses fractions sont rangées devant les wagons qui doivent les recevoir.

CHEFS DE WAGON. — Chaque wagon d'hommes ou de chevaux a pour chef le plus ancien canonnier, à défaut de maréchal-des-logis ou de brigadier. Le chef de wagon est chargé de maintenir le bon ordre, et de veiller à l'exécution de toutes les mesures indiquées.

EMBARQUEMENT DES VOITURES. — Les *trucks* sont les véhicules qui conviennent le mieux au transport des voitures d'artillerie.

Les trucks se chargeant par les bouts, peuvent recevoir : ceux de 5^m,30 de longueur et au-dessus, deux voitures de campagne ; ceux d'une longueur au-dessous de 5^m,30 et jusqu'à 4^m,35, une voiture et demie ; et enfin ceux d'une longueur au-dessous de 4^m,35, une seule voiture.

Les trucks se chargeant par les grands côtés, doivent avoir au moins 5^m,90 de longueur pour recevoir deux voitures, et 4^m,70 pour recevoir une voiture et demie.

Les dimensions des arrière-trains de la forge et du chariot de batterie ne permettent pas de mettre plus de l'avant-train de ces voitures sur un truck de 4^m,35, même quand il se charge par les bouts.

Les deux trains de chaque voiture sont séparés et placés tout montés sur les trucks.

Les conditions essentielles du chargement sont les suivantes : 1° Répartir le poids sur toute la surface du truck, en occupant le moins de place possible ; 2° faire en sorte que les bouts de timon et les roues de rechange ne dépassent point les tampons du truck qui les porte ; 3° consolider, caler, brêler et amarrer avec un soin extrême les parties du chargement qui en sont susceptibles, de manière à les rendre toutes parfaitement solidaires entre elles et à en assurer la complète stabilité.

Trucks de 4^m,35 *se chargeant par les bouts* (deux trucks pour trois voitures). — Engager sur le premier truck un arrière-train, la flèche en arrière, jusqu'à ce que ses roues touchent l'autre bout du truck ; poser la flèche sur le plancher. Engager un avant-train, le timon en avant et élevé, jusqu'à ce que les roues touchent celles du train déjà placé ; engager un second arrière-train la flèche en avant et posée sur le plancher, en évitant, s'il y a lieu, que le coffre de devant touche celui de l'avant-train.

Engager sur le second truck un arrière-train, la flèche en arrière et posée sur le plancher ; ensuite un avant-train, le timon en avant et élevé, comme sur le premier truck. Placer le dernier avant-train, le timon en avant et posé sur le plancher sous les trains déjà placés.

Trucks de 5^m,30 *se chargeant par les bouts* (un truck pour deux voitures). — Engager un arrière-train, la flèche en arrière, jusqu'au bout du truck ; poser la flèche sur le plancher ; engager l'avant-train, le timon en arrière et abaissé, jusqu'à ce que les roues touchent celles de l'arrière-train, et, s'il est possible, une roue en dedans et une en dehors des premières ; engager l'avant-train ; faire entrer le second arrière-train, la flèche en avant et posée sur le plancher.

Lorsque la disposition de la gare oblige à embarquer les voitures par le grand côté sur les trucks qui peuvent se charger par les bouts, les trains des voitures sont d'abord mis sur le second truck, d'où ils sont conduits, au moyen d'un pont de communication, sur le premier, pour les placer comme il est dit ci-dessus.

Le second truck est ensuite chargé comme le premier en se servant du troisième, et ainsi de suite. Le dernier truck est chargé comme il est dit ci-après pour les trucks qui ne peuvent s'ouvrir et se charger que par les grands côtés.

Trucks de 4^{m},70 *ne se chargeant que par les grands côtés* (deux trucks pour trois voitures). — Engager successivement deux arrière-trains ou un avant-train et un arrière-train, la flèche ou le timon en arrière, et les disposer aux deux bouts du truck comme il est dit plus haut, le timon et la flèche sur le plancher.

Introduire ensuite, entre les deux trains déjà placés, l'avant-train à charger en dernier lieu, en le portant à bras, le timon élevé, pour l'établir à la place qu'il doit occuper, et en faisant passer l'une de ses roues par-dessus les flèches et les timons des deux premiers trains.

Trucks de 5^{m},90 *ne se chargeant que par les grands côtés* (un truck pour deux voitures). — Placer l'arrière-train de la première voiture, puis l'avant-train, le timon élevé, à l'un des bouts du truck. Placer ensuite l'arrière-train de la seconde voiture à l'autre bout du truck; enfin, introduire le second avant-train en le portant à bras, le timon élevé, pour l'établir à la place qu'il doit occuper, en faisant passer l'une de ses roues par-dessus les flèches des deux autres trains.

Trucks de moins de 4^{m},70, *ne se chargeant que par les grands côtés.* — Engager successivement les deux trains de la voiture, chacun vers l'un des bouts du truck, la flèche et le timon en arrière; les faire pivoter sur la roue extérieure, de manière à ramener la flèche et le timon l'un vers l'autre, la flèche sur le plancher, le timon élevé. — Dans certains cas, la roue de rechange est enlevée et placée soit à plat sur le plancher, soit contre un des trains chargés sur le truck.

Dans les opérations d'embarquement, les timons doivent être maintenus au moyen d'une jarretière fixée à leur extrémité; ils sont ensuite fortement brêlés à l'une des parties de l'arrière-train déjà chargé. — La lunette de flèche des caissons qui sont pourvus d'un timon de rechange est posée sur une cale assez élevée pour que le poids du devant du train ne porte pas sur le bout du timon, et par suite sur la chevillette qui le fixe dans son étrier.

Dès qu'un truck a reçu son chargement, fixer entre elles les roues des divers trains, au moyen de jarretières ou autres cordages de 12 à 15 mill. de diamètre. Placer sous les roues des cales qui sont clouées sur le plancher, et compléter la stabilité des voitures en les amarrant aux anneaux du truck. — Prévenir les frottements, en faisant usage de torons de paille ou par tout autre moyen.

EMBARQUEMENT DES CHEVAUX. — Les wagons à chevaux ont des dimensions qui varient dans les limites suivantes :

Longueur, de . . . . $4^m,12$ à $6^m,00$
Largeur, de. . . . . $2^m,32$ à $2^m,48$
Hauteur sous la porte, de . . . . . $1^m,70$ à $1^m,92$

Les wagons dont la hauteur sous le linteau de la porte est au-dessous de $1^m,90$ ne peuvent pas recevoir les chevaux sellés. Ceux de $4^m,35$ de longueur peuvent recevoir six chevaux avec harnais et selles, ou sept chevaux sans selles, les chevaux d'attelage conservant leurs colliers.

Le tableau suivant donne les dimensions moyennes des chevaux de l'artillerie, ainsi que la hauteur maximum du paquetage; il peut servir à déterminer le nombre de chevaux chargeant à plein chaque wagon.

CHEVAUX.		LARGEUR moyenne.	HAUTEUR maximum	POIDS moyen.	OBSERVATIONS.
		mètres.	mètres.	kil.	
De selle . .	sellés. . . .	84	1,83	550	
	dessellés. .	60 à 66	«	520	
Porteurs . .	harnachés .	84	1,83	570	
	nus.	60 à 66	«	530	
Sous-verges	harnachés .	70	«	550	
	nus.	60 à 66	«	530	

Lorsque le dernier wagon n'est pas complétement rempli de chevaux, il faut les y maintenir serrés en un ou deux groupes, au moyen de barres semblables à la barre de fermeture. — La porte du wagon doit toujours être libre.

Les chevaux de selle et les porteurs sont dessellés, mais non débridés. Si les circonstances atmosphériques l'exigent, les couvertures sont étendues, pliées en quatre, sur les chevaux, et assujetties avec le surfaix. — Les harnais sont laissés aux chevaux d'attelage; on relève sur le collier les traits, fourreaux, plates-longes et avaloires, au moyen des courroies trousse-harnais, de manière que le tout soit fixé le plus solidement possible en arrière des mamelles. — La croupière, le poitrail, la sangle et, s'il y a lieu, la couverture sont réunis sur la schabraque et maintenus par le surfaix; les étriers sont relevés ou attachés. — Les selles ainsi disposées sont portées par les canonniers des numéros impairs près du wagon à bagages, et déposées à terre sur le point désigné par le chef de wagon. Les canonniers impairs retournent à leurs groupes pour tenir les chevaux; les numéros pairs portent à leur tour leurs selles de la même manière, et retournent vivement à leurs chevaux. Les conducteurs haut-le-pied vont aussi porter leurs portes-manteaux près des selles.

Aussitôt que les sept chevaux du premier wagon sont réunis, l'officier désigné fait commencer l'embarquement. Le premier conducteur, assisté d'un conducteur haut-le-pied, introduit successivement ses deux chevaux dans le wagon en leur faisant baisser la tête, et les fait ranger contre la paroi latérale de droite, la tête opposée au côté de la porte. Le second conducteur introduit de la même manière ses deux chevaux dans le wagon, et les fait ranger à gauche; le troisième conducteur et le conducteur haut-le-pied font entrer le dernier attelage et le cheval de selle. Les trois conducteurs restent dans le wagon. — Si un cheval résiste, on fait avancer le suivant, et le premier est entraîné vivement à sa suite. — Autant que possible, introduire d'abord les chevaux dociles, et employer de préférence les moyens de douceur.

Dès que le dernier cheval est entré, les canonniers restés à l'extérieur mettent la barre de fermeture provisoire, relèvent ou retirent le pont, et ferment les portes. Enlevant ensuite la barre, ils la passent aux hommes du wagon. — Les chevaux sont attachés à la barre de tête avec la longe du licou, ce qui permet de débrider, si l'ordre en est donné. Dans ce cas, trois ou quatre brides sont réunies, liées ensemble à la têtière par les rênes de l'une d'elles, et attachées à la barre du wagon, avec les mêmes rênes, vers les encoignures. — Les bâches des wagons restent relevées, à moins que l'état de l'atmosphère n'oblige à les baisser de l'un ou de l'autre côté. — Deux des canonniers ramènent les strapontins à l'intérieur et les placent pour s'asseoir, en ayant soin de ne pas toucher aux cordes de suspension.

Les chevaux de l'artillerie à cheval sont embarqués comme les chevaux de trait, et l'on place également trois canonniers par wagon.

EMBARQUEMENT DES SELLES. — Le sous-officier ou brigadier chef du wagon à selles fait opérer le chargement par deux conducteurs haut-le-pied. L'un monte dans le wagon, l'autre reste en dehors et apporte successivement les selles toutes paquetées.

Le canonnier chargeur range les selles dans le wagon, la première sur un bottillon, le porte-manteau appuyé contre la paroi longitudinale, les autres selles du même attelage empilées au-dessus de la première; les selles des autres attelages sont placées successivement comme les premières, de manière à former un groupe pour chaque voiture. Les paquetages des chevaux d'officiers sont placés au-dessus des autres. — Les porte-manteaux des conducteurs haut-le-pied sont rangés à la suite des selles. — Le chef du wagon monte dans le wagon avec ses deux aides; il tient note de l'arrangement adopté. — Pour l'artillerie à cheval, le chef de chaque wagon à selles est secondé par quatre hommes.

EMBARQUEMENT DE LA TROUPE. — Les servants reprennent le sac et le mousqueton; ils sont réunis aux conducteurs non embarqués dans les wagons à selles ou à chevaux, et formés, sous la surveillance d'un officier, en fractions correspondantes à la capacité des wagons. Chaque fraction est conduite rapidement au wagon qu'elle doit occuper. Les servants détachent leurs sacs et les tiennent à la main, deux d'entre eux montent dans le wagon, et rangent leurs sacs sous les banquettes, la patelette en dessus, à l'extrémité opposée à la portière ouverte. Le second prend le sac du troisième et le range; le troisième prend à son tour le sac du quatrième, et ainsi de suite; chaque homme monte en wagon, après que son sac est placé. Les hommes se serrent vers le fond, pour ne pas obstruer l'entrée du wagon. — Les trois derniers sacs sont déposés les uns sur les autres, à la dixième place laissée vacante à cet effet. Les sacs chargés de marmites et de grandes gamelles, occupant plus de place, sont mis de préférence sous les banquettes.

Les canonniers tiennent leurs armes entre leurs jambes, la crosse ou le fourreau sur le plancher. Il est interdit de déposer les mousquetons dans les encoignures ou sur les banquettes, excepté pour descendre aux grandes haltes ou aux stations.

NUMÉROTAGE DES WAGONS. — L'officier qui dirige l'embarquement fait écrire à la craie sur chaque wagon le numéro de la pièce à laquelle appartiennent les hommes, les chevaux et les bagages que contient la voiture.

SURVEILLANCE. — Immédiatement avant le départ, l'officier commandant et le chef du train passent une revue des wagons pour s'assurer que tout y est en ordre. Ils vérifient si les chaînes d'attelage des wagons à matériel en particulier sont assez serrées pour que les tampons soient en contact. Les officiers montent alors dans le wagon qui leur est destiné.

MESURES DE POLICE ET DE SURETÉ. — La troupe étant embarquée, il est rigoureusement interdit : 1° De sortir la tête ou les bras hors des wagons pendant la marche ; 2° de passer d'une voiture dans une autre ; 3° de pousser des cris ; 4° de descendre de wagon aux stations, avant le signal convenu.

Les canonniers ont soin d'empêcher les chevaux d'avancer la tête hors du wagon. Ils leur font manger le foin à la main, pendant la marche du convoi. A tous les coups de sifflet de la locomotive, ils tiennent les chevaux par la bride ou le licou, pour les soutenir et les empêcher de s'effrayer. En cas d'accident, ils font un signal extérieur, en agitant leur mouchoir.

HALTES ET STATIONS. — Aux stations, si d'après le temps indiqué par l'employé qui dirige le mouvement, le commandant juge convenable que la troupe mette pied à terre, il fait connaître la durée de la halte aux officiers ; ceux-ci se portent, pour diriger et surveiller le mouvement, à la hauteur des wagons où sont embarqués les hommes sous leurs ordres. Le poste de police descend immédiatement et fournit des sentinelles partout où il en est besoin, et particulièrement du côté intérieur de la voie, pour empêcher les hommes d'y stationner ou d'ouvrir les portes des wagons.

Au signal donné par un demi-appel, les canonniers des wagons à voyageurs descendent en ordre, sans mousquetons, et exclusivement par le côté extérieur de la voie. Les hommes embarqués avec les chevaux descendent en passant par-dessus la paroi des wagons. Si l'on juge nécessaire de faire ouvrir les portes, les barres de fermeture sont préalablement placées.

Vers le milieu du trajet, autant que possible, on relève le poste de police et les hommes embarqués avec les chevaux. A chaque halte qui dure plus de dix minutes, le commandant ou un autre officier et le chef du train passent la revue des wagons et plus particulièrement de ceux qui portent des voitures à munitions.

Cinq minutes avant le départ, un demi-appel donne le signal du rembarquement. A la station qui précède immédiatement le point d'arrivée, on bride les chevaux, on ramasse le fourrage et on en forme une botte par wagon.

REPAS. — Pendant le temps du repas, il y a au moins un canonnier pour deux wagons à chevaux.

En principe, l'avoine ne doit être distribuée qu'après le débarquement, et non pendant le trajet sur la voie ferrée. Le foin est donné à la main par les conducteurs, pendant la marche du convoi. — En temps ordinaire, les chevaux ne sont abreuvés que si la durée du trajet est de plus de douze heures ; dans ce cas même, ils ont besoin de peu d'eau, et un seau de dimension ordinaire suffit pour deux chevaux.

ARRIVÉE. — A l'arrivée, les officiers mettent pied à terre les premiers. Un demi-appel donne le signal du débarquement. Les officiers réunissent les servants, font déposer le sac et le mousqueton, et forment des détachements d'après le nombre et la disposition des points de débarquement.

L'officier qui a présidé à l'embarquement des chevaux réunit les conducteurs et, dans l'artillerie à cheval, une partie des servants transportés dans les wagons à voyageurs, et les conduit au point de débarquement des chevaux.

PONTS VOLANTS. — Dans la prévision d'un accident, il faut être toujours en mesure de faire débarquer les chevaux à l'aide d'un ou plusieurs ponts volants, qui sont transportés avec le train. Longueur, 5 mètres environ ; largeur, 20 cent. de plus que celle des portes des wagons. — Le pont a des garde-corps qui s'enlèvent à volonté. Il est supporté à son extrémité supérieure par un chevalet mobile, dont la hauteur correspond à celle de la porte du wagon. Le débarquement des chevaux s'opère alors en faisant passer successivement les wagons devant ce pont.

On peut supprimer le chevalet et fixer à la partie antérieure du pont deux fortes brides en fer, reposant sur le plancher du wagon. Ce pont est alors adapté successivement à chacun des wagons que l'on doit décharger.

DÉBARQUEMENT. — Les sous-officiers ou brigadiers, chefs de wagons à selles, font, immédiatement après l'arrivée, débarquer le harnachement qui est rangé par fractions dans l'ordre où il avait été disposé au départ. — Le matériel est mis à terre par des moyens inverses de ceux qui ont été employés pour le charger. — Dès que les wagons à chevaux sont à quai, les hommes placés dans les wagons à voyageurs s'y transportent, disposent les ponts volants, ouvrent les portes, et aident à faire sortir les animaux dans l'ordre inverse de l'embarquement. Si les chevaux ont la croupe tournée du côté du quai, on fait sortir les deux premiers de chaque wagon en reculant, et les autres suivent après avoir fait un demi-tour. — Aussitôt que deux chevaux de derrière sont disponibles, ils sont conduits au débarcadère du matériel et attelés à une voiture qu'ils conduisent au parc où les attelages sont complétés.

CHEVAUX SELLÉS. — Lorsque l'ordre est donné, par exception, d'embarquer les chevaux sellés, le paquetage est disposé de la manière suivante : Déboucler les deux courroies de paquetage de devant ; laisser la courroie de manteau bouclée; dégager la schabraque et la rabattre sur le siége de la selle par dessus le surfaix. — Réunir en arrière, sur le siége, les bouts du sac à distribution, les musettes et les bouts du manteau; les serrer avec une des courroies de paquetage. Les chevaux sont toujours sanglés; la croupière et le poitrail restent en place.

Transport des équipages de ponts.

PLACE DES WAGONS A TROUPE. — Les wagons à troupe sont placés vers le centre du train, mais toujours après un truck chargé d'un chariot de parc; ils doivent être suivis d'un truck vide ou dont le chargement présente, au-dessus du plancher, une élévation de moins de $1^m,30$, sur une longueur de $1^m,50$, à partir de l'arrière. — Chaque wagon est numéroté à la craie des deux côtés.

DISPOSITIONS PRÉLIMINAIRES. — Les pontonniers déposent leurs sacs, et placent dessus leur shakos et leurs armes. Ils sont ensuite partagés en détachements, suivant l'importance du matériel à charger, la disposition des lieux et la manière d'opérer le chargement; on a soin de conserver toujours quelques hommes disponibles.

COMPOSITION ET ORDRE DU CONVOI. — Il faut un truck par voiture. Choisir de préférence les trucks dont les rebords ont le moins d'élévation. — Les trucks de $5^m,30$ de longueur sont préférables à ceux de 4^m35; ils permettent de transporter les haquets tout chargés (le haquet à nacelle excepté), tandis que ceux de $4^m,35$ nécessitent l'enlèvement préalable, de dessus les haquets, de toutes les poutrelles, qu'il faut placer ailleurs, parce que le chargement aurait trop de longueur.

Pour une division d'équipage de ponts de dix-huit voitures, le chargement serait réparti ainsi qu'il suit :

Trucks nos	1, 3, 5, 7, 9 et 11, chacun . .	1 chariot, avec madriers.
	2, 4, 6, 8, 10 et 12	1 haquet, avec bateau.
	13	1 chariot, avec caisse.
	14	1 haquet, avec bateau.
	15	1 forge.
	16	1 haquet, avec chevalets.
	17	1 haquet, avec nacelle.
	18	1 haquet, avec bateau.

Placer toujours alternativement un chariot ou la forge et un haquet avec bateau; le haquet avec nacelle, devant toujours être complétement déchargé, est considéré comme chariot.

Toutes les voitures, la première exceptée, sont placées l'avant-train en avant, le timon engagé sous l'arrière-train de celle qui précède; la première est placée en sens inverse. — Tous les chariots et la forge ont les roues de devant et de derrière à égale distance des extrémités des trucks. — Tous les haquets, le dernier excepté, ont les roues de devant appuyées contre le rebord du truck; pour le dernier, ce sont les roues de derrière.

CHARGEMENT PAR LE PETIT CÔTÉ. — S'il y a un quai et des volets pour le relier aux trucks, mettre les voitures sur les trucks et ranger les trucks entre eux, comme il est expliqué pour une batterie, en plaçant ainsi qu'il suit le haquet à nacelle et son chargement: 1° la nacelle renversée, les anneaux de brêlage à égale distance des extrémités du truck; 2° les poutrelles, sur deux de hauteur, de chaque côté de la nacelle, contre ses bordages; 3° le haquet, les roues sur les poutrelles; 4° les corps-morts et les agrès sur les brancards, et amarrés. Pour que tous ces objets soient bien maintenus, clamauder les poutrelles entre elles, et les amarrer aux anneaux des trucks, ainsi que la nacelle et les roues du haquet; de plus, pour empêcher le frottement des plats-bords et des poutrelles sur les rebords du truck et sur ceux des trucks voisins, placer sur les premiers des torons de paille de grosseur suffisante.

A défaut de volets servant de jonction entre le quai et les trucks, employer des madriers.

S'il n'y a pas de quai, on y supplée par une rampe formée de 5 poutrelles, 24 madriers et 2 guindages, qui sert pour tous les trucks, et repose, par sa partie supérieure, sur un chevalet de 1 mètre à $1^m,10$ de hauteur.

Les poutrelles sont prises au dernier haquet, et les madriers à l'un des chariots; ils sont replacés sur leurs voitures, lorsque le chargement de l'équipage est terminé.

CHARGEMENT PAR LE GRAND CÔTÉ. — Ce mode exige le déchargement préalable et complet de toutes les voitures; mais cette opération ne se fait que successivement et le plus près possible des trucks. — Établir quatre rangées de deux madriers chacune, allant du quai sur le rebord du truck et formant deux couples dont les jonctions ont entre elles un intervalle égal à la distance entre les deux trains de la voiture à charger ($2^m,70$ environ pour les chariots et la forge, et 4 mètres pour les haquets).

Chariot avec madriers. — Amener le chariot perpendiculairement et contre les madriers, le porter sur ces madriers; le faire glisser jusque près du truck, à l'emplacement qu'il doit occuper, et le charger de ses madriers et agrès.

Haquet avec bateau. — Mettre le haquet sur le truck, comme il est indiqué pour le chariot, et le charger de ses 7 poutrelles; fixer 2 fausses poutrelles superposées contre les ranchets de devant, et 2 autres contre les ranchets de derrière; placer 5 poutrelles formant rampe du sol au brancard, les extrêmes près des ranchets; apporter le bateau sur cette rampe, et le faire glisser jusque contre les fausses poutrelles. 5 hommes se portent alors aux extrémités des poutrelles, les mettent à bras, puis à l'épaule; les autres soulèvent alternativement l'avant et l'arrière du bateau et le portent sur les fausses poutrelles, à la place qu'il doit occuper. On débrêle les fausses poutrelles et on les dégage, puis on brêle le bateau.

Haquet avec nacelle. — Placer chaque objet comme il est indiqué dans le chargement par le petit côté.

Il est plus commode, pour placer ce haquet, d'ôter l'avant-train et les roues de derrière, et de les remettre ensuite.

Dès qu'un truck a reçu son chargement, caler les roues de la voiture et les amarrer aux anneaux du truck; puis, mettre des torons de paille aux endroits où il pourrait y avoir frottement.

MESURES DE SURETÉ. — Les pontonniers embarqués sur les trucks resserrent les guindages qui en ont besoin. S'il survient quelque dérangement important auquel ils ne puissent remédier, ils élèvent leurs shakos sur leurs mousquetons. Ce signal est répété par tous les pontonniers des trucks, jusqu'à ce que les gardes-freins l'aperçoivent et que le signal d'arrêt soit donné.

ARRIVÉE DU TRAIN A LA GARE DE DESTINATION. — A l'arrivée du train, les officiers descendent les premiers. Ils réunissent les hommes, leur font déposer les sacs, les armes et les shakos, et forment des détachements d'après le nombre et la disposition des points de déchargement.

DÉCHARGEMENT. — Le matériel est remis à quai par des moyens inverses de ceux qui ont été employés pour le chargement.

CHAPITRE XII.

MOUVEMENTS DE MATÉRIEL.

SOMMAIRE.

CHÈVRE A DÉCLIC, A HAUBANS.

Nombre d'hommes, précautions, agrès, etc.

Pour manœuvrer la chèvre à haubans, il faut 12 hommes (plus ou moins), savoir : 1 chef de manœuvre. — 4 servants. — 4 hommes pour les haubans et le contre-hauban. — 3 auxiliaires (plus ou moins).

Avec la chèvre équipée à deux brins, on élève facilement une pièce de 24. Cette manière d'équiper est donc la plus ordinaire; les autres ne sont qu'exceptionnelles. — Les chaînes sont éprouvées par la tension que produit un poids immobile de 4,500 kil.; mais à cause des à-coups, des chocs, et pour prévenir tout accident, chaque brin, dans la pratique, ne doit pas avoir à supporter plus du tiers du poids d'épreuve.

La chèvre à haubans est ordinairement manœuvrée sur les parapets et sur les terre-pleins des ouvrages de fortification, où le sol ne présente pas en général une grande consistance. Il faut dans ce cas, et aussi pour empêcher l'écartement des hanches quand on enlève le premier épars, faire une plate-forme pour supporter la chèvre. A cet effet, placer un madrier en travers sur deux autres madriers disposés perpendiculairement à la crête du parapet ou du mur, et ayant d'axe en axe l'écartement des hanches. Damer fortement la terre sous la plate-forme et à l'entour, et fixer par des piquets la position des madriers, de manière que le milieu du madrier supérieur soit à 65 cent. de la crête extérieure du parapet ou de l'extrémité de la tablette du mur. — Pour que les madriers ne soient pas fendus par les pointes des hanches, préparer des encastrements avec une tarière, deux sur l'axe même du madrier supérieur, deux autres semblables à 65 cent. des premiers, dans les madriers inférieurs. On peut ainsi dresser la chèvre à 1m,30 et à 65 cent. de la crête extérieure du parapet ou de l'extrémité de la tablette.

Le tracé ordinaire des embrasures les plus étroites (pour affûts de siége ou pour affûts de place et côte Gribeauval) leur donnant 2m,60 de largeur dans la partie où la chèvre doit être placée, on peut s'établir sur le fond même de l'embrasure, puisque le plus grand écartement des hanches est de 2m,15. Si, cependant, on ne veut pas manœuvrer *dans* l'embrasure, faute d'espace ou pour tout autre motif, on construit *sur* l'embrasure même une plate-forme avec huit ou dix bons madriers, maintenus par des piquets enfoncés dans la plongée, et l'on y établit la chèvre, comme il a été dit précédemment.

Lorsqu'on commence la manœuvre, la chèvre est dressée presque verticalement; mais par la tension des haubans et par le serrement des nœuds, elle prend bientôt une inclinaison trop considérable. Pour obvier à cet inconvénient, dresser la chèvre d'abord dans les seconds encastrements, à 1m,30 de la crête extérieure; manœuvrer quelques tours de treuil, de manière à serrer les nœuds; descendre alors la pièce, et reporter les pointes des hanches dans les premiers encastrements. — L'inclinaison de la chèvre, mesurée du pied de la perpendiculaire abaissée de la tête au milieu de la ligne qui joint les pointes des hanches, ne doit pas dépasser ni même égaler 65 cent. Cette condition est d'autant plus nécessaire à remplir que le fardeau est plus pesant.

Les agrès nécessaires sont :

Pour équiper à	2 brins.	3 brins.	4 brins.
Leviers	5	5	5
Chaînes	suivant la position du fardeau.		
Poulies enchapées	1	2	3
Arrêt de chaîne	1	1	1
Prolonge double	1	1	1
Prolonges simples	3	3	3
Masses	3	3	3
Piquets ferrés, de 1m,50 à 1m,60 de longueur	6	6	6
Jarretières	«	2	2

Monter une pièce dans un ouvrage ou dans une casemate.

Les agrès nécessaires sont :

Pour manœuvrer à.	2 brins.	3 brins.	4 brins.
Leviers.	5	5	5
Chaînes.	suivant la position du fardeau.		
Poulies enchapées	2	3	4
Arrêt de chaîne	1	1	1
Prolonge double.	1	1	1
Prolonges simples	4	4	4
Jarretière.	1	1	1
Bout de câble de 10 mètres environ (à défaut, 1 *prolonge* qu'on double) . .	1	1	1
Masses	3	3	3
Piquets ferrés, de 1m,50 à 1m,60 de longueur	6	6	6
Madriers	2	2	2
Rouleaux	2	2	2
Petites cales.	4	4	4

Une des prolonges, la jarretière et le bout de câble ne servent que quand il s'agit d'une casemate.

MONTER UNE PIÈCE DANS UN OUVRAGE. — La chèvre est équipée et dressée comme il est prescrit. — Enlever le premier épars ; accrocher la poulie sur le devant des anses. — Manœuvrer pour monter la pièce. Arrêter la manœuvre quand les tourillons sont à 30 cent. environ au-dessus de la plate-forme sur laquelle est établie la chèvre. — Accrocher une poulie enchapée au 3e épars, près de la hanche gauche, le bec du crochet tourné du côté opposé au fossé ; y passer une chaîne qui est ensuite fixée à la pièce par un nœud allemand, en avant de l'astragale. — Fixer une jarretière au bouton de culasse et la passer sous le treuil. — Faire alors passer la pièce entre les hanches dans une direction perpendiculaire au treuil.

Disposer des madriers à droite et à gauche pour recevoir les rouleaux. — Placer un rouleau près de la plate-bande de culasse et le caler des deux côtés. — Tirer sur la chaîne fixée au bourlet de manière que la volée soit un peu plus élevée que la culasse, et l'arrêter au deuxième épars avec l'arrêt de chaîne.

Manœuvrer pour descendre la pièce. — Dès qu'elle porte sur la chaîné fixée au bourlet, arrêter la manœuvre, décrocher la poulie des anses, ôter la chaîne de cette poulie, et enrouler sur le treuil, à sa place, la chaîne fixée au bourlet. — Décaler le rouleau de culasse.

Manœuvrer pour monter la pièce; placer, dès qu'on le peut, un second rouleau en avant des tourillons; faire effort sur la jarretière. La pièce arrive ainsi sur la plate-forme.

DESCENDRE UNE PIÈCE D'UN OUVRAGE. — Disposer la pièce sur deux rouleaux perpendiculairement au mur, et la faire avancer jusqu'à ce que les tourillons soient près de la crête. Caler le rouleau de volée, enlever celui de culasse.

La chèvre est équipée et dressée comme il est prescrit, après qu'on a enlevé le premier épars.

Manœuvrer pour monter la pièce. — Quand les tourillons sont à 30 cent. environ au-dessus de la plate-forme de la chèvre, arrêter la manœuvre; fixer une jarretière au bouton de culasse, la passer sous le treuil entre les hanches, et la ramener à droite de la chèvre. — Faire alors passer la pièce entre les hanches, et la disposer parallèlement au treuil. — Détacher la jarretière; fixer au bouton de culasse une prolonge qu'on jette aux hommes du fossé. Manœuvrer pour descendre la pièce, etc.

MONTER UNE PIÈCE DANS UNE CASEMATE. — La chèvre est équipée et dressée comme il est prescrit. — On n'enlève pas le premier épars.

Disposer la pièce perpendiculairement au rempart, la culasse près du mur; doubler le bout de câble, et en fixer les deux brins au collet par des nœuds allemands placés à droite et à gauche, de manière que les brins étant tendus sur la pièce, en dehors des anses, le milieu du cordage arrive à hauteur de la lumière. Accrocher la poulie au câble ainsi disposé, près de la lumière. — Fixer une prolonge par le milieu au bouton de culasse; embrasser avec les deux brins de cette prolonge, en arrière du crochet de la poulie, le bout de câble et le premier renfort; les ramener en dessus; les serrer avec force pour appliquer le bout de câble sur la pièce; les arrêter par un nœud droit gansé; envelopper la pièce et le bout de câble immédiatement derrière les anses avec une jarretière, et arrêter les brins par un nœud droit gansé. — Pour empêcher que ces nœuds ne se serrent trop, y passer un morceau de bois rond de la grosseur d'un manche d'outil, et attacher enfin une prolonge à une anse, pour avoir un moyen de dégager la pièce, si elle se trouve arrêtée dans son mouvement d'ascension.

Manœuvrer pour monter la pièce. Quand les tourillons sont arrivés à hauteur du fond de l'embrasure, arrêter la manœuvre. — Placer un rouleau pour recevoir la culasse; le caler du côté du fossé, et défaire le nœud de la prolonge qui enveloppe le bout de câble. Faire effort aux brins de cette prolonge. — Manœuvrer pour monter la pièce. — Laisser filer peu à peu la prolonge. Lorsque le bout de câble n'est plus arrêté par la prolonge, décroiser les brins. Faire effort pour placer la pièce sur le rouleau. — Défaire le nœud de la jarretière qui enveloppe le bout de câble derrière les anses. Faire effort aux brins de la jarretière, et laisser filer peu à peu, pendant que l'on continue de manœuvrer au treuil. — Placer un second rouleau sous la culasse. Faire effort sur la jarretière. — La pièce arrive ainsi entièrement dans l'embrasure de la casemate.

DESCENDRE UNE PIÈCE D'UNE CASEMATE. — Fixer par le milieu, au bouton de culasse, une prolonge destinée à retenir la pièce; fixer de la même manière la prolonge destinée à lier le bout de câble qu'on attache au collet, comme pour monter la pièce, la partie doublée correspondant au milieu du premier renfort. — Caler fortement l'affût mis hors de batterie, et former sur les moyeux (affût de siége) ou sur les rouleaux (affût de casemate) un tour de chacun des brins de la première prolonge; ou bien, envelopper la prolonge autour d'un levier retenu par les sus-bandes dans les encastrements (affût marin), ou enfin, quand il y a lieu, autour de piquets convenablement fixés. Faire alors avancer la pièce avec des leviers jusqu'à ce que les tourillons soient près de la crête de l'embrasure.

Accrocher la poulie au bout de câble, à hauteur du milieu du premier renfort; attacher le bout de câble avec la prolonge fixée à cet effet au bouton de culasse, et faire sortir la pièce de l'embrasure. Trois hommes, placés à chaque brin de la prolonge de retraite, règlent ce mouvement. — Quand les tourillons ont dépassé la crête de l'embrasure, et que, par suite, la volée s'incline vers le fossé, manœuvrer au treuil pour faire porter le fardeau sur la chaîne. — Détacher alors la prolonge de retraite fixée au bouton de culasse; l'attacher à une anse, et la jeter aux hommes du fossé. — Descendre la pièce comme il est prescrit.

Retirer une pièce du fond de l'eau.

Les agrès nécessaires pour former la portière sont: 2 bateaux équipés. — 8 poutrelles. — 1 fausse poutrelle. — 24 madriers. — 4 amarres. 34 commandes de poutrelles. — 8 clous de 12 cent. — 1 vrille. — 1 marteau. — 3 ancres avec leurs cordages.

Les agrès nécessaires pour la manœuvre sont : 5 leviers. — Chaînes, suivant la position du fardeau. — 1 poulie enchapée. — 1 écrevisse. — 1 amarre. — 3 commandes de poutrelles. — 2 chantiers. — 1 nacelle équipée.

Pour former la portière : Placer en travers des bateaux 8 poutrelles, dont les bouts dépassent les bateaux de deux largeurs de madriers; 4 de ces poutrelles correspondent aux premier, deuxième, quatrième et cinquième crochets de pontage; 2 poutrelles placées, l'une entre le premier et le deuxième crochets, l'autre entre le quatrième et le cinquième, ont entre elles, d'axe en axe, l'écartement des pointes des hanches de la chèvre; enfin, 2 poutrelles sont placées entre celles qui correspondent aux deuxième et quatrième crochets, à 15 cent. de ces crochets. Les 4 premières poutrelles sont brêlées aux crochets; les autres, aux tringles des bateaux. — Mettre une fausse poutrelle sur les plats-bords du bateau le plus éloigné de la rive, au-dessus des crochets de pontage du milieu, dépassant le plat-bord de deux fois la largeur d'un madrier; la brêler sur le bateau; couvrir les poutrelles, et fixer avec 4 clous chacun des deux madriers qui se trouvent au-dessus des plats-bords, du côté du milieu de la portière. La portière a deux traversières, et point de croisières. — Établir la portière au-dessus de la pièce, au moyen de deux ancres d'amont et d'une d'aval, ou de cordages amarrés aux rives.

La chèvre est équipée couchée, et dressée comme il est prescrit, les pointes des hanches posant sur un des madriers cloués, et correspondant aux poutrelles voisines des deux extrêmes; la pointe du pied, au-dessus de la fausse poutrelle, sur l'autre madrier cloué.

Pour équiper l'écrevisse : Passer les bouts de deux commandes dans les oreilles du haut des branches, et amarrer ces bouts aux oreilles du bas. Former avec une amarre une couronne passée dans l'anneau; la longueur de cette couronne doit être un peu moindre que la profondeur de l'eau. Attacher une commande à la couronne. — Découvrir le tablier, entre les madriers cloués. — Faire descendre l'écrevisse le long de deux gaffes appuyées sur les tourillons, en la dirigeant et en la tenant ouverte au moyen des commandes attachées aux oreilles du bas des branches, de manière que les branches embrassent la pièce derrière les tourillons. Tirer alors sur la commande attachée à la couronne, en lâchant en même temps les commandes des branches, afin de fermer l'écrevisse. — Accrocher la poulie à la couronne, et manœuvrer au treuil jusqu'à ce que la poulie touche la tête de la chèvre. Passer alors une chaîne dans le grand anneau de la plaque d'assemblage; ramener les brins sous la chèvre; l'un d'eux est passé dans les anses, et réuni à l'autre par un nœud droit. — Manœuvrer pour descendre la pièce, et dès qu'elle porte sur la chaîne passée dans le grand anneau, enlever l'écrevisse et accrocher la poulie aux anses. — Manœuvrer alors pour monter la pièce. Dès qu'elle est au-dessus du tablier, remettre les madriers.

Équiper la chèvre à déclic, à haubans, avec des câbles.

Les agrès nécessaires sont:

Pour équiper à	2 brins.	3 brins.	4 brins.
Leviers	5	5	5
Câbles	suivant la position du fardeau.		
Poulies enchapées	1	2	3
Prolonge double	1	1	1
Prolonges simples	3	3	3
Masses	3	3	3
Piquets ferrés, de $1^m,50$ à $1^m,60$ de longueur	6	6	6
Trait à canon.	«	1	1
Jarretières	2	3	3

NOMENCLATURE DESCRIPTIVE DES NŒUDS. ÉPISSURES. (Pl. 27.)

GANSE. — Ployer le cordage en rapprochant un brin de l'autre, sans les croiser.

BOUCLE. — Ployer le cordage en croisant un brin sur l'autre.

NŒUD SIMPLE. — Faire une boucle; tourner l'un des brins autour de l'autre, de manière à le passer dans la boucle; serrer.

NŒUD SIMPLE GANSÉ. — Faire une boucle; former une ganse avec l'un des brins; tourner cette ganse autour de l'autre brin, de manière à la passer dans la boucle; serrer.

NŒUD DE GALÈRE. — Faire un nœud simple gansé; passer un levier dans la ganse; serrer.

NŒUD DROIT. — 1re *Manière.* Croiser deux bouts de cordage l'un sur l'autre, celui de droite, par exemple, sur celui de gauche; tourner le brin de gauche autour du brin de droite de dessus en dessous et de dedans en dehors; ployer le brin de gauche, de manière à en former une ganse; tourner le brin de droite autour du brin de gauche, de manière à le passer dans la ganse de dessous en dessus; serrer.

2e *Manière.* Faire une ganse avec l'un des bouts; passer l'autre bout dans cette ganse; embrasser d'un tour de ce dernier bout les deux brins qui forment la ganse, en commençant par le long brin; le passer une seconde fois dans la ganse; serrer.

Pour que le nœud soit bon et ne glisse pas, les deux bouts de cordage doivent sortir, l'un à droite, l'autre à gauche; mais tous deux en avant, ou tous deux en arrière.

NŒUD DROIT GANSÉ. — Agir comme pour faire un nœud droit ordinaire; mais former avec le brin passé dans la ganse pour achever le nœud, une seconde ganse qu'on passe dans la première; serrer.

NŒUD DE TISSERAND. — Faire une ganse avec l'un des bouts de cordage; passer l'autre bout dans cette ganse; embrasser d'un tour de ce dernier bout les deux brins qui forment la ganse, en commençant par le long brin, et le passer entre la ganse et le brin déjà introduit dans cette ganse; serrer.

NŒUD ALLEMAND. — Faire une boucle; tourner le brin libre autour de l'autre brin; croiser le brin libre sur lui-même, et le passer dans la boucle.

NŒUD D'ARTIFICIER, appelé aussi NŒUD DE BATELIER. — 1re *Manière.* Faire deux boucles l'une près de l'autre, mais en sens contraire, c'est-à-dire, qui si l'un des brins croise en dessus de la partie du cordage, qui est entre les deux boucles, l'autre doit croiser en dessous; mettre ces boucles l'une sur l'autre, de manière que les brins soient placés intérieurement; coiffer de ces boucles l'objet auquel on veut fixer le cordage; serrer.

2e *Manière.* S'il s'agit de fixer un cordage déjà tendu à un piquet, embrasser le piquet d'un tour fait avec le bout libre qu'on ramène sous l'autre brin; embrasser le piquet d'un second tour fait au-dessus du premier avec le même bout; faire passer le bout libre entre le dernier tour et le brin déjà fixé; serrer en tirant sur le bout libre.

3e *Manière.* Faire une boucle, le brin libre en dessous; coiffer le piquet; faire une seconde boucle, le brin libre en dessous; coiffer le piquet par dessus la première boucle; serrer.

NŒUD DE POUPÉE. — Embrasser le piquet d'un tour fait avec le bout libre qu'on ramène au-dessus du long brin; faire avec ce même bout un second tour qu'on ramène au-dessous du long brin; faire avec ce bout une boucle dont le brin libre soit en dessous; coiffer le piquet avec cette boucle; serrer en tirant sur le brin libre. — Ce nœud diffère du nœud d'artificier en ce que le cordage embrasse le piquet de trois tours.

DEMI-CLEFS. — Pour fixer un cordage à un piquet par des demi-clefs, embrasser le piquet de deux tours de cordage, et ramener le brin libre sur le long brin; embrasser le long brin d'un tour du brin libre qu'on fait passer dans la boucle formée par ces brins; faire une seconde demi-clef, en croisant de nouveau le brin libre sur le long brin, et en le faisant passer dans la boucle ainsi formée. Ficeler les deux brins réunis, s'il est nécessaire.

PATTE D'OIE. — Pour fixer un cordage à un autre cordage déjà tendu, croiser le bout du cordage libre sur le cordage tendu; faire, avec le bout du cordage libre, un tour de dessus en dessous qui embrasse le cordage tendu, et ramener ce bout dans l'angle aigu formé par les deux cordages; faire un second tour de la même manière; faire avec le même bout deux demi-clefs qui embrassent le cordage tendu en dessus des deux tours déjà formés. Ficeler les deux brins réunis, s'il est nécessaire.

NŒUD D'ANCRE. — Pour fixer un cordage à un anneau, faire passer deux fois le bout du cordage dans l'anneau, de manière à embrasser cet anneau de deux tours; faire une demi-clef qui embrasse le long bout et le brin formant le second tour; faire une seconde demi-clef en dessous de la première. Ficeler les deux brins réunis, s'il est nécessaire.

NŒUD DE CABESTAN. — Pour fixer le câble d'une chèvre, par exemple, aux anses d'une pièce, faire une boucle en croisant le bout libre sur celui qui vient de la tête de la chèvre; engager le bout libre dans les anses et le passer dans la boucle de dessous en dessus; ramener le bout autour du brin montant, en le rabattant entre ce brin et le brin descendant; le passer dans la boucle de dessus en dessous; serrer.

NŒUD DE BOMBARDIER. — Doubler le cordage de manière à former une ganse dans la main gauche, les brins sortant à droite entre le pouce et l'index. Passer un des brins sous l'autre, et former une boucle en le ramenant par-dessus les deux brins de la ganse, sous le pouce gauche; passer ce bout dans la boucle de dessus en dessous. Prendre l'autre brin; le passer sous le premier en avant de la boucle, puis dessus, puis sous les deux brins de la ganse en avant du pouce; le ramener dans la boucle en avant du premier et sortant du même côté.

COURONNE. — Prendre le cordage et le diviser en trois parties; doubler la première, en retenant l'extrémité du cordage sur le brin libre; doubler la seconde partie sur la première; passer la troisième partie, qui doit être plus longue que les deux autres, alternativement en dedans et en dehors de la double boucle formée, pour envelopper les brins qui la composent; réunir les deux bouts par un nœud droit.

ÉPISSURE COURTE. — Décorder environ 30 cent. des bouts des cordages *A* et *B* qu'il s'agit de réunir par une épissure; enfourcher les torons décordés, de manière que les cordages se touchent, les torons de l'un séparant ceux de l'autre. — Tenant dans la main gauche le bout du cordage *A*, par exemple, les torons décordés en avant, faire croiser chaque toron de ce bout sur le toron qui est à sa gauche, appartenant au cordage *B*, et faire passer, au moyen de l'épissoir, chaque toron du cordage *A* sous le toron du cordage *B*, à gauche de celui sur lequel il croise; tirer fortement sur chaque toron passé ainsi sous un autre; opérer ensuite de même avec les torons du cordage *B*, par rapport aux torons du cordage *A*. Pour donner plus de force à l'épissure, passer de nouveau chaque toron sur celui qui est à sa gauche et sous celui qui est à la gauche de ce dernier; couper les bouts excédants.

L'épissure courte empêcherait le cordage de passer dans la gorge d'une poulie.

ÉPISSURE LONGUE. — Décorder environ 50 cent. des bouts des cordages *A* et *B;* enfourcher comme pour l'épissure courte; décorder un des torons du cordage *A*, et le remplacer par celui du cordage *B*, qui se présente naturellement; croiser le bout de ce dernier toron sur le toron remplacé, et les faire passer, chacun de son côté, sous les torons voisins; remplacer de même chaque toron d'un des cordages par un toron de l'autre cordage, et les arrêter deux à deux, comme il vient d'être expliqué, à des endroits différents de l'épissure; couper les bouts excédants.

L'épissure longue n'empêche pas le cordage de passer dans la gorge d'une poulie.

MANŒUVRES DE FORCE.

Il faut 11 hommes ou servants pour exécuter les manœuvres de force dans les circonstances ordinaires. Les premiers, seconds et troisièmes servants sont chargés des leviers. En outre, sauf quelquels exceptions, les seconds servants sont chargés de caler et de décaler les roues, d'ôter et de remettre les sus-bandes. Le second servant de droit est chargé d'accrocher et de décrocher la chaîne d'embrêlage. Les troisièmes servants sont chargés d'ôter et de remettre les roues. Les quatrièmes servants sont chargés des chantiers, des lambourdes, des rouleaux et des demi-cylindres. Ils partagent avec les premiers servants et le sixième les fonctions relatives aux *prolonges*, *traits à canon*, *jarretières*, *etc*. Les cinquièmes servants assistent les autres servants dans leurs fonctions, amènent ou emmènent l'avant-train; lèvent ou baissent le timon, etc. Le sixième servant maintient la pièce avec un levier engagé dans les anses, amène ou emmène l'avant-train, lève ou baisse le timon, etc.

Le nombre et l'espèce des agrès varient selon la manœuvre; mais, dans tous les cas, les premiers, seconds et troisièmes servants sont armés de leurs leviers. C'est pour cette raison qu'il n'en est pas fait mention dans la désignation des agrès placée en tête de chaque manœuvre. — Quand l'exécution d'un mouvement n'exige pas l'emploi de tous les leviers, ce sont les servants de gauche qui fournissent ceux dont on a besoin. Si les leviers sont passés en croix, les servants de droite viennent s'y appliquer du côté de la pince. — Les servants qui fournissent les leviers, les tiennent par le petit bout et se placent en dehors; ceux qui viennent à leur secours se placent en dedans.

Un fardeau en mouvement sur un rouleau fait le double du chemin parcouru par le rouleau. Ce principe sert à déterminer la position des rouleaux.

Nomenclature, nombre (y compris les rechanges) et dimensions des agrès composant l'équipage nécessaire pour l'exécution des manœuvres de force de siége. (Pl. 26.)

DÉSIGNATION DES AGRÈS.	Nombre.	Longueur.	Largeur.	Épaisseur.
		mètres.	mill.	mill.
Leviers de manœuvre	8	2,100	«	«
Lambourdes de plate-forme d'affût de mortier de 32c	2	2,000	220	220
Chantiers	16	0,500	220	220
Demi-chantiers	8	0,500	220	110
Demi-cylindres	3	1,200	165	150
Grands rouleaux	2	1,200	165	165
Petits rouleaux	3	0,320	165	165
Bout de madrier de plate-forme de siége, avec des sifflets opposés de 60 cent	1	1,700	325	55
Masses	6	0,320	190	190
Grandes cales ou cales de roue	10	0,330	135	95
Petites cales ou cales de pièce (section en forme de trapèze)	6	0,090	70	60
Cales longues ou cales de rouleau (sect. triangulaire)	8	0,330	135	95
Pinces de levier cassé	2	«	«	«
Trait à canon	1	4,000	«	29
Prolonge simple	1	15,000	«	25
Jarretières	6	4,000	«	19
Cric	1	«	«	«
Hausse en bois, de l'équarrissage d'un gîte de plate-forme de siége; la base plane, le sommet et l'un des côtés creusés en cuvette	1		140	140

Le canon (de 24, de 16 et de 12) à terre, l'établir sur deux chantiers. — Oter les chantiers.

La pièce est à terre, les anses en dessus.

Les agrès nécessaires sont: 4 chantiers. — 1 pince de levier cassé (canons de 24 et de 16). — 1 cale longue (canon de 12). — 2 petites cales.

SOMMAIRE DE LA MANŒUVRE. — Engager un levier dans l'âme par le petit bout. — L'assujettir avec la pince de levier cassé. — Embarrer avec quatre leviers sous le levier qui est dans l'âme. — Engager un levier dans les anses, pour maintenir la pièce. — Placer un chantier sous la volée, le plus en arrière possible. — Embarrer sous la volée. — Reculer le chantier jusqu'à la naissance de la volée. — Engager un levier dans l'âme par la pince. — L'assujettir avec la pince de levier cassé. — Passer deux leviers en croix, l'un sur ce levier, l'autre sur la volée. — Baisser la volée. — Placer un second chantier sous le premier renfort. — Caler la pièce.

On ôte les chantiers par la manœuvre inverse.

L'obusier de 22ᶜ à terre, l'établir sur deux chantiers. — Oter les chantiers.

L'obusier est à terre, les anses en dessus.

Les agrès nécessaires sont: 2 chantiers. — 1 demi-cylindre. — 2 petites cales.

SOMMAIRE DE LA MANŒUVRE. — Engager un levier dans l'âme. — L'assujettir avec le demi-cylindre. — Passer deux leviers en croix sous le levier qui est dans l'âme. — Engager un levier dans les anses, pour maintenir l'obusier. — Lever la volée. — Placer un chantier sous le devant des embases des tourillons. — Passer deux leviers en croix sur le levier qui est dans l'âme. — Baisser la volée. — Placer un second chantier sous la culasse. — Caler l'obusier.

On ôte les chantiers par la manœuvre inverse.

La pièce sur son affût dans l'encastrement de tir, ôter l'avant-train.

Les agrès nécessaires sont: 4 grandes cales.

SOMMAIRE DE LA MANŒUVRE. — Caler les roues de l'affût. — Décrocher la chaîne d'embrêlage. — Baisser la volée en pesant sur un levier introduit dans l'âme, et soulever la flèche au moyen d'un levier passé en croix. — Lever le timon. — Dégager la cheville-ouvrière de la lunette. — Oter l'avant-train. — Poser la flèche à terre. — Décaler les roues.

La manœuvre s'exécute facilement avec les sept servants d'une pièce de siége.

La pièce sur son affût dans l'encastrement de tir, amener l'avant-train.

Les agrès nécessaires sont : 4 grandes cales.

SOMMAIRE DE LA MANŒUVRE. — Caler les roues de l'affût. — Baisser la volée en pesant sur un levier introduit dans l'âme, et soulever la flèche au moyen d'un levier passé en croix. — Amener l'avant-train. — Lever le timon. — Engager la cheville-ouvrière dans la lunette. — Baisser le timon. — Poser la flèche sur l'avant-train. — Accrocher la chaîne d'embrêlage. — Décaler les roues.

La manœuvre s'exécute facilement avec les sept servants d'une pièce de siége.

La pièce sur son affût à la position de route, ou sur le porte-corps, changer l'avant-train.

Les agrès nécessaires sont: 4 chantiers. — 1 demi-chantier. — 4 grandes cales.

SOMMAIRE DE LA MANŒUVRE. — Caler les roues de l'affût. — Décrocher la chaîne d'embrêlage. — Lever le timon. — Introduire la pince d'un levier entre la flèche et la sellette. — Peser sur le timon pour soulever la flèche. — Placer sous la flèche un échafaudage de 4 chantiers et 1 demi-chantier. — Changer l'avant-train. — Introduire la pince d'un levier entre la flèche et la sellette. — Peser sur le timon pour soulever la flèche. — Enlever l'échafaudage. — Lever le timon. — Dégager le levier. — Accrocher la chaîne d'embrêlage. — Décaler les roues.

Faire passer la pièce de l'encastrement de tir à la position de route.

La pièce est sur son affût, avec avant-train.

Les agrès nécessaires sont: 1 petit rouleau. — 1 demi-chantier. — 5 grandes cales. — 2 cales longues. — 1 trait à canon. — 1 pince de levier cassé.

SOMMAIRE DE LA MANŒUVRE. — Caler les roues de l'affût. — Lever les susbandes. — Baisser la volée. — Placer un petit rouleau sous la devant du premier renfort. — Fixer un trait à canon au bouton de culasse. — Lever la volée. — Faire marcher la pièce vers le coussinet, sur le rouleau. — Replacer le rouleau. — Faire de nouveau marcher la pièce vers le coussinet, jusqu'à ce que les tourillons arrivent à la position de route. — Lever la culasse. — Dégager le rouleau. — Remettre les sus-bandes. — Décaler les roues.

Faire passer la pièce de la position de route dans l'encastrement de tir.

La pièce est sur son affût, avec avant-train.

Les agrès nécessaires sont : 1 petit rouleau. — 1 demi-chantier. — 5 grandes cales. — 2 cales longues. — 1 trait à canon. — 1 pince de levier cassé.

SOMMAIRE DE LA MANŒUVRE. — Caler les roues de l'affût. — Lever les sus-bandes. — Lever la culasse. — Placer un petit rouleau contre l'écrou de la vis de pointage, du côté de la volée. — Passer un trait à canon dans les anses. — Lever la volée. — Faire marcher la pièce sur le rouleau vers les encastrements des tourillons. — Replacer le rouleau, deux fois. — Faire marcher la pièce jusqu'à ce que les tourillons arrivent dans leurs encastrements. — Baisser la volée. — Dégager le rouleau. — Remettre les sus-bandes. — Décaler les roues.

Monter sur son châssis un affût de place, chargé de sa pièce.

Le grand châssis, sans roulettes, est en place, la directrice dans l'axe de la plate-forme. L'affût, chargé de sa pièce, est à proximité, sur un avant-train de campagne dont on a enlevé le coffre à munitions.

Les agrès nécessaires sont : 2 grandes cales. — Des bouts de madriers.

SOMMAIRE DE LA MANŒUVRE. — Faire de petites rampes à la queue de la plate-forme, de chaque côté et en arrière du grand châssis, pour le passage des roues. — Les recouvrir avec des bouts de madriers. — Amener l'affût sur avant-train, et le faire reculer jusqu'à ce que les moyeux touchent les taquets, près de l'épaulement. — Oter l'avant-train. — Placer les roulettes.

Descendre de son châssis un affût de place chargé de sa pièce.

Un avant-train de campagne, dont on a enlevé le coffre à munitions, est à proximité de la plate-forme. — L'affût chargé de sa pièce est en batterie.

Les agrès nécessaires sont : 2 grandes cales. — Des bouts de madriers.

SOMMAIRE DE LA MANŒUVRE. — Faire de petites rampes à la queue de la plate-forme, de chaque côté et en arrière du grand châssis, pour le passage des roues. — Caler les moyeux. — Oter les roulettes. — Recouvrir les rampes avec des bouts de madriers. — Amener l'avant-train. — Descendre l'affût.

Si la crosse de l'affût chargé de sa pièce repose à terre, et qu'on veuille le mettre sur un avant-train de campagne, on procède de la manière suivante :

Lever la vis de pointage. — Introduire un levier dans l'âme, un autre dans les anneaux de manœuvre. — Passer un levier en croix sous la lunette. — Soulever l'affût. — Placer un chantier sous l'entretoise de crosse. — A un second effort, placer un second chantier sur le premier. — Amener l'avant-train, et introduire la cheville-ouvrière dans la lunette, en levant le timon.

S'il s'agit d'ôter l'avant-train, placer les deux chantiers sous l'entretoise de crosse, lever le timon, et dégager la cheville-ouvrière.

Changer une roue, en embarrant sous cette roue.

Les agrès nécessaires sont : 5 chantiers. — 1 demi-chantier. — 2 grandes cales.

SOMMAIRE DE LA MANŒUVRE. — Placer un chantier de chaque côté de la roue à changer, et caler la roue opposée. — Embarrer sous la roue à changer avec quatre leviers prenant appui sur les chantiers. — Placer sous l'essieu un échafaudage de trois chantiers et un demi-chantier. — Changer la roue. — Embarrer sous la nouvelle roue. — Enlever l'échafaudage. — Décaler la roue.

Changer une roue, en embarrant sous le corps d'essieu.

Les agrès nécessaires sont : 4 chantiers. — 2 grandes cales.

SOMMAIRE DE LA MANŒUVRE. — Caler la roue qui ne doit pas être changée. — Placer de chaque côté du corps d'essieu, près de la roue à changer, un chantier couché, surmonté d'un chantier debout. — Embarrer sous le corps d'essieu, en prenant appui sur ces chantiers. — Changer la roue. — Enlever les échafaudages. — Décaler la roue.

Changer une roue, en levant et en baissant alternativement la flèche.

Les agrès nécessaires sont : 6 chantiers. — 3 demi-chantiers. — 2 grandes cales. — 2 pinces de levier cassé.

SOMMAIRE DE LA MANŒUVRE. — Caler la roue qui ne doit pas être changée. — Placer de chaque côté du corps d'essieu, près de la roue à changer, un échafaudage de trois chantiers et un demi-chantier, sous la tête du flasque ; de trois chantiers seulement sous le flasque, du côté de la crosse. — Passer trois leviers en croix sous la flèche. — Élever chaque échafaudage d'un demi-chantier surmonté d'une pince de levier cassé, en levant et en baissant alternativement la flèche. — Changer la roue. — Baisser et lever alternativement la flèche. — Enlever les échafaudages. — Décaler la roue.

Placer une roue, en levant et en baissant alternativement la flèche lorsque la fusée d'essieu porte à terre.

Les agrès nécessaires sont : 2 lambourdes. — 7 chantiers. — 2 demi-chantiers. — 2 grandes cales. — 2 pinces de levier cassé.

SOMMAIRE DE LA MANŒUVRE. — Caler la roue. — Disposer sous l'affût, parallèlement à la flèche et contre le corps de l'essieu, deux lambourdes jointives, le milieu à hauteur de l'axe des tourillons. — Lever la vis de pointage. — Placer à 20 cent. de la fusée, de chaque côté, un chantier touchant la lambourde extérieure et dans la même direction, — Passer un levier en croix sous l'extrémité de la flèche ; un autre sous la flèche, un peu en avant du premier ; un autre, enfin, sous la flèche, un peu en avant du second.

Lever la flèche, en la retenant pour empêcher la bascule. Placer à hauteur du boulon d'assemblage, sur le chantier postérieur et les lambourdes, perpendiculairement à leur direction, un demi-chantier surmonté d'une pince de levier cassé. — Baisser la flèche. Placer sur le chantier antérieur et les lambourdes, perpendiculairement à leur direction, un demi-chantier surmonté d'une pince de levier cassé, touchant en avant l'écrou de la cheville à tête plate. — Lever la flèche. Remplacer le demi-chantier postérieur par un chantier, et remettre dessus la pince de levier cassé. — Baisser la flèche. Remplacer le demi-chantier antérieur par un chantier, et remettre dessus la pince de levier cassé.

Exhausser ainsi alternativement les échafaudages d'un demi-chantier ; seulement, placer en une seule fois le second chantier de l'échafaudage sous la tête du flasque ; puis, continuer par le demi-chantier.

Quand il y a trois chantiers sous la tête, deux chantiers et un demi-chantier sous le derrière du flasque, placer la nouvelle roue.

Baisser la flèche pour enlever l'échafaudage antérieur. — Lever la flèche pour enlever l'échafaudage postérieur.

Graisser, dégager une roue.

Les divers procédés qui viennent d'être décrits pour *changer une roue*, donne les moyens suffisants pour *graisser* les roues ou pour les *dégager*, quand elles sont engagées dans un mauvais terrain.

Monter un canon de 24 ou de 16 sur un affût de siége.

La pièce est sur deux chantiers, le chantier de culasse sous le devant du premier renfort. L'affût, sur l'avant-train, est dans le prolongement et en arrière de la pièce, la tête des flasques à 1 mètre environ du bouton de culasse.

Les agrès nécessaires sont : 2 lambourdes. — 14 chantiers. — 4 demi-chantiers. — 2 demi-cylindres. — 1 petit rouleau. — 4 grandes cales. — 2 petites cales. — 1 cale longue. — 1 pince de levier cassé. — 1 trait à canon.

SOMMAIRE DE LA MANŒUVRE. — Lever les sus-bandes. — Placer deux lambourdes, l'une à droite, l'autre à gauche de la pièce, parallèlement à l'axe, les faces intérieures à 5 cent. environ en dehors de la tranche des tourillons. — Placer deux demi-cylindres sur ces lambourdes, l'une sous la naissance de la volée, l'autre sous le devant du premier renfort. — Exhausser successivement ces demi-cylindres jusqu'à ce que celui de volée repose sur deux échafaudages de un demi-chantier, trois chantiers et un demi-chantier: celui de culasse, sur deux échafaudages de quatre chantiers. — Placer le demi-cylindre de culasse sur les échafaudages de volée, en arrrière des tourillons. — Enlever les échafaudages de culasse. — Amener l'affût. — Enlever le demi-cylindre de culasse. — Faire avancer l'affût jusqu'à ce que la tête des flasques touche le demi-cylindre de volée. — Caler les roues. — Placer un petit rouleau sous le premier renfort. — Fixer le trait à canon au bouton de culasse. — Faire marcher la pièce sur le rouleau jusqu'à ce que les tourillons soient arrivés au-dessus de leurs encastrements. — Retirer le demi-cylindre de volée. — Mettre les tourillons dans leurs encastrements. — Enlever le rouleau. — Remettre les sus-bandes. — Décaler les roues.

Descendre un canon de 24 ou de 16 d'un affût de siége.

L'affût est sur avant-train.

Les agrès nécessaires sont les mêmes que pour monter la pièce sur son affût. On peut supprimer le trait à canon.

SOMMAIRE DE LA MANŒUVRE. — Caler les roues. — Lever les sus-bandes. — Placer deux lambourdes sous l'affût, l'une à droite, l'autre à gauche de la pièce, parallèlement à l'axe, les faces intérieures à 5 cent. environ en dehors de la tranche des tourillons. — Élever sur ces lambourdes deux échafaudages de un demi-chantier, trois chantiers et un demi-chantier, le milieu à hauteur de la tête des flasques. — Placer un petit rouleau sous le devant du premier renfort, et le caler du côté de la volée. — Lever la volée. — Placer un demi-cylindre sur les échafaudages, contre la tête des flasques. — Laisser reposer la pièce sur ce demi-cylindre. — Lever la volée. — Placer la cale du rouleau entre la cheville à mentonnet et la première cheville à tête ronde, un peu plus près de la cheville à mentonnet. — Faire marcher la pièce sur le rouleau jusqu'à ce que la naissance de la volée arrive à hauteur du demi-cylindre. — Baisser la volée. — Retirer l'affût. — Placer un second demi-cylindre sur les échafaudages de volée, en arrière des tourillons. — Élever sur les lambourdes deux échafaudages de quatre chantiers, le milieu à hauteur du devant du premier renfort. — Placer sur ces échafaudages le demi-cylindre de culasse. — Descendre la pièce, et l'établir sur deux chantiers. — Remettre les sus-bandes.

L'obusier est sur deux chantiers, le chantier de culasse touchant la gorge du tonnerre. L'affût, sur avant-train, est dans le prolongement et en arrière de l'obusier; la tête des flasques à 1 mètre environ du bouton de culasse.

Monter un obusier de 22^c sur un affût de siége.

Les agrès nécessaires sont : 2 lambourdes. — 14 chantiers. — 4 demi-chantiers. — 3 demi-cylindres. — 1 petit rouleau. — 4 grandes cales. — 2 petites cales. — 1 cale longue. — 1 trait à canon.

SOMMAIRE DE LA MANŒUVRE. — Lever les sus-bandes. — Placer deux lambourdes, l'une à droite, l'autre à gauche de l'obusier, parallèlement à l'axe, les faces intérieures à 5 cent. environ en dehors de la tranche des tourillons. — Placer deux demi-cylindres sur ces lambourdes, l'un sous le devant des embases des tourillons, l'autre touchant la gorge du tonnerre. — Exhausser successivement ces demi-cylindres jusqu'à ce que celui de volée repose sur deux échafaudages de un demi-chantier, trois chantiers et un demi-chantier; celui de culasse sur deux échafaudages de quatre chantiers. — Placer le demi-cylindre de culasse sur les échafaudages de volée, en arrière des tourillons. — Enlever les échafaudages de culasse. — Amener l'affût. — Enlever le demi-cylindre de culasse. — Faire avancer l'affût jusqu'à ce que la tête des flasques touche le demi-cylindre de volée. — Caler les roues. — Placer un petit rouleau sous la plate-bande de culasse. — Fixer le trait à canon au bouton de culasse. — Faire marcher l'obusier sur le rouleau jusqu'à ce que les tourillons soient arrivés au-dessus de leurs encastrements. — Retirer le demi-cylindre de volée et les demi-chantiers qui surmontent les échafaudages. — Mettre les tourillons dans leurs encastrements. — Enlever le rouleau. — Remettre les sus-bandes. — Décaler les roues.

Descendre un obusier de 22c d'un affût de siége.

L'affût est sur avant-train.

Les agrès nécessaires sont les mêmes que pour monter l'obusier sur son affût. On peut supprimer le trait à canon.

SOMMAIRE DE LA MANŒUVRE. — Caler les roues. — Lever les sus-bandes. — Placer deux lambourdes sous l'affût, l'une à droite, l'autre à gauche de l'obusier, parallèlement à l'axe, les faces intérieures à 5 cent. environ en dehors de la tranche des tourillons. — Élever sur ces lambourdes deux échafaudages de un demi-chantier, trois chantiers et un demi-chantier, le milieu à hauteur de la tête des flasques. — Placer un petit rouleau sous le tonnerre, le plus en avant possible, et le caler du côté de la volée. — Lever la volée. — Placer un demi-cylindre sur les échafaudages, contre la tête des flasques. — Laisser reposer l'obusier sur ce demi-cylindre. — Lever la volée. — Placer la cale du rouleau entre les chevilles à mentonnet et l'encastrement des tourillons. — Faire marcher l'obusier sur le rouleau jusqu'à ce qu'il soit arrêté par la plate-bande de culasse. — Replacer le rouleau à égale distance de la cale et de la plate-bande de culasse. — Faire marcher l'obusier sur le rouleau jusqu'à ce que le devant des tourillons arrive à hauteur du demi-cylindre. — Baisser la volée. — Retirer l'affût. — Placer un second demi-cylindre sur les échafaudages de volée, en arrière des tourillons. — Élever sur les lambourdes deux échafaudages de quatre chantiers, le milieu à hauteur de la gorge du tonnerre. — Placer sur ces échafaudages le demi-cylindre de culasse. — Descendre l'obusier et l'établir sur deux chantiers. — Remettre les sus-bandes.

Changer un affût.

Pour changer un affût, combiner les manœuvres précédentes. Faire passer la pièce sur les échafaudages de volée, amener le nouvel affût, et y placer la pièce.

Monter un mortier sur son affût.

Le mortier est à terre, l'anse en dessus. L'affût est dans le prolongement et en arrière du mortier, l'entretoise de devant à 1 mètre environ de la culasse.

Les agrès nécessaires sont : 6 chantiers. — 5 demi-chantiers. — 2 demi-cylindres. — 2 grands rouleaux. — 3 grandes cales. — 1 pince de levier cassé.

SOMMAIRE DE LA MANŒUVRE. — Placer un grand rouleau sous la tête des flasques, près des entailles. — Engager deux leviers dans l'âme par la pince. — Les assujettir en dessus avec un demi-chantier et trois grandes cales. — Placer deux demi-cylindres sous le mortier, en levant et en abaissant la volée, l'un sous la volée, à égale distance de la tranche de la bouche et du devant des tourillons ; l'autre sous la culasse, à hauteur de la lumière. Exhausser successivement ces demi-cylindres jusqu'à ce que celui de volée repose sur deux échafaudages de deux chantiers ; celui de culasse, sur deux échafaudages de un chantier et un demi-chantier. — Enlever les échafaudages de culasse. — Faire avancer l'affût jusqu'à ce que la tête des flasques touche le demi-cylindre de volée. — Placer un grand rouleau sur les flasques, au haut du talus d'embarrage, et une pince de levier cassé dans les encastrements des tourillons. — Faire marcher le mortier sur le rouleau jusqu'à ce que le rouleau soit au bas du talus d'embarrage. — Replacer le rouleau. — Faire marcher le mortier sur le rouleau jusqu'à ce que les tourillons soient au-dessus de leurs encastrements. — Retirer la pince de levier cassé. — Placer les tourillons dans leurs encastrements. — Enlever les échafaudages de volée. — Retirer les rouleaux.

Descendre un mortier de son affût.

Les agrès nécessaires sont les mêmes que pour la manœuvre précédente.

SOMMAIRE DE LA MANŒUVRE. — Placer un grand rouleau sous l'affût, à hauteur du derrière des embases des tourillons. — Engager deux leviers dans l'âme par la pince. — Les assujettir en dessus avec un demi-chantier et trois grandes cales. — Placer un grand rouleau sur le talus d'embarrage. — Placer une pince de levier cassé dans les encastrements des tourillons. — Enlever le rouleau qui est sur les flasques. — Embarrer derrière les tourillons. — Faire glisser le mortier sur l'entretoise de devant jusqu'à ce que le derrière des tourillons soit arrivé à hauteur du talus d'embarrage. — Placer sous la volée, contre les flasques, un demi-cylindre exhaussé à chaque extrémité par un échafaudage de un chantier et un demi-chantier. — Retirer l'affût. — Placer sous la culasse à la hauteur de la lumière, un demi-cylindre exhaussé à chaque extrémité par un échafaudage de un chantier. — Descendre le mortier à terre. — Retirer le rouleau engagé sous l'affût.

Monter un mortier, sur affût, sur le porte-corps.

Le mortier est sur son affût. Le porte-corps, sans avant-train, est dans le prolongement et en avant du mortier ; l'extrémité des brancards du milieu à un mètre environ de la tête d'affût.

Les agrès nécessaires sont : 2 grands rouleaux. — 2 lambourdes. — 2 chantiers. — 4 demi-chantiers. — 6 grandes cales. — 2 cales longues. — 2 planchettes. — 1 prolonge. — 4 jarretières.

SOMMAIRE DE LA MANŒUVRE. — Placer un grand rouleau sous le milieu de l'affût, et faire porter à terre la queue des flasques. — Former un plan incliné, depuis la tête des flasques jusqu'aux épars de devant du porte-corps, avec deux lambourdes et deux demi-chantiers. — Caler les roues. — Placer la prolonge. — Manœuvrer au treuil jusqu'à ce que la tête des flasques touche la bande de renfort de l'épars de derrière. — Amener l'avant-train. — Dérouler la prolonge de dessus le treuil et la ramener du côté du timon. — Embarrer sous les tenons de la tête. — Placer le mortier, la queue des flasques à hauteur des épars de devant. — Détacher la prolonge. — Oter le rouleau, en plaçant les planchettes en travers sous la tête et la queue des flasques. — Brêler le mortier. — Décaler les roues.

Descendre un mortier, sur affût, du porte-corps.

Le porte-corps est sur avant-train. Le mortier est brêlé aux étriers de ranchet ; la queue des flasques à 5 cent. environ de la bande de renfort des épars de devant.

Les agrès nécessaires sont les mêmes que pour la manœuvre précédente.

SOMMAIRE DE LA MANŒUVRE. — Caler les roues. — Débrêler le mortier. — Mettre un grand rouleau sous l'affût, et retirer les planchettes. — Placer la prolonge. — Ramener la tête d'affût contre la bande de renfort de l'épars de derrière. — Oter l'avant-train. — Former un plan incliné, depuis les épars de devant jusqu'à terre, avec deux lambourdes et deux demi-chantiers. — Manœuvrer au treuil jusqu'à ce que l'affût porte à terre. — Détacher la prolonge. — Décaler les roues. — Oter le rouleau.

Monter un canon de 24 sur le porte-corps.

La pièce est sur deux chantiers, le chantier de culasse sous le devant du premier renfort. Le porte-corps, sans avant-train, est dans le prolongement et en arrière de la pièce; l'extrémité des brancards du milieu à 1 mètre environ du bouton de culasse.

Les agrès nécessaires sont: 2 lambourdes. — 10 chantiers. — 3 demi-chantiers. — 2 grands rouleaux. — 1 demi-cylindre. — 4 cales longues. — 4 grandes cales. — 2 petites cales. — 1 prolonge.

SOMMAIRE DE LA MANŒUVRE. — Placer la pièce sur deux rouleaux, l'un en arrière, l'autre en avant des tourillons; les rouleaux reposant sur deux chantiers. — Former un plan incliné, depuis les épars de devant jusqu'à terre, avec deux lambourdes croisant d'un bout les chantiers, de l'autre reposant sur un échafaudage de un chantier et un demi-chantier. — Disposer le porte-corps de manière que les épars de devant touchent l'extrémité des lambourdes. — Caler les roues. — Baisser la volée, et amener le rouleau de culasse sur les lambourdes, près de la plate-bande de culasse. — Placer la prolonge. — Manœuvrer au treuil jusqu'à ce que le cul-de-lampe touche le heurtoir de culasse. — Embarrer à la volée, en pesant sur les brancards. — Dégager le rouleau. — Embarrer sous les brancards, et, par des abattages successifs, en élevant successivement les points d'appui, exhausser les brancards sur un échafaudage de quatre chantiers et un demi-chantier. — Amener l'avant-train. — Enlever l'échafaudage. — Accrocher la chaîne d'embrêlage. — Décaler les roues.

Descendre un canon de 24 du porte-corps.

Le porte-corps est sur avant-train.

Les agrès nécessaires sont les mêmes que pour la manœuvre précédente.

SOMMAIRE DE LA MANŒUVRE. — Caler les roues. — Décrocher la chaîne d'embrêlage. — Placer la prolonge. — Placer sous les brancards, contre les anneaux de manœuvre, un échafaudage de quatre chantiers et un demi-chantier. — Oter l'avant-train. — Mettre les brancards à terre par des abattages successifs, en abaissant successivement les points d'appui. — Au dernier abattage, embarrer sous le bourlet; peser sur l'entretoise de devant; mettre un rouleau sous les tourillons. — Former un plan incliné avec deux lambourdes, depuis les épars de devant jusqu'à terre. — Placer deux chantiers en dehors des lambourdes, croisant de 10 cent. environ l'extrémité qui touche à terre. — Placer un second rouleau à 5 cent. environ en arrière de l'astragale. — Maintenir le rouleau, pendant qu'on manœuvre au treuil, jusqu'à ce qu'il soit engagé sous la pièce. — Quand ce rouleau est sur les chantiers, ôter le porte-corps et les lambourdes. — Dégager les rouleaux, et remettre la pièce sur deux chantiers.

Monter un obusier de 22^c sur le porte-corps.

L'obusier est sur deux chantiers, le chantier de culasse touchant la gorge du tonnerre. Le porte-corps, sans avant-train, est dans le prolongement et en arrière de l'obusier ; l'extrémité des brancards du milieu à 1 mètre environ du bouton de culasse.

Les agrès nécessaires sont : 2 lambourdes. — 10 chantiers. — 3 demi-chantiers. — 2 grands rouleaux. — 1 demi-cylindre. — 4 cales longues. — 4 grandes cales. — 2 petites cales. — 1 prolonge.

SOMMAIRE DE LA MANŒUVRE. — Placer sous l'obusier, en arrière des tourillons, un rouleau reposant sur deux chantiers. — Former un plan incliné, depuis les épars de devant jusqu'à terre, avec deux lambourdes croisant d'un bout les chantiers, de l'autre reposant sur un échafaudage de un chantier et un demi-chantier. — Disposer le porte-corps de manière que les épars de devant touchent les extrémités des lambourdes. — Caler les roues. — Placer un second rouleau sous la plate-bande de culasse. — Placer la prolonge. — Manœuvrer au treuil jusqu'à ce que le cul-de-lampe touche le heurtoir de culasse. — Amener l'avant-train. — Accrocher la chaîne d'embrêlage. — Dégager le rouleau resté sous l'obusier. — Décaler les roues.

Descendre un obusier de 22^c du porte-corps.

Le porte-corps est sur avant-train.

Les agrès nécessaires sont les mêmes que pour la manœuvre précédente.

SOMMAIRE DE LA MANŒUVRE. — Caler les roues. — Placer un rouleau sous l'obusier, un peu en avant des tourillons, et le caler. — Placer la prolonge. — Décrocher la chaîne d'embrêlage. — Oter l'avant-train. — Former un plan incliné avec deux lambourdes, depuis les épars de devant jusqu'à terre. — Placer deux chantiers en dehors des lambourdes, croisant de 10 cent. environ l'extrémité qui touche à terre. — Placer un second rouleau sous la volée. — Manœuvrer au treuil. — Replacer sous la volée le rouleau de culasse, dès qu'il peut être dégagé. — Quand le rouleau de volée est sur les chantiers, un peu en arrière des tourillons, le caler en avant et en arrière. — Oter le porte-corps et les lambourdes. — Dégager le rouleau, et remettre l'obusier sur deux chantiers.

EXÉCUTION DE QUELQUES MANŒUVRES AVEC LE CRIC.

Monter un canon de 24 ou de 16 sur un affût de siége.

La pièce est sur deux chantiers, l'un sous la plate-bande de culasse, l'autre sous l'axe des tourillons. L'affût, sans avant-train, est dans le prolongement et en arrière de la pièce, la tête des flasques à 1 mètre environ du bouton de culasse.

Les agrès nécessaires sont : 2 lambourdes. — 2 demi-cylindres. — 14 chantiers. — 6 demi-chantiers. — 4 grandes cales. — 1 pince de levier cassé.

SOMMAIRE DE LA MANŒUVRE. — Engager un levier dans les anses de la pièce, pour la maintenir. — Placer deux lambourdes, parallèlement à l'axe de la pièce, écartées de 80 cent. environ, l'extrémité postérieure à hauteur du bouton de culasse. — Introduire un levier dans l'âme par le petit bout. — Lever la volée, au moyen du cric, et placer un demi-cylindre sous les tourillons. — Baisser la volée, au moyen du levier qui est dans l'âme, et placer un demi-cylindre sous la gorge du premier renfort.

Continuer ainsi, en levant la volée à l'aide du cric, et en baissant la volée au moyen du levier qui est dans l'âme.

Quand le demi-cylindre de culasse est exhaussé sur deux échafaudages de quatre chantiers; le demi-cylindre de volée, sur deux échafaudages de un demi-chantier, trois chantiers et un demi-chantier, baisser la volée; enlever les échafaudages de culasse, et faire avancer l'affût de manière que la tête des flasques touche le demi-cylindre de volée. — Rétablir alors sous la culasse un demi-cylindre exhaussé sur deux échafaudages de quatre chantiers et un demi-chantier. — Lever la volée jusqu'à ce que les chevilles à tête plate puissent passer sous les tourillons. — Faire avancer l'affût de manière que les encastrements soient sous les tourillons. — Placer dans les encastrements une pince de levier cassé, sur laquelle on laisse reposer la pièce. — Baisser la volée, et abaisser d'un demi-chantier le demi-cylindre de culasse. — Caler les roues de l'affût. — Lever de nouveau la volée; enlever la pince de levier cassé, et laisser doucement descendre la pièce dans ses encastrements.

Descendre un canon de 24 ou de 16 d'un affût de siége.

L'affût est sans avant-train.

Les agrès nécessaires sont les mêmes que pour la manœuvre précédente.

SOMMAIRE DE LA MANŒUVRE. — Engager un levier dans les anses de la pièce pour la maintenir. — Caler les roues. — Placer deux lambourdes, parallèlement à l'axe de la pièce, écartées de 80 cent. environ, l'extrémité postérieure à hauteur du bouton de culasse. — Établir sur chacune de ces lambourdes un échafaudage de quatre chantiers, le milieu à hauteur de la gorge du premier renfort. — Introduire un levier dans l'âme par le petit bout. — Baisser la volée, au moyen du levier qui est dans l'âme, et placer un demi-cylindre sur les échafaudages. — Lever la volée, au moyen du cric, et placer une pince de levier cassé dans l'encastrement des tourillons. — Baisser la volée pour exhausser d'un demi-chantier le demi-cylindre de culasse. — Lever la volée jusqu'à ce que les chevilles à tête plate puissent passer sous les tourillons. — Décaler les roues, et faire reculer l'affût de manière que la tête des flasques soit à 20 cent. en arrière des tourillons.

Établir sur chaque lambourde un échafaudage d'un demi-chantier, trois chantiers et un demi-chantier, le milieu à hauteur des tourillons. — Placer un demi-cylindre sur ces échafaudages, et faire reposer la volée sur ce demi-cylindre. — Baisser la volée. — Enlever les échafaudages de culasse, et faire reculer l'affût, la tête des flasques à 1 mètre environ du bouton de culasse. — Replacer sous la culasse un demi-cylindre supporté par deux échafaudages de quatre chantiers.

Pour enlever les échafaudages, lever la volée à l'aide du cric, et baisser la volée au moyen du levier qui est dans l'âme.

Monter un obusier de 22^c^ sur un affût de siége.

Pour monter l'obusier de 22^c^ sur un affût de siége, employer les mêmes procédés que pour les canons de siége, avec les modifications suivantes :

SOMMAIRE DE LA MANŒUVRE. — Placer les deux lambourdes de manière que leurs extrémités postérieures dépassent de 30 cent. environ le bouton de culasse. — Placer un demi-cylindre sous les tourillons, un autre sous la plate-bande de culasse. — Amener l'affût de manière que la tête des flasques touche le demi-cylindre de volée. — Élever alors sur les lambourdes deux échafaudages de cinq chantiers, le milieu à hauteur du derrière du bouton de culasse.

Le demi-cylindre se place sous le collet du bouton de culasse.

Descendre un obusier de 22c d'un affût de siége.

Pour descendre l'obusier de 22c d'un affût de siége, employer les mêmes procédés que pour les canons de siége, avec les modifications suivantes :

SOMMAIRE DE LA MANŒUVRE. — Placer les deux lambourdes de manière que leurs extrémités postérieures dépassent de 30 cent. environ le bouton de culasse. — Établir sur chacune de ces lambourdes un échafaudage de cinq chantiers, le milieu à hauteur du collet du bouton de culasse. — Les échafaudages de volée se composent chacun d'un demi-chantier, trois chantiers et deux demi-chantiers, le milieu à hauteur du devant des tourillons. — Après avoir fait reculer l'affût, reconstruire les échafaudages de culasse, le milieu à hauteur de la plate-bande de culasse.

MANŒUVRES DIVERSES.

Conduire une pièce à bras en galère.

Les agrès nécessaires sont : Leviers, en proportion du nombre d'hommes. — 2 prolonges simples ou 1 prolonge double. — 4 chantiers.

Pour conduire la pièce sur affût, sans avant-train, la volée en avant : Fixer le milieu de la prolonge double, ou l'un des bouts de chaque prolonge simple au corps d'essieu. Faire à chaque brin des nœuds de galère dans lesquels on engage des leviers, le premier sous la volée, les autres successivement à 1 mètre de distance. Quatre hommes s'appliquent à chaque levier. — Embarrer sous la crosse, dans les rais, sous le derrière des roues. — Dans les tournants courts, les hommes abandonnent successivement les leviers qui sont en tête, et se portent aux suivants.

Pour conduire la pièce sur affût, sans avant-train, la crosse en avant : Attacher la prolonge aux tenons de manœuvre, et passer deux leviers en croix sous la flèche. Quatre hommes s'appliquent à chaque levier. — Embarrer seulement sous le devant des roues. — Ce mode est plus expéditif; mais, dans les tournants, il présente quelque danger pour les hommes qui soutiennent la flèche.

Pour conduire à bras en galère le porte-corps ou le triqueballe : Rapprocher de l'essieu le centre de gravité du fardeau ; puis, procéder comme il est dit ci-dessus.

Pans de roues.

Les agrès nécessaires sont : Leviers, en proportion du nombre d'hommes. — 2 prolonges simples.

Attacher chaque prolonge par un bout au rais le plus bas de chaque roue, en embrassant la jante, et ramener le brin libre en dessus, en l'appliquant sur les cercles des roues, dans la direction que doit prendre la voiture. Faire effort directement sur les prolonges ou sur les leviers placés en galère.

Monter une pièce en chapelet sur un plan incliné.

Les agrès nécessaires sont : Leviers, en proportion du nombre d'hommes. — 2 poutrelles. — 1 prolonge double ou 2 prolonges simples. — 2 piquets de haubans. — 2 masses.

SOMMAIRE DE LA MANŒUVRE. — Placer 2 poutrelles sur la rampe, à 65 cent. l'une de l'autre, ou établir solidement leurs extrémités sur les points d'appui, si elles forment seules le plan incliné. — Planter deux piquets à 1 mètre environ de l'extrémité supérieure des poutrelles, l'un à hauteur de la volée (à 30 cent. en deçà de l'astragale), l'autre à hauteur du premier renfort (à 30 cent. en deçà de la platebande de culasse). — Faire un tour de prolonge à la volée et au premier renfort de dessous en dessus, en dehors des poutrelles, et fixer aux piquets, par des nœuds d'artificier, les brins venant de dessous la pièce. Faire effort sur les autres brins. — Embarrer sous la volée et sous le premier renfort, en appuyant la pince des leviers sur les poutrelles ; embarrer à la volée et au premier renfort, en dehors des poutrelles. — Observer la prolonge, et, si les tours se croisent, arrêter la manœuvre.

Comme la volée monte moins vite que la culasse, lorsqu'elle est trop en arrière, caler la pièce avec les leviers sur les poutrelles, et porter la volée plus haut que la culasse, au moyen de leviers engagés dans l'âme ou passés en croix.

Par les mêmes moyens, on peut descendre une pièce sur un plan incliné.

Passer immédiatement un canon de 24 ou de 16 de l'affût de siége sur le porte-corps.

Les agrès nécessaires sont : 2 grands rouleaux. — 1 petit rouleau. — 6 grandes cales. — 4 cales longues. — 1 pince de levier cassé. — 1 prolonge.

Les deux voitures sont sur avant-train.

SOMMAIRE DE LA MANŒUVRE. — Engager un levier dans les anses de la pièce pour la maintenir. — Caler les roues de l'affût et lever les sus-bandes. — Baisser la volée; placer un petit rouleau sous la culasse, et le caler. — Lever la volée pour placer la pince de levier cassé sur la tête d'affût, en avant des chevilles à tête plate. — Baisser la volée; placer le petit rouleau sous le premier renfort, à hauteur des secondes chevilles à tête ronde, et le caler. — Disposer alors le porte-corps dans le prolongement de l'affût, roues contre roues, le treuil vers la tête des flasques, et caler les roues en avant.

Placer deux grandes cales sur les planches de fond, et, prenant appui sur ces grandes cales, embarrer avec deux leviers sous le bourlet. — Placer les deux grands rouleaux perpendiculairement aux brancards, l'un contre l'astragale, l'autre sur le heurtoir de culasse, contre la bande de renfort. — Assujettir ce second rouleau dans sa position par de petits éclats de bois en guise de cales. — Retirer la pince de levier cassé de dessus la tête d'affût. — Fixer la prolonge au bouton de culasse. — Placer une grande cale sur les brancards du milieu, à 6 cent. de la bande de renfort de devant. — Décaler le petit rouleau, en embarrant dans les rais de l'affût, contre le devant des tourillons. — Agir avec force sur la prolonge pour faire arriver la pièce sur le porte-corps, la culasse à hauteur de son logement. — Caler le rouleau de volée; retirer l'affût, et caler en arrière les roues du porte-corps. — Oter les rouleaux, en commençant par le rouleau de culasse.

Passer immédiatement un canon de 24 ou de 16 du porte-corps sur l'affût de siége.

Les agrès nécessaires sont les mêmes que pour la manœuvre précédente.

Les deux voitures sont sur avant-train.

SOMMAIRE DE LA MANŒUVRE. — Engager un levier dans les anses de la pièce pour la maintenir. — Caler les roues du porte-corps, et placer deux grands rouleaux, l'un sous la volée contre le devant de la bande de renfort d'épars, l'autre sous le premier renfort, entre les boulons de devant des étriers d'essieu et les boulons de derrière des étriers de ranchet. — Tourner les crochets du treuil en dessous. — Disposer l'affût dans le prolongement du porte-corps, roues contre roues, la tête des flasques vers le treuil, et caler les roues en avant. — Fixer la prolonge au bouton de culasse. — Placer deux cales longues, appuyées sur le devant de la bande de renfort de derrière et sur les brancards des côtés, pour arrêter le rouleau de derrière. — Agir avec force sur la prolonge, pour faire arriver le derrière de la plate-bande de culasse à hauteur du milieu des encastrements des tourillons. — Caler le rouleau de volée.

Embarrer avec quatre leviers sous la culasse, et la soulever. — Placer un petit rouleau sous la plate-bande de culasse, et le caler du côté de la volée. — Décaler le rouleau de volée, et, par un nouvel effort sur la prolonge, faire arriver les tourillons au-dessus de leurs encastrements. — Soulever la volée en embarrant sous le bourlet; faire tomber les grands rouleaux entre les deux voitures, et placer la pince de levier cassé sur la tête d'affût, en avant des chevilles à tête plate. — Retirer le porte-corps, et caler en avant les roues de l'affût. — Placer les tourillons dans leurs encastrements, et enlever le petit rouleau.

Passer immédiatement un obusier de 22^c de l'affût de siége sur le porte-corps.

Les agrès nécessaires sont: 1 chantier. — 1 demi-chantier. — 2 grands rouleaux. — 1 petit rouleau. — 6 grandes cales. — 4 cales longues. — 1 pince de levier cassé. — 1 prolonge ou 1 trait à canon.

Les deux voitures sont sur avant-train.

SOMMAIRE DE LA MANŒUVRE. — Engager un levier dans les anses de l'obusier, pour le maintenir. — Caler les roues de l'affût, et lever les sus-bandes. — Baisser la volée; placer un petit rouleau sous la culasse, et le caler. — Lever la volée, pour placer la pince de levier cassé sur la tête d'affût, en avant des chevilles à tête plate. — Baisser la volée; décaler le petit rouleau, et replacer la cale à 8 cent. du rouleau, du côté de la volée. — Faire avancer l'obusier jusqu'à ce que les tourillons soient au-dessus de la pince de levier cassé. — Baisser de nouveau la volée. — Replacer le petit rouleau à hauteur des chevilles à mentonnet, et le caler.

Disposer alors le porte-corps de manière que le treuil touche la tête des flasques, les roues du porte-corps se croisant avec celles de l'affût. — Soulever la volée, en embarrant dans l'âme et en prenant appui avec les leviers sur un chantier surmonté d'un demi-chantier et d'une grande cale. — Retirer la pince de levier cassé. — Placer sous l'obusier deux rouleaux: l'un sous la volée, contre le derrière de la bande de renfort d'épars, maintenu avec deux cales; l'autre, sous la tranche de la bouche. — Passer dans les anses la prolonge ou le trait à canon.

— Placer deux grandes cales sur les brancards des côtés, à hauteur des étriers de ranchet du milieu, pour arrêter le rouleau. — Agir avec force sur le trait à canon, pour faire avancer l'obusier jusqu'à ce que le rouleau de volée soit arrêté par les cales. — Caler ce rouleau, et enlever le trait à canon. — Retirer l'affût ; amener l'obusier dans l'axe du porte-corps, et ôter les rouleaux.

Passer immédiatement un obusier de 22e du porte-corps sur l'affût de siége.

Les agrès nécessaires sont les mêmes que pour la manœuvre précédente.

Les deux voitures sont sur avant-train.

SOMMAIRE DE LA MANŒUVRE. — Engager un levier dans les anses de l'obusier, pour le maintenir. — Caler les roues du porte-corps. — Placer deux grands rouleaux, l'un sous le devant des tourillons, l'autre sous le tonnerre; caler le premier, et maintenir le second pendant que l'on amène l'obusier au milieu de l'une des planches de fond du porte-corps. — Baisser la volée; placer le rouleau sous la plate-bande de culasse.

Disposer l'affût dans le prolongement de l'obusier, la tête des flasques touchant le treuil, les roues de l'affût se croisant avec celles du porte-corps. — Fixer le trait à canon au bouton de culasse. — Agir avec force sur le trait à canon jusqu'à ce que le derrière de la plate-bande de culasse corresponde au milieu des encastrements des tourillons. — Placer le petit rouleau sous la plate-bande de culasse, et replacer le grand rouleau libre contre le derrière de la bande de renfort. — Par un nouvel effort sur le trait à canon, faire arriver les tourillons au-dessus de leurs encastrements. — Soulever la volée, en embarrant sous la plate-bande de la bouche. — Placer la pince de levier cassé sur la tête d'affût, en avant des chevilles à tête plate, et ôter le grand rouleau encore engagé sous l'obusier. — Retirer le porte-corps, et caler en avant les roues de l'affût. — Placer les tourillons dans leurs encastrements, et ôter le petit rouleau.

Passer immédiatement un canon de 24 ou de 16 d'un affût de siége sur un autre.

Les agrès nécessaires sont : 3 petits rouleaux. — 6 grandes cales. 4 petites cales. — 6 cales longues. — 1 pince de levier cassé. —

bout de madrier de $1^m,70$ de long, coupé en biseau à chaque extrémité sur les faces opposées. — 1 trait à canon.

L'affût à changer est sans avant-train. L'affût de rechange, sur avant-train, est placé dans le prolongement du premier, la tête des flasques à 2 mètres du bout de crosse.

SOMMAIRE DE LA MANŒUVRE. — Engager un levier dans les anses de la pièce, pour la maintenir. — Lever les sus-bandes. — Caler les roues de l'affût à changer, et baisser la vis de pointage de l'affût de rechange. — Baisser la volée; placer un petit rouleau sous le second renfort, le plus en avant possible, et le caler du côté de la culasse. — Caler la pièce sur le rouleau, et baisser la vis de pointage de l'affût à changer. — Lever la volée. — Passer deux leviers entre les rais, en les engageant par la pince dans les encastremeets des tourillons, de manière à toucher les embases. — Baisser la volée; rapprocher les deux cales placées sur le petit rouleau, de manière à élever la culasse.

Disposer l'affût de rechange dans le prolongement de l'affût à changer, de manière que les roues soient appliquées bandes contre bandes, ou que la tête des flasques de l'un touche les chevilles-arrêtoirs de l'autre. — Caler les roues de l'affût de rechange du côté du timon, et lever les sus-bandes. — Baisser la volée. — Enlever le rouleau. — Placer le bout de madrier sur la tête des deux flèches, le biseau touchant la pièce tournée en dessous et engagé sous les tourillons le plus possible. — Disposer un petit rouleau sur la flèche de l'affût à changer, pour servir de support au madrier, et le caler du côté de la crosse. — Placer un autre petit rouleau sous le second renfort, le plus en avant possible, et le caler; caler la pièce sur ce rouleau. — Lever la volée; dégager les leviers des encastrements des tourillons; placer le troisième petit rouleau sous les tourillons, et le caler. — Baisser la volée; replacer le petit rouleau de culasse contre la gorge du premier renfort.

Fixer le trait à canon au bouton de culasse. — Placer une grande cale sur la flèche de l'affût de rechange, à hauteur des secondes chevilles à tête ronde, et décaler, du côté de la culasse, le rouleau qui est sous les tourillons. Quatre hommes restent placés à la volée, comme pour la lever. — Agir avec force sur le trait à canon jusqu'à ce que les tourillons soient au-dessus des encastrements de l'affût de rechange. — Caler le rouleau de culasse, et la pièce sur le rouleau. — Détacher le trait à canon. — Embarrer avec deux leviers sous le bourlet, en prenant appui sur la tête d'affût, et soulever la volée; placer la pince de levier cassé sur la tête des flasques de l'affût de rechange, en avant des chevilles à tête plate, et faire tomber le rouleau de volée. — Retirer l'affût changé, et caler les roues de l'affût de rechange du côté de la volée. — Placer les tourillons dans leurs encastrements, et ôter le petit rouleau.

Passer immédiatement un obusier de 22ᶜ d'un affût de siége sur un autre.

Les agrès nécessaires sont : 1 demi-chantier. — 3 petits rouleaux. 6 grandes cales. — 4 petites cales. — 6 cales longues. — 1 pince de levier cassé. — 1 bout de madrier.

Les voitures sont disposées comme pour la manœuvre précédente.

Procéder de la même manière, avec les modifications suivantes. Après avoir placé l'affût de rechange, le bout de madrier et les rouleaux, mettre le rouleau de culasse sous la plate-bande de culasse même ; la grande cale de sûreté sur le madrier, à hauteur des chevilles à mentonnet ; le demi-chantier sur la flèche, le milieu à hauteur des secondes chevilles à tête ronde, pour recevoir la culasse. — Mettre l'obusier en mouvement avec les leviers : deux hommes, appuyant une main contre la tranche de la bouche, poussent jusqu'à ce que les tourillons soient au-dessus de leurs encastrements ; deux hommes, s'appliquant aux leviers engagés dans l'âme, le dirigent et pèsent sur la volée, lorsque le premier rouleau échappe, pour soutenir la culasse au moment où elle tombe sur le demi-chantier.

Pour retirer l'affût, soulever la volée en prenant appui sur le rouleau libre calé des deux côtés et en embarrant sous la plate-bande de la bouche. — Faire tomber le second rouleau. — Placer la pince de levier cassé dans l'encastrement des tourillons, au lieu de la mettre sur la tête des flasques. — Avant de retirer la pince de levier cassé, baisser la volée avec précaution. — Oter le demi-chantier, et le remplacer par un petit rouleau placé sous le milieu du tonnerre et calé. — Placer les tourillons dans leurs encastrements, et ôter le petit rouleau.

Monter une pièce sur le porte-corps sans se servir du treuil.

Les agrès nécessaires sont: 2 lambourdes. — 14 chantiers. — 4 demi-chantiers. — 2 demi-cylindres. — 2 grands rouleaux. — 4 grandes cales. — 4 cales longues. — 1 trait à canon.

SOMMAIRE DE LA MANŒUVRE. — Élever la pièce sur deux échafaudages, comme pour la monter sur son affût. — Placer le demi-cylindre de culasse sur les échafaudages de volée, sous les tourillons. —

Six hommes maintenant la pièce, enlever les échafaudages de culasse. — Faire avancer le porte-corps jusqu'à ce que les brancards des côtés se trouvent à quelques centimètres des échafaudages, de manière à pouvoir soulever ensuite les brancards, et caler les roues. — Soulever les brancards avec un levier passé en croix, et les soutenir avec un échafaudage de quatre chantiers, placé en arrière des anneaux de manœuvre.

Placer un rouleau sur le porte-corps, contre le derrière de la bande de renfort d'épars de devant, et le caler. — Baisser la volée; enlever le demi-cylindre qui est sous les tourillons. — Lever la volée, la culasse prenant appui sur le rouleau; retirer le demi-cylindre de volée et un demi-chantier des échafaudages. — Placer un rouleau sur les brancards du milieu, sous la naissance de la volée. — Fixer le trait à canon au bouton de culasse. — Faire reculer la pièce jusqu'à ce que la culasse arrive au-dessus de son logement; caler le rouleau de culasse. — Placer un rouleau sous le devant du second renfort, et le caler. — Baisser la volée; retirer le rouleau de culasse, et laisser reposer la culasse dans son logement. — Construire à hauteur du devant des brancards du milieu, dans la direction des lambourdes, deux échafaudages de cinq chantiers, sur lesquels on place un demi-cylindre. — Embarrer sous la volée avec deux leviers, en prenant appui sur ce demi-cylindre; avec deux autres, en prenant appui sur les brancards, et soulever la volée. Avancer le rouleau vers la volée, et abaisser d'un demi-chantier les échafaudages. — Embarrer de nouveau. Retirer le rouleau, et laisser reposer la volée sur le coussinet. — Abaisser encore les échafaudages d'un demi-chantier. — Embarrer sous les brancards du milieu. Placer un demi-chantier sous l'échafaudage de quatre chantiers qui soutient les brancards. — Enlever les lambourdes et les échafaudages qui supportaient le demi-cylindre, et amener l'avant-train comme il est prescrit.

Descendre une pièce du porte-corps sans se servir du treuil.

La pièce est sur le porte-corps, avec avant-train.

Les agrès nécessaires sont les mêmes que pour la manœuvre précédente. On peut supprimer le trait à canon.

SOMMAIRE DE LA MANŒUVRE. — Oter l'avant-train, et appuyer les brancards sur un échafaudage de quatre chantiers et un demi-chantier. — Placer, à 5 cent. en dehors de la tranche des tourillons, deux lambourdes parallèles, le milieu à hauteur des plaques d'appui de roue. — Construire, dans le prolongement des lambourdes, à hauteur de l'extrémité des brancards du milieu, deux échafaudages de trois chantiers et un demi-chantier, sur lesquels on place un demi-cylindre. — Embarrer sous les brancards, avec quatre leviers, en prenant appui sur ce demi-cylindre, et retirer un demi-chantier de l'échafaudage qui les supporte. — Élever d'un demi-chantier les échafaudages du demi-cylindre. — Embarrer sous la volée, avec deux leviers, en prenant appui sur le demi-cylindre ; avec deux autres leviers, en prenant appui sur les brancards du milieu, et placer un rouleau sous la volée, aussi loin que possible. — Élever encore les échafaudages d'un demi-chantier; embarrer de nouveau ; amener le rouleau sous le devant du second renfort, et le caler. — Enlever le demi-cylindre et les échafaudages.

Baisser la volée; placer un rouleau sous le devant du premier renfort, et le caler. — Lever la volée; reporter le rouleau de volée à 5 cent. en avant de la bande de renfort des épars de devant. — Placer une grande cale sur les brancards du milieu, à 30 cent. en avant du rouleau de culasse; décaler ce rouleau, et pousser la pièce en avant jusqu'à ce que le rouleau de volée s'arrête contre la naissance de la volée; et le rouleau de culasse, contre la grande cale. Caler le rouleau de volée. — Baisser la volée; replacer le rouleau de culasse sous le devant du premier renfort, et le caler. — Construire, touchant le devant des brancards des côtés, deux échafaudages d'un demi-chantier et trois chantiers. — Lever la volée; retirer le rouleau de volée. — Placer sur les échafaudages un demi-chantier; puis, par-dessus, un demi-cylindre sous la naissance de la volée, la face postérieure correspondant au milieu des chantiers. — Baisser la volée ; placer un deuxième demi-cylindre sur les échafaudages, en arrière du premier. Six hommes soutiennent la pièce. — Retirer le porte-corps, et descendre la pièce comme lorsqu'on la descend de l'affût.

Du Cabestan.

Les agrès nécessaires sont : 4 leviers. — 5 piquets. — 2 masses. — 1 câble. — 1 amarre.

Pour fixer le cabestan, planter un piquet incliné contre chaque tenon de l'épars de devant et de l'épars de derrière; un piquet de retraite, à huit pas en arrière et vis-à-vis le milieu du treuil. — Pour l'équiper, faire trois tours de câble sur le treuil, de gauche à droite, le bout qui doit être attaché au fardeau en dessus; mettre des hommes à la retraite, ou disposer les tours du câble sur le treuil de manière qu'ils embrassent le bout libre.

Six hommes donnent au câble une tension de 1500 kil.; huit hommes, une tension de 1800 kil.

Du Vindas.

Les agrès nécessaires sont : 2 leviers de vindas. — 5 piquets. — 2 masses. — 1 câble. — 1 amarre.

Fixer le vindas comme le cabestan, le rouleau du côté du fardeau.— Pour équiper le vindas, faire trois tours de câble autour du treuil, de gauche à droite et de bas en haut. — Lorsque les trois tours sont arrivés contre l'entretoise, arrêter la manœuvre, et les ramener contre la semelle.

Quatre hommes donnent au câble une tension de 1200 kil.; huit hommes, une tension de 1800 kil.

Du Palan.

Le *palan* ou la *moufle* est un système de poulies assemblées dans une même chape, soit sur des axes particuliers, soit sur le même axe.

Pour exercer une action puissante, on réunit deux moufles par un cordage passé symétriquement dans les poulies de l'une et de l'autre.

Une des moufles s'accroche à un point d'amarrage et s'appelle la *moufle fixe*, l'autre au fardeau à mouvoir, au câble à tendre, etc., et s'appelle la *moufle mobile*. La partie du cordage sur laquelle on tire se nomme le *garan;* les parties du cordage qui glissent dans les poulies et vont d'une moufle à l'autre, se nomment les *courants*. En tirant sur le garan, on tend à rapprocher les deux moufles, et par conséquent le fardeau, du point d'amarrage.

Pour équiper deux moufles réunies, les placer à 2 mètres environ l'une de l'autre, les crochets des chapes opposés entre eux; passer le bout du cordage dans la première poulie de la moufle, à laquelle doit aboutir le *garan;* passer le même bout dans la première poulie de la deuxième moufle; le ramener dans la deuxième poulie de la première moufle, et continuer ainsi jusqu'à ce qu'il ait passé par la gorge de toutes les poulies; alors, l'amarrer à la petite anse de la première moufle. — Avoir attention de ne pas croiser les *courants*. — Éloigner les moufles et les attacher par leurs crochets, l'une au fardeau, au câble, etc., l'autre au point d'amarrage.

Quand les *courants* sont horizontaux, quatre hommes au *garan* exercent sur le câble une tension de 1500 kil.; douze hommes, une tension de 3000 kil. La tension est un peu moindre lorsque les *courants* sont inclinés.

Équiper la chèvre en cabestan.

Coucher la chèvre, le premier épars en dessus, son axe dans la direction que prendra le fardeau. — Exhausser les hanches sur deux chantiers placés entre le treuil et le premier épars, afin que le treuil puisse tourner librement. — Planter contre le deuxième et le troisième épars, et dans les angles qu'ils forment avec les hanches du côté du treuil, quatre piquets de haubans inclinés du côté de la tête de la chèvre. Si le terrain manque de solidité, planter deux piquets de retraite au delà de la tête de la chèvre, et amarrer, à l'aide de prolonges bien tendues avec des billots, la tête des premiers piquets au pied de ces piquets de retraite. — Faire avec la chaîne trois ou quatre tours sur le treuil, et fixer la maille à l'un des crochets. — Engager l'autre brin, qui doit venir de dessous le treuil, dans une poulie fixée à l'une des anses de la pièce; le ramener vers la tête de la chèvre, en le faisant passer sous les épars et sous le treuil, et fixer le crochet à la maille de la plaque d'assemblage.

La chèvre se trouvant ainsi équipée à deux brins, les hommes manœuvrent au treuil, et font monter le fardeau, soit sur le sol, soit sur des poutrelles disposées convenablement.

Employer au besoin plusieurs chaînes, et si le bout qui doit être fixé à la tête de la chèvre se trouve trop long, l'engager dans la poulie, tendre les chaînes, et l'arrêter par un nœud allemand. — Embarrer, au besoin, dans les mortaises tournées vers la tête de la chèvre.

On fait ainsi monter une pièce de 24 sur une rampe, quelle que soit son inclinaison.

Renseignements divers.

Dans toutes les bouches à feu, le centre de gravité correspond au milieu des anses.

Les efforts, pour lever ou baisser la volée, sont d'autant plus grands que le centre de gravité est plus éloigné du point d'appui.

Lorsque le point d'appui est sous les tourillons, deux hommes baissent facilement la volée d'une pièce quelconque, au moyen d'un levier engagé dans l'âme.

Lorsque le point d'appui se trouve sous le second renfort, en arrière des tourillons, six hommes, dont deux à un levier engagé dans l'âme, quatre à un levier passé en croix, suffisent pour lever la volée.

Lorsque le point d'appui se trouve sous la naissance du premier renfort, huit hommes suffisent pour lever la volée.

MOUVEMENTS DE MATÉRIEL PARTICULIERS A L'ARMEMENT DES CÔTES.

Il faut 11 hommes pour exécuter les mouvements de matériel particuliers à l'armement des côtes.

Les agrès nécessaires sont : 1 chèvre, avec 2 chaînes. — 1 *chaîne d'équipement* (voy. p. 63). — 1 cric. — 8 leviers de manœuvre (y compris ceux de la chèvre). — 2 prolonges simples. — 3 grands rouleaux. — 6 chantiers. — 6 demi-chantiers. — 2 lambourdes. — 2 traits à canon. — 2 jarretières. — 6 cales. — 2 masses. — 2 piquets de plate-forme. — 1 clef à écrous. — Graisse. — Chiffons.

Ces nombres n'ont rien d'absolu. Toutefois, à moins de nécessité, il est bon de ne pas s'en écarter. Les batteries de côte sont souvent éloignées des magasins, et de plus, d'un accès difficile; on a donc intérêt à ne pas s'embarrasser d'agrès inutiles, comme aussi à ne pas se trouver au dépourvu, faute de ressources suffisantes.

Le matériel de côte, en raison de son poids, est toujours démonté quand on le transporte des arsenaux aux batteries. — Le déposer le plus près possible des plates-formes, dont les sellettes doivent être en place.

Assembler les pièces du châssis en fonte.

Graisser avec soin les boulons, les écrous, la cheville-ouvrière, ses logements dans la sellette et dans le lisoir, les pattes du lisoir, les tiges de chape des roulettes, et, en général, toutes les parties qui sont en contact après l'assemblage; poser la cheville-ouvrière.

Amener le lisoir sur la sellette, et le disposer de façon que le dessus des pattes soit incliné de l'arrière à l'avant, comme doit l'être le châssis.

Amener alors un des côtés du châssis, et le disposer sur des chantiers à la place qu'il doit occuper; mettre la roulette; la caler; et faire entrer, par quelques coups de masse, la patte du lisoir dans son logement; introduire les boulons, la tête en dedans du châssis, et y adapter les écrous sans les serrer à fond.

Apporter les entretoises, les mettre en place en les soutenant sur des chantiers et des cales. — L'entretoise du milieu se reconnaît à ce qu'elle est plus haute que celle de derrière. La tablette d'appui de la directrice, pour l'entretoise du milieu, est tournée vers la sellette; pour l'entretoise de derrière, vers la queue de la plate-forme. — Introduire les boulons, la tête en dedans du châssis, et y adapter les écrous sans les serrer à fond.

Amener alors le second côté du châssis, et le mettre en place comme le premier. — Serrer à fond tous les écrous.

Apporter la directrice sur trois leviers en croix; la poser sur les tablettes d'appui des entretoises; introduire les boulons, la tête en dessous; y adapter les écrous, et les serrer à fond. — Placer ensuite la bande de direction des chapes de roulette. — Couvrir avec les tampons le trou de cheville-ouvrière et les douilles de chape de roulette.

Assembler les pièces de l'affût en fonte.

On prend pour le graissage les précautions indiquées ci-dessus.

Amener un des flasques sur la plate-forme; le dresser verticalement sur des chantiers, à l'aide du cric et des leviers; placer l'essieu, un des rouleaux, la rondelle et l'esse; puis, les entretoises auxquelles on adapte les écrous sans les serrer à fond. Caler solidement le flasque dans cette position. — Le rouleau doit être entre la voie circulaire et l'épaulement, un peu en avant des arrêts de derrière du châssis, l'essieu perpendiculaire au rayon de la voie circulaire passant par son milieu. — Amener l'autre flasque et le dresser comme le premier; le faire glisser de manière que l'essieu et les entretoises entrent dans leurs logements; placer le second rouleau, la rondelle et l'esse; puis, les écrous sans les serrer à fond.

Placer le support de vis de pointage et la vis de pointage, la surface plane du support en dessus pour l'obusier, en dessous pour les canons. — Les embrèvements les plus près de la tête des flasques sont pour l'obusier de côte de 22^{c}; les troisièmes et quatrièmes sont pour les canons de 30 et de 36. Les seconds peuvent servir à l'obusier de place (en fonte) de 22^{c}, et les troisièmes aux canons (en fonte) de 24 et de 16. — Placer ensuite les coussinets, la bordure du côté intérieur du flasque pour les canons de 30 et de 36, et du côté extérieur pour l'obusier de 22^{c}. — Serrer à fond tous les écrous.

Monter l'affût sur le châssis.

S'assurer, avant toute chose, que l'affût est placé comme il est dit plus haut. Si les rouleaux étaient trop en avant des arrêts de derrière du châssis, la manœuvre serait moins facile; s'ils étaient en arrière, elle serait impossible.

L'affût convenablement disposé, placer une prolonge dans les encastrements des tourillons, le milieu entre les deux flasques; passer chaque brin dans l'angle supérieur de l'évidement des flasques de dehors en dedans; envelopper l'entretoise supérieure de devant, puis le support de vis de pointage, deux fois successivement, de manière à avoir quatre brins également tendus parallèlement aux flasques; et réunir par un nœud droit les deux bouts de la prolonge. — A défaut de prolonge, employer ainsi la seconde chaîne de la chèvre.

Attacher un trait à canon au devant de l'affût et un autre au derrière, pour servir de retraites; amener le châssis près de l'affût, le côté un peu en dehors de la fusée de l'essieu.

Dresser la chèvre, le pied dans l'angle que fait l'entretoise de derrière avec la directrice, en dehors de la voie circulaire, d'une quantité suffisante pour ne pas gêner le mouvement du châssis. Caler solidement les roulettes, surtout du côté du pied; sans cette précaution, un choc pourrait se communiquer du fardeau au pied, par l'intermédiaire du châssis, et compromettre la stabilité de la chèvre. — Les hanches et le pied doivent reposer sur de bons plateaux de 12 à 15 cent. d'épaisseur au moins. Éviter que le plateau du pied ne porte sur la voie circulaire: car alors il glisse presque infailliblement. — Dans tous les cas, il est prudent de le fixer avec un piquet de plate-forme.

Équiper la chèvre à deux brins, et saisir avec les crochets de la poulie les quatre brins de prolonge tendus parallèlement aux flasques, à peu près vers le milieu de leur longueur. Malgré cette précaution, l'affût bascule généralement un peu, les rouleaux s'élevant plus haut que l'entretoise de crosse. Il faut donc avoir l'attention de ne rien perdre de la hauteur de la chèvre. C'est pour cela qu'on doit employer des plateaux un peu au-dessus des dimensions ordinaires, et ne point trop écarter le pied des hanches.

Manœuvrer pour monter le fardeau en plaçant des hommes aux retraites. Quand il est suffisamment élevé, arrêter la manœuvre; amener le châssis sous l'affût, et caler les roulettes. — Descendre alors l'affût, les rouleaux en avant des arrêts de derrière du châssis, le guide de crosse sur la directrice.

Monter la pièce sur l'affût.

Amener la pièce sur la plate-forme, en la faisant rouler sur les lambourdes élevées au moyen des demi-chantiers, de manière que les tourillons ne rencontrent pas le sol. La disposer, la lumière en dessus, l'axe suivant un rayon de la voie circulaire, les tourillons à hauteur de leurs encastrements, en supposant l'affût aussi en arrière que possible, c'est-à-dire, un peu en avant de la voie circulaire, le côté du châssis un peu en dehors de la tranche du tourillon le plus rapproché. — Étendre la seconde partie de la chaîne d'équipement sur le renfort, la première partie tombant à droite, à hauteur de la gorge de la volée, et la troisième tombant du même côté, en arrière de la culasse. Envelopper la volée avec la première partie de la chaîne, et engager le crochet de volée dans le petit anneau rond, pour le canon de 30, ou dans la maille libre pour l'obusier de côte. Avoir soin que la chaîne ne soit pas tordue, et qu'elle s'appuie contre la gorge de la volée. Passer la troisième partie de la chaîne sous le collet du bouton, et engager le crochet de culasse dans la première ou dans la seconde maille, selon l'espèce de la bouche à feu.

A défaut de chaîne d'équipement, se servir de la seconde chaîne de la chèvre. A cet effet, la doubler; faire en son milieu un nœud d'artificier, dont on embrasse le bouton de culasse; ramener les deux brins en dessus, suivant la ligne de mire, en avant du renfort; envelopper la pièce avec chaque brin en sens opposé, et réunir les deux brins avec une jarretière arrêtée par un nœud droit. — Avoir soin de tendre la chaîne autant que possible.

Attacher une prolonge à la culasse et une autre à la volée, pour servir de retraites. — Mettre l'affût en batterie, et caler solidement les roulettes.

Dresser alors la chèvre, la tête un peu en arrière des tourillons, le pied dans l'angle que fait l'entretoise de derrière avec la directrice; l'équiper à deux brins.

Avec la chaîne d'équipement, engager les crochets de la poulie dans le grand anneau de suspension de devant pour le canon de 30, et dans celui de derrière pour l'obusier de 22^{c}. Si l'on fait usage de la seconde chaîne de la chèvre, la saisir avec les crochets de la poulie un peu en arrière des tourillons, de manière que la pièce reste horizontale dans son mouvement ascensionnel. — Brêler ensuite fortement, avec les traits à canon, cette chaîne sur la pièce, en avant et en arrière des crochets de la poulie, et fixer ces crochets eux-mêmes à la chaîne avec une jarretière. — Diminuer, autant que possible, la flèche de l'arc que forme la chaîne quand on élève la pièce; car la hauteur de la chèvre est juste suffisante pour l'exécution de la manœuvre.

Manœuvrer pour élever le fardeau. Quand il est arrivé à une hauteur convenable, amener le châssis sous la pièce, et faire reculer l'affût jusqu'à ce que les tourillons se trouvent au-dessus de leurs encastrements; caler les roulettes, et descendre la pièce.

Si, au commencement de la manœuvre, on s'aperçoit que les tourillons ne s'élèvent pas horizontalement, descendre aussitôt la pièce et replacer convenablement la chaîne d'équipement.

Descendre la pièce de son affût.

Équiper la pièce, et mettre l'affût aussi en arrière que possible sur le châssis. Dresser alors la chèvre et l'équiper à deux brins ; le pied du côté vers lequel on veut pousser le châssis, en dehors de la voie circulaire ; la tête au-dessus et un peu en arrière des tourillons.

On ne cale pas les roulettes, afin que l'affût se place lui-même de façon que la pièce n'appuie ni sur un flasque ni sur l'autre, au cas où la chaîne de la chèvre ne serait pas d'abord bien verticale, ce qui arrive souvent.

Manœuvrer pour élever le fardeau. Dès que la chose est possible, mettre l'affût en batterie; pousser le châssis vers le pied de la chèvre ; caler les roulettes, et descendre la pièce sur la plate-forme.

Descendre l'affût du châssis.

Équiper l'affût et la chèvre.

Quand l'affût est suffisamment élevé, pousser le châssis vers le pied; caler les roulettes, et descendre l'affût sur deux chantiers placés, l'un sous le milieu de l'essieu, l'autre sous le milieu de l'entretoise de crosse, entre les flasques.

Démonter l'affût.

Placer un chantier sous le milieu de l'essieu, un autre sous le milieu de l'entretoise de crosse entre les flasques, en soulevant alternativement avec le cric le devant et le derrière de l'affût. — Enlever les coussinets, la vis de pointage, les esses, les rondelles et les rouleaux; desserrer les écrous des deux flasques, et retirer le support de vis de pointage. — Caler solidement un des flasques, et ôter les écrous de l'autre.

Faire alors glisser le flasque qu'on veut enlever, jusqu'à ce que les entretoises soient sorties de leurs logements, et laisser reposer sur un demi-chantier le derrière du flasque. Dégager l'essieu, et faire reposer le devant du flasque sur un demi-chantier ; puis, coucher le flasque sur des rouleaux. — Enlever les écrous de l'autre flasque ; puis, l'essieu et les entretoises, en soutenant sur un demi-chantier le devant et le derrière du flasque qu'on couche ensuite sur des rouleaux.

Remettre les écrous sur les entretoises, en les vissant de toute leur hauteur.

Démonter le châssis.

Enlever d'abord la directrice, et replacer les écrous sur les boulons en les vissant de toute leur hauteur; puis, placer des chantiers sous les entretoises, de manière qu'elles soient soutenues quand on retire les boulons qui les relient au châssis. — Caler solidement un des côtés et les deux roulettes; puis, enlever la bande de direction, les écrous et les boulons de l'autre côté. — Dégager la patte du lisoir à coups de masse; faire reposer la tête du côté sur un demi-chantier; le renverser sur des rouleaux, et séparer la roulette, la chape et son boulon, ainsi que le tampon. — Enlever les écrous et les boulons de l'autre côté, puis les entretoises. — Dégager les pattes du lisoir à coups de masse; renverser le côté sur des rouleaux, etc.

Remettre les écrous sur leurs boulons, etc.

Affût et châssis de côte en bois.

L'affût et le châssis de côte en bois sont transportés, tout montés, aussi près que possible des plates-formes.

Pour amener le châssis, disposer le plan des roulettes dans le sens de la longueur du châssis, etc. — Amener l'affût en le faisant rouler sur ses rouleaux.

Pour monter l'affût sur le châssis, etc., procéder comme il est dit plus haut.

Renseignements sur le matériel de côte.

Parties en fonte.	Poids. kil.		Poids. kil.
1 flasque d'affût de côte	575	1 chape de roulette	30
1 rouleau d'affût de côte	90	1 levier de rouleau	11
1 côté de châssis	620	1 levier à galet	13
1 lisoir de châssis.	210	Le canon de 30 en fonte	3035
1 entretoise du milieu de châssis.. .	210	L'obusier de 22c en fonte	3636
1 entretoise de derrière de châssis .	140	L'affût monté	1655
1 directrice de châssis	340	Le châssis monté	2395
1 roulette de châssis.	250	La sellette (avec cheville-ouvrière, boulons, écrous).	275
1 sellette nue	250	Le châssis de l'affût et du canon de 30	7085
Parties en fer.		Le châssis de l'affût et de l'obusier de 22c	7686
1 essieu d'affût	70	Le mortier à plaque de 32c en fonte	4360
1 entretoise d'affût	30	L'affût de ce mortier	330
1 entretoise de crosse d'affût . . .	85		
1 support de vis de pointage . . .	70		

Cordages employés dans les manœuvres de force et de chèvre.

DÉSIGNATION.		Longueur.	Diamètre.	Nombre de brins ou torons.	Nombre de fils.	Poids.	Force.
		mètres.	mill.			kil.	kil.
Cable de chèvre		36	40 à 42	4	140	50,00	6400
Prolonge	double (avec une boucle de 5 cent. à un bout)	25	27 à 30	4	80	17,50	2916(a)
	simple	15	24 à 26	4	60	7,50	2500
Trait	à canon	4	27 à 30	4	80	2,75	3364(b)
	de brèlage	4	18 à 20	4	40	1,20	1296
Jarretière		4	14	4	24	0,80	784

a. Pour 27 mill. — b. Pour 30 mill.

Quand on demande une prolonge double ou simple pour les manœuvres de force, la désigner par sa longueur, afin qu'on ne la confonde pas avec la prolonge de l'affût de campagne. (Voy. page 63.)

Le poids exprimant la force de chaque cordage est calculé d'après la formule $P = 4\,d^2$ kil. (Voy. page 186.)

CHAPITRE XIII.

CONSTRUCTION DES BATTERIES.

SOMMAIRE.

DÉFINITIONS.

Le mot *batterie* a des acceptions très-variées. Dans ce chapitre, il faut lui appliquer la définition suivante :

Une *batterie* est un emplacement préparé pour recevoir des bouches à feu qui doivent faire feu sur les lieux mêmes. On dispose cet emplacement de manière à couvrir le mieux possible contre le feu de l'ennemi les pièces et les canonniers, et à donner aux pièces une assiette ferme et stable, afin d'en faciliter la manœuvre.

Les batteries se distinguent les unes des autres ou prennent des noms différents d'après leur destination, leur construction, l'espèce des bouches à feu dont elles sont armées, le genre de tir pour lequel elles sont disposées, et la direction de leurs feux par rapport à l'objet à battre.

Il y a des batteries de siége, de place, de côte, d'ouvrages de campagne, etc., selon que les bouches à feu sont montées sur des affûts de siége, de place, de côte ou de campagne.

Il y a des batteries à barbette, à embrasures, blindées, casematées, etc.

On appelle *barbette* un massif de terre qu'on élève ordinairement aux angles saillants des ouvrages de fortification, de manière que les pièces puissent tirer par-dessus le parapet, afin d'avoir un champ de tir plus étendu.

On appelle *embrasure* l'ouverture pratiquée dans l'épaulement pour donner passage à la volée d'une pièce, quand cet épaulement est plus élevé que la pièce sur son affût, afin de couvrir les canonniers. On nomme *merlon* la partie de l'épaulement qui sépare deux embrasures contiguës.

Une batterie est dite à *redans*, lorsque la crête intérieure de l'épaulement est brisée suivant plusieurs lignes droites formant entre elles des angles rentrants et des angles saillants; — *blindée*, lorsqu'elle est protégée contre les feux de l'ennemi par un *blindage:* le blindage est un masque ou une couverture en charpente; — *casematée*, lorsqu'elle est établie dans les casemates.

On dit: Batterie de canons, batterie d'obusiers, batterie de mortiers, suivant l'espèce de bouches à feu dont la batterie est armée.

Une batterie est dite de *plein-fouet*, lorsqu'en raison de la charge, le projectile a une grande vitesse, suit une trajectoire tendue, et produit l'effet cherché par un choc unique; — à *ricochet*, quand en raison de la charge et de l'inclinaison de la ligne de tir, le projectile a une faible vitesse, suit une trajectoire très-courbe ou peu tendue, et produit l'effet cherché derrière une masse couvrante, soit par un choc unique, soit par des bonds successifs; — *directe*, lorsque les lignes de tir des pièces sont à peu près perpendiculaires à la face de l'ouvrage ou au front de la troupe qu'on veut battre.

On dit d'une batterie qu'elle bat ou prend d'*écharpe*, lorsque les lignes de tir des pièces sont sensiblement obliques par rapport à la face de l'ouvrage ou au front de la troupe qu'on veut battre.

Une batterie est dite d'*enfilade*, lorsque les lignes de tir des pièces sont parallèles, ou à peu près, à la face de l'ouvrage ou au front de la troupe qu'on veut battre.

On dit d'une batterie ainsi placée qu'elle bat ou prend en *flanc*, lorsqu'elle agit contre une troupe; et qu'elle bat ou prend en *rouage*, lorsqu'elle agit contre une batterie.

On dit d'une batterie qu'elle bat ou prend à *revers*, lorsqu'elle est établie dans une position en arrière du prolongement de la face ou du front qu'elle doit battre.

Dans une batterie, on distingue deux choses principales: La *masse couvrante*, et le *terre-plein*. La masse couvrante est généralement en terre; quelquefois en maçonnerie, en charpente, etc. L'artillerie donne ordinairement à la masse couvrante le nom d'*épaulement*, principalement quand la batterie est isolée. — Quand la batterie est établie dans un ouvrage de fortification, le parapet sert d'épaulement.

MATÉRIAUX EMPLOYÉS.

Fascinages.

Les fascinages sont principalement employés pour les revêtements des batteries, traverses, communications, masques, etc.

SAUCISSONS. — Ils donnent les revêtements les plus solides; mais ils consomment le plus de bois. — Les pièces, dans les batteries, étant ordinairement espacées de 6 mètres, un saucisson occupe la longueur de revêtement correspondant à une pièce; les 30 cent. de surplus sont pour les extrémités qu'on est parfois obligé de scier, et pour les parties qui se pénètrent, lorsqu'on *larde* deux saucissons contigus. — Lorsque le bois est peu abondant, on ne donne aux saucissons que 27 cent. de diamètre et 6 mètres de longueur. — On emploie aussi quelquefois des saucissons de 4 mètres, et d'autres de 3 mètres de longueur. Ils sont plus faciles à transporter, surtout dans les tranchées étroites. — Le nombre des harts peut varier suivant la qualité des bois.

GABIONS. — Ils sont préférés dans un grand nombre de cas, parce qu'ils consomment beaucoup moins de bois que les saucissons, et que les revêtements sont plus faciles à construire et surtout à réparer; on les emploie particulièrement pour les joues d'embrasure, les communications, les traverses, les masques, etc.

CLAIES. — Elles donnent les revêtements les plus économiques, mais les moins solides; on ne les emploie guère que dans les places et les ouvrages de campagne, ou lorsqu'on manque de bois. On s'en sert aussi pour consolider le terrain.

GABIONS ROULANTS OU FARCIS (remplis de fascines ou autres matières). — Ils servent de masques ou de petites traverses.

FASCINES. — Il y en a plusieurs espèces employées dans les travaux de siége, principalement par le Génie. Les fascines destinées à la confection des autres fascinages, sont faites sur les lieux où se trouvent les bois, pour faciliter l'évaluation des quantités nécessaires et le transport. Lorsque les bois sont à peu de distance des chantiers, on se contente d'en former des *fagots* dont les gros bouts, réunis d'un même côté, sont liés avec une forte hart. On emploie des bois de grosseur et de longueur convenables, suivant la nature des fascinages à confectionner.

PIQUETS. — En général, il convient qu'ils soient droits, en bois dur et de brin, et à surface lisse, afin qu'on puisse les enfoncer facilement.

Les *piquets pour piqueter* sont aplatis sur deux faces opposées, afin de pénétrer facilement entre les brins des saucissons. — Les *piquets à mentonnet* sont des piquets de plate-forme auxquels on fait une coche à environ 6 cent. de la tête ; ce mentonnet s'appuie sur la hart de retraite, et la maintient tendue. — Un homme peut couper de longueur et aiguiser les pointes de 100 piquets de gabions de batterie en 1 heure.

DIMENSIONS ET AUTRES DONNÉES.		Saucissons.	Gabions de batterie.	Gabions roulants.	Claies.	Fascines de siége.
Longueur ou hauteur	mètres.	6,30	1	2,30	1,30 à 1,50	4
Diamètre extérieur ou largeur	cent.	32	56	130	200	22
Brins de bois: diamètre au gros bout	mill.	40 à 55	9 à 12		30	40 à 55
Brins de bois: longueur (environ)	mètres.	4	2		3 à 4	4
Harts: nombre		30	8	16	6	8
Harts: distance de l'une à l'autre	cent.	20	«	«	«	50
Hommes employés pour la confection	nombre.	4	2	4	2	3
Temps nécessaire pour *idem* (variable).	heures.	3	1	6	1. 30′ à 2	25′
Fascines pour *idem*	nombre.	6	1	19 à 20 (a)	2	«
Poids (secs, 15 ou 20 jours après la confection)	kil.	110	30	150 (b) 510 (c)	32	22
Rapport entre les quantités de bois nécessaire pour une même surface de revêtement		1	2/3	«	2,9	«

(*a*) Fascines de 2m,30 de longueur sur 22 cent, de diamètre, reliées par 4 ou 5 harts.
(*b*) Vides.
(*c*) Garnis.

PIQUETS.	Pour chevalets de saucissons.	Pour piqueter les saucissons.	Pour la confection des			Pour consolider les claies en place.	
			gabions de bat.	gabions roulants.	claies.	Pieux.	Piquets.
Longueur (y compris 15 à 20 cent. de pointe). . mètres.	1,60	0,80	1,20	2,50	1,50 à 1,70	3,00	1,50 à 1,70
Diamètre au gros bout. cent.	9	5,5	4	4	4	9	6
Nombre pour chaque objet.	12	9	16	16	9 à 10	«	«

Le Génie emploie pour ses travaux de sape des fascinages qui ont les dimensions suivantes : *Fascines de couronnement,* longueur 2 mètres ; diamètre, 22 cent. ; 3 harts. — *Fascines provisoires de couronnement:* longueur, 65 cent.; diamètre, 20 cent. ; 2 harts. — *Fascines à tracer:* longueur, $1^{m},30$; diamètre, 15 cent. ; 2 harts, à 30 cent. des extrémités. — *Fascines à revêtir:* longueur, 2 mètres ; diamètre, 22 cent. ; 4 à 5 harts ; les extrémités sciées carrément. — *Fascines de ciel pour descentes blindées:* longueur, $2^{m},50$; diamètre, 20 cent. ; 4 harts. — *Fagots de sape :* longueur, 80 cent. ; diamètre, 22 cent. ; lorsqu'il est serré par les harts, on chasse suivant son axe un piquet de 1 mètre de longueur. — *Saucissons:* longueur, de 4 à 6 mètres ; diamètre, 30 cent. ; harts espacées de 50 cent. — *Gabions:* hauteur, 80 cent. ; diamètre extérieur, 65 cent. ; 8 à 9 piquets ; poids, 20 à 25 kil. — *Gabions farcis ou roulants:* dimensions comme au tableau précédent ; la pointe des piquets doit être sciée à peu près au ras du clayonnage, quand il est fini. — *Claies:* longueur, 2 mètres ; hauteur, 80 cent. ; 6 piquets de 1 mètre ; 8 harts.

Confection des fascinages.

Les bois les plus convenables sont ceux qui poussent de longues tiges droites, flexibles, et garnies de rameaux sur une portion de leur longueur ; tels que le chêne, le coudrier, le châtaignier, le saule, la bourdaine, l'osier, etc. — Préférer les bois durs. — Couper les jeunes pousses au pied, dans les taillis et jamais dans les branches d'arbres. — Les bois destinés au clayonnage doivent avoir au plus 20 jours de coupe, et être dégarnis de feuilles. Pour utiliser ceux qui sont coupés depuis longtemps, on les met dans l'eau 24 heures d'avance, ce qui rend aux brins un peu de flexibilité ; mais il faut les employer tout de suite.

Les harts doivent être faites avec des brins flexibles, forts, droits, et sans nœuds ; les meilleurs bois sont les jeunes pousses de chêne, de châtaignier, de charme, de bourdaine, de coudrier, de saule, d'osier et de vigne ordinaire ou sauvage ; les brins ont environ 13 mill. de diamètre au gros bout et $1^{m},60$ à 2 mètres de longueur. — Lorsque le bois est très-flexible, il suffit de tortiller le brin dans la partie seulement où la boucle doit être formée ; mais, en général, il faut que les harts soient bien tordues pour devenir flexibles. On forme la boucle en faisant, avec le petit bout du brin, un nœud allemand double, dans lequel le gros bout de la hart doit pouvoir passer facilement.

Préparer les harts au fur et à mesure des besoins. — Si les bois ont trop de séve, les étendre au soleil ou les passer au feu. Il faut également les chauffer, pour les tordre, en hiver. — Lorsque les bois sont coupés depuis quelques jours, on peut les employer sans préparation. — Les harts de retraite ou pour saucissons ont 1^{m},30 de longueur, et 50 cent. seulement pour gabions et claies. — Compter sur un dixième de déchet.

Un homme exercé peut faire 50 harts pour saucissons dans une heure.

Une botte de 100 harts pèse moyennement 30 kil.

Employer, quand cela se peut, des harts en fil de fer, notamment pour les fascinages exposés à être promptement brûlés par le tir des bouches à feu.

Saucissons.

ATELIER. — 4 hommes.

OUTILS. — 2 serpes. — 2 leviers. — 1 bout de mèche de 1 mètre de longueur, pour mesurer la circonférence des saucissons. — 1 *cabestan,* cordage de 2 mètres ayant une boucle à chaque extrémité pour y passer les leviers et serrer le saucisson. — 1 masse. — 1 scie. — Mèche, pour garnir les chevalets. — 1 cordeau.

ÉTABLIR LES CHEVALETS FORMANT LE CHANTIER. — Tracer sur le terrain deux droites parallèles, espacées de 75 cent., et d'une longueur égale à celle des saucissons ; à 65 cent. d'une des extrémités, enfoncer obliquement en terre, d'un tiers de leur longueur, deux piquets se croisant à angle droit ; les attacher avec de la mèche, en remplissant l'angle supérieur pour donner au saucisson la forme cylindrique ; le sommet de cet angle doit être à 40 cent. environ au-dessus du sol. — Établir les autres chevalets de la même manière, à 1 mètre de distance les uns des autres. S'assurer au moyen du cordeau que les angles supérieurs de tous les chevalets sont à la même hauteur. — Il faut 30 à 40' pour établir 6 chevalets. — Pendant la confection des saucissons, vérifier de temps à autre et rectifier, s'il y a lieu, la position des piquets. — Disposer les ateliers parallèlement, à 2 mètres l'un de l'autre.

CONFECTION. — Un homme, à chaque extrémité du chantier, coupe en sifflet les gros bouts des brins de bois ; ôte les rameaux qui ne peuvent se plier dans le sens du brin, et redresse les parties tortueuses par un coup de serpe en biais dans le rentrant du coude, sans rien retrancher du bois. — Un homme, à chaque extrémité du chantier, arrange les tiges sur les chevalets, les sifflets tournés vers l'axe du saucisson, et disposés en retraite de bas en haut, parce que les brins supérieurs glissent en dehors d'environ 5 cent., lorsqu'on place les harts; il est d'ailleurs toujours plus facile de les retirer que de les repousser, pour obtenir aux extrémités du saucisson une tranche verticale. — Les rameaux s'entrelacent vers le milieu. Garnir le saucisson en cette partie, s'il est nécessaire, avec quelques gros branchages, afin de lui donner la consistance et le diamètre voulus. Lorsque le saucisson *serré* a partout 1 mètre de circonférence, ce qu'on vérifie avec le bout de mèche, placer les harts.

A cet effet, deux hommes placent le cabestan à 5 cent. environ de l'endroit où l'on veut mettre une hart; ramènent les boucles et les croisent par-dessus le faisceau; y engagent les pinces des leviers qu'ils appuient contre le saucisson, et abattent ensemble, de manière à serrer peu à peu jusqu'à ce que la circonférence ait un peu moins de 1 mètre. — A mesure qu'on serre le cabestan, replacer les brins qui se dérangent. — Un des deux hommes libres place la hart et la serre à l'aide du second qui agit sur la boucle avec un crochet de bois dur; puis, il l'arrête en tordant le gros bout sur la boucle, en forme de rosette. — Mettre d'abord une hart à 20 cent. de chaque extrémité; lier provisoirement le milieu pour maintenir les brins; puis, mettre alternativement 2 ou 3 harts de chaque côté, en allant des extrémités vers le milieu ou réciproquement, suivant ce qui est nécessaire pour que les tranches formées par les sifflets soient bien verticales. Tous les nœuds doivent être en ligne droite, l'extrémité de chaque hart passée sous celle qui précède.

Parer les saucissons en enlevant à la serpe les petits branchages extérieurs; les dresser à coups de masse, et les déposer sur un sol bien uni, afin qu'ils ne se déforment pas.

Gabions.

ATELIER. — 2 hommes.

OUTILS. — 1 pioche. — 1 scie. — 1 serpe. — 1 maillet. — 1 gabarit.

Le *gabarit* est formé de deux cerceaux concentriques, assujettis ensemble par 4 taquets de 45 à 50 mill. de largeur, afin que les plus gros piquets passent entre les cerceaux. La circonférence du plus grand est divisée extérieurement en sept parties égales, par des coches bien prononcées, marquant l'emplacement des piquets. Le diamètre intérieur du grand cerceau doit avoir 6 cent. de moins que le diamètre extérieur du gabion, soit 50 cent., pour tenir compte de l'épaisseur du clayonnage. — On se sert aussi d'un plateau entaillé et percé au centre pour qu'on puisse le manier ; la place des piquets est marquée sur la circonférence par des échancrures.

Un homme plante les piquets et clayonne, aidé au besoin par le second qui prépare les brins, les redresse et les effeuille.

CONFECTION. — Poser le gabarit sur un terrain bien horizontal, et enfoncer de 20 cent. les piquets entre les cerceaux, touchant le cerceau extérieur, toutes les têtes dans un même plan horizontal. — Rejeter les piquets à double courbure. — Tourner la convexité des piquets en dehors, de manière à rendre bien cylindrique la surface extérieure du gabion ; relever le gabarit à mi-hauteur, et l'assujettir avec des bouts de hart. — Clayonner au-dessus, en commençant par le gros bout des brins, qu'il faut toujours mettre en dedans. — Entrelacer à la fois deux brins laissés alternativement l'un en dedans, l'autre en dehors des piquets, en les faisant toujours passer l'un au-dessus de l'autre ; quand un des brins devient trop mince ou approche du bout, le tortiller avec un nouveau brin, et continuer l'entrelacement de manière que le gros bout du nouveau brin se trouve en dedans. Serrer le clayonnage de temps en temps avec le maillet. — Arrivé au haut des piquets, lier ensemble trois ou quatre tours de clayons avec quatre petites harts également espacées, et arrêtées chacune à la tête d'un piquet. A cet effet, introduire le gros bout de la hart de dedans en dehors, à droite du piquet ; ramener ce bout par-dessus le clayon supérieur, à gauche du piquet, pour l'introduire dans la boucle qui doit rester à l'intérieur du gabion ; le ramener à droite du piquet par-dessus le clayonnage ; le faire rentrer en diagonale par la gauche du piquet ; puis, faire un demi-nœud en pinçant le brin entre la boucle et le clayonnage. — Arracher le gabion de terre ; le retourner : enlever le gabarit, et faire le clayonnage de la deuxième partie, comme celui de la première et dans le même sens, jusqu'à ce que la hauteur totale du clayonnage soit de 1 mètre. Placer aussi de ce côté quatre petites harts, en ayant soin d'en mettre aux piquets qui n'en ont point encore ; rafraîchir les pointes, s'il est nécessaire. — Couper les petits branchages à l'extérieur, et les laisser dans l'intérieur.

Les gabions farcis se font de la même manière ; les pointes des piquets doivent être sciées.

Lorsqu'on emploie le gabarit plein, il faut apporter plus de soin au choix et à la stabilité des piquets, pour assurer la régularité de la surface cylindrique du gabion. — A défaut de gabarit, tracer sur le sol avec un bout de ficelle le cercle des piquets que l'on maintient par quelques brins de bois de forte dimension ou par des bouts de corde.

CLAIES. — Lorsqu'une claie est construite sur l'emplacement même qu'elle doit occuper, elle a les formes et les dimensions de la surface à revêtir: autrement, on lui donne les dimensions indiquées au tableau (page 327). Dans ce cas, on la confectionne de la même manière qu'un gabion, avec un gabarit formé de deux tringles droites séparées par des taquets. Les coches sont espacées de 21 à 24 cent., suivant la grosseur des brins de bois, de manière que les piquets extrêmes soient à 6 cent. des extrémités, à cause de l'épaisseur du clayonnage.

Commencer le clayonnage par un des piquets extrêmes, et n'entrelacer qu'un seul brin à la fois; arrivé à l'autre piquet extrême, l'envelopper avec le clayon et revenir en sens inverse; continuer ainsi jusqu'à ce qu'on atteigne l'extrémité supérieure des piquets; arrêter alors le clayonnage avec des harts; arracher la claie de terre; la retourner, l'assujettir avec quatre piquets qui, enfoncés en terre, doivent être un peu moins hauts que le clayonnage déjà fait, et achever comme pour les gabions. — Placer tous les gros bouts des tiges du même côté de la claie. — Les clayons doivent être bien serrés à coups de maillet.

Les claies faites sur place s'exécutent de la même manière. — Planter les piquets en terre suivant l'inclinaison du talus; arrêter chacun d'eux avec deux harts de retraite, l'une au milieu de la hauteur, l'autre à la partie supérieure. — Proportionner la grosseur des piquets à la hauteur.

FASCINES. — Les fascines pour travaux de siége se font de la même manière que les saucissons.

Gazonnage.

Les gazons ne sont généralement employés qu'au revêtement des batteries de place, de côte, et de campagne. Ils doivent être coupés, autant que possible, dans une prairie humide, dont l'herbe soit fine, serrée et fauchée de très-près, et dont le sol ne soit ni trop sablonneux, ni trop argileux. Si le terrain est trop sec, il convient de l'arroser.

Dimensions	des panneresses . .	32 cent.	32 cent.	15 cent.
	des boutisses	48	32	15

L'épaisseur des unes et des autres est réduite à 12 cent., lorsqu'elles sont en place.

Les gazons destinés au gazonnage en coins ont ordinairement 32 cent. en carré et 15 cent. d'épaisseur, comme les panneresses.

ATELIER. — 3 hommes.

OUTILS. — 2 pelles ; 1 carrée, le taillant et les côtés bien affûtés ; 1 ronde. — 1 cordeau de 10 mètres. — 1 trait à canon ou un cordage. — 1 levier ou 1 manche d'outil. — 2 calibres ; 1 pour la longueur, et 1 pour la largeur des gazons.

MANIÈRE DE COUPER LES GAZONS. — Un homme enfonce obliquement la pelle carrée, de champ, de 15 cent. environ, et la dirige avec le manche comme le soc d'une charrue ; les deux autres tirent, à l'aide du levier ou du manche d'outil, sur une corde attachée à la douille de la pelle. — On peut assurer la direction de la pelle avec une règle ou un madrier. — On se sert du cordeau pour diviser le terrain en damier. — Les gazons sont enlevés un à un avec la pelle ronde, et portés au dépôt soit avec des brouettes, soit avec des civières qui détériorent moins les gazons. — Les 3 hommes coupent 100 gazons en 1 heure.

Sacs à terre.

Les sacs à terre sont employés pour apporter la terre sur l'emplacement des batteries qu'on est parfois obligé d'établir sur le roc ou très-près de l'ennemi. — Pleins et fermés, ils servent aussi à faire des masques, des revêtements, et même des épaulements entiers. — Ils sont en forte toile de chanvre bien serrée. Les coutures sont doubles et rabattues. Un bout de ficelle, pour fermer le sac plein, est arrêté dans deux œillets faits de chaque côté de la couture, à 3 cent. du bord.

Dimensions				
	de la toile, pour un sac, environ	85 cent.	75 cent.	
	du sac vide	70	40	
	du sac plein	50	30	20 cent.

500 sacs vides pèsent 160 à 190 kil.

1 sac plein pèse de 30 à 35 kil., au maximum.

60 sacs pleins font à peu près 1 mètre cube.

Un atelier composé en moyenne de 5 hommes, dont 1 piocheur, 2 pelleteurs, et 2 aides pour tenir les sacs, remplit au plus 100 sacs en 1 heure, et peut travailler 6 heures de suite ; les pelleteurs se servent de pelles rondes ; le nombre des piocheurs varie suivant la nature du terrain. — Si les sacs doivent être fermés, il faut un nombre de lieurs égal à celui des pelleteurs ; enfin, un certain nombre d'hommes sont employés à porter les sacs au dépôt, et à les empiler.

Pour la facilité du travail et pour la solidité, il convient de ne pas remplir complétement les sacs qui doivent être fermés ; laisser 15 à 20 cent. entre la terre et la ligature. — Éviter soigneusement de mettre des mottes de terre dans les sacs. — Tasser légèrement la terre, en la secouant, pendant le remplissage.

Matériaux divers.

Les circonstances peuvent forcer à employer pour former des revêtements ou des épaulements : des chapes, des barils, des tonneaux, des paniers, des caisses d'armes, des caisses à biscuit que l'on remplit de terre et qui sont en pareil cas une ressource précieuse ; des bois de charpente, des madriers, des planches, des sacs de laine ou de coton, et, en général, toute matière facile à empiler et offrant quelque résistance aux projectiles. — Les bois et tous les objets combustibles ne doivent être employés qu'avec beaucoup de réserve, parce que l'ennemi peut y mettre le feu ; de plus, les gros bois donnent des éclats dangereux ; c'est pourquoi, quand on les emploie dans la défense des places pour faire des batteries blindées, il faut que ces batteries ne puissent être atteintes que difficilement par les feux directs de l'artillerie ennemie. — Renfermer la laine dans des sacs de toile de 3 à 5 mètres de long sur 1 mètre à $1^m,30$ de diamètre ; ou de 1 mètre de long sur 66 cent. de diamètre, s'ils doivent être transportés à bras d'hommes à une distance un peu considérable. — Pour en former un épaulement, on les empile sur $4^m,50$ environ de hauteur et 7 mètres d'épaisseur ; puis, on les serre fortement avec des cordages arrêtés à des piquets, jusqu'à ce que la hauteur soit réduite à $2^m,30$ ou $2^m,60$, et l'épaisseur à 5 ou 6 mètres.

DÉBLAIS ET REMBLAIS.

La journée ordinaire de l'homme et celle du cheval sont fixées, par l'expérience, à 10 heures de travail.

Un homme peut jeter la terre à la pelle à 4 mètres de distance horizontale, ou à $1^m,60$ de hauteur.

Lorsque la fouille n'exige pas l'emploi de la pioche, un homme à la tâche peut enlever à la pelle et charger sur une brouette environ 12 à 15 mètres cubes de terre par jour. — Lorsque cette terre est jetée horizontalement à 2 mètres au moins et à 4 mètres au plus, ou élevée à $1^m,60$, ou chargée dans un tombereau, il faut réduire le nombre des mètres cubes à 10. — Un terrassier de profession peut déblayer à la pelle et charger dans des brouettes jusqu'à 23 mètres cubes de terre.

On exprime la nature de la terre, en ajoutant à 1 pelleteur le nombre entier ou fractionnaire des piocheurs nécessaires pour entretenir ce pelleteur. Ainsi, 1 pelleteur et 1 piocheur, terre à 2 hommes ; 1 pelleteur et 2 piocheurs, terre à 3 hommes ; 2 pelleteurs et 1 piocheur, ce qui est la même chose que 1 pelleteur et 1/2 piocheur, terre à un homme et demi.

Dans une terre moyenne, 1 piocheur entretient 2 pelleteurs ; pour que ceux-ci ne se gênent pas, il faut qu'ils soient éloignés l'un de l'autre de $1^m,50$ à 2 mètres. On compte donc généralement, pour la fouille, 1 piocheur et 2 pelleteurs, établis sur un atelier large de 3 à 4 mètres. Les relais de pelleteurs se placent de 4 mètres en 4 mètres de distance horizontale, et de $1^m,60$ en $1^m,60$ de distance verticale. — Il faut de plus, par atelier, alternativement 1 dameur et 1 régaleur.

Dans l'excavation des fossés, on ménage des banquettes à $1^m,60$ en contrebas les unes des autres, en laissant des retraites suffisantes pour ne pas entamer les talus ; on recoupe les gradins de contrescarpe au fur et à mesure du travail, et ceux de l'escarpe lorsque le parapet va être fini. — En élevant l'épaulement, on remblaie par couches horizontales bien damées, de 20 à 30 cent., les bords dépassant un peu les profils pour être ensuite recoupés.

Lorsqu'on craint d'être attaqué avant l'achèvement d'un ouvrage, on ne le construit pas par couches horizontales ; mais on donne le plus promptement possible 1 mètre d'épaisseur au sommet du profil, et on épaissit ensuite la masse couvrante.

L'expérience a prouvé que dans les travaux de siége, à l'ouverture de la tranchée, un travailleur de la ligne, en 7 heures de nuit et dans un terrain ordinaire, excave communément $1^m,65$ de parallèle sur $1^m,30$ de largeur et 1 mètre de profondeur, ou environ 2 mètres cubes. — En 10 heures, le déblai serait à peu près de 3 mètres cubes. — Cette donnée s'applique à l'excavation du fossé des batteries.

BROUETTE. — L'expérience prouve qu'il est avantageux de ramener, autant que possible, le centre de gravité de la charge sur le devant de la brouette, et de réduire la longueur des bras à 50 ou 55 cent.

Le poids de la charge des brouettes est très-variable ; il est ordinairement de 80 kil. ; il ne doit pas être au-dessous de 60 à 70 kil. Un fort rouleur, à la tâche, dans une journée de 8 à 9 heures, parcourt environ 30,000 mètres avec sa brouette tant pleine que vide.

On compte moyennement 30 brouettées de terre pour 1 mètre cube de déblai.

La longueur du relais est fixée à 30 mètres en terrain horizontal, et à 20 mètres sur une rampe inclinée au douzième.

En général, il faut régler la longueur des relais, de manière que le temps nécessaire pour aller et revenir soit égal au temps employé pour charger une brouette. — Chaque atelier doit avoir autant de brouettes, plus une, qu'il y a de rouleurs, pour que le chargeur soit toujours occupé. — Obliger les travailleurs à rouler sur les remblais. — La quantité de travail d'un rouleur augmente sensiblement par l'emploi d'un bon système de planches de roulage bien unies, et souvent nettoyées à la pelle. — Aux relais, la brouette chargée doit passer, sans s'arrêter, des mains d'un rouleur à celles de l'autre.

Lorsque le déblai doit être transporté à une distance un peu considérable, il est plus avantageux, sous le rapport du temps et de la dépense, d'employer les camions ou les tombereaux. On ne doit employer le camion que lorsque la distance est au moins égale à 3 relais de brouette, et le tombereau, que lorsqu'elle est égale au moins à 5 relais.

CAMION. — Sa contenance est de un cinquième de mètre cube; sa hauteur au-dessus du sol, de 1 mètre. — On peut employer 1 ou 2 hommes pour le charger; 1 homme le charge en 8 minutes. — Traîné par 2 hommes et poussé par un 3e, il a une vitesse de 40 mètres environ par minute. — Distribuer les rouleurs par relais, et régler la longueur du relais sur le temps nécessaire pour charger.

TOMBEREAU. — La charge d'un tombereau à 1 cheval varie d'un demi à quatre cinquièmes de mètre cube. — Le tombereau contenant quatre cinquièmes de mètre cube est rempli, par un seul chargeur, en 40 minutes. Il parcourt par heure, en terrain horizontal: chargé, 2600 à 3000 mètres; vide, 3600 à 4000 mètres. Pour vider le tombereau et le remettre en marche, il faut à peu près 2 minutes. — Employer pour le charger 2 ou 3 hommes, y compris le conducteur. — Régler le nombre des tombereaux de manière que les chargeurs soient toujours occupés. — La pente des rampes doit être réglée à un vingtième.

BOURRIQUET. — C'est une machine pour élever les terres à une hauteur un peu considérable, lorsqu'il n'existe pas de rampes; ou pour prendre des terres dans les fossés, faire le déblai des puits, mines, etc. Elle est composée d'une caisse ou panier et d'un treuil. — Contenance de la caisse, un trentième de mètre cube.

Il faut 2 hommes à la manivelle: 1 pour remplir; 2 pour décrocher la caisse et la vider. — Les hommes, à la manivelle, changent de poste toutes les heures avec ceux qui vident la caisse. — Lorsque le travail est bien réglé, la caisse parcourt: en montant, 5 mètres en 20 secondes; en descendant, 5 mètres en 15 secondes. — Il faut pour décrocher la caisse pleine et la remplacer par une vide environ 20 secondes; pour remplir la caisse, 1 minute.

BOIS A PLATES-FORMES POUR BATTERIES DE SIÉGE.

DÉSIGNATION des objets.	Pièces sur affûts de siége.					Mortiers de 32ᵉ et de 27ᵉ.					Mortiers de 22ᵉ.				
	Quantité.	Longueur.	Largeur.	Épaisseur.	Poids.	Quantité.	Longueur.	Largeur.	Épaisseur.	Poids.	Quantité.	Longueur.	Largeur.	Épaisseur.	Poids.
		m.	m.	m.	kil.		m.	m.	m.	kil.		m.	m.	m.	kil.
Heurtoir.	1	2, 60	0, 22	0, 22	108	«	«	«	«	«	«	«	«	«	«
Gîtes et lambourdes-gîtes	3	4, 55	0, 14	0, 14	229	3	2, 40	0, 22	0, 22	299	3	2, 00	0, 165	0, 165	128
Madriers	14	3, 25	0, 325	0, 055	685	«	«	«	«	«	«	«	«	«	«
Lambourdes	«	«	«	«	«	11	2, 00	0, 22	0, 22	913	9	2, 00	0, 165	0, 165	384
Piquets p. consol. les plates-formes.	5	1, 00	0, 09	0, 09	35	6	1, 00	0, 09	0, 09	42	6	1, 00	0, 09	0, 09	42
Piquets de chevalets pour armements	4	0, 80	0, 04	0, 04	5	4	0, 80	0, 04	0, 04	5	4	0, 80	0, 04	0, 04	5
					1062					1259					560

Dans les plates-formes obliques pour pièces sur affûts de siége, il faut 1 piquet à plate-forme en plus. — Tous ces bois sont en chêne, autant que possible. Les poids indiqués seraient moindres d'un quart pour le sapin.

La *plate-forme volante* ou *à la prussienne* nécessite : 1 heurtoir, comme dans la plate-forme ordinaire; 3 demi-gîtes de $2^{m},275$ de longueur; 2 madriers de $3^{m},25$ de longueur; 1 demi-madrier de $1^{m},625$; 1 bout de madrier de 80 cent. au plus; 18 ou 19 piquets.

BATTERIES DE SIÉGE.

PREMIÈRES BATTERIES DE CANONS ET D'OBUSIERS.

EMPLACEMENT. — Les premières batteries s'établissent ordinairement à 20 ou 25 mètres en avant des parallèles, de manière à gêner le moins possible les feux de mousqueterie; la nature du terrain, ou la nécessité de les protéger contre les sorties, oblige quelquefois à les construire dans la parallèle ou en arrière.

Autant que possible, les batteries de plein-fouet s'établissent sur des parallèles aux faces des ouvrages qu'elles doivent battre; les batteries à ricochet ou d'enfilade, sur des perpendiculaires aux prolongements de ces faces. — Quelquefois, on est forcé par les localités d'établir des batteries d'écharpe hors des prolongements ; mais on doit s'en rapprocher le plus possible.

Construction d'une batterie de canons ou d'obusiers, de plein-fouet ou à ricochet, sur le sol naturel, en dehors de la parallèle (pl. 31).

TRACÉ DE LA BATTERIE. — Le tracé d'une batterie, située hors de la parallèle, doit se faire de nuit. — Tracer au moyen de l'équerre et du cordeau le pied du talus intérieur, s'il n'a pu l'être encore, de manière que son extrémité la plus rapprochée soit à 20 ou 25 mètres du pied du talus extérieur de la parallèle.

Marquer le point où doit commencer l'épaulement :

Lorsque la batterie a des retours, à 3 mètres en dehors de la position choisie pour la 1re pièce, si la batterie est de plein-fouet; à $2^m,50$ en dehors du prolongement de la crête intérieure du parapet de la face à battre, si c'est une batterie à ricochet, parce que la directrice de la première embrasure se trouve ainsi sur une parallèle à ce prolongement, menée à 50 cent. en dedans.

Lorsque la batterie a des côtés et non des retours, donner aux demimerlons extrêmes, pour assurer leur solidité, 4 à 5 mètres, mesurés au pied de l'épaulement à partir des directrices extrêmes, y compris la base du talus du côté.

Marquer les directrices des pièces de 6 en 6 mètres ou de 5 en 5 mètres, selon que la batterie doit être de plein-fouet ou à ricochet, et l'extrémité de l'épaulement comme il vient d'être dit, suivant que la batterie a des côtés ou des retours. — Élever des perpendiculaires aux deux extrémités du pied du talus intérieur; marquer avec des piquets sur ces perpendiculaires, l'épaisseur de l'épaulement à sa base, la largeur de la berme et celle du fossé; ces dimensions doivent être indiquées d'avance sur les cordeaux, d'une manière distincte. — Former l'encadrement du coffre et celui du fossé avec de la mèche tendue, avec des fascines à tracer, ou par des sillons creusés à la pioche. — Tracer de même les traverses, les retours, les communications, les magasins à poudre.

Le tracé des autres batteries ne diffère que par les dimensions.

TRAVAILLEURS et objets nécessaires pour faire un revêtement en saucissons.	NOMBRE de pièces.				OBSERVATIONS.
	1	2	3	4	
Canonniers	11	19	27	35	Non compris les sous-officiers et brigadiers, dont le nombre doit être proportionné à la force du détachement; 2 sous-officiers pour 3 pièces au plus.
Soldats d'infanterie auxiliaires	12	24	36	48	Non compris les sous-officiers et caporaux.
Pics à roc, pelles, pioches, en tout	23	43	63	83	Ces nombres, égaux à ceux des travailleurs, sont un minimum; les doubler, si l'on peut:— Régler la proportion des outils suivant la nature du terrain.
Grandes règles de 4m et niveaux de maçon	1	2	3	4	De chaque espèce.
Double mètre cordeau de 12 mètres en ruban de fil blanc	1	1	1	1	
Fils à plomb	1	1	1	2	
Paquets de mèche	2	2	2	3	
Triangles de profil ou fausses équerres	1	1	2	2	
Équerre en ruban de fil blanc de 22 mill. de largeur	1	1	1	1	Les côtés dans le rapport des nombres 3, 4 et 5.
Masses	5	8	11	14	
Dames	4	7	10	13	
Grandes scies	1	1	2	2	
Serpes et haches	2	3	4	5	De chaque espèce.
Lanternes et livres de chandelles	1	1	1	2	
Saucissons de 6m, 30 de long, et 32 cent. de diamètre	27	40	53	66	7 par pièce pour le revêtement intérieur; 6 pour les joues, et 14 pour le revêtement des 2 côtés. Il faut, en outre, un bout de saucisson par embrasure.
Piquets	243	360	477	594	9 par saucisson.
Bottes de 40 harts	2	2	3	3	
Cabestans pour serrer les saucissons	2	2	2	3	
Leviers	4	4	6	6	

Pour les objets nécessaires à la construction des plates-formes, magasins à poudre, retours, communications, etc., voir ces différents articles.

Pour un plus grand nombre de pièces, augmenter les nombres portés au tableau, suivant la proportion établie. — Prendre en sus dans l'infanterie: pour chaque retour de 5 mètres formant traverse, 20 travailleurs dont 12 sont placés dans le fossé, 5 sur la berme et 3 dans le coffre; pour les communications, 1 homme par mètre courant de longueur, et, dans tous les cas, 5 hommes pour raccorder le retour ou l'épaulement de la batterie avec celui de la communication. — Pelles et pioches en nombre double de celui des travailleurs. — Ajouter un certain nombre de travailleurs supplémentaires pour transporter, en un seul voyage, tous les gabions nécessaires pour les communications qui sont faites le plus souvent à la sape volante, et dont l'exécution commence aussitôt que le tracé est fait.

Les canonniers sont chargés des revêtements, plates-formes, magasins à poudre, etc.; les auxiliaires, de l'excavation du fossé et, en général, des mouvements de terre.

Les joues doivent être revêtues de préférence en gabions; remplacer alors les 6 saucissons des joues par 18 gabions, ou par 4 seulement si c'est une batterie à ricochet avec embrasures en contre-pente. — Il est aussi plus expéditif de faire le revêtement des côtés en gabions; remplacer dans ce cas les 7 saucissons de chaque côté par 14 gabions ordinaires. — Dans tous les cas, il faut par pièce 8 gabions remplis de fascines, pour servir de masques dans les embrasures. Si le revêtement se fait tout entier en gabions, on détermine le nombre nécessaire d'après le développement, et à raison de deux rangs de gabions. — S'il y a des communications, il faut aussi des gabions et un nombre de mètres courants de saucissons égal à la longueur de ces communications, avec des piquets à proportion pour piqueter les saucissons; si au lieu de saucissons, l'on emploie des fascines de couronnement, il en faut 3 fois autant.

Dimensions.

TERRE-PLEIN. — Largeur, 8 mètres au plus. — Inclinaison du devant à l'arrière, un soixantième.

COFFRE OU ÉPAULEMENT. — Base du talus intérieur, 65 cent. (deux septièmes de la hauteur). — Hauteur de la crête intérieure, $2^m,30$; dans le cas où cette hauteur d'épaulement ne préserverait pas suffisamment les servants contre les feux plongeants de la mousqueterie, disposer sur le coffre quelques rangs de sacs à terre ou de fascines, comme cela est indiqué pour les batteries de brèche. — Épaisseur entre les deux crêtes: 6 mètres pour les terres sablonneuses, calcaires, mêlées de gravier; 7 mètres pour les terres végétales rassises, argileuses, humides, nouvellement remuées; dans les terres résistantes et dans les batteries à ricochet dont les embrasures sont en contre-pente, on peut réduire à 5 mètres l'épaisseur de la partie supérieure de l'épaulement. — Plongée inclinée de 25 cent. pour l'écoulement des eaux; environ 4 cent. pour 1 mètre. — Talus extérieur, suivant la nature des terres : à 45° dans les terres ordinaires; 2 de base sur 3 de hauteur (terres fortes); 3 de base sur 2 de hauteur (terres légères). — Distance entre les directrices des pièces, 6 mètres; elle peut avantageusement être réduite à 5 mètres dans les batteries exclusivement destinées au tir à ricochet. — Distance entre les directrices extrêmes et les retours, 3 mètres; porter à 4 ou 5 mètres l'épaisseur des demi-merlons des extrémités, si l'épaulement n'a pas de retours. — Base du talus du côté de l'épaulement ou du retour, deux septièmes de la hauteur de la crête intérieure. — Épaisseur des traverses, quand il y a lieu d'en établir, 4 mètres; elle est en sus de l'intervalle qui sépare les bouches à feu.— Surface du profil, pour une épaisseur de 6 mètres, 16 mètres carrés. — Volume de l'épaulement pour une longueur de 6 mètres: avec embrasure directe, 80 mètres cubes, y compris le volume des revêtements; sans embrasure, 100 mètres cubes (nombre rond.)

BERME. — Largeur, 1 mètre.

FOSSÉ. — Profondeur, $2^m,50$. — Bases des talus d'escarpe et de contrescarpe, $1^m,25$; en général, la moitié de la profondeur. — Batterie avec embrasures: largeur totale, 6 mètres; au fond, $3^m,50$. Batterie sans embrasures: largeur totale, 7 mètres; au fond, $4^m,50$. Ces dimensions varient suivant la nature des terres et leur foisonnement; mais, pour faciliter le jet des terres à la pelle dans le coffre, la profondeur du fossé doit être limitée à $2^m,60$. — Avec les dimensions ci-dessus, la surface du profil du fossé dans les terres ordinaires est de 12 mètres carrés environ (batterie avec embrasures); de 14 mètres carrés (batterie sans embrasures). Le déblai correspondant donne, avec le foisonnement, les terres nécessaires pour le remblai. — Foisonnement: terres fortes, un sixième; ordinaires, un huitième; légères, un dixième; lorsque la terre est très-friable, un quinzième.

GENOUILLÈRE. — Partie du talus intérieur comprise entre le pied de ce talus, ou les gîtes de la plate-forme, et le fond de l'ouverture de l'embrasure. — Hauteur: de plein-fouet, $1^m,20$; cette hauteur ne permet pas de tirer à plus de 3° au-dessous de l'horizon; il faut la diminuer de 33 mill. pour chaque degré d'inclinaison en plus; à ricochet, quand l'embrasure est en contre-pente, généralement $1^m,35$; cette hauteur peut varier, suivant l'angle de tir. Avec $1^m,30$, on peut à la rigueur tirer sous un angle d'environ 5°; si l'angle de tir est de 10° et au-dessus, la genouillère peut avoir $1^m,40$ et même $1^m,45$.

EMBRASURES. — Ouverture intérieure: pour canons, 54 cent.; pour obusiers, 80 cent. — L'ouverture extérieure au fond est, en général, égale à la moitié de la longueur. — Inclinaison extérieure des joues, 1 de base sur 3 de hauteur. — Inclinaison du fond, suivant les objets à battre; limitée au sixième, de l'intérieur à l'extérieur; dans les écoles d'artillerie, elle est ordinairement de 25 à 30 mill. par mètre. Dans les batteries à ricochet, on donne parfois au fond de l'embrasure une inclinaison d'environ 6°, ou 10 cent. par mètre, de l'extérieur à l'intérieur; l'ouverture extérieure se trouve alors à peu près à hauteur de la crête extérieure de l'épaulement. Ce mode de construction présente l'avantage de mieux couvrir les canonniers contre les feux directs; mais comme il ne permet pas de tirer, au besoin, de plein-fouet ou contre les sorties, il ne doit être employé que dans des circonstances particulières. — Volume d'une embrasure directe, dans des terres ordinaires, 16 mètres cubes environ, non compris le volume du revêtement des joues. — Volume d'une embrasure en contre-pente, 4 mètres cubes environ.

PLATES-FORMES. — Elles sont communes aux canons et aux obusiers (Voy. les bois à plates-formes, page 337). — Le gîte du milieu se place sur la directrice; distance entre les gîtes, d'axe en axe, 80 cent. — Rigoles pour les gîtes: longueur, environ 5 mètres; largeur, 20 cent.; profondeur, 14 cent. au pied de l'épaulement. Le fond, suivant l'inclinaison de la plate-forme; horizontal, pour les batteries à ricochet.

Inclinaison de la plate-forme: 4 cent. par mètre, ou 18 cent. sur la longueur du gîte, pour le tir de plein-fouet; nulle, pour le tir à ricochet. L'inclinaison peut varier avec les circonstances du tir.

CHEVALETS POUR ARMEMENTS. — On les établit à droite de chaque plate-forme, et au milieu des intervalles entre les pièces; les deux piquets, se croisant à angle droit, sont enfoncés d'environ 30 cent. — Distance du premier chevalet au pied de l'épaulement, $1^m,30$; des chevalets entre eux: pour canons, $2^m,90$; pour obusiers, 65 cent.

GOUTTIÈRES LATÉRALES. — Pour rejeter les eaux du côté opposé à l'épaulement, on donne au terrain entre deux plates-formes une pente de 1 cent. par mètre.

RETOURS. — Longueur et direction, variables suivant les feux dangereux. — Sur la planche 31, la crête intérieure fait un angle de 135° avec celle de la batterie. — Profil, comme celui de l'épaulement. — En supposant au retour une longueur de 5 mètres et une épaisseur de 6 mètres, le volume du remblai est, en terres ordinaires, d'environ 140 mètres cubes. — Les dimensions du fossé sont toujours un peu moindres que celles du fossé de la batterie, afin que les déblais aient lieu, autant que possible, à hauteur de l'emplacement qu'ils doivent occuper dans le remblai : Profondeur, $2^{m},20$; largeur en haut, $4^{m},80$; base de chaque talus, $1^{m},10$; c'est la moitié de la profondeur. La longueur est réglée de manière à fournir les terres nécessaires au remblai du retour et de son raccordement avec le parapet de la communication adjacente. Pour l'épaulement supposé, elle est d'environ 20 mètres.

COMMUNICATIONS AVEC LA PARALLÈLE. — La longueur et la direction sont déterminées de manière à se bien défiler des ouvrages de la place. — Largeur en haut, 3 mètres; au fond, $2^{m},50$. — Profondeur, 1 mètre. — Berme, 30 cent. — Hauteur du parapet, $1^{m},30$.

COMMUNICATIONS AVEC LE FOSSÉ. — Elles se font à ciel ouvert, au moyen d'une tranchée étroite défilée des feux de la pièce, et dont on rejette les terres du côté de l'ennemi; cette tranchée part de la communication avec la parallèle, et d'un point peu éloigné de l'une des extrémités de la batterie; elle se replie au besoin en zigzags pour éviter d'être enfilée.

PETITS MAGASINS A POUDRE. (Voy. page 355.)

Ordre du service et distribution du travail.

Dans les siéges, les travailleurs de la ligne restent ordinairement au travail pendant 12 heures consécutives, et les canonniers pendant 24 heures. — Ne laisser partir les uns et les autres qu'après l'arrivée de leurs remplaçants.

Un capitaine dirige la construction de la batterie; un officier, sous ses ordres, surveille l'ensemble des détails. — Les sous-officiers conduisent les différentes parties du travail.

Les travailleurs sont généralement protégés par les troupes de garde placées dans la parallèle et aux avant-postes; si la batterie est isolée sur les flancs de la parallèle, demander un détachement d'infanterie armé pour les couvrir. Si une sortie force à interrompre le travail, rallier les travailleurs et les faire rentrer dans la tranchée en emportant leurs outils, jusqu'à ce qu'on puisse reprendre le travail.

La construction de la batterie se commence à l'entrée de la nuit ; elle peut être terminée en 36 heures. Cette évaluation de temps n'a, du reste, rien d'absolu; la durée du travail varie suivant la nature des terres et les diverses éventualités de la guerre.

TRAVAIL DE LA PREMIÈRE NUIT. — Les travailleurs, portant les outils et les matériaux dont ils ont pu se charger, sont conduits d'avance dans la tranchée, le plus près possible de la batterie, en ordre, en silence, et avec toutes les précautions nécessaires pour n'être pas vus ou entendus de la place.

La nuit étant assez obscure, l'officier chargé de la construction de la batterie, aidé de quelques sous-officiers et canonniers, fait le tracé.

Le tracé fini, le reste du détachement sort de la tranchée et commence le travail, qui s'exécute comme il suit pour chaque pièce.

Trois canonniers égalisent et affermissent le terre-plein, notamment à l'emplacement des plates-formes, et jettent dans le coffre les terres qu'ils ont à déblayer ou qu'ils prennent à proximité. — Six travailleurs de la ligne, à 1 mètre l'un de l'autre, creusent le fossé et jettent la terre dans le coffre ou sur la berme. Pour pouvoir détacher et jeter les terres plus facilement, ils se placent alternativement: le premier, près du tracé de l'escarpe; le second, vers le milieu du fossé, et ainsi de suite (Pl. 31, fig. 1). Ils font d'abord une tranchée de 1 mètre de largeur au plus, pour se couvrir des feux de la place, et l'élargissent ensuite. — Trois travailleurs sur la berme, à 2 mètres l'un de l'autre, jettent les terres dans le coffre le plus loin possible. — Trois travailleurs sur le coffre, aussi à 2 mètres l'un de l'autre, les dament et les égalisent, en les amoncelant d'abord vers l'intérieur.

Dégager la berme le plus possible, un peu avant le jour, pour que les travailleurs du fossé puissent jeter des terres dans le coffre pendant le jour. — Les travailleurs du fossé sont relevés de 2 en 2 heures par ceux de la berme et du coffre; ces derniers, qui ne peuvent commencer leur travail que 2 heures environ après le commencement de l'excavation du fossé, sont employés pendant ce temps au transport des matériaux.

Lorsqu'il y a de 30 à 60 cent. de terre sur le coffre, cinq canonniers commencent le revêtement intérieur; un sous-officier est particulièrement chargé de surveiller ce travail, pour 3 pièces au plus. Les autres canonniers font les revêtements des côtés et des retours, et travaillent à la construction des communications et des magasins à poudre.

A la fin de la première nuit, et sauf les accidents de guerre, le terre-plein doit être préparé; l'épaulement, élevé au-dessus de la genouillère, au moins du côté intérieur, sur 2 mètres d'épaisseur : le revêtement, commencé et quelquefois élevé jusqu'à la genouillère. Les communications, et les petits magasins que l'on peut avoir à établir dans leurs épaulements, doivent être terminés.

TRAVAIL PENDANT LE JOUR. — Une heure avant que les travailleurs de la ligne soient relevés, un officier part de la batterie, va recevoir au dépôt ceux qui doivent les remplacer, et les amène à la batterie, après leur avoir fait prendre les fascinages et matériaux nécessaires.— Les travailleurs du fossé continuent à amonceler les terres sur la berme, dans le coffre, et, au besoin, dans le fossé même près de l'escarpe, pour fournir au travail de la nuit suivante. — Les canonniers continuent le revêtement, et construisent les magasins en arrière de la batterie. — Les travailleurs de la berme et du coffre sont employés aux déblais et remblais nécessaires pour ces magasins et leurs communications; ils transportent concurremment avec les canonniers disponibles, les bois à plates-formes et autres matériaux.

TRAVAIL DE LA DEUXIÈME NUIT. — On apporte les gabions ordinaires, farcis de fascines pour faire les masques des embrasures, et les autres matériaux nécessaires pour l'achèvement de la batterie. — Les hommes de la ligne sont disposés comme la première nuit; ils fournissent les terres accumulées pendant le jour, et nécessaires pour achever l'épaulement, en ne les jetant plus qu'à l'endroit des merlons. — On trace les embrasures. — Les canonniers font le revêtement des merlons, le dégorgement et le revêtement des embrasures; ils construisent les plates-formes, si elles n'ont pu l'être le jour; ils arment et approvisionnent la batterie, de manière qu'elle soit prête à ouvrir son feu à la fin de la deuxième nuit. — La durée moyenne de la nuit est supposée de 10 heures; si elle n'est que de 6, ou bien s'il y a des empêchements forcés, le travail est suspendu pendant le premier jour, et il faut une troisième nuit.

Détails d'exécution.

TERRE-PLEIN. — Si le terrain a une forte pente générale dans le sens de la crête intérieure, faire l'épaulement par ressauts, en nivelant séparément des emplacements pour une ou plusieurs pièces. Régler la différence de niveau entre les ressauts, de manière que les rangs supérieurs de saucissons courent d'une extrémité à l'autre de la batterie, ou au moins dans la plus grande étendue possible. — Si la pente est faible, mettre tout le terre-plein de niveau.

Assurer l'écoulement des eaux hors de la batterie; s'il est nécessaire, établir des puisards.

FOSSÉ. — Le fossé n'est généralement destiné qu'à fournir les terres nécessaires pour l'épaulement. Si on trouve l'eau ou quelque autre obstacle, prendre plus de largeur.

REVÊTEMENT EN SAUCISSONS. — Enterrer le premier rang dans une rigole de 5 cent. de profondeur pour les saucissons de 32 cent., et de 11 cent. pour ceux de 27 cent., de manière que le revêtement de la genouillère comprenne un nombre exact de rangs. — Le bout du premier saucisson, scié carrément, doit se trouver au point où commence l'épaulement, et toucher le premier gabion de la communication; s'il y a un retour, la deuxième hart du saucisson doit être contre le piquet qui marque l'extrémité de la batterie. — Les saucissons d'un même rang sont lardés les uns dans les autres, attachés par une hart au point de jonction et piquetés de trois en trois harts. — Les piquets sont enfoncés verticalement et à tête perdue; si le bruit des coups de masse attire l'attention et le feu de la place, poser seulement le premier rang de saucissons dans la rigole, et continuer le revêtement au jour. — Poser les saucissons des rangs supérieurs en retraite, suivant l'inclinaison du talus intérieur marqué par une fausse équerre; les joints vers le milieu des saucissons inférieurs, en commençant alternativement chaque rang impair par un saucisson scié, et chaque rang pair par un saucisson entier. Les piquets traversent les saucissons du rang inférieur, et sont plantés dans les intervalles des piquets de ce rang. — Éviter qu'il se trouve des joints dans les ouvertures des embrasures. — Les nœuds des harts en dedans du coffre. — Damer la terre derrière les saucissons, à mesure qu'on les pose. — Le revêtement des côtés ou des retours se fait de la même manière que celui du talus intérieur, et en même temps. — Croiser les saucissons des extrémités, qui sont sciés carrément, de manière que les rangs impairs de l'intérieur du coffre servent d'appui aux rangs pairs des côtés ou des retours.

Mettre des harts de retraite aux saucissons de la genouillère, vers le milieu des merlons. A cet effet, planter dans le saucisson un piquet de choix, avant que ce saucisson soit garni de terre; embrasser ce piquet au-dessous du saucisson par une forte hart arrêtée, en la tendant le plus possible, à un piquet à mentonnet qu'on enfonce ensuite dans le coffre. — Pour mettre une hart de retraite à un saucisson déjà garni de terre, la fixer dans un cran fait à la tête du piquet du saucisson. — Les harts de retraite en fil de fer sont avantageuses pour la durée, no-

(amment dans les endroits exposés au souffle des bouches à feu (surtout des obusiers). — Un seul piquet de retraite n'est pas toujours suffisant, et il est quelquefois bon d'en mettre deux ou trois.

Le revêtement des merlons se fait avec des saucissons sciés bien carrément aux deux bouts, à la longueur convenable ; cette longueur est de 5m,46 pour une batterie de canons espacés de 6 mètres.

Dans les embrasures, à l'ouverture intérieure, les saucissons, sciés carrément, s'appuient contre le derrière des saucissons des merlons ; ils portent en entier les uns sur les autres. A l'ouverture extérieure, le bout de chaque saucisson s'écarte de manière à ne porter que sur les deux tiers du saucisson inférieur, afin de donner aux joues, en cette partie, un talus de 1 de base sur 3 de hauteur. Devant l'ennemi, ce bout n'est pas scié, lors même qu'il déborde sur le talus extérieur; dans les polygones, on le scie suivant l'inclinaison du talus.

Piqueter et damer comme au revêtement intérieur. — Consolider l'embrasure par un bout de saucisson posé sur l'ouverture intérieure, et piqueté des deux côtés. — Si la bouche à feu est un obusier, fixer fortement ce bout de saucisson par des harts en fil de fer arrêtées à de gros piquets plantés dans l'épaulement. — Damer la plongée, en lui donnant l'inclinaison voulue pour faciliter l'écoulement des eaux.

Il faut quatre rangs de saucissons de 32 cent. pour la genouillère, et trois pour les merlons et les embrasures. Dans les batteries à ricochet, on complète la hauteur de la genouillère par un rang de gazons ou par un bout de fascine placé sur le dernier saucisson ; ou bien, on remonte les terres du fond de l'embrasure par un petit talus. La hauteur de l'épaulement est également complétée avec de la terre ou par un rang de gazons, l'herbe en dessus.

Préférer les gabions aux saucissons pour le revêtement de la partie supérieure de l'épaulement, et surtout pour les embrasures.

REVÊTEMENT EN GABIONS. — Le revêtement de l'épaulement se compose ordinairement de deux rangs de gabions superposés, séparés par un double rang de saucissons posés jointivement l'un derrière l'autre. — Disposer, en dedans du pied du talus intérieur, une base de 60 cent. de largeur, avec une inclinaison de 6 cent. du côté du coffre, pour que les arêtes des gabions aient un talus d'un dixième. — Placer chaque gabion tangentiellement au pied du talus intérieur, de manière que les deux piquets antérieurs se trouvent dans un plan parallèle à ce talus. — Enfoncer les pointes des piquets en terre ; les scier, lorsque le terrain ne permet pas de les enfoncer, même à coups de masse. — Mettre à chaque gabion une hart de retraite ; une des extrémités embrasse un des piquets du gabion; l'autre est attachée à un piquet à mentonnet qu'on plante ensuite dans le coffre. On peut aussi fixer les gabions au massif de l'épaulement en enfonçant un piquet de 1^m,50 environ, soit au milieu du gabion, soit contre sa paroi interne, et en fixant à ce piquet la hart de retraite. Quand le piquet intérieur appuie bien contre la paroi interne du gabion, on peut à la rigueur se passer de hart de retraite. — Garnir les gabions, en dedans et du côté du coffre, avec de la terre bien damée. — Placer de petits fagots derrière les joints, si la nature des terres l'exige. — Quand il y a un retour, incliner les trois derniers gabions dans le plan de l'épaulement, de manière que le troisième, commun au retour et à la batterie, ait le talus de l'intersection des deux revêtements. — Fixer le premier rang de saucissons à chaque gabion par un piquet; placer le deuxième rang bien jointivement au premier du côté du coffre, et le piqueter de même; les joints des saucissons ne doivent pas correspondre aux embrasures; dresser le dessus des deux rangs de saucissons parallèlement au plan de la base. — Les gabions du rang supérieur correspondent à ceux du premier rang, en retraite du demi-diamètre du saucisson extérieur, afin que la terre ne s'échappe pas, et suivant l'inclinaison voulue. — Avant de poser les gabions, scier les pointes des piquets, qui ne pourraient s'enfoncer dans les saucissons sans faire éclater les harts. — Damer la terre derrière les gabions et dedans, et maintenir dans le haut chacun d'eux par une hart de retraite; serrer le deuxième rang de gabions des merlons, qui doit être de dix gabions.

Dans les batteries de plein-fouet, scier les saucissons à l'ouverture des embrasures, de manière à avoir la hauteur de genouillère voulue.

Si l'on n'a pas de saucissons, placer chaque gabion du deuxième rang immédiatement et également sur deux gabions du premier, et en retraite d'un demi-diamètre. — Cette espèce de revêtement convient plus particulièrement aux batteries sans embrasures.

Dans tous les cas, on complète par une couche de terre la hauteur de l'épaulement. — Dans les batteries faites avec soin, couvrir les gabions par un rang de gazons en panneresses, l'herbe en dessus. — Placer, comme il a été dit précédemment, un bout de saucisson au-dessus de chaque embrasure, et damer fortement les terres suivant l'inclinaison de la plongée.

Dans les embrasures, à l'ouverture intérieure, placer le premier gabion verticalement, les pointes enfoncées en terre, contre le revêtement du merlon. — Disposer provisoirement huit autres gabions jointifs, suivant l'inclinaison du fond de l'embrasure, dans l'alignement de la joue; donner au dernier une inclinaison de 1 de base sur 3 de hauteur. Tendre un cordeau tangent à la partie supérieure des deux gabions extrêmes; incliner les deux gabions intermédiaires de manière qu'ils soient aussi tangents au cordeau; fixer chacun d'eux par une hart de retraite, et damer fortement la terre en arrière et en dedans.— Dans les batteries à ricochet, où les embrasures sont en contre-pente. on ne met à chaque joue que les deux gabions les plus rapprochés du revêtement intérieur, et l'on termine le reste en talus.

Quand on revêt un ancien épaulement, il faut l'entamer de 1 mètre, et bien damer les terres derrière le revêtement, afin de relier convenablement les terres fraîchement remuées avec l'ancien massif.

REVÊTEMENT EN CLAIES. — Deux rangs de claies; le premier est enterré, la partie supérieure bien horizontale, de manière que les deux rangs donnent la hauteur de l'épaulement, les pointes du deuxième rang sont engagées dans le clayonnage du premier. — Planter des pieux suivant l'inclinaison du talus, et s'élevant à la hauteur de l'épaulement: le premier, à 1 mètre d'une des extrémités de l'épaulement; le deuxième, à 1 mètre du premier; les autres, de 2 mètres en 2 mètres. Planter, entre les pieux et dans leur alignement, des piquets dépassant le premier rang de claies de 20 cent., et appuyant sur le second. — Les claies se joignant sous la face intérieure des pieux, les relier entre elles par de petites harts espacées de 30 cent.; placer, à la partie supérieure et, autant que possible, au milieu de la hauteur de chaque rang de claies, des harts de retraite fixées aux pieux et aux piquets, de manière que chaque hart embrasse les extrémités de deux claies jointives. — Le milieu d'une claie du premier rang correspond au milieu de chaque embrasure; compléter au besoin la hauteur de genouillère par un bout de saucisson. — La longueur des claies du deuxième rang est réglée de manière à réserver l'ouverture des embrasures. — Les claies extrêmes sont en forme de trapèze. — Les terres de l'épaulement bien damées contre les claies. — Les côtés de la batterie sont revêtus, comme le talus intérieur, avec trois claies pour chacun d'eux. Placer des pieux aux joints des claies et à hauteur des deux crêtes de l'épaulement. Lier fortement entre elles par des harts de lien et de retraite les claies qui forment l'angle de l'épaulement. Le raccordement de ces claies étant assez difficile, lorsqu'il importe d'abréger le plus possible, on les remplace par des gabions ou des saucissons. — Le revêtement des joues d'embrasure se fait comme celui des côtés; s'il n'est formé que d'un seul rang de claies, dont les côtés doivent s'appuyer sur les quatre directrices des joues ; ordinairement, on ne revêt en claies les joues d'embrasures que dans les places ou les ouvrages de campagne.

Pour appliquer un revêtement en claies à un épaulement déjà construit, placer comme précédemment les deux rangs de claies; puis, enfoncer les pieux et les piquets de manière à appuyer fortement les claies contre le talus de l'épaulement, et maintenir l'extrémité supérieure des pieux par des harts de retraite noyées dans l'épaulement; ces harts sont alors les seules qu'on puisse placer.

Le clayonnage sur place, lorsqu'il est possible, s'exécute plus promptement et plus facilement.

Quand les terres de l'épaulement sont assez rassises, on emploie quelquefois le revêtement en claies par gradins, en retraite les uns sur les autres de 10 cent. environ, qui se fait sur place.

REVÊTEMENT EN GAZONS. — Les gazons ne sont employés qu'au revêtement des batteries construites à loisir, et non sous le feu de l'ennemi.

Un revêtement fait en entier avec des panneresses ne serait qu'un placage sans liaison avec les terres de l'épaulement; celui qui présente le plus de consistance est le revêtement composé alternativement de deux panneresses et une boutisse.

Il faut 20 panneresses et 10 boutisses pour 1 mètre carré de revêtement, y compris un sixième de déchet environ.

ATELIER. — 4 hommes; ils peuvent faire 25 mètres carrés de revêtement en 10 heures.

OUTILS. — 1 cordeau de 10 mètres. — 2 pelles carrées, le tranchant bien affûté. — 1 règle de 3 mètres. — 1 niveau de maçon. — 1 maillet. — De petits piquets de 20 cent. de longueur. — 1 arrosoir.— 1 dame.

Un homme régularise les formes et les dimensions des gazons, et dresse bien leurs côtés avec le tranchant d'une pelle : un autre creuse, suivant le pied du talus du revêtement, en dedans, une rigole d'une largeur égale à la longueur des boutisses, et d'une profondeur de 8 cent. environ. Le fond, horizontal suivant la longueur, a une légère inclinaison vers l'épaulement. — Disposer des profils directeurs de 10 en 10 mètres au plus. — Placer dans la rigole la première couche de gazons à plat (2 panneresses pour 1 boutisse), l'herbe en dessous, les faces perpendiculaires au talus à revêtir. Serrer les gazons les uns contre les autres, et les damer légèrement avec le maillet. Remplir de terre l'intervalle compris entre les gazons et le talus, et damer avec soin jusqu'au niveau de cette couche. — Mettre bien de niveau le dessus de cette première assise. — Placer alors la deuxième couche de gazons de la même manière, à joints contrariés. — Continuer ainsi, en tenant toujours le plan des assises perpendiculaire au talus à revêtir. — Si les *terres sont légères*, *enfoncer un petit piquet au milieu de chaque* gazon. — Déborder les profils de quelques centimètres. — La dernière couche doit être toute en panneresses, l'herbe en dessus. — Recouper les gazons avec une pelle, en s'aidant d'un cordeau tendu et d'une règle. — *En été*, *arroser plusieurs fois par jour*, jusqu'à ce que l'herbe ait repris.

Le revêtement des joues d'embrasure est formé par des assises de gazons de même épaisseur; on se règle sur un cordeau tendu de l'intersection de la joue avec le talus intérieur à l'intersection de la joue avec le talus extérieur.

Avec les gazons en forme de coins, on procède à peu près de même *en tournant le tranchant vers l'épaulement*, *et en recouvrant le biseau* de terre bien damée. Ce gazonnage est moins solide que le précédent.

La plongée et le talus extérieur des batteries de côte sont quelquefois revêtus d'un placage en gazons posés à plat, l'herbe en dessus, et *maintenus par de petits piquets*, afin d'éviter les dégradations causées par les vents ou les pluies.

Embrasures.

TRACÉ. — L'épaulement étant élevé à la hauteur de la genouillère; marquer par un piquet le milieu de l'ouverture intérieure; planter un autre piquet sur la crête extérieure, dans l'alignement du premier et de l'objet à battre; prolonger la directrice ainsi déterminée sur le terre-plein, et la fixer par deux piquets en arrière de l'emplacement de la plate-forme. — Porter de chaque côté de la directrice, suivant la projection des crêtes intérieure et extérieure, des longueurs égales à la moitié des *ouvertures*, *pour marquer le pied des joues*. Quand l'embrasure est oblique, il faudrait porter ces longueurs sur des perpendiculaires à la directrice; mais cette obliquité étant très-faible, en général, opérer comme pour l'embrasure directe. — Lorsqu'une embrasure *oblique se trouve à côté d'une embrasure directe*, ou *que plusieurs directrices obliques convergent vers un même point*, l'obliquité des directrices est limitée par ces conditions: 1° l'épaisseur extérieure des merlons doit conserver au moins 2 mètres à la base; 2° la volée des bouches à feu doit entrer assez dans l'embrasure pour que les joues ne soient pas promptement détériorées par le tir. Le plus grand angle que puisse faire la directrice avec une perpendiculaire à la crête intérieure, sans que ces conditions cessent d'être satisfaites, est d'environ 9° ; cet angle n'est même que de 6° dans le cas d'un revêtement intérieur mixte en saucissons et gabions, ou d'une batterie enfoncée avec berme. Lorsque l'angle d'obliquité de la directrice dépasse ces limites, ou, en général, lorsque les conditions ci-dessus ne sont pas remplies, il faut faire le tracé de la batterie à redans, et augmenter au besoin la distance entre les pièces.

Dans les batteries à ricochet, la directrice de la première embrasure est parallèle au prolongement de la crête intérieure de l'ouvrage à battre, et à 50 cent. en dedans; la deuxième est parallèle à la première ; les suivantes sont inclinées, suivant les circonstances; en général, de manière à rencontrer la face à ricocher vers le milieu de sa longueur.

DÉGORGEMENT. — Les embrasures étant tracées, pour les construire, les travailleurs se couvrent au moyen d'un masque formé de gabions ordinaires farcis de fascines (huit généralement), et posés sur la berme ou mieux sur l'épaulement contre la crête extérieure. — Quelquefois, on se contente de laisser un massif de terre vers l'ouverture extérieure; quand la batterie est achevée, on renverse le masque dans le fossé, ou l'on rentre les gabions farcis dans la batterie.

REVÊTEMENT. — L'embrasure étant dégorgée, fixer l'alignement des joues par des piquets; creuser, en dehors du pied de chaque joue, deux rigoles pour servir de base au revêtement, qui est fait par trois canonniers. — Employer de préférence des gabions, à cause de la facilité avec laquelle un gabion détérioré peut être retiré de l'embrasure et remplacé, sans que le feu soit interrompu.

Plates-Formes.

ATELIER. — 5 canonniers, dirigés par un sous-officier, construisent une plate-forme en 2 heures; 3 canonniers, en 3 heures.

OUTILS. — 2 pelles. — 2 pioches. — 1 masse. — 1 dame. — 1 règle. — 1 niveau. — 1 mètre. — 1 cordeau. — 1 fil à plomb.

EXÉCUTION. — Préparer le terrain à $1^m,20$ au-dessous du fond de l'embrasure (à $1^m,35$, si l'embrasure est en contre-pente); l'aplanir, et le raffermir. Les sections verticales du terrain, perpendiculairement à la directrice, doivent être horizontales. — Le terrain étant préparé, creuser les trois rigoles pour les gîtes. — Placer d'abord le gîte du milieu sur la directrice. — Les trois gîtes bien parallèles entre eux, les faces supérieures dans le même plan. Les extrémités antérieures touchant l'épaulement, si l'embrasure est directe; sur une perpendiculaire à la directrice, si elle est oblique. — Remplir les rigoles de terre avec les mains, ainsi que les intervalles entre les gîtes; damer par lit et avec soin, pour bien affermir les gîtes sans les déranger; si les gîtes sont voilés, mettre en dessus la face la plus plane. — Placer le heurtoir perpendiculairement à la directrice, qui doit le partager en deux parties égales, reposant sur les trois gîtes, le plus près possible de l'épaulement; le fixer par deux piquets, un à chaque bout contre le milieu de sa largeur; quand l'embrasure est oblique, planter un troisième piquet derrière l'extrémité qui ne touche pas l'épaulement; remplir de terre l'espace qui peut rester entre l'épaulement et le heurtoir. — Poser les madriers sur leur plat, perpendiculairement aux gîtes, le premier contre le heurtoir, le dépassant également de chaque côté, tous joignant le mieux possible; arrêter le dernier par trois piquets correspondant aux gîtes, et arrasant bien le plan supérieur de la plate-forme. Si les madriers sont voilés, placer la partie convexe en dessus pour la redresser; s'ils n'ont pas tous la même longueur, mettre les plus courts en avant. — La terre bien damée autour des madriers, sur une largeur de 15 à 20 cent. de chaque côté, et de 50 cent. derrière. — Les madriers de chaque plate-forme sont ordinairement assemblés d'avance au parc, et marqués par deux lignes formant un angle dont le sommet est au milieu du premier madrier, et dont les côtés s'étendent jusqu'au bout du dernier. — Former les gouttières pour rejeter les eaux en arrière. — Établir les chevalets pour armements.

Quand le terrain est fort mouvant, on met deux gîtes de plus, partageant également la distance entre les gîtes extrêmes et le gîte du milieu. On peut aussi faire reposer les trois gîtes ordinaires et le heurtoir sur les têtes de plusieurs forts piquets; ce second moyen est plus efficace que le premier. — Le dernier madrier de la plate-forme, dont une portion ne repose pas sur les gîtes, peut également, au besoin, être supporté par deux ou trois piquets enfoncés en terre.

On peut employer la plate-forme *volante* ou *à la prussienne* (Pl. 31), quand le terrain est ferme, et principalement pour le tir à ricochet.

Le heurtoir est assujetti, comme dans la plate-forme ordinaire, par deux ou trois piquets. — Les gîtes sont horizontaux et parallèles au heurtoir: le premier, à 40 cent.; le second, à 1^m,10 du premier, et le troisième, à 1^m,10 du second, dans des rigoles de 14 cent. de profondeur. — Le bout de madrier est enfoncé en terre de toute son épaisseur, horizontalement et parallèlement aux gîtes, à 1 mètre en arrière du troisième. — Les deux madriers, destinés à servir d'appui aux roues, sont placés sur les gîtes, parallèlement à la directrice, et à 80 cent. de chaque côté, de milieu en milieu, une de leurs extrémités touchant le heurtoir; ils sont assujettis, chacun par cinq piquets. — Le demi-madrier est mis sur la directrice, pour servir d'appui à la crosse, à $2^m,70$ du heurtoir; il est maintenu par six piquets sur le dernier gîte et le bout de madrier.—Les madriers des roues et de la crosse doivent être dans un même plan horizontal, et garnis de terre bien damée sur le pourtour.

Retours et communications.

Les *Retours* se construisent de la même manière que l'épaulement.

COMMUNICATIONS AVEC LA PARALLÈLE. (Pl. 31.) — On les commence aussitôt que le tracé est terminé; elles se font généralement à la sape volante, et à la sape double quand il y a nécessité, ce qui arrive quelquefois pour les batteries très-rapprochées de la place. — Les travailleurs, conduits par un officier, marchent sur un rang encadré par deux sous-officiers ou deux caporaux; ils portent, chacun, leurs outils et un gabion; en arrivant au débouché de la communication dans la parallèle, ils se forment sur la droite ou sur la gauche en bataille. A mesure que chaque homme arrive sur la ligne, l'officier prend son gabion et le pose à 55 cent. en avant du tracé qui marque le pied du talus intérieur de la communication. — Les gabions doivent être posés avec une légère inclinaison vers l'épaulement, pour qu'ils résistent mieux à la poussée des terres. — Tous les gabions étant posés, les travailleurs de supplément se retirent; les autres, espacés de mètre en mètre, commencent immédiatement le travail. — Chaque homme fait une excavation de 1 mètre de longueur et 1 mètre de profondeur sur une largeur de $2^m,50$, égale à la largeur, au fond, de la communication. Il s'enfonce verticalement à partir du tracé du pied du talus intérieur, jetant d'abord les terres dans le gabion pour le remplir; puis, en arrière, vers la place, pour former l'épaulement. Il coupe ensuite les talus, dont la base est de 25 cent., laissant ainsi une berme de 30 cent. au pied des gabions. — Couronner les gabions avec trois fascines ou un saucisson. — Raccorder le fond de la communication par des rampes avec le terre-plein, et, s'il est nécessaire, avec la parallèle.

L'utilité d'une communication entre la batterie et le fossé a été souvent reconnue dans les siéges; lorsque les approvisionnements en fascinages le permettent, on l'exécute à la sape volante et avec des gabions.

Petits magasins à poudre.

On les trace et on les construit en même temps que la batterie ou la communication dans laquelle ils se trouvent. — Un pour 2 ou 3 pièces au plus. — Faire des abris séparés pour le chargement des projectiles creux. — Si la batterie a plus de 6 pièces, en établir derrière les pièces du centre, à la distance de 12 ou 15 mètres, abrités le mieux possible par un merlon; l'ouverture du côté opposé à la place, et les communications avec la batterie bien défilées. — L'emplacement dépend des localités et de la direction des feux de l'ennemi; le choisir de manière à ne pas gêner le service des pièces, et à éloigner, autant que possible, le danger en cas d'explosion. — L'emplacement le plus favorable est, généralement: dans l'épaulement ou en arrière des communications; ou en arrière de la batterie; ou contre l'épaulement de la batterie, sur les cotés.

Les détails suivants, relatifs à la construction de quatre magasins différents, ne sont que de simples renseignements.

Contenance des magasins, 3 barils de 100 kil.; ou 2 de 100 kil. et 1 de 50 kil., outre l'emplacement nécessaire pour préparer les charges. Quoique cette quantité de poudre ne suffise pas habituellement à la consommation journalière, se garder d'augmenter la capacité des magasins; il vaut mieux en multiplier le nombre, l'emploi plus étendu des projectiles creux multipliant les chances d'explosion.

Magasin dans l'épaulement de la communication.

1re CONSTRUCTION (nº 1. Pl. 33). —Excavation de $1^m,15$ de profondeur, $1^m,10$ de largeur, et 2 mètres de longueur dans le sens de la longueur de l'épaulement. — Entrée, par le petit coté opposé à la batterie; largeur, 80 cent. — Hauteur totale au-dessus du sol, $1^m,75$. — 3 fermes de charpente surmontées d'un chapeau, entourées de gabions de deux côtés, et recouvertes de saucissons chargés de terre. — Chaque ferme est composée d'un montant vertical de 2 mètres, et d'un chevron de $1^m,80$ environ de longueur; le chapeau, de 2 mètres de long, est assemblé à mi-bois, sans chevilles, sur les montants et les chevrons. Équarrissage commun, 20 cent. — 3 madriers de 2 mètres, sur environ 25 cent. de largeur; un est placé horizontalement sous les montants verticaux; un, sous les chevrons, dans un logement pratiqué à 60 cent. au-dessus du fond de l'excavation; le troisième, de champ, contrebutte le pied des chevrons. — 11 saucissons de $2^m,50$, dont 3 placés horizontalement les uns sur les autres contre les montants; en dehors, et 8 formant la couverture. — 3 à 4 bouts de saucissons ferment l'extrémité du magasin, et sont placés au-dessus de l'entrée. — 16 gabions, y compris les 9 qui seraient employés à la communication, si le magasin n'existait pas. — 3 travailleurs peuvent faire l'excavation en 6 heures, et, tous les matériaux étant prêts, le magasin entier en 9 heures.

Quelquefois la paroi en terre cède sous les trois chevrons, avant même que le blindage ne soit entièrement recouvert de terre.

2e CONSTRUCTION (n° 2. Pl. 34). — Excavation de 1m,15 de profondeur, 80 cent. de largeur 2 mètres de longueur dans le sens de la longueur de l'épaulement. — Hauteur totale au-dessus du sol, 1m,60. — Entrée, par le grand côté; largeur, 80 cent. — 10 saucissons, de 4m,50, dans la longueur du magasin; 13, de 2m,70, en travers sur les premiers. — 17 gabions, y compris les 8 qui seraient employés à la communication, si le magasin n'existait pas; sur ces 17 gabions, 8 sont réduits à 67 cent., et 2 à 35 cent. de hauteur (environ). — La construction de ce magasin exige un peu moins de temps que celle du premier. — Réduire les bermes autant que possible, suivant la nature des terres, pour diminuer la portée des saucissons.

Ces deux magasins ont l'inconvénient de produire à leur emplacement un massif de terre assez considérable pour attirer l'attention de la place. Prolonger ce massif sur une longueur convenable d'épaulement, afin qu'il soit moins apparent.

Dans les deux cas, exhausser un peu le seuil de l'entrée à l'aide d'un bout de lambourde ou de madrier, pour éloigner les eaux pluviales.

Magasin en arrière de la communication ou de la batterie (n° 3. Pl. 35).

Excavation de 1m,50 de profondeur, 1m,50 de largeur en haut et 1 mètre au fond, 2 mètres de longueur. — Hauteur totale au-dessus du sol, 1m,40 environ. — Entrée, par le grand côté; largeur extérieure, 80 cent. — Couverture horizontale en gîtes de plates-formes de mortiers, et en madriers recouverts d'un prélat. — Saucissons croisés pardessus, sans terre. — Entourage de gabions. — 7 gîtes de 2m,40 sur 22 cent. d'équarrissage; 2 sont posés sur les bords de l'excavation dans la longueur, et 5 en travers sur les premiers. — 6 madriers de 2 mètres au moins, dont 5 posés sur les gîtes et dans le même sens, et 1 sur les 2 gabions de l'entrée. — 1 fascine pour soutenir le dernier madrier du côté de l'entrée. — Un prélat carré, de 2m,50 de côté, sur les madriers. — 21 saucissons : 7, de 2m,70, placés en travers sur les madriers; 14, de 2m,40, dont 8 recroisés sous les précédents, 4 recouvrant l'entrée du magasin pour le garantir de la pluie, et 2 formant la berme du côté opposé à l'entrée du magasin; l'un de ces 2 saucissons est enterré de manière que celui qui lui est superposé affleure la face supérieure des madriers. — 40 gabions. — La partie de communication qui est devant le magasin doit être relevée et inclinée de manière à éloigner les eaux pluviales.

Deux travailleurs, placés entre les gîtes et le saucisson de fondation, font l'excavation du magasin; 4 travailleurs creusent la petite communication.

8 hommes, dirigés par un sous-officier, peuvent construire le magasin en 9 heures.

Ce magasin offre bien plus de résistance, lorsqu'on place jointifs les gîtes de recouvrement, au lieu de les espacer; il en faut alors 11 au lieu de 7. — L'expérience a prouvé qu'il est plus avantageux de recouvrir les saucissons supérieurs d'une couche de terre.

Magasin contre l'épaulement de la batterie (nº 4. Pl. 36).

Excavation de 50 cent. de profondeur, 1m,10 de largeur en haut et 1 mètre au fond, 2 mètres de longueur, contre l'extrémité de l'épaulement la mieux abritée des feux de la place. — Hauteur totale au-dessus du sol, 2m,30. — Entrée, par le petit côté; largeur, 1 mètre. — Appentis en gîtes de plates-formes de mortiers, couverts d'un prélat et de saucissons chargés de terre. — 12 gîtes de 2m,40 sur 22 cent. d'équarrissage, jointifs et appuyés contre l'épaulement, une de leurs extrémités entrant en terre à 1m,20 du revêtement. — 1 madrier de 3 mètres, pour appuyer les pieds des gîtes. — 1 prélat, de 3 mètres de côté, recouvrant les gîtes. — 12 saucissons: 9, de 2m,70 et de 32 cent. de diamètre, posés jointivement en travers sur les gîtes; 3, de 3m,30 environ et de 27 cent. de diamètre, placés horizontalement les uns sur les autres, sur la saillie des gabions du rang inférieur, et piquetés. Ils servent d'appui aux gîtes. — 15 gabions, sur deux rangs de hauteur, pour soutenir les terres de l'épaulement; le rang inférieur de 9, et le rang supérieur de 6 en retraite sur les premiers de la moitié de leur diamètre.

4 travailleurs, dirigés par un sous-officier, doivent faire ce magasin en 9 heures.

Placer ce magasin aussi en retraite que possible par rapport au talus intérieur de la batterie, pour éviter les accidents, surtout quand la bouche à feu voisine est un obusier. — Garantir l'entrée et le seuil du magasin contre les eaux pluviales.

Pour donner plus de solidité aux gîtes et aux saucissons de fondation, revêtir, quand cela se peut, les talus des excavations en claies, en gazons, ou avec des coffrages préparés à l'avance.

Batterie en arrière de la parallèle, sur le sol naturel.

La construction est la même que celle de la batterie en avant de la parallèle. Si la batterie n'a pas un commandement suffisant sur la tranchée en avant, raser le parapet de la parallèle, et construire en arrière de la batterie une communication d'un côté à l'autre de la parallèle.

Batteries, sur le sol naturel, construites au moyen de sacs à terre. (Pl. 37.)

Les batteries en sacs à terre peuvent être construites sans bruit et très-rapidement; car on peut y employer un nombre d'hommes beaucoup plus considérable que pour les batteries ordinaires. Les travailleurs sont couverts au bout de quelques instants au moyen du *masque* dont on parlera plus bas. Pour ces différents motifs, il y a parfois avantage à construire des batteries de ce genre, même en terrain ordinaire. Il y a *nécessité* lorsque la nature du sol ne permet pas de prendre sur l'emplacement même de la batterie les terres de l'épaulement; il faut alors que ces terres soient apportées dans des sacs à terre.

Par économie, on ne forme généralement en sacs pleins et fermés que le masque, et le revêtement du talus intérieur et des côtés. Les terres nécessaires pour l'intérieur du coffre et le talus extérieur sont apportées dans des sacs que l'on vide; puis, damées.

Les détails suivants s'appliquent à une batterie construite de cette manière, pour 2 bouches à feu espacées de 6 mètres, avec une largeur d'épaulement de 6 mètres.

ORDRE DU TRAVAIL. — 2 heures avant la nuit, commencer à remplir les sacs avec de la terre prise dans la tranchée. Réunir les sacs pleins dans un ou plusieurs dépôts à proximité de la batterie, en séparant les sacs fermés de ceux qui ne le sont pas. — A nuit close, tracer la batterie, en marquant au cordeau le rectangle du coffre et la projection de la crête extérieure. — Former 2 ou 3 colonnes de travailleurs, en file les uns derrière les autres, à raison d'un homme par mètre courant. Chaque travailleur va prendre un sac plein au dépôt; le porte sur l'épaule, l'ouverture, liée ou non, dans la main; vient le verser dans le coffre ou le remettre à l'un des canonniers chargés d'en disposer; puis, retourne au dépôt prendre un nouveau sac plein, et ainsi de suite. — En formant la chaîne pour se passer les sacs de main en main, les hommes se fatiguent beaucoup plus et le travail va moins vite. — Placer des canonniers habiles, dirigés par un sous-officier, pour recevoir et disposer les sacs fermés. — Établir aussi promptement que possible, sur toute la longueur de la projection de la crête extérieure, un *masque* en sacs à terre fermés, de 2 mètres de hauteur, ayant 1 mètre d'épaisseur depuis sa base jusqu'à la moitié de sa hauteur, et 50 cent. de là jusqu'au sommet; on augmente la hauteur du masque au fur et à mesure que le coffre s'élève, si les travailleurs ne sont plus suffisamment couverts. Établir s'il est nécessaire des masques supplémentaires pour couvrir les travailleurs des côtés de la batterie. Ces masques sont ensuite démolis et les terres versées dans le coffre. — L'achèvement complet du masque, exécuté simultanément par 2 ou 3 ateliers de travailleurs, exige environ 1 heure. — A couvert derrière ce masque, commencer sur plusieurs points à la fois le revêtement du talus intérieur et celui des côtés de la batterie, avec des sacs à terre fermés. Épaisseur du revêtement, 50 cent. Inclinaison, deux septièmes. — Former en même temps l'intérieur de l'épaulement et le talus extérieur, en vidant de chaque côté du masque les sacs à terre apportés par les colonnes de travailleurs. — Pousser ces deux opérations de front, en donnant le plus d'avance possible au talus extérieur, pendant qu'on est à l'abri; et en ayant soin de bien damer les terres par couches, principalement le long des revêtements et du masque. — L'épaulement arrivé à hauteur de la genouillère, tracer les embrasures et revêtir les joues en gabions; construire en même temps les plates-formes, et continuer l'épaulement. — L'épaulement terminé, armer la batterie et dégorger les embrasures, en vidant sur les merlons les sacs à terre qui ont servi à masquer l'ouverture extérieure, et ceux de la partie du masque qui excèdent la hauteur du coffre. — Les embrasures et les plates-formes peuvent être terminées en 2 heures. — La construction de la batterie exige 8 à 10 heures au plus, y compris le temps nécessaire à l'établissement du masque.

DÉTAILS D'EXÉCUTION. — Dans la construction du masque et des revêtements, les sacs à terre sont mis en œuvre comme le seraient des pierres de taille, c'est-à-dire, par assises; dans chaque assise, il y a deux rangs en panneresses pour un en boutisses, de sorte que le revêtement se trouve ainsi avoir partout une épaisseur uniforme. — Placer toujours l'ouverture des boutisses dans l'intérieur du coffre. — Pour rendre la liaison du revêtement avec le coffre plus intime, on peut n'employer qu'une panneresse pour une boutisse; on économise ainsi un tiers des sacs. On peut aussi faire tout le revêtement en boutisses. L'expérience décidera plus tard lequel de ces modes vaut le mieux. — Disposer les assises successives pleins sur joints ; presser fortement les sacs les uns contre les autres, de manière à ne laisser aucun vide. — Le masque est composé dans sa partie la plus épaisse de deux rangs de sacs jointifs, et, dans sa partie supérieure, d'une rangée simple. Si les extrémités du masque font partie du revêtement des côtés, on les incline aux deux septièmes; mais il est préférable de noyer complétement le masque dans le coffre, et de faire d'une seule pièce le revêtement des côtés. — Pour consolider le revêtement, le relier de distance en distance et à mesure qu'on s'élève, avec l'intérieur du coffre, au moyen de harts de retraite suffisamment longues, l'une des extrémités attachée à un piquet à mentonnet enfoncé dans les terres damées, et l'autre entourant un bout de planche ou un morceau de bois placé en travers du parement extérieur, on encore fixé à de longs piquets serrés contre le parement, ainsi que cela se pratique pour les revêtements en claies. — A mesure que l'épaulement s'élève, faciliter le dépôt des sacs ou le versement de la terre, à l'aide de gradins en madriers placés sur des sacs à terre.

Dans le revêtement des joues d'embrasure, les gabions de l'ouverture intérieure doivent recouvrir le revêtement intérieur de la batterie, pour que les sacs ne soient pas brûlés ; on recouvre aussi la partie supérieure de la genouillère avec un bout de fascine ou de madrier engagé sous les premiers gabions, et retenu, ainsi que ceux-ci, par de fortes harts de retraite. — A défaut de gabions ou de saucissons, le revêtement des joues se fait d'abord en sacs à terre; puis, on le recouvre avec des claies. — Garantir de la même manière les assises de la genouillère, dans le cas où la bouche à feu en batterie est un obusier.

Quand le terre-plein est du roc, on établit les plates-formes dans les terres rapportées et damées avec le plus grand soin ; le heurtoir et les gîtes sont amarrés, au moyen de cordages, à une lambourde ou à un fort cadre à crampons placé dans l'intérieur du coffre ; comme on ne peut enfoncer de piquets, les madriers sont maintenus en place au moyen d'un madrier de champ, ou par des arcs-boutants, ou avec des poutrelles de guindage; si l'on ne craint pas de faire un peu de bruit, fixer les derniers madriers sur les gîtes avec quelques broches ou quelques clameaux. — Les chevalets d'armements sont formés de trois petits piquets, reliés en forme de trépied avec de la mèche.

La batterie étant armée, enlever les sacs de la partie du masque qui se trouve dans l'embrasure; la terre qu'ils contiennent sert à parfaire le dessus du coffre et le talus extérieur.

TRAVAILLEURS ET SACS NÉCESSAIRES. — La construction d'une batterie de 2 pièces exige moyennement 2500 sacs fermés, dont 1000 environ pour le masque et 1500 pour les revêtements; il faut à peu près 8000 sacs ouverts pour fournir les terres du coffre. — Un atelier de 5 hommes pouvant remplir en moyenne 100 sacs par heure, et le travail commençant 2 heures avant la construction de la batterie, 10 ateliers remplissent en 10 heures tous les sacs nécessaires, soit 50 hommes. Il faut en outre 4 hommes pour lier les sacs fermés, et un nombre d'auxiliaires suffisant pour les porter aux dépôts. — En supposant que ces dépôts soient à 25 mètres de l'emplacement de la batterie, 75 hommes, en trois colonnes, dirigés par des caporaux et des sous-officiers, suffisent à ce travail. — Autant que possible, les sacs ouverts sont vidés dans le coffre par ceux mêmes qui les apportent; 5 canonniers par colonne (en tout, 15) reçoivent et disposent les sacs fermés; 5 canonniers peuvent en outre être occupés sur le coffre à damer les terres. Ces 20 canonniers, sous la surveillance de 2 ou 3 sous-officiers, sont successivement employés à la construction du masque, des revêtements, des embrasures et des plates-formes. — Il faut ainsi 100 hommes, au plus, pour construire toute la batterie. — Le travail du transport des sacs étant très-fatigant, relever les travailleurs toutes les 4 heures; faire aussi alterner les hommes qui portent les sacs aux dépôts avec ceux qui les remplissent.

Batterie toute en sacs à terre fermés.

Quand on a à sa disposition une quantité de sacs suffisante, faire tout l'épaulement en sacs à terre fermés; on les dispose alors par assises, ainsi que cela a été indiqué précédemment pour la construction des revêtements, en ayant soin de bien recroiser les joints. Les joues d'embrasure sont revêtues comme à l'ordinaire en gabions ou en saucissons, que l'on place aussitôt que l'épaulement arrive à hauteur de la genouillère; le fond est recouvert avec des claies. — La construction d'une batterie de 2 bouches à feu exige environ 8000 sacs à terre pleins. — Le travail est d'ailleurs réglé comme pour la batterie précédente.

COMMUNICATIONS. — Dans les mêmes circonstances, elles peuvent, comme les batteries, être couvertes par des parapets en sacs à terre fermés. — Les sacs sont placés, pleins sur joints, la longueur perpendiculaire à la direction du parapet; les ouvertures, alternativement à l'intérieur et à l'extérieur. — Si l'on ne peut pas s'enfoncer du tout, le parapet doit avoir au moins 2 mètres de hauteur, et la largeur à la base doit être au minimum de 2 sacs placés bout à bout. — Des colonnes d'auxiliaires apportent les sacs à ceux qui les placent, de manière que le travail se continue sans interruption.

Batterie dont le terre-plein est enfoncé. (Pl. 32.)

TERRE-PLEIN. — La largeur est réduite à 6 mètres au fond. — On s'enfonce généralement de 75 cent.; mais cela peut varier suivant la nature du sol, la position de la batterie, et les circonstances particulières de la construction, afin d'abréger autant que possible la durée du travail. — Talus, en terrain ordinaire : du côté de l'épaulement, 20 cent. de base, avec une berme de 30 cent.; du côté opposé, 25 cent. de base. — Surface du profil, $4^{mc},67$. Volume du déblai pour une pièce, y compris le foisonnement, 31 mètres cubes.

ÉPAULEMENT. — Hauteur au-dessus du sol : de la crête intérieure, $1^{m},55$; de la crête extérieure, $1^{m},30$. — Base du talus intérieur sur le sol, 44 cent.; du talus extérieur, suivant la nature des terres. — Surface du profil en terrain ordinaire et pour une largeur d'épaulement de 6 mètres, $9^{mc},75$. — Volume du remblai pour une longueur de 6 mètres, avec embrasure directe, 42 mètres cubes, y compris le volume des revêtements. — Dans les terres de bonne qualité, ainsi que dans les batteries à ricochet dont les embrasures sont en contre-pente, on réduit généralement à 5 mètres l'épaisseur de l'épaulement à la partie supérieure. — Dans les batteries exclusivement destinées au tir à ricochet, l'espace entre les pièces peut aussi être réduit à 5 mètres.

FOSSÉ. — Berme, 65 cent. — Profondeur et largeur au fond, 1 mètre. — Talus d'escarpe, 50 cent.; de contrescarpe, 75 cent. — Prolonger le fossé de 2 mètres de chaque côté de l'épaulement, afin d'avoir les terres nécessaires pour renforcer les demi-merlons extrêmes et faire les raccordements avec les communications.

TRAVAILLEURS ET USTENSILES NÉCESSAIRES. — Il faut, par pièce, 8 canonniers et 14 soldats d'infanterie; plus, 8 soldats d'infanterie pour les deux bouts de l'épaulement, sans compter les travailleurs nécessaires pour les communications suivant leur longueur, et pour les magasins à poudre. — Les outils et ustensiles, comme pour la batterie sur le sol naturel. — 2 saucissons et 10 gabions par pièce, pour le revêtement intérieur. — 18 gabions par embrasure de plein-fouet.; 4 seulement par embrasure en contre-pente.

DÉTAILS D'EXÉCUTION. — Pour chaque pièce, 6 travailleurs creusent le fossé, et jettent les terres sur l'épaulement. — 6 canonniers placent un premier rang de saucissons sur le sol naturel, sans le piqueter, dans une rigole de 8 cent. de profondeur, au pied du talus intérieur; ils font ensuite une excavation de 1 mètre de largeur, sur 2 mètres de longueur et 75 cent. de profondeur, en commençant sur la ligne qui trace le pied du talus intérieur dans le terre-plein, à 50 cent. du saucisson; puis, ils recoupent ce talus. — 6 travailleurs de l'infanterie commencent en même temps l'excavation du terre-plein vers sa partie postérieure, et jettent les terres aux canonniers, qui les reprennent pour les jeter sur l'épaulement. — 2 canonniers et 2 fantassins sur le coffre, les premiers du côté de la crête intérieure, aplanissent et dament les terres.

Lorsque les terres sont à la hauteur du premier rang de saucissons, les canonniers placent le deuxième rang en retraite de 9 cent., sans le piqueter, et en ayant soin que les joints ne se trouvent pas dans les embrasures. — Le revêtement est terminé par un rang de gabions en retraite du demi-diamètre des saucissons, et disposés comme cela a été indiqué précédemment, en ménageant les ouvertures intérieures des embrasures. — Faire le revêtement des joues, et piqueter ensuite les saucissons dans les embrasures et entre les gabions.

Quand la batterie est de plein-fouet, scier, s'il le faut, les saucissons dans l'ouverture des embrasures, pour réduire la hauteur de genouillère; si l'embrasure est en contre-pente, compléter la hauteur voulue par quelques gazons sur un talus en terre. — Recouvrir les gabions d'une couche de terre de quelques centimètres. — La partie excavée n'a généralement pas besoin d'être revêtue.

Aussitôt que l'emplacement est préparé, on établit les plates-formes Afin que la pièce entre le plus possible dans l'embrasure, notamment pour le tir de plein-fouet, le heurtoir doit être enfoncé de toute son épaisseur dans le talus intérieur qui, pour cela, est recoupé sur toute la longueur du heurtoir, suivant le plan de la face postérieure. En cette partie, la largeur de la berme n'est plus que de 20 cent.; souvent même, il faut soutenir les terres avec une claie maintenue dans le bas par des piquets, et, dans le haut, par des harts de retraite fixées à des piquets enfoncés dans le coffre. — Donner au terre-plein l'inclinaison que doivent avoir les plates-formes, afin de ne pas faire de mouvements de terre inutiles. Si la largeur de 6 mètres est insuffisante pour le recul, l'augmenter seulement en arrière des crosses. — On peut aussi limiter le recul par l'un des moyens de brêlage en usage. (Voy. page 379.)

Dans un terrain horizontal et facile à creuser, la batterie peut être construite et armée en 10 ou 11 heures.

Batterie dans la parallèle.

La construction de ces batteries enfoncées de 1 mètre, est entièrement analogue à celle des batteries enfoncées de 75 cent. — Commencer de jour le tracé et la construction, en profitant du parapet de la parallèle. Deux rangs de travailleurs forment le terre-plein et épaississent l'épaulement : le premier rang élargit la parallèle ; le deuxième, placé près du talus intérieur, jette les terres dans le coffre. — On tient les plates-formes au fond de la parallèle. Régler en conséquence la hauteur de la genouillère et de l'épaulement. — Pour une batterie exclusivement destinée au tir à ricochet, ouvrir simplement des embrasures dans le parapet ; si le terrain est ferme, mettre simplement un madrier sous chaque roue, pour servir de plate-forme.

On exécute, en même temps que la batterie, une communication en arrière pour la parallèle.

Batterie à redans. (Pl. 37.)

Lorsque l'obliquité des directrices par rapport à la crête intérieure est telle que l'épaisseur extérieure du merlon à sa base est moindre que 2 mètres, ou lorsque la volée du canon n'entre plus suffissamment dans l'embrasure, tracer la batterie à redans. C'est ce qui peut arriver pour une batterie ordinaire que des conditions de défilement rendent très-oblique par rapport à la direction du tir ; pour une batterie à établir dans une parallèle, et dont la direction est très-oblique par rapport à celle de cette parallèle ; dans le cas enfin d'une batterie de brèche devant tirer très-obliquement.

Le plus souvent, le tracé à redans est employé pour les batteries établies dans la parallèle ; la construction se fait sans entailler le parapet.

Déterminer, au préalable, sur la ligne qui représente la direction générale de l'épaulement, la longueur de crête que doit occuper chaque pièce pour que les merlons aient une épaisseur suffisante, et pour que les angles des redans ne soient pas plus petits qu'un angle droit. — Tracer les directrices ; mener à chacune une perpendiculaire, telle que la portion comprise entre la directrice et le pied du parapet de la parallèle ait la demi-longueur de crête affectée à chaque pièce, et prendre une longueur égale de l'autre côté de la directrice ; joindre ensuite par une droite l'extrémité d'une perpendiculaire touchant le parapet, avec l'extrémité opposée de la perpendiculaire suivante. — Le côté extérieur reste parallèle au tracé primitif du côté intérieur. — La largeur du terre-plein doit être comptée à partir du sommet des angles saillants. — Le revêtement doit être fait dans toute la hauteur ; s'il est en saucissons, on croise alternativement les bouts dans les angles. — Les redans ne dispensent pas de faire des retours ou des traverses, si la batterie est enfilée ou prise en rouage.

Batteries de Mortiers. (Pl. 32.)

EMPLACEMENT. — La grande inclinaison des lignes de tir au-dessus de l'horizon permet de donner aux batteries de mortiers une position à peu près arbitraire. Sur les capitales, elles sont moins exposées. — Profiter des accidents de terrain qui peuvent en faciliter la construction, en observant toutefois de les placer, autant que possible, dans la direction principale de la masse des objets à battre ou des faces d'ouvrage à ricocher. — Elles sont en général bien placées en arrière de la deuxième parallèle, et il y a toujours avantage à enfoncer le terre-plein.

TRAVAILLEURS ET OBJETS NÉCESSAIRES. — Pour chaque mortier : 5 canonniers au revêtement intérieur ; 12 auxiliaires d'infanterie, dont 6 dans le fossé, à 1 mètre de distance les uns des autres ; 3 sur la berme, et 3 dans le coffre, à 2 mètres de distance. — Il faut, en outre, 3 canonniers pour le revêtement des côtés. — 2 sous-officiers, au plus, pour 3 mortiers. — Pour les côtés ou retours et pour les communications, comme aux batteries de canons (Voy. page 339). — Pour 5 mètres de longueur de revêtement, il faut 7 saucissons ou 18 gabions ; pour le revêtement des côtés, 14 saucissons ou 36 à 40 gabions, suivant l'épaisseur. — Si la batterie est enfoncée de 75 cent., il faut, par mortier et par côté, 2 saucissons seulement et un seul rang de gabions ; 9 pour le talus intérieur, 18 ou 20 pour les côtés.

OUTILS ET USTENSILES. — Comme pour les batteries de canons.

ÉPAULEMENT. — Comme pour les batteries de canons sur le sol ou enfoncées, sans embrasures. — Longueur, 5 mètres ou même 4 mètres par mortier, en laissant 3 mètres entre les extrémités de l'épaulement et les directrices extrêmes. — Avec une longueur de 5 mètres et une épaisseur de coffre de 6 mètres, dans les terres ordinaires, la surface du profil est de 16 mètres carrés, et le volume du remblai, de 80 mètres cubes, y compris le volume du revêtement. Si la batterie est enfoncée, la surface du profil est de 9^{mc},75, et le volume du remblai, de 49 mètres cubes. — Dans des terres fortes, l'épaisseur de l'épaulement peut être réduite à 5 mètres, notamment quand le terre-plein est enfoncé. — Le revêtement se fait ordinairement en gabions. Dans les terres très-fortes, on peut se dispenser de revêtir, en donnant un talus suffisant.

FOSSÉ. — Batterie sur le sol naturel (Pl. 31): profondeur, 2^{m},50; bases des talus, 1^{m},25; largeur totale, 7 mètres; au fond, 4^{m},50. — Batterie enfoncée (Pl. 32): profondeur, 1^{m},50; largeur au fond, 2 mètres; bases des talus, 75 cent.

PLATES-FORMES. (Voy. les bois à plates-formes, page 337.) — Elles doivent être horizontales et solidement établies. — Pour mortiers de 32^{c} et de 27^{c}, le centre est à 3^{m},50 (nombre exact, 3^{m},51) du pied du talus intérieur; pour mortiers de 22^{c}, à 3^{m},30. Cette position permet de tirer sous l'angle de 30°. — Quand le mortier de 32^{c} doit tirer à forte charge et sous un angle assez rapproché de 30°, porter cette distance à 3^{m},80 (nombre exact, 3^{m},81) pour ménager le revêtement de l'épaulement. — Dans les batteries enfoncées, compter ces distances à partir du bord de la berme, qui correspond à peu près au pied du talus intérieur dans les batteries sur le sol naturel. — Marquer sur la directrice l'emplacement de la plate-forme par 2 piquets: le premier, à 2^{m},30 ou 2^{m},60 du pied du talus; le deuxième, à 2^{m},40 ou 2 mètres du premier, suivant les calibres; prendre 1 mètre de chaque côté de la ligne marquée par les 2 piquets; creuser de 10 cent. l'espace rectangulaire ainsi tracé. — Creuser 3 rigoles parallèles de 25 ou 20 cent. de largeur sur 22 ou 16 cent. de profondeur; celle du milieu, sur la directrice; les deux autres, à 80 cent. de la première, d'axe en axe. — Le fond de ces rigoles bien nivelé et affermi, y placer les gîtes de manière qu'un des bouts soit à 2^{m},30 du pied du talus intérieur ou de la berme (2^{m},60 dans le cas spécifié plus haut pour le mortier de 32^{c}), et que les surfaces supérieures soient dans un même plan horizontal; damer fortement la terre dans les intervalles. — Placer les lambourdes perpendiculairement aux gîtes, le milieu sur la directrice; la première, du côté de l'épaulement, arasant le bout des gîtes, pour la grande plate-forme, ou à 25 cent. environ de ce bout, pour la plate-forme de mortier de 22^{c}. — Arrêter les lambourdes par 6 piquets, 3 en avant, 3 en arrière. Dresser avec l'essette le plan supérieur des lambourdes, s'il présente quelque irrégularité. Ce plan doit s'élever de 12 cent. ou de 7 cent. (nombre exact 65 mill.), selon la plate-forme, au-dessus du terre-plein ; garnir le pourtour avec de la terre bien damée ; former des gouttières entre les plates-formes pour l'écoulement des eaux. — Les chevalets pour armements sont plantés : le premier, à hauteur du devant de la plate-forme ; le deuxième, à 65 cent. du premier.

En 2 heures, 5 canonniers construisent la plate-forme pour mortiers de 32^c et de 27^c, et 3 canonniers, la plate-forme pour mortier de 22^c.

PETITS MAGASINS. — Comme pour les batteries de canons. On fait des abris séparés pour la poudre et pour le chargement des bombes.

Mortiers tirant à ricochet. (Pl. 37.)

On peut tirer des bombes à ricochet jusque sous l'angle de 9°. Dans ce cas, faire des embrasures dont le fond soit incliné à 9°, de dehors en dedans ; l'ouverture intérieure a 80 cent. de largeur ; 2 gabions placés à chaque joue pour soutenir les terres, comme aux embrasures des batteries de canons ou d'obusiers dont le fond est en contre-pente. — L'épaisseur de l'épaulement peut être réduite à 5 mètres, notamment pour les batteries enfoncées. — La genouillère a 1 mètre de hauteur ; un rang de gabions dans les batteries sur le sol naturel, ou un saucisson enterré de 7 cent., pour les batteries enfoncées, forme le revêtement du talus intérieur dans cette partie. — Pour un mortier de 22^c devant tirer sous l'angle minimum de 9°, laisser un peu plus de jeu au passage de la bombe, et réduire la hauteur de genouillère à 90 cent. — Les plates-formes sont horizontales ; la distance du devant de la première lambourde au pied du talus intérieur, ou du devant de la berme (en projection) dans les batteries enfoncées, est de 3^m,45 ; ce qui donne 3^m,20 pour la distance du devant des gîtes, ou 4^m,20 pour celle du centre de la plate-forme. — Dans le cas d'une batterie enfoncée, il faut généralement donner plus de 6 mètres de longueur au terre-plein, à cause du recul des mortiers, qui est assez considérable, surtout quand la plate-forme est mouillée, ou que l'on tire sous de très-petits angles. — On peut aussi limiter le recul au moyen d'une brague.

Le reste de la construction pour l'épaulement, le revêtement et les plates-formes, comme dans les batteries ordinaires sur le sol ou enfoncées.

Mortiers de 15^c.

Le mortier de 15^c n'a pas besoin de plate-forme ni d'épaulement ; pour pouvoir le tirer, derrière un parapet, jusque sous l'angle de 30°, mettre le devant de la semelle de l'affût à 3 mètres au moins du pied du talus intérieur. — Pour le tir à ricochet sous l'angle de 9°, cette distance doit être de 5m,30 ; il faut de plus une embrasure, comme il a été dit précédemment, avec une hauteur de genouillère de 1 mètre.

BATTERIES DE BRÈCHE ET CONTRE-BATTERIES. (Pl. 38 et 39.)

EMPLACEMENT. — On les construit ordinairement dans la sape du couronnement du chemin couvert, faite habituellement à 4 mètres de la crête du glacis (Pl. 38, fig. 1 et 3).

L'emplacement des batteries de brèche, établies dans le couronnement du chemin couvert ou dans le chemin couvert lui-même, doit être déterminé de manière que les lignes de tir fassent avec le revêtement, un angle de 90 à 30° au moins mesuré dans le plan horizontal. Cet angle doit être d'autant plus ouvert que la maçonnerie est plus dure. Le point essentiel est que les boulets ne ricochent pas. — Dans la plupart des cas, l'emplacement qui répond le mieux aux conditions du tir en brèche, est près du saillant du chemin couvert, d'où les pièces voient les faces de l'ouvrage sous un angle d'environ 60°, et à bonne distance de tir. La brèche doit, dans tous les cas, être assez rapprochée du flanc, pour qu'on n'ait pas à battre le massif du saillant, et pour que le logement qu'on peut avoir à y faire ait assez de capacité. — Déterminer, aussi exactement que possible, la largeur du fossé et celle du chemin couvert ; la hauteur de l'escarpe et celle de la crête du chemin couvert ; en un mot, toutes les données nécessaires pour construire le profil de la fortification. A l'aide de ce profil, fixer la hauteur de la tranchée horizontale à faire dans l'escarpe, de manière que les déblais puissent suffire aux remblais d'une rampe inclinée à 45°, au plus. Cette hauteur, comptée à partir du pied du mur, ne doit pas être inférieure au tiers de la hauteur totale de l'escarpe ; et en outre, pour éviter l'encombrement des débris, elle ne doit pas non plus être inférieure à l'épaisseur présumée du revêtement, au niveau de la tranchée. — S'il n'est pas possible de découvrir le mur assez bas pour le battre vers le tiers de sa hauteur, on peut ouvrir la tranchée plus haut et même jusqu'à moitié de la hauteur de l'escarpe, pourvu que cette escarpe soit surmontée d'un parapet en terre. — Le profil de la fortification fait d'ailleurs reconnaître si, pour satisfaire à ces diverses conditions, la batterie doit être établie dans le couronnement ou dans le terre-plein du chemin couvert.

Les expériences de Bapaume prouvent qu'on peut faire des brèches praticables avec des batteries tirant très-obliquement. — On connaît depuis longtemps l'efficacité du tir à grandes distances, surtout avec le calibre de 24. — Lorsqu'une partie des murailles est convenablement vue des attaques jusqu'à la distance de 300 mètres, on peut souvent se dispenser d'établir des batteries de brèche sur la crête des chemins couverts, c'est-à-dire, dans une position connue d'avance de l'ennemi, et contre laquelle il a organisé tous ses moyens de défense, les batteries se construisent dans ce cas comme il a été dit pour les batteries de plein-fouet.

Les contre-batteries sont établies sur le prolongement de la trouée du fossé de la demi-lune ou du bastion, qui est en avant de la batterie de brèche, et dans le couronnement du chemin couvert.

Batterie dans le couronnement du chemin couvert.

ÉPAULEMENT. — L'épaulement doit avoir au moins 4 mètres d'épaisseur et 2^m,50 de hauteur, dans les batteries de brèche; 5 à 6 mètres d'épaisseur et 2^m,30 de hauteur, dans les contre-batteries. Les épaisseurs sont généralement données par l'espace compris entre la sape et la crête du glacis; si elles se trouvent trop faibles, épaissir l'épaulement dans l'intérieur de la sape; c'est ce qui arrive ordinairement pour les contre-batteries.

TRAVERSES. — La distance entre les pièces est habituellement de 5 mètres et peut se réduire à 4 mètres dans les batteries de brèche; elle dépend de l'espace laissé entre les traverses. Ces traverses, établies en même temps que la sape, pour défiler le couronnement du chemin couvert, sont espacées de manière que l'on puisse placer 2 à 3 pièces dans leurs intervalles; l'épaisseur de ces traverses est de 4 mètres ou 4^m,50 environ, revêtement compris; la longueur et la hauteur sont déterminées par les conditions de défilement.

TERRE-PLEIN. — Le terre-plein a 8 mètres de largeur au fond; dans les batteries de brèche, il est essentiel qu'il ne soit pas plus enfoncé que la sape, et que le pied du talus soit rapproché autant que possible de la crête du glacis.

PLATES-FORMES. — Les plates-formes sont inclinées de 4 cent. pour 1 mètre; inclinaison totale, 18 cent. Si la terre est grasse et quand les bois sont mouillés, la longueur et l'inclinaison ordinaires sont insuffisantes pour le recul des pièces, surtout si on tire à la charge de moitié; prolonger alors les plates-formes par une queue inclinée au sixième, et arrêter la course des roues par des tasseaux. Avec les pièces de 12, l'emploi de ces précautions est toujours indispensable.

EMBRASURES. — Les directrices des batteries de brèches, directes ou obliques à la direction du rempart, sont légèrement convergentes, afin de restreindre la largeur des brèches, fixée généralement à 20 mètres. Cette largeur est un minimum; elle doit être augmentée quand l'escarpe a une grande hauteur, et quand on prévoit qu'il faudra monter de l'artillerie sur la brèche. — Dans les contre-batteries, les directrices ont à peu près la direction du fossé placé dans le champ de tir, et sont le plus souvent obliques. — Dans tous les cas, si les directrices sont trop obliques, construire la batterie à redans.

La genouillère des batteries de brèche a 90 cent. de hauteur, ce qui permet de tirer à 12° au-dessous de l'horizon; elle doit être réduite à 75 cent., si l'on veut tirer sous l'angle de 16°. — Dans les contre-batteries, on peut donner à la genouillère 1 mètre et même $1^m,10$ de hauteur, pour le tir sous les angles de 8° et de 6°. — Dans les batteries de brèche, avec le canon de 12, la hauteur de genouillère doit être réduite à 50 cent., parce que la volée baisse fortement dans le tir. Dans ce cas, on creuse, entre les pièces, des fossés de 75 cent. de profondeur, pour mettre les canonniers à l'abri, après qu'ils ont chargé.

PORTIÈRES D'EMBRASURE. — Elles sont nécessaires pour protéger les canonniers contre la mousqueterie, pendant qu'ils chargent les pièces. On peut les faire de différentes manières : 1° Disposer deux volets en chêne sur un châssis qui s'applique contre le revêtement, et dont les montants sont enfoncés dans le sol ou fixés contre le talus. 2° Clouer sur le châssis, sous la volée, un bout de madrier échancré circulairement; un autre bout de madrier également échancré, se meut à coulisses entre les montants, au-dessus de la volée. Le coup parti, il retombe en laissant un passage pour l'écouvillon et le refouloir. 3° Employer un plateau (Pl. 38) de 54 mill. d'épaisseur et d'une longueur suffisante pour pouvoir s'appuyer par ses extrémités sur l'épaulement, au-dessus de l'ouverture intérieure; il soutient un assemblage de poutrelles d'environ 20 cent. d'équarrissage, et de madriers, qui remplit l'ouverture et qui est découpé à la partie inférieure, de manière à laisser passage à la volée avec un espace suffisant pour pointer. Cette dispositisn est plus simple, et rend les remplacements plus faciles. — Placer sur le plateau de la portière un bout de saucisson ou quelques bouts de fascines, raccordés avec ceux du couronnement. — Dans les batteries de 12, on peut couvrir les embrasures avec quelques fascines ou avec un gabion mis en travers comme une portière.

Au siége de Zaatcha, en 1849, on a employé utilement un bout de madrier de 40 cent. de longueur sur 25 cent. de hauteur, échancré au milieu de la partie inférieure, pour garantir le pointeur qui le maintenait de la main gauche sur la plate-bande de culasse, pendant le pointage.

MAGASIN A POUDRE POUR 2 PIÈCES. — La charge étant constante et le tir devant avoir peu de durée, on se borne généralement à creuser un trou, à proximité de la batterie, pour y placer un baril défoncé dans lequel on apporte des charges préparées d'avance. Ce trou, généralement en arrière des traverses, doit être abrité le mieux possible, et recouvert d'un morceau de prélat par-dessus lequel on met quelques bouts de saucissons ou de lambourdes.

ORDRE DU TRAVAIL ET DÉTAILS D'EXÉCUTION. — La construction se commence le jour, et doit se terminer pendant la nuit suivante

TRAVAIL PENDANT LE JOUR. — Transporter les matériaux; élargir le terre-plein; établir les plates-formes.

Si la consistance des terres est suffisante, disposer le parapet de la sape pour le tir des pièces. — Renverser quelques gabions de tranchée, les plus rapprochés de chaque directrice, et les remplacer par des gabions de batterie, en réservant l'ouverture de l'embrasure. Généralement, on est obligé de remplacer presque tous les gabions de sape, parce que, n'étant point arrêtés par des harts, ils ne présentent pas assez de solidité; aussi, est-il préférable le plus souvent de se décider tout de suite à refaire en entier le revêtement. — Pour placer un gabion de batterie, on commence par enfoncer de 30 à 35 cent. sur la place qu'il doit occuper, et suivant l'inclinaison du dixième, un piquet de plate-forme qui appuie intérieurement contre la paroi postérieure du gabion, quand le gabion est placé. — Les gabions qui déterminent les embrasures sont placés les premiers. — Mettre en couronnement un rang de fascines ou de saucissons.

3 canonniers, dirigés par un sous-officier, peuvent remplacer un gabion de tranchée en 10 minutes; par conséquent, le revêtement pour une pièce ne demande pas plus de 2 heures.

Si les terres n'ont pas assez de consistance, soutenir le talus de la sape avec des claies ou des saucissons, ou faire un revêtement entier en saucissons, adossé contre le talus et le revêtement de la sape.

A 5^m,30 environ du pied du talus intérieur, on marque les angles postérieurs des plates-formes avec deux piquets enfoncés de manière que le sommet soit à la hauteur des madriers, et indique par suite le remblai et le déblai à faire pour l'établissement des plates-formes; les terres excédantes sont employées à consolider et à élever les traverses de la sape, et à en établir en arrière, s'il est nécessaire. — Quand on n'a pas assez de terre, il faut en apporter dans des sacs ou des paniers, ou compléter les traverses en sacs à terre.

6 canonniers peuvent faire ce travail en 6 heures.

TRAVAIL PENDANT LA NUIT. — Achever, s'il y a lieu, le revêtement intérieur, qui doit avoir été élevé au moins jusqu'à la hauteur de la genouillère. — Dégorger les embrasures, et revêtir les joues. — Les travailleurs se couvrent à l'aide d'un masque formé de 9 gabions ordinaires, farcis de fascines, placés sur un rang le long de la crête extérieure de l'épaulement, ou mieux encore de 18 gabions, farcis, sur deux rang. — Pour ne pas se découvrir, les gabions des joues d'embrasure ne sont mis en place que successivement, à mesure que le dégorgement avance, ce qui rend nécessaire d'indiquer, au préalable, en arrière de l'épaulement, la direction du pied des joues et l'inclinaison du fond; à cet effet, on plante dans le terre-plein un piquet dont la tête marque le point où se rencontreraient les traces des pieds des joues prolongées en arrière; une règle posée sur ce piquet et sur la genouillère, contre les côtés de l'ouverture intérieure de l'embrasure, donne soit l'inclinaison du fond, soit la direction suivant laquelle doivent être placés successivement les gabions. — 2 canonniers placent et remplissent en même temps 2 gabions, 1 sur chaque joue, en 1 heure environ; ils sont ensuite relevés par 2 autres canonniers qui posent 2 autres gabions, et ainsi de suite. — Le tir des batteries de brèche détériorant promptement le revêtement des joues, apporter la plus grande attention dans le choix des gabions destinés à faire ce revêtement. — Si les bois de fascinages ne sont pas de très-bonne qualité et si les terres sont légères, remplir les deuxièmes et troisièmes gabions de fascines ou de sacs à terre, au lieu de terre, et les cercler avec du fil de fer d'un assez fort diamètre. — Dans les expériences de Bapaume, on s'est bien trouvé de placer les deuxièmes gabions un peu en retraite par rapport aux joues des embrasures, ou encore de placer ces gabions verticalement sur le sol, en inclinant fortement les premiers sur eux. — Quand le travail est fini, retirer dans l'intérieur ou laisser rouler dans le chemin couvert les gabions du masque. — Le dégorgement est achevé soit à la pelle, soit par les premiers coups de canons.

Il faut en tout 9 canonniers par pièce, dirigés par 1 sous-officier; 12 gabions pour revêtir les joues d'embrasure dans les batteries de brèche, et 16 dans les contre-batteries, indépendamment de ceux du revêtement intérieur et des masques. — S'il est nécessaire de construire des traverses en arrière, il faut en outre, suivant leur longueur, soit des gabions avec des fascines ou des saucissons de couronnement, soit des sacs à terre.

Placer les portières, armer et approvisionner la batterie.

Lorsque la contrescarpe masque le feu de la batterie, l'écrêter à coups de canons; ou la renverser par la mine dans le fossé, avant l'achèvement de la batterie.

Batterie de brèche dans le chemin couvert.

Quand il y a nécessité de faire la batterie de brèche dans le chemin couvert même, la descente du chemin couvert et le couronnement de la contrescarpe étant achevés, on établit la batterie dans ce couronnement comme dans celui du chemin couvert. — Les batteries dans cette position étant souvent dominées par les ouvrages de la place, il faut parfois porter jusqu'à 3 mètres la hauteur de l'épaulement. Dans ce cas, le revêtement peut être établi de la manière suivante : deux rangs de gabions séparés par un double rang de saucissons, le deuxième rang de gabions couronné de trois rangs de fascines; derrière le rang supérieur de fascines, des gabions farcis couchés parallèlement à la crête. — Les joues d'embrasure, à cause de leur grande hauteur, demandent aussi un revêtement particulier; en abandonnant à leur talus naturel les terres placées au-dessus des gabions qui forment la base du revêtement, on aurait des merlons trop faibles à la partie supérieure; il faut donc surmonter le rang de gabions placés comme à l'ordinaire, d'un rang de fascines piquetées derrière lesquelles on couche des gabions farcis. On ne prend cette précaution que près de l'ouverture intérieure des embrasures. — L'emploi des sacs à terre peut être très-avantageux dans ces diverses circonstances. — Donner aux traverses une hauteur suffisante pour défiler le terre-plein de la batterie dans toute sa largeur.

La descente du chemin couvert à $2^m,10$ de largeur, dans œuvre, pour donner passage à l'affût de siége, dont l'essieu a $2^m,16^c$ de longueur.

Si l'on peut s'enfoncer dans le terre-plein du chemin couvert, faire l'épaulement de la batterie, soit avec de la terre apportée dans des sacs ou des paniers et des revêtements en sacs à terre pleins, soit entièrement avec des sacs à terre pleins. Dans ce cas, réduire l'épaisseur de l'épaulement à 4 mètres, et ne pas lui donner de talus extérieur; le masque destiné à couvrir les travailleurs, épaissi au besoin d'une rangée de sacs pour résister à la poussée des terres, forme la partie extérieure de l'épaulement.

Réserver toujours une berme sur la contrescarpe. — Si cela est nécessaire, préparer plusieurs descentes pour la circulation des colonnes de travailleurs apportant les sacs, de manière à élever la batterie en même temps sur toute sa longueur.

La batterie doit être faite et armée dans une nuit.

Batterie sur le couronnement d'une brèche.

Ces batteries s'établissent par des moyens analogues à ceux qui viennent d'être indiqués. On peut réduire l'épaisseur de l'épaulement à 3 mètres, afin que le terre-plein ait au moins 6 mètres de largeur. — On se procure la terre nécessaire en entaillant le parapet de l'ouvrage

Armement et approvisionnement des batteries.

Les pièces sont amenées dans les batteries pendant la nuit.

Reconnaître les chemins, et les réparer s'il y a lieu. — Affermir les parties fangeuses au moyen de pierres, de terres, de fascines, de claies, de troncs d'arbres, de pilotis, etc. — Construire des ponts solides sur les fossés. — Remplir les trous de bombes. — Adoucir les rampes. — Faire arriver les pièces par la tranchée, si le fond est assez solide. Dans le cas contraire, qui est le plus habituel, les faire passer à travers champs; ouvrir à cet effet, dans le parapet de la tranchée, des rampes que l'on referme ensuite. On peut encore raser une partie du parapet de la sape, que l'on franchit par le moyen suivant : établir une plate-forme de siége sur un chariot de parc placé dans la tranchée; mettre 5g îtes, au lieu de 3, et recouvrir le plancher de cette espèce de pont avec de la paille ou de la terre, pour éviter le bruit. — Autant que possible, se servir de chevaux. — Dans les passages difficiles et les tournants trop courts, conduire les bouches à feu à bras. — Mettre, s'il est nécessaire, des madriers ou des gîtes sous les roues, notamment dans les descentes d'ouvrages; recourir aux pans de roues. — A partir de la troisième parallèle, on ne peut généralement conduire les pièces qu'à bras, sans avant-train, la bouche en avant. — Éviter de n'avoir qu'un seul débouché pour plusieurs batteries.

Les canons et obusiers sont conduits sur leurs affûts; les mortiers avec leurs affût sur le chariot porte-corps, ou séparément au moyen de triqueballes ou de charettes, quand le chariot porte-corps ne peut arriver jusqu'à la batterie. — Si les plates-formes ne sont pas achevées, abriter les pièces derrière les merlons.

Pour les batteries établies sur le couronnement des brèches, bien affermir le passage du fossé; le paver au besoin de gîtes et de madriers;

s'il a peu de largeur et de profondeur, le combler avec des fascines, et former un tablier en madriers sur de fortes poutrelles. — Employer des chevalets en charpente. — Autant que possible, se réserver le moyen de pratiquer des rampes en travers sur la pente de la brèche, pour faciliter le transport de l'artillerie. — Si l'on ne peut amener les pièces à bras, faire usage de palans fixés de chaque côté de la rampe à des pieux solidement arc-boutés ou à des pièces de bois horizontales, enterrées dans l'épaulement et soutenues par de forts piquets. La chèvre couchée peut au besoin suppléer aux palans.

Les barils de poudre, les projectiles, les bouchons sont apportés dans les batteries, ordinairement la nuit, sur des charettes de siége. — Les boulets sont empilés à la gauche de chaque pièce, contre l'épaulement; les bouchons, entre l'épaulement et la pile de boulets; les bombes et les obus vides, à proximité des abris où se fait le chargement. — Le chargement se fait au fur et à mesure des besoins; les projectiles chargés restent déposés dans les magasins.

OBSTACLES A SURMONTER DANS LA CONSTRUCTION DES BATTERIES.

Feux de mousqueterie.

Lorsque les travailleurs sont trop exposés aux feux de mousqueterie, les couvrir par des gabions farcis, ou par une sape volante établie à 2 ou 3 mètres en avant de la berme, et que l'on renverse quand l'excavation du fossé est assez profonde. — Établir au besoin la batterie dans la parallèle, ou la construire par l'interieur, en faisant d'abord sur le tracé du talus une sape que l'on épaissit ensuite pour former l'épaulement.

Lorsqu'on ne peut pas s'enfoncer, se couvrir par des masques. On peut faire usage du masque suivant : 2 chandeliers, composés chacun de 2 montants de $2^m,30$ assemblés sur une semelle à 65 cent. l'un de l'autre, et maintenus par des arcs-boutants; les chandeliers sont espacés de $2^m,60$; l'intervalle est rempli de fascines de 3 mètres de longueur. — Placer plusieurs masques à la suite les uns des autres; en établir sur plusieurs points pour tromper l'ennemi. — On peut aussi employer des masques en sacs à terre.

Profiter d'ailleurs des accidents de terrain, des murs de clôture, des haies, etc.

Pièces tirant de bas en haut, ou de haut en bas.

Pour tirer de bas en haut : Limiter la plate-forme à 2^{m},30 du heurtoir, c'est-à-dire, au septième madrier qu'on arrête solidement par 3 piquets. — Établir le reste de la plate-forme sur un ressaut en contre-bas, d'une profondeur telle qu'on puisse pointer la pièce sous l'angle voulu. — Donner aux deux parties de la plate-forme l'inclinaison de 4 cent. par mètre, comme dans les batteries de brèche, et former en arrière un talus en terre pour arrêter la flèche de l'affût dans le recul.

Enfoncer le terre-plein, toutes les fois que le terrain le permet. — Rapporter des terres pour l'établissement des plates-formes, si la pente et la nature du terrain l'exigent. — Donner à l'épaulement une forme et une hauteur telles que l'on soit défilé à l'extrémité du terre-plein, qui doit avoir au moins 6 mètres; la partie supérieure de l'épaulement est, autant que possible parallèle à la plus grande inclinaison du tir. — Augmenter la hauteur de la genouillère suivant l'angle de tir. — Pour l'angle limite de 16°, l'épaulement doit avoir une hauteur de 3^{m},50, et, si le terre-plein est enfoncé de 75 cent., la hauteur de cet épaulement au-dessus du sol est de 2^{m},75; on peut admettre une hauteur de genouillère de 1^{m},50, avec un ressaut de 40 à 45 cent.

Pour tirer de haut en bas : Diminuer la hauteur de la genouillère de 33 mill. pour chaque degré au-dessous de l'horizon en sus de 3°; limiter la plate-forme à 2^{m},90 environ du heurtoir, c'est-à-dire, au neuvième madrier, et faire un ressaut de hauteur convenable, pour permettre l'angle de tir voulu. — Même inclinaison aux deux parties de la plate-forme, et talus en arrière pour arrêter le recul de la flèche. — Pour l'angle limite de 16°, la hauteur du ressaut est d'environ 35 cent.; la hauteur de la crête interieure peut être limitée à 2^{m},10, et celle de la genouillère à 75 cent.

Terrains pierreux. — Rochers nus.

Employer dans le bas du coffre les terres les plus mêlées de pierres. — Placer des gabions, des fascines, dans l'intérieur de l'épaulement jusqu'à la genouillère. — Ménager la terre sans mélange pour les merlons et le fond des embrasures. — Passer les terres à la claie, s'il est nécessaire.

Former un masque avec des gabions, des chandeliers et des fascines des sacs à terre, etc. — Apporter des terres dans des hottes, des paniers, des sacs à terre, etc., faire le revêtement en gabions ou en saucissons, que l'on relie en haut et en bas par des harts de retraite à d'autres fascinages établis dans l'épaisseur de l'épaulement. — A défaut de terre employer la laine, les bois de construction, les corps d'arbres; utiliser au besoin les caisses d'armes, les caisses à biscuit, les chapes, les barils, etc. — Quand on emploie des matériaux que le souffle des pièces peut brûler, revêtir les joues et le fond des embrasures avec des gabions, des claies, etc.

Terrains marécageux ou inondés.

Établir un chemin solide pour conduire les bouches à feu, ayant au moins $3^m,25$ de largeur et 65 cent. au-dessus des hautes eaux. — Si la profondeur du marais n'excède pas 1 mètre, placer, suivant la longueur du chemin et à 4 mètres de distance, deux files de gros saucissons fixés par de forts piquets; placer entre ces saucissons et dans la même direction un lit de fascines entre-croisées, d'une épaisseur égale aux deux tiers de la profondeur du marais; poser par-dessus des claies horizontales; puis, un deuxième lit de fascines de $3^m,25$ de longueur, dans le sens de la largeur du chemin; arrêter leurs extrémités par des piquets, et les couvrir d'une quantité suffisante de terre, de paille, etc.; placer des madriers sous les roues. — Consolider le sol de la batterie par les mêmes moyens, en conservant sur le devant et sur les côtés de l'épaulement une berme de 1 mètre.

Si le marais est plus profond, faire plusieurs lits de fascines recouvertes de claies, chacun de 50 à 65 cent. d'épaisseur, les fascines en travers dans le lit supérieur. — On peut aussi former le massif de la chaussée avec des troncs d'arbres, ou avec des branches entre lesquelles on jette des pierres, du gravier, de la terre. — Si ces moyens sont insuffisants, couler des bateaux chargés de terres et de pierres, pour former l'emplacement de la batterie.

Pousser en avant des bateaux plats ou des radeaux chargés d'un masque ou d'un épaulement pour couvrir la construction de la batterie.

Batteries flottantes.

Sur des eaux profondes, construire, à l'abri, des batteries flottantes que l'on conduit ensuite à l'emplacement où elles doivent agir. — On les établit sur des bateaux ou sur des radeaux; les premiers sont plus faciles à diriger; mais les derniers sont préférables, parce qu'ils ne peuvent être submergés par l'effet des projectiles de l'ennemi. — On fait des radeaux avec des pièces de bois léger, croisées et chevillées les unes sur les autres; des corps d'arbres jointifs; des futailles vides placées entre des corps d'arbre et assujetties par des cordages, la bonde en haut. Le tout est recouvert d'une plate-forme en madriers.

Pour que les radeaux aient le moins possible de tirant d'eau, faire l'épaulement avec des matériaux légers et résistants; avec des poutres de chêne clamaudées, il suffit de lui donner $1^m,80$ à 2 mètres d'épaisseur. On peut aussi le faire en sacs remplis de laine, de coton ou d'étoupes, en saucissons, etc. On le place vers le milieu de la longueur du radeau. — Compter 5 mètres de distance entre les pièces. — Disposer tout le système de manière que le centre de gravité se trouve sur la même verticale que celui du radeau, qui doit sortir de l'eau de 20 à 30 cent.

On ne met sur le radeau que 4 à 5 coups par pièce. Le reste des munitions doit être transporté dans des nacelles, avec des tonneaux bien étanchés, s'ouvrant par le haut, etc.

Les données suivantes peuvent servir à déterminer approximativement les dimensions des radeaux sur lesquels on veut établir des batteries. Sur affûts de siége avec plate-forme et armements, un canon de 24 pèse 5000 kil.; un canon de 12, 3500 kil.; le poids d'un épaulement en chêne de 5 mètres de long, 2 mètres d'épaisseur et $2^m,30$ de hauteur est de 22,000 kil. environ; le poids total à supporter par le radeau est donc, suivant le calibre, 27,000 ou 25,500 kil.

Un radeau de bois de sapin, dont le mètre cube pèse 500 kil. environ (ce poids est plutôt trop faible que trop fort), de 15 mètres de côté et de $1^m,12$ d'épaisseur, contient 84 mètres cubes de bois, pesant 42,000 kil., et s'enfonce dans l'eau de 56 cent. Avec une surcharge de 27,000 kil. pour le canon de 24, il conserve un excédant de poids de 15,000 kil. environ ou de plus du tiers de son poids total, et sa surface supérieure se trouve, par conséquent, au-dessus de l'eau d'à peu près 20 cent. — Pour le canon de 12, si avec la même surface le radeau n'a que $1^m,04$ d'épaisseur, il contient 78 mètres cubes de sapin, pesant 39,000 kil., et s'enfonce dans l'eau de 52 cent.; une surcharge de 25,500 kil. lui laisse un excédant de poids de 13,000 kil., ou du tiers environ de son poids primitif, et sa surface supérieure est au-dessus de l'eau d'à peu près 18 cent.

Emplacements qui manquent de largeur.

La moindre largeur qu'on puisse donner au terre-plein est de $6^m,50$. — Si le fond, qui est en arrière, n'a que peu de profondeur, on le comble avec des fascines et de la terre. — Si ce moyen ne peut être employé et s'il ne manque pas au delà de 1m,30 en largeur, prendre pour gîtes des poutrelles de 6m,50, et de 16 à 20 cent. d'équarrissage; faire reposer leurs extrémités postérieures sur un chevalet, en leur donnant l'inclinaison voulue, et les recouvrir de madriers fixés par des clous. Soutenir les extrémités des derniers madriers, qui débordent les gîtes, par deux bouts de poutrelles reposant d'un côté sur le chevalet et de l'autre sur le terrain. — S'il manque plus de largeur, mettre sur toute la longueur du terre-plein des poutrelles de même équarrissage et de 8m,50 de longueur, espacées de 65 cent.; une de leurs extrémités pénétrant de 2 mètres dans l'épaulement; l'autre reposant sur des chevalets, dont l'un correspond à l'emplacement des crosses. Au lieu de chevalets, on peut employer des pilots couronnés par un chapeau relié avec des étriers en fer. — Clouer les madriers sur ces poutrelles.

Cette espèce de plancher ne peut convenir que pour les canons et les obusiers; il n'aurait pas assez de solidité pour recevoir des mortiers.

Limiter le recul en plaçant un contre-heurtoir à la distance convenable pour pouvoir charger commodément, ou par l'un des moyens suivants.

PREMIER MOYEN. — Réunir deux traits à canon en croisant les boucles. Fixer les extrémités libres par un nœud allemand, près des moyeux, aux rais antérieurs qui se rapprochent le plus de l'horizontale. — Laisser le cordage flottant sur la flèche, en arrière des flasques, de manière à permettre à la pièce de reculer jusqu'à ce que les roues arrivent vers le douzième madrier de la plate-forme.

DEUXIEME MOYEN. — Réunir deux traits à canon en croisant les boucles; alonger le cordage ainsi obtenu, au moyen d'un bout de trait à canon de 1 mètre à 1m,50 de longueur. — Passer une des extrémités de dedans en dehors, entre les deux rais inférieurs de la roue gauche, qui se rapprochent le plus de la verticale; appliquer le cordage sur la partie antérieure du petit bout du moyeu; le faire passer de dehors en dedans, entre les deux rais supérieurs qui se rapprochent le plus de la verticale; l'appliquer sur le gros bout du moyeu en formant deux ou trois tours que l'on commence par la face postérieure du moyeu, de dessus en dessous; fixer le brin libre par un nœud droit à l'un des rais supérieurs, contre le moyeu. — Faire passer le cordage sur la flèche, en arrière des flasques, et fixer de la même manière l'autre extrémité à la roue droite. — Laisser le cordage flottant de façon à permettre aux roues d'arriver vers le douzième madrier de la plate-forme.

BATTERIES DE PLACE.

Profil des remparts. (Pl. 41.)

La hauteur du parapet, au-dessus du terre-plein du rempart, est ordinairement de 2m,50 ; elle doit être au minimum de 2m,30. Il est quelquefois nécessaire de l'augmenter, pour mettre les canonniers à couvert des feux plongeants.

Inclinaison du talus intérieur, 2/7.

	mètres.
Hauteur de la crête intérieure au-dessus de la 1re banquette (banquette d'infanterie).	1,30
Au-dessus de la 2e banquette (banquette d'artillerie). . .	2,00
Largeur de la 1re banquette, à partir de la projection de la crête intérieure.	2,20
Largeur minimum de la 2e banquette.	5,00

Elle est portée à 6 mètres sur tous les remparts ayant 9 mètres et plus de largeur. Il reste ainsi, au pied de la 2e banquette, même dans le cas défavorable d'un terre-plein réduit à 8 mètres, une largeur suffisante, à la rigueur, pour le passage des voitures.

Pièces sur affûts de place, avec embrassures de place.

		mètres.
Distance entre les pièces, d'axe en axe.		5,00
Hauteur de la crête intérieure au-dessus des plates-formes.		1,82
Hauteur de la genouillère.		1,50
Embrasures.	Ouvertnre intérieure	1,00
	— extérieure	4,20
	Profondeur	0,32
	Inclinaison extrême du fond de l'embrasure .	1/6
	Chamg de tir de chaque côté de la directrice .	15°

Les circonstances peuvent forcer de réduire à 4 mètres l'intervalle entre les pièces; alors les ouvertures de l'embrasure ont respectivement 54 cent. et 3 mètres; le champ de tir n'est plus que de 7° environ de chaque côté de la directrice.

Pour que les hommes placés à l'extrémité de la 2e banquette soient défilés des feux directs de l'assiégeant, les banquettes doivent être tenues, comme le terre-plein du rempart, dans des plans parallèles au plan de défilement, ce qui oblige quelquefois à enfoncer les embrasures de plus de 32 cent.

Dans la dernière période du siége, réduire la hauteur de genouillère à $1^m,43$, pour que les pièces puissent tirer sur les ouvrages de l'attaque les plus rapprochés, sous l'inclinaison extrême du sixième.

Les embrasures sont ordinairement directes; on peut changer leur direction, ainsi que celle des plates-formes, avec très-peu de travail, selon les besoins de la défense. L'ouverture intérieure ayant 1 mètre, on met de chaque côté de la pièce, ou bien du côté opposé à l'obliquité dans les embrasures obliques, des bouts de saucisson ou des sacs à terre, pour garantir les canonniers contre la mousqueterie

REVÊTEMENT. — Si le talus intérieur n'a pas assez de consistance, le revêtir en claies; faire autant que possible le clayonnage sur place. A défaut de claies, employer les gazons ou les saucissons, en entaillant le parapet de leur épaisseur. Les gabions exigent trop de travail pour être encastrés dans le parapet, ou diminuent trop la largeur du terre-plein. — Revêtir chaque joue d'embrasure avec un seul saucisson de 32 cent. bien piqueté, quelle que soit la profondeur de l'embrasure; compléter la hauteur nécessaire avec de la terre bien damée.

Plates-formes.

Plates-formes pour affûts de place. (Pl. 42 fig. 1 et 2.)

DÉSIGNATION DES OBJETS.		DIMENSIONS DES BOIS.			
		Quantité.	Longueur	Largeur ou diamètre.	Épaisseur.
			mèt.	cent.	mill.
Madriers (de forme tronconique)	pour canons	3	1,27 / 1,15	30	85
	pour obusier	3	1,58 / 1,42	30	85
Madriers-gîtes	pour canons	4	1,00	30	85
	pour obusier	6	1,00	30	85
Plateau d'échantignole du milieu, pour obusier seulement		1	2,00	30 à 35	140 à 170
Piquets à plate-forme, pour consolider le petit châssis		6	1,00	9	«
Chevalets pour armements		4	0,80	4	«

Tous les bois doivent être en chêne. — Il faut de plus; par plate-forme, 12 broches en fer ou clous à tige ronde d'environ 13 cent. de longueur et 9 mill. de diamètre. — Poids total de la plate-forme, 220 kil. environ pour canons. et 360 kil. pour obusier.

La 2ª banquette étant à 2 mètres en contre-bas de la crête intérieure, entailler la 1re banquette seulement, et préparer un terrain horizontal et bien affermi de 5 mètres de long sur 5 ou 6 mètres de large; la plate-forme repose directement sur la 2e banquette. — Placer le petit châssis, une des branches parallèle, l'autre perpendiculaire à l'épaulement; l'axe dans le plan vertical de la directrice, de manière que la surface supérieure des quatre branches soit dans le plan de la plate-forme, et que le centre du trou de la cheville-ouvrière soit à 65 cent. du pied du talus; l'assujettir par 6 piquets.

Dans les plates-formes pour obusiers, deux des madriers-gîtes sont placés parallèlement à l'épaulement, sous les branches du petit châssis, dont la direction est perpendiculaire au parapet. Cette disposition est aussi applicable aux plates-formes pour affûts de canons, quand l'état du terrain l'exige.

Disposer les quatre madriers-gîtes sur le terre-plein, de manière que la surface supérieure des madriers superposés se trouve bien horizontale, et dans le plan des branches du petit chassis. Diriger les gîtes vers le centre de la cheville-ouvrière, le milieu des gîtes intermédiaires sous le joint des madriers qui les recouvrent; les gîtes extrêmes affleurant par le côté extérieur le bout des madriers de recouvrement.

Les madriers supérieurs ont leur petite base inscrite dans un cercle décrit du centre de la cheville-ouvrière, avec un rayon de $2^m,95$, pour les plates-formes de canons; de $3^m,67$, pour les plates-formes d'obusier; le madrier du milieu est partagé en deux par la directrice. — Chacune des extrémités des madriers est fixée sur les gîtes par deux broches en fer. — Pour les plates-formes d'obusiers seulement, placer parallèlement à l'épaulement un plateau d'échantignole du milieu, le centre sur la directrice à $1^m,49$ de l axe de la cheville-ouvrière; la surface supérieure à 1 cent. environ du dessous de l'échantignole du milieu du grand châssis, quand l'affût est en batterie. — Garnir de terre le pourtour des madriers et du petit châssis, en remblayant tout le terre-plein de la plate-forme par couches horizontales et bien damées; l'embrasure fournit les terres en quantité suffisante pour cet objet. — Établir, comme dans les batteries de siége, les chevalets pour armement, et les gouttières entre les plates-formes pour l'écoulement des eaux. — Pour faciliter le service de la pièce, disposer une banquette de 30 cent. de hauteur entre le plateau circulaire du petit châssis et l'épaulement.

Le terrain étant préparé, 5 canonniers, dirigés par 1 sous-officier, peuvent faire cette plate-forme en 40 minutes.

OUTILS. — 2 pelles. — 2 pioches. — 2 dames. — 1 règle. — 1 mètre. — 1 niveau de maçon. — 1 bout de cordeau.

Si la hauteur de l'épaulement est moindre que 2 mètres, creuser des rigoles pour le placement du petit châssis et des madriers, de manière que le dessus de la plate-forme soit à 82 cent. en contre-bas de la crête intérieure.

Plates-formes pour affûts de place Gribeauval modifiés. (Pl 42, fig. 1 et 3.)

BOIS. — 1 contre-lisoir de $1^m,48$ de longueur, 245 mill. de largeur, 210 mill. de hauteur à la partie antérieure et 217 mill. à la partie postérieure; les extrémités entaillées obliquement pour recevoir les bouts des deux poutrelles latérales; le milieu percé d'un trou de cheville-ouvrière. — 5 poutrelles de fondation, trois grandes de $3^m,60$, et deux petites de 65 cent. de longueur. — 5 gîtes, un de $2^m,11$, deux de $1^m,30$, et deux de $2^m,03$ de longueur. — Équarrissage commun des gîtes et des poutrelles, 135 mill. – 28 piquets à plate-forme. — Dans les terrains mous, pour servir d'appui aux leviers, un bout de madrier, mobile, de 1 mètre de longueur, sous l'auget du châssis.

L'emplacement de la plate-forme étant préparé comme précédemment, creuser des rigoles de longueur convenable, et de profondeur telle que la face supérieure de toutes les pièces de fondation soit, dans un même plan horizontal, à $1^m,635$ au-dessous de la crête du parapet (batteries à barbette); à $1^m,955$ (batteries à embrasures). — Placer le contre-lisoir horizontalement et perpendiculairement à la directrice, le centre du trou de cheville-ouvrière sur cette ligne, à 78 cent. du pied du talus intérieur; l'assujettir par 6 piquets. — Placer la poutrelle du milieu suivant la directrice, appuyée contre le derrière du contre-lisoir, les poutrelles latérales, l'extrémité en biseau dans l'entaille du contre-lisoire, l'autre à $1^m,73$ du bout de derrière de la poutrelle du milieu; les deux petites poutrelles, parallèles aux poutrelles latérales et à 80 cent. dans les intervalles qui les séparent de celle du milieu. — Placer les gîtes sur les poutrelles; celui de $2^m,11$, parallèle au contre-lisoir, à 60 cent. de distance, le milieu sur la directrice, assujetti par 6 piquets; les deux gîtes de $1^m,30$ se rejoignant sur la directrice à $1^m,355$ du contre-lisoir, l'autre extrémité reposant sur chaque poutrelle latérale à $1^m,12$ du contre-lisoir, et fixés par 8 piquets; les gîtes de $2^m,03$ se rejoignant sur la directrice à $2^m,11$ des deux gîtes précédents, et parallèles à ces gîtes, fixés par 8 piquets. — La face supérieure de ces cinq gîtes doit être dans un plan horizontal, à 1^m, 82 au-dessous de la crête du parapet. — Garnir le pourtour de terre bien damée, ainsi que les intervalles compris entre les poutrelles et entre les gîtes.

Pour les plates-formes des affuts de 12 et de 8, supprimer le gîte parallèle au contre-lisoir; reporter en avant les quatre autres de manière à les faire correspondre aux entretoises du milieu et de derrière du châssis.

Le terrain étant préparé, 5 canonniers peuvent construire une plate-forme en 1 heure 10 minutes.

Pièces sur affûts de place, avec embrasures de siége. (Pl. 42, fig. 4 et 5.)

Avec les affûts de place, en dégorgeant convenablement l'entretoise de devant sous la volée, et en plaçant une cale sur la tête de la vis de pointage, on peut tirer jusqu'à 30° au-dessous de l'horizon; en pareil cas, on incline le fond de l'embrasure de place, et on diminue convenablement la hauteur de la genouillère.

L'affût de place sur lisoir-directeur a été destiné d'abord au service des casemates; mais on peut l'employer avantageusement avec les embrasures de siége à ciel ouvert. On a, pour tirer au-dessous de l'horizon, la même latitude qu'avec l'affût de place sur châssis, en employant les mêmes moyens; de plus, en alternant dans l'armement, sur une face d'ouvrage, les pièces sur châssis et les pièces sur lisoir-directeur, on a des merlons plus solides. Si l'on place les pièces sur châssis tout près des traverses, et plus loin les pièces sur lisoir-directeur, qui présentent moins de prise, le matériel est moins exposé aux coups de l'ennemi.

Lorsque le terre-plein est trop étroit pour le recul des pièces de siége ou de campagne, on peut au moyen d'une brague attachée au isoir-directeur limiter le recul à 4 mètres environ de l'épaulement.

L'emploi du lisoir-directeur nécessite quelques modifications dans la construction habituelle des batteries de siége.

EMBRASURES. — Comme dans les batteries de siége. — Le fond est incliné au sixième. — Hauteur de la genouillère au-dessus des madriers de la plate-forme, 1 mètre. — Si cela est nécessaire pour apercevoir l'objet à battre, augmenter l'inclinaison du fond de l'embrasure, et diminuer en conséquence la hauteur de la genouillère. — Pratiquer dans le pied de l'épaulement, suivant la directrice, pour loger la cheville-ouvrière, un petit coffrage en bouts de madriers, ayant 50 cent. de largeur à l'entrée et 20 cent. au fond, 30 à 40 cent. de hauteur, et 40 cent. de profondeur.

PLATE-FORME. — 3 gîtes et 13 madriers de mêmes dimensions que pour la plate-forme de siége. — 1 plateau en chêne de 3^m,25 de longueur, 35 cent. de largeur, et 8 cent. d'épaisseur. Dans ce plateau est encastrée une bande circulaire en fer de 10 cent. de largeur; rayon moyen, 85 cent; le centre est pris sur l'axe de la cheville-ouvrière. Cette bande sert de voie aux galets du lisoir-directeur. — Le gîte du milieu porte à l'une de ses extrémités une cheville-ouvrière, fixée au moyen d'une coiffe en fonte. — Les gîtes sont entaillés, pour que la face supérieure du plateau soit dans le même plan que celle des madriers : celui du milieu, à 47 cent. du derrière de la coiffe; les deux autres, à 30 cent. de l'extrémité antérieure.

Préparer le terrain et les rigoles comme pour la plate-forme de siége, et de manière que la genouillère ait la hauteur voulue. — Introduire la tête du gîte du milieu dans le logement pratiqué au pied de l'épaulement, de sorte que l'axe de la cheville-ouvrière soit dans le plan vertical de la directrice, et à 25 cent. en dedans du pied du talus intérieur. Disposer les deux autres gîtes à 70 cent. de celui du milieu d'axe en axe, les entailles se correspondant exactement. — Placer le plateau; puis, les madriers en arrière; enfin, le madrier du devant, en l'engageant sous l'épaulement ou en réduisant sa largeur. — On supplée au défaut de longueur du gîte du milieu vers le derrière, à l'aide de deux bouts de gîte ou de madrier, que l'on place de chaque côté, sous les deux derniers madriers. — Consolider la plate-forme par quatre piquets, un en regard de chaque gîte latéral, contre le dernier madrier.

Pièces de siége sur affûts de siége, avec embrasures de siége.

Embrasures et plates-formes comme dans les batteries de siége.

Barbettes. (Pl. 41.)

En général, on établit les barbettes sur les saillants pour 1 ou 3 pièces, canons ou obusiers, montés sur affûts de place, de siége ou de campagne. Destinées au tir de l'artillerie pendant la première période du siége, elles font partie de l'état permanent de la fortification.

Hauteur de la crête intérieure au-dessus du terre-plein, $1^m,30$. La plate-forme de l'obusier de 22^c de siége peut ainsi être établie sur le terrain solide avec la hauteur de genouillère de $1^m,20$.

Avec l'obusier de 22^c de place, il suffit de s'enfoncer de 20 cent. pour obtenir une hauteur de genouillère de $1^m,50$. Avec les pièces de campagne, qui ne comportent qu'une hauteur de genouillère de 80 cent., on établit une plate-forme volante sur un remblai de 30 cent. environ.

La largeur des barbettes est de 8 mètres, au minimum; elle est réglée d'ailleurs de manière qu'après la construction des batteries voisines, on puisse avoir, à la queue de la traverse la plus rapprochée, une rampe de $2^m,50$ environ de largeur, pour monter sur la barbette.

Pour avoir l'emplacement de la pièce du saillant, inscrire dans l'angle, et perpendiculairement à la capitale, un pan coupé de $3^m,30$; à 8 mètres de ce pan coupé, sur une perpendiculaire à la capitale, prendre de chaque côté $1^m,65$, et par les points ainsi déterminés, mener des perpendiculaires aux faces de l'ouvrage. A partir de ces perpendiculaires, prendre de 5 à 6 mètres pour chaque pièce placée sur les faces, suivant l'espèce.

Les talus du terre-plein de la barbette sont à 45°. — 2 rampes au sixième, parallèles aux faces, ayant $2^m,50$ de largeur au moins. — Afin que la communication à couvert ne soit pas interrompue sur le rempart, ménager au pied de la barbette un passage de niveau avec le terre-plein, ou tout au moins à 2 mètres en contre-bas du plan de défilement de l'ouvrage. Il faut donc, toutes les fois que le rempart a moins de 13 mètres de largeur, lui donner cette dimension près du saillant.

Les plates-formes de siége, établies sur les barbettes, sont horizontales et s'élargissent en éventail de l'avant à l'arrière, de manière que les pièces puissent tirer obliquement sans que la crosse sorte de la plate-forme; on met 5 gîtes au lieu de 3, les deux extrêmes parallèles aux côtés de la plate-forme. Les madriers vont en augmentant de longueur depuis le premier ($3^m,25$) jusqu'au dernier ($5^m,65$).

Le volume d'une barbette dépend de l'angle que forment les deux faces; cet angle étant de 90°, ce volume, y compris les rampes, est, pour 3 pièces sur affûts de siége, d'environ 250 mètres cubes. — Pour abaisser le terre-plein de la barbette à $1^m,50$ au-dessous de la crête du parapet, de manière à pouvoir y établir des pièces sur affûts de place, il faut enlever environ 40 mètres cubes de terre.

Mortiers et pièces de petit calibre.

Les plates-formes et les embrasures s'établissent comme dans les batteries de siége. — Les mortiers se placent ordinairement sur le terre-plein des ouvrages, au pied du talus de la banquette, sans l'entamer. — Les pièces de petit calibre, sur affûts de campagne, se placent dans le chemin couvert, sans aucun travail préalable, lorsqu'elles doivent tirer à ricochet par-dessus les palissades. Dans un chemin couvert coupé ou dans les ouvrages détachés, on les établit à barbettes ou à embrasures, avec plates-formes de siége ou à la prussienne, selon l'étendue qu'il est nécessaire de donner au champ de tir.

Ordinairement on établit sur la demi-courtine des pièces à embrasures obliques contre les cheminements dirigés sur la capitale du bastion adjacent; on est alors obligé de faire des redans. Si l'on manque de terre pour former ces redans, on peut entailler le parapet de la quantité nécessaire.

Traverses et parados. (Pl. 41.)

TRAVERSES. — Sur les faces ricochées, séparer les pièces de 2 en 2 par des traverses en terre perpendiculaires au parapet, dépassant la crête intérieure de 50 cent. ou plus, pour mieux garantir des coups d'écharpe. — Longueur, depuis la crête du parapet jusqu'au pied du talus de la traverse (c'est le pied du talus de la banquette d'artillerie), 7 mètres. — Largeur 2m,60 en haut, et 4 mètres à 5m,50 dans le bas, suivant la nature et l'inclinaison des revêtements. — Hauteur au-dessus du terre-plein du rempart, 3 mètres au moins ou 50 cent. au-dessus de la crête. — Volume d'une traverse, non compris les banquettes et le revêtement, 50 à 60 mètres cubes.

L'exécution des embrasures et l'enlèvement d'une partie de la 1re banquette, à l'emplacement des batteries, fournissent à peu près les terres nécessaires pour l'établissement des traverses. Il est d'ailleurs avantageux que ces traverses soient, ainsi que les barbettes, construites en même temps que la fortification.

Revêtir les traverses en saucissons ou en gabions; préférer les gabions pour la partie supérieure. Si l'espace ne manque pas, les traverses, sur une partie de la hauteur, du côté de la campagne, peuvent être au talus naturel des terres.

PARADOS. — Les parados s'établissent en arrière et le plus près possible des batteries qui sont prises à revers. — Mêmes dimensions que les traverses, sauf la longueur, qui dépend de celle des batteries à garantir.

A défaut d'espace ou de terre, on a recours à des masques (voy. page 375). — On peut aussi planter deux rangs de pieux, espacés de de 2^{m},60, contre lesquels on cloue des planches; on remplit l'intervalle avec du fumier, des balles de laine, etc. — On emploie aussi des poutres, des corps d'arbre jointifs, etc.

Petits magasins à poudre et approvisionnement des batteries. (Pl. 43.)

Dans chaque ouvrage d'un front attaqué, il doit y avoir un ou plusieurs magasins à poudre, à l'abri des feux de l'ennemi, capables de contenir l'approvisionnement nécessaire pour la consommation des bouches à feu pendant 24 heures.

Dans le corps de place, on en établit ordinairement aux angles flanqués des bastions et aux extrémités des courtines. — A défaut de magasins en maçonnerie, on en construit en galerie de mine dans le massif du rempart : en ligne droite, si l'épaisseur du rempart le permet; en forme de T, dans le cas contraire. On laisse au-dessus 2 mètres de terre. — Dans les ouvrages extérieurs, ayant en arrière des fossés secs, revêtus en maçonnerie, on fait des magasins en blindage au pied de l'arrondissement de la contrescarpe. — Enfin, s'il y a impossibilité de faire autrement, on les place dans le massif des traverses, en réduisant autant que possible leurs dimensions.

MAGASINS EN GALERIE DE MINE. — Couper le talus du rempart à 2 mètres au-dessous du terre-plein, suivant un plan vertical, parallèle à la direction du rempart, ayant 1^{m},90 de large et 2^{m},10 de haut. Entrer carrément en galerie, et quand on est enfoncé de 30 cent., poser le premier châssis, qui se compose de 1 semelle, 1 chapeau et 2 montants, de 1^{m},80 de longueur chacun, sur 15 cent. environ d'équarrissage; la semelle, les montants et le chapeau s'assemblent à mi-bois. — Placer d'abord la semelle bien horizontale; puis, les montants et le chapeau que l'on assujettit par des coins. — Continuer le déblai, et placer un second châssis à 1 mètre du premier. — Glisser des madriers de 4 cent. d'épaisseur sur les chapeaux des deux châssis, pour soutenir les terres du ciel de la galerie, et des planches de coffrage de 27 mill. d'épaisseur entre les montants et la terre des côtés. — Faire un plancher sur les semelles avec des planches semblables. — Continuer de la même manière la construction de la galerie, en chassant des coins de bois entre les planches ou les madriers et le dernier châssis, pour ménager un passage aux madriers et aux planches de coffrage du châssis suivant. — Fermer l'entrée par une porte en madriers. — Revêtir l'excavation du talus du rempart en coffrage ou en gazons.

4 hommes exercés peuvent faire 4 mètres de galerie en 12 heures.

Dans une longueur de $1^m,15$, on peut placer 4 barils de 100 kil. sur 2 rangs et sur 2 de hauteur.

MAGASINS EN BLINDAGE AU PIED DE LA CONTRESCARPE. — Dresser jointivement contre la contrescarpe des poutrelles de 4 mètres de longueur et de 21 cent. d'équarrissage au moins, l'extrémité supérieure à $3^m,40$ au-dessus du fond du fossé, l'extrémité inférieure appuyée sur un madrier; les recouvrir d'un prélat et d'une couche de sacs à terre placés perpendiculairement au rempart.

Fermer les extrémités avec des gabions, en laissant une entrée d'un côté.

6 poutrelles forment un magasin pouvant contenir 2 barils de 100 kil.

4 hommes peuvent construire en 12 heures, avec 14 poutrelles, un magasin contenant 6 barils.

On peut encore n'employer que des poutrelles de $2^m,70$, et abaisser au besoin le sol du magasin; il suffit, dans ce cas, d'un appui vertical de $2^m,40$; mais on ne peut plus loger qu'un baril de poudre dans le sens de la largeur du magasin.

Indépendamment des magasins, on tient toujours 2 ou 3 charges par pièce dans des coffres ou des barils logés dans les traverses ou le parapet.—Sur les fronts hors des attaques, les munitions sont renfermées dans des coffres abrités le mieux possible. — Les projectiles et les bouchons sont disposés comme dans les batteries de siége.

Batteries blindées. (Pl. 44 et 45.)

En général, on ne doit établir ces batteries que dans des positions où elles ne soient pas en prise aux feux directs de l'attaque. — Un des meilleurs emplacements est au saillant des bastions, pour prendre à revers le couronnement du chemin couvert et les brèches des demi-lunes, lorsque les embrasures ont été construites biaises à cet effet. — Elles se construisent ordinairement pour une ou deux pièces montées sur affûts de siége ou sur affûts de place avec châssis, ou mieux avec lisoir-directeur.

Adosser à l'épaulement un massif formé de poutrelles horizontales, et percé de créneaux correspondant aux embrasures. — Disposer sur des semelles parallèles à l'épaulement une rangée de montants verticaux dans l'axe de chaque merlon, pour soutenir le *toit*. — Le toit est formé de deux lits de lambourdes horizontales, recouvertes d'une couche de terre de 1 mètre d'épaisseur, ou d'une rangée de saucissons avec une couche de terre de 65 cent. Les flancs sont formés du côté intérieur par un coffrage en planches; du côté extérieur, par un massif en terre de 4 mètres à la base; ils se terminent du côté de l'entrée de la batterie par un coffrage ou une gabionnade parallèle à l'épaulement.

Espace pour une pièce : 3 mètres de largeur entre les montants; 7 mètres environ de longueur; $2^m,30$ de hauteur entre les semelles et les lambourdes du toit. — Hauteur de la genouillère, suivant l'affût; 1 mètre au-dessus des madriers de la plate-forme, pour affûts de place sur lisoir-directeur. — Dimensions du créneau : hauteur intérieure, 50 cent.; hauteur extérieure, 60 cent. environ, de manière à obtenir une plongée inclinée suivant la limite du tir au-dessous de l'horizon; largeur extérieure, 50 cent.; largeur intérieure, $1^m,30$ au plus, suivant l'étendue du champ de tir. — Les plates-formes sont généralement formées de madriers, posés sur les semelles perpendiculairement à l'épaulement.

Pour l'affût de place sur lisoir-directeur, c'est la plate-forme elle-même qui est établie sur les semelles, et l'on ménage dans le massif antérieur un logement pour recevoir la tête du gîte du milieu. — Les joues d'embrasure sont revêtues en gabions. — L'ouverture extérieure du fond est réduite à $1^m,50$.

La construction de ces batteries exige beaucoup de bois, 53 mètres cubes pour une batterie de deux pièces; un peu moins du double de ce qui est nécessaire pour une seule, les deux pièces n'étant séparées que par un rang de montants.

On simplifie la construction du blindage en formant le devant de la batterie de quatre rangées jointives de corps d'arbres équarris; le blindage et les flancs, avec des corps d'arbres et des pilots jointifs de bois en grume, de 30 cent. environ de diamètre.

La planche 45 fait connaître le dispositif des batteries blindées de Dantzig, en 1813, et d'Anvers, en 1832. Ce dernier blindage, en bois de sapin, a résisté aux bombes.

Les batteries blindées pour mortiers se construisent de même, et n'exigent que 32 mètres cubes de bois pour deux mortiers; le massif antérieur devenant inutile, 3 mètres de largeur entre les montants suffisent pour un mortier. — On les soustrait facilement aux feux directs de l'assiégeant, en les plaçant au pied du talus des remparts. — Placées sur le prolongement des branches du chemin couvert ou des demi-lunes, elles peuvent être très-utiles pour s'opposer à l'établissement et aux effets des batteries de brèche. — On creuse en avant de la batterie un fossé pour recevoir les projectiles creux qui pourraient incommoder les servants; on peut aussi couvrir la batterie, en avant et en arrière, par une double gabionnade.

Batteries casematées. (Pl. 42, fig. 6 et 7.)

Les casemates sont ordinairement construites en maçonnerie, en même temps que la fortification; les embrasures et les plates-formes sont établies à l'avance, et disposées pour l'emploi des affûts de place sur lisoir-directeur. Comme les casemates de place doivent être armées presque en totalité de pièces de campagne, on les construit généralement pour cette espèce de bouches à feu montées sur affûts de place de 12, appropriés à cette destination.

GENOUILLÈRE. — Hauteur au-dessus des madriers de la plate-forme : 1 mètre, pour les pièces de campagne; 98 cent., pour les pièces des plus gros calibres.

EMBRASURES. — La partie la plus étroite, large de 40 cent., correspond à l'axe de la cheville-ouvrière, et se trouve à 25 cent. en avant du parement intérieur de la muraille. — Hauteur de l'ouverture intérieure, non compris la flèche de la *voûte de ciel*, 65 cent. — En avant de la partie la plus étroite, la plongée est inclinée suivant l'angle de la limite du tir au-dessous de l'horizon, c'est-à-dire, de 5 à 6°.

Les plans des joues font des angles de 22°, à droite et à gauche, avec le plan vertical passant par la directrice de l'embrasure. — La voûte de ciel coupe ces plans suivant deux lignes qui font avec l'horizon un angle de 8°, qui est l'angle maximum du tir au-dessus de l'horizon. — En arrière de la partie la plus étroite, le dessus de la genouillère est parallèle à la plate-forme; chaque joue de l'évasement intérieur est parallèle à la joue extérieure du côté opposé; la voûte de ciel de cet évasement intérieur a ses génératrices extrêmes parallèles à la plate-forme. — Cette embrasure pourrait encore recevoir, avec un jeu suffisant, le canon de 12 de place, tirant depuis 6° au-dessous de l'horizon jusqu'à 4 ou 5° au-dessus. — Pour les calibres plus forts, le champ de tir est un peu plus restreint; mais il est facile de l'augmenter, en entaillant légèrement les angles des joues dans la partie la plus étroite de l'embrasure, et en pratiquant dans la muraille des enfoncements pour loger la roulette et le boulon d'affût du côté opposé au tir le plus oblique. Pour les bouches à feu des plus gros calibres, l'ouverture de l'embrasure doit avoir 95 cent. de hauteur sur 55 cent. de largeur.

LOGEMENT DE LA CHEVILLE-OUVRIÈRE. — Il est pratiqué dans la muraille, pour recevoir la tête du gîte du milieu, qui porte la cheville-ouvrière. — Largeur à l'entrée, 50 cent.; au fond, 20 cent.—Hauteur, tant au-dessus qu'au-dessous de la plate-forme, 30 cent.—Profondeur de l'excavation, 38 cent.

PLATE-FORME. — On la construit de préférence en bois, à cause de la facilité des réparations en cas d'ébranlement causé par le tir. Dans ce cas, les matériaux sont ceux de la plate-forme de siége ordinaire, modifiés par l'emploi du lisoir-directeur. (Voy. page 385). L'inclinaison est, comme à l'ordinaire, de 2° environ. — Le logement des gîtes, sur le sol ou sur la maçonnerie, doit être fait avec soin, de manière que l'axe de la cheville-ouvrière se trouve sur la directrice, à 25 cent. en dedans du parement de la muraille. — Quand on ne peut employer les piquets pour consolider la plate-forme, on y supplée par tout autre moyen de consolidation que peuvent permettre les localités.

Si le terre-plein est trop étroit, l'emploi d'une brague permet de limiter le recul des affûts à 4 mètres environ, comptés du mur d'épaulement.

Quand la plate-forme est en pierre, la cheville-ouvrière est scellée dans la maçonnerie; la bande circulaire est scellée de même, à fleur du dessus du dallage. Les pierres du meilleur choix, sous le rapport de la résistance, sont employées sur une largeur de $1^m,50$ environ, en arrière de la bande circulaire, tant à l'endroit où les roulettes touchent la plate-forme, lorsqu'elles quittent le lisoir dans le recul, qu'au point correspondant à la crosse de l'affût.

Les besoins de la défense peuvent exiger l'établissement de batteries casematées sur les flancs de bastions n'ayant pas de casemates. Pratiquer alors une galerie de mine perpendiculairement à l'escarpe, et à la hauteur convenable, en employant des châssis de dimensions telles que cette galerie ait la largeur intérieure des batteries blindées (Voy. page 389). Percer un créneau des plus petites dimensions possibles dans la maçonnerie de l'escarpe; soutenir, au besoin, la maçonnerie par une charpente. — Établir un courant d'air, pour l'évacuation de la fumée, au moyen d'un puits vertical.

Moyens à employer pour armer et désarmer les différents ouvrages.

Les ouvrages du corps de place ayant des rampes, on peut y faire arriver, avec un avant-train de campagne, les pièces montées sur affûts de place, ou bien les transporter avec le triqueballe ou le porte-corps, et les mettre ensuite sur leurs affûts. — Les approvisionnements en bois à plates-formes sont amenés par des charrettes. — Pour les ouvrages extérieurs, il faut souvent employer d'autres moyens. On monte les pièces du fossé sur le terre-plein du réduit de la demi-lune, au moyen de la chèvre à haubans; avec des leviers, des rouleaux, des poutrelles et une double prolonge, on les fait ensuite arriver, par des rampes, sur les plates-formes. — On fait passer les bouches à feu et leurs affûts du réduit dans la demi-lune, au moyen de pièces de bois, jetées comme un pont sur le fossé, qui n'a ordinairement que 4 à 5 mètres de largeur; on dirige les pièces au moyen d'une prolonge double. — On fait passer de même les pièces dans les réduits de places d'armes rentrantes et dans le chemin couvert, lorsque le fossé de la demi-lune n'est pas trop profond et que le pont peut être étançonné; dans le cas contraire, on fait usage de la chèvre à haubans.

Pour désarmer, on emploie les mêmes moyens, quand on a le temps nécessaire; sinon, on renverse les bouches à feu dans les fossés; elles sont ensuite rentrées par les poternes.

BATTERIES DE CÔTE. (Pl. 46 et 47.)

DISPOSITIONS GÉNÉRALES. — Depuis 0° jusqu'à 8°, les projectiles ricochent sur l'eau; l'angle de 5° est le plus favorable. — Avec un commandement de 14 à 18 mètres, le ricochet peut commencer à environ 200 mètres de l'épaulement, ce qui est la condition que l'on doit s'imposer; les bonds successifs portent le projectile jusqu'à 1200 ou 1300 mètres; la batterie est à l'abri du ricochet des vaisseaux, dont les pièces ne s'élèvent que de 4 à 6 mètres au plus au-dessus de l'eau. — Le commandement peut être augmenté sans inconvénient, si des obstacles s'opposent à ce que les bâtiments approchent jusqu'à 200 mètres. Il ne faut pourtant pas perdre de vue que, sous l'angle de 8°, l'agitation de la mer annule fréquemment le ricochet. — L'angle de 5°, qui doit être en général préféré, donne 15 mètres de commandement, en satisfaisant à la condition que le premier point de chute soit à 200 mètres.

La hauteur de la batterie se compte de la crête du parapet, au moment du tir; elle se compose de l'élévation fixe au-dessus des plus hautes marées, et de la quantité variable dont la mer se trouve au-dessous de ce niveau. Ces variations, qui sont inégales pour les différents points d'une même côte et qui changent d'un jour à l'autre pour le même point, peuvent s'élever jusqu'à 7 mètres et au delà. Il importe de les bien connaître, soit pour fixer la position de la batterie, soit pour diriger le tir.

L'examen préalable de l'état et de la profondeur des fonds, en avant de la batterie, est indispensable pour permettre d'apprécier la force des bâtiments de guerre qui peuvent s'approcher de la côte, et, par conséquent, pour déterminer la force de l'armement à opposer à leurs attaques.

Éviter autant que possible d'asseoir les batteries sur des croupes de rochers, ou de les adosser à des falaises; si on est forcé de le faire, élever devant les rochers dont les éclats seraient à craindre, un massif en terre de 3 à 4 mètres d'épaisseur, avec revêtement en claies, en gazons, etc. — Couper en plusieurs ressauts ou banquettes horizontales le terrain qui s'étend entre la mer et l'épaulement, quand ce terrain forme un talus qui pourrait relever le ricochet des vaisseaux, et conduire les projectiles jusque dans la batterie.

Il est quelquefois nécessaire d'établir artificiellement le terre-plein de la batterie au-dessus du sol naturel; d'autres fois, il peut être avantageux de l'enfoncer; dans ce cas, prendre des précautions contre l'envahissement des eaux et des sables. La disposition la plus favorable est l'établissement sur le sol naturel.

Dimensions normales. (Pl. 46.)

ÉPAULEMENT. — L'épaulement est en terre, passée, s'il le faut, à la claie. Le champ de tir des pièces sur affûts et plates-formes de côte étant de 90°, on trace les batteries, autant que possible, de manière qu'elles puissent battre les vaisseaux dans toute cette étendue. — Les pièces tirent à barbette, et les directrices sont perpendiculaires à l'épaulement. — Espacement des directrices, 8 mètres; la distance entre les directrices extrêmes et les retours ou côtés de l'épaulement est égale au moins à la moitié de l'espacement des directrices.

Dans les batteries importantes, disposer l'emplacement de telle sorte que l'épaulement, agrandi au besoin, puisse recevoir quelques bouches à feu en sus de l'armement normal.

	mètres.
Hauteur de la crête intérieure au-dessus du terre-plein. . .	2,30
Idem *idem* au-dessus du sol de la plate-forme.	1,60
Épaisseur de crête en crête.	6,00

Inclinaison de la plongée, 1/10 au moins pour l'écoulement des eaux; autant que possible, suivant les objets à battre.

Talus extérieur, à l'inclinaison des terres coulantes.

Le revêtement intérieur est en maçonnerie sur une hauteur de 1m,65 au-dessus du terre-plein, ou de 95 cent. au-dessus de la plate-forme, avec une épaisseur uniforme de 65 cent. au moins. Au-dessus de ce revêtement, il y a 65 cent. de terres au talus naturel; lors de l'armement de la batterie, on revêt ce talus, après lui avoir donné l'inclinaison du tiers, en saucissons, en gazonnage, en clayonnage, etc., suivant la nature des matériaux dont on peut disposer.

Quand les terres sont sablonneuses; elles pourraient à la longue être emportées par les vents violents de la côte ; garantir, dans ce cas, les parties de l'épaulement les plus exposées par un placage en terre grasse ou en gazons. — Le varech peut être employé avec avantage entre les fascinages pour empêcher le sable de tamiser.

MASSIF EN TERRE DES PLATES-FORMES. — Le Génie, en construisant la batterie, prépare sur le terre-plein, dans toute sa longueur, un massif en terre de 70 cent. de hauteur, destiné à recevoir les plates-formes.

	mètres.
Longueur du massif.	6,20
Base du talus de raccordement avec le terre-plein. . .	1,40
Largeur du terre-plein à partir du pied du talus. . . .	2,40
Largeur totale du terre-plein.	10,00

Afin que les canonniers soient mieux couverts, lorsqu'ils ne sont pas employés autour de la bouche à feu, établir, au milieu de l'intervalle qui sépare deux directrices voisines, un couloir enfoncé moyennement de 35 cent. au-dessous du sol des plates-formes, ayant à sa partie supérieure 1 mètre de largeur et s'élargissant dans la portion qui se rapproche de l'épaulement. — Donner au fond de ce couloir une inclinaison de 1 cent. par mètre, à partir du pied de l'épaulement, pour l'écoulement des eaux. — Les talus de raccordement avec le sol des plates-formes ont pour base la moitié de la hauteur.

Les affûts étant en batterie, et l'axe des bouches à feu étant horizontal, le dessous du plus grand renflement à la bouche de la pièce se trouve très-peu élevé au-dessus de la crête intérieure; la distance pour l'obusier de 22c sur affût en bois n'est que de 25 mill. Cela est suffisant pour les cas ordinaires; mais quand la hauteur de la batterie ou le rapprochement possible de l'objet à battre font prévoir la nécessité d'un tir plus incliné au-dessous de l'horizon, abaisser convenablement la crête intérieure, et modifier l'inclinaison de la plongée, ou bien élever le petit châssis et les madriers de la plate-forme. Si le sol est assez résistant, cette dernière méthode présente l'avantage de moins découvrir l'intérieur de la batterie.

DIMENSIONS RÉDUITES. — Quand la disposition du terrain ou toute autre cause l'exige, les dimensions données ci-dessus peuvent à la rigueur être réduites ainsi qu'il suit :

	mètres.
Espacement des directrices, en cas de nécessité absolue. . .	7,00
Longueur de la plate-forme.	5,60
Largeur du terre-plein, à partir du pied du talus.	2,00
Largeur totale du terre-plein.	9,00

Toute batterie dans ces conditions doit être, en principe, armée avec des affûts en fonte; il n'y a alors aucune difficulté. Avec des affûts en bois, on peut suivre les dispositions détaillées plus haut, sauf pour le couloir pratiqué entre deux pièces voisines, dont on ne conserve que la portion triangulaire qui touche l'épaulement. Une rigole de largeur et de pente convenables rejette les eaux du côté opposé à l'épaulement.

TRAVERSES, RETOURS, ABRIS. — Presque toujours il faut des retours, et quelquefois des traverses, pour couvrir l'intérieur de la batterie. Le tracé et le relief sont déterminés par la condition de défiler le terre-plein à 2 mètres au-dessus de la queue des plates-formes. — Tenir, autant que possible, les crêtes supérieures dans le plan de défilement passant par les points dangereux. — Généralement, les traverses ont 2^m,30 de hauteur; 6 mètres de longueur, si elles sont perpendiculaires à l'épaulement; 4 mètres et, à la rigueur, 3 mètres d'épaisseur au sommet. — Les dimensions du fossé dépendent de la nature du terrain; lui donner, autant que possible, une grande profondeur avec une largeur suffisante, pour mieux garantir la batterie contre les tentatives de vol et les surprises de l'ennemi.

Toute batterie doit, comme complément indispensable, avoir un réduit en maçonnerie dans lequel sont réunis et distribués, d'une manière utile à la défense, les corps de garde, les magasins à poudre et les bâtiments de service. — Il y a deux classes de réduits : les tours, et les corps de garde défensifs. Chaque classe comprend trois numéros de capacité, suivant l'importance des batteries. Les réduits de première classe peuvent résister au canon de campagne. — Tout réduit, pour que la garnison puisse défendre les pièces, doit découvrir le terre-plein sur une largeur de 8 mètres au moins, à partir du pied du talus intérieur. Cette condition détermine la disposition des traverses et des retours. Le réduit doit lui-même être couvert par un glacis ou une traverse.

Les réduits pouvant quelquefois être éloignés de 30 à 40 mètres, et même plus, de la batterie, le service de l'approvisionnement des pièces pendant le feu deviendrait très-fatigant. En conséquence, on ménage, à portée des pièces, des abris derrière lesquels est déposé, dès l'ouverture du feu, un approvisionnement de 4 coups par pièce. Les gargousses, les obus ou les bombes sont dans des gargoussiers ou des caisses. Ces abris sont ou une tranchée, ou une traverse parallèle à l'épaulement, laissant entre leur talus extérieur et le talus du terre-plein des plates-formes un passage suffisant.

Quand le réduit est placé derrière la batterie, creuser une tranchée parallèle à l'épaulement, ayant 1 mètre de profondeur, 2 mètres de largeur dans le fond, 2 mètres de longueur par pièce à approvisionner. Former avec les terres un épaulement, du côté du large, de 2 mètres d'épaisseur au sommet, ayant au moins 1 mètre de relief au-dessus du sol, et soutenu intérieurement par un fascinage.

Quand le réduit est à droite ou à gauche de la batterie, s'il est plus facile de réunir des terres que de creuser une tranchée, élever simplement une traverse parallèle à l'épaulement, ayant 2 mètres de hauteur, 3 mètres d'épaisseur, et 2 mètres de longueur par pièce à approvisionner.

Si la nature du terrain, ou la disposition du réduit, rend impossibles ces dispositions, pratiquer dans l'épaisseur des traverses ou des retours de petits magasins capables de recevoir 4 coups par pièce. La construction de ces abris est exécutée par les canonniers eux-mêmes au moment de la guerre.

Établir des communications faciles, praticables aux voitures, et couvertes par l'épaulement de la batterie, par le réduit, par les accidents du terrain, ou par de simples parapets.

Plates-formes.

Dans les batteries de côte à ciel ouvert, les plates-formes se partagent en trois catégories :

1° Les *plates-formes en maçonnerie*, dont la surface est couverte en dalles.

Elles sont exclusivement construites par le Génie.

2° Les *plates-formes en bois*, réposant sur un massif en terre et se composant de bois de charpente et de madriers.

Elles sont toujours construites par l'Artillerie.

3° Les *plates-formes mixtes*, établies avec des bois de charpente et des madriers à la partie postérieure; mais à la partie antérieure, il y a une fondation ou *massif en maçonnerie*, surmonté d'un dé en pierre de taille qui supporte la sellette.

Elles sont en général construites par l'Artillerie, excepté lorsque le massif en maçonnerie qui supporte le dé, doit s'appuyer sur des voûtes ou autres maçonneries faisant partie intégrante de la fortification. Dans ce cas, l'établissement de la partie antérieure de la plate-forme est confié au Génie qui se concerte préalablement avec l'Artillerie.

Plate-forme de l'affût en fonte. (Pl. 46.)

Cette plate-forme diffère de celle des affûts de place, en ce que la sellette qui remplace le petit châssis ou plateau circulaire de l'affût en bois doit, en principe ou autant que possible, reposer sur un massif en maçonnerie. Ce n'est qu'à défaut de maçonnerie qu'on a recours à un petit châssis en bois, analogue au petit châssis d'affût de place. Dans tous les cas, l'axe de la cheville-ouvrière doit se trouver sur la directrice, à 65 cent. du pied de l'épaulement; le dessous de la sellette et le dessus des madriers de la voie circulaire doivent être dans le plan horizontal de la plate-forme, à $1^m,60$ au-dessous de la crête intérieure.

ÉTABLISSEMENT DE LA SELLETTE. — *Construction en maçonnerie.* — Fonder sur le bon sol; la maçonnerie, établie aussi solidement que possible, est couronnée par un dé d'une seule pierre, sur lequel est fixée la sellette. — Dimensions du dé, aussi fortes que possible; au minimum, $1^m,10$ de longueur, 1 mètre de largeur, et 45 cent. d'épaisseur. — Le dé est placé dans un logement de 4 cent. environ de profondeur, taillé dans la dernière assise. — La sellette est disposée sur le dé, à égale distance du devant et des côtés; elle est maintenue par quatre boulons scellés au plomb, dont les axes sont sur deux droites perpendiculaires entre elles, et à 354 mill. du point d'intersection de ces droites. — L'assise sur laquelle repose le dé est faite d'une seule pierre de taille, n'ayant pas moins de $1^m,50$ sur $1^m,40$; ou, au plus, de quatre pierres agrafées entre elles par des crampons scellés au plomb. Les assises inférieures sont en moellons ou en béton. — Les remblais autour de la maçonnerie sont faits avec soin, et composés, autant que possible, de forts quartiers de pierre placés de la manière la plus propre à augmenter la résistance au recul. On peut employer à cet usage de vieilles bouches à feu en fonte, hors de service. — Si le roc est au niveau du terre-plein, on le taille pour recevoir la sellette, et les boulons sont scellés dans le roc même. Quand il se rencontre assez près du terre-plein, on y taille un logement pour le dé, dont l'épaisseur dans ce cas peut être réduite jusqu'à la limite nécessaire pour la solidité des scellements. Toutes les fois que le roc sert de fondation, il doit être nivelé pour recevoir la première assise.

ÉTABLISSEMENT DE LA SELLETTE. — *Construction en bois, à défaut de maçonnerie.* — 2 semelles de croisillon (chêne) de $1^m,80$ de longueur, et 22 cent. d'équarrissage, assemblées en croix par des entailles à mi-bois, s'affleurant entre elles en dessus et en dessous, le milieu de la semelle transversale à 65 cent. du bout de devant de la semelle longitudinale. — 1 heurtoir de $1^m,80$ au moins, et 22 cent. d'équarrissage. — 5 madriers-gîtes de 1 mètre de longueur, 30 cent. de largeur, et 85 mill. d'épaisseur. — 4 boulons de sellette.

Pratiquer au pied de l'épaulement, à l'emplacement qui doit recevoir le croisillon, une excavation ayant $1^m,80$ perpendiculairement à la directrice, $2^m,02$ suivant la directrice, et 305 mill. de profondeur; niveler et raffermir le fond aussi solidement que possible; y placer des madriers-gîtes sur un même plan horizontal, et de manière qu'ils se trouvent en travers de chacune des branches du croisillon; quand il est posé; ceux de devant et de derrière à fleurs des bouts des branches longitudinales; ceux des côtés, appuyés contre les bouts des madriers de devant; le cinquième madrier est placé sous la branche longitudinale de derrière, entre les madriers des côtés, sont milieu correspondant à leurs extrémités. — Remblayer et damer fortement les terres autour des madriers. — Placer ensuite le croisillon de manière que l'axe de la cheville-ouvrière soit à 65 cent. du pied de l'épaulement. — Disposer le heurtoir contre le bout de la branche longitudinale; compléter et damer le remblai avec tout le soin possible.

Consolider le croisillon et le heurtoir par des piquets dont le nombre et les dimensions sont réglés d'après la nature du sol, en les plaçant toutefois de préférence aux aisselles du croisillon et derrière le heurtoir.

ÉTABLISSEMENT DE LA VOIE CIRCULAIRE. — La voie circulaire des roulettes du grand châssis, dans les plates-formes en maçonnerie, est revêtue d'une bande en fer forgé de 15 cent. de largeur sur 3 cent. d'épaisseur, encastrée dans le dallage de 25 mill., le cercle moyen à $3^m,03$ de l'axe de la cheville-ouvrière. Dans tous les cas, pour empêcher les roulettes de sortir de la plate-forme, sceller un fort arrêtoir en fer de chaque côté dans le massif, aux points où doit s'arrêter la roulette lorsque le châssis s'écarte le plus de la directrice.

La pose des bandes circulaires s'effectue par les soins du service du Génie.

Dans les plates-formes en bois ou mixtes, la voie circulaire est faite comme pour les affûts de place; seulement, elle nécessite 5 madriers et 6 madriers-gîtes ayant respectivement les mêmes dimensions que ceux de la plate-forme de place ($1^m,15$ et $1^m,27$ de longueur pour les premiers, et 1 mètre de longueur pour les seconds, sur 30 cent. et 85 mill.). — La distance de l'axe de la cheville-ouvrière aux bouts intérieurs des madriers est de $2^m,88$. — Il faut en outre 20 broches ou clous à tige ronde de 13 cent. de longueur. — Poser les madriers-gîtes de niveau, sur un fond solidement raffermi; les côtés extérieurs des madriers extrêmes affleurant les bouts des derniers madriers de la voie, et les madriers intermédiaires dans la direction des joints des madriers supérieurs; ces derniers, ajustés bout à bout, sont fixés sur les madriers-gîtes, chacun par 4 broches.—Damer fortement les terres avant de poser les madriers, et dans tous les remblais.

Lorsque le sol du terre-plein ne présente que peu de résistance, à l'emplacement où la voie circulaire doit être construite, excaver le sol sur une profondeur de 40 cent. et une largeur de 1 mètre. Former dans ce vide, soit avec des planches placées de champ, soit au moyen de petits murs en pierres sèches, un encaissement que l'on remplit de sable, et établir au-dessus, comme d'ordinaire, les gîtes et les madriers de la voie circulaire. — Si, après quelques coups tirés, on remarque que les madriers se sont affaissés, ramener la voie circulaire à son niveau primitif en refoulant du sable sous les gîtes avec des leviers. — Lorsque les plates-formes sont construites avec des bois pris dans le commerce, et plus épais que les bois réglementaires, il faut se garder de diminuer cette épaisseur, qui augmente d'autant la solidité de la voie; lorsque les matériaux ne font pas défaut, multiplier dans le même but, les gîtes, en en plaçant non-seulement sous les joints, mais encore sous le milieu des madriers.

Lorsque les petits châssis et les madriers sont établis, et les terres bien rassises, donner au plan supérieur de la plate-forme de légers talus pour rejeter les eaux, latéralement dans les deux couloirs avoisinants, et en arrière dans le terre-plein où des pentes sont ménagées, suivant les localités, de manière à conduire toutes les eaux en dehors de la batterie. — Afin de faciliter le service des bouches à feu, construire au moment du besoin et avec les matériaux dont on peut disposer, entre le pied de l'épaulement et la sellette, une banquette de 1 mètre de longueur 45 cent. de largeur, et 30 cent. de hauteur. — Les chevalets d'armoments se placent au milieu des couloirs pratiqués entre les plates-formes, à la droite de chaque bouche à feu; le premier, à

1m,30; le deuxième, à 3m,60 de l'épaulement, pour le canon de 30 comme pour l'obusier de 22c.

Plate-forme de l'affût de côte en bois.

5 madriers pour la voie circulaire, et 11 madriers-gîtes, tous de mêmes dimensions que ceux de la plate-forme d'affût de place pour obusier. — 3 madriers d'échantignole de 3 mètres de longueur, 25 cent. de largeur, et 85 mill. d'épaisseur. — 38 broches de 13 cent. de longueur.

Les 5 madriers et 8 madriers-gîtes sont employés à l'établissement du petit châssis et de la voie circulaire (voy. page 381); seulement, le manque de largeur du terre-plein peut obliger à redresser un peu les madriers-gîtes extrêmes de la voie circulaire. — Les trois derniers madriers-gîtes servent de fondation au tablier d'échantignole, dont le devant est à 83 cent. de l'axe de la cheville-ouvrière; ils sont placés perpendiculairement à l'épaulement. Celui du milieu a son axe sur la directrice; les deux autres ont le côté extérieur à 30 cent. des extrémités du tablier. Le bout de devant de celui du milieu est à fleur du devant du tablier; le bout de derrière des deux extrêmes est à fleur du derrière du tablier. — Les 3 grands madriers sont fixés jointifs sur les 3 madriers-gîtes, chacun par 6 broches, de manière à former un tablier présentant un appui solide à l'échantignole du milieu du châssis dans toutes ses positions. La face supérieure doit se trouver dans un même plan avec le dessus de la voie circulaire. La position du premier madrier est réglée au moyen d'une cale de 18 cent. placée contre le bout de derrière de la semelle du petit châssis, qui se trouve ainsi appuyé contre le tablier. — La banquette pour le service des pièces a 1 mètre de longueur, 40 cent. de largeur, et 20 cent. de hauteur.

Plates-formes pour mortiers. (Pl. 46.)

Les plates-formes des mortiers ordinaires s'établissent comme dans les batteries de siége ou dans les places.

Pour la plate-forme de mortier à plaque, il faut : 7 gîtes et 14 lambourdes, ayant tous 3m,10 de longueur sur 22 cent. d'équarrissage; 28 piquets de fondation, de 10 cent. d'équarrissage sur 1m,50 de longueur.

La plate-forme est maintenue par un encadrement en pierres de taille, du plus fort échantillon possible, mais ayant au moins 60 cent. de hauteur sur autant de largeur et reposant sur une couche de béton. — Le cadre en maçonnerie construit, préparer dans l'intérieur une excavation de 44 cent. de profondeur; niveler et damer fortement les terres. — Tracer la directrice, et, de chaque côté, trois parallèles espacées entre elles de 45 cent. — Sur chacune de ces lignes, enfoncer 4 piquets, les têtes perdues et bien de niveau avec le fond de l'excavation; les piquets extrêmes à 33 cent., et les piquets intermédiaires à 1m,21 des murs transversaux d'encadrement. — Raffermir le terrain autour des piquets. — Sur les têtes des piquets, placer les 7 gîtes également espacés, bien parallèles, les faces supérieures de niveau; remplir les intervalles, sur toute la hauteur, avec des terres fortement damées. — Placer, perpendiculairement aux gîtes, les 14 lambourdes; les serrer, au besoin, en chassant de petits coins entre la dernière lambourde et le cadre. — La plate-forme ainsi construite est un carré de 3m,10 de côté; sa surface doit être parfaitement horizontale, et un peu au-dessus des murs d'encadrement. — Établir les chevalets d'armements et les gouttières pour l'écoulement des eaux, comme dans les batteries ordinaires. — La distance du centre de la plate-forme au pied du talus intérieur doit être de 3m,50 environ.

Cette plate-forme, quoiqu'elle ne soit pas encore réglementaire, a été déjà exécutée dans plusieurs batteries de côte.

Quand la nature du sol ne permet pas d'enfoncer les piquets, excaver l'intérieur de l'encadrement en maçonnerie sur une profondeur variable avec la nature du terrain; égaliser le fond de l'excavation au moyen d'une couche de sable ou de terre passée à la claie et fortement damée; placer dans le sens de la directrice un lit de madriers occupant toute la largeur de l'excavation, et, sur ces madriers, perpendiculairement à la directrice, 7 lambourdes de fondation, les faces supérieures dans un même plan horizontal; damer avec soin de la terre entre ces lambourdes; et, sur cette fondation, construire la plate-forme comme précédemment, sauf les piquets.

En général, l'établissement de chaque plate-forme doit être l'objet d'une étude spéciale, suivant les localités. — Dans certaines circonstances, il peut être nécessaire d'établir la plate-forme sur pilotis.

Batteries construites sur les digues, môles, musoirs, etc.

Le peu d'espace dont on peut disposer ordinairement sur les digues, môles, musoirs, etc., nécessite quelques modifications aux dispositions précédemment indiquées.

Les batteries ne peuvent être armées qu'avec des affûts en fonte, lesquels, pour le même champ de tir, prennent un emplacement beaucoup moins considérable.

L'espacement des directrices est réduit à 6 mètres. L'intervalle entre les directrices extrêmes et les retours est au moins de 3^m,40.—Donner à la plate-forme, dont le massif est entièrement en maçonnerie, une longueur de 4^m,65, et la raccorder avec le terre-plein au moyen d'une marche de 35 cent. de hauteur et de largeur. La largeur du terre-plein, à compter de cette marche, ne doit pas être au-dessous de 2 mètres, ce qui donne 7 mètres pour minimum de la largeur totale de la batterie à partir du parapet. — Un couloir, large de 80 cent. et enfoncé de 35 cent. au-dessous du sol de la plate-forme, est ménagé au milieu de l'intervalle qui sépare deux pièces. Les chevalets pour armements sont mobiles, et se placent dans ce couloir. — La sellette est établie comme d'habitude, l'axe de la cheville-ouvrière sur la directrice, à 65 cent. du pied de l'épaulement, le plan du dessous correspondant au sol de la plate-forme; elle est fixée par des pattes scellées d'un bout dans le massif en maçonnerie, taraudées de l'autre pour recevoir des écrous.

Afin d'éviter que le massif ne soit dégradé par la pince des leviers en fer, l'armement de ces batteries comprend toujours, par pièce, 2 leviers de manœuvre, dont on se sert exclusivement pour agir aux tenons des roulettes.

Batteries casematées. (Pl. 47).

CONDITIONS GÉNÉRALES. — Les pièces exclusivement affectées à l'armement des casemates de côte sont, comme pour les batteries à ciel ouvert, l'obusier de 22^c et le canon de 30. L'affût de casemates récemment adopté est le même pour ces deux bouches à feu; il est porté sur un châssis qui se meut circulairement, comme le lisoir-directeur des affûts de casemates de place, autour d'une cheville-ouvrière placée dans l'épaisseur du mur de masque de la batterie, à 30 cent. de son parement intérieur, et dans le plan vertical de la partie la plus étroite de l'embrasure. Quand l'affût est en batterie, l'extrémité postérieure de la directrice de son châssis est à 4^m,20 du parement de la genouillère, et l'axe du logement des tourillons dans les flasques est à 1^m,20 au-dessus de la plate-forme.

La plate-forme est horizontale dans les parties où elle sert de point d'appui aux supports du châssis; le plan supérieur de ce châssis a une inclinaison de 7 cent. par mètre, de l'arrière à l'avant. — On admet que le champ de tir horizontal des pièces doit être de 60°, et que, dans le plan vertical, il doit s'étendre depuis 3° au-dessous de l'horizon jusqu'à 12° au-dessus, ce qui permet à une batterie élevée de 10 mètres au-dessus du niveau de la mer d'atteindre la ligne de flottaison des navires, depuis 200 jusqu'à 2400 mètres.

DIMENSIONS ET DISPOSITIONS INTÉRIEURES DES CASEMATES. — La largeur des casemates est de 5 mètres, au minimum; elle ne peut être réduite que quand il s'agit de battre un point spécial ou un espace embrassant une amplitude au-dessous de 60°. — La profondeur est fixée pareillement à 5 mètres au minimum, quand les casemates sont ouvertes à la gorge et ne sont destinées d'ailleurs qu'à abriter les pièces. Si, au contraire, elles supportent une batterie supérieure découverte, cette dimension doit être portée à 13 mètres. — La hauteur est, autant que possible, de $3^m,60$ sous clef, et celle des pieds-droits, de $2^m,10$. — L'épaisseur du mur de masque est comprise généralement entre $1^m,75$ et 2 mètres.

Dans l'épaisseur des pieds-droits, à la hauteur de la queue du châssis de l'affût, sont ménagées des ouvertures ayant $2^m,10$ de largeur, pour la facilité du service et la circulation de l'air. Quand la profondeur des casemates le permet, il y a, plus en arrière, un second rang d'ouvertures.

DIMENSIONS ET TRACÉ DE L'EMBRASURE. — La section la plus étroite de l'embrasure a les dimensions convenables pour livrer facilement passage aux bouches à feu, dans les positions extrêmes du tir.

	mètres.
Largeur.	0,70
Hauteur (non compris la flèche de la voûte).	1,00
Hauteur de la genouillère (au-dessus des voies circulaires).	0,90

En avant de la section la plus étroite : La plongée est inclinée suivant la limite inférieure de tir, c'est-à-dire, de 3° au-dessous de l'horizon. — Les plans des joues font des angles de 30° avec le plan vertical passant par la directrice de l'embrasure. — La voûte de ciel coupe les plans des joues suivant deux lignes inclinées de 12° au-dessus de l'horizon, angle égal à la limite supérieure du tir.

En deçà de la section la plus étroite : Le dessus de la genouillère, est tenu horizontal; sa largeur est de 30 cent., mesurée sur l'axe de l'embrasure. — Les joues de l'évasement intérieur sont respectivement parrallèles aux joues extérieures du côté opposé. — Le plan de naissance de la voûte de ciel est incliné de 4° environ au-dessus de l'horizon, ce qui donne une pente de 7 cent. par mètre, la même que celle du plan supérieur du châssis.

Une embrasure ainsi tracée peut recevoir, au besoin, les canons de 36 qui existent encore dans le service de la marine, et qui vont sur les affûts de casemates de côte, moyennant certaines dispositions particulières. En outre, en serrant, autant que possible, les pièces contre les joues de l'embrasure, on peut obtenir exceptionnellement les amplitudes de tir suivantes :

Canon de 36	70°
Canon de 30	72
Obusier de 22c.	74

Il n'y a rien de réglementaire pour le mode de fermeture des embrasures.

LOGEMENT DE LA CHEVILLE-OUVRIÈRE. — Le logement ménagé dans le mur de masque doit avoir des dimensions et une disposition qui se prêtent également bien aux deux modes usités pour fixer la cheville-ouvrière, que la plate-forme soit en bois ou en maçonnerie. La largeur est déterminée par la position que doit occuper la lunette, à la limite extrême du tir dans le plan horizontal. On satisfait à ces conditions avec les dimensions suivantes :

Largeur antérieure,	dans le plan du parement. . . .	56 cent.
Largeur postérieure.		30
Hauteur antérieure,	au-dessus de la plate-forme. . .	45
Hauteur postérieure,	au-dessus de la plate-forme. . . .	40
Approfondissement,	au-dessous de la plate-forme. . .	50
Profondeur,	perpend. au mur de genouillère.	55

Si la plate-forme est en bois, le gîte du milieu, qui porte la cheville-ouvrière, s'engage dans le logement jusqu'à ce que le bord postérieur de la coiffe se trouve dans le plan du parement intérieur du mur de genouillère; cette coiffe ayant 53 cent. de longueur totale, son extrémité antérieure se trouve alors à 2 cent. seulement du fond du logement.

D'un autre côté, l'épaisseur du gîte étant de 180 mill., celle du plancher qu'il supporte de 55 mill., et celle de la bande de dessous de 20 mill., la face inférieure de cette bande se trouve à 255 mill. au-dessous du niveau de la plate-forme; le surplus de l'approfondissement du logement au-dessous de ce niveau, lequel est de 245 mill., est rempli d'une couche de terre bien damée ou de sable, sur laquelle repose ainsi la tête du gîte : cette disposition est indispensable pour que ce gîte s'appuie dans toute sa longueur sur un sol de même élasticité.

Si la plate-forme est en maçonnerie, le dallage en pierres de taille (Voy. pag. 406) est prolongé dans toute l'étendue du logement de la cheville-ouvrière, reposant sur une couche de maçonnerie de moellons ou de béton d'épaisseur convenable, lorsque les dalles n'ont pas 50 cent. d'épaisseur. On a soin, dans ce cas, d'entailler le dallage du logement pour y introduire la crapaudine en fonte qui porte la cheville-ouvrière. Cette crapaudine doit être disposée de façon que le plan du dessus de ses bords latéraux et de la bordure du trou de la cheville-ouvrière soit élevé de 3 cent. au-dessus de celui des voies circulaires; que sa face postérieure reste en saillie de 2 cent. sur le parement intérieur de la genouillère, que sa face antérieure porte exactement contre le fond du logement. On ménage, en outre, en avant du parement intérieur de la genouillère, un encastrement ayant les dimensions suivantes :

Longueur.	90 cent.
Largeur.	24
Profondeur	25

Cet encastrement est destiné à recevoir une pièce de bois, dite *coussinet de crapaudine*, contre laquelle s'appuie la partie postérieure de la crapaudine, ce qui l'empêche de basculer pendant le tir et amortit l'effet du recul, en répartissant la pression qui en résulte sur une plus grande surface. Le coussinet facilite en même temps le placement et l'enlèvement de la crapaudine, et, pour qu'on puisse le retirer lui-même sans difficulté, on ménage un jeu de 7 cent. entre chacune de ses extrémités et le bord de l'encastrement.

Lorsque les matériaux sont très-résistants, on peut exceptionnellement, pour le cas des plates-formes en maçonnerie, construire le mur de genouillère de manière qu'il puisse recevoir une cheville-ouvrière à poignée. Le logement conserve toujours les dimensions précédemment indiquées; il est également dallé en pierres de taille, comme dans le cas général; mais, en outre, le couronnement de la genouilllère est percé d'une ouverture verticale de 9 cent. de diamètre, dont le centre est à 30 cent. du parement intérieur, et se trouve d'ailleurs dans l'axe de l'embrasure; c'est dans cette ouverture que passe la cheville-ouvrière, pour aller s'engager, après avoir traversé la lunette du châssis, dans un trou de 15 cent. de profondeur pratiqué dans le dallage du logement et garni d'une armature en fer dont les branches s'étendent sur la plate-forme, et sont logées et scellées dans le dallage. On évide, en outre, le dessus de la genouillère pour recevoir la poignée recourbée de la cheville-ouvrière.

Plate-forme en maçonnerie.

La plate-forme en maçonnerie est construite par le Génie, en pierres de taille de 40 à 50 cent. d'épaisseur, reposant sur une assise en maçonnerie de moellons ou sur une couche de béton. Elle a trois voies circulaires horizontales et à même niveau, correspondant aux galets de devant et de derrière du châssis, et à l'entretoise du milieu. — Décrire d'un centre commun, pris sur l'axe de la cheville-ouvrière, trois circonférences avec des rayons de $1^m,15$, $2^m,08$, $3^m,63$; ce sont les axes des voies. Les limites latérales sont déterminées d'après les positions extrêmes du châssis, dans l'étendue du champ de tir. Les deux voies extrêmes ont 22 cent. de largeur, et sont armées, chacune en son milieu, d'une bande de fer circulaire de 12 cent. de largeur et de 2 cent. d'épaisseur, encastrée de 15 mill. dans la pierre de taille, et en saillie par conséquent de 5 mill. au-dessus du plan général de la plate-forme; ces bandes sont fixées au dallage au moyen de boulons scellés au plomb, et d'écrous ronds à encoche logés de toute leur épaisseur dans des fraisures pratiquées dans le dessus et au milieu de la largeur des bandes. La voie intermédiaire, de 40 cent. de largeur, n'a pas de bande, et se trouve ainsi de 5 mill. plus bas que la partie ferrée des deux autres voies; elle est destinée à servir de point d'appui à l'entretoise, lorsque, par l'effet du tir, le châssis éprouve une petite flexion; mais elle ne doit pas habituellement être en contact avec cette entretoise, pour ne pas gêner le mouvement du châssis.

Entre les trois voies, la plate-forme présente des surfaces légèrement inclinées, et disposées de façon à rejeter hors des casemates les eaux qui pourraient s'y introduire, soit par les embrasures, soit de toute autre manière. — Procurer aux eaux un écoulement vers la gorge de la batterie, plutôt que de les rejeter au dehors en perçant le mur de masque.

Lorsque le sol des casemates est en terre, la plate-forme est construite en bois, et son exécution rentre alors exclusivement dans les attributions de l'Artillerie.

Plate-forme en bois.

Cette plate-forme comprend le tablier de devant et la voie circulaire pour les galets de derrière. La cheville-ouvrière à crapaudine est seule employée dans ce cas.

BOIS. — 1 gîte du milieu de $4^m,20$ de longueur, 20 cent. de largeur, 18 cent. d'épaisseur; le bout qui porte la coiffe de cheville-ouvrière est percé dans toute sa hauteur d'un trou conique aux diamètres exacts du corps de la cheville. 4 gîtes de côté, dont deux grands de $3^m,70$, et deux petits de $2^m,10$; équarrissage commun, 14 cent. Ces cinq gîtes sont entaillés en dessus de 30 mill., pour loger en partie les troisième, cinquième et sixième madriers du tablier de devant, qui se trouvent ainsi au niveau des trois autres par les faces supérieures; les trois grands gîtes du milieu sont aussi entaillés de 25 mill. pour recevoir les deux madriers intermédiaires de la voie circulaire. — 6 madriers de tablier de devant de $3^m,25$ de longueur, et 325 mill. de largeur; les premier, deuxième et quatrième ont 55 mill. d'épaisseur, et les troisième, cinquième et sixième, 85 mill.; le dessus des deuxième et troisième est, de plus, entaillé pour recevoir une bande circulaire en fer. — 4 madriers de voie circulaire; longueur, mesurée du côté intérieur, $1^m,42$; largeur, 30 cent.; épaisseur 85 mill.; les bouts sont coupés obliquement, de manière que les madriers étant en place, les joints prolongés aillent rencontrer l'axe de la cheville-ouvrière. — 4 madriers-gîtes de 1 mètre sur 30 cent. de largeur et 85 mill. d'épaisseur, comme aux plates-formes de place.

FONTE. — 1 coiffe de gîte.

FER. — Une bande de dessous de gîte. — 2 boulons. — 2 écrous. — 1 cheville-ouvrière. — 1 bande circulaire en fer, de 12 cent. de largeur et 12 mill. d'épaisseur. Le rayon du cercle passant par le milieu de la largeur est de $1^m,15$. — 4 clous rivés. — 66 clous ou broches à tige ronde d'environ 12 cent. de longeur.

ÉTABLISSEMENT DU TABLIER DE DEVANT. — Étendre la terre ou le sable du sol de la casemate dans le logement pratiqué pour recevoir la tête du gîte du milieu, afin que ce gîte repose, dans toute son étendue sur un sol de même élasticité. — Creuser cinq parallèles pour l'emplacement des gîtes, de profondeur telle que le dessus du tablier de devant soit dans un plan horizontal, à 90 cent. du dessus de la genouillère. — Placer le gîte du milieu sur la directrice, la tête dans son logement, de manière à porter l'axe de la cheville-ouvrière à 30 cent. en avant du parement intérieur. — Placer les autres gîtes parallèlement au premier, à 70 cent. d'intervalle d'axe en axe, le bout de devant contre le mur. — Damer avec soin la terre entre les gîtes. — Placer les six madriers du tablier suivant l'ordre indiqué par les entailles pratiquées dans les gîtes pour recevoir les plus épais; fixer ces madriers, chacun par deux clous, sur les deux gîtes extérieurs et sur celui du milieu, et par un seul clou sur les deux gîtes intermédiaires. — La bande circulaire est encastrée de 7 mill. dans les entailles des deuxième et troisième madriers, de sorte que le dessus est dans un plan horizontal de 5 mill. plus haut que celui de la plate-forme; elle est fixée par quatre clous rivés placés au milieu de la largeur de la bande, à égale distance entre eux, ceux des extrémités à 10 cent. des bouts.

ÉTABLISSEMENT DE LA VOIE CIRCULAIRE. — Le rayon du cercle circonscrit aux côtés intérieurs des madriers est $3^m,55$; le centre du cercle est pris sur l'axe de la cheville-ouvrière. — Les deux madriers intermédiaires sont encastrés de 25 mill. dans les entailles des trois gîtes du milieu, de sorte que le dessus de ces madriers est dans un plan horizontal de 5 mill. plus élevé que celui du tablier de devant. Les deux bouts des madriers extrêmes et le bout extérieur des madriers intermédiaires reposent sur les madriers-gîtes. — Les madriers sont fixés, à chaque bout par deux broches; les madriers intermédiaires sont de plus fixés, chacun par un clou, sur le gîte intermédiaire de leur côté. — Damer avec soin les terres autour des madriers; consolider la plate-forme dans son ensemble, pour la résistance au recul, soit par des piquets, soit en arc-boutant le bout de derrière des gîtes contre la maçonnerie de la casemate, etc. — Disposer comme à l'ordinaire les chevalets pour armements, et assurer l'écoulement des eaux à l'extérieur.

APPLICATIONS AUX CASEMATES EXISTANTES. — Les prescriptions qui précèdent sont généralement suivies pour les constructions neuves; il n'y peut être apporté de modifications qu'avec l'autorisation du Ministre, à la suite d'une conférence entre les chefs de service de l'Artillerie et du Génie.

Dans les casemates existantes, on a cherché à se rapprocher autant que possible du type uniforme qui vient d'être décrit. Les plates-formes ont été établies, dans tous les cas, suivant les prescriptions qui précèdent; c'est une conséquence immédiate de l'adoption du nouvel affût. Il en a été généralement de même du logement de la cheville-ouvrière; cependant, dans les batteries où les dimensions de ce logement étaient supérieures à celles qui ont été fixées dans l'instruction, on n'y a rien changé.

On a conservé, sans modifications, toutes les embrasures dans lesquelles les bouches à feu peuvent pénétrer librement, et prendre les positions extrêmes adoptées pour le champ de tir, vertical et horizontal. — Quand l'embrasure présentait une trop grande ouverture verticale, et que le travail pouvait être exécuté à peu de frais, on a relevé le mur de genouillère jusqu'à la hauteur de 90 cent.

Lorsque le ciel de l'embrasure était trop bas pour que la pièce pût être pointée sous l'angle maximum au-dessus de l'horizon, eu égard à la hauteur de la batterie au-dessus de la mer et à la portée maximum de 2400 mètres, on a abaissé le sol des casemates autant que les localités l'ont permis. — Les embrasures tout à fait défectueuses, et ne pouvant aucunement satisfaire aux conditions de tir voulues, ont été reconstruites en tout ou en partie. — Enfin, on a percé des ouvertures dans les pieds-droits, quand cela a été reconnu nécessaire pour le renouvellement de l'air dans la batterie ou pour la facilité du service, sans s'astreindre à leur donner une largeur de $2^m,10$.

Il a été décidé qu'il ne serait rien changé aux dimensions générales des casemates existantes, si ce n'est en cas de reconstruction.

BATTERIES DE CAMPAGNE.

Les batteries de campagne sont à embrasures ou à barbettes; sur le sol naturel pour mieux découvrir le terrain en avant, ou enterrées de la hauteur de la genouillère, si l'emplacement sur lequel elles doivent être établies est assez élevé pour dominer la campagne.

	mètres.
Épaisseur de l'épaulement de crête en crête.	3,50 à 4
Hauteur de la crête intérieure.	2,30
Idem de la crête extérieure	2,25
Idem de la genouillère	0,80
Idem de la genouillère, si les pièces sont sur plate-forme ou en terrain solide	0,90
Ouverture intérieure de l'embrasure (canons ou obusiers).	0,50
Ouverture extérieure au fond, la moitié de la longueur.	
Distance entre les pièces d'axe en axe	5,00
Largeur du terre-plein	7,00

Pour les pièces qui tirent à barbette, le sol de la plate-forme est à 80 ou 90 cent. au-dessous de la crête intérieure; il y a un pan coupé de $3^m,30$, mesuré du pied du talus, dans l'angle du saillant. — Couvrir au besoin les canonniers par un rang de gabions ou de tonneaux de 1 mètre de haut, farcis de fascines, placés sur l'épaulement et se recouvrant un peu. — On peut encore creuser un petit fossé de 1 mètre de profondeur perpendiculairement à l'épaulement, dans lequel se retirent les canonniers, lorsqu'ils ne sont pas occupés au service des pièces.

Si le terrain est suffisamment solide, on ne construit pas de plates-formes; on se contente de bien damer l'emplacement des bouches à feu; quelquefois on place des madriers sous les roues. — Si le sol est mauvais ou sur des barbettes récemment construites, établir des plates-formes de siége, ou des plates-formes à la prussienne (voy. page 353), qui consomment moins de bois. — Faire les revêtements en gazons, en claies, en fascines, etc., suivant les ressources des localités. — Dans les bâtiments retranchés, on perce les murs pour faire des embrasures. — Lorsqu'on doit mettre des pièces de campagne sur des planchers ordinaires, les renfoncer par des pièces de bois fortement étançonnées.

CHAPITRE XIV.

NOTES SUR LE SERVICE EN TEMPS DE GUERRE.

SOMMAIRE.

SERVICE EN CAMPAGNE.

PREMIÈRES DISPOSITIONS. — Avant d'arriver sur le champ de bataille, débarrasser les pièces et les premiers caissons de la plus grande partie des fourrages, dont on charge les coffres de derrière de la réserve. — S'assurer que les seaux sont pleins d'eau; que les cadenas des coffres sont enlevés; que tout est en ordre, particulièrement les tire-feu, dégorgeoirs, débouchoirs, sacs à étoupilles, sacs à charges, écouvillons, etc. — Faire passer le tire-bourre dans les pièces, et le dégorgeoir dans les lumières. — Faire dégager en partie quelques charges dans les cases des coffres.

CHOIX DES POSITIONS. — Les meilleures positions sont celles où le terrain en avant de la batterie est plat et laisse l'ennemi à découvert dans toute l'étendue du tir (environ 1200 mètres). — Le commandement de 1 mètre sur 100 est le meilleur, parce qu'il est le plus favorable au ricochet. S'il dépasse 7 mètres sur 100, il devient de moins en moins avantageux.

Profiter des obstacles qui peuvent arrêter l'ennemi ou neutraliser son ricochet, tels que marais, fossés, ondulations de terrain, haies, broussailles, etc. — Éviter les terrains pierreux. — Dérober aux coups de l'ennemi les caissons et les avant-trains.

COMBATS ET BATAILLES. — L'objet essentiel de l'artillerie n'est pas toujours d'éteindre le feu des pièces de l'ennemi; il vaut mieux souvent écraser ses troupes, arrêter ses attaques, ou seconder celles qui sont dirigées contre lui.

Dans les combats d'artillerie contre artillerie, nécessaires si le feu de l'ennemi sur les troupes est très-meurtrier, défiler les pièces le mieux possible, les espacer, chercher à prendre d'écharpe celles de l'ennemi.

La prolonge ne doit être employée que dans les feux en retraite. — Éviter de faire des demi-tours, les pièces étant à la prolonge.

Quand l'infanterie se forme en carrés, placer l'artillerie aux angles de manière qu'elle conserve son action sans neutraliser la mousqueterie.

VILLAGE. — *Pour défendre un village :* ne pas exposer l'artillerie dans le village même, à moins qu'il ne soit fortifié par l'art ou la nature, et qu'il ne doive être défendu jusqu'à la dernière extrémité.

Pour attaquer un village : lancer des obus, afin de l'incendier, si l'on ne veut qu'en chasser l'ennemi; si on doit l'occuper ou le traverser, tirer à boulet.

POSTE RETRANCHÉ. — *Pour attaquer un poste retranché :* reconnaître d'abord avec soin sa position, son développement, ses moyens de défense. — Diriger l'attaque sur les points les plus faibles; sur les saillants, si l'enceinte est formée d'ouvrages de fortification passagère. — S'établir à 400 ou 500 mètres, hors de la bonne portée de la mitraille; se couvrir par un épaulement, en s'enfonçant de 50 cent., si le terrain et le temps le permettent.

Pour renverser un mur, le couper par le pied. — Tirer vers le haut des parapets en terre pour les écrêter, et y lancer des obus dont l'explosion fait ébouler les terres. — Placer des batteries sur les prolongements des faces, pour les ricocher; détruire les palissades, etc. A mesure que le feu de l'ennemi se ralentit, se rapprocher pour employer le tir à balles. — La brèche faite, tirer à balles sur les troupes qui tiennent encore.

L'infanterie ayant donné l'assaut, disposer sur-le-champ des pièces contre les retours offensifs.

Pour défendre un poste retranché : reconnaître l'enceinte avec soin; armer les points qui peuvent prendre les attaques de front ou de flanc. — Reconnaître le terrain aux environs, et mesurer les distances de tous les points remarquables. — Détruire tous les bâtiments, murs et plantations qui pourraient couvrir l'ennemi.

Tirer à boulet sur les batteries de l'attaque; lorsqu'elles sont assez rapprochées, mettre une boîte à balles par-dessus le boulet. — Établir quelques pièces derrière un épaulement, pour défendre la brèche; accabler de mitraille la colonne d'attaque. — Si l'assaut réussit, se retirer lentement vers un point déterminé d'avance; placer quelques pièces enfilant les rues ou chemins aboutissants.

DÉFILÉ. — *Pour défendre un défilé :* éviter, en général, de se placer en avant; car la retraite serait difficile, peut-être impossible. — Sur une chaussée, et dans tout passage étroit d'une certaine longueur, pratiquer des coupures et disperser les terres du déblai, pour que l'ennemi ne les aperçoive pas. Établir des bouches à feu à 100 ou 200 mètres en arrière, en croisant les feux, s'il est possible, etc. — Tirer à boulet, si l'on peut battre le défilé dans une certaine longueur; à balles, seulement lorsque la tête de la colonne est arrêtée par les coupures. — Battre par des feux croisés la sortie du défilé.

Pour forcer un défilé : contre-battre de loin l'artillerie établie dans le défilé; porter rapidement des pièces, sans caissons, contre les batteries placées en arrière; les établir tout de suite à portée de mitraille, en aussi grand nombre que possible.

Lorsqu'on doit s'engager dans un défilé très-étroit, faire suivre la colonne par un avant-train, afin que, si l'on est obligé de revenir sur ses pas, on puisse faire un demi-tour sur place par pièce, par caisson, etc., et par avant-train.

PASSAGE DE RIVIERE. — *Pour effectuer le passage :* choisir un rentrant dont la rive commande la rive opposée, si l'on marche en avant; faire le contraire, si l'on bat en retraite.

EXECUTION DES FEUX. — Ménager avec soin les munitions, et ne les employer qu'avec discernement; tout l'approvisionnement d'une pièce (environ 400 coups) peut être consommé en quelques heures.

Sur le champ de bataille, les distances ne pouvant être connues avec exactitude, il est difficile de déterminer les hausses convenables pour atteindre l'ennemi de plein-fouet. Il est donc avantageux en général, et lorsque le terrain n'est pas très-accidenté, d'employer un tir rasant, quelle que soit la distance de l'ennemi. — Pointer directement, mais un peu bas, jusqu'à 800 mètres. Au delà, tirer à ricochet sous l'angle de 1°; sur les terrains les plus favorables, les projectiles vont ainsi jusqu'à 1600 ou 1700 mètres.

Avec l'obusier de montagne, le tir de plein-fouet ne doit jamais être employé au delà de 800 mètres pour les obus, et de 200 mètres pour les boîtes à balles ; la bonne portée pour le tir à obus est de 400 mètres. — La portée totale des obus, avec la hausse de 45 mill., s'étend jusqu'à 1100 ou 1200 mètres par trois ou quatre ricochets ; les projectiles conservent jusque-là un effet suffisant contre les troupes.

Ne pas tirer à boulet ou à obus au delà de 1000 à 1200 mètres, à balles au delà de 400 mètres. — Tirer à boulet et à obus contre le front d'une colonne, contre une ligne prise d'écharpe, de flanc ou de revers, et contre l'artillerie. — Lancer des obus sur les maisons occupées par l'ennemi, derrière les rideaux, dans les lieux couverts. — Tirer à balles toutes les fois que l'ennemi est à distance convenable, c'est-à-dire, au maximum, à 800 mètres pour le canon de 12, à 700 mètres pour les canons-obusiers de 12 et l'obusier de 16^{c}. — Tirer à obus à balles depuis 600 jusqu'à 1000 mètres. — Le tir à obus est employé avec avantage contre la cavalerie.

Tirer plutôt en deçà qu'au delà du but; d'abord lentement, aux grandes distances; plus vite, suivant l'effet produit, ou à mesure que l'ennemi se rapproche; le plus vite possible, à l'approche d'une charge, — Faire feu par coups isolés et non par salves, afin de ne pas laisser de relâche à l'ennemi. — Ne pas répondre au feu des tirailleurs; c'est l'infanterie qui doit les éloigner. — Si l'on doit contre-battre de l'artillerie avec un calibre inférieur, s'approcher autant que possible, mais en s'arrêtant hors de portée de mitraille. — Ne pas tirer de nuit, à moins que ce ne soit sur un but fixe et bien reconnu pendant le jour, ou à balles à très-petite distance, ou pour incendier des bâtiments avec des obus.

N'entamer qu'un seul caisson pour deux bouches à feu; conserver chargés, jusqu'au dernier moment, les coffres des avant-trains. — Les artificiers doivent préparer d'avance les munitions; les tirer des cases dans l'ordre prescrit; éviter de poser les étoupes à terre, de crainte d'introduire du silex dans les coffres; remplir d'étoupes bien refoulées les cases à demi vides, afin de conserver les munitions; et refermer le coffre, dès qu'ils ont pris les charges.

Les officiers se tiennent toujours au courant de la consommation des munitions, et en rendent compte à qui de droit. — A cheval, ainsi que les chefs de pièce, ils se portent partout où leur présence est nécessaire; quelquefois ils mettent pied à terre, pour vérifier le pointage.

Si des affûts sont démontés, on les répare comme on peut pour continuer le feu jusqu'à ce qu'ils soient remplacés; s'ils sont hors de service et qu'on manque d'affûts de rechange, on emmène les bouches à feu suspendues aux avant-trains.

DISPOSITIONS DES RÉSERVES; REMPLACEMENT DES MUNITIONS. — La réserve de chaque batterie, sous le commandement du capitaine en second, escortée s'il est nécessaire, prend des positions et suit le mouvement des troupes, en se tenant à l'abri des coups de l'ennemi, de manière que ses communications avec la batterie soient toujours sûres et faciles. — Un sous-officier ou brigadier de la réserve suit la batterie, et à mesure des besoins, va chercher à la réserve les caissons, affûts, servants et attelages nécessaires. Il emmène les voitures vides ou démontées, les hommes et les chevaux blessés, et les harnais des chevaux tués.

RETRAITES. — Dans les retraites, tous les parcs sont dirigés à temps, et autant que possible, par des chemins différents, sur des points en arrière. — Les commandants règlent la vitesse de la marche d'après les ordres qui leur sont donnés, observant surtout de ne rien laisser en arrière qui puisse retarder les colonnes. — Les réserves particulières rejoignent leurs batteries, à moins que celles-ci ne soient d'arrière-garde.

DESTRUCTION DU MATÉRIEL. — Si l'on est obligé d'abandonner quelques portions du matériel, faire sauter les caissons; brûler, détruire les voitures; couper les rais, scier les timons, etc.

DISPOSITIONS APRÈS UNE AFFAIRE. — Passer une revue détaillée du personnel, du matériel, des armements, des munitions, des attelages, etc.; dresser l'état des munitions consommées, celui de tous les objets du matériel qui doivent être remplacés, et les adresser au Directeur du parc. Les envoyer également au commandant de l'artillerie du corps d'armée, et y joindre un rapport pour lui faire connaître les pertes en hommes et en chevaux, la conduite de la batterie, les noms des militaires qui se sont distingués, etc.; faire exécuter promptement toutes les réparations.

SERVICE DANS UN SIÉGE.

PREMIÈRE PÉRIODE. — *Dispositions depuis l'investissement jusqu'à l'ouverture de la tranchée.*

Généralement, l'armée de siége doit être cinq ou six fois plus nombreuse que la garnison, et compter environ quatre bouches à feu de siége par 1000 hommes, 12 canonniers par pièce, 30 sapeurs (mineurs compris) pour chacune des têtes de sape qui devront marcher en même temps.

ÉTABLISSEMENT DES PARCS. — L'Artillerie établit ses parcs sur un emplacement rapproché du point d'attaque, avec des abords et des communications faciles; à proximité de l'eau; hors de portée du canon de la place, et soustrait, s'il se peut, aux vues de l'ennemi.

Le grand parc, à 3000 mètres de la place, est disposé comme il suit : Première ligne, vers la place : les canons, par calibres, sur leurs affûts. — Deuxième ligne, à 16 mètres de la première : les obusiers sur leurs affûts; les mortiers avec leurs affûts à la gauche, sur les chariots porte-corps. — Troisième ligne, à 16 mètres de la seconde : les affûts de rechange. — Quatrième ligne : les projectiles empilés par calibres, les outils à pionniers par espèces. — Cinquième ligne : les bois à plates-formes par calibres, les outils pour la construction des plates-formes, les armements des pièces, les chèvres, échelles, agrès, etc. — Sur les flancs : les chariots de parc, charrettes et autres voitures.

Le petit parc est ordinairement à 80 mètres à droite ou à gauche du grand parc; il sert d'atelier et de lieu de distribution pour les objets journellement employés. — Première ligne : les forges. — Deuxième ligne, à 40 mètres en arrière : les voitures portant les outils, les objets d'approvisionnements et rechanges, les brouettes, civières; etc. — Les ouvriers travaillent entre la première et la deuxième ligne. — Troisième ligne : le camp des compagnies d'ouvriers. — Quatrième ligne : les tentes du Directeur, des officiers et employés attachés à l'équipage de siége.

Les ateliers d'artifices sont à 200 mètres en arrière, distants entre eux de 60 mètres.

Les ateliers de fascinage sont à 200 mètres en arrière des précédents, ou à proximité des bois, suivant les localités.

L'équipage de ponts forme un parc séparé.

CAMP DES TROUPES D'ARTILLERIE. — Il est en avant, à gauche ou à droite du grand parc, suivant les localités.

DEUXIÈME PÉRIODE. — *Établissement et service des batteries jusqu'à la 3e parallèle.*

L'attaque peut être dirigée sur un seul front, sur deux fronts réunis, ou sur deux fronts séparés; le plus ordinairement, elle est dirigée sur un bastion et les deux demi-lunes collatérales; les détails qui suivent se rapportent à ce dernier cas; ils s'appliqueraient encore aux deux autres, avec cette différence que les batteries, plus nombreuses, recevraient un armement proportionné à la force de l'équipage.

PREMIÈRES BATTERIES. — Elles s'établissent, lorsque le terrain le permet, après la 1re parallèle, mais ordinairement après la 2e, à 24 mètres environ en avant. Elles sont composées de canons de 24, de 16, et d'obusiers de 22c.

Quand les premières batteries sont en état de tirer, on les démasque toutes à la fois, et on fait le feu le plus vif possible pour démonter l'artillerie de la place La consommation peut aller à cette époque jusqu'à 100 coups par canon, 80 par obusier, 50 par mortier.

Le service est ordinairement de 24 heures; il est réglé de manière que les hommes aient 2 jours de repos pour 1 de service. Des officiers supérieurs sont attachés aux parties principales de l'attaque; il y a 1 officier à chaque batterie, lorsque sa construction est achevée; 7 hommes par canon, 5 par obusier et mortier de 27c, 3 par mortier de 22c ou de 15c. L'infanterie fournit des auxiliaires dans la proportion de moitié des servants. — On peut réduire de 7 à 5 le nombre des servants des pièces à ricochet, en les tirant la bouche hors de l'embrasure.

Pour conserver la direction du tir pendant la nuit, faire une mesure en bois qui fixe la distance du dessous de la manivelle de la vis de pointage au plan supérieur de son écrou (voy. page 424); clouer sur la plate-forme deux liteaux, l'un près d'une roue, l'autre près de la queue de la flèche, de manière à pouvoir placer entre eux et l'affût deux autres liteaux mobiles, qu'on enlève avant de faire feu. — Pour les mortiers, arrêter l'angle du tir par un tasseau cloué sur l'entretoise; régler la direction au moyen d'une ficelle tendue sur deux piquets ou par des liteaux comme ci-dessus. — Rectifier le tir, en éclairant de temps en temps le point à battre par des balles à feu.

DEUXIÈMES BATTERIES. — La construction de la 3e parallèle masquant en partie le feu des batteries en arrière, surtout de celles qui ricochent les chemins couverts, on établit quelquefois de nouvelles batteries de canons ou d'obusiers dans la 3c parallèle ou en avant, lorsque le feu de la place n'est pas éteint ou lorsque l'ennemi fait reparaître des pièces sur les ouvrages.

BATTERIES DE MORTIERS. — On établit, en outre, deux batteries de mortiers en avant de chaque saillant de demi-lune, à peu près sur le prolongement du fossé, et, si la parallèle est assez rappochée du bastion, deux ou trois autres batteries contre le chemin couvert de ce bastion et les places d'armes voisines. Ces batteries sont composées de quatre à six mortiers. Il convient de les placer dans la 3e parallèle et d'enfoncer leur terre-plein ; elles tirent des bombes, des obus et des grenades.

Pendant la construction de ces batteries, des tirailleurs, placés dans la tranchée ou embusqués dans des trous de loup, suppléent à la diminution du feu de l'artillerie.

TROISIÈME PÉRIODE. — *Établissement et service des batteries depuis la 3e parallèle jusqu'à la reddition de la place.*

On part de la 3e parallèle pour l'attaque des chemins couverts des demi-lunes, qui se fait pied à pied ou de vive force. — Pied à pied, on avance par les portions circulaires et la sape debout, et on construit les cavaliers de tranchée. — De vive force, on avance la 3e parallèle jusqu'à portée de grenades, et on la fait très-large, pour contenir beaucoup de troupes. Au moment de l'attaque, l'artillerie fait un feu vif et soutenu sur toutes les faces des ouvrages. — Les sorties sont repoussées par la mitraille.

BATTERIES DE BRÈCHE ET CONTRE-BATTERIES. — Aussitôt que le couronnement du chemin couvert de la demi-lune est terminé dans l'étendue nécessaire, cette sape est remise à l'Artillerie, qui l'élargit et la transforme en batteries. — Deux contre-batteries tirent à travers le fossé de la demi-lune contre les bastions opposés ; elles font brèche, s'il est possible, au revêtement de ces bastions, ou contre-battent leur artillerie. — Une batterie de brèche de quatre pièces est établie contre la demi-lune, ordinairement entre la première et la deuxième traverse du chemin couvert, du côté du bastion attaqué. — Lorsque la batterie de brèche doit être dans le chemin couvert, le couronnement de la crête se fait en sape double, si les coups de revers sont trop dangereux.

Reddition de la place.

La place rendue, l'Artillerie prend possession du matériel et des établissements appartenant à son service, désarme les batteries de siége, passe une revue du matériel de siége et de place, fait la vérification des bouches à feu, les réparations, et prend les dispositions nécessaires pour mettre la place en état de défense.

Levée du siége.

Si le siége est converti en blocus, l'Artillerie rentre tout le matériel dans ses parcs, même les fascinages, et prend des positions défensives.

Si l'on est obligé de lever le siége, réclamer un nombre suffisant d'auxiliaires, et désarmer les batteries en commençant par les plus avancées; transporter le matériel au grand parc. — Protéger le désarmement par le feu des batteries en arrière. — Prendre sur-le-champ des mesures pour la retraite de l'équipage de siége; le faire appuyer par les batteries de campagne. — S'il est absolument impossible de retirer tout le matériel, l'enterrer, le jeter dans les rivières, mettre les pièces hors de service; briser les affûts à coups de hache, ou bien au moyen de bombes ou de barils de poudre; couper les rais, etc.

SERVICE DANS UNE PLACE.

Première période. — *État de guerre. — Première disposition de l'artillerie. — État de siége.*

On distingue dans le service des places l'*état de paix*, l'*état de guerre* et l'*état de siége*. — L'état de guerre a lieu : 1° en temps de guerre, pour les places de première ligne, et pour toutes celles qui sont à moins de 5 journées de marche de l'ennemi; 2° en tout temps, pour les places de première ligne, lorsqu'elles sont ouvertes par suite de travaux. — L'état de siége est détermine par une ordonnance, par l'investissement, ou par la présence de l'ennemi à moins de 3 journées de marche.

PREMIER ARMEMENT DE SURETÉ. — Sur chaque flanc du corps de place, 1 ou 2 pièces de petit calibre, tirant à embrasure; sur les barbettes des saillants, 2 pièces de 16 ou de 24 et un obusier de 22^c, pour éloigner l'ennemi au moment de l'investissement; point d'artillerie sur les demi-lunes; quelques pièces de 8 ou de 12 sur les ouvrages avancés, d'un relief assez solide; des fusils de rempart sur tous les points. — Approvisionner les bouches à feu de 30 projectiles et de 5 boîtes à balles. — Établir un dépôt de poudre à portée de chaque front. — Garnir les réchauds de rempart. — Sur les fronts d'attaque présumés, ouvrir les embrasures, commencer les plates-formes et les traverses.

Deuxième période. — *Ouverture de la tranchée. — Deuxième disposition de l'artillerie. — Établissement de la 3e parallèle.*

Amener sur les remparts du côté de l'attaque toute l'artillerie de réserve, sans rien changer à l'armement primitif. — Travailler sans relâche aux plates-formes, embrasures, traverses, etc. — Faire sortir quelques pièces légères en avant des glacis. — Éclairer les travailleurs ennemis avec des balles à feu, et tirer à balles sur eux pendant 2 ou 3 heures. Cesser lorsqu'ils sont couverts. — Lancer quelques obus le long des capitales pour ricocher les communications.

Régler le service des canonniers de la manière suivante : 1/3 de garde aux fronts attaqués; 1/3 se reposant au bivouac, et fournissant au service des fronts non attaqués; 1/3 se reposant entièrement dans les quartiers; les hommes ont ainsi, comme les autres troupes, 2 jours de repos sur 1 de service. — On compte ordinairement 5 hommes par pièce, dont un seul canonnier; les autres servants sont fournis par l'infanterie.

Les premiers jours, ménager les pièces et les munitions; il suffit de forcer l'ennemi à ne s'avancer qu'avec circonspection. — Faire servir 2 pièces par les mêmes hommes, jusqu'à moitié de la troisième période. — Placer sur les ouvrages attaqués toute l'artillerie dont on peut disposer; ne laisser, s'il le faut, sur chaque bastion hors des attaques qu'un canon de gros calibre ou un obusier au saillant, et un canon de petit calibre à chaque flanc. — Commencer par armer complétement les barbettes, et mettre les obusiers à 6 ou 8 mètres en arrière des parapets, pour tirer à ricochet, en attendant que les plates-formes et les embrasures soient terminées. — Garnir les embrasures de portières.

ÉTABLISSEMENT DE LA TROISIÈME PARALLÈLE. — Profiter du ralentissement du feu de l'assiégeant, quand ses batteries sont en partie masquées par la 3e parallèle, pour établir des pièces dans le prolongement des fossés des demi-lunes, afin de battre l'attaque de leur chemin couvert. — Couvrir par des blindages vers le saillant du bastion quelques pièces ayant des embrasures obliques, qui permettent de battre les saillants voisins et qui ne découvrent pas la bouche des pièces aux batteries ennemies. — Remplacer quelques obusiers par des mortiers tirant des obus ou des grenades, dans les chemins couverts.

La consommation est de 20 coups par bouche à feu, en 24 heures; celle des mortiers tirant des obus et des grenades est de 50 à 60 coups. — Les petits mortiers deviennent très-utiles. — Employer les mortiers de tous les calibres à tirer des obus et des grenades.

TROISIÈME PÉRIODE. — *Troisième disposition de l'artillerie.*

L'artillerie de la place reprend plus d'activité, les batteries de l'assiégeant se trouvant presque entièrement masquées. — Ne laisser qu'une ou deux pièces sur les saillants; en mettre le plus possible sur les flancs et sur les faces des bastions opposés à l'attaque, entre autres quelques obusiers de 22c; construire des batteries à redans sur les courtines, pour défendre le chemin couvert du bastion.

Blinder des batteries de mortiers dans les gorges des bastions et des réduits de demi-lunes.

La consommation augmente suivant les ressources de la place.

Éclairer avec soin le fossé pendant la nuit. Épier le débouché de la descente, et, dès qu'on l'aperçoit, y diriger tous les feux qui peuvent l'atteindre; y faire rouler des bombes; y lancer des grenades.

Au moment de l'assaut, tirer à balles, jeter des grenades, rouler des bombes et des obus à fusées courtes et vives; allumer au sommet de la brèche un bûcher préparé d'avance dans une tranchée, etc. — Si l'ennemi parvient au sommet de la brèche, les défenseurs se retirent, et le laissent exposé au feu bien soutenu des barricades et des ouvrages en arrière; s'il y établit un logement, le faire sauter avec les fougasses et les chapelets de bombes.

CHAPITRE XV.

EXPÉRIENCES ET TABLES DE TIR. RÉSULTATS D'EXPÉRIENCES. EFFETS DE LA POUDRE ET DES PROJECTILES.

SOMMAIRE.

TABLES DE TIR.

Angles de mire naturels, et portées de but en blanc des bouches à feu.

DÉSIGNATION DES BOUCHES A FEU.			Angles de mire naturels.	Charges.	Portées.	OBSERVATIONS.
BOUCHES A FEU EN BRONZE.			° ′ ″	kil.	mètres.	
Canon	de 24		1 15 48	4,000	720	
				3,000	680	
	de 16		1 9 3	2,667	690	
				2,000	620	
	de 12	de place . .	1 6 31	2,000	650	
				1,500	585	
		de campagne	0 59 21	2,000	545	
Canon-obusier	de 12		0 56 37	1,400	495	
	de 12 léger		0 59 46	1,000	495	

DÉSIGNATION DES BOUCHES A FEU.	Angles de mire naturels.	Charges.	Portées.	OBSERVATIONS.
BOUCHES A FEU EN BRONZE.	° ' ''	kil.	mètres.	
Obusier. de 22c	1 0 0	2,000 1,500	250 à 300 215 à 240	
Obusier. de 16c	1 0 0	1,500 0,750	425 à 450 250 à 270	
Obusier. de 12c de montagne	0 30 0	0,270	200 à 220	
Canon de 8	0 59 46	1,333	505	
Obusier de 15c	1 0 0	1,000 0,500	360 à 400 240 à 260	
BOUCHES A FEU EN FONTE.				
Canon. de 24 de place	1 15 48			
Canon. de 16 de place	1 9 5			
Obusier de 22c de place	1 30 0	3,000 2,500 2,000	465 425 400	Pour l'armement des places.
Canon de 30	1 34 0			
Obusier de 22c de côte	1 30 0	3,500 2,000	572 469	Pour l'armement des côtes.

BATTERIES DE CAMPAGNE.

Tir à boulet, à obus et à balles.

Charge de guerre (voy. pag. 140). — Projectile ensaboté.

DÉSIGNATION DES BOUCHES A FEU.	Charges.	HAUSSES AUX DISTANCES DE (mètres) 300	400	500	600	700	800	900	1000	1100	1200
					Tir à boulet.						
	kil.	mill.	mill.	mill.	mill.	mill.	mill.	mill.	mill.	mill.	mill.
Canon-obusier de 12	1,400	«	«	1	11	22	34	47	61	75	90
Canon-obusier de 12 léger	1,000	«	«	1	12	24	36	49	63	77	91
Canon de 12	1,958	-19	-12	-4	5	14	24	35	47	60	75
Canon de 8	1,225	-15	- 8	0	9	17	28	40	53	68	85
					Tir à obus.						
Canon-obusier de 12	1,000	«	«	0	11	23	36	50	65	81	98
Canon-obusier de 12 léger	1,000	«	«	0	11	22	35	48	62	77	92
Obusier de 16c gr. ch.	1,500	-13	- 3	8	20	33	48	65	83	103	124
Obusier de 16c pet. ch.	0,750	5	20	36	54	73	93	113	133	154	176
Obusier de 15c gr. ch.	1,000	- 6	4	15	27	40	54	70	88	107	127
Obusier de 15c pet. ch.	0,500	7	20	33	46	60	75	92	110	«	«
					Tir à balles.						
Canon-obusier de 12	1,000	«	40	62	82	«	«	«	«	«	«
Canon-obusier de 12 léger	1,000	«	38	60	80	«	«	«	«	«	«
Canon de 12	1,958	10	30	50	70	«	«	«	«	«	«
Obusier de 16c	1,500	15	32	50	70	«	«	«	«	«	«
Canon de 8	1,225	10	30	50	70	«	«	«	«	«	«
Obusier de 15c	1,000	15	32	50	70	«	«	«	«	«	«
Canon de 12	1,958	«	2	9	16	En terrain uni.					
Canon de 8	1,225	0	8	16	24						

Les hausses qui précèdent doivent être mesurées perpendiculairement à l'axe des bouches à feu. Si on les mesure sur le prolongement de l'arête du cul-de-lampe, il faut les multiplier par 1.033.

On admet généralement que, pour le tir à boulet roulant, il faut augmenter la hausse de 5 mill.

On peut employer la hausse négative de la manière suivante : pointer de but en blanc sur le point à battre; fixer la hausse à la division convenable pour la distance, d'après les tables de tir ci-dessus, abstraction faite du signe, et diriger un rayon visuel par les points les plus élevés de la hausse et du bourlet; remarquer le point du terrain que rencontre le rayon visuel, et pointer de but en blanc sur ce point.

BATTERIES DE SIÉGE ET DE PLACE.

TIR DE PLEIN-FOUET.

La poudre, dans une gargousse. — Boulet roulant, avec 2 bouchons de foin, 1 sur la poudre, 1 sur le boulet (voy. pages 145 et 149).

Le recul le plus fort, sur plates-formes de siége, n'excède pas 2 mètres pour les canons à la charge de $\frac{1}{3}$; $3^m,10$ pour l'obusier de 22^c à la charge de 2 kil.; $3^m,60$ pour l'obusier de 16^c à la charge de $1^k,500$.

Les tableaux des pages 425 et 426 indiquent les hausses ou les quantités dont il faut viser au-dessous du but avec les bouches à feu de siége et de place.

Les nombres positifs indiquent les hausses; les nombres négatifs indiquent les quantités dont il faut viser au-dessous du but.

Les hausses doivent être mesurées perpendiculairement à l'axe des bouches à feu. Si on les mesure sur le prolongement de l'arête du cul-de-lampe, il faut les multiplier par 1.064.

Pour se servir dans la pratique des valeurs des tables suivantes, marquer sur une baguette la distance du dessous de la manivelle de la vis de pointage au plan supérieur de son écrou, lorsque la pièce est pointée de but en blanc sur l'objet à battre; ajouter ensuite ou retrancher la hauteur donnée par la table, suivant qu'elle est positive ou négative. — Couper la baguette à la longueur convenable, dès que le tir est assuré. — A défaut de vis de pointage, opérer de même au moyen de points de repère marqués sur la plate-bande de culasse et sur la flèche.

Tir à boulet ou à obus.

DÉSIGNATION des BOUCHES A FEU.	Poids des charges.	HAUSSES OU QUANTITÉS dont la ligne de mire doit s'abaisser au-dessous du but, aux distances de (mètres)								
		200	300	400	500	600	700	800	900	1000
	kil.	mètres.	mètres.	mètres.	mètres.	mètres	mètres.	mètr.	mètr.	mètr.
Canon (bronze) de 24.	4, 000	-3, 330	-4, 220	-4, 450	-3, 920	-2, 480	-0, 070	0, 014	0, 030	0, 048
	3, 000	-3, 180	-3, 800	-3, 650	-2, 780	-0, 780	«	«	«	«
	2, 400	-3, 120	-3, 520	-3, 180	-1, 830	-0, 003	«	«	«	«
	2, 000	-2, 880	-3, 200	-2, 580	-0, 830	0, 011	«	«	«	«
Canon (bronze) de 16.	2, 667	-3, 270	-4, 170	-4, 380	-3, 820	-2, 370	0	0, 014	0, 029	0, 047
	2, 000	-2, 990	-3, 680	-3, 600	-2, 700	-0, 720	«	«	«	«
	1, 600	-2, 800	-3, 250	-2, 810	-1, 410	0, 006	«	«	«	«
	1, 333	-2, 620	-2, 800	-1, 880	0	0, 017	«	«	«	«
Canon (bronze) de 12 de pl.	2, 000	-2, 700	-3, 400	-3, 300	-2, 400	-0, 800	«	«	«	«
	1, 500	-2, 400	-2, 800	-2, 300	-0, 800	0, 007	«	«	«	«
	1, 250	-2, 300	-2, 300	-1, 500	0, 001	0, 015	«	«	«	«
	1, 000	-2, 000	-1, 800	-0, 500	0, 012	0, 028	«	«	«	«
Obusier (bronze) de 22c	2, 600	-0, 800	-0, 027	0, 015	0, 027	0, 042	«	«	«	«
	1, 500	-0, 310	0, 011	0, 024	0, 038	0, 054	«	«	«	«
	1, 250	0, 003	0, 017	0, 032	0, 049	0, 067	«	«	«	«
	1, 000	0, 008	0, 026	0, 044	0, 065	0, 087	«	«	«	«
	0, 750	0, 019	0, 042	0, 067	0, 094	0, 124	«	«	«	«
	0, 500	0, 043	0, 080	0, 119	0, 161	0, 206	«	«	«	«
Obusier (bronze) de 16c	1, 500	-2, 340	-2, 200	-0, 980	0, 006	0, 018	«	«	«	«
	1, 250	-2, 100	-1, 820	0	0, 012	0, 027	«	«	«	«
	1, 000	-1, 730	-0, 750	0, 008	0, 022	0, 037	«	«	«	«
	0, 750	-1, 060	0, 005	0, 022	0, 040	0, 060	«	«	«	«
Obusier de 22c (fonte)	3, 000	«	«	«	0, 006	0, 023	0, 041	0, 060	0, 080	0, 101
	2, 500	«	«	0	0, 014	0, 034	0, 055	0, 077	«	«
	2, 000	«	«	0	0, 020	0, 042	«	«	«	«

Tir à balles.

Chargement comme pour le tir à boulet.

DÉSIGNATION DES BOUCHES A FEU.	DISTANCES DE (mètres)									
	200		300		400		500		600	
	Charges.	Hausses.	Charges.	Hausses.	Charges.	Hausses.	Charges.	Hausses.	Charges.	Hausses.
	kil.	mill.	kil.	mill.	kil.	mill.	kil	mill.	kil.	mill.
Canon (bronze) de 24.	2, 000	0	2, 000	18	3, 000	40	3, 000	70	4, 000	80
Canon (bronze) de 16.	1, 330	0	1, 330	25	2, 000	40	2, 000	60	2, 660	65
Canon (bronze) de 12.	1, 000	5	1, 000	25	1, 500	50	1, 500	70	2, 000	75

Tir des batteries de brèche et des contre-batteries.

		Distances de mètres.	20	30	40	50	60	80	100	120	140	160	180	200
Quantités (en mètres) dont on doit viser au-dessous du but	Avec le canon de 24 tirant à la charge de	1/2	0,27	0,49	0,71	0,92	1,13	1,54	1,94	2,33	2,70	3,05	3,39	3,72
		1/3	0,26	0,47	0,68	0,90	1,11	1,53	1,90	2,25	2,54	2,81	3,07	3,33
	Avec le canon de 16 tirant à la charge de	1/2	0,25	0,46	0,67	0,88	1,08	1,46	1,84	2,19	2,52	2,83	3,14	3,44
		1/3	0,25	0,45	0,65	0,84	1,02	1,38	1,73	2,06	2,35	2,64	2,90	3,27
Quantités (en millimètres) dont on doit élever la plate-bande de culasse, à partir de la position du but en blanc	Avec le canon de 24 tirant à la charge de	1/2	16	20	22	23	24	25	25	25	25	25	25	24
		1/3	17	20	21	23	24	24	25	24	24	24	22	22
	Avec le canon de 16 tirant à la charge de	1/2	14	16	20	21	22	22	23	23	23	22	22	22
		1/3	15	18	20	20	21	21	22	22	21	21	21	21

		Distances de mètres.	220	240	260	280	300	350	400	450	500	550	600	
Quantités (en mètres) dont on doit viser au-dessous du but	Avec le canon de 24 tirant à la charge de	1/2	4,03	4,29	4,55	4,81	5,05	«	«	«	«	«	«	
		1/3	3,53	3,74	3,91	4,07	4,22	4,33	4.45	4,17	3,92	3,14	2,48	
	Avec le canon de 16 tirant à la charge de	1/2	3,71	3,95	4,18	4,39	4,58	«	«	«	«	«	«	
		1/3	3,48	3,65	3,81	3,99	4,17	4,27	4,38	4,10	3,82	3,09	2,37	
Quantités (en millimètres) dont on doit élever la plate-bande de culasse, à partir de la position du but en blanc	Avec le canon de 24 tirant à la charge de	1/2	24	23	23	22	22	«	«	«	«	«	«	
		1/3	21	21	20	19	18	16	14	12	10	8	5	
	Avec le canon de 16 tirant à la charge de	1/2	21	21	20	20	19	«	«	«	«	«	«	
		1/3	20	19	19	18	18	16	14	13	10	7	5	

TIR A RICOCHET.

Dans le calcul des tables de tir, on a supposé le terre-plein horizontal et la crête intérieure du parapet à 2m,274 au-dessus du terre-plein. — Le *but* est le point de la crête intérieure, par lequel doit passer la trajectoire; ce point est aussi désigné par le nom de *point d'arrivée*. — Le *point de chute* est celui où le projectile touche le terre-plein, après avoir rasé la crête intérieure.

Tableau des charges de poudre et des hausses ou des angles de tir à employer pour effleurer la crête d'un parapet et atteindre un point donné du terre-plein.

Canon de 24.

Nota. Pour les canons, les charges au-dessous de 750 gr. sont dans des gargousses de 4, et le chargement se fait sans bouchon. Les charges au-dessus de 750 gr. et celles qui sont marquées d'un astérisque sont dans des gargousses du calibre. — A partir des charges du sixième du poids du boulet, c'est-à-dire, 2 kil. pour le canon de 24 et 1k,333 pour le canon de 16, le chargement se fait avec 2 bouchons. — Pour les obusiers, le chargement se fait comme dans le tir de plein-fouet.

DISTANCE du but		HAUTEUR DU BUT AU-DESSUS DE LA BOUCHE DE LA PIÈCE.																	
		10 mètres.			8 mètres.			6 mètres.			4 mètres.			2 mètres.			0 mètre.		
A la pièce.	Au point de chute.	Charges.	Hausses.	Angles.	Charges.	Hausses.	Angles.	Charges.	Hausses.	Angles.	Charges.	Hausses.	Angles.	Charges.	Hausses.	Angles.	Charges.	Hausses.	Angles.
mèt.	mèt.	kil.	mill.	° ′	kil.	mill.	° ′	kil.	mill.	° ′	kil.	mill.	° ′	kil.	mill.	° ′	kil.	mill.	° ′
600	13	0,336	413	8 40	0,340	402	8 19	0,345	396	7 59	0,350	387	7 39	0,355	380	7 19	0,360	370	6 58
	42	0,819	92	2 59	0,875	82	2 40	0,921	76	2 20	0,969	69	2 1	1,026	60	1 41	1,092	53	1 21
	71	1,306	33	1 57	1,428	25	1 38	1,687	16	1 18	1,939	11	0 59	2,301	3	0 39	2,790	- 4	0 20
	100	2,224	8	1 30	2,467	0	1 11	3,015	- 6	0 52	3,852	- 13	0 33	«	«	«	«	«	«
500	13	0,268	439	9 19	0,272	429	8 54	0,277	419	8 30	0,283	409	8 5	0,288	397	7 40	0,294	388	7 31
	42	0,647	106	3 27	0,686	97	3 3	0,723	88	2 39	*0,744	77	2 31	0,797	67	1 50	0,856	58	1 26
	71	0,939	45	2 21	1,015	37	1 57	1,091	26	1 33	1,228	17	1 10	1,410	7	0 46	1,692	0	0 24
	100	1,234	17	1 51	1,379	8	1 28	1,706	0	1 5	2,104	- 10	0 42	2,745	- 18	0 19	3,920	- 25	«
400	13	0,209	487	10 7	0,213	456	9 36	0,217	442	9 5	0,222	430	8 34	0,226	416	8 2	0,231	402	7 31
	42	0,471	125	4 3	0,503	112	3 32	0,534	99	3 2	0,569	88	2 31	0,613	74	2 0	0,662	63	1 30
	71	0,655	59	2 52	0,748	46	2 22	0,796	35	1 53	0,888	24	1 23	1,012	12	0 54	1,160	0	0 24
	100	0,842	29	2 21	0,932	18	1 52	1,053	8	1 24	0,208	- 3	0 55	1,460	- 14	0 26	2,167	- 24	«
300	13	0,157	505	11 12	0,160	487	10 31	0,163	470	9 50	0,167	452	9 9	0,171	434	8 27	0,176	416	7 45
	42	0,333	147	4 46	0,349	131	4 15	0,379	114	3 34	0,412	98	2 54	1,448	79	2 13	0,501	64	1 32
	71	0,457	79	3 42	0,504	62	3 2	0,560	47	2 23	0,631	31	1 43	0,730	16	1 4	0,851	1	0 25
	100	0,567	46	3 7	0,634	31	2 29	0,722	17	1 51	0,830	3	1 13	1,003	- 10	0 36	1,310	- 24	«
200	13	0,115	559	13 4	0,117	532	12 2	0,120	505	11 0	0,123	472	9 58	0,125	451	8 55	0,128	424	7 52
	42	0,196	184	6 31	0,223	161	5 31	0,243	136	4 31	0,268	111	3 30	0,305	87	2 30	0,348	63	1 30
	71	0,273	106	5 8	0,305	86	4 11	0,343	64	3 14	0,397	42	2 16	0,478	22	1 20	0,603	0	0 22
	100	0,333	70	4 29	0,376	46	3 29	0,434	32	2 40	0,523	13	1 45	0,661	- 6	0 50	0,903	- 26	«

Canon de 16.

HAUTEUR DU BUT AU-DESSUS DE LA BOUCHE DE LA PIÈCE.

DISTANCE du but — A la pièce.	Au point de chute.	10 mètres. Charges.	Hausses.	Angles.		8 mètres. Charges.	Hausses.	Angles.		6 mètres. Charges.	Hausses.	Angles.	
mèt.	mèt.	kil.	mill.	°	′	kil.	mill.	°	′	kil.	mill.	°	′
600	13	0,243	393	8	29	0,246	385	8	9	0,249	378	7	49
	42	0,670	90	2	55	0,700	83	2	35	0,746	75	2	15
	71	1,037	34	1	52	1,145	26	1	33	1,276	20	1	14
	100	1,504	10	1	25	1,700	3	1	7	1,990	- 3	0	48
500	13	0,195	418	9	8	0,198	408	8	43	0,201	399	8	19
	42	0,484	106	3	22	0,515	96	2	58	0,548	86	2	34
	71	*0,730	45	2	16	0,777	36	1	53	0,854	27	1	29
	100	0,950	18	1	47	1,083	10	1	24	1,260	3	1	2
400	13	0,152	451	10	0	0,155	438	9	29	0,158	427	8	58
	42	0,346	121	3	58	0,367	109	3	27	0,392	97	2	57
	71	0,532	58	2	48	0,562	47	2	19	0,621	36	1	49
	100	0,675	30	2	17	0,738	20	1	49	0,824	10	1	20
300	13	0,117	486	11	6	0,119	469	10	25	0,121	452	9	24
	42	0,236	145	4	52	0,251	128	4	11	0,271	112	3	30
	71	0,330	77	3	37	0,364	62	2	58	0,405	48	2	19
	100	0,411	47	3	3	0,463	34	2	26	0,537	20	1	48
200	13	0,084	538	12	59	0,086	514	11	58	0,088	488	10	56
	42	0,148	180	6	27	0,159	157	5	27	0,173	134	4	28
	71	0,196	106	5	5	0,217	86	4	8	0,243	65	3	11
	100	0,235	71	4	26	0,276	53	3	32	0,310	35	2	37

DISTANCE du but — A la pièce.	Au point de chute.	4 mètres. Charges.	Hausses.	Angles.		2 mètres. Charges.	Hausses.	Angles.		0 mètre. Charges.	Hausses.	Angles.	
mèt.	mèt.	kil.	mill.	°	′	kil.	mill.	°	′	kil.	mill.	°	′
600	13	0,253	369	7	30	0,257	363	7	10	0,261	354	6	49
	42	0,759	68	1	56	0,806	61	1	36	0,849	53	1	16
	71	1,425	13	0	55	1,609	6	0	35	1,869	- 1	0	16
	100	2,500	- 10	0	29	«	«	«		«	«	«	
500	13	0,205	389	7	55	0,208	379	7	31	0,212	359	7	6
	42	0,582	76	2	10	0,623	67	1	46	0,672	57	1	21
	71	0,949	18	1	6	1,091	9	0	42	1,286	1	0	19
	100	1,483	- 4	0	39	1,806	- 14	0	16	2,458	- 21	-0	6
400	13	0,161	413	8	27	0,164	399	7	55	0,167	385	7	23
	42	0,420	86	2	27	0,455	74	1	56	0,495	62	1	26
	71	0,698	26	1	20	0,767	15	0	51	0,882	4	0	21
	100	0,960	0	0	42	1,203	- 10	0	23	1,566	- 20	-0	5
300	13	0,124	435	9	2	0,127	417	8	20	0,130	460	7	38
	42	0,294	96	2	50	0,323	80	2	9	0,356	65	1	29
	71	0,461	34	1	40	0,542	19	1	1	0,654	5	0	22
	100	0,635	7	1	10	0,756	- 6	0	29	0,979	- 20	-0	5
200	13	0,090	463	9	55	0,093	440	8	52	0,096	410	7	48
	42	0,192	110	3	27	0,215	87	2	27	0,244	54	1	27
	71	0,288	44	2	14	0,341	24	1	17	0,435	3	0	18
	100	0,372	16	1	32	0,477	- 2	0	47	0,640	- 20	-0	5

Voyez le NOTA page 427.

Obusier de 22c.

DISTANCE du but		HAUTEUR DU BUT AU-DESSUS DE LA BOUCHE DE LA PIÈCE.																	
		10 mètres.			8 mètres.			6 mètres.			4 mètres.			2 mètres.			0 mètre.		
A la pièce.	Au point de chute.	Charges.	Hausses.	Angles.	Charges.	Hausses.	Angles.	Charges.	Hausses.	Angles.	Charges.	Hausses.	Angles.	Charges.	Hausses.	Angles.	Charges.	Hausses.	Angles.
mèt.	mèt.	kil.	mill.	° '	kil.	mill.	° '	kil.	mill.	° '	kil.	mill.	° '	kil.	mill.	° '	kil.	mill.	° '
600	13	0,571	176	9 26	0,579	172	9 4	0,586	168	8 44	0,559	165	8 24	0,609	162	8 4	0,619	160	7 43
	42	1,833	44	3 43	1,993	40	3 23	«	«	«	«	«	«	«	«	«	«	«	«
	71	«	«	«	«	«	«	«	«	«	«	«	«	«	«	«	«	«	«
	100	«	«	«	«	«	«	«	«	«	«	«	«	«	«	«	«	«	«
500	13	0,462	186	10 5	0,469	182	9 40	0,476	178	9 16	0,484	173	8 50	0,491	169	8 25	0,499	165	8 1
	42	1,241	50	4 10	1,323	46	3 46	1,417	42	3 21	1,538	37	2 57	1,687	33	2 32	1,888	29	2 8
	71	«	«	«	«	«	«	«	«	«	«	«	«	«	«	«	«	«	«
	100	«	«	«	«	«	«	«	«	«	«	«	«	«	«	«	«	«	«
400	13	0,361	198	10 50	0,372	192	10 19	0,378	187	9 48	0,785	181	9 17	0,392	176	8 46	0,400	171	8 15
	42	0,838	77	4 45	0,895	68	4 14	0,965	59	3 44	1,050	50	3 13	1,149	45	2 42	1,269	32	2 12
	71	1,308	49	3 34	1,473	40	3 4	«	«	«	«	«	«	«	«	«	«	«	«
	100	1,848	35	3 3	«	«	«	«	«	«	«	«	«	«	«	«	«	«	«
300	13	0,277	212	11 55	0,284	205	11 14	0,289	197	10 33	0,295	190	9 52	0,302	183	9 10	0,310	176	8 28
	42	0,564	66	5 38	0,604	59	4 57	0,640	52	4 16	0,715	46	3 36	0,788	39	2 55	0,884	32	2 14
	71	0,805	38	4 24	0,895	31	3 44	1,022	25	3 5	1,189	19	2 25	1,425	13	1 46	1,854	6	1 6
	100	1,039	25	3 49	1,195	19	3 11	1,407	13	2 33	1,770	5	1 55	«	«	«	«	«	«
200	13	0,165	233	13 46	0,197	223	12 44	0,203	212	11 42	0,209	201	10 40	0,214	190	9 37	0,219	179	8 34
	42	0,374	81	7 13	0,386	91	6 13	0,419	61	5 13	0,458	51	4 12	0,513	41	3 12	0,597	31	2 11
	71	0,468	49	5 50	0,516	40	4 53	0,584	32	3 56	0,690	23	2 58	0,839	15	2 1	1,121	5	1 3
	100	0,514	34	5 11	0,643	28	4 16	0,758	19	3 22	0,933	11	2 26	1,253	3	1 31	«	«	«

Voyez le NOTA page 427.

Obusier de 16c.

DISTANCE du but		HAUTEUR DU BUT AU-DESSUS DE LA BOUCHE DE LA PIÈCE.																	
		10 mètres.			8 mètres.			6 mètres.			4 mètres.			2 mètres.			0 mètre.		
A la pièce.	Au point de chute.	Charges.	Hausses.	Angles.	Charges.	Hausses.	Angles.	Charges.	Hausses.	Angles.	Charges.	Hausses.	Angles.	Charges.	Hausses.	Angles.	Charges.	Hausses.	Angles.
mèt.	mèt.	kil.	mill.	° ′	kil.	mill.	° ′	kil.	mill.	° ′	kil.	mill.	° ′	kil.	mill.	° ′	kil.	mill.	° ′
600	13	0,318	241	7 57	0,325	236	7 37	0,329	231	7 17	0,332	226	6 58	0,338	222	6 38	0,342	217	6 17
	42	0,792	56	3 23	0,839	51	2 3	0,898	47	1 43	0,944	42	1 24	1,005	38	1 4	1,095	33	0 44
	71	1,370	22	2 20	1,500	17	1 1	«	«	«	«	«	«	«	«	«	«	«	«
	100	«	«	«	«	«	«	«	«	«	«	«	«	«	«	«	«	«	«
500	13	0,261	256	8 36	0,265	250	8 11	0,269	244	7 47	0,273	238	7 23	0,277	232	6 59	0,281	226	6 34
	42	0,593	64	2 50	0,610	59	2 26	0,653	54	2 2	0,690	48	1 38	0,734	42	1 14	0,795	35	0 49
	71	0,900	28	1 44	0,993	23	1 21	1,098	18	0 57	1,237	12	0 34	1,435	7	0 10	«	«	«
	100	1,237	12	1 15	1,422	8	0 52	«	«	«	«	«	«	«	«	«	«	«	«
400	13	0,208	276	9 28	0,211	268	8 57	0,214	260	8 26	0,218	252	7 55	0,222	244	7 23	0,226	236	6 51
	42	0,437	75	3 26	0,462	67	2 55	0,490	60	2 25	0,523	53	1 55	0,560	46	1 24	0,604	40	0 54
	71	0,618	37	2 16	0,669	30	1 47	0,732	23	1 17	0,830	17	0 48	0,958	10	0 19	1,139	3	-0 11
	100	0,799	20	1 45	0,904	14	1 17	1,047	7	0 48	1,250	2	0 20	«	«	«	«	«	«
300	13	0,156	297	10 34	0,159	286	9 53	0,173	276	9 12	0,167	266	8 30	0,171	255	7 48	0,175	244	7 6
	42	0,312	89	4 20	0,331	79	3 39	0,352	69	2 58	0,378	60	2 18	0,409	50	1 37	0,448	41	0 57
	71	0,417	48	3 5	0,456	39	2 26	0,505	30	1 47	0,567	21	1 08	0,648	13	0 29	0,771	4	-0 10
	100	0,512	30	2 31	0,569	21	1 54	0,643	13	1 16	0,746	5	0 38	0,938	- 3	0 1	1,277	- 11	-0 37
200	13	0,104	329	12 27	0,107	314	11 26	0,111	298	10 24	0,115	283	9 23	0,119	267	8 20	0,124	250	7 16
	42	0,202	110	5 55	0,217	96	4 55	0,235	82	3 56	0,256	68	2 55	0,285	54	1 55	0,323	40	0 55
	71	0,262	65	4 33	0,288	53	3 36	0,321	41	2 39	0,366	28	2 42	0,431	16	0 45	0,539	3	-0 13
	100	0,311	44	3 54	0,347	33	3 0	0,395	22	2 5	0,468	10	1 10	0,585	- 1	0 15	0,817	- 12	-0 40

Voyez le Nota page 427.

Pour la distance minimum du but au point de chute, celle de 13 mètres, qui correspond au ricochet le plus mou, le projectile fait avec le terre-plein un angle de 10°, limite des angles de chute sous lesquels les projectiles peuvent ricocher sur le terre-plein des ouvrages. — La distance de 100 mètres qui correspond au ricochet le plus tendu, est à peu près égale à la plus grande longueur donnée aux faces d'ouvrages; le tir dans cette condition convient aux faces non traversées, et pour détruire des obstacles.

Les tables qui précèdent donnent le moyen de pointer, soit avec la hausse placée perpendiculairement à l'axe de la bouche à feu et dans le plan de tir, soit avec le quart de cercle. Les angles indiqués sont ceux-mêmes que l'on doit lire sur le quart de cercle placé, dans le plan de tir, sur le deuxième renfort des canons, ou entre les anses des obusiers.

TIR DES MORTIERS.

Pour les fortes charges, on verse la poudre dans la chambre et l'on met le papier de la gargousse par-dessus; pour les faibles charges, on supprime le papier.

Le tir sous les angles voisins de 45° est celui qui donne les plus grandes portées et, à portées égales, le minimum de variations d'un coup à un autre; il est le plus généralement employé.

L'angle de portée maximum dans l'air est de 42°, avec les charges ordinaires.

On peut faire varier l'angle de tir de 5° ou 6° en dessous ou en dessus de l'angle de plus grande portée; sans qu'il en résulte dans les portées des différences notables.

L'angle de 45° est adopté comme étant d'un emploi plus facile pour les canonniers.

Le recul sous les angles voisins de 45° n'excède pas 50 cent.

On peut admettre dans la pratique, comme première donnée, que, pour des charges égales, les portées sous les angles de 30° et de 60° ne sont inférieures que d'un dixième environ à celles que l'on obtient sous l'angle de 45°.

Le tir à 60° est ordinairement employé pour détruire des casemates, des voûtes ou des blindages horizontaux.

Lorsque le projectile doit être lancé contre des blindages très-inclinés du côté de la batterie, ou, quand il ne doit pas beaucoup s'enfoncer dans le sol, afin de produire plus d'effet près de la surface, on tire sous l'angle de 30°. — Lorsqu'on veut que la bombe ne s'enfonce pas et ricoche sur le terrain, on tire sous de petits angles, comme 15° et au-dessous.

Tir des mortiers sous l'angle de 45°.

Mortiers de 32c, 27c et 22c.

DÉSIGNATION DES BOUCHES A FEU.		CHARGES DE POUDRE AUX DISTANCES DE (mètres)									
		200	300	400	500	600	700	800	900	1000	1100
		kil.	kil.	kil.	kil.	kil.	kil.	kil.	kil.	kil.	kil.
Mortier à chambre tronconique de	32c	0,442	0,558	0,680	0,804	0,920	1,030	1,120	1,240	1,351	1,490
	27c	0,341	0,422	0,510	0,593	0,682	0,767	0,850	0,940	1,027	1,104
	22c	0,142	0,185	0,234	0,285	0,325	0,370	0,404	0,450	0,490	0,528
Mortier à chambre cylindrique de.	32c	0,320	0,413	0,510	0,612	0,706	0,820	0,937	1,072	1,200	1,362
	27c G. P.	0,290	0,380	0,462	0,534	0,603	0,682	0,762	0,865	0,960	1,061
	27c P. P.	0,210	0,288	0,362	0,432	0,492	0,563	0,630	0,713	0,792	0,880
	22c	0,115	0,155	0,196	0,239	0,270	0,308	0,336	0,365	0,400	0,450
Durée du trajet (sensiblement la même pour tous les calibres).		6″	7″,5	9″	10″,5	11″,5	12″,5	13″,3	14″	15″	15″,5
		1200	1400	1600	1800	2000	2200	2400	2600	2800	
Mortier à chambre tronconique de	32c	1,612	1,920	2,270	2,680	3,120	3,560	4,150	4,840	5,460	
	27c	1,164	1,340	1,538	1,823	2,162	2,520	2,870	3,260	3,670	
	22c	0,558	0,600	0,760	0,915	1,120	«	«	«	«	
Mortier à chambre cylindrique de.	32c	1,518	«	«	«	«	«	«	«	«	
	27c G. P.	1,150	1,370	1,620	1,914	2,270	2,668	3,180	«	«	
	27c P. P.	0,960	1,150	1,440	«	«	«	«	«	«	
	22c	0,500	«	«	«	«	«	«	«	«	
Durée du trajet (sensiblement la même pour tous les calibres).		16″,3	17″,3	19″	20″	21″,5	23″	24″,3	25″,2	26″	

Mortier de 15c.

DÉSIGNATION DES BOUCHES A FEU.	CHARGES DE POUDRE AUX DISTANCES DE (mètres)									
	30	60	100	150	200	250	300	400	500	600
Mortier de 15c. . . . . gr.	14	21	32	45	58	71	83	105	125	140

Tir des mortiers à ricochet.

Mortiers de 32ᶜ, de 27ᶜ et de 22ᶜ.

DÉSIGNATION DES BOUCHES A FEU.		DISTANCES.	CHARGES SOUS LES ANGLES DE						
			15°	14°	13°	12°	11°	10°	9°
		mètres.	gr.	gr.	gr.	gr.	gr.	gr.	gr.
Mortier. . .	de 32ᶜ. .	350	8[illegible]0	970	1050	1120	1200	1260	1320
		300	820	930	1000	106[illegible]	1120	1180	1230
	de 27ᶜ. .	350	590	650	710	765	810	860	900
		300	570	620	670	715	760	810	850
	de 22ᶜ. .	350	350	3[illegible]0	430	460	500	530	560
		300	320	360	3[illegible]0	420	460	480	510

Mortier de 15ᶜ.

DÉSIGNATION DES BOUCHES A FEU.	ANGLES.	CHARGES AUX DISTANCES DE (mètres)						
		50	100	150	200	250	300	350
	°	gr.	gr.	gr.	gr.	gr.	gr.	gr.
Mortier de 15ᶜ	10	38	64	90	1[illegible]4	138	157	175
	15	27	48	69	87	107	122	139

Les angles au-dessus de 15° et au-dessous de 9° ne sont plus favorables au ricochet.

Tir des obus de 12ᶜ et des grenades avec les mortiers.

Pour la construction du demi-baril, les détails du chargement et le tir, voyez page 147.

Tir des balles à feu avec les mortiers.

On tire les balles à feu, suivant leur calibre, avec les mortiers de 32ᶜ, de 27ᶜ ou de 22ᶜ ; on obtient des portées de 500 à 600 mètres. Avec des charges de 1/25 du poids des balles, on peut les porter à 600 et 700 mètres; on ne doit pas les tirer à de plus grandes distances. — Les balles à feu brûlent moyennement pendant 8 minutes, et éclairent de façon à bien découvrir les travailleurs à 300 mètres.

La balle à feu de 22ᶜ paraît présenter les mêmes avantages, en portée et en lumière, que celles d'un calibre plus fort. On peut la tirer dans les mortiers de calibres supérieurs.

On peut aussi employer les obusiers de 22ᶜ pour lancer les balles à feu de ce calibre. Il faut augmenter les hausses de quelques millimètres, pour avoir les mêmes portées qu'avec les obus.

Lancer les grenades à la main.

Pour lancer les grenades à la main, on se sert d'un bracelet en cuir qu'on attache au poignet, et auquel est fixée une corde de tirage, de 3 mill. de diamètre et 20 cent. de longueur, terminée par un crochet porte-mousqueton. Après avoir décoiffé la fusée en arrachant la lanière, on engage le crochet dans la boucle de tirage; on tourne la fusée vers le point d'attache de la corde au bracelet, et on lance la grenade.

La portée moyenne des grenades ainsi lancées par-dessus un parapet est de 20 mètres.

Avec une fronde, un homme un peu exercé peut lancer la grenade à 50 mètres. La fronde doit être garnie d'un bout de ficelle, portant le crochet qu'on engage dans la boucle de tirage.

TIR EN BRÈCHE.

On emploie au tir en brèche les canons de siége de 24 et de 16, et même, en cas de nécessité, le canon de 12 de campagne tirant à la charge du tiers; de moitié, dans le cas où la maçonnerie présente une grande résistance. — Une expérience exécutée à la forteresse du Mont-Valérien, au mois de mars 1854, a fait voir que l'on peut, à la rigueur, faire brèche dans des maçonneries de qualité médiocre avec le canon-obusier de 12 tirant à la charge ordinaire (1^k,400).

Pour ouvrir une brèche, couper la partie du mur que l'on veut abattre, par une tranchée horizontale; puis, par des tranchées verticales. A cet effet, déterminer d'abord la largeur de la brèche ou la longueur de la tranchée horizontale, et la hauteur de cette tranchée au-dessus du fond du fossé. — Plus une brèche est large, plus elle est facile à attaquer et plus aussi elle est difficile à défendre. La largeur de 20 mètres est généralement suffisante pour donner passage aux colonnes d'assaut; mais, pour les ouvrages d'une grande hauteur et pour ceux dans lesquels on doit monter de l'artillerie, il convient d'augmenter cette largeur.

La hauteur de la tranchée horizontale au-dessus du fond du fossé est déterminée par les opérations indiquées page 368; elle est généralement égale au tiers de la hauteur totale de l'escarpe. — Régler alors la distance verticale à laquelle il faut viser au-dessous du point à battre, d'après le tableau de la page 426. — Employer les moyens connus pour repérer, et assurer la hauteur des premiers coups. (Voyez page 424.)

Attribuer à chaque pièce une égale portion de tranchée à exécuter.

Chaque pièce tire d'abord une première série de coups sur des points isolés, distants entre eux de cinq à huit diamètres de boulet, et espacés aussi également que possible; elle tire une deuxième série de coups sur le milieu des intervalles des coups de la première série, et continue ainsi son feu, en le dirigeant toujours sur les parties les plus saillantes.

Examiner souvent l'état de la tranchée, afin de la faire avancer également sur toute sa longueur; diriger le feu contre les parties qui sont notablement en retard, et toujours sur les points en saillie.

Continuer de tirer ainsi sur la tranchée horizontale, jusqu'à ce qu'on soit sûr d'avoir coupé entièrement le revêtement en plusieurs points; ce que l'on reconnaît assez souvent, en voyant les terres s'écouler avec les débris de maçonnerie.

Ouvrir deux tranchées verticales, une à chaque extrémité de la brèche. Elles doivent être commencées par le bas, et conduites en montant lentement tant que la tranchée horizontale n'est pas entièrement coupée, afin que les débris de maçonnerie ne viennent pas l'obstruer avant qu'elle soit complétement terminée.

Les pièces extrêmes de la batterie sont seules convenablement placées pour commencer les tranchées verticales. On les pointe d'abord à 50 cent. au-dessus du bord supérieur de la tranchée horizontale; puis, dans les intervalles compris entre ces premiers coups et la tranchée horizontale; on continue de tirer tant qu'on n'a pas coupé le revêtement jusqu'aux terres.

Pendant ce temps, les pièces du centre continuent de tirer dans la tranchée horizontale pour l'approfondir. Lorsque les tranchées verticales ont été formées ainsi dans leur partie inférieure, sur une hauteur de 1 mètre environ, on les fait marcher plus rapidement, en coupant le revêtement de mètre en mètre successivement; et on emploie alors à ces tranchées les pièces voisines des pièces extrêmes.

Veiller avec grand soin à ce que les tranchées verticales avancent également; dans le cas où l'une des deux est en avance, ralentir s marche. — Si, la tranchée horizontale et les tranchées verticales extrêmes étant bien exécutées conformément aux principes énoncés ci-dessus, le revêtement ne tombe pas, ouvrir une tranchée verticale intermédiaire au moyen des deux pièces du centre.

Si la batterie est armée de plus de quatre pièces et si la brèche a plus de 25 mètres de largeur, ouvrir une tranchée verticale au milieu, en ayant soin de ne la commencer qu'après les tranchées extrêmes et de la faire marcher plus lentement.

L'exécution d'une tranchée verticale intermédiaire est indispensable, lorsque les parties de revêtement dans lesquelles la brèche doit être ouverte sont curvilignes ou polygonales, comme on en rencontre dans les anciennes fortifications, et comme les caponnières et bastionnets adoptés dans les nouvelles places construites en Allemagne, les tours circulaires de Vérone et de Linz, et certaines parties des forts de Cologne, Coblentz et Sébastopol.

Après la chute de l'escarpe, tirer sur les parties les plus visibles et les plus basses des contre-forts, en remontant graduellement, et en pointant alternativement un peu sur la droite et un peu sur la gauche de chacun d'eux.

Après que la maçonnerie est tombée, les terres forment ordinairement un escarpement vers le sommet de la brèche. Pour les faire ébouler, les attaquer par le bas, en relevant le tir à mesure que l'éboulement se produit.

Les obus ont l'inconvénient, lorsqu'on en fait usage à la distance habituelle d'une batterie de brèche : aux fortes charges, de se briser contre les terres, ou d'éclater au moment du choc par suite de la rupture de la fusée; aux faibles charges, de renvoyer des éclats dans la batterie qui les a lancés.

Il faut donc tirer à boulets contre les terres en employant la charge du tiers, ou même, pour ménager les munitions, la charge du quart, du cinquième, etc.

Les expériences exécutées à Metz, en 1834, et à Bapaume, en 1847, sur le tir oblique contre les maçonneries, ont prouvé que l'on peut faire brèche jusque sous l'angle de 25° à 30°, suivant la plus ou moins grande dureté des murs de revêtement. On peut donc employer dans ces limites le tir oblique avec succès, non-seulement lorsqu'on y est contraint, mais chaque fois que l'on trouve un avantage à s'écarter du tir direct.

Les tranchées s'exécutent d'après les mêmes principes que dans le tir direct; mais, lorsque l'obliquité du tir est assez grande pour que l'on ait à craindre de perdre beaucoup des premiers boulets par le ricochet, il faut modifier la méthode d'exécution de la tranchée horizontale. Afin d'entamer plus sûrement le revêtement, on dirige toutes les pièces sur l'extrémité de la tranchée la plus rapprochée de la batterie, et on commence le feu par la pièce extérieure dont le coup bat la muraille en ce point sous le plus grand angle. Les autres pièces, tirant dans le trou formé par le premier coup, l'agrandissent; et l'on continue de tirer dans cette excavation jusqu'à ce qu'elle ait atteint toute la longueur et toute la profondeur que l'on doit donner à la tranchée horizontale.

On ne saurait trop se pénétrer de l'importance des principes établis ci-dessus. De l'exactitude avec laquelle ils sont observés, dépend la bonne et prompte exécution des brèches.

L'égal espacement et la régularité des premiers coups contribuent à répartir, aussi uniformément que possible, les effets de pénétration et de désagrégation sur toute l'étendue de la tranchée horizontale. En dirigeant les coups dans les intervalles des coups précédents, et toujours sur les parties saillantes, chaque boulet produit le plus grand effet possible.

Il est essentiel de s'attacher à former bien à fond la tranchée horizontale; car, plus elle est profonde, plus la chute du revêtement est certaine et complète.

Tir à boulet rouge.

Le tir à boulet rouge est employé avec avantage contre les vaisseaux, même aux grandes distances.

FOURNEAU EN MAÇONNERIE. — La planche 54 donne le croquis d'un fourneau en briques recouvert en gazons, d'une construction assez facile, qui a été établi et essayé dans le polygone de Strasbourg.

D'après les expériences, il faut environ 1 heure 15 minutes pour porter au rouge-cerise les boulets de 24, lorsque le fourneau n'est pas encore chauffé; 35 minutes seulement lorsqu'il est chauffé; 4 minutes de moins pour les boulets de 16. — On consomme 1 stère de bois pour 60 boulets de 24, en trois chargements. — Il faut 2 ou 3 hommes pour le service du fourneau. — Régler les charges de bois, le diamètre et la longueur des bûches, et les placer debout.

BOUCHONS D'ARGILE. — Choisir, pour faire les bouchons, de l'argile grasse, sans gravier, ni trop sèche ni trop humide, bien pétrie. — Les bouchons sont cylindriques, et d'une longueur égale au calibre. — On peut les remplacer par des bouchons de foin trempés dans l'eau pendant un quart d'heure, puis égouttés.

GARGOUSSES. — Elles sont en carton ou en parchemin; les coutures recouvertes d'un enduit, pour empêcher la poudre de tamiser. — Les visiter avec soin avant de les employer. — Mettre deux gargousses l'une dans l'autre.

CHARGEMENT. — Élever un peu la volée pour que le boulet descende de lui-même sur la charge. — Enfoncer la gargousse avec ménagement, un bouchon de foin sec par-dessus; refouler un coup; mettre un bouchon d'argile; refouler deux coups. — Dégorger et amorcer. — Introduire le boulet, et un bouchon d'argile par-dessus; ce second bouchon doit être moitié seulement du premier.

Lorsqu'on emploie des bouchons de foin mouillé, on voit, aussitôt que le boulet est placé, sortir de la vapeur d'eau par la lumière. Néanmoins, on pourrait laisser refroidir le boulet sans que le feu se communiquât à la charge; tirer cependant le plus promptement possible, pour que la vapeur ne détériore pas la poudre.

Les boulets chauffés jusqu'au rouge blanc se dilatent de $0^{mill},7$ à $1^{mill},7$; ainsi, ils peuvent toujours entrer dans la pièce.

Les boulets froids et les boulets rouges s'enfoncent dans le bois aux mêmes profondeurs, toutes les circonstances étant égales d'ailleurs. — Un boulet rouge conserve sa propriété incendiaire après avoir touché l'eau plusieurs fois en ricochant. — L'incendie qu'il produit est plus rapide et plus sûr quand il n'est enfoncé dans le bois que de 30 cent. environ, parce qu'à une profondeur plus grande la communication avec l'air extérieur n'est pas assez libre; il faut donc tirer à petites charges (1/4 ou 1/5 du poids du boulet, suivant la distance), afin que les boulets restent dans le bois et ne s'y enfoncent pas trop.

Tir des bombes avec les mortiers.

On peut tirer, avec les mortiers, des bombes d'un calibre inférieur à celui de la bouche à feu. A cet effet, fixer la bombe avec des coins, et remplir de terre le vide entre le projectile et la paroi de l'âme.

Tir des bouches à feu, sans affût.

A défaut d'affûts, utiliser les bouches à feu en les disposant sur des châssis, les tourillons encastrés; ou même à terre, sur des chantiers maintenus par des piquets, la culasse appuyée. — Tirer à faibles charges. — Pointer avec le fil à plomb et le quart de cercle.

Employer les bouches à feu hors de service à tirer des projectiles d'un calibre supérieur, fixés à la bouche; des caffuts disposés dans des paniers avec plateaux, ou dans des demi-barils; enfin, des pierres.

RENSEIGNEMENTS DIVERS RELATIFS AU TIR.

Portées des canons, à la charge du tiers du poids du boulet.

DÉSIGNATION DES BOUCHES A FEU.		Portées sous les angles de 2°	3°	4°	5°	6°	7°	8°	9°	10°	15°	40°	PORTÉES de but en blanc.
		mètres.	mètres.	mètres.	mètres.	mètres.	mètres.	mètres.	mètres.	mètres.	mètres.	mètres.	mètres.
Canon de campagne	de 8	640	1085	1285	1470	1635	«	«	«	«	2700	3300	500 à 510
Canon de campagne	de 12	918	1170	1390	1585	1780	«	«	«	«	2800	3700	540 à 550
Canon de place	de 8	655	1162	1317	1507	1676	«	«	«	«	2700	3300	535 à 555
Canon de place	de 12	964	1228	1455	1664	1870	«	«	«	«	2900	3800	630 à 650
Canon de siége	de 16	955	1230	1460	1665	1850	2030	2200	2350	«	3100	4000	660 à 690
Canon de siége	de 24	1055	1345	1590	1810	2015	2200	2370	2530	2670	3300	4400	680 à 720
Canon de côte [ancien] (*)	de 24	1020	1295	1550	1775	1985	2190	2360	2520	2660	«	«	750
Canon de côte [ancien] (*)	de 36	1070	1350	1610	1850	2080	2280	2460	2630	2790	3360	4600	800
Canon de côte [ancien] (*)	de 48	1200	1480	1760	2000	2200	2390	2570	2730	2875	3460	4740	820

(*) Les portées des canons (anciens) de 12 et de 16 de côte sont un peu moindres que celles des mêmes calibres de place et de siége.

EFFETS DES PROJECTILES ET DE LA POUDRE.

Effets des projectiles creux, à la charge de guerre. (Voy. p. 157.)

	BOMBES DE			OBUS DE			
	32c	27c	22c	22c	16c	15c	12c
Nombre des éclats (environ)	22	18	33	33	21	22	17
Nombre des éclats pesant plus de 100 gr. . . .	22	18	28	28	17	19	14

Les projectiles creux, après avoir pénétré dans les terres, y produisent l'effet de fougasses en comprimant les terres en tous sens. — Si la charge de poudre est suffisante, ils lancent les terres et une grande partie de leurs éclats du côté de la ligne de moindre résistance; le diamètre des entonnoirs est ordinairement égal à 2 ou 3 fois leur enfoncement. — Si la charge est faible, ils ne forment qu'un vide intérieur dont le volume augmente avec la compressibilité des terres, environ 2 mètres cubes par kil. pour les terres ordinaires.

Les éclats des projectiles creux sont souvent lancés à 600 ou 800 mètres de distance. — Les effets des très-grosses bombes ne sont pas en rapport avec leur poids. — Un projectile creux éclatant dans un massif de bois produit des déchirements considérables. — On regarde comme à l'épreuve de la bombe une voûte qui a 1 mètre d'épaisseur aux reins.

MINES. (Pl. 54.)

On nomme *entonnoir*, l'excavation produite par une mine; *rayon d'entonnoir*, celui de la courbe circulaire qui forme ordinairement le bord de l'entonnoir; *rayon d'explosion*, la ligne menée du centre des poudres à un point de cette courbe; *ligne de moindre resistance*, la plus courte distance du centre des poudres à la surface extérieure du milieu dans lequel elles sont logées.

Suivant la force de la charge, une mine s'appelle *fourneau simple* ou *ordinaire*, lorsque le rayon de l'entonnoir est égal à la ligne de moindre résistance; *fourneau surchargé* ou *globe de compression*, lorsqu'il est plus grand; *fourneau sous-chargé*. lorsqu'il est plus petit

L'entonnoir a généralement la forme d'un cône tronqué dont la petite base passe par le centre des poudres, et, pour le fourneau ordinaire, le diamètre de cette petite base est moitié de celui de la grande base.

L'explosion d'une mine dans un terrain ordinaire produit deux effets distincts, l'un *extérieur* ou l'*excavation*, l'autre *intérieur* ou la *commotion* des parties voisines du terrain.

Un fourneau ordinaire ébranle les terres, au-delà de l'entonnoir, jusqu'à une distance égale à la ligne de moindre résistance; il crève une galerie de contremine placée au même niveau, lorsqu'elle n'est éloignée que d'une fois et demie la ligne de moindre résistance.

En général, l'effet intérieur ou le rayon de rupture s'étend plus loin dans le sens horizontal que dans le sens vertical. — Les deux effets, avec la même ligne de moindre résistance, n'augmentent qu'à peu près dans le rapport des racines carrées des charges, et le diamètre de l'entonnoir ne dépasse guère six fois la ligne de moindre résistance, quelle que soit la charge.

Les *fourneaux ordinaires*, avec une ligne de moindre résistance de 4 à 5 mètres, sont les plus convenables pour la défense des places; ils consomment peu de poudre, et ne produisent pas d'excavation assez grande pour servir de couvert à l'ennemi. — Ils sont *isolés*, pour produire des entonnoirs séparés; *accolés*, pour produire des entonnoirs qui se pénètrent, lorsqu'il s'agit d'embrasser un terrain d'une certaine étendue; sur *deux* ou *trois étages*, à des profondeurs différentes, pour bouleverser plusieurs fois le même terrain. — Les intervalles entre les fourneaux isolés, entre les étages des fourneaux, et entre les fourneaux et les galeries les plus voisines, doivent être au moins d'une fois et trois quarts la ligne de moindre résistance. — Les fourneaux les plus petits sont les plus avancés vers la campagne; dans le cas de plusieurs étages, ils composent le premier.

Les *fourneaux surchargés* sont employés par l'assiégeant pour détruire les galeries de l'assiégé, et quelquefois pour renverser les contrescarpes. L'assiégé ne peut ordinairement en faire usage, parce qu'il s'exposerait à crever ses propres galeries.

Les *fougasses* sont de petits fourneaux ordinaires placés à la profondeur de 2 à 3 mètres.

Le *camouflet* est un petit fourneau sous-chargé, sans effet extérieur, que le mineur pratique du côté du mineur ennemi, et qu'il fait jouer lorsqu'il juge qu'il n'en est plus séparé que par une épaisseur de terre de 2 à 4 mètres, pour le frapper par l'explosion ou le forcer à la retraite. — Le bruit du travail souterrain s'entend jusqu'à une distance de 20 mètres et même plus, lorsque le mineur frappe sur du bois. Pour s'épier l'un l'autre, les mineurs ennemis placent sur le sol un vase rempli d'eau ou des corps légers sur une caisse de tambour; pour peu que le terrain soit ébranlé, la surface de l'eau se ride ou des vibrations se manifestent sur la peau d'âne.

Les *mines défensives* ou *contre-mines* permanentes se construisent en maçonnerie; les *mines d'attaque* et celles qu'on ajoute pendant le siége aux contre-mines permanentes, se font en charpente. — Les *grandes galeries*, les plus rapprochées du point de départ, ont 2 mètres de large sur 2 mètres de haut; les *galeries ordinaires*, 1 mètre sur 2 mètres; les *demi-galeries*, 1 mètre sur $1^m,50$; les *grands rameaux*, 80 cent. sur 1 mètre; les *petits rameaux*, qui aboutissent aux fourneaux, 65 cent. sur 80. — L'entrée des contre-mines est ordinairement dans les fossés de la place; celle des mines d'attaque a lieu par des puits verticaux, creusés dans la campagne, ayant ordinairement $1^m,32$ de largeur dans œuvre, quelquefois 1 mètre ou seulement 80 cent.

Un système de contre-mines comprend en général: une *galerie majeure*, voisine de la contrescarpe; une *galerie d'enveloppe*, parallèle à la première, et à 40 mètres en avant; des *galeries d'écoute*, recoupant les deux premières de 40 en 40 mètres, et se dirigeant dans la campagne jusqu'à 40 mètres en avant de la galerie d'enveloppe. Les fourneaux s'établissent entre les galeries d'écoute.

Les *contre-puits* sont des fourneaux établis au-dessus du ciel d'une galerie, se chargeant par l'intérieur de cette galerie, et jouant, sans l'endommager, pour détruire ou empêcher les travaux de l'attaque.

Les galeries en charpente et les rameaux se construisent au moyen de *châssis verticaux*, composés de *semelles*, de *montants* et de *chapeaux* dont l'équarrissage varie de 15 à 8 cent., selon leur grandeur: les châssis, à 1 mètre l'un de l'autre, reliés par des *tringles*, soutiennent des *planches de ciel* de 3 à 4 cent. d'épaisseur, et des *planches de coffrage* de 2 à 3 cent. d'épaisseur, sur les deux parois verticales. — 5 mineurs emploient de 3 à 5 heures pour faire 1 mètre de galerie ordinaire, de 2 à 3 1/2 heures pour 1 mètre de démi-galerie; 4 mineurs, de 1 1/2 à 3 heures pour 1 mètre de grand ou de petit rameau. — Les *puits* se construisent d'une manière analogue avec des *cadres horizontaux*. — Les *puits* et les *rameaux à la hollandaise* se construisent avec des châssis en planches jointifs ou tant pleins que vides, et servant eux-mêmes de coffrage.

Lorsqu'il n'y a pas de courant d'air, la respiration manque dans les galeries ordinaires à 50 mètres, dans les demi-galeries à 40 mètres, dans les rameaux à 30 mètres du débouché dans l'air libre. Il faut assurer la circulation de l'air par des galeries transversales; avoir recours à des moyens de ventilation; percer des trous de tarière (trépan des mineurs), si le terrain le permet, etc.

Chargement. — Manière de mettre le feu.

On met la charge dans une boîte cubique en bois, goudronnée s'il est possible. — 20 kil. de poudre remplissent un cube de 28 cent. de côté.

BOURRAGE. — Le bourrage est nécessaire, surtout avec les fourneaux ordinaires, pour que l'effet soit produit dans la direction voulue. En terre rapportée, il faut qu'il ait deux fois la longueur de la ligne de moindre résistance; on peut réduire cette longueur au moyen de pièces de bois disposées en arcs-boutants et étrésillons, ou en surchargeant le fourneau; on peut même supprimer le bourrage en doublant la charge.

On met ordinairement le feu au moyen du *saucisson* et du *moine* ou de la *planchette.* — On emploie aussi les batteries électriques.

SAUCISSON. — C'est un boudin en toile, rempli de poudre, dont le diamètre est d'environ 2 cent., fixé par un bout au centre de la charge, et traversant le bourrage dans un *auget;* l'autre bout sort dans la galerie. — La toile doit être grosse et serrée, la couture faite avec soin. — Le mètre courant de saucisson contient 380 gr. de poudre.

MOINE. — Étendre le bout du saucisson sur une feuille de papier, et répandre dessus du pulvérin sec et bien écrasé que l'on recouvre d'une autre feuille de papier, retenue aux quatre coins par de la terre sèche ou des cailloux; passer à travers cette deuxième feuille une pyramide d'amadou (le *moine*), la base dans le pulvérin et le sommet en saillie en dehors du papier. Mettre le feu au sommet du moine avec un autre morceau d'amadou de mêmes dimensions, qu'on nomme *témoin*, et que l'on emporte pour juger de l'instant où le feu prend au saucisson. — Donner au moine environ 4 cent. de hauteur; il est partagé par la feuille de papier en deux parties égales. — Le témoin brûle ordinairement un peu plus vite que le moine.

PLANCHETTE. — Elle remplace le moine, qui est sujet à s'éteindre par suite de l'humidité ou faute d'air. C'est une boîte sans fond ni couvercle, dont une face est traversée par un tiroir ou *planchette* glissant librement dans des rainures faites intérieurement sur les faces latérales. La boîte se pose sur le bout du saucisson; on met sur la planchette une mèche allumée, et pour donner le feu de loin, on tire une ficelle attachée à cette planchette.

SOURIS. — La fumée qui se répand et qui séjourne dans les galeries incommode beaucoup. Il faut avoir soin de boucher l'ouverture des augets aussitôt que les fourneaux ont joué. — On peut éviter la fumée du saucisson et de l'amorce au moyen de la *souris*. C'est une petite chaînette sur laquelle est enroulée de la mèche à canon décordée; une ficelle bien souple est attachée à chaque bout; l'auget est formé de deux branches, réunies à la hauteur des poudres par une partie circulaire : l'une des ficelles est étendue dans l'auget, et sort de l'une des branches; l'autre reste avec la chaînette en dehors de l'autre branche; en tirant la première, on fait arriver la souris allumée sur la poudre du fourneau.

Compasser les feux à partir d'un foyer commun, pour faire jouer plusieurs fourneaux en même temps. — La souris peut porter le feu à ce foyer; mais il faut, pour aller du foyer aux fourneaux, des saucissons de longueurs égales; seulement, on coude ceux qui ont moins d'espace à parcourir, et chaque coude est compté pour 8 cent. de longueur, parce que le feu s'y ralentit.

Fougasses.

La *fougasse ordinaire* s'établit au fond d'un puits comblé de terre damée.

La *fougasse à bombes* (Pl. 54) consiste dans la réunion de plusieurs bombes enterrées qui éclatent, soit avant d'être projetées, soit en arrivant à la surface du terrain. — Les bombes sont disposées dans la partie supérieure d'une caisse en bois, divisée en deux cases par un plateau horizontal; les fusées, tournées vers le bas, débordent ce plateau. La case inférieure ne contient que le saucisson, si les bombes doivent éclater sur place; dans le cas contraire, on y met la poudre nécessaire pour faire l'entonnoir. — Les bombes de 32^c, 27^c, 22^c, chargées pleines, font un entonnoir à la profondeur de 2 mètres, 1^m,66, 1^m,16.

Les fougasses ordinaires ou à bombes sont de peu d'effet au delà de leur entonnoir, ce qui exige qu'on les fasse jouer à un instant précis, et rend leur emploi peu redoutable.

La *fougasse pierrier* (Pl. 54), d'un plus grand effet, consiste en un entonnoir conique dont l'axe est incliné de 45° à l'horizon, et qui pénètre en terre de 1^m,80; l'orifice, de forme elliptique, a 6 mètres environ de longueur. — Au fond, mettre une boîte goudronnée, remplie de 25 kil. de poudre; la recouvrir d'un plateau en bois de 1 mètre carré et de 10 cent. d'épaisseur, placé perpendiculairement à l'axe de l'entonnoir : on peut, sans inconvénient, laisser un peu de vide entre la boîte et le plateau. — Charger ce plateau de 3 mètres cubes de cailloux ou de 4 mètres cubes de briques, disposés également autour de l'axe de l'entonnoir dont le surplus reste vide. — Avoir soin de garnir la paroi supérieure de l'entonnoir d'un gazonnement ou de terres fortement damées. — 12 mineurs font cette fougasse en 3 heures. — L'explosion couvre de pierres un carré de 55 mètres de côté environ.

Destruction des murs, bâtiments, etc. (Pl. 54.)

MURS TERRASSÉS. — Percer le revêtement, par différents rameaux de mine, aux 3/4 de son épaisseur. — S'il y a des contre-forts, le percer au milieu de chaque intervalle, et, au moyen de rameaux, établir un fourneau dans le milieu de chaque contre-fort à sa jonction avec le revêtement. — Quand on veut en même temps faire ébouler une grande quantité de terres, pousser dans ces terres d'autres rameaux plus longs que les premiers. — La charge de poudre dans les contre-forts est de 100 kil. pour $2^m,50$ à 3 mètres d'épaisseur de mur, et de 450 kil. dans les terres. — Bourrer avec soin, et compasser les feux. — Lorsque le fossé est plein d'eau, ouvrir sur le terre-plein du rempart, et dans les intervalles des contre-forts, des puits que l'on descend jusqu'au niveau du fond du fossé; construire ensuite les rameaux nécessaires. — Porter le feu par des saucissons qui montent le long des puits.

MAGASINS A POUDRE ET BATIMENTS VOUTÉS. — Établir, au milieu de l'épaisseur des pieds-droits et des pignons, une suite de fourneaux dont les rayons d'action se croisent un peu, et qui jouent ensemble. — Si l'on est pressé par le temps, disposer un tas de poudre sur le sol du bâtiment, et barricader les portes, les croisées, etc. Pour déterminer la quantité de poudre, calculer la charge totale des fourneaux isolés qui seraient nécessaires pour renverser la maçonnerie des pieds-droits et des pignons, et l'augmenter de moitié pour remplacer le bourrage. — 600 à 800 kil. détruisent complétement un magasin à poudre de 10 mètres de large sur 25 à 30 mètres de long.

BATIMENTS NON VOUTÉS. — On les détruit facilement au moyen de barils ou de tas de poudre, disposés dans les caves ou les pièces du rez-de-chaussée. — Fermer toutes les ouvertures, et laisser subsister le plancher du premier étage. — Commencer le feu par un bout, afin de juger, d'après les premiers effets, s'il faut changer la quantité de poudre.

Un mur de 60 à 90 cent. d'épaisseur, non terrassé, est renversé par l'explosion de un ou deux barils de poudre juxtaposés; on augmente de beaucoup l'effet en contre-buttant les barils avec des sacs à terre.

Un sac de 30 kil. de poudre ainsi contre-butté suffit pour briser une porte très-solide.

PONTS. — Dans une pile de $1^m,30$ à $1^m,60$ d'épaisseur, établir 2 fourneaux de 50 à 60 kil., bien bourrés et disposés pour jouer simultanément; si la pile a $2^m,50$ à 3 mètres d'épaisseur, établir dans son milieu et parallèlement à ses flancs deux petits rameaux avec un fourneau de 150 à 200 kil. au bout de chaque rameau. — Si l'on est pressé, ouvrir au milieu d'une arche une tranchée en croix dont les branches, de 3 mètres environ de longueur, sont creusées jusqu'à l'extrados de la voûte; mettre dans chaque branche 75 kil. de poudre bien bourrée pour une épaisseur de 1 mètre à la clef; donner le feu au centre avec le moine. — On réussit aussi sûrement en suspendant sous la voûte quelques barils de poudre qu'on allume simultanément; un seul baril suffit pour une arche en charpente.

PALISSADES. — Creuser contre les pieux un trou de 50 cent. de profondeur; y placer un sac à terre contenant 10 kil. de poudre, auquel est attachée une lance à feu; bourrer avec les pieds; mettre le feu, et se retirer. — Si on ne peut pas creuser, mettre 20 kil. de poudre et contre-butter avec quelques sacs pleins de terre. — On renverse ainsi 4 à 5 palissades ordinaires.

FAIRE SAUTER DES PARTIES DE ROC. — Forer dans le roc un trou de 30 à 40 cent. de profondeur, et de 32 à 34 mill. de diamètre. — Charger de 60 à 90 gr. de poudre de mine ou de guerre; bourrer avec de l'argile sèche, qu'on refoule à l'aide d'un refouloir en bois et d'un maillet. — Avant le bourrage, placer le long de la paroi du trou une *épinglette* en cuivre de 2 mill. de diamètre, qui, retirée ensuite, forme une lumière dans laquelle on introduit la poudre d'amorce ou une baguette combustible enduite d'une pâte de poudre. — Au besoin, employer un chalumeau de paille rempli de poudre, et remplir le trou avec du sable fin qui tient lieu de bourrage.

On peut faire usage d'un mélange de parties égales de poudre de mine et de sciure de bois d'orme ou de hêtre bien sèche, qu'on verse dans un trou de 1 mètre de profondeur jusqu'au tiers ou au quart de sa hauteur.

PÉTARDER SOUS L'EAU. — Introduire dans le trou un cylindre en fer-blanc de même calibre, rempli de poudre et surmonté d'un tube étroit, à l'extrémité duquel se placent l'amorce et le moine ou la fusée.

Pétard.

Le pétard cubique en bois contenant 9 kil. de poudre (Voy. p. 169), placé au pied d'une palissade ordinaire du Génie, entre deux poteaux, ou suspendu à hauteur de la traverse, brise et renverse les deux poteaux et incline les deux poteaux voisins.

Placé au pied d'une porte en chêne de 11 cent. d'épaisseur, garnie de deux traverses en fer, ou suspendu en son milieu, il brise entièrement cette porte, et en projette au loin les éclats et les traverses.

Placé au pied d'un mur de 60 cent. d'épaisseur, en bons moellons et bon mortier, il y fait une ouverture de $1^m,50$ sur $1^m,10$ moyennement.

Les expériences exécutées à La Fère ont donné les résultats suivants : 1° L'effet total du pétard reste le même lorsqu'on fait varier sa hauteur, la capacité et l'épaisseur des parois restant constantes. — 2° Les effets du pétard, sous la même capacité et avec la même matière pour l'enveloppe, augmentent de quantités proportionnelles à l'épaisseur des parois. — 3° Les effets du pétard augmentent à peu près comme les carrés des poids des charges de poudre. — 4° Un plateau interposé entre le pétard et l'obstacle détruit par sa masse une partie de l'effet, à moins qu'on n'augmente la ténacité et la résistance des parois de la boîte. — 5° Les effets du pétard augmentent de quantités proportionnelles au poids de la surcharge. — 6° L'arc-boutement produit un effet du même ordre qu'une surcharge.

Le sac à poudre de 18 kil. est à peu près équivalent au pétard cubique en bois de 9 kil.; mais il présente de graves inconvénients dans les circonstances où l'on fait usage du pétard. — L'ancien pétard en bronze, quoiqu'étant d'un puissant effet, a été abandonné parce qu'il est difficile à charger et à poser, et que ses éclats sont dangereux à plus de 200 mètres.

Une bombe ou un baril de poudre peuvent remplacer le pétard. — Un obus de 15^c ou de 16^c, placé dans l'angle formé par un arc-boutant et un montant en bois de 20 cent. d'équarrissage, arrache l'arc-boutant en brisant les tenons et fend verticalement le montant. Ces obus et ceux de 22^c; ainsi que les bombes, peuvent être employés pour détruire des ponts en charpente, etc.

ARTILLERIE NAVALE.

Pointage des bouches à feu de la marine.

On emploie dans la marine, pour le pointage des bouches à feu, une hausse fixée à la culasse et un *fronteau de mire*. — La hausse se compose d'une tige, appelée *curseur*, mobile dans une *boîte* (bronze) ; le fronteau de mire est une masse en bronze, portant un guidon à sa partie supérieure, fixée sur la pièce un peu en avant des tourillons au moyen d'un *support de fronteau de mire*, pour les pièces coulées depuis 1840, ou maintenue à peu près à hauteur des tourillons, à l'aide de brides, pour les pièces qui n'ont pas de support de fronteau de mire.

Le curseur de la hausse est surmonté d'un *chapeau* au sommet duquel est un cran. Lorsque l'axe des tourillons est horizontal, le fond de ce cran et le sommet du guidon du fronteau de mire se trouvent dans le plan du tir; de plus, quand le chapeau repose sur la boîte, la ligne qui passe par le sommet du guidon et le fond du cran est parallèle à l'axe. — Cette disposition a l'avantage de supprimer les hausses négatives; mais elle a l'inconvénient de raccourcir considérablement la ligne de mire. Elle est d'ailleurs nécessaire, parce qu'à bord des vaisseaux, il est impossible d'apprécier la quantité dont il faut pointer au-dessous du but et qu'on ne peut employer les hausses négatives comme à terre.

CHAPITRE XVI.

PONTS MILITAIRES.

SOMMAIRE.

NOMENCLATURE ET DIMENSIONS PRINCIPALES.

Nota. Pour la manière d'engerber les haquets, et pour les indications relatives aux pièces en fer, voy. chap. III.

Les objets *marqués d'un * n'entrent point* dans la *composition* de l'équipage de pont.

Bateau. (Pl. 56.)

Le bateau de l'équipage de pont peut être employé sur tous les cours d'eau, quelles que soient leur largeur et leur rapidité; il sert aux débarquement des troupes, et à l'établissement de ponts pour l'infanterie, la cavalerie, les batteries de campagne, et même pour l'artillerie de siége; dans ce dernier cas, on augmente la force ordinaire du tablier, soit en mettant une ou deux poutrelles de plus par travée, soit en diminuant à la fois l'écartement des poutrelles et l'intervalle entre les bateaux.

PARTIES. — L'*avant-bec* ou l'*avant;* l'*arrière-bec* ou l'*arrière.* Ces deux parties comprennent toute la portion du bateau dont le fond est relevé. — Le *corps du bateau*, entre les deux becs. — Le *fond.* — Les *bordages ou côtés;* le côté de droite, pour le pontonnier regardant l'avant, prend le nom de *tribord;* celui de gauche prend le nom de *bâbord.*

Longueur totale, 9m,43; de l'avant, 2m,60; de l'arrière, 1m,95; du corps, 4m,88. — Hauteur (non compris les semelles) à l'extrémité de l'avant, 92 cent.; de l'arrière, 865 mill.; du corps, 785 mill. — Largeur (hors œuvre) du corps : supérieure, 1m,76; inférieure, 1m,326. — Largeur supérieure, à l'extrémité de l'avant, 73 cent.; supérieure, à l'extrémité de l'arrière, 1m,40.

BOIS. — Le *fond.* — Les *bordages.* — Les *courbes.* — Les *poupées.* — Les *nez:* percés de trous pour les tolets de gouvernail. — Les *ceintures* et leurs prolongations : percées de trous pour les tolets de rames.

FER. — Les *équerres de courbes.* — Les *supports tournants.* — Les *bandeaux de bec.* — Les *anneaux de brêlage.* — Les *crochets de pontage.*

Nacelle. (Pl. 58.)

PARTIES. — Comme au bateau.

Longueur totale, 9m,08; de chaque bec, 2m,19; du corps, 4m,70. — Hauteur (non compris les semelles) aux extrémités, 60 cent.; du corps,

49 cent. — Largeur (hors œuvre) du corps à la naissance de l'avant : supérieure, $1^m,57$; inférieure, $1^m,30$; du corps à la naissance de l'arrière : supérieure, $1^m,545$; inférieure, $1^m,275$. — Largeur (hors œuvre) aux extrémités, 38 cent.

BOIS. — Comme au bateau : Les nez sont percés, celui de l'avant d'un trou pour l'amarre, celui de l'arrière de deux trous pour tolets de gouvernail.

Agrès et engins.

Nota. Les agrès et engins sont classés par ordre alphabétique.

Ancre à jas en fer. (Pl. 61.)

L'*ancre* proprement dite ; la verge ; la croisée, qui comprend les *bras* et les *pattes*. — L'*anneau à tige ;* la tige engagée dans l'*organeau*. — L'*organeau*. — Le *jas ;* l'*épaulement*, l'*arrêtoir*, placé vers le milieu, et la *rondelle*, engagée sur le jas, servent à fixer sa position dans la culasse. — Longueur totale de l'ancre, $1^m,62$. — *Envergure*, 90 cent.

ARRÊTOIR DE MADRIERS.

BILLOT DE GUINDAGE.

* BOUÉE. — Baril ou corps flottant que l'on attache à l'extrémité d'un cordage d'ancre, pour faire retrouver l'ancre.

* Cabestan.

BOIS. — Les *flasques*. — Les *épars*. — Les *clavettes d'idem*. — Le *treuil horizontal*. L'axe est élevé, par les flasques, de 20 cent. au-dessus du sol.

FER. — Les *liens de flasques*. — Les *frettes de treuil*.

* CAISSE D'ANCRAGE (Pl. 61). — Poids, 1020 kil. de gravier.

Les *planches de côté*. — Les *bouts*. — Les *traverses*.

Les traverses sont clouées à plat sur les faces intérieures des planches de côté. — Les bouts sont doublés, la pièce intérieure recouverte par les planches de côté, la pièce extérieure les recouvrant; toutes les planches clouées les unes sur les autres. — Le cordage traverse la caisse en passant dans des trous ouverts au centre des deux bouts; il est arrêté en dehors par un nœud et un billot. — La caisse peut se construire avec six madriers de l'équipage.

CHAINES DE BRÊLAGE (pour madriers). — Il y en a deux, terminées à chaque bout par 1 *crochet*, la grande, a $3^m,80$ de longueur ; la petite, a $2^m,70$.

Chevalet à deux pieds (Pl. 59).

BOIS. — Le *chapeau* : le corps, et les deux têtes percées de mortaises qui servent de *coulisses* aux pieds. — Les *pieds*. — Les *semelles*, percées chacune d'une mortaise pour la pointe du pied.

FER. — Les *étriers de chapeau*. — Les *brides d'étrier*. — Les *crochets de pontage*. — Les *mailles de suspension*. — Les *clefs de chaîne de suspension*, et leurs *chaînettes*. — Les *chaînes de suspension*. — Les *frettes de pieds*. — Les *sabots de pied*. — Les *chevillettes de semelle*, et leurs *chaînettes*.

* Chevalets à quatre pieds.

BOIS. — Le *chapeau*. — Les *montants ou pieds*. — Les *traverses inférieures*. — Les *traverses supérieures*. — Les *liens* ou *jambes de force*.

La hauteur des chevalets varie ordinairement entre 2 et 4 mètres; on les construit sur place. Les bois étant équarris, 2 ouvriers font 1 chevalet en 10 heures.

CHEVRETTE. — Voyez page 40.

CLAMEAU A UNE FACE. — Les deux pointes perpendiculaires au-dessous du corps et tournées du même côté.

CLAMEAU A DEUX FACES. — C'est le clameau à une face dont le corps est tordu de gauche à droite au milieu de sa longueur, de manière que les directions des deux pointes se croisent à angle droit.

*CLAMEAU A POINTE ET A CROCHET OUVERT. — Le crochet à l'un des bouts, la pointe à l'autre.

COIN DE MANŒUVRE.

COLLIER DE GUINDAGE (Pl. 60). — L'*étrier*. — La *bride*. — Les *mailles*. — Les *coins*.

CORPS-MORT. — Les *crochets de pontage*.

Cric.

Le *fût*. — L'*arbre* : ses *cornes*; sa *patte*. — La *manivelle*. — La *plaque de pied*, armée de *pointes*.

DAME. — Voyez page 63.

ÉCOPES (grande et petite). [Pl. 60.] — La *traverse*, les *côtés*, le *fond*, le *manche*.

ÉCREVISSE (pour repêcher les canons) [Pl. 61]. — Les *branches*. — L'*anneau*.

FAUX-RANCHET.

GAFFE A BATEAU (Pl. 60). — La *perche*. — La *poignée*. — Le *fer*.

GAFFE A POINTE ET A CROC (Pl. 60). — La *perche.* — La *poignée.* — Le *fer.*

GAFFE A NACELLE (Pl. 60). — Comme la gaffe à bateau.

GOUVERNAIL. — On se sert de rames pour gouverner les bateaux et les nacelles d'équipage.

GRAPPIN (pour repêcher les ancres et les cordages) [Pl. 61]. — La *tige*, terminée par le *pilon* qui reçoit l'*anneau.* — Les *branches.*

LEVIER DE MANŒUVRE. — Voyez page 60.

* LONGERON. — Longue poutrelle de fort équarrissage.

MADRIER. — Ils sont entaillés pour le passage des commandes de guindage.

MARTEAU A PANNE FENDUE.

MASSE. — Voyez page 62.

MOUFLE DE TRAILLE. — La *chape.* — Le *grand rouleau.* — Les *petits rouleaux.* — La *poulie.*

Mouton à bras.

BOIS. — Le *mouton.* — Les *bras.* — Les *chevilles.*

FER. — Les *tirants.* — Les *frettes.*

MOUTON DE SONNETTE. — Voyez *Sonnette*, page 454.

PALAN. — Il est composé de deux *moufles* équipées avec un cordage. Chaque moufle comprend : La *grande anse.* — L'*anneau.* — La *petite anse.* — Les *poulies.*

*PANIER D'ANCRAGE. (Pl. 61.) — Le *panier.* — L'*arbre.* — La *clavette.* — L'*anneau à pattes*, à l'extrémité de l'arbre opposée au panier, pour amarrer le cordage. — Le panier, de forme tronconique, se construit comme un gabion; sur le côté, près de la grande base, on laisse une ouverture pour le charger. — 2 *fonds*, formés chacun de branchages entrelacés et de 4 *piquets* laissant entre eux un intervalle pour le passage de l'arbre. — 10 *piquets* de $1^{m},60$ pour le pourtour, 4 de $1^{m},40$ pour la grande base, 4 de 80 cent. pour la petite base; diamètre commun, 45 mill. — Hauteur du fascinage, $1^{m},40$. — Diamètre de la grande base, $1^{m},20$; de la petite base, 60 cent. (hors œuvre). — Capacité du panier, $0^{mc},550$. — Poids 935 kil. de gros gravier.

Le panier et la caisse d'ancrage se construisent sur place pour remplacer les ancres, lorsqu'on en manque ou que la nature du fond de la rivière ne permet pas de s'en servir.

PELLE CARRÉE ET PELLE RONDE. — Voyez page 64.

PINCE EN FER ou PIED DE BICHE. — La *pointe.* — Le *pied de biche,* recourbé pour arracher les clameaux.

PIOCHE. — Voyez page 64.

PIQUETS FERRÉS. (Pl. 60). — Le *bois.* — La *frette.* — Le *sabot.* — Les petits servent pour fixer les corps-morts; les grands, pour fixer les amarres, traversières, cordages d'ancre des culées, et corps-morts quand le terrain a peu de fermeté.

POMPE. (Pl. 60.) Le *corps.* — Le *goulot.* — Le *piston,* son *manche* et sa *poignée.* — Le *cône tronqué.* — La *soupape.* — Les *frettes.*

***PORTE-GOUVERNAIL.** — La *tige,* la *fourche* à *deux branches.*

PORTE-VOIX. — Le *cône tronqué.* — L'*embouchoir.* — Les *anneaux.* — Avec ce porte-voix, on se fait entendre distinctement sur terre, quand tout est tranquille, à 500 mètres; sur l'eau, pendant la manœuvre, à 200 mètres.

POULIE EN BOIS.

POUTRELLE ORDINAIRE. — Percée de deux trous perpendiculaires entre eux.

POUTRELLE DE CULÉE. — Percée de deux trous parallèles entre eux.

POUTRELLE A GRIFFES.

FAUSSE-POUTRELLE (pour assembler les portières).

RAME A BATEAU. (Pl. 60.) — La *perche.* — La *palette.* — Les *bandelettes.*

RAME A NACELLE. (Pl. 60.) — La *perche.* — La *palette.* — La *poignée.* — La rame qui sert à gouverner porte à l'extrémité de la palette 1 *fer à 2 pointes.*

***ROULEAU** (pour le placement des chevalets à quatre pieds).

SEAU (pour vider les bateaux) [Pl. 60]. — Les *douves.* — Le *fond.* — L'*anse.* — Les *cercles.*

Sonnette.

On la construit sur les lieux, au moment du besoin; les ferrures seules sont transportées avec l'équipage.

BOIS. — La *sole.* — La *semelle.* — Les *liens.* — Ces pièces forment le *patin.* — Les *jumelles.* — Les *bras.* — Les *entretoises.* — Le *chapeau.* — Le *rancher,* ses *chevilles.* — La *petite poulie.*

FER. — Les *brides de chapeau et de jumelles.* — L'*étrier de rancher.* — Les *brides de rancher et de semelles.* — Les *charnières à crochet.* — Les *anneaux à patte.* — La *grande poulie.*

Le *mouton* comprend : 1 *mouton,* pesant 230 kil. — Les *flasques.* — La *coulisse;* les *tenons;* les *clavettes.* — Le *câble de sonnette.* — Les *tiraudes.*

TOLETS POUR RAMES (Pl. 60); chevilles plates.

TOLETS POUR GOUVERNAIL; chevilles rondes.

TRAVERSE A ARRÊTOIRS DE POUTRELLES. — Les *arrêtoirs*.

* Vindas.

BOIS. — Le *châssis*, formé des *côtés*, des *épars*, des *clavettes* et de la *semelle*. — Les *montants* et les *arcs-boutants*. — L'*entretoise de collet de treuil*. — Les *clavettes*. — Le *treuil vertical*. — Les *leviers*. — Le *rouleau*.

FER. — La *cravate*. — La *cheville à pilon*. — La *cheville à tête plate*. — Les *frettes de montant*. — Les *frettes de treuil*. — Les *crampons*, servant de sus-bandes aux tourillons du rouleau.

Cordages.

DÉSIGNATION DES OBJETS.		Longueur.	Diamètre.	Force.	OBSERVATIONS.
		mètres.	mill.	kil.	
Cordage d'ancre		80	24 à 26	2500	
Amarre		14			
Ligne de halage	pour chevaux.	155	18 à 20	1296	
	pour hommes.	75	9	324	
Commande	de poutrelle	4	9	324	Une boucle de 8 cent. à l'un des bouts.
	de guindage	2,60	14	784	
	de billot	1,50	6	144	
Bretelle	la sangle, largr 60 mill.	0,87	«	«	Une boucle de 35 mill. à chaque bout.
	les cordons	1,73	6	144	Attachés aux boucles de la sanglé par une boucle lacée; réunis au milieu de leur longueur par un nœud simple; prolongés au besoin par des alonges du même cordage, nommées *alonges de cordons*.
Câble de sonnette		15	40 à 44	6400	
Tiraude de sonnette		5	«	«	Une boucle de 8 cent. à un bout.
Cordage de palan		100	18 à 20	1296	

COMPOSITION DE L'ÉQUIPAGE DE PONT.

L'*équipage de pont*, approuvé par le Ministre de la guerre le 19 novembre 1853, se compose de quatre divisions et d'une réserve.

COMPOSITION DE LA DIVISION D'ÉQUIPAGE.

La *division d'équipage* se compose de : 1 *section de culées*, 1 *section de chevalets*, 4 *sections de bateaux*, et 1 *section de forge*.

1re SECTION. — La *Section de culées* est composée de 2 voitures : 1 haquet et 1 chariot de parc.

Chargement du haquet.

DÉSIGNATION DES OBJETS.	Quantités	MODE DE CHARGEMENT.
Poutrelles de culée.	11	7 dans les arrêtoirs, 4 dans la nacelle.
Nacelle.	1	Sur les poutrelles, brêlée aux ranchets.
Tolets . . pour rames	10	Dans la nacelle.
Tolets . . pour gouvernails .	4	
Rames	6	
Gaffes	3	
Écope . . grande	1	
Écope . . petite	1	
Corps-morts	2	
Pelle	1	A son crochet le manche sur le corps d'essieu.
Pioche	1	A son anneau le manche sur le corps d'essieu.
Boîte à graisse	1	A son crochet.
Vieux oing. . . . . . kilog.	4	Dans la boîte.

Chargement du chariot.

DÉSIGNATION DES OBJETS.	Quantités	MODE DE CHARGEMENT.
Faux-ranchets	4	2 à hauteur des étriers porte-timon, de devant. 2 à hauteur des étriers porte-timon, de derrière.
Madriers	20	18 sur un rang, les 2 autres de champ, 1 de chaque côté contre les faux-ranchets.
Fausses-poutrelles	6	Entre les 2 madriers du rang supérieur, contre l'arrêtoir.
Masses	4	3 de champ contre le hayon de devant, la 4ᵉ en retraite des 3 autres, pour remplir le vide restant.
Colliers de guindage et leurs coins.	8	De champ entre les manches des masses; les coins croisés deux à deux dans les colliers fermés.
Chevrette.	1	La semelle appuyée contre les masses, à gauche du chariot.
Piquets ferrés (12 grands et 10 petits)	22	Entrecroisés près de la chevrette et des masses.
Leviers de manœuvre.	2	Le long des madriers de droite, au-dessus des piquets.
Cordages d'ancre.	2	Roulés en couronne sur les fausses-poutrelles, l'un à hauteur des 4ᵉˢ ranchets, l'autre à hauteur des 6ᵉˢ.
Amarres	4	Roulées dans l'intérieur des couronnes de cordages d'ancre.
Commandes. . de poutrelle .	30	
Commandes. . de guindage .	15	
Commandes. . de billot . . .	15	
Ligne de halage pour hommes	1	
Seau	1	Entre les 2 cordages d'ancre.
Billots	15	Entre les faux-ranchets, dans l'intervalle des côtés du chariot et des madriers.
Arrêtoir de madriers	1	Contre la partie postérieure des madriers, la languette entre les deux rangs.
Chaîne de brêlage . . . grande 3ᵐ,80.	1	Passée dans le trou du fond du chariot, et serrée sur l'arrêtoir.
Chaîne de brêlage . . . petite 2ᵐ,70.	1	Fixée par ses extrémités aux étriers porte-timon, de derrière, et arrêtée au-dessus des madriers.
Prélat (petit)	1	Au-dessus des cordages couvrant le chargement.

2e SECTION. — La *Section de chevalets* est composée de 2 voitures : 1 haquet et 1 chariot de parc.

Chargement du haquet.

DÉSIGNATION DES OBJETS.	Quantités	MODE DE CHARGEMENT.
Chevalets	2	Les deux chapeaux (un de chaque côté) au-dessus des brancards contre les ranchets, les pitons à anneau à hauteur de ces derniers. — Fixer les chapeaux aux ranchets avec des commandes de poutrelle, qui passent dans les mortaises des chapeaux. — Ranger les pieds, les semelles, les coins et les chaines de suspension dans le vide formé par les traverses et les poutrelles; les chaines le long des chapeaux, de chaque côté.
Poutrelles de culée	10	7 dans les arrêtoirs de haquet, 1 dans le 4e arrêtoir de la traverse, et 2 au-dessus des chapeaux entre les pitons à anneau et les 1re et 7e poutrelles du 1er rang. — Introduire les clefs des chaines de suspension dans les trous des deux dernières poutrelles disposées horizontalement, et brêler l'extrémité des clefs avec leurs chaînettes, au moyen de commandes de billot.
Traverses à arrêtoirs de poutrelles	2	Au-dessus du 1er rang de poutrelles, les deux arrêtoirs de dessous dans les trous des 1re et 7e poutrelles.
Poutrelles à griffes	6	Sur les 1er, 2e, 3e, 5e, 6e et 7e arrêtoirs des traverses.
Essieu n° 3	1	Avec les pieds des chevalets.
Pelle	1	A son crochet } le manche sur le corps d'essieu.
Pioche	1	A son anneau } le manche sur le corps d'essieu.
Grappin	1	Une branche entre les armons, l'anneau dans la chaine d'embrelage.

Chargement du chariot.

DÉSIGNATION DES OBJETS.	Quantités	MODE DE CHARGEMENT.
Faux-ranchets	4	2 à hauteur des étriers porte-timon, de devant. 2 à hauteur des étriers porte-timon, de derrière.
Madriers	32	1 rang de 18, et 1 de 14.
Roue n° 2	1	Le petit bout des moyeux dans le vide laissé par les madriers du second rang, la roue n° 3 à hauteur des étriers de devant, la roue n° 2 à hauteur des étriers de derrière; les brêler aux ridelles.
Roue n° 3	1	
Cric (petit)	1	Entre les moyeux des roues.
Semelle de chevalet (rechange)	1	
Commandes de poutrelle	30	
Commandes de guindage	15	
Commandes de billot	15	
Billots	15	Comme dans le chariot de la section de culées.
Masses	2	1 à chaque bout du chariot entre les madriers, les manches tournés vers le centre.
Arrêtoir de madriers	1	Comme dans le chariot de la section de culées.
Chaîne de brêlage grande $3^m,80$	1	
Chaîne de brêlage petite $2^m,70$	1	
Prélat (petit)	1	Au-dessus des cordages.

NOTA. Mettre des torons de paille ou de corde autour des rais en contact avec les faux-ranchets et la chaîne de brêlage; et des planchettes entre les moyeux et les madriers.

3e, 4e, 5e et 6e SECTIONS. — Chaque *section de bateaux* est composée de 3 voitures : 2 haquets et 1 chariot de parc.

Chargement du haquet.

DÉSIGNATION DES OBJETS.	Quantités	MODE DE CHARGEMENT.
Poutrelles ordinaires (8 mèt.)	7	Dans les arrêtoirs.
Bateau	1	Sur les poutrelles, et brêlé aux ranchets.
Ancre.	1	Sur le corps d'essieu ; le jas dans son encastrement, la croisée brêlée au corps d'essieu, l'organeau au crochet porte-ancre.
Tolets. pour rames.	10	Dans le bateau.
Tolets. pour gouvernails . .	4	Dans le bateau.
Rames	6	Dans le bateau.
Gaffes. à bateau (à 2 pointes).	5	Dans le bateau.
Gaffes. à pointe et à croc . .	1	Dans le bateau.
Écope. grande.	1	Dans le bateau.
Écope. petite	1	Dans le bateau.
Boîte à graisse	1	Suspendue au crochet porte-boîte à graisse.
Vieux oing . . . . kil.	4	Dans la boîte.
Pelle.	1	A son crochet, le manche sur le corps d'essieu.
Pioche	1	A son anneau, le manche sur le corps d'essieu.

Chargement du chariot.

DÉSIGNATION DES OBJETS.	Quantités	MODE DE CHARGEMENT.
Faux-ranchets	4	Comme dans le chariot de la section de culées.
Madriers	36	Sur 2 rangs de 18.
Cordages d'ancre.	2	Roulés en couronne au-dessus des madriers, et brêlés aux ridelles par 4 commandes.
Amarres	4	Rangées au centre des couronnes de cordages d'ancre.
Commandes de poutrelle . .	30	Rangées au centre des couronnes de cordages d'ancre.
Commandes de guindage . .	15	Rangées au centre des couronnes de cordages d'ancre.
Commandes de billot	15	Rangées au centre des couronnes de cordages d'ancre.
Ligne de halage pour hommes	1	Rangées au centre des couronnes de cordages d'ancre.
Billots	15	Comme dans le chariot de la section de culées.
Prélat (petit)	1	Comme dans le chariot de la section de culées.
Arrêtoir de madriers	1	Comme dans le chariot de la section de culées.
Chaîne de brêlage. grande 3[m],80 . . .	1	Comme dans le chariot de la section de culées.
Chaîne de brêlage. petite 2[m],70 . . .	1	Comme dans le chariot de la section de culées.
Timon ferré	1	Dans les étriers porte-timon, du côté droit.

7e SECTION. — La *section de forge* est composée de 2 voitures : 1 chariot de parc et 1 forge.

Chargement du chariot.

DÉSIGNATION DES OBJETS.	Quantités	MODE DE CHARGEMENT.
Caisse de parc aux outils ordinaires (chargée).	1	En avant et à gauche.
Caisse de parc pour fers divers, etc. (vide).	1	Dans le prolongement de la première caisse.

DÉSIGNATION DES OBJETS.	Quantités	MODE DE CHARGEMENT.
Coffres d'outils tranchants (vides)	2	Celui des bourreliers en arrière et à droite, celui de la comptabilité en avant de ce dernier.
Moufles de palans	2	Dans le petit compartiment du coffre d'outils tranchants, affecté à la comptabilité.
Clameaux (moitié à 1 face, moitié à 2 faces)	40	
Fers de divers échantillons kil.	150	Dans le petit compartiment de la 2ᵉ caisse de parc.
Flambeaux de poix blanche .	10	Au fond du grand compartiment de la même caisse.
Bougie (Paquets de 0ᵏ,5) . . .	2	Au-dessus des flambeaux.
Lanternes. . . . . kil.	2	
Porte-voix	1	
Étoupes . . . . kil.	20	Au-dessus des flambeaux, lanternes, etc.
Haches à tête.	6	Appuyées sur le tasseau de la même caisse, le tranchant en-dessous.
Seau	1	Près du bayon de devant, et à droite.
Dames	2	Devant et à droite.
Pompe	1	
Volées en blanc	2	
Tirant de haquet	1	
Cordage de palans	1	Au-dessus des objets ci-dessus.
Ligne de halage pour chevaux	1	
Cordage d'ancre	1	
Amarres	4	
Outils et approvisionnement des bourreliers . . . . . kil.	250	Dans un des coffres d'outils tranchants.
Comptabilité. . . . . . . kil.	20	Dans le grand compartiment d'un des coffres d'outils tranchants.
Scies de long	2	Ficelés entre deux voliges, et placés entre la caisse de parc et les coffres d'outils tranchants.
Passe-partout	2	
Prélat (grand)	1	Recouvre la voiture.

COMPOSITION DE LA RÉSERVE.

La *réserve* se compose de 5 voitures : 1 haquet et 4 chariots de parc.

Chargement du haquet.

DÉSIGNATION DES OBJETS.	Quantités	MODE DE CHARGEMENT.
Poutrelles ordinaires (8 mètres)	7	Dans leurs arrêtoirs.
Crics (grands)	2	Couchés sur les brancards, la manivelle en-dessus, la patte contre la partie postérieure des brancards.
Roues. . . . . n° 2	3	Sur les poutrelles, le petit bout du moyeu en-dessous; la 1ʳᵉ appuyée contre les ranchets antérieurs et en arrière; la 2ᵉ placée de la même manière contre les ranchets postérieurs, et appuyée sur les crics; la 3ᵉ entre les deux, et à égale distance.
Roues. . . . . n° 3	3	Sur les poutrelles, le gros bout du moyeu en-dessous, l'une en avant des ranchets antérieurs, les deux autres entre les roues n° 2.
Essieu n° 3.	1	Entre les crics.
Bote à graisse	1	Suspendue à son crochet.
Vieux oing. . . . . kil.	4	Dans la boîte.

DÉSIGNATION DES OBJETS.	Quantités	MODE DE CHARGEMENT.
Grappin	1	Une branche entre les armons, l'anneau passé dans la chaîne d'embrelage.
Pelle	1	A son crochet } le manche sur le corps d'essieu.
Pioche	1	A son anneau } le manche sur le corps d'essieu.

NOTA. Les roues brêlées entr'elles aux ranchets et aux arc-boutants; les crics et l'essieu brêlés à la roue qui les recouvre. — Mettre des torons de paille ou de cordes entre les jantes et les rais en contact.

Chargement du 1er chariot.

DÉSIGNATION DES OBJETS.	Quantités	MODE DE CHARGEMENT.
Coffre d'outils tranchants	1	Près du hayon de devant, et en travers.
Moufles { de palans	8	Au fond du coffre d'outils tranchants.
Moufles { de traille	2	
Écrevisse	1	De champ, contre un des grands côtés du coffre.
Poulies en bois	6	Au-dessus des moufles, dans le coffre.
Porte-voix	1	
Sacs à terre	30	
Pelles	40	Près du hayon de derrière.
Leviers	8	
Fausses poutrelles	4	
Chevrettes	2	
Amarres	30	Roulés au-dessus des agrès
Lignes de halage, pr chevaux	4	
Bretelles	64	
Cordage { de 6 mill.... mètres	498	
Cordage { de palan	4	
Câble de sonnette	1	
Tiraudes de sonnette	16	
Timons en blanc	2	Dans les étriers.
Prélat (grand)	1	Recouvre la voiture.

Chargement du 2e chariot.

DÉSIGNATION DES OBJETS.	Quantités	MODE DE CHARGEMENT.
Masses (bois)	6	3 à plat près du hayon de derrière, et 3 près du hayon de devant.
Colliers de guindage et leurs coins	16	Rangés entre les manches des masses, comme sur le chariot de la section de culées.
Mouton et ferrures de la sonnette	1	Près des masses de l'arrière; les ferrures liées ensemble.
Armons de baquet	2	
Sellettes-fourchettes de baquet	2	
Tirants de baquet	2	
Jantes de roue { n° 2	8	Entre le mouton et les masses de l'avant.
Jantes de roue { n° 3	6	
Rais de roue { n° 2	18	
Rais de roue { n° 3	14	
Meule	1	A plat sur les rechanges.
Moutons à bras	2	L'un à l'avant, l'autre à l'arrière, les bras tournés vers le milieu du chariot.
Timons en blanc	2	Dans les étriers.

Chargement du 3e chariot.

DÉSIGNATION DES OBJETS.	Quantités	MODE DE CHARGEMENT.
Caisses d'armes d'infanterie .	3	Près du hayon de derrière, une sur les deux autres, dans la direction de l'axe du chariot.
Tourteaux goudronnés	400	De champ dans les caisses d'armes.
Flambeaux	100	Dans les caisses d'armes.
Goudron (dans un tonneau) kil.	150	En avant des caisses et en travers de la voiture, touchant son côté gauche.
Vieux oing (dans un baril) kil.	100	En avant du tonneau de goudron.
Seaux	2	Entre le baril de vieux oing et le hayon de devant.
Pompe	1	En avant des caisses, près du côté droit du chariot.
Réchauds de rempart, avec pieds	4	
Timons en blanc	2	Dans les étriers.
Amarres	2	Placées en croix au-dessus des caisses, pour les brêler aux ridelles et aux hayons.

Chargement du 4e chariot.

DÉSIGNATION DES OBJETS.		Quantités	MODE DE CHARGEMENT.
Caisses de parc chargées . .	en outils ord.	2	Près du hayon de derrière.
	en gros outils	2	Près du hayon de devant.
Scies de long		4	Ficelés entre 2 voliges, et placés entre les caisses.
Passe-partout.		4	
Timons en blanc		2	Dans les étriers.

Tableau récapitulatif.

ÉLÉMENTS CONSTITUTIFS DE L'ÉQUIPAGE.			VOITURES.		
			Haquets.	Chariots.	Forges.
La division d'équipage comprend .	Une section de culées		1	1	«
	Une section de chevalets.		1	1	«
	Quatre sections de bateaux	2 sections impaires . .	4	2	«
		2 sections paires. . . .	4	2	«
	Une section de forge		«	1	1
Totaux pour une division d'équipage			10	7	1
L'équipage de pont comprend	Quatre divisions d'équipage		40	28	4
	Une réserve		1	4	«
Totaux			41	32	4
Totaux généraux pour l'équipage				77	

4 forges du parc de campagne et 4 chariots de batterie sont en outre affectés à l'équipage pour le service du ferrage et du harnachament.

CHARGEMENT DE LA FORGE.

Coffre de l'avant-train.

DÉSIGNATION DES OBJETS.		Quantités	MODE DE CHARGEMENT.
Approvisionnements et rechanges.			
Fer rond nos 2, 3, 4 et 5 . kil.		60	Dans le fond du coffre.
Fer carré nos 3, 4, 5, 6 et 7. kil.		30	
Fenton pour clous . . . . kil.		15	
Fil de fer en bottes, nos 1, 2, 3 et 4 . . . . kil.		18	Sur le fer carré.
Cheville-ouvrière	de haquet avec chevillette et chaînette	1	
	de chariot de parc avec chev. et chaîn.	1	
Liens simples de jante		4	
Écrous . .	n° 3.	8	Dans une des petites cases de la caisse.
	n° 4.	16	
	n° 5.	24	
Rosettes .	n° 3.	6	
	n° 4.	10	
	n° 5.	20	
Rivets de semelle de sabot d'enrayage.		6	
Clous . .	A n° 2 . . . . kil.	1	Dans deux des petites cases de la caisse.
	n° 1. . . . . . kil.	1	
	n° 2. . . . . . kil.	2	
	n° 3. . . . . . kil.	3	
Caboches, n° 2. . . . . . kil.		0,75	
Crochets d'attelage.		8	Dans la case du milieu de la caisse.
Lamettes de volée		4	
Anneaux à pattes de volée . .		4	
Outils.			
Clouyère	de boulons n° 3. .	1	Les outils se placent pêle-mêle au-dessus des approvisionnements et rechanges, les plus lourds en-dessous, à l'exception de ceux dont la place particulière est indiquée.
	de boulons n° 4. .	2	
	de boulons n° 5. .	2	
	de clous, nos 1, 2 et 3	3	
	de clous rivés, nos 1, 2 et 3.	3	
	de clous à bateau, nos 1 et 2.	2	
Clef à écrous, à deux fourches		1	
Ciseaux à froid		3	
Tire-cercles		3	
Étampes de boulons de cercle de roue		2	
Chasses .	carrées	2	
	rondes	2	
Marteau .	à devant	2	
	à main	1	
	rivoir	1	
Mouillette		1	
Pallette.		1	
Perçoir		1	

DÉSIGNATION DES OBJETS.	Quantités	MODE DE CHARGEMENT.
Poinçon rond	3	
Poinçon carré	2	
Poinçon plat	2	
Poinçon à main rond	3	
Poinçon à main carré	1	
Poinçon à main plat	1	
Ratissette	1	
Tisonnier	1	
Tourne à gauche	2	
Tenaille droite	4	
Tenaille à crochet droit, machoires recourbées	1	
Tenaille à boulons	1	
Tenaille ronde, pour liens	1	
Tricoise	1	
Tranches (dont une à gouge)	6	
Triple décimètre à poignée	1	Dans sa bride.
Calibre de forge à entailles	1	A son crochet et dans la bride porte-triple-décimètre.
Lime plate de 1 au paquet	3	Dans la case du milieu de la caisse.
Lime plate carreau	1	
Calibre à 5 trous	1	
Compas	1	
Pointe à tracer	1	
Équerre simple (fer)	1	
Filière pour boulons nos 2 et 3	1	Dans les entailles, au-dessus des séparations.
Filière pour boulons nos 4 et 5	1	

Coffre de l'arrière-train.

DÉSIGNATION DES OBJETS.	Quantités	MODE DE CHARGEMENT.
Approvisionnements et rechanges.		
Acier . . . kil.	8	Au fond de la case de derrière du coffre, de chaque côté de l'étau.
Bidon à huile	1	Même case, contre le bout de gauche.
Rondelles, n° 2 d'épaulement d'essieu	8	Pèle-mêle, au fond de la case de devant.
Rondelles, n° 2 de bout d'essieu	12	
Liens de rais	10	
Crampons de boîte de roue, n° 2	6	
Clous rivés, nos 2 et 3 . . kil.	3,50	
Esses d'essieu, n° 2	24	
Vis à bois nos 2, 3 et 4 (douzaines)	6	Au fond de la petite case de gauche, empaquetées.
Outils.		
Bigorne avec son bloc	1	Sur l'âtre de la forge.
Étau à griffes	1	Au fond de la case de derrière du coffre, à droite, la tête de la vis en-dessus.
Ciseaux à froid	4	A gauche de l'étau.
Poinçon à main rond	2	
Poinçon à main carré	2	
Poinçon à main plat	1	

DÉSIGNATION DES OBJETS.		Quantités	MODE DE CHARGEMENT.
Pointeau		1	A gauche de l'étau.
Tenaille	à chanfreins	1	
	à vis	1	
Limes	plates, de 2 au paquet	4	Dans les cases de la planche porte-limes.
	demi-rondes, de 2 au paquet	2	
	triangulaires	2	
	tiers-points	2	
Triple-décimètre		1	
Manches de lime		10	Pêle-mêle, sur les outils.
Peigne à vérifier les tarauds		1	Entre le bidon et la séparation.
Pied de biche		1	Pêle-mêle, au fond de la grande case de devant.
Clefs à écrous, à 2 fourches		2	
Tricoise		1	
Marteau	à main	1	
	rivoir	1	
Repoussoir		2	
Manche de tarière		1	
Tarières		2	A leurs liteaux et crochets.
Tarauds à écrous		6	Dans leur tasseau.
Ciseau à planche		1	Dans la planche porte-ciseaux, à la suite l'un de l'autre.
Amorçoir		1	
Compas		1	
Pointe à tracer		1	
Équerre à chapeau (fer)		1	Dans les rainures de sa planche.
Essette		1	Le manche dans sa bride et dans l'entaille de la planche porte-équerre.
Hache à tête		1	Le manche à son crochet et à son liteau, le taillant entre la planche porte-ciseaux et le devant du coffre.

CAISSES ET COFFRES D'OUTILS, APPROVISIONNEMENTS, ETC.

Caisses de parc chargées d'outils d'ouvriers en bois.

Le chargement des outils d'ouvriers en bois se fait dans 8 caisses de parc. — 6 de ces caisses contiennent les outils les plus nécessaires pour la réparation et, au besoin, la construction des divers objets de l'équipage; elles ont le même chargement. On en affecte 1 à chaque division d'équipage, et 2 à la réserve. Elles prennent le nom de *Caisses aux outils ordinaires,* et portent sur le devant les marques distinctives: PONT. OUT.s ORDI.s. — Les deux autres caisses, appelées *Caisses aux gros outils*, contiennent les outils dont l'usage est moins fréquent, les outils de tonnelier et quelques approvisionnements; elles ont le même chargement, et restent à la réserve. Elles portent sur le devant les marques distinctives: PONT. GROS. OUT.s.

BOITE AU MENUS OBJETS. — Elle se place dans la caisse.

Chargement de la caisse de parc en outils ordinaires.

Nota. La nomenclature est donnée dans l'ordre du chargement.

DÉSIGNATION DES OBJETS.	Quantités	MODE DE CHARGEMENT.
Gouges carrées à tige en fer	2	Dans les cases, touchant le derrière du coffre.
Tarières	16	Dans les autres cases, 2 des petites par case.
Amorçoirs à tige en fer	2	À leur planche, les uns à la suite des autres, les amorçoirs à gauche.
Bec-d'âne de charron	1	
Ciseaux en fer à froid	2	
Ciseaux en fer de calfat	2	
Fermoirs à tige en fer	2	
Ciseaux à planches, de différentes grandeurs	6	
Becs-d'âne emmanchés	2	
Fermoir emmanché	1	
Gouges rondes, emmanchées	2	
Râpes à bois, emmanchées	2	
Tricoises	2	1 à la planche porte-amorçoirs, et l'autre à la planche porte-haches à main.
Scie à couteau, emmanchée	1	À son taquet et à son crochet.
Hachettes de calfat, emmanchées	2	À leur tasseau; l'une à droite, l'autre à gauche, le manche engagé dans la planche porte-haches à main.
Haches à main	2	À leur planche; une tournée à droite, l'autre à gauche.
Bisaiguë	1	À plat dans le fond, contre le devant de la caisse, et sous les tasseaux porte-haches et cognées.
Triples-décimètres en fer	2	À plat entre les tasseaux porte-haches et cognées.
Épissoir en fer	1	
Cognées de charpentier	2	Sur leurs tasseaux, le tranchant en haut contre le bout de la caisse.
Cognées de charron	2	
Haches à tête	2	
Coins à poignées, de calfat	2	Entre les tranchants des cognées.
Ciseaux de calfat, en bois	2	
Essettes de calfat, démanchées	3	Dans la case formée par les tasseaux porte-haches et cognées, à plat sur les manches des cognées.
Essettes de charron, *idem*	1	
Clous à bateau, 2 kil. n° 1, et 4 kil. n° 2 kil.	6	Sur les essettes, dans des sacs en toile.
Équerre en fer	1	Contre le derrière de la caisse, entre les tasseaux porte-haches et cognées, suspendues à 2 clous d'épingle.
Équerre en bois	1	
Clous n° 4 kil.	0,50	Dans la boîte aux menus objets, placée sur ses liteaux.
Clous d'épingle, ordinaires kil.	0,25	
Clous *idem*, à tête plate (petits) kil.	0,10	
Compas ordinaires	2	
Crochets à nayer	1	
Crochets d'établi	2	
Brosses à goudronner, démanchées	2	
Fers de varlopes	3	
Fers de rabots et demi-varlopes	8	
Fers de guillaume	2	
Fers de feuilleret	2	

DÉSIGNATION DES OBJETS.	Quantités	MODE DE CHARGEMENT.
Limes . . demi-rondes pour scies de long (avec deux manches). .	6	Dans la boîte aux menus objets, placée sur ses liteaux.
Limes . . tiers-points pour scies (avec deux manches).	6	
Mèches de vilebrequin (2 anglaises de 40 et de 45 mill.)	8	
Pointes à tracer.	2	
Tourne-à-gauche, pour scies	2	
Vrilles, grandes, moyennes, petites.	12	
Pinces pour agrafes à bateau .	2	
Ligne de scieur de long. mèt.	40	
Pierres. . à affiler	2	
Pierres. . blanche . . . . kil.	0,25	
Pierres. . rouge. . . . . kil.	0,25	
Fil de fer pour agrafes à bateau . . . . kil.	4	Entre la boîte aux menus objets et le devant de la caisse.
Plane . . droite	6	A leurs crochets.
Plane . . ronde	1	
Valet d'établi	1	A plat dans le fond de la caisse.
Pieds de biche	2	
Marteau, emmanché. . . à panne fendue . .	4	Sur les outils précédents.
Marteau, emmanché. . . à panne ronde . . .	1	
Marteau, emmanché. . . rivoir	3	
Marteau, emmanché. . . à nayer . . . , . .	1	
Serpes	7	
Varlopes avec leurs fers . . .	2	Les varlopes sur les serpes ; les demi-varlopes sur les varlopes, le dessous de l'une touchant la planche porte-haches à main ; le dessous de l'autre touchant la planche porte-ciseaux ; les poignées en sens contraire.
Demi-varlopes avec leurs fers.	2	
Rabots sans fers	2	Sur les manches des cognées.
Mouchette avec fer	1	
Guillaume et feuilleret avec fers	1	Sur les rabots.
Trusquin.	1	
Vilebrequins en fer.	2	Entre les demi-varlopes.
Montures de passe-partout, avec leurs manches	2	Sur les demi-varlopes (les scies et passe-partout sont réunis en paquet dans des voliges et placés entre les caisses sur le chariot de parc).
Montures de scies de long, avec leurs tiges à douille, manches, renards et coins .	2	
Manches. d'essette.	4	Sur les demi-varlopes.
Manches. de tarière	4	
Fausse-équerre.	1	
Maillet de calfat	1	
Cordage à scie . . . . mètres	100	
Haches à tête.	5	Sur leurs tasseaux.
Maillets de charpentier. . . .	2	Entre la tête des haches et le bout de la caisse, les manches en bas.
Scie . . . à main (1 montée)	2	1 montée, à plat sur le chargement ; les autres démontées en paquets, sur les manches.
Scie . . . tournante	1	
Scie . . . grande	2	
Mètre en bois	1	A plat contre le devant de la caisse.
Brosse à goudronner, emmanchée.	1	Sous la scie montée.

Chargement de la caisse de parc en gros outils.

Nota. La nomenclature est donnée dans l'ordre du chargement.

DÉSIGNATION DES OBJETS.		Quantités	MODE DE CHARGEMENT.
Crics d'assemblage, avec leurs allonges		2	Dans le fond.
Masses à enrayer		2	Dans le fond, les manches contre la planche porte-haches à main.
Coins et fers de colombe		2	Sur le fond, entre les tasseaux porte-haches et cognées.
Compas porte-crayon	en bois	1	Sur les tasseaux porte-haches et cognées de dessous.
	en fer	2	
Tire-cercle de tonnelier		2	
Clous. à bateau	2 kil. n° 1, 2 kil.		Dans la boîte aux menus objets, placée sur ses liteaux.
	n° 2 . . . kil.	4	
	n° 4 . . . kil.	0,50	
Clous. d'épingle ordinaires	kil.	0,50	
Clous. *id.* à tête plate (petits)	kil.	0,10	
Pierre blanche et rouge	kil.	0,50	
Vis à bois n°s 1, 2, 3, 4 (douzaines)		7	1 douzaine n° 1 ; 2 de chaque n° 2, 3 et 4.
Fil de fer de 2 mill. pour agrafes	kil.	21	Sur la boîte aux menus objets.
Couteaux de tonnelier		2	A la planche porte-amorçoirs, etc.
Gratte de tonnelier		1	A la planche porte-haches à main.
Niveau de maçon		1	Contre la planche porte-haches à main.
Jabloir de tonnelier		1	Contre le bout de droite de la caisse.
Scie à chantourner, de tonnelier		1	Sur les tasseaux porte-haches et cognées.
Règles en bois		2	Sur le chargement.

La caisse aux gros outils peut encore recevoir, dans les vides, beaucoup de menus approvisionnements. — Maintenir les objets avec de la mousse ou des étoupes, qui, au besoin, servent à calfater. — Un tableau du chargement, collé sous le couvercle, fait connaître la place de chacun des objets que contient la caisse.

Caisses de parc contenant les fers, flambeaux, haches à tête, etc.

4 caisses de parc (1 par division d'équipage) renferment des fers échantillonnés, des flambeaux, des haches à tête, etc. Elles sont appelées *caisses de parc pour approvisionnements*, etc., et portent sur le devant les marques distinctives : PONT. APPROV^{s}.

Coffres d'outils tranchants contenant l'outillage des bourreliers et des maréchaux, la comptabilité, etc.

4 coffres d'outils tranchants (1 par divison d'équipage), renferment l'outillage et l'approvisionnement des bourreliers et des maréchaux. Ils portent sur le devant les marques distinctives : PONT. BOUR^{s}. MAR^{x}.

4 coffres semblables sont affectés spécialement à la comptabilité. Ils portent sur le devant les marques distinctives : PONT. COMP^{é}.

1 coffre semblable est affecté à la réserve, et renferme les moufles de traille et de palans, les poulies, et divers autres objets. Il portent sur le devant les marques distinctives : PONT. AGRÈS.

ORDRE DE MARCHE DES VOITURES.

Dans chaque division d'équipage, les sections marchent dans l'ordre suivant : la section de culées, la section de chevalets, les sections de bateaux, la section de forge, le chariot de parc en tête, dans la section de forge ; les haquets en tête, dans chacune des autres sections.

Lorsque l'équipage de pont est réuni, les divisions se succèdent dans l'ordre de leurs numéros et sont suivies de la réserve, dont le haquet occupe la tête.

En route, les bateaux et nacelles sont surveillés par des pontonniers, qui les arrosent, si le temps est sec.

EMBARQUEMENT, NAVIGATION, PASSAGE DES TROUPES.

Lorsque les équipages de pont doivent voyager par eau, former des trains de quatre bateaux de la manière suivante : Réunir deux bateaux, bord à bord, au moyen de deux amarres embrassant les poupées contiguës de l'avant et de l'arrière ; réunir à ceux-là deux autres bateaux, brêlés de la même manière, arrière contre arrière, au moyen de deux amarres embrassant les poupées extérieures correspondantes, et de deux commandes de guindage passant dans les trous des nez de l'arrière. — Répartir ensuite dans les bateaux les petites roues, les ancres, excepté une ou deux qu'on place sur l'avant, et tous les menus objets du matériel. — Former deux planchers avec les madriers placés sur deux rangs superposés, en travers et au-dessus des corps de bateaux. — Placer les poutrelles en travers sur ces madriers, de manière qu'elles se croisent sur l'arrière et arasent l'extrémité des planches du côté de l'avant. Sur ces poutrelles, placer les voitures de l'équipage démontées, les cordages et le reste du matériel. — Chaque train doit porter le matériel nécessaire au pontage de ses bateaux, et tout ce qu'il faudrait pour le transport par terre des quatre bateaux et du matériel nécessaire à leur pontage.

Régler le chargement en raison de la profondeur de la rivière, de la hauteur des arches des ponts, des dimensions des sas des écluses, etc. L'élever le moins possible, et mettre en dessous les objets les plus lourds; laisser tout autour un espace libre pour la circulation des hommes de l'équipage. — Conserver des vides pour égoutter les bateaux avec les écopes. — Si l'on doit descendre la rivière, il faut que l'arrière prenne quelques centimètres d'eau de plus que l'avant; c'est le contraire, si l'on doit remonter.

Un train ainsi formé navigue facilement sur les canaux et les rivières sinueuses; sa longueur est de 19 mètres environ; sa largeur de $3^{m},90$.

Lorsqu'on peut faire arriver par eau le matériel d'un pont de bateaux jusqu'à l'emplacement du pont, répartir dans les bateaux qui doivent être employés tout le matériel nécessaire à la construction du pont, en y comprenant les chevalets et le matériel nécessaire à leurs travées, etc.

Lorsqu'on embarque des munitions ou du matériel, ranger les projectiles, de manière qu'ils ne puissent rouler, dans des cases placées sur un rang de madriers mis en travers des courbes; les barils de poudre (voy. page 264), couchés sur un plancher assez élevé pour que l'eau ne puisse pas les atteindre, et recouverts d'un prélat; les canons, sur des chantiers, calés avec soin.

Pour naviguer, l'équipage du bateau ou de la nacelle se compose de 5 hommes dont l'un a les fonctions de pilote. — Équipement du bateau: 5 rames, dont 1 servant de gouvernail; 4 gaffes à bateau; 1 gaffe à pointe et à croc; 8 tolets pour rames; 2 tolets pour gouvernail; 1 amarre; 2 écopes (1 grande et 1 petite). — Équipement de la nacelle: 4 rames et 1 gouvernail; 2 gaffes à bateau; 8 tolets pour rames; 2 tolets pour gouvernail; 1 amarre; 2 écopes (1 grande et 1 petite).

Pour le passage des troupes, le bateau avec son équipage peut recevoir 25 hommes d'infanterie. On met sur les supports tournants deux madriers, qui les dépassent également aux deux extrémités. Les hommes, la giberne ramenée sur le devant du corps, entrent par l'avant-bec, et garnissent les bancs en commençant par l'arrière, le fusil entre les jambes; les bretelles de sac allongées de façon que le dessous des sacs porte sur les plats-bords. — 18 hommes se placent ainsi sur les bancs; les 7 autres sont assis sur les genoux des premiers. — Le 1er homme qui s'embarque est assis à l'extrémité du banc de tribord; le 2e, à l'extrémité du banc de bâbord, et le 3e vis-à-vis de lui; le 4e s'assied sur les genoux des 2e et 3e; les 5e et 6e se placent vis-à-vis l'un de l'autre; le 7e s'assied sur les genoux des 5e et 6e, et ainsi de suite. — Recommander le silence et l'immobilité, quels que soient les mouvemets du bateau. — Défendre expressément de faire feu pendant le trajet. — Le 2e rameur de bâbord se place plus près du pilote que le

2e rameur de tribord. — Le tirant d'eau des bateaux ainsi chargés est de 35 cent. — Il est souvent avantageux d'accoupler les bateaux.

Pour la cavalerie, on n'embarque sur le bateau que 6 cavaliers, tenant par la longe leurs chevaux qui passent en nageant, 3 à chaque bord. — Si le courant est rapide, diriger le bateau de manière à traverser en descendant la rivière; mais on dérive beaucoup. Pour éviter cet inconvénient, ne passer que 3 chevaux à la fois, au bord qui est en aval pendant le trajet.

Pour le halage, on dresse sur un des bateaux du 1er rang, au tiers environ de la longueur du train, un mât de 4 à 5 mètres de hauteur, portant vers le haut 2 taquets sur lesquels sont arrêtées par le milieu 2 amarres, dont les brins forment 4 haubans; la ligne passe dans une couronne de cordages, fixée au mât au-dessus des taquets; elle est amarrée à une des poupées de l'arrière d'un bateau du 2e rang. La bride embrasse la ligne en avant du mât, et est fixée au nez. — Les haleurs sont équipés de *bretelles,* dont ils attachent les cordons à la ligne; le 1er tient une perche pour sonder le chemin, lorsqu'il passe dans l'eau. — Des gaffeurs empêchent que le train ne s'engrave en touchant le bord. — Lorsque le chemin de halage change de rive, les haleurs font effort pour lancer le train; le pilote le dirige de manière à faire traverser, les haleurs détachent leurs bretelles, et passent dans une nacelle. — Le halage est très-fatigant pour les hommes; prendre des chevaux quand on peut s'en procurer.

Les trains descendent les rivières, dirigés par des gouvernails en arrière et en avant, aidés par des rames sur les côtés. Dans les passages difficiles, où le courant est rapide, on mouille une ancre en amont et on descend lentement, en filant du cordage ou en faisant déraper l'ancre. — Faire précéder le train par une nacelle qui plante des *balises,* pour indiquer le chemin à suivre. — Éviter les bas-fonds. — En descendant, suivre le *thalweg.*

Le thalweg passe près de la rive la plus escarpée dans le rentrant des sinuosités; il est marqué par le plus fort courant, si le temps est calme. — On reconnaît aisément les bas-fonds; l'eau y est ordinairement sans courant, et moutonne faiblement. — Lorsque l'eau est agitée par le vent, les endroits les plus profonds sont indiqués par les plus fortes vagues et, si l'eau est claire, par une couleur plus foncée. — L'eau qui bouillonne au-dessus du niveau général indique un écueil; celle qui tourne et s'abaise indique un remous dont il faut se garer. — Lorsqu'une rivière se partage en plusieurs bras, suivre le plus considérable.

MANŒUVRES DE FORCE.

Nota. Ajouter au nombre d'hommes indiqué pour chaque manœuvre, 1 *chef de manœuvre*, sous-officier ou brigadier.

Décharger un bateau du haquet, et le lancer à l'eau.

20 hommes.

Les agrès nécessaires sont: 1 poutrelle. — 1 chantier de 10 à 20 cent. d'équarrissage. — 4 cales. — 2 amarres. — Madriers.

SOMMAIRE DE LA MANŒUVRE. — Amener le haquet, chargé de 7 poutrelles et du bateau, à 15 pas environ d'une rampe faite sur la rive si elle est escarpée, le timon vers la rivière. — Caler les roues de l'arrière-train; former deux files de madriers distantes de 1 mètre, depuis le haquet jusqu'à la rive; débréler le bateau. — Oter l'avant-train en plaçant une poutrelle sous la traverse de devant des brancards et faisant agir, à l'épaule, 8 hommes de chaque côté, qui laissent poser le lisoir sur un chantier, après que la cheville-ouvrière a été dégagée et que l'avant-train a été retiré. On peut employer pour cela l'une des poutrelles du haquet que l'on dégage de son arrêtoir, en soulevant l'arrière du bateau au moyen de 2 leviers prenant appui sur les brancards vers leur extrémité de devant; 2 hommes saisissent, sous l'avant du bateau, l'extrémité de la poutrelle dégagée, et la retirent facilement. — Faire descendre le bateau, tous les hommes le saisissant par les côtés. — Fixer les amarres aux deux poupées de l'avant; faire glisser le bateau sur les madriers et le lancer à l'eau, 2 hommes le retenant avec les amarres. — 2 hommes entrent dans le bateau avant qu'il ne soit lancé, et prennent, pour le conduire, des gaffes ou des rames faisant partie de l'équipement.

Décharger et empiler les poutrelles et les madriers.

Pour décharger les poutrelles: chaque poutrelle est enlevée par 2 hommes, par-dessus les roues. — On procède de même pour les madriers.

Pour empiler les poutrelles: placer 2 chantiers parallèlement à la rive, à 6 pas l'un de l'autre, et former dessus un rang de poutrelles non jointives. — Placer sur ce rang 2 madriers correspondant aux chantiers; former un nouveau rang de poutrelles, et continuer ainsi jusqu'à $1^m,50$ de hauteur au plus.

Pour empiler les madriers: placer 3 chantiers parallèles entre eux, à $1^m,50$ environ l'un de l'autre; mettre en travers sur ces chantiers

10 madriers espacés entre eux d'environ 6 cent. — Mettre en travers sur ce premier rang un deuxième rang de 10 madriers espacés entre eux de la même manière, et continuer ainsi jusqu'à $1^m,50$ de hauteur au plus. — Si les madriers sont mouillés, former des piles triangulaires pour les sécher.

Sortir de l'eau un bateau, et le charger sur son haquet. (Pl. 57.)

20 hommes.

Les agrès nécessaires sont : 1 poutrelle. — 1 chantier. — 4 cales. — 2 leviers. — 1 gaffe. — 2 amarres. — 4 commandes de poutrelle. — Madriers.

SOMMAIRE DE LA MANŒUVRE. — Charger sur le haquet les 7 poutrelles, la première sur l'arrêtoir du milieu, les autres successivement à droite et à gauche. — Amener le haquet à 15 pas environ d'une rampe faite sur la rive si elle est escarpée, etc. (mêmes dispositions que ci-dessus). Oter l'avant-train, 4 hommes agissant de chaque côté. — Amener le bateau à la rive ; tirer sur les amarres fixées aux poupées de l'avant, pour le sortir de l'eau ; le pousser sur les madriers. — Pousser le bateau sur le haquet jusqu'à ce que les pitons à anneau de brêlage soient à égale distance des ranchets ; une gaffe posée sur les brancards sert de rouleau ; embarrer pour la dégager. L'avant du bateau se trouve sur le derrière du haquet. — Remettre l'avant-train ; 16 hommes soulèvent, au moyen d'une poutrelle, le haquet chargé ; 4 amènent l'avant-train.

Brêler le bateau, avec une commande de poutrelle, à chaque ranchet : à cet effet, attacher la commande au ranchet par un nœud coulant ; la faire passer plusieurs fois dans l'anneau de brêlage et dans le trou du ranchet ; terminer par 2 ou 3 demi-clefs embrassant tous les brins de la commande près de l'anneau. — Placer l'ancre sur le corps d'essieu, le jas dans son encastrement, l'organeau au crochet porte-ancre ; brêler l'ancre sur le corps d'essieu. — Mettre la boîte à graisse et la pelle à leurs crochets, la pioche à son anneau.

La nacelle se décharge et se charge comme le bateau. On place dans la nacelle chargée sur son haquet, outre son équipement, 2 corps-morts et 4 poutrelles de culée.

Charger le chariot de parc de la section de culées.

5 hommes.

SOMMAIRE DE LA MANŒUVRE. — Dresser de chaque côté du chariot 2 faux-ranchets, l'un à hauteur de l'étrier de devant, l'autre à hauteur de l'étrier de derrière, la fourche embrassant le ranchet du chariot. — Passer la longue chaîne dans le trou percé entre les deux planches de fond du milieu, et contre le devant de la hausse du chariot. — Placer un rang de 18 madriers de champ, et, par-dessus de chaque côté, 1 madrier aussi de champ, appuyé contre les faux-ranchets. — Poser l'arrêtoir contre la partie postérieure des madriers, en introduisant la languette entre les deux rangs. — Serrer la grande chaîne sur l'arrêtoir, au moyen d'un billot et d'une commande. — Mettre les 6 fausses-poutrelles entre les 2 madriers du rang supérieur et contre l'arrêtoir, et 3 masses de champ contre le hayon de devant, la 4e en retraite des 3 autres et à droite pour fermer le vide restant. — Placer de champ, entre les manches des 2 masses du milieu, les 8 colliers de guindage, les brides vers l'arrière; les coins croisés 2 à 2 dans les colliers fermés. La chevrette à gauche du chariot, la semelle contre les masses, son levier contre la semelle. — Mettre les 22 piquets entre-croisés près de la chevrette et des masses, et, par dessus, 2 leviers couchés le long du madrier de droite du 2e rang. — Fixer la petite chaîne, par les crochets des deux extrémités, aux étriers porte-timon de devant, après l'avoir passée dans l'enfourchement des faux-ranchets, et serrer le chargement au moyen d'un billot et d'une commande. — Rouler les 2 cordages d'ancre en couronnes; les placer sur les fausses-poutrelles, l'un à hauteur des 4es ranchets, l'autre à hauteur des 6es, laissant entre eux une place pour le seau. — Les amarres, la ligne de halage pour hommes et les commandes sont roulées et introduites dans les couronnes des cordages d'ancre, qui sont brêlées aux ridelles du chariot. — Jeter les billots entre les faux-ranchets, dans l'intervalle des côtés du chariot et des madriers.

Un petit prélat recouvre les cordages et le chargement.

Charger le haquet de la section de chevalets.

5 hommes.

SOMMAIRE DE LA MANŒUVRE. — Placer 7 poutrelles de culée en introduisant dans leurs trous les arrêtoirs du haquet, et, par-dessus vers l'avant, la traverse mobile avec ses chaînettes en avant, ses 2 arrêtoirs en dessous dans les trous des 1re et 7e poutrelles. — Poser les 2 chapeaux de chevalet, 1 de chaque côté, au-dessus des brancards contre les ranchets, les pitons à anneau en-dessus et à hauteur de ces derniers, les chapeaux brêlés aux ranchets avec des commandes de poutrelle passant dans les mortaises. — Ranger les pieds, les semelles, les chaînes de suspension et 1 essieu n° 3 au-dessus des 7 poutrelles, contre la traverse mobile, en ayant soin d'étendre, de chaque côté, les chaînes le long des chapeaux. — Poser la 2e traverse mobile sur l'arrière du haquet, les 2 arrêtoirs en dessous dans les trous des poutrelles extrêmes. — Placer un 2e rang de 7 poutrelles, dont 6 à griffes et 1 de culée; celle-ci au milieu, les arrêtoirs des 2 traverses engagés dans leurs trous. — Mettre 2 autres poutrelles de culée de manière que leurs trous soient horizontalement placés au-dessus des chapeaux de chevalets entre les pitons à anneau et les poutrelles du 2e rang. — Introduire les clefs des chaînes de suspension, de dedans en dehors, dans les trous de ces deux poutrelles, et brêler les extrémités des clefs avec leurs chaînettes au moyen de commandes de billot. — Mettre la pelle à son crochet, la pioche à son anneau. — Placer le grappin sur l'avant-train, un bras entre les armons et l'anneau dans la chaîne d'embrelage.

Charger le chariot de parc de la section de chevalets.

5 hommes.

SOMMAIRE DE LA MANŒUVRE. — Dresser les 4 faux-ranchets, et passer la grande chaîne dans le trou du fond du chariot, comme on l'a détaillé pour la section de culées. — Former un 1er rang de 18 madriers de champ, et, par-dessus, un 2e rang de 14, 7 de chaque côté contre les faux-ranchets. — Introduire entre ces madriers 2 masses, une à chaque bout du chariot, les manches tournés vers le centre. — Placer, vers le milieu de la voiture, le petit cric, la semelle de chevalet et les commandes; contre l'extrémité des madriers des 2 rangs, l'arrêtoir de madriers. — Fixer la petite chaîne. — Faire entrer le petit bout des moyeux des 2 roues de rechange dans le vide laissé par les madriers du 2e rang, la roue n° 3 à hauteur des étriers de devant, la roue n° 2 à hauteur de ceux de derrière; serrer le chargement en billotant la chaîne. — Brêler ces roues aux ridelles avec 4 commandes. — Jeter les billots dans les vides formés par les faux-ranchets, entre les madriers et les côtés du chariot.

Un petit prélat recouvre les cordages et le chargement. On met des torons de paille ou de cordes autour des rais en contact avec les faux-ranchets, et autour de la chaîne de brêlage dans ses parties en contact avec la roue n° 2.

Charger le chariot de parc de la section de bateaux.

5 hommes.

SOMMAIRE DE LA MANŒUVRE. — Dresser les 4 faux-ranchets, et passer la grande chaîne dans le trou du fond du chariot; comme pour tous les chariots portant des madriers. — Placer 36 madriers de champ, sur 2 rangs de 18 chacun, touchant le bayon de devant, et retenus en arrière par l'arrêtoir, dont la languette se loge dans le vide formé par leurs entailles entre les 2 rangs. — Fixer et serrer chacune des 2 chaînes au moyen d'un billot et d'une commande, l'une sur l'arrêtoir, l'autre au-dessus des madriers. — Rouler les deux cordages d'ancre en couronnes, l'un contre l'autre, au-dessus des madriers, et les brêler aux ridelles avec 4 commandes. — Les amarres, la ligne de halage pour hommes et les commandes sont roulées et introduites dans les couronnes des cordages d'ancre. — Jeter les billots entre les faux-ranchets, dans l'intervalle des côtés du chariot et des madriers. — Placer un timon ferré dans les étriers porte-timon, du côté droit.

Un petit prélat recouvre les cordages et le chargement. — On ne met qu'un timon de rechange pour deux sections de bateaux, et on le place sur le chariot des sections impaires.

Lancer à l'eau des bateaux du commerce et les retirer.

Sur une rive plate : soulever successivement les becs avec des crics ou des leviers d'abattage, afin de placer sous le bateau des chantiers assez élevés. — Introduire sous le bateau des poutrelles formant deux files qui se prolongent jusqu'à l'eau ; mettre des rouleaux sur ces poutrelles. — Retirer les chantiers, et faire avancer le bateau en embarrant dans les mortaises des rouleaux, en halant sur des cordages, etc. Faire en sorte qu'il y ait toujours 2 rouleaux engagés sous le bateau.

Sur une rive escarpée : après avoir pratiqué une rampe, en creusant le terrain ou au moyen de poutrelles étançonnées, retenir le bateau avec des cordages de retraite qu'on file convenablement.

Si le bateau est derrière une digue : le faire d'abord arriver sur la digue au moyen d'une rampe douce qu'on pratique en avant, en ayant soin d'endommager la digue le moins possible. — Placer 2 files de poutrelles et des rouleaux, haler sur 2 cordages fixés aux côtés du bec le plus éloigné de la digue ; au besoin tendre ces cordages avec des palans, vindas ou cabestans arrêtés sur le haut de la digue.

On retire le bateau de l'eau par des moyens analogues.

Charger un bateau sur une voiture.

SOMMAIRE DE LA MANŒUVRE. — Séparer les deux trains ; soulever successivement, au moyen de crics, les deux bouts du bateau. — Faire entrer dessous les deux trains l'un après l'autre, et les réunir. —

Commencer par l'avant-train, si la voiture est à flèche, par l'arrière-train, si elle est à brancards.

Pour décharger le bateau, suivre la marche inverse.

Charger des arbres sur des voitures. — Embarquer des arbres ou des bouches à feu.

Avec une chevrette: séparer les deux trains, etc., comme pour charger des bateaux du commerce, et faire reposer le gros bout de l'arbre sur l'avant-train. — On peut employer 2 avant-trains, un des timons sert de flèche; dans le cas de tournants très-courts, opposer les deux timons. — Il ne faut que 3 hommes à la chevrette; 2 agissent au levier, le 3e place les chevilles à la romaine.

Par la manœuvre en chapelet: ôter les deux roues d'un côté, et poser les bouts des fusées sur les gros bouts des moyeux. — Disposer ensuite 2 poutrelles inclinées, sur lesquelles on fait monter l'arbre en halant sur des cordages fixés aux petits bouts des moyeux des roues restées en place, et dont on ramène les brins du côté de ces roues après en avoir enveloppé l'arbre; aider au mouvement avec des leviers. — La même manœuvre peut servir, lorsqu'on embarque des arbres ou des bouches à feu, pour les faire descendre dans les bateaux, après qu'ils ont été amenés sur le plat-bord au moyen de poutrelles et de leviers. Les poutrelles sur lesquelles le fardeau descend dans le bateau doivent reposer sur des courbes ou sur des chantiers.

On se sert aussi pour l'embarquement des arbres, canons, etc., d'une grue, ou de deux perches croisées portant une écharpe à leur jonction, et soutenues par des haubans.

Remettre à flot un bateau échoué ou coulé.

Lorsqu'un bateau est engravé, on le dégage en faisant porter les hommes ou le chargement du côté opposé à la partie engravée, et en poussant à la gaffe; en halant de l'une des rives sur un cordage fixé au bateau, ou du bateau sur un cordage fixé à une ancre; en amarrant le bateau échoué à un autre qu'on dirige dans le plus fort courant, pour entraîner le premier. — Lorsque le bateau a échoué sur un piquet ou sur une pointe de rocher, éviter de le faire pivoter, ce qui pourrait percer le fond.

Si le bateau est coulé, on emploie un des moyens suivants pour l'amener à un endroit de moins en moins profond.

Premier moyen: Applicable aux bateaux de peu de capacité.

20 hommes.

Les agrès nécessaires sont : 2 bateaux et 1 nacelle équipés. — 4 ancres. — 4 cordages d'ancre. — 2 amarres ou 2 câbles, ou mieux 2 chaînes en fer. — 2 poutrelles. — Seaux. — Écopes. — Pelles en bois. — Pompes.

SOMMAIRE DE LA MANŒUVRE. — Placer les 2 bateaux, ancrés en amont et en aval, de chaque côté du bateau coulé, conservant entre eux un intervalle un peu plus grand que sa largeur ; les réunir au moyen des 2 poutrelles mises en travers, à la naissance des becs. — Introduire sous le bec d'aval du bateau coulé une amarre ou une chaîne que l'on fait avancer le plus près possible du corps du bateau. — Tendre fortement l'amarre ou la chaîne, et l'amarre à la poutrelle, tous les hommes de chaque bateau se rapprochant du nez d'aval. — Manœuvrer de même au bec d'amont. — Faire passer tous les hommes dans la nacelle. — Le bateau coulé se trouvant soulevé, l'amener alors dans un endroit moins profond, et continuer ainsi jusqu'à ce que les plats-bords soient hors d'eau, etc.

Deuxième moyen. — Outre le personnel et les agrès indiqués ci-dessus, il faut : 4 cabestans. — 2 poutrelles.

SOMMAIRE DE LA MANŒUVRE. — Placer les 2 bateaux et les chaînes ou amarres comme ci-dessus. — Mettre, à chaque bec, 2 poutrelles en travers sur les bateaux ayant un écartement égal à celui des flasques du cabestan. — Brêler sur ces poutrelles les 4 cabestans ; les équiper avec les bouts des chaînes ou amarres, et manœuvrer aux treuils. — Si l'on n'a que 2 cabestans, soulever successivement chaque bec du bateau coulé. A défaut de cabestans, employer des palans.

Troisième moyen. — Mêmes dispositions que pour le premier moyen.

SOMMAIRE DE LA MANŒUVRE. — Charger d'eau les deux bateaux pour les enfoncer le plus possible, sans les couler. — Tendre les chaînes, les fixer aux poutrelles, rejeter l'eau, etc.

Repêcher une ancre.

Si l'ancre est à 50 mètres au plus de la rive, il faut 8 hommes.

Les agrès nécessaires sont : 1 grappin. — 1 ligne de halage pour chevaux. — 1 nacelle équipée.

SOMMAIRE DE LA MANŒUVRE. — Mouiller, à hauteur de l'ancre et un peu au delà, le grappin amarré à la ligne. — Ramener la ligne à terre, et haler dessus. — Lorsqu'on se sent arrêté, la nacelle, en suivant la ligne, va relever le grappin et l'ancre en même temps. — Répéter cette manœuvre, s'il est nécessaire.

Si l'ancre est à plus de 50 mètres, il faut 10 hommes, 2 nacelles équipées et 1 ligne de halage pour chevaux.

Fixer vers le milieu de la ligne plusieurs corps pesants, à 4 ou 5 mètres d'intervalle.

Premier moyen. — Conduire les nacelles, portant chacune la moitié de la ligne, en amont de l'ancre, les écarter de manière à laisser entre elles l'ancre perdue; les maintenir à la même hauteur et à la même distance. — Après avoir jeté successivement à l'eau les corps pesants, laisser descendre les nacelles en traînant la ligne sur le fond de la rivière; lorsqu'elle est arrêtée, rapprocher les nacelles, croiser la ligne; haler dessus pour remonter à hauteur de l'ancre, et lever l'ancre. — Répéter cette manœuvre, s'il est nécessaire.

Deuxième moyen. — Mouiller une ancre, avec chaque nacelle, en amont de l'ancre perdue; laisser descendre les deux nacelles sur les cordages des ancres qu'elles ont mouillées. — Jeter à l'eau les corps pesants de la ligne; lorsque les nacelles sont en aval de l'ancre perdue, remonter au moyen des deux cordages d'ancre. — Faire ensuite comme il est dit au premier moyen.

Mouiller un panier d'ancrage ou un autre corps perdu.

8 hommes.

Les objets nécessaires sont: 2 bateaux équipés. — 4 amarres. — 1 ligne. — 1 cordage d'ancre. — 2 bouts de poutrelle, de $3^m,50$ au moins. — 2 cales. — 4 commandes de poutrelle. — Pierres ou gravier pour remplir le panier, et branchages pour le fermer. — Pelles. — 1 dame, si le panier doit être rempli de terre.

SOMMAIRE DE LA MANŒUVRE. — Amarrer un des bateaux contre la rive, et fixer le 2e bord à bord avec le 1er. — Poser en travers sur les bateaux, vers leurs centres, les 2 bouts de poutrelle, éloignés l'un de l'autre d'une distance moindre que la longueur du panier, et dépassant le plat-bord, du côté de la rive, de 10 cent. seulement; les brêler sur le plat-bord extérieur du 2e bateau. — Placer le panier garni de son arbre sur les bouts de poutrelle, au milieu de la largeur du 1er bateau, l'ouverture en dessus, l'arbre incliné du gros bout au petit vers le 2e bateau, et amarrer le cordage d'ancre au petit bout de l'arbre. — Remplir le panier; en fermer l'ouverture avec des branchages entrelacés, après l'avoir arrêté par 2 cales et 2 commandes. — Le panier conduit à l'endroit où il doit être mouillé, décaler; lâcher à la fois les commandes des bouts de poutrelle et de l'arbre, et soulever les bouts de poutrelle; le panier roule, et tombe à l'eau.

Le panier étant mouillé, l'arbre doit être dans la direction du courant, le petit bout tourné vers le pont.

On mouille par les mêmes moyens les caisses et autres corps perdus.

Remplacer un corps de support d'un pont.

Pour remplacer un bateau par un autre, il faut 26 hommes.

SOMMAIRE DE LA MANŒUVRE. — Retirer les guindages de 4 travées voisines (2 de chaque côté) du bateau à remplacer; découvrir entièrement les poutrelles des 2 travées voisines (1 de chaque côté), en commençant par le milieu du bateau à changer. — Débrêler les 10 poutrelles portant sur ce bateau et sur les 2 qui l'encadrent. — Lever de chaque côté les extrémités de ces poutrelles, reposant sur ces derniers bateaux, pour introduire, entre elles et celles avec lesquelles elles sont accouplées, 1 madrier arasant le bout de celles-ci; placer un 2e madrier sur l'extrémité des poutrelles élevées. — Faire monter sur les 2 madriers supérieurs des hommes qui, par un mouvement de bascule des poutrelles portant sur le bateau à changer, rendent libre ce bateau qu'on emmène et qu'on remplace par le bateau de rechange. — Faire descendre les hommes montés sur les madriers; les poutrelles retombent alors sur le bateau substitué; ôter les 4 madriers, rebrêler les poutrelles, couvrir, et replacer les guindages.

La même manœuvre s'applique au remplacement d'un bateau d'équipage: 1° *par deux nacelles accouplées au moyen d'un échafaudage;* 2° *par deux chevalets à deux ou à quatre pieds.*

Planter des piquets ou des pieux avec le mouton à bras.

On emploie le mouton à bras, lorsque la masse en bois est insuffisante. — 4 hommes dressent le mouton sur le petit bout des bras, l'élèvent par les bras, et le laissent retomber sur la tête du pieu. — Lorsque l'abaissement de la tête du pieu ne permet plus de battre ainsi, ils élèvent le mouton en le saisissant par les chevilles, et enfin ils le retournent, les bras en dessus.

Planter des pilots avec la sonnette.

Pour planter des pilots, la sonnette s'établit sur le terrain, sur des chevalets, sur 1 grand bateau, sur une portière de 2 ou de 3 bateaux, selon que l'on doit battre par l'avant ou par le côté.

18 hommes.

Pour la portière de 2 bateaux: 2 bateaux, avec leurs amarres. — 5 poutrelles. — 32 madriers. — 20 commandes de poutrelle. — 10 clous de 12 cent.

Pour la portière de 3 *bateaux :* 3 bateaux, avec leurs amarres. — 5 poutrelles. — 23 madriers. — 30 commandes de poutrelle. — 10 clous de 12 cent.

Pour monter la sonnette: sur la portière de 2 bateaux, 2 madriers et 2 commandes de poutrelle; sur celle de 3 bateaux, 3 madriers et 2 commandes de poutrelle.

Pour l'équipement de la sonnette: 1 câble de sonnette. — 2 amarres, pour dresser les pilots. — 16 tiraudes. — 2 commandes de poutrelles, pour former la couronne du mouton. — 1 bout d'amarre de 6 mètres et 1 billot de 1 mètre, pour brêler le pilot contre les jumelles. — 3 leviers.

Pour conduire la portière et l'ancrer: Rames. — Gaffes. — Ancres. — Cordages d'ancre.

Dans la portière de 2 *bateaux:* la 1re poutrelle est en arrière des 1ers crochets de pontage, de la largeur d'un madrier; les poutrelles dépassent les bateaux de deux largeurs de madrier; les madriers extrêmes arasent les poutrelles et sont cloués; le milieu des poutrelles reste découvert sur une longueur égale à deux largeurs de madrier; en arrière du tablier sont 5 piles de 2 madriers chacune, portées sur les plats-bords; on ne met point de croisières.

Dans la portière de 3 *bateaux :* 2 bateaux sont accouplés; la poutrelle du milieu est de 15 cent. en amont du crochet correspondant; les poutrelles dépassent les plats-bords de 15 cent.; le milieu de la longueur des madriers correspond à la poutrelle du milieu; les madriers extrêmes arasent les poutrelles et sont cloués; on met des croisières.

MONTER LA SONNETTE. — Assembler le patin, et le dresser verticalement. Assembler avec la sole les jumelles et les bras. — Coiffer les jumelles avec le chapeau. Placer les poulies. Assembler le rancher. Dresser la sonnette. — Sur la portière de 2 bateaux, le devant de la sole de la sonnette affleure le devant de la 1re poutrelle; on glisse 2 madriers entre la semelle et le tablier; la semelle est brêlée sur les 4e et 5e poutrelles. — Sur la portière de 3 bateaux, la sole affleure l'extrémité des poutrelles du côté des bateaux accouplés; on glisse 2 madriers entre la semelle et le tablier, et un 3e en travers sous la semelle; vers le milieu de sa longueur; la semelle est brêlée à la poutrelle du milieu.

ÉQUIPER LA SONNETTE. — Passer le câble sur la grande poulie. — Attacher 2 amarres, l'une au bout de l'autre, et passer cette double amarre sur la petite poulie. — Former avec 2 commandes de poutrelle une couronne qui se passe dans le trou du mouton; placer le mouton sur la sole, et ôter ses clavettes. — Fixer le bout du câble, qui pend en dehors des jumelles, à la couronne du mouton par un nœud allemand double; passer l'autre bout du câble dans les boucles des 16 tiraudes, et remonter ces boucles le long du câble jusqu'à la grande poulie; former avec le câble un nœud simple au-dessus des boucles des tiraudes. — Agir aux tiraudes pour élever le mouton; engager sa coulisse entre les jumelles; remettre les clavettes des tenons; élever le mouton jusqu'à la grande poulie, et amarrer le bout libre du câble ou quelques tiraudes à la semelle du patin de la sonnette.

METTRE LES PILOTS EN FICHE. — Les amener sur le tablier ou dans l'eau; les dresser au moyen d'une double amarre et de la petite poulie. — Embrasser le pilot et les jumelles avec un bout d'amarre doublé, dans lequel on introduit un billot.

On bat les pilots, ordinairement par volées de trente coups, suivies d'un repos d'une demi-minute. — Un homme tient le billot qui brêle le pilot contre les jumelles; un autre dirige le pilot avec un levier.

Arracher des pieux.

Les ébranler d'abord à coups de masse, et les entourer, le plus bas possible, avec une chaîne ou un cordage arrêté par des clameaux. — Les arracher ensuite avec un levier d'abattage; avec une nacelle, en amarrant la chaîne à l'un des nez abaissé le plus possible; avec 2 crics, agissant sur une traverse fixée contre le pieu à la chaîne qui l'entoure; avec des cabestans, etc.

POINTS D'AMARRAGE.

Les points d'amarrage sont des *arbres*, des *rochers*, des *piquets*, des *pieux*, des *pilots*, etc., des *anneaux*, portant un piton à deux branches, scellés avec du plomb fondu, du plâtre, etc. — Embrasser ces objets avec le cordage, le plus bas possible, quand il y a lieu.

Un massif de terre. — Former un massif circulaire de 1 à 2 mètres de rayon, en creusant une rigole circulaire. — Creuser une autre rigole dans la direction du cordage; mettre des bouts de planche verticalement contre le massif, pour qu'il ne soit pas coupé par le cordage; remplir la rigole, et damer.

Une ancre. — Enterrer un des bras jusqu'à la verge; mettre de champ, dans l'excavation et perpendiculairement à la direction du cordage, un bout de madrier, sous lequel est engagé le bec de la patte; remplir de plusieurs morceaux de bois le vide entre le madrier et le bras; combler l'excavation; retenir la verge et le jas par des piquets. — Amarrer le cordage à l'organeau.

Des plates-formes enterrées ou chargées. — Dans une excavation, lorsque la nature du terrain le permet, placer perpendiculairement à la direction suivant laquelle le cordage doit tirer, une pièce de bois embrassée à son milieu par une forte couronne de cordage ; mettre en travers sur cette pièce de bois d'autres pièces que l'on recouvre de madriers et qu'on charge de terre ou de pierres. — Amarrer à la couronne.

PONTS DE BATEAUX.

Renseignements divers.

DÉFINITIONS. — Dans les manœuvres de construction, la rive d'où l'on part se nomme *première rive;* l'autre se nomme *deuxième rive.* Dans les manœuvres de repliement, la 1re rive est celle qu'on abandonne. — Dans les manœuvres de construction, la droite et la gauche du pont se rapportent à la droite et à la gauche d'un homme placé sur la 1re rive, et faisant face à la 2e. — Dans les manœuvres de repliement, ces indications se rapportent à la droite et à la gauche d'un homme placé sur le pont et faisant face à la rive qu'on abandonne.

On entend par *plat-bord intérieur, poupée intérieure,* etc., d'un bateau, le plat-bord, la poupée, etc., le plus près de la rive de départ pendant la construction du pont, ou le plus près de la rive sur laquelle on replie le pont pendant la manœuvre de repliement. Le mot *extérieur* s'emploie par opposition.

Dans toutes les manœuvres, soit de construction, soit de repliement, c'est à partir de la 1re rive que l'on compte les bateaux, les ancres, etc., quand on les désigne par des numéros.

La *culée* est le point d'appui du pont sur la rive; elle se compose de 1 *corps-mort* et de 1 *madrier* fixés sur le sol par 6 ou 4 *piquets.* — Pour la construire, placer le corps-mort bien assis de niveau, perpendiculairement à la direction du pont, sa face supérieure un peu au-dessous des plats-bords du 1er bateau, les crochets de pontage, du côté opposé à la rivière; le fixer par 4 piquets, et, quand les poutrelles de culée sont brêlées sur le corps-mort, placer contre leurs extrémités 1 madrier de champ qui affleure leur face supérieure; fixer ce madrier par 2 piquets, correspondant aux poutrelles extrêmes. — On peut aussi tourner les crochets du corps-mort du côté de la rivière; appliquer sur la face opposée le madrier de champ contre lequel doit s'appuyer le bout des poutrelles, et fixer le tout sur le sol par 4 piquets. Cette construction n'est pas possible lorsqu'on ponte un chevalet à deux pieds, près de la rive. Elle est toujours employée pour la culée du pont de radeaux ou de chevalets à quatre pieds dont le corps-mort est plus large et sans crochets.

On appelle *travée* la portion de pont comprise entre les axes de deux corps de support consécutifs, et *travée de culée* la portion comprise entre l'extrémité du tablier et l'axe du corps de support le plus rapproché de la rive.

Quantité dont les poutrelles dépassent le bateau ou le corps-mort, 15 cent. — Longueur de la travée de culée, $5^m,30$. — Longueur de la travée comprise entre deux bateaux, 6 mètres. — Portée des poutrelles de culée, $4^m,29$. — Portée des poutrelles entre deux bateaux, $4^m,30$. — Voie du pont comprise entre les deux guindages, $2^m,96$. — Largeur moyenne d'un bateau, *sous le pont*, $1^m,70$.

BRÊLAGE. — Il sert à fixer sur les corps de support les poutrelles qui portent le tablier.

Pour faire le brêlage: la commande ayant sa boucle engagée dans le crochet de pontage, la passer d'amont en aval par-dessus les poutrelles accouplées, puis dans le crochet d'amont en aval; ramener la commande d'aval en amont par-dessus les poutrelles; la passer dans le crochet d'aval en amont; entourer les brins au-dessus du crochet en passant par-devant et terminant le tour par un nœud simple gansé, fait de dessous en dessus, et dont le bout libre pend en amont. — Le brêlage des poutrelles isolées diffère de celui-ci, en ce que la commande entoure complétement la poutrelle, avant de passer pour la seconde fois dans le crochet. — Lorsque les corps de support n'ont pas de crochets, on clameaude, au lieu de brêler avec des commandes.

GUINDAGE. — Il sert à relier le tablier du pont aux poutrelles qui le supportent.

Pour faire le guindage: placer sur les madriers, au-dessus des poutrelles extrêmes de chaque travée, 2 poutrelles de mêmes dimensions qu'elles et qui leur correspondent exactement; entourer par une commande de guindage cette poutrelle et celle qui lui correspond en dessous des madriers; serrer avec un billot. — Brêler ainsi au-dessus de chaque bateau, au milieu de chaque travée, et près des extrémités du pont.

Mouillage des ancres.

1 pilote. — 4 hommes.

En général, on mouille les ancres d'amont avec des bateaux, et celles d'aval avec des nacelles. — Les ancres d'amont se mouillent ordinairement à une même hauteur de 50 à 60 mètres en amont du pont. — On n'ancre pas en aval un bateau qui ne l'est pas en amont. — Lorsqu'une ancre est bien mouillée, son cordage, amarré au bateau, est dans la direction du courant.

On mouille les ancres de la même manière avec la nacelle et avec le bateau.

MOUILLER UNE ANCRE D'AMONT. — Rouler un cordage sur le fond du corps du bateau, en formant les tours de plus en plus vers l'avant. — Placer une ancre sur l'avant-bec, les pattes en avant du nez, le jas en travers sur les plats-bords en arrière des poupées. — Fixer le bout du cordage à l'organeau. — Conduire le bateau à 60 mètres environ en amont du pont. — Mouiller l'ancre. — Descendre jusqu'à la hauteur du pont, en filant du cordage; faire pont-volant, si cela est nécessaire, pour aborder le dernier bateau ponté.

MOUILLER 2 ANCRES D'AMONT A LA FOIS. — Les placer sur l'avant-bec du bateau, l'une à tribord et l'autre à bâbord, la verge appuyée sur le plat-bord, les pattes en dehors, le jas placé obliquement sur le fond du bateau; laisser une dizaine de mètres des cordages roulés sous les ancres. — Au moment de mouiller, soulever le jas et pousser la croisée en avant. — Mouiller l'ancre de tribord la première, l'autre immédiatement après.

MOUILLER LES ANCRES D'AVAL. — Charger 3 ancres et 3 cordages d'ancre dans une nacelle (ou dans un bateau). — Rouler le 1er cordage à un pas des tolets pour rames de l'arrière; rouler le 2e en avant; placer 2 ancres sur ces cordages, le jas couché sur la verge et les croisées se touchant. — Rouler le 3e cordage sur la verge de l'ancre qui est le plus sur l'avant; disposer la 3e ancre sur l'avant-bec, prête à être mouillée.

Conduire la nacelle derrière le bateau à ancrer; remettre le bout libre du cordage de la 3e ancre; laisser descendre la nacelle; mouiller. — Haler sur la ligne pour remonter au pont. — Procéder de la même manière pour mouiller les 3 ancres.

A défaut d'ancres, mouiller des corps perdus. — Planter des pilots, si les cordages d'ancre sont courts et si l'on craint les glaces.

Lever les ancres.

1 pilote. — 4 hommes.

On lève les ancres de la même manière avec la nacelle et avec le bateau.

LEVER UNE ANCRE D'AMONT. — Haler sur le cordage, qu'on fait passer sur le milieu du nez de l'avant, et le rouler en même temps sur le fond de l'embarcation, jusqu'à ce que l'ancre commence à déraper

— Faire effort pour soulever l'ancre et la rentrer sur l'avant-bec ; le pilote maintient l'embarcation dans le sens du courant ; les rameurs de l'arrière, qui ont roulé le cordage, saisissent leurs rames dès que l'ancre dérape.

LEVER UNE ANCRE D'AVAL. — Conduire l'embarcation derrière le bateau ancré ; la faire descendre l'arrière en aval jusqu'à hauteur de l'ancre, en halant sur le cordage, que les rameurs maintiennent entre les tolets de l'arrière et sur le milieu du nez de l'avant. — Faire maintenir le cordage tendu vers le pont par les rameurs placés sur l'avant, pendant que les autres lèvent l'ancre. — Haler de nouveau, et remonter jusqu'au pont.

Lorsqu'une embarcation a levé 3 ancres, elle va les mettre à terre, ainsi que leurs cordages.

Charges et enfoncements.

Le tableau suivant fait connaître la relation qui existe entre les charges et les enfoncements, pour le bateau d'équipage.

CHARGE du bateau.	ENFONCEMENT du bateau.	HAUTEUR DES PLATS-BORDS au-dessus de l'eau.	CHARGE du bateau.	ENFONCEMENT du bateau.	HAUTEUR DES PLATS-BORDS au-dessus de l'eau.
kil.	mill.	mill.	kil.	mill.	mill.
Bateau vide.	100	710	5000	545	265
1000	195	615	6000	625	185
2000	295	515	7000	695	115
3000	385	425	8000	755	55
4000	465	345	8500	810	«

Le poids d'un bateau est d'environ 600 kil. ; celui d'une travée, d'environ 830 kil.

La charge que peut supporter le bateau, sous le pont, est de 7670 kil.

Un homme occupe 1/3 de mètre carré ; il pèse, armé et équipé, 80 kil. ; non armé ni équipé, 65 kil. — 6 personnes serrées, non armées ni équipées, peuvent tenir sur un espace de 1 mètre carré ; ce qui fait 390 kil. par mètre carré. C'est la plus grande charge qui puisse se trouver sur un pont. — Dans le passage d'une colonne d'infanterie, chaque travée supporte 36 hommes sur 3 rangs, ou 48 sur 4 rangs.

Un cheval occupe 3 mètres en long[r], 1 mètre en larg[r], et pèse. 550 kil.

Une pièce de 12, avec affût, coffre chargé et armen[ts] pèse 2162

Un canon-obusier de 12, *idem* *idem* 1848

Une pièce de 24, *idem* *idem* 4281

Une pièce de 16, *idem* *idem* 3448

Dans le passage d'une colonne de voitures d'artillerie, les quatre roues, ainsi que les chevaux de derrière, trouvent place ensemble sur une même travée.

Construction d'un pont par bateaux successifs.

DISPOSITIONS PRÉLIMINAIRES. — Les bateaux amarrés à la rive, partie en amont de la culée, partie en aval, ceux d'amont en nombre égal aux ancres d'amont. — Les nacelles, en aval de la culée. — Les poutrelles, empilées par espèces, à gauche de la culée; les madriers, à droite des poutrelles; les corps-morts, près des poutrelles; tout le reste rassemblé par espèces, et formant un dépôt peu éloigné de la culée.

SOMMAIRE DE LA MANŒUVRE. — Construire la 1re culée. — Amener d'aval le 1er bateau à hauteur de la 1re culée; planter les piquets d'amarrage; fixer les 2 cordages d'ancre; maintenir le 1er bateau au moyen de ces 2 cordages et de ses 2 traversières. — Apporter les poutrelles de la 1re travée; pousser au large le 1er bateau; brêler les poutrelles sur le corps-mort, et, lorsque le bateau est bien placé, fixer les cordages d'ancre aux poupées, amarrer les traversières aux piquets, achever la culée. — Apporter les madriers, et couvrir jusqu'à 50 cent. environ du 1er bateau. — Amener le 2e bateau d'amont qui mouille une ancre, se laisse descendre à hauteur du 1er, et lui jette ses traversières. — Apporter les poutrelles de la 2e travée; pousser au large le 2e bateau; jumeler les poutrelles des 2 travées; les brêler au 1er bateau; amarrer les traversières; et couvrir jusqu'à 50 cent. environ du 2e bateau. — Amener d'aval le 3e bateau contre le 2e, qui lui donne son cordage d'ancre et reçoit ses traversières; apporter les poutrelles de la 3e travée: mettre en place le 3e bateau; amarrer ses traversières, et fixer à sa poupée le cordage d'ancre d'amont; jumeler les poutrelles, les brêler sur le 2e bateau; couvrir la 3e travée jusqu'à 50 cent. environ du 3e bateau, et commencer le guindage. — Faire pour chaque bateau pair ce qui à été dit pour le 2e, pour chaque bateau impair, ce qui a été dit pour le 3e, de manière que toutes les ancres d'amont soient mouillées par les bateaux pairs et restent fixées aux bateaux impairs, après avoir servi au placement des bateaux pairs. — Mouiller une ancre d'aval pour le 5e bateau, pour le 9e, etc. — Le dernier bateau étant poussé au large, placer les poutrelles de la 2e culée en se servant d'une nacelle; fixer le corps-mort; brêler les poutrelles; achever la culée: couvrir; achever le guindage.

Repliement d'un pont par bateaux successifs.

SOMMAIRE DE LA MANŒUVRE. — Placer une nacelle sous les poutrelles de la culée du côté de la rive qu'on abandonne; débrêler, et enlever le guindage; démarrer les traversières extérieures du 1er bateau et son cordage d'ancre d'aval; les jeter à la rive. — Découvrir entièrement les poutrelles, et emporter les madriers. — Débrêler sur le corps-mort et sur le 1er bateau; emporter les poutrelles. — Défaire la 1re culée; arracher les piquets dès qu'ils ne servent plus; charger dans la nacelle tout ce qui a été apporté sur la 1re rive, et le transporter sur la 2e. — Découvrir et débrêler sur le 2e bateau les poutrelles de la 2e travée; ramener le 1er bateau contre le 2e, à l'aide de ses traversières et de son cordage d'ancre, jeter ce cordage à la rive, et les traversières dans le 1er bateau; emmener le 1er bateau à la 2e rive, en aval du pont. — Découvrir et débrêler sur le 3e bateau les poutrelles de la 3e travée. — Ramener le 2e bateau contre le 3e au moyen des traversières et du cordage d'ancre; jeter les traversières dans ce bateau, et recevoir son cordage d'ancre; emmener le 2e bateau à la rive. — Lever l'ancre d'amont avec le 3e bateau, après qu'il a été ramené contre le 4e; le conduire ensuite à la rive en amont du 2e. — Continuer de même pour les autres bateaux, de sorte que les ancres d'amont soient levées par les bateaux qui n'ont pas d'ancre, après avoir servi à ramener les bateaux qui sont ancrés. — Lever les ancres d'aval avec la nacelle. — Défaire la 2e culée; arracher les piquets d'amarrage de la 2e rive.

Construction d'un pont par portières.

Les portières sont le plus ordinairement de 3 bateaux; elles emploient 2/7 de bateaux en plus que pour la construction par bateaux successifs; avec des portières de 2 bateaux, il en faut moitié en plus.

Pour avoir le nombre de portières de 3 bateaux, diviser par 14 la longueur du pont, diminuée de 12m,60, longueur des deux travées de culée. Selon la grandeur du reste, ponter un bateau de plus à l'une des rives, ou une portière de 2 bateaux, ou une portière de 3 bateaux en faisant croiser davantage les poutrelles.

Le détachement des portières, soit pour la construction, soit pour le repliement, est composé d'autant de sections qu'il y a de portières. — Le détachement des ancres se compose d'autant de sections qu'il y a de divisions d'équipage. Quand le courant est rapide, on mouille 2 ancres d'amont par portière.

DISPOSITIONS PRÉLIMINAIRES. — Les bateaux pour les portières, en amont de la culée; les 2 bateaux des travées de culée, en aval ; 2 nacelles, en aval de ces 2 bateaux. — Le reste comme pour le pont par bateaux successifs.

SOMMAIRE DE LA MANŒUVRE. — Construire les portières, construire en même temps la 1re culée et sa travée. — Préparer la construction de la 2e culée et de sa travée. — Disposer sur les portières les ancres et leurs cordages. — Remonter les portières le long de la rive, assez en amont pour mouiller facilement leurs ancres à hauteur des points indiqués sur la rive. — Assembler les portières à mesure qu'elles arrivent à leurs places. — Mouiller les ancres d'aval. — Achever la 2e culée et sa travée.

Construction d'une portière de 3 bateaux.

SOMMAIRE DE LA MANŒUVRE. — Amarrer à la rive l'avant et l'arrière du 1er bateau ; placer le 2e bord à bord avec le 1er; amarrer le 3e à l'arrière du 1er; placer en croisières les amarres du 2e; pousser au large. — Brêler sur le 1er bateau les poutrelles placées au-dessus de ses crochets et en amont de ceux du 2e; couvrir jusqu'à 50 cent. du 2e bateau. — Placer, en couvrant, 2 colliers de guindage après le 2e madrier. — Amener le 3e bateau bord à bord avec le 2e; mettre ses amarres en croisières; le pousser au large. — Brêler sur les 2e et 3e bateaux; couvrir; placer 2 colliers de guindage après le madrier qui précède l'avant-dernier. — Le premier et le dernier madrier doivent araser le bout des poutrelles, et sont cloués sur les poutrelles extrêmes et sur celles du milieu.

La portière de 2 bateaux se construit d'une manière analogue, en plaçant les poutrelles au-dessus des crochets des deux bateaux.

Repliement d'un pont par portières.

SOMMAIRE DE LA MANŒUVRE. — Attacher une bouée à chaque cordage amarré à une ancre. — Séparer chaque portière, la dégager du pont, jeter ses bouées à l'eau; l'emmener à la 2e rive; la replier. — Replier en même temps les deux travées de culée. — Lever les ancres d'amont et d'aval.

Usage des portières.

L'emploi des portières est avantageux, lorsqu'on peut les construire dans un endroit dérobé aux vues de l'ennemi, en amont de l'emplacement où l'on veut jeter le pont. — Charger dans 2 bateaux tout le matériel nécessaire à la construction des culées et de leurs travées; envoyer d'avance ces 2 bateaux construire la travée de 1re culée, à l'emplacement désigné, et préparer la 2e culée. Faire ensuite descendre les portières, qui peuvent venir prendre leurs places au pont et être assemblées avec une grande promptitude.

Lorsqu'on ne peut pas faire arriver d'amont les portières, on est obligé de les construire en aval de la culée.

Pour les mettre en place, 4 hommes les amènent en halant sur une ligne amarrée à la poupée intérieure du devant du 2e bateau, et les assemblent. Les nacelles mouillent les ancres d'amont assez à temps pour que chaque portière puisse recevoir son cordage d'ancre en arrivant au pont, et s'en aider pour se mettre en place.

Les portières peuvent servir à jeter des troupes sur la rive opposée, avant de prendre place au pont; chaque portière peut recevoir 100 hommes ou une pièce d'artillerie avec son attelage.

Lorsque le pont est construit, les portières donnent moyen d'y faire rapidement des coupures pour laisser passer les corps flottants.

Dans les ponts par bateaux successifs, on fait souvent une coupure vers le thalweg, en y établissant une portière. Cette portière est construite à part, en aval du pont, et amenée à la ligne à la place qui lui est destinée, sitôt que la travée qui doit la prendre est convenablement préparée.

Souvent, il est plus facile de construire la portière sur place; les 4 hommes de la 2e section du guindage sont alors chargés d'apporter et de placer les colliers, les fausses-poutrelles et les coins; ils sont aussi chargés de clouer les madriers, et de fixer les fausses-poutrelles dans les colliers. On se conforme pour le reste à ce qui est prescrit pour la construction du pont par bateanx successifs et du pont par portières. — Les deux bateaux qui encadrent la portière sont toujours ancrés en amont et en aval; leurs ancres sont mouillées de manière que les cordages d'ancre soient divergents, pour maintenir l'écartement des deux bateaux et ne pas gêner le passage.

Ouvrir une portière.

Il faut 1 sous-officier et 12 hommes.

SOMMAIRE DE LA MANŒUVRE. — Oter les fausses-poutrelles de guindage; démarrer les 4 traversières de jonction de la portière avec les bateaux voisins; haler sur le cordage d'ancre d'aval, et filer du cordage d'ancre d'amont jusqu'à ce que la portière soit en aval du pont. — La placer derrière les bateaux qui la précèdent ou qui la suivent. — La remonter tout contre, et la fixer là au moyen d'une ligne et du cordage d'amont.

Fermer une portière.

Il faut 1 sous-officier et 12 hommes.

SOMMAIRE DE LA MANŒUVRE. — Démarrer le cordage d'ancre d'amont et la ligne qui fixent la portière derrière les bateaux, laisser descendre la portière, et l'amener dans la direction de la coupure du pont. — La remonter à sa place, au moyen de la ligne et du cordage d'ancre d'amont. — L'assembler avec les deux bateaux voisins, au moyen des traversières et des fausses-poutrelles de guindage.

Construction d'un pont par parties.

La longueur que doit avoir le pont étant connue, en déduire le nombre des bateaux, qui est le même que pour le pont par bateaux successifs; diviser ce nombre par 3, pour avoir le nombre des parties, et ponter, à partir de la 1re rive, le nombre de bateaux indiqué par le reste.

DISPOSITIONS PRÉLIMINAIRES. — Les bateaux amarrés à la rive, en amont de la culée; les nacelles, en aval; le reste comme pour le pont par bateaux successifs.

SOMMAIRE DE LA MANŒUVRE. — Construire les parties, construire en même temps la 1re culée et sa travée. — Préparer la construction de la 2e culée et de sa travée. — Disposer sur les parties les ancres et leurs cordages; remonter les parties le long de la rive, assez en amont, pour mouiller facilement leurs ancres à hauteur des points indiqués sur la rive. — Assembler les parties à mesure qu'elles arrivent à leurs places. — Mouiller les ancres d'aval. — Achever la 2e culée et sa travée.

Repliement d'un pont par parties.

SOMMAIRE DE LA MANŒUVRE. — Attacher une bouée à chaque cordage amarré à une ancre. — Découvrir toutes les travées de jonction. — Ramener les poutrelles de la 1re travée de jonction. — Défaire la 1re culée, et emmener son matériel à la 2e rive. — Ramener successivement toutes les parties, et les emmener à la 2e rive; après avoir jeté leurs bouées à l'eau, les replier. — Replier la travée de 2e culée, et la défaire. — Lever les ancres d'amont et d'aval.

Construction d'un pont par conversion.

SOMMAIRE DE LA MANŒUVRE. — Construire le pont par bateaux successifs, le long de la rive, d'amont en aval, de manière que le dernier bateau ponté soit d'une quinzaine de mètres en amont de l'emplacement de la culée. — Former en même temps 2 faisceaux en doublant ou triplant, au besoin, des cordages d'ancre. — Construire la 1re culée. — Amarrer les 2 faisceaux, l'un à l'avant, l'autre à l'arrière du dernier bateau; tendre une des parties en s'aidant de 2 pieux plantés sur la rive, à l'emplacement de la culée; brêler l'autre partie aux poupées de tous les bateaux. — Disposer sur les bateaux les ancres, prêtes à être mouillées. — Charger, dans une nacelle et sur le pont, ce qui est nécessaire à la construction de la 2e culée et de sa travée. — Amarrer la nacelle au bord extérieur du dernier bateau d'amont. — Pousser au large la partie d'amont du pont avec des gaffes; ramer sur les derniers bateaux pour accélérer le mouvement; agir aux faisceaux pour les maintenir tendus. — Mouiller les ancres pendant la conversion, et agir tout de suite aux cordages d'ancre pour aider à diriger le mouvement. — Après la conversion, achever la travée de 1re culée; construire la 2e culée et sa travée; mouiller les ancres d'aval; enlever les faisceaux.

Repliement d'un pont par conversion.

SOMMAIRE DE LA MANŒUVRE. — Planter 2 pieux sur la 2e rive. — Former 2 faisceaux et les amarrer, l'un à l'avant, l'autre à l'arrière du 1er bateau; les tendre autour du pieux, et les brêler aux poupées de tous les bateaux. — Replier les travées de 1re et de 2e culée. — Charger sur le tablier du pont tout le matériel de la travée de 1re culée, et, dans la nacelle, tout ce qui était sur la 1re rive. — Amarrer la nacelle contre le bord extérieur du 1er bateau de l'aile marchante. — Prolonger 2 cordages d'ancre d'amont, et fixer une bouée à l'extrémité de tous les cordages d'ancre. — Agir à l'aile marchante pour déterminer, et accélérer au besoin, son mouvement de conversion. — Agir au pivot pour empêcher qu'il ne touche la rive. — Tendre le faisceau d'aval, et filer du faisceau d'amont autour de son pieu. — Agir à chaque cordage d'ancre, pour empêcher le pont de se courber, avant de jeter sa bouée à l'eau. — Amarrer le pont à la rive, et enlever les faisceaux.

Chevalet à deux pieds.

Un sous-officier et 12 hommes mettent en place le chevalet à deux pieds, soit avec un bateau, soit avec une nacelle.

Pour mettre en place le chevalet, avec un bateau: charger dans le bateau toutes les parties du chevalet, à l'exception du chapeau. — Amener le bateau le long de la rive, à hauteur de l'emplacement du chevalet, et l'y maintenir par un cordage d'ancre ou une ligne. — Placer sur le chapeau les entailles des 2 poutrelles à griffes, et 2 poutrelles ordinaires qu'on brêle à ses crochets extrêmes. — Placer l'extrémité de ces poutrelles sur le plat-bord extérieur du bateau, et les y brêler. — Pousser le bateau au large. — Placer les pieds du chevalet dans les coulisses du chapeau; fixer les semelles; enfoncer les pieds au fond de l'eau. — Placer les chaînes de suspension, et les fixer. — Débrêler les poutrelles ordinaires, et les enlever.

Pour mettre en place le chevalet, avec une nacelle: charger dans la nacelle toutes les parties du chevalet, à l'exception du chapeau. — Amener la nacelle le long de la rive, à hauteur de l'emplacement du chevalet, et l'y maintenir par un cordage d'ancre ou une ligne. — Placer 2 poutrelles ordinaires en travers sur la nacelle, au-dessus des trous de tolets les plus rapprochés du milieu; sur le plat-bord extérieur; les brêler à l'aide de ces trous. — Placer le chapeau en travers sur les 2 poutrelles, les anneaux de suspension en dessus; les brêler sur les 2 poutrelles. — Placer sur le chapeau les entailles de 2 poutrelles à griffes; pousser au large la nacelle. Placer les pieds du chevalet dans les coulisses; fixer les semelles; enfoncer les pieds au fond de l'eau. — Placer les chaînes de suspension, et les fixer. — Débrêler les poutrelles ordinaires, et les enlever.

Le chevalet à deux pieds n'entre que pour un quart dans la composition de l'équipage; il n'a point de stabilité par lui-même, et, pour ce motif, doit être établi généralement près des rives. — Éviter, autant que possible, de le placer entre deux bateaux.

Lorsqu'un chevalet à deux pieds doit entrer dans la construction d'un pont par bateaux successifs, il est mis en place avec un bateau d'amont, qui est le premier bateau ponté après le chevalet. Le sous-officier, chef de ce bateau, est chargé du placement du chevalet; il prend comme auxiliaires les 8 hommes des 2 sections des bateaux d'aval. — Les poutrelles à griffes sont placées, l'une entre les 1er et 2e, l'autre entre les 4e et 5e crochets de pontage; on met en place les poutrelles de culée, en faisant glisser obliquement sur les poutrelles à griffes; d'abord les deux poutrelles extrêmes, puis les 2e et 4e, et enfin la 3e sur l'une de celles-ci. Les poutrelles sont ensuite brêlées, et l'on couvre jusqu'à 50 cent. du chapeau du chevalet.

Si un 2e chevalet doit être ponté après le 1er, le même sous-officier les place tous deux l'un après l'autre avec le même bateau, dans lequel sont chargées toutes les parties des 2 chevalets, à l'exception de leurs chapeaux. — Le chapeau du 2e chevalet est apporté sur le dernier madrier placé en pontant le 1er chevalet. — Les poutrelles à griffes du 2^e

chevalet embrassent dans leurs entailles les chapeaux des 2 chevalets, et sont jumelées par leurs extrémités à celles du 1er; les poutrelles de culée de la 2e travée sont jumelées à celles de la 1re, et brêlées sur le chapeau aux crochets de ses deux faces.

Lorsqu'on est forcé de placer 1 chevalet entre 2 bateaux, on consolide l'assemblage par 4 poutrelles à griffes jumelées 2 à 2 sur le chapeau du chevalet; 2 embrassent dans leurs entailles le plat-bord intérieur du bateau qui précède le chevalet; 2 embrassent dans leurs entailles le plat-bord extérieur du bateau qui suit le chevalet; elles sont brêlées aux tringles.

Lorsque le manque d'eau ne permet pas d'employer la nacelle pour placer le chevalet, engager les pieds dans les coulisses du chapeau; fixer les chaînes de suspension de manière que le chapeau soit horizontal et à peu près à la hauteur convenable, le chevalet une fois en place. — Faire porter ensuite le chevalet par 6 hommes, qui le dressent à l'emplacement qu'il doit occuper, et rectifient au besoin la position du chapeau; 4 hommes le maintiennent pendant que 4 autres placent les poutrelles à griffes. — Il faut 1 sous-officier et 8 hommes pour cette manœuvre.

Lorsqu'un chevalet doit être placé dans un bateau près de la rive, disposer sur les courbes, au milieu du bateau, 4 fausses-poutrelles, 2 pour chaque pied, de manière que, le chevalet étant dressé, les pieds passent entre les poutrelles et que leurs semelles s'appuient dessus. — Placer, sous la pointe des pieds, des bouts de madriers percés au centre, à moitié au moins de leur épaisseur, pour protéger le fond du bateau sans empêcher les semelles de poser sur les poutrelles. — Pour donner de la stabilité au bateau, placer 2 poutrelles à griffes embrassant dans leurs entailles le plat-bord extérieur du bateau et un corps-mort fixé à 85 cent. en avant de celui de la culée; ponter ensuite avec 2 poutrelles à griffes et 5 poutrelles de culée.

Dans le repliement par bateaux successifs, chaque chevalet est ramené à la rive par la section du 6e détachement, qui, dans l'ordre des numéros, suit celle qui a été chargée de ramener le corps de support précédent. Le chef de cette section prend comme auxiliaires les 4 hommes de la section chargée d'emporter les poutrelles de guindage.

Pour ramener le chevalet, la travée étant découverte, 2 hommes amarrent une ligne à chaque bout du chapeau, et s'assurent que les entailles des poutrelles à griffes peuvent aisément se dégager; les 10 hommes du détachement des poutrelles saisissent les 5 poutrelles ordinaires, et les entraînent sur le tablier; 4 hommes saisissent les 2 poutrelles à griffes, les soutiennent d'abord, pendant que 4 autres tirent sur les lignes pour renverser le chevalet, et les entraînent ensuite sur le tablier dès qu'elles sont dégagées du chapeau.

Le tableau suivant fait connaître la longueur des travées et la portée des poutrelles dans un pont de bateaux et de chevalets à deux pieds.

DÉSIGNATION des corps de support.		Longueur des travées.	Portée des poutrelles.	OBSERVATIONS.
		mèt.	mèt.	
De corps-mort	à chevalet	5,82	5,40	2 poutrelles à griffes et 5 poutrelles de culée.
	à bateau	5,34	4,30	5 poutrelles de culée.
De chevalet	à chevalet	5,57	5,40	2 poutrelles à griffes et 5 poutrelles de culée.
	à bateau	5,07	4,14	5 poutrelles de culée. — Pour les travées de chevalet à bateau ou de bateau à chevalet, on peut remplacer les poutrelles de culée par des poutrelles ordinaires en les faisant dépasser le bateau de 1m,85.
De bateau à bateau		6,00	4,30	5 poutrelles ordinaires.
Chevalet entre 2 bateaux		4,80	3,87	Chaque travée, 2 poutrelles à griffes et 5 poutrelles de culée.

Il résulte de ce tableau, qu'avec une division d'équipage, on peut construire un pont de 63m,28, en plaçant un chevalet à chaque travée de culée.

PONTS DE BATEAUX DU COMMERCE.

On peut, avec les bateaux du commerce, construire et replier des ponts par des moyens analogues à ceux qu'on emploie avec des bateaux d'équipage; mais les détails d'exécution sont très-variables, en raison des dimensions diverses des matériaux.

Quand les bateaux sont inégaux, les placer sous le pont par ordre de grandeur, de manière à éviter les ressauts; placer dans le plus fort courant ceux dont la forme offre à l'eau le moins de résistance, et dont la force de support permet les plus longues travées. — Si les plats-bords sont trop bas, les élever au moyen de traverses entaillées pour le logement des plats-bords; mettre un ou deux supports sur ces traverses dans le sens de la longueur du bateau, et les maintenir par des clameaux ou des commandes. — Si les bordages sont trop faibles ou trop évasés, placer sur le fond du bateau un chevalet-support destiné à recevoir les poutrelles.

Les poutrelles sont ordinairement fixées sur les corps-morts et sur les bateaux par des clameaux à deux faces, et jumelées entre elles par des clameaux à une face. A défaut de clameaux, clouer des tringles de

4 mètres sur les montants des courbes, à 25 cent. à peu près au-dessous des plats-bords, et brêler à ces tringles. — Quand les poutrelles ont un fort équarrissage, pousser les bateaux au large avec 3 poutrelles seulement portant sur des rouleaux; placer les autres poutrelles à l'aide de rouleaux posés sur les premières, quand le bateau est placé.

Si l'on a de longs bateaux, mais en nombre insuffisant, fixer, au milieu de leur longueur, à peu de distance l'une de l'autre, deux cloisons bien calfatées et soutenues par des courbes; scier ensuite le bateau entre les deux cloisons.

Lorsque le pont n'est pas destiné à supporter des fardeaux considérables relativement à la force du matériel qu'on emploie, ponter à grandes portées. — Placer les poutrelles de la 1re travée sur le corps-mort et sur les 2 plats-bords du 1er bateau — Placer les poutrelles impaires de la 2e travée sur le plat-bord extérieur du 1er bateau et sur les 2 plats-bords du 2e, les poutrelles paires sur les 2 plats-bords du 1er bateau et sur le plat-bord intérieur du 2e. — Placer de même les poutrelles impaires de la 3e travée sur le plat-bord extérieur du 2e bateau, et sur les 2 plats-bords du 3e; les poutrelles paires sur les 2 plats-bords du 2e et sur le plat-bord intérieur du 3e, et ainsi de suite. — Si les bateaux ont assez de force de support, et que l'on soit bien sûr de leur résistance, ponter à plus grandes portées, en ne faisant poser les poutrelles que sur un plat-bord seulement de chacun des deux bateaux qui les supportent. Les poutrelles de deux travées consécutives sont reliées entre elles par des fausses-poutrelles, placées sur les deux plats-bords d'un même bateau.

PONTS DE RADEAUX.

Construction des radeaux d'arbres.

Les radeaux se construisent à l'eau; si on les établissait à terre, ils tendraient à se désunir lorsqu'on les mettrait à l'eau, chaque pièce cherchant alors à prendre sa position d'équilibre dans le fluide. — Il faut que les radeaux soient au moins de 12 mètres de longueur, pour avoir assez de stabilité. Si les arbres n'ont pas cette dimension, les enter bout à bout, sur deux de longueur, avec des clameaux, des harts, des chevilles, etc. — Dans les courants rapides, faire les radeaux plus étroits, pour les manœuvrer avec plus de facilité.

Premier exemple.

Arbres de 14 mètres; diamètres aux deux bouts, 38 et 27 cent.

RADEAU. — 13 arbres. — 2 *traverses;* équarrissage, 215 mill. sur 160. — 3 *supports;* longueur, 4m,20; largeur, 16 cent.; hauteur, 325 mill. — 2 *madriers;* largeur, 33 cent.; épaisseur, 54 mill. — 1 *poupée.* Hauteur totale, 70 cent.; du tenon, 20 cent. Diamètre en haut, 16 cent.; en bas, 135 mill. — 1 *petite traverse de la tête du radeau,* fixée sur 3 arbres; largeur, 16 cent.; épaisseur, 54 mill. — 1 *porte-gouvernail,* composé de 1 *semelle* et de 2 *montants.* Longueur de la semelle, 1m,60; largeur, 215 mill.; hauteur, 16 cent. Hauteur totale du porte-gouvernail, 80 cent.; des tenons, 14 cent.; largeur dans le sens de la longueur de la semelle, 8 cent.; épaisseur, 54 mill. Les montants entrent de leur épaisseur dans deux entailles faites derrière la semelle. Intervalle entre les montants, 165 mill. — 36 *clous* de 12 cent.: 31 pour les madriers, 3 pour la petite traverse, 2 pour les montants du porte-gouvernail. — 26 *broches en fer* de 325 mill., pour les traverses. — 12 *clameaux à deux faces*, pour fixer les supports sur les traverses. — 4 *clameaux à une face,* pour fixer le porte-gouvernail sur la queue du radeau.

TABLIER. — Par travée: 7 *poutrelles,* dont 2 pour guindage; longueur, 11m,50; équarrissage, 16 cent. — 31 *madriers* et 1 *demi-madrier.* — La longueur des travées est de 10m,50.

Il faut, en outre, les objets nécessaires pour 2 culées.

Volume des 13 arbres, des 2 traverses et des 2 madriers d'un radeau		15mc,527
Volume des 3 supports; des 7 poutrelles et des 31 1/2 madriers d'une travée		5 099
Les 15mc,527 (à 570 kil. le mètre cube) peuvent supporter	6,676 kil.	
Les 5mc,099 (à 570 kil. le mètre cube) pèsent.	2,906	
Force du pont.	3,770 kil.	

CONSTRUCTION. — Placer le gros bout des arbres alternativement à la tête et à la queue, les arbres les plus longs au centre. — Couper en sifflet le bout d'amont, la pointe en dessus quand les arbres flottent librement. — Rassembler les arbres *en flotte,* et les serrer ensemble au moyen de deux amarres fixées à la rive. — Poser perpendiculairement aux arbres un madrier, éloigné de la pointe de l'arbre milieu d'une distance égale à une demi-largeur de la flotte; le clouer sur l'arbre milieu. — Tendre un cordeau de l'extrémité de cet arbre aux deux bouts du madrier. — Descendre les arbres jusqu'à ce que les bouts en sifflet soient dans la direction du cordeau, et clouer le madrier. — Clouer en aval un madrier arasant le bout de l'arbre milieu dépassé par tous les autres. — Le centre de gravité du radeau est au milieu de l'intervalle des madriers, si les arbres sont égaux. Dans le cas contraire, on juge à vue de sa position. — Faire une marque à 40 cent. en arrière de ce point. — Placer deux traverses de chaque côté de la marque, à une demi-longueur des madriers du tablier, moins 40 cent. — Entailler au besoin les arbres les plus forts, et mettre des cales sur les plus faibles; les fixer avec des broches, des harts ou des chevilles. — Placer sur les traverses 3 supports: 1 au milieu, 2 au-dessus des derniers arbres; les clameauder. — Élever une poupée au milieu contre le derrière du madrier de tête. Placer en amont un bout de madrier en travers sur 3 ou 4 arbres. — Fixer avec des clameaux le porte-gouvernail à l'arrière.

Deuxième exemple.

Arbres de 10 mètres; diamètres aux deux bouts, 34 et 26 cent.

RADEAU. — 22 arbres, accouplés l'un derrière l'autre par les gros bouts. — 4 *traverses.* — 3 *supports;* celui du milieu de $4^m,50$; les 2 extrêmes de $10^m,60$, pour qu'ils puissent porter sur les 4 traverses à la fois, et assurer la liaison des deux parties du radeau. — 2 *madriers.* — 1 *poupée.* — 1 *petite traverse.* — 1 *porte-gouvernail.* — 44 *broches.* — 32 *clous.* — 26 *clameaux à une face,* dont 22 pour accoupler les arbres. — 16 *clameaux à deux faces.*

TABLIER. — Par travée: 7 *poutrelles;* longueur, 10 mètres; épaisseur, 16 cent., et 27 *madriers.* — Longueur des travées, 9 mètres.

Volume des 22 arbres, des 2 madriers et des 4 traverses d'un radeau	$16^{mc},143$
Volume des 3 supports, des 7 poutrelles et des 27 madriers d'une travée	5 ,153

Les $16^{mc},143$ (à 570 kil. le mètre cube) peuvent supporter	6,941 kil.
Les $5^{mc},153$ (à 570 kil. le mètre cube) pèsent.	2,937
Force du pont.	4,004 kil.

Former avec la moitié des pièces un radeau comme ci-dessus, en plaçant tous les petits bouts en amont. — Amener les gros bouts des autres arbres derrière et contre les gros bouts des premiers; réunir ces bouts avec des clameaux ou des harts. — Serrer les petits bouts, et clouer 1 madrier sur la queue du radeau total. — Placer 2 traverses comme ci-dessus; 2 autres traverses éloignées du centre du radeau d'une distance égale à la moitié de la longueur moyenne des arbres. —

Placer 3 supports ; les 2 extrêmes posant sur les 4 traverses ; celui du milieu, sur les traverses intermédiaires. — Élever une poupée ; placer un bout de madrier à l'avant ; fixer le porte-gouvernail.

Construction d'un pont de radeaux d'arbres.

SOMMAIRE DE LA MANŒUVRE. — Construire la 1re culée — Amener le 1er radeau à hauteur de la culée ; planter les piquets d'amarrage ; fixer le cordage d'ancre. — Apporter les poutrelles de la 1re travée ; pousser au large le 1er radeau ; clameauder les poutrelles sur le corps-mort, et, lorsque le radeau est bien placé, clameauder les poutrelles sur le 2e support. — Fixer le cordage d'ancre à la poupée ; amarrer les traversières aux piquets, couvrir. — Mouiller une ancre pour le 2e radeau. — Amener le deuxième radeau contre le 1er ; apporter les poutrelles de la 2e travée ; pousser au large le 2e radeau ; accoupler les poutrelles sur le 1er radeau ; clameauder les poutrelles sur le support du milieu du 2e radeau ; fixer le cordage d'ancre à la poupée ; amarrer les traversières ; couvrir. — Faire pour les autres radeaux ce qui a été fait pour les 1er et 2e, et commencer le guindage dès que le 3e radeau est poussé au large. — Le dernier étant mis en place, placer les poutrelles de la 2e culée, en se servant d'une nacelle ; fixer le corps-mort ; clameauder les poutrelles ; couvrir ; achever le guindage. — Le pont terminé, démarrer les traversières et les rouler sur les radeaux auxquels elles appartiennent, sans les en détacher.

Quand les radeaux ne sont pas semblables, proportionner la longueur des travées à la force des radeaux.

Repliement d'un pont de radeaux d'arbres.

SOMMAIRE DE LA MANŒUVRE. — Placer une nacelle sous les poutrelles de culée, du côté de la rive qu'on abandonne. — Enlever le guindage ; découvrir les poutrelles de la 1re travée, et emporter les madriers. — Arracher les clameaux du corps-mort ; passer sur le 1er radeau, et arracher les clameaux à une face, ensuite ceux à deux faces. — Emporter les poutrelles ; défaire la 1re culée ; arracher le piquet d'amarrage, dès que le cordage d'ancre est jeté à la rive ; charger dans la nacelle tout ce qui a été apporté sur la 1re rive, et le transporter sur la 2e. — Découvrir les poutrelles de la 2e travée. — Arracher les clameaux sur le 2e radeau ; ramener le 1er radeau contre le 2e, à l'aide de ses traversières et de son cordage d'ancre ; jeter le cordage d'ancre à la rive. — Emmener le 1er radeau à la 2e rive, en aval du pont. — Faire de même pour chacun des radeaux suivants, et remettre son cordage d'ancre à la nacelle chargée de lever les ancres. — Lever les ancres; défaire la 2e culée; arracher les piquets d'amarrage de la 2e rive.

Construction d'un pont de radeaux de tonneaux.

Calculer, d'après la capacité, le nombre de tonneaux nécessaires pour chaque radeau, de manière que le pont ait à peu près la même force que le pont de radeaux d'arbres. — Faire un châssis de 4 supports parallèles, d'environ 8 mètres de longueur, reliés entre eux par 4 traverses de 2m,50. Ces dimensions peuvent varier avec le nombre et la grandeur des tonneaux. — Placer les files de tonneaux dans les cases latérales, les bondes en dessus. — Brêler les tonneaux aux châssis, pour les maintenir. — Ces radeaux se pontent comme les radeaux ordinaires. — Faire porter les poutrelles sur tous les supports d'un châssis et sur 2 supports seulement du châssis suivant, ou sur tous les supports des 2 châssis, si leur longueur le permet. — Si les tonneaux sont petits, en former deux rangs dans chaque case latérale. — Enlever un madrier pour vider les tonneaux, lorsqu'il en est besoin. — On peut employer d'autres dispositions analogues et remplacer les tonneaux par d'autres corps creux. — Ces sortes de ponts ne doivent s'établir que sur des rivières étroites et peu rapides.

Le tableau suivant fait connaître la longueur des travées, la portée des poutrelles, etc., dans les ponts de radeaux d'arbres et de tonneaux.

DÉSIGNATION DES CORPS DE SUPPORT.	LONGUEUR des poutrelles.	des travées.	de la portée des poutrelles.	dont les poutrelles dépassent les supports.	dont les poutrelles dépassent le radeau de culée.	OBSERVATIONS.
	mèt.	mèt.	mèt.	mèt.	mèt.	
Radeaux d'arbres . n° 1 .	11,50	10,50	6,25	0,40(a)	0,80(b)	(a) En réalité 0,42.
Radeaux d'arbres . n° 2 .	10,00	9,00	5,70	0,40(a)	0,80(b)	(b) En réalité 0,79.
Radeaux de tonneaux avec des poutrelles de	11,50	8,50	6,00	0,25	«	
	10,00	8,50	6,00	0,25	1,30 (c)	(c) En réalité 1,29.
Pont fait avec des radeaux d'espèces différentes ou pont mixte de radeaux.						
Radeaux d'arbres, n° 2, pontés à la suite du n° 1 avec des poutrelles . . .	11,50	10,50	6,725(d)	0,40	«	(d) 5 poutrelles de 6m,70 de portée sont susceptibles d'une résistance de 11,700 kil.
Radeaux de tonneaux pontés à la suite des n° 1 et n° 2 avec des poutrelles de	11,50	9,50	6,125	0,25	«	
	10,00	9,50	6,600	0,25	«	

PONTS DE CHEVALETS A 4 PIEDS.

Construction d'un pont de chevalets.

La longueur des travées est ordinairement de 4 mètres; elle ne doit pas dépasser 5 mètres.

SOMMAIRE DE LA MANŒUVRE. — Rassembler les chevalets par ordre de hauteur ou dans l'ordre de leur placement. — Construire la 1re culée, et préparer la 2e. — Placer le rouleau parallèlement au corps-mort; poser dessus les 2 poutrelles de manœuvre. — Apporter le 1er chevalet; le poser sur les 2 poutrelles de manœuvre; le brêler; le pousser au large; le mettre en place. — Apporter les 5 poutrelles de la travée; les clameauder sur le corps-mort et sur le chapeau du chevalet. — Débrêler, et retirer en arrière les 2 poutrelles de manœuvre; apporter les madriers, et couvrir jusqu'à 70 cent. environ du chevalet. — Disposer sur la partie couverte du tablier le rouleau et les poutrelles de manœuvre, comme on l'a fait en arrière du corps-mort. — Placer le 2e chevalet comme le 1er. — Apporter les 5 poutrelles de la 2e travée; les jumeler, et les clameauder. — Commencer le guindage, lorsque le 3e chevalet est ponté. — Faire pour les autres chevalets ce qui a été dit pour le 1er et le 2e. — Le dernier chevalet étant placé, se servir de la nacelle pour placer sur le corps-mort de la 2e rive les poutrelles de la dernière travée. — Achever la 2e culée et sa travée.

Il y a plusieurs moyens de placer les chevalets.

1er *moyen.* — Si la profondeur de l'eau et la température le permettent, faire entrer des hommes dans l'eau; amener le chevalet à l'extrémité de la partie construite, soit en le portant sur le tablier, soit en le traînant avec une ligne en aval du pont; le donner aux hommes qui sont dans l'eau.

2e *moyen.* — Placer, de manière à former une rampe, 2 poutrelles qui s'appuient sur le chapeau du dernier chevalet et dont l'extrémité de devant aboutit à l'emplacement du chevalet. Faire glisser le chevalet sur ces 2 poutrelles, et le redresser sur ses pieds au moyen de 3 gaffes à croc et de 2 amarres passées dans les pieds; se servir de gaffes pour faire glisser les poutrelles sur le chapeau du chevalet.

3e *moyen.* — Quand les chevalets sont d'une grande hauteur, se servir d'un petit radeau d'arbres amarré à un cordage tendu en travers de la rivière; faire supporter, par 2 fourches fixées sur le radeau, le bout de devant des poutrelles de manœuvre, pendant qu'on pousse le chevalet au large.

4e *moyen.* — Dans le cas d'un courant rapide, former une espèce de portière avec 2 nacelles réunies à l'avant et à l'arrière par 2 poutrelles, de manière que l'intervalle entre les nacelles soit un peu plus grand que l'écartement des pieds; mettre la portière à l'ancre, et faire descendre le chevalet dressé entre les nacelles; ôter les nacelles, lorsque le chevalet est ponté.

RÈGLE GÉNÉRALE. — Quand la rivière a plus de 2 mètres de profondeur, amarrer un cordage d'ancre au chevalet pour l'empêcher de *chasser.*

Repliement des ponts de chevalets.

SOMMAIRE DE LA MANŒUVRE. — Placer la nacelle sous les poutrelles de la culée, du côté de la rive qu'on abandonne. — Débrêler et enlever le guindage; découvrir entièrement les poutrelles de la 1re travée, et emporter les madriers. — Arracher les clameaux à deux faces du corps-mort, et les clameaux à une face qui jumellent les poutrelles sur le chapeau du chevalet. — Emporter les poutrelles; défaire la 1re culée; charger dans la nacelle les objets qui ont servi à l'établissement de la culée; et passer sur la 2e rive. — Découvrir la 2e travée; arracher les clameaux à deux faces du 1er chevalet, et les clameaux à une face qui jumellent les poutrelles sur le 2e chevalet. — Amarrer une ligne à chaque bout du chapeau; renverser le chevalet. — Emporter les poutrelles. Conduire le chevalet en aval du pont; le tirer hors de l'eau, et l'emporter au dépôt des chevalets. — Faire de même pour tous les chevalets. — Défaire la 2e culée.

PONTS VOLANTS.

Un *pont volant* est une portière retenue à l'extrémité d'un cordage fixé en amont, et qui passe d'une rive à l'autre par l'action du courant auquel on présente obliquement les côtés des bateaux. — Il peut être très-utile sur les rivières rapides, bien qu'il ne donne pas un passage continu. — Il est ordinairement composé de 2 bateaux longs, étroits et profonds, dont les côtés se rapprochent de la verticale, dont le fond est très-peu relevé aux becs, et qu'on réunit, en les éloignant le plus possible l'un de l'autre. Ces dispositions ont pour objet de favoriser l'action du courant sur les côtés des bateaux. — L'ancre qui retient le pont volant est mouillée au milieu de la rivière, si le courant y passe, ou plus près de la rive dont le courant s'éloigne.

TRAILLES ET BACS.

La *traille* est une portière retenue par une bride passée dans une poulie qui se meut le long d'un câble tendu d'une rive à l'autre. — La traille traverse par l'action du courant, qui frappe obliquement ses bateaux inclinés à 45°; elle ne s'établit que sur des rivières rapides et de largeur moyenne. — Le câble doit être fortement tendu et ne pas plonger dans l'eau.

ÉTABLIR UNE TRAILLE DE DEUX BATEAUX. — Construire une portière. — Planter sur chaque rive 1 poteau et 1 pieu. — Passer la bride dans la moufle de traille; engager un bout du câble dans les poulies de la moufle de traille et du poteau de la 1re rive, et l'amarrer. — Passer l'autre bout du câble sur la 2e rive; l'engager dans la poulie du 2e poteau, et l'amarrer. — Tendre le câble au moyen du palan. — Amarrer la bride aux bateaux de la portière. — Faire passer la traille d'une rive à l'autre. — Construire les 2 culées et leurs travées.

REPLIER LA TRAILLE. — Passer sur la 1re rive, au moyen de la traille, 1 sous-officier et 12 hommes. — Ramener la portière à la 2e rive, et l'amarrer en aval de la culée, après avoir détaché la bride. — Démarrer le câble sur la 1re rive. — Haler de la 2e rive sur ce cordage; détacher le palan; renverser les poteaux, arracher les piquets. — Replier la culée et la portière.

Le bac est un bateau plat rectangulaire, de peu de profondeur; le fond, relevé aux becs, offre deux pentes commodes pour l'embarquement des chevaux et des voitures. — On le fait passer en halant sur un câble tendu d'une rive à l'autre. — On ne peut l'établir que sur une rivière d'un faible courant.

PONTS DE PILOTIS.

Les *pilots* ont ordinairement de 6 à 7 mètres de longueur, et 30 cent. de diamètre; on en garnit la pointe, si le fond l'exige, d'un sabot en fer à trois branches, de 50 cent. de longueur. — On enfonce les pilots de 3 mètres, sous l'eau, avec la sonnette. — Une *palée* est composée de deux ou d'un plus grand nombre de pilots coupés à même hauteur, coiffés par un chapeau qu'on fixe par des clameaux ou des broches, ou qu'on assemble à tenons et mortaises. Sur les chapeaux, on place les longerons ou poutrelles qu'on recouvre de madriers cloués.

PONTS DE GABIONS.

Ces ponts conviennent sur les terrains marécageux, pour prolonger les ponts, etc. — Faire des gabions d'un fort diamètre; les poser horizontalement et jointifs. — Former 2, 3 et 4 rangs de gabions; les couvrir de fascines, de claies et de terre, ou d'un tablier placé sur des poutrelles, avec des guindages; brêler le tout, etc.

ESTACADES FLOTTANTES.

Les *estacades flottantes* se placent en amont d'un pont, pour arrêter les corps flottants qui pourraient le détruire. Les établir toujours assez loin du pont, parce qu'on ne peut jamais compter entièrement sur leur résistance.

Une estacade est composée de plusieurs pièces liées ensemble par des chaînes.

L'estacade est tendue en ligne droite d'une rive à l'autre, obliquement au courant. — La longueur de l'estacade est au moins égale à 2 fois 1/2 la largeur de la rivière.

Pour tendre l'estacade: planter un pieu sur la 1re rive; y fixer un bout de la 1re pièce; amarrer un bateau à l'autre bout. Mouiller une ancre, et donner le bout du cordage à ce bateau; haler sur ce cordage pour placer la pièce; l'amarrer à la chaîne de jonction des 1re et 2e pièces. — Agir de la même manière pour les autres pièces. — Planter un pieu sur la 2e rive; y fixer l'extrémité d'aval de la dernière pièce; rectifier la position des pièces, et aligner l'estacade.

Pour replier l'estacade: détacher le cordage fixé à l'extrémité d'aval de la 1re pièce, et arracher le pieu planté sur la 1re rive. — Démarrer successivement les cordages d'ancre; lever les ancres. — Séparer les pièces de 3 en 3 ou de 4 en 4, et les amarrer à la rive. — Arracher le pieu planté sur la 2e rive.

CHALOUPES CANONNIÈRES.

Ces chaloupes doivent être à fond large et plat, pour les rivières et les inondations. — Affûts de campagne ou affûts marins. — Les madriers des plates-formes sont supportés par des traverses dont les bouts sont logés à queue d'aronde dans de fortes ceintures, fixées par des boulons contre la face intérieure des bordages. Ces traverses sont soutenues par des montants verticaux appuyés sur la *carlingue*, pièce de bois du milieu fixée sur les semelles des courbes. — On peut former des bastingages en chêne de 13 cent. d'épaisseur, ou un blindage de 2 planches entre lesquelles on bourre des étoupes. — Rendre l'embarcation horizontale par des contre-poids. — Le mât s'engage dans une mortaise de la carlingue.

CHOIX DES POINTS DE PASSAGE. — MODES DIVERS DE PASSAGE.

CHOIX DES POINTS DE PASSAGE. — (Voy. page 413) — Éviter de placer les ponts à une petite distance au-dessous du confluent d'une rivière qui coule dans le pays occupé par l'ennemi, de peur qu'il n'en profite pour lancer des corps flottants.

GUÉS. — Les gués se rencontrent ordinairement dans les endroits rapides, dans les parties droites où la rivière s'élargit, ou bien ils sont dirigés obliquement d'un coude à l'autre, dans les endroits sinueux. — On les reconnaît en suivant le thalweg dans une nacelle portant une sonde d'une longueur convenable; quand la sonde touche, on arrête la nacelle pour chercher d'autres points guéables dans toutes les directions. — Les gués doivent avoir, au plus, 1 mètre de profondeur pour l'infanterie, $1^m,30$ pour la cavalerie, 80 cent. pour l'artillerie. Le fond doit être solide; le meilleur est celui de gravier. — Marquer la largeur et la direction du gué par deux rangs de jalons.

GLACE. — La glace doit porter sur l'eau, et avoir une épaisseur de 8 cent. pour l'infanterie passant en file, de 12 cent. pour la cavalerie et l'artillerie de campagne. — Choisir les endroits les moins rapides. — On augmente promptement sa force, en la couvrant de paille ou de fascines qu'on arrose. — Placer deux files de madriers sous les roues; conduire les chevaux en main; tenir les voitures à distance les unes des autres. — Passer les grosses pièces sur des traîneaux, en ôtant les avant-trains et les roues.

PONTS. — Les ponts de bateaux sont les meilleurs sur les rivières larges, rapides et profondes. La moindre profondeur nécessaire à leur établissement dépend des dimensions des bateaux qu'on emploie et des poids qu'ils doivent supporter. — Les bateaux d'équipage exigent au moins 50 cent. d'eau. — Pour les ponts de radeaux, la vitesse doit être au-dessous de 2 mètres par seconde. — Pour les ponts de chevalets, la vitesse ne doit pas dépasser $1^m,50$; le fond doit être ferme et assez uni. La profondeur peut aller jusqu'à 3 mètres, lorsque le courant est très-faibe. — Pour les ponts de pilotis, il faut que la rivière ne soit pas très-profonde et que le fond ne soit pas de roc. — Les ponts volants et les trailles conviennent aux rivières rapides; les bacs à celles d'un faible courant; ils s'établissent en aval des ponts de bateaux.

CONSERVATION DES PONTS.

CONSIGNE DE LA GARDE ÉTABLIE AUX CULÉES. — Appeler le chef du poste, lorsque le pont court quelque danger. — Ne laisser passer aucun feu; faire éteindre les pipes. — Avertir les chefs de troupes qu'ils doivent faire rompre le pas, et marcher sans bruit de caisse ni musique. — Faire mettre pied à terre aux cavaliers, ainsi qu'aux conducteurs de tout attelage, excepté celui des chevaux de derrière; empêcher qu'on ne trotte sur le pont. — Crier halte aux troupes qui passent, s'il arrive que le pont prenne un balancement dangereux; faire continuer la marche dès que le balancement a cessé. — Empêcher les voitures de se croiser sur le pont ou de s'y arrêter sans nécessité absolue. — Ne pas laisser passer plus de 5 à 6 bœufs à la fois. — Ne jamais laisser défiler en même temps une colonne de voitures et une colonne de troupes. — Ne pas laisser passer les voitures trop chargées. — Faire souvent retendre les cordages; resserrer et égaliser les madriers, égoutter les bateaux; rompre la glace autour des corps de support. — Ouvrir la coupure aux heures prescrites. — De temps en temps, relever les ancres pour éviter qu'elles ne s'enterrent au point qu'on ne puisse plus les retirer.

Établir une garde d'observation à environ 1000 mètres en amont, avec des nacelles munies de longs cordages, ancres, grappins, crampons, marteaux, etc. — Les nacelles courent sur les corps flottants qui menacent le pont, y amarrent un cordage dont elles portent un bout à terre, et l'on hale dessus pour les faire échouer. — Si la largeur de la rivière ou la rapidité du courant ne permet pas de porter le bout du cordage à terre, mouiller une ancre fixée à ce cordage, le plus près possible de la rive, afin qu'elle ne soit pas exposée à la force du courant. — Se servir de cordages terminés par des bouts de chaîne en fer et de petits grappins pour accrocher les brûlots.

RÉPARATION DES PONTS.

PONTS DE BATEAUX OU DE RADEAUX. — Les détails donnés sur leur construction indiquent les moyens de les réparer.

PONTS DE PILOTS. — Si les pilots sont brûlés jusqu'à hauteur de l'eau, les receper tous à la même hauteur, et les recouvrir d'un premier chapeau. Élever des montants correspondant aux milieux des intervalles des pilots, et les coiffer d'un 2e chapeau qui supporte les longerons. Arc bouter les montants extrêmes sur le 1er chapeau. — Si les pilots brûlés s'élèvent d'environ 1 mètre au-dessus de l'eau, les enter à mi-bois, et consolider l'enture par 2 ou 4 frettes ou par des brêlages. — Si quelques palées sont entièrement détruites, les remplacer par des chevalets posés sur le fond de la rivière, ou sur des bateaux ou radeaux, selon la profondeur de l'eau.

PONTS EN MAÇONNERIE. — Si la partie détruite des arches est trop large, ou si les parties restantes ne peuvent supporter des longerons, disposer de chaque côté une ferme assemblée à mi-bois, dont les points d'appui soient près des reins de la voûte, et sur ces deux fermes fixer les supports des longerons, ou bien placer au milieu un chevalet soutenu au besoin par des chandeliers et des arc-boutants.

DESTRUCTION DES PONTS.

Pour rompre les ponts de l'ennemi, lancer contre eux des corps flottants, de forts bateaux chargés, des radeaux sur lesquels on établit une pièce de bois verticale, pour qu'ils ne puissent pas passer sous le tablier, des brûlots portant des obus et des grenades qui éclatent successivement, afin d'éloigner ceux qui cherchent à les arrêter. — Ces objets n'échappent que rarement à la garde d'observation, et si le pont est construit par portières, on évite facilement leurs atteintes. Pour qu'ils aient quelque chance de succès, il faut les lancer en grand nombre à la fois, les diriger, et ne les abandonner que le plus près possible du pont. — On emploie avec plus d'avantages des caisses ou des tonneaux bien calfatés, remplis de poudre, surnageant très-peu, et surmontés d'un levier qui communique avec une platine, et met le feu lorsqu'il touche quelque partie du pont. — On en lance plusieurs à la fois la nuit.

Lorsqu'on est sur les lieux, brûler les ponts de bateaux, les faire sauter. — Si le temps presse, élever à la hâte des bûchers sur le tablier pour arrêter l'ennemi. — Couler les bateaux, en en perçant le fond. Y planter d'avance des chevilles coniques et saillantes, qu'il suffit d'arracher au moment de l'exécution. — Couper les cordages, etc.

Démolir ou brûler les ponts en bois. Les faire sauter en mettant sous une travée un ou plusieurs barils de poudre; 400 kil. pour une charpente très-forte.

Pour détuire les ponts en pierres, il faut faire sauter au moins deux arches.

CHAPITRE XVII.

ARMES PORTATIVES.

SOMMAIRE.

DISPOSITIONS DANS LES SALLES D'ARMES ET LES MAGASINS.

Les armes de service, à réparer, et à démolir sont placées, autant que possible, dans des locaux séparés. Toutes doivent être graissées, même les armes à démolir, quand leurs pièces peuvent être utilisées. — Les lames de sabres, passées à la pièce grasse, sont dans les fourreaux.

Les armes à feu et les armes blanches sont séparées par modèles, par années de nettoyage, et, s'il est possible, par manufactures et par années de fabrication. — Les armes neuves sont séparées des armes réparées.

RATELIERS. — On établit ordinairement des râteliers à double face dans toute la hauteur de la salle, perpendiculairement à la longueur, 2 sur la largeur, laissant dans le milieu une allée de $1^{m},70$ à 2 mètres. Cette disposition se modifie suivant les localités.

ARMES A FEU. — Les fusils garnis de leurs baïonnettes, sur les grandes faces des râteliers. — Les mousquetons, carabines et fusils de rempart (sauf le modèle 1831) garnis aussi de leurs baïonnettes, ou sabres-baïonnettes avec fourreaux, sur les petites faces. — Les baguettes des mousquetons de cavalerie, dans des caisses près des râteliers. — Les pistolets, suspendus par l'anneau de calotte ou de pontet à des crochets, sur le côté et dans les parties supérieures des petites faces, ou sur des arceaux joignant les râteliers au-dessus de l'allée du milieu. —

Les fusils de rempart, modèle 1831, à l'un des bouts de la salle sur des râteliers faits exprès. — A défaut de place dans les salles ou sur les râteliers, ranger, dans des magasins bien secs, les fusils et les mousquetons séparés des murs par des traverses de bois; les crosses en l'air, recouvertes par un prélat; le bout des canons, sur des madriers. — Les diviser, autant que possible, par lots de 1000 ou 1500, avec des traverses de bois. — Suspendre les pistolets à des crochets fixés dans des planches.

Les canons de toutes armes, fermés par un bouchon de bois quand la bouche est en haut; par un bouchon de liége graissé, lorsque la bouche est en bas.

Les fusils et mousquetons hors de service, à part, dressé contre un mur ou contre une traverse, la crosse en haut et en bas alternativement; les tas, recouverts par des prélats. — Les pistolets, empilés les uns sur les autres.

ARMES BLANCHES. — Les sabres de cavalerie, sur des râteliers analogues à ceux des fusils; chaque sabre, suspendu par l'anneau du premier bracelet à un crochet, sur une des grandes faces du râtelier, le dard portant dans une légère entaille sur une traverse de la face opposée. — A défaut de râteliers, former des piles carrées de 400 sabres, en treillage; les garantir de la poussière avec des prélats soutenus de manière qu'ils ne touchent pas les sabres. — Les sabres d'infanterie, dans des cadres, dressés sur le bout; le premier rang, présentant alternativement la branche de la garde et la poignée à l'un des petits côtés du cadre; chaque rang, formé ensuite de la même manière contre le précédent; les rangs, séparés par des liteaux mobiles de 1 cent. environ d'équarrissage posés sur les quillons. — A défaut de cadres, former des piles carrées comme ci-dessus.

Les sabres de troupes à pied et d'artillerie sont placés comme les précédents, sauf ce qui concerne la branche de la garde.

Les lances, réunies par faisceaux de 10 à 20. Les faisceaux liés aux deux bouts et dans le milieu, sont placés debout, presque verticalement contre les murs, soutenus par deux traverses. — Les cuirasses, par tailles et par largeurs dans chaque taille, debout en files sur des étagères; les plastrons au premier rang, les dos au second; les autres rangs, formés alternativement de plastrons et de dos, rapprochés sans se toucher, la convexité en dehors.

HACHES DE CAMPEMENT. — Les haches de campement, empilées dans des châssis, par groupes de 4, les têtes en dehors, les fers croisés, les manches parallèles, les rangées séparées par de petites cales.

PIÈCES D'ARMES. — Les pièces d'armes, autant que possible, dans un local à part, aéré et bien sec; séparées par espèces, et, dans chaque espèce, par modèles et par années de fabrication, avec des étiquettes portant les mêmes indications que pour les armes. — Les canons de fusils et de mousquetons, dressés sur la bouche, la culasse en haut, les tas, recouverts par des prélats soutenus de manière à ne pas les toucher. — Les canons de pistolets et les baïonnettes, dans des caisses d'armes. — Les baguettes, réunies en faisceaux de 20 à 25, dressées comme les lances. — Les autres pièces, dans des caisses ou des cases. — Les lames de sabres, dans des caisses. — Les fourreaux en tôle, dans des châssis, debout sur le dard et recouverts de prélats. — Les fourreaux en cuir, sur des étagères. — Les bois de fusils, de mousquetons et de pistolets, en piles carrées dans les étages supérieurs et à l'abri du soleil.

Les pièces d'armes hors de service, dans un local séparé.

ÉTIQUETTES. — Chaque lot d'armes, qu'il soit sur un râtelier, dans un cadre, sur un arceau, contre le mur, etc., doit être garni d'une étiquette portant le nom, la quantité, le modèle des armes, l'époque de leur entrée en magasin, et celle du nettoyage. Ces étiquettes portent la signature du garde d'artillerie et de l'officier chargé du service des armes. — Il en est de même pour les pièces d'armes.

Entretien des armes dans les magasins.

Les armes de service doivent être graissées, à leur entrée en magasin, si elles en ont besoin, et ensuite, aussi souvent qu'il est nécessaire. — Faire de préférence cette opération pendant les mois chauds. Un bon graissage, dans les circonstances ordinaires, dure trois ans. — Visiter fréquemment quelques armes, dans chaque lot, pour s'assurer qu'elles ne prennent pas la rouille. — A la suite de ces visites, ou lorsque les armes arrivent dans une place, s'il s'en trouve qui soient rouillées, les faire dérouiller sur-le-champ, sans attendre d'autorisation; mais constater dans un procès-verbal les causes qui rendent ce nettoyage nécessaire, pour faire ensuite autoriser la dépense.

Les armes à réparer sont entretenues et graissées comme les armes en bon état. Il convient de les nettoyer, lorsque l'époque de la réparation est éloignée; mais il faut une autorisation. — Les armes à démolir, dont les pièces peuvent être utilisées, doivent aussi être graissées et entretenues.

Les pièces d'armes de service sont entretenues comme les armes;

les pièces à réparer sont seulement graissées; les pièces hors de service ne donnent lieu à aucun entretien.

GRAISSE POUR LES ARMES. — Faire fondre, sur un feu doux, 250 gr. de graisse de mouton; la passer dans un linge un peu clair; y mêler immédiatement 500 gr. d'huile d'olive de bonne qualité. — On obtient ainsi une sorte de pommade blanche qu'il faut avoir soin de couvrir, pour la préserver de la poussière.

Des fonds sont mis à la disposition des chefs d'établissement pour les frais d'entretien.

DELIVRANCES D'ARMES PAR L'ARTILLERIE. — VERSEMENTS D'ARMES A L'ARTILLERIE.

DÉLIVRANCES. — Les délivrances d'armes n'ont lieu que d'après l'autorisation du ministre, ou d'après les ordres d'urgence donnés par les généraux, ainsi qu'il est prévu par l'art. 6 de l'ordonnance du 25 mai 1840.

Quand un corps reçoit une augmentation d'effectif, il adresse au ministre une demande et un état de demande. — A l'intérieur, l'état de demande est arrêté par le conseil d'administration central du corps, qui s'assure auparavant que le nombre total des armes existant au dépôt et aux portions détachées est insuffisant. Il est vérifié et certifié par le sous-intendant militaire pour constater tant l'effectif du corps que son existant en armes. Cet état est établi en trois expéditions : l'une est envoyée au ministre à l'appui de la demande; les deux autres, portant récépissé, doivent être remises ou adressées au directeur d'artillerie qui a délivré ou expédié les armes. — A l'extérieur, pour les corps dont les dépôts sont en France, l'état de demande est arrêté et adressé par le conseil d'administration éventuel, en se conformant aux indications ci-dessus

Il est délivré, en même temps que les armes à feu, une quantité proportionnelle d'accessoires, savoir: 1 *nécessaire* et 1 *tire-balle* par homme ayant une ou plusieurs armes à feu, 1 *monte-ressort*, 1 *tire-balle* du dernier modèle et 1 *clef de cheminée* par escouade ou par subdivision correspondante. — Chaque arme à tige est délivrée avec un jeu complet d'*accessoires* comprenant 1 *tourne-vis*, 1 *tire-balle* et *sa broche*, 1 *lavoir*, 1 *chasse-noix*. On ne délivre alors par escouade que 1 monte-ressort et 1 clef de cheminée.

L'artillerie ne délivre aux corps que des armes réparées ou neuves; les corps ne peuvent donc, sous aucun prétexte, refuser celles qui leur sont délivrées ou expédiées des magasins de l'Artillerie, à moins de dégradations survenues dans le transport, ce qui doit être constaté par des procès-verbaux en règle. — Il est absolument interdit aux corps de faire subir aucune épreuve aux armes qui leur sont fournies. — Les corps ne peuvent refuser les bois de monture poinçonnés E, soit pour pièces, soit pour toute autre cause, ou ceux qui ont un support d'oreille. — Ils doivent recevoir aussi les cuirasses dont les plastrons sont criqués aux entournures, ou dont les dos sont réparés suivant le procédé réglementaire.

Lorsque le corps se trouve dans le lieu même où les armes lui sont délivrées par l'Artillerie, l'inscription sur le livret d'armement est faite par le directeur d'artillerie ou par l'officier qu'il délègue à cet effet. — Si le corps est éloigné du lieu d'où les armes lui sont expédiées, le livret d'armement est adressé au directeur d'artillerie, et renvoyé au corps par l'intermédiaire de l'intendance militaire. — Si le livret d'armement ne peut être envoyé, l'inscription de la recette d'armes est faite par le sous-intendant militaire chargé de la police administrative du corps. Ce fonctionnaire est, dans ce cas, prévenu de l'envoi par le directeur d'artillerie, à qui il donne avis de l'inscription faite sur le livret du corps.

Quand l'établissement d'artillerie n'est pas éloigné de plus de 12 kilomètres, les corps font prendre leurs armes par des détachements dont font partie les hommes auxquels elles sont destinées. Le lieutenant d'armement ou un officier délégué à sa place assiste à la délivrance qui en est faite. — Quand la distance est de 12 à 40 kilomètres, les corps font exécuter les transports au moyen de marchés spéciaux. La dépense est supportée par la masse générale d'entretien. — Lorsque la distance excède 40 kilomètres, le transport est effectué aux frais de l'État, par la voie des transports directs de la guerre. — Dans les deux derniers cas, les armes sont encaissées.

La même règle est observée pour les versements d'armes et pour la délivrance des caisses d'armes vides.

VERSEMENTS. — Les corps ne peuvent effectuer de versements d'armes qu'après en avoir reçu l'autorisation du ministre.

Lorsque le corps est sous le régime de clerc à maître, le sous-intendant militaire dresse un procès-verbal constatant nominativement les imputations faites au compte des masses individuelles, lors de la rentrée des armes au magasin du corps. Deux expéditions de ce procès-verbal sont jointes à la demande de versement; une troisième est mise à l'appui du compte de gestion.

Les réparations à faire aux armes versées sont constatées par un procès-verbal que dresse le sous-intendant militaire en présence d'un capitaine, d'un contrôleur, et d'un garde de l'établissement d'artillerie, et d'un officier du corps. En cas d'absence de ce dernier, il est passé outre et l'opération est exécutée d'office. Le prix des réparations est calculé d'après le tarif en vigueur.

Si le corps est sous le régime de l'abonnement, le procès-verbal comprend, sans spécification, toutes les réparations au compte de l'armurier ou des hommes. Le montant de ce procès-verbal, en totalité imputable au corps, doit être immédiatement versé au trésor.

Si le corps est sous le régime de clerc à maître, le procès-verbal comprend seulement les réparations imputables aux masses individuelles. On y inscrit, en outre, pour servir de terme de comparaison, le montant du procès-verbal établi par l'intendant, comme il est dit plus haut. C'est le montant de ce dernier procès-verbal qui est versé au trésor par le corps.

Si, dans l'examen des armes versées, il se présente des dégradations qui paraissent de nature à être imputées au chef de corps ou au conseil d'administration, le prix n'en est point porté sur le procès-verbal. Le directeur d'artillerie rend compte au ministre dans un rapport spécial.

Les directeurs d'artillerie doivent recevoir comme *bonnes* les armes qui sont dans un état d'entretien tel qu'elles pourraient faire un bon service, sans réparations, entre les mains des soldats. Ils ne constatent pas toutes les réparations qui seraient nécessaires pour remettre ces armes à neuf dans une manufacture; mais seulement celles qui auraient dû être exécutées par l'armurier, si les armes étaient rentrées au magasin du corps.

Les armes réformées doivent être versées complètes; les pièces qui manquent sont payées par le corps, d'après le tarif en vigueur.

Les caisses d'armes doivent toujours être versées complètes; les pièces qui manquent sont imputées au corps.

Lorsqu'un corps verse des armes dans les magasins d'Artillerie, le registre des bois poinçonnés E doit être présenté au directeur ou à l'officier d'artillerie délégué pour la réception. — Si la production du registre n'est pas possible, il y est suppléé au moyen d'un extrait certifié par le conseil d'administration, contenant le relevé des bois inscrits au registre et compris dans le versement. — Le nombre des montures poinçonnées E est indiqué sur le procès-verbal de versement.

Les directeurs d'artillerie doivent recevoir les bois poinçonnés E, soit pour pièces, soit pour toute autre cause, qui sont inscrits sur le registre du poinçon E, avec le visa du capitaine d'artillerie chargé de la dernière visite d'armes. — Ils peuvent se refuser à recevoir les bois poinçonnés

E depuis la dernière visite, si le poinçon leur paraît appliqué mal à propos. — Ils ne peuvent refuser de recevoir une monture ayant un support d'oreille. — Ils doivent recevoir les plastrons de cuirasse criqués, et les dos de cuirasse réparés suivant le procédé réglementaire.

PERTES D'ARMES, ETC. — Les cas de force majeure, entraînant la perte ou la mise hors de service d'une arme, doivent être constatés par un procès-verbal que dresse le sous-intendant militaire.

Les armes perdues ou mises hors de service par la faute des hommes sont portées sur leur décompte, au prix intégral de fabrication ; le montant en est versé au trésor à la fin de chaque trimestre.

DÉLIVRANCES DE MUNITIONS PAR L'ARTILLERIE. — VERSEMENTS DE MUNITIONS A L'ARTILLERIE.

Les corps reçoivent des munitions pour leur instruction, pour le service de sûreté, et pour les honneurs funèbres.

Les munitions sont délivrées des magasins de l'Artillerie le plus à proximité de la garnison de chaque corps, sur un état de demande du conseil d'administration, visé par le sous-intendant militaire et approuvé par le général commandant la division ou la subdivision militaire.

Cet état est remis en simple expédition au directeur ou au commandant d'artillerie, qui donne ordre de délivrer les munitions ; il reste au chef-lieu de la direction, pour être joint à l'appui de l'état général de consommation de munitions, que les directeurs d'artillerie adressent au ministre à la fin de chaque année.

Si des circonstances extraordinaires exigent qu'il soit délivré des munitions sans remplir ces formalités, un bon provisoire tient lieu momentanément de l'état réglementaire, contre lequel il est ultérieurement échangé. La demande régulière doit être remise aussitôt que possible au directeur d'artillerie.

Le livret des munitions doit être envoyé avec l'état de demande, pour que le directeur ou le commandant d'artillerie enregistre ce qui a été délivré. Cette inscription est de rigueur.

Si le corps est à plus de 40 kilomètres de la direction, l'inscription est faite par le sous-intendant militaire sur l'avis du directeur. Le livret n'est pas envoyé.

Le directeur d'artillerie est tenu de vérifier avec soin les états de demande de munitions des corps, afin de s'assurer de leur exactitude. — En cas d'erreur sur l'état de demande ou sur le livret, il prévient officieusement le corps, en l'invitant à régulariser les pièces. S'il n'est pas tenu compte de ces observations, il doit en référer au général qui a signé l'état. — Toute demande qui n'est pas remplie suivant les prescriptions est renvoyée au corps pour être rectifiée.

Les quantités de munitions à fournir pour les honneurs funèbres sont réglées d'après le grade, conformément au titre XXVI du décret impérial du 24 messidor an XII.

Les cartouches à balle sont délivrées, confectionnées, des magasins de l'Artillerie. — Les corps reçoivent de la poudre et des capsules pour les cartouches à poudre, qu'ils doivent faire confectionner par les soldats. — Lorsqu'un corps ne s'est pas fait délivrer toutes les munitions qui lui reviennent pour l'instruction, pendant une année, il ne lui en est pas tenu compte l'année suivante.

Les corps sont tenus de faire prendre les munitions par des détachements, dans les magasins qui ne sont pas éloignés de plus de 12 kilomètres.

Si la distance est de 12 à 40 kilomètres, le transport a lieu au moyen d'un marché dont la dépense est supportée pour la masse générale d'entretien.

Si la distance excède 40 kilomètres, les munitions sont envoyées par le directeur d'artillerie aux frais de l'État.

VERSEMENTS. — Les corps ne peuvent faire de versement de munitions qu'avec l'autorisation du général commandant la division. — Tout versement est inscrit sur le livret par le directeur ou le commandant d'artillerie de la place où se fait le versement. — L'état de conservation des munitions est constaté sur un procès-verbal que dresse le sous-intendant militaire, en présence du directeur d'artillerie et d'un officier du corps ou de leurs délégués.

Avant d'inscrire le versement sur le livret, le directeur ou le commandant d'artillerie fait constater l'état dans lequel se trouvent les munitions. Quand elles ne sont pas reconnues de service, il fait procéder à l'évaluation de la somme nécessaire pour les réparer, et, s'il y a lieu, l'imputation en est faite au corps.

Les cartouches à balle sont versées sans être démolies, quel que soit leur état de conservation. — Les cartouches à poudre sont, au contraire, démolies avant d'être versées, afin que le poids de la poudre puisse être constaté. Cependant les corps qui, par suite d'un départ précipité, ne peuvent se conformer à cette prescription, versent leurs cartouches à poudre confectionnées. Dans ce cas, on pèse la quantité de poudre provenant d'un certain nombre de cartouches prises au hasard et démolies, et l'on en conclut le poids total.

Les dispositions relatives aux transports, en cas de délivrance de munitions, sont applicables dans les cas de versements.

Le plomb et le cuivre provenant des cartouches brûlées, les balles, la poudre et les capsules provenant du déchargement des armes, ainsi que les barils à poudre et les sacs à capsules, sont versés par les corps, sans autorisation spéciale, lorsque l'Artillerie leur délivre des munitions. — Au besoin, les directeurs d'artillerie réclament des corps les versements qui doivent être effectués en conformité des articles précédents. — Les barils à poudre versés par les corps doivent être complets et garnis de leurs fonds. — Les prix des sacs à capsules que les corps rendent en trop mauvais état pour être réparés leur est également imputé.

Toute consommation de munitions non autorisée reste à la charge du chef qui l'a ordonnée. — Le montant du prix des munitions perdues, avariées ou consommées sans motif valable est imputé aux corps, suivant les prix portés sur l'inventaire du service de l'Artillerie.

ENCAISSEMENT DES ARMES PORTATIVES.

Caisses à tasseaux, pour armes à feu.

Les caisses à tasseaux pour armes à feu sont faites en planches brutes de sapin ou de bois blanc, de 27 mill. d'épaisseur. Les bouts sont formés de deux planches superposées ; les côtés sont fixés sur celles du dedans ; celles du dehors, au contraire, sont fixées sur les côtés qu'elles recouvrent. Le fond et le couvercle, recouvrent les côtés et les bouts ; quelquefois, on met deux traverses sous le couvercle pour le consolider. Le couvercle est fixé par 14 vis à bois de 55 mill. : 3 à chaque bout ; 4 sur chaque côté. Un des bouts est, autant que possible, fixé par des vis à bois de mêmes dimensions ; le reste, avec des clous.

Les vis à bois doivent être à tête plate ; les vis à tête ronde ou en goutte de suif n'offrent pas assez de prise au tourne-vis.

La longueur des caisses dépasse d'environ 1 cent. la longueur des armes. — Le nombre des couches d'armes est, en général, réglé de manière que le poids de la caisse chargée soit de 160 kil. environ.

La longueur des tasseaux perpendiculaires aux côtés est égale à la largeur de la caisse ; la longueur des tasseaux parallèles aux côtés est égale à la longueur de la caisse ; l'épaisseur est, en général, de 27 mill. La hauteur est réduite autant que possible ; il suffit que les armes de deux couches voisines ne puissent pas se toucher. La hauteur des tasseaux de dessus est telle que l'on puisse, après quelque temps de service, ajuster au rabot le couvercle sur les côtés, c'est-à-dire, diminuer un peu la hauteur de la caisse, sans être obligé de faire dans le couvercle des entailles pour loger la crête des chiens.

Les tasseaux se logent dans des coulisses formées par des liteaux cloués sur les côtés ou les bouts.

La longueur des planchettes est égale à la hauteur de la caisse. La largeur commune est de 68 mill., excepté dans les caisses pour mousquetons de cavalerie, pistolets, carabines, et fusils de rempart. L'épaisseur est réglée de manière à remplir les intervalles entre les crosses.

CAISSES POUR		NOMBRE de		DIMENSIONS intérieures des caisses.			NOMBRE de		POIDS des caisses	
		armes par caisse.	couches d'armes.	Longueur.	Largeur.	Hauteur.	tasseaux.	planchettes.	vides.	chargées.
				mill.	mill.	mill.			kil.	kil.
Fusils . . (1)	d'infanterie.	24	3	1480	370	475	8	14	50	165
	de voltigeur	24	3	1425	370	475	8	14	49	160
	de dragon	24	3	1320	370	475	8	14	46	145
Mousquetons . . (1)	de gendarmerie.	24	3	1150	370	475	8	14	43	120
	de cavalerie, mod. 1822	40	5	1360	370	585	18	6	52	160
	d'artillerie, à tige, avec sabres-baïonnettes . .	18	3	975	446	440	8	10	15	75
Pistolets. (2)	de cavalerie, mod. 1822	80	4	1480	370	475	20	18	46	150
	de gendarmerie.	100	5	1430	260	470	12	19	47	120
Carabines, modèles 1846 et 1853, avec sabres-baïonnettes (1) . . .		18	3	1270	456	475	12	10	53	150
Fusils de rempart (1)	mod. 1842, avec sabres-baïonnettes	18	3	1300	480	490	12	10	63	166
	sans sabres baïonnettes.	18	3	1290	370	510	8	10	63	157
Fusils doubles, modèle 1850, avec baïonnettes (1)		18	3	1425	370	475	8	10	49	130

1. Les tasseaux, perpendiculaires aux côtés.
2. Les tasseaux, parallèles aux côtés.

CAISSE POUR FUSILS D'INFANTERIE.

4 *tasseaux intermédiaires.* — 4 entailles arrondies, sur chaque face.

2 *tasseaux de fond.* — Le dessus est entaillé comme celui des tasseaux intermédiaires.

2 *tasseaux de dessus.* — Le dessous est entaillé comme le dessous des tasseaux intermédiaires.

8 *planchettes* de 15 mill. d'épaisseur. — 6 *planchettes* de 7 mill. d'épaisseur.

CAISSE POUR FUSILS DE VOLTIGEUR. CAISSE POUR FUSILS DE DRAGON. — Ces caisses sont semblables à la précédente, sauf la longueur.

La caisse pour fusils d'infanterie peut être employée, en diminuant sa longueur de 55 mill. pour fusils de voltigeur, de 16 cent. pour fusils de dragon, au moyen d'un bout mobile, fixé entre 2 liteaux.

CAISSE POUR MOUSQUETONS DE GENDARMERIE. — Disposition générale analogue à celle des caisses précédentes. L'épaisseur des planchettes est de 29 mill.

CAISSE POUR MOUSQUETONS DE CAVALERIE, MODÈLE 1822. — 3 *coulisses*, de chaque côté, pour les tasseaux.

12 *tasseaux* pour les crosses, et 6 pour les canons. 2 échancrures sur les tasseaux de dessus des bouts, et 4 sur celui du milieu.

Planchettes de 54 mill. sur 27.

CAISSE POUR MOUSQUETONS D'ARTILLERIE, TRANSFORMÉS, A TIGE. — 8 *tasseaux*, 4 à chaque bout, maintenus dans des coulisses. Ils sont entaillés pour recevoir 6 mousquetons par couche (avec les sabres-baïonnettes). — Les tasseaux intermédiaires sont taillés en biseau à la partie supérieure. — Les tasseaux du fond, également taillés en biseau. — Les tasseaux supérieurs ont 116 mill. de hauteur.

Quand les armes sont en place, il y a un intervalle de 6 mill. entre les tasseaux.

10 *planchettes de séparation*, pour les crosses : 6 de 72 mill. de largeur sur 25 d'épaisseur ; 4 de 4 cent. de largeur et 8 mill. d'épaisseur. Il y en a 5 à chaque bout, 3 grandes et 2 petites ; les grandes, à plat contre le bout de la caisse, dans les intervalles qui contiennent les sabres-baïonnettes ; les petites, de champ, dans les autres intervalles.

CAISSE POUR PISTOLETS DE CAVALERIE. — Les tasseaux sont soutenus au milieu par une cloison transversale.

Les cinq tasseaux entaillés pour les canons peuvent être remplacés par une planche percée de 80 trous.

Planchettes de 31 mill. de largeur sur 27 mill. d'épaisseur.

CAISSE POUR PISTOLETS DE GENDARMERIE. — 8 *liteaux*, formant 4 coulisses pour les tasseaux.

6 *tasseaux*, pour canons ; le tasseau de fond et les 4 intermédiaires portent 20 entailles, à la partie supérieure ; le tasseau de dessus est sans entailles.

6 *tasseaux*, pour poignées ; le tasseau de fond, arrondi en bec-d'âne par-dessus ; les tasseaux intermédiaires, entaillés pour les crosses par-dessous et arrondis par-dessus, comme le tasseau de fond. Le tasseau de dessus, entaillé par-dessous.

19 *planchettes*.

CAISSE POUR CARABINES A TIGE, AVEC SABRES-BAIONNETTES. — 3 *coulisses*, de chaque côté, pour les tasseaux.

8 *tasseaux* pour les extrémités et 4 pour le milieu.

10 *planchettes* de deux grandeurs; 4 de 5 cent. de largeur et 17 mill. d'épaisseur; 6 de 58 mill. de largeur et 3 cent. d'épaisseur. Les plus larges à plat contre le bout de la caisse; les autres, de champ.

CAISSE POUR FUSILS DE REMPART, MODÈLE 1842. — Mêmes dispositions que pour les carabines.

Quand il n'y a pas de sabres-baïonnettes, les tasseaux n'ont pas d'entailles.

CAISSE POUR FUSILS DOUBLES, MODÈLE 1850. — Mêmes dimensions que la caisse pour fusils de voltigeur. Une cloison intermédiaire la divise en deux compartiments destinés : l'un, aux fusils ; l'autre, aux baïonnettes et aux accessoires. — 2 coulisses, chacune pour 4 tasseaux. Le dessus des tasseaux intermédiaires et le dessus du tasseau de fond portent trois échancrures carrées et 3 échancrures rondes, pour donner passage alternativement aux poignées et aux canons des fusils de la même couche.

Le dessous des tasseaux intermédiaires et le dessous du tasseau de dessus portent seulement 3 échancrures rondes, placées chacune dans le même plan perpendiculaire que les échancrures carrées supérieures correspondantes; elles sont taillées en chanfrein. Dans le compartiment destiné aux baïonnettes et aux accessoires, 1 planchette horizontale, large de 107 mill. et dont la face supérieure est à 8 cent. du sommet de la caisse, est soutenue par 2 liteaux cloués sur les grands côtés. — 10 planchettes. Largeur, 58 mill.; épaisseur, 27 mill.

Encaissement.

ENCAISSEMENT DES FUSILS. — Passer les fusils à la pièce grasse; abattre le chien; ôter la baïonnette; fixer un bout de ficelle graissé au coude de la baïonnette, par un nœud d'artificier; engager la lame dans le battant de grenadière, la douille sous la capucine, le coude à hauteur du bec de la capucine, l'arête dans la direction du canal de baguette. — Lier la baïonnette à l'arme en croisant plusieurs fois les brins de ficelle, que l'on arrête par un nœud droit gansé. — Avec un autre bout de ficelle graissé, lier la lame en son milieu, au moyen d'un nœud d'artificier embrassant à la fois le canon et la baïonnette près de la grenadière; arrêter la ficelle par un nœud droit gansé.

Mettre les 2 tasseaux de fond dans les coulisses, le biseau tourné vers le bout de la caisse le plus voisin. — Placer le 1er fusil, le portevis ou la rosette contre le côté, le fût dans l'entaille du tasseau entre l'embouchoir et la grenadière; placer de même les 7 autres fusils de la couche du fond, en alternant les crosses. — Séparer les crosses et les canons par 7 planchettes posées verticalement contre les bouts des caisses; les planchettes épaisses contre le plat des crosses, du côté de la platine. — Mettre 2 tasseaux intermédiaires, le biseau tourné comme celui des 1ers, les entailles de dessous embrassant les poignées. — Former la 2e couche de fusils comme la 1re, la crosse et les canons entre les mêmes planchettes. — Former de même la 3e couche, et poser les tasseaux de dessus qui peuvent dépasser les côtés de 2 mill., pour que le couvercle appuie dessus. — Les 24 tire-balles, en paquets fixés solidement contre les planchettes, sont placés sur la dernière couche. — Fermer la caisse en employant un sergent de menuisier, pour faire entrer les vis du couvercle bien juste dans leurs trous.

ENCAISSEMENT DES MOUSQUETONS DE GENDARMERIE. — Les mousquetons de gendarmerie sont disposés comme les fusils. — Pour attacher les baïonnettes, entourer le coude de deux ou trois tours de ficelle; engager la lame dans l'anneau du battant de grenadière; lier le coude sur le devant du pontet avec les brins libres de la ficelle. — Avec un autre bout de ficelle, lier la baïonnette à hauteur de la grenadière comme il a été expliqué pour le fusil d'infanterie.

ENCAISSEMENT DES MOUSQUETONS DE CAVALERIE. — Les mousquetons de cavalerie sont disposés en couches doubles, 4 à droite, et 4 à gauche; les poignées, entre les tasseaux extrêmes; les 8 canons, entre les tasseaux du milieu. — Mettre les baguettes en paquets de 10, fixés solidement dans les échancrures, les têtes sur les tasseaux du milieu.

ENCAISSEMENT DES MOUSQUETONS D'ARTILLERIE. — Les mousquetons d'artillerie sont disposés comme les mousquetons de cavalerie.

Les sabres-baïonnettes sont placés comme il est dit plus bas (carabines).

ENCAISSEMENT DES PISTOLETS DE CAVALERIE ET DE GENDARMERIE. — Placer les pistolets, toutes les crosses d'un côté, séparées par les planchettes; les canons entre les tasseaux ou dans les trous de la planche, de l'autre côté.

ENCAISSEMENT DES CARABINES ET DES FUSILS DE REMPART. — Disposer les carabines et les fusils de rempart comme les fusils d'infanterie. — Les sabres-baïonnettes ont la croisière placée en dehors et contre les tasseaux des extrémités; le bout des fourreaux dans l'entaille du milieu, enveloppé de papier huilé.

ENCAISSEMET DES FUSILS DOUBLES. — Les fusils doubles sont disposés dans le grand compartiment de la caisse, comme les fusils d'infanterie. Toutes les entailles sont garnies de papier huilé. — Les baïonnettes sont enveloppées séparément dans du papier huilé; puis, placées verticalement la pointe en bas, le long des parois du petit compartiment, la tranche supérieure de la douille reposant sur la planchette horizontale, et la tranche inférieure arasant le dessus de la caisse. — Placer les accessoires au-dessus de la planchette, entre les douilles.

TEMPS NÉCESSAIRES POUR L'ENCAISSEMENT DES ARMES. — En supposant les baïonnettes attachées d'avance,

2 hommes, en 1 heure, chargent
- 3 caisses de fusils d'infanterie.
- 4 caisses de mousquetons de gendarmerie.
- 3 caisses de mousquetons d'artillerie ou de cavalerie.
- 3 caisses de pistolets.
- 2 caisses de carabines.
- 1 caisse de fusils doubles.

1 homme, en 1 heure, attache les baïonnettes de 100 armes.

TRANSPORT DES CAISSES A TASSEAUX. — Les caisses chargées doivent être marquées d'un numéro d'ordre; on y inscrit, en outre, le nombre et l'espèce d'armes qu'elles contiennent. — Les placer sur les voitures, le couvercle en dessus. — Celles qui sont remises au roulage sont garnies de 2 cercles en bois cloués. — Les transports doivent toujours se faire au pas.

Quand cela peut se faire sans occasionner de dégradations, les caisses vides sont réunies par trois. — A cet effet démonter entièrement une caisse; enlever le couvercle et un bout aux deux autres. Mettre dans l'une des deux toutes les pièces détachées, ainsi que les tasseaux et les planchettes. Recouvrir le tout avec l'autre, le fond en dessus, un côté en dedans, l'autre en dehors; brêler, et entourer de 2 cercles en bois cloués. — Toutes les pièces détachées doivent être marquées du numéro de la caisse à laquelle elles appartiennent.

ENCAISSEMENT DES ARMES A FEU AVEC DE LA PAILLE. — A défaut de caisses à tasseaux, encaisser les armes à feu avec de la paille. Les dimensions de la caisse pour fusils sont alors : longueur, $1^m,84$; largeur, 54 cent.; hauteur, 38 cent. — Renforcer les assemblages par des équerres en tôle. — La paille doit être longue, bien sèche, et purgée de poussière; celle de seigle est la meilleure. Il en faut 18 kil. par caisse. — On ne doit jamais faire usage de foin.

Pour préparer les fusils : abattre le chien; passer la baïonnette jusqu'à la douille dans le pontet, du côté de la platine, en avant de la détente, les rosettes de la virole contre l'étouteau. — Former une tresse de paille de 40 brins environ, légèrement tordue, et de 1 mètre de long; la tourner autour du fusil, en commençant par le dessus du chien; embrasser la baïonnette en dessous; revenir sur le chien; passer de nouveau autour du fusil, devant le pontet, ensuite sur la douille, près du coude, et rouler le reste autour de la poignée. — Mettre au fond de la caisse une couche de paille de 5 cent. d'épaisseur, les brins perpendiculaires aux côtés. — A 16 cent. des bouts, et au milieu, placer 3 coussinets de paille de 16 cent. d'épaisseur sur 32 de large.

Former une 1re couche de 14 fusils entre-croisés, 7 crosses de chaque côté, les plaques contre les bouts, les sous-gardes en dessus, les chiens portant contre les coussinets. — Mettre des tresses de paille sous les rangées d'embouchoirs et de grenadières, en soulevant doucement les fusils et les forçant ensuite à se loger entre les fusils placés dans le sens opposé. — Placer de force, entre les crosses, des tampons de paille faits avec une centaine de brins repliés trois fois sur eux-mêmes; recouvrir la sous-garde et le pontet avec la queue de ces brins. — Former de même une 2e couche de 14 fusils, pour laquelle il suffit de donner 11 cent. d'épaisseur aux coussinets. — Sur la 2e couche, recouverte de paille comme le fond, mettre, en les alternant, 5 ou 6 fusils à plat, la platine en dessus; mettre des tresses de paille sous les embouchoirs et les grenadières. — Placer les paquets de tire-balles dans les plus grands vides, avec de la paille bien bourrée. — Ajouter assez de paille pour que le couvercle ne puisse se poser qu'à l'aide du sergent de menuisier. — Mettre deux cercles en bois à 48 cent. des bouts.

La caisse ainsi chargée pèse de 215 à 230 kil.

L'encaissement des autres armes se fait d'une manière analogue.

Il ne faut pas envelopper les armes avec du papier, à moins qu'il ne soit bien graissé, parce qu'il attire l'humidité plus que la paille.

Caisses à tasseaux, pour armes blanches.

Les caisses à tasseaux pour armes blanches sont construites comme les caisses pour armes à feu, excepté que les bouts sont simples, assemblés à queue d'aronde et cloués sur les côtés; on peut doubler les bouts comme aux caisses d'armes à feu, et supprimer l'assemblage.

Les caisses pour sabres ont 2 cercles, 1 à chaque bout; les caisses pour lances et pour cuirasses en ont un 3e au milieu. — Toutes les armes doivent être graissées, avant d'être mises dans les caisses. — La longueur des tasseaux est égale à la longueur ou à la largeur de la caisse, suivant qu'ils sont parallèles ou perpendiculaires aux côtés. L'épaisseur est généralement de 15 mill. Les coulisses sont formées par des liteaux cloués sur les côtés ou les bouts.

CAISSES POUR	NOMBRE de armes par caisse.	NOMBRE de couches d'armes.	DIMENSIONS intérieures des caisses. Longueur.	Largeur.	Hauteur.	NOMBRE de tasseaux.	POIDS des caisses vides.	chargées.
			mèt.	mèt.	mèt.		kil.	kil.
Sabres (1) de carabinier, de cavalerie de ligne, mod. 1822, etc.	40	4	1,36	0,58	0,47	10	40	140
Sabres (1) de cavalerie légère, modèle 1822	40	4	1,25	0,52	0,42	10'	37	120
Sabres (1) de canonnier monté, modèle 1829	50	5	1,15	0,50	0,42	12	35	130
Sabres (1) de troupes à pied, modèle 1831	100	4	1,00	0,49	0,47	15	35	165
Lances, modèle 1823 (1).	50	5	2,85	0,30	0,19	18	35	155
Cuirasses modèle 1825 (2).	12	1	1,75	0,41	0,48	3	55	150
Cuirasses modèle 1855	12	1	2,30	0,40	0,53	3	65	150
Haches de campement (2)	100	5	0,89	0,49	0,23	2	15	115

1. Les tasseaux, perpendiculaires aux côtés. — 2. Les tasseaux, parallèles aux côtés.

CAISSES POUR SABRES DE CAVALERIE DE LIGNE, MODÈLE 1822.

6 *tasseaux intermédiaires.* Ils portent, en dessus et en dessous, 10 entailles elliptiques, dont 5 grandes et 5 petites, placées alternativement.

2 *tasseaux de fond* et 2 *tasseaux de dessus.* Ils ont un seul rang d'entailles semblables à celles des tasseaux intermédiaires. — Hauteur des tasseaux de fond, 72 mill. — Hauteur des tasseaux de dessus, 84 mill.

ENCAISSEMENT. — Les tasseaux de fond étant placés, former la 1re couche de 10 sabres, 5 montures de chaque côté; la branche principale de la garde en dessous; le gros bout des fourreaux dans les grandes entailles, le petit bout dans les petites, du côté opposé. — Former de même les 3 autres couches, séparées par les tasseaux intermédiaires.

Le couvercle doit bien porter sur les tasseaux. — Les sabres doivent être à fond dans les entailles, afin d'éviter les ballottements.

CAISSE POUR SABRES DE CAVALERIE LÉGÈRE, MODÈLE 1822.

Même nombre et même disposition de tasseaux que pour la caisse précédente.

CAISSE POUR SABRES DE CANONNIER MONTÉ, MODÈLE 1829.

8 *tasseaux intermédiaires.* Ils ont 10 entailles en dessus et 10 en dessous.

2 *tasseaux de fond.* L'un porte 10 entailles comme celles de dessus des tasseaux intermédiaires; l'autre est entaillé comme le dessous des mêmes tasseaux.

2 *tasseaux de dessus.* Ils portent en dessus : l'un de grandes, et l'autre de petites entailles.

CAISSE POUR SABRES DE TROUPES A PIED, MOD. 1831. — 3 *coulisses.*

5 *tasseaux de milieu.* Ils n'ont pas d'entailles; celui de fond et celui de dessus ont 25 mill. de hauteur. Tous sont enveloppés d'une petite tresse en paille.

6 *tasseaux intermédiaires*, des bouts. 12 entailles d'un côté, 13 de l'autre.

2 *tasseaux de fond.* L'un a 12 entailles, l'autre 13.

2 *tasseaux de dessus.* L'un a 12 entailles, l'autre 13.

ENCAISSEMENT. — Envelopper le bout des fourreaux avec une tresse de paille assez épaisse pour remplir l'intervalle qui doit séparer les sabres. — Placer les tasseaux de fond. — Disposer 12 sabres d'un côté et 13 de l'autre, les fourreaux portant de champ sur le tasseau du milieu, les poignées engagées dans les entailles des tasseaux des bouts. — Former de même les 3 autres couches de sabres, séparées par les tasseaux intermédiaires.

On peut aussi employer une caisse ayant les dimensions suivantes : Longueur, 864 mill.; hauteur, 465 mill.; largeur, 469 mill.

Les sabres sont posés à plat et obliquement, les pontets en dessus, les pommeaux contre le bout de la caisse, les croisières reposant sur 2 tasseaux transversaux.

12 lits de 8 sabres, séparés par des couches de paille de 10 à 15 mill. d'épaisseur; les fourreaux d'un même lit, séparés par de la paille; chaque lit, maintenu par 2 tasseaux reposant sur les croisières. Un 13e lit, composé de 4 sabres placés le pontet en dessous, complète la caisse; ce dernier lit n'est recouvert que par une couche de paille suffisante pour que le couvercle serre fortement.

CAISSE POUR LANCES, MODÈLES 1816 ET 1823. — 3 *coulisses.*
Les pointes des lances sont du même côté dans chaque couche, et alternent d'une couche à l'autre; toutes les vis à boucle, en dessus.

Poser les tasseaux de fond; mettre, entre les tasseaux, seulement une couche de paille transversale, et, par-dessus, une tresse en paille contre chaque tasseau. — Disposer la 1re couche de lances en étirant verticalement les tresses entre les lances, pour éviter le ballottement latéral, et placer les 3 tasseaux intermédiaires; puis, garnir de paille. — Former de même la 2e couche et les suivantes.

CAISSE POUR CUIRASSES, MODÈLES 1825 ET 1855. — 2 *tasseaux de fond.* Ils sont cloués à plat au fond de la caisse, parallèlement aux grands côtés, à des distances variables suivant la taille des cuirasses.

Sur le dessus de chaque tasseau, 24 entailles obliques.

Engager 6 plastrons dans les premières entailles des 2 tasseaux; puis, tous les dos; ensuite, les 6 autres plastrons.

Un 3e tasseau, de même longueur que les premiers, est fixé verticalement par 2 vis sur le milieu de chaque bout de la caisse; il porte 24 entailles en dessous, dans lesquelles s'engage le milieu des échancrures du col des plastrons et des dos; sa hauteur est réglée de manière que le dessus affleure les bords de la caisse, lorsque les entailles portent bien sur les cuirasses; il est convenablement évidé en dessous, dans la partie qui correspond aux dos.

On ne fait les entailles qu'après avoir présenté le tasseau sur les cuirasses.

CAISSE POUR HACHES DE CAMPEMENT. — Sans coulisses.

2 *tasseaux.*

ENCAISSEMENT. — Les haches sont placées par lits de 20, séparés entre eux par des éclisses. Dans chaque lit, les fers se croisent deux à deux, de manière que les manches soient parallèles. Le 5e lit, sans éclisses, est serré par 2 tringles placées parallèlement à 7 cent. des côtés, et fixées à chaque extrémité par un clou, en dedans de la caisse.

Le couvercle est assujetti par 12 vis, 3 sur chaque côté et 3 sur chaque bout.

On peut aussi employer le mode d'encaissement suivant :

Longueur de la caisse, 925 mill.; largeur, 420 mill.; hauteur, 315 mill.

2 *coulisses*, formées par 4 liteaux cloués sur l'un des bouts.

2 liteaux sur chaque côté.

Placer au fond de la caisse 2 rangs de 25 haches, en commençant vers le bout qui n'a pas de coulisses; tous les fers d'un rang, portant contre le liteau d'un côté; les tranchants, alternativement en haut et en bas; les manches, appuyés sur le fond de la caisse ou sur le liteau de l'autre côté.

Mettre, par-dessus chaque rang, un tasseau dont l'extrémité s'engage dans l'une des coulisses du bout.

Placer 2 autres rangs de haches comme il vient d'être dit, et fermer la caisse.

ENCAISSEMENT DES ARMES BLANCHES AVEC DE LA PAILLE. — Les dimensions des caisses varient d'après le poids et le nombre des armes; *en général, il ne faut pas mettre dans une caisse plus de 50 sabres de cavalerie ou 100 sabres de troupes à pied.*

Graisser les armes. — Les disposer par couches égales, et en alternant dans chaque couche, de manière qu'elles ne puissent se toucher; *les couches, séparées par des lits de paille d'épaisseur suffisante; tous les vides, remplis par des tampons et des rouleaux de paille allongés.* — Comprimer fortement la dernière couche d'armes et le dernier lit de paille, avant de mettre le couvercle.

TEMPS NÉCESSAIRE POUR L'ENCAISSEMENT. — En supposant les armes graissées d'avance :

2 hommes, en 1 heure, chargent
- 5 caisses de sabres de cavalerie de réserve.
- 5 caisses de sabres de cavalerie légère.
- 4 caisses de sabres de canonnier monté.
- 4 caisses de sabres de troupes à pied.

2 hommes, en 1 heure et demie, chargent
- 1 caisse de lances.
- 1 caisse de cuirasses.
- 2 caisses de haches.

DURÉE ET RÉSISTANCE DES CANONS.

Un canon de fusil peut tirer plus de 25,000 coups, sans être hors de service. Les canons *réformés* le sont presque toujours par suite d'accidents, presque jamais pour agrandissement de calibre ou défaut de proportions extérieures.

Sous le rapport de la résistance, les canons offrent toute garantie contre les accidents occasionnés par les altérations provenant du service ou du défaut d'attention des soldats; même quand le diamètre au tonnerre est diminué de $2^{mill},3$, *ils sont encore loin du point d'éclatement.*

Dans les épreuves exécutées en l'an XIII, des canons diminués de $3^{mill},4$ au tonnerre ont bien résisté à double et à triple charge avec une balle, *ou à 2 cartouches l'une sur l'autre.*

D'autres épreuves ont été faites en 1829, à la manufacture de Mutzig, sur des canons sortant des mains des soldats et ayant déjà tiré un plus ou moins grand nombre de coups; elles ont donné les résultats suivants :

1° Lorsqu'un canon est chargé avec une seule cartouche, de quelque manière qu'elle soit placée, avec 2 et même avec 3 cartouches placées régulièrement l'une sur l'autre sans intervalles, il n'y a aucun danger. Avec 4 cartouches placées régulièrement l'une sur l'autre, ou avec 2 et même 3 cartouches placées l'une sur l'autre avec balles forcées, il n'y a de danger que s'il existe quelque défaut de fabrication ou quelque altération au canon. — Avec plus de 4 cartouches placées régulièrement l'une sur l'autre, ou avec 2, 3 et 4 cartouches laissant entre elles des intervalles plus ou moins grands, selon le nombre des cartouches, il n'y a plus de sûreté dans le tir.

2° Il y a danger lorsqu'on force un tampon en bois à la bouche d'un canon chargé de 2 cartouches, ou lorsqu'on enfonce un bouchon de liége jusqu'à une certaine distance de la charge, et qu'on met une seconde cartouche par dessus.

La neige, la terre glaise, le sable, introduits accidentellement dans un canon, n'entraînent aucun danger, s'ils reposent sur la charge. Il n'en est pas de même, lorsqu'il reste un intervalle; dans ce cas, le sable est le plus dangereux; ensuite, la terre glaise et la neige.

Les balles, les lingots de fer, mis à dessein par-dessus la cartouche, n'offrent aucun danger, lorsqu'ils sont placés immédiatement sur la charge, même lorsque leur poids s'élève à 570 gr.; il y a danger, lorsqu'on place, à environ 50 cent. du tonnerre ou plus loin, des lingots de 13 mill. d'équarrissage et formant un poids de 107 gr.

3° Un canon, même avec un défaut échappé aux visites dans les manufactures, résiste à 3 cartouches placées régulièrement l'une sur l'autre. — Avec un enfoncement produit par le choc d'une balle ou de toute autre manière, il peut ne pas résister, suivant la profondeur de l'enfoncement et la disposition de la charge. — Les diminutions de diamètres extérieurs qu'un canon peut éprouver dans les circonstances ordinaires du service, ne sont jamais assez considérables pour être dangereuses. Dans les expériences, des canons dont l'épaisseur au tonnerre était primitivement de $6^{mill},9$, n'ont crevé que lorsque cette épaisseur a été réduite à $4^{mill},3$, avec 2 cartouches; à $2^{mill},3$, avec 1 seule cartouche.

CHAPITRE XVIII.

FORTIFICATION PASSAGÈRE ET CASTRAMÉTATION.

SOMMAIRE.

FORTIFICATION PASSAGÈRE.

Définitions.

Un retranchement complet se compose d'un *parapet* précédé d'un *fossé* et quelquefois d'un *glacis*. — Le *profil* d'un retranchement comporte : 1° le *talus de banquette;* 2° la *banquette;* 3° le *talus intérieur;* 4° la *plongée;* 5° le *talus extérieur ;* 6° la *berme;* 7° le *talus d'escarpe*, du fossé; 8° le *fond*, du fossé; 9° le *talus de contrescarpe*, du fossé; 10° le *glacis*, raccordé avec la contrescarpe par un talus.

On distingue dans un retranchement les *faces*, les *flancs*, les *courtines* et autres parties rentrantes, etc., qui relient les faces ou les flancs et ne sont pas destinées au flanquement.

La partie du fossé qui échappe à l'action des feux directs se nomme *angle mort*, et l'espace compris entre les perpendiculaires aux faces, en avant du saillant, ne pouvant être défendu par des feux directs, s'appelle *secteur privé de feux;* il est égal au complément de l'angle saillant de l'ouvrage.

Tracé.

Retranchements simples.

REDAN. (Pl. 86.) — Deux faces; ouvert à la gorge. — Sert pour couvrir les barrières, issues, grand'gardes, petis postes d'observation. — Il a ordinairement peu de capacité, et un faible profil.

LUNETTE. (Pl. 86.) — Deux faces de 30 à 60 mètres, et deux flancs de 12 à 15 mètres; ouverte à la gorge. — Sert pour couvrir les ponts, défilés, digues, etc. — Elle est d'un profil plus fort que celui du redan; comme lui, elle ne peut être employée isolément, sans que la gorge soit défendue.

REDOUTE. (Pl. 87.) — Polygone fermé, sans angles rentrants; ordinairement carrée ou quadrilatère. — Sert pour les postes qui peuvent être abandonnés quelque temps à eux-mêmes. — Les angles arrondis ou à pans coupés, pour avoir des feux sur les capitales. — La grandeur des redoutes carrées peut varier depuis 13 jusqu'à 40 mètres de côté.

FORT ÉTOILÉ. (Pl. 88.) — Il donne des feux de flanc, qui manquent à la redoute; mais l'étendue des secteurs privés de feux est augmentée, et la capacité intérieure est diminuée.

CRÉMAILLÈRE. (Pl. 89.) — Sert à procurer des flancs à un retranchement en ligne droite sur un terrain rétréci, sur le bord d'une rivière, etc. — Longueur des flancs, 10 à 12 mètres; des branches, 80 mètres au plus.

FORT BASTIONNÉ. (Pl. 87.) — Côté extérieur du front, entre 150 et 250 mètres. — Longueur de la perpendiculaire : 1/8 du côté extérieur, pour le carré; 1/7, pour le pentagone; 1/6, pour un plus grand nombre de côtés. — Longueur des faces, 2/7 du côté extérieur.

Lignes continues. (Pl. 89.)

LIGNES A REDANS. — Distance entre les saillants, 240 mètres; longueur des faces, 60 mètres; courtines en ligne droite, entre les redans. — Les saillants et les fossés des redans ne sont pas défendus; le terrain en avant est dépourvu de feux.

LIGNES A TENAILLES — La courtine est brisée de manière à former deux faces à peu près perpendiculaires aux faces des redans. Il n'y a plus aucune partie de terrain dégarnie de feux; mais tous les saillants peuvent être attaqués en même temps. — On corrige ce défaut en allongeant les faces des brisures, et en mettant dans les rentrants les redans armés d'artillerie.

LIGNES A CRÉMAILLÈRES. — Les flancs doivent être tournés vers l'objet à défendre; lorsque leur direction n'est pas déterminée, on l'alterne de trois en trois crans. — Le saillant vers lequel les flancs sont tournés se trouve alors bien défendu; et, pour que l'autre point où les crémaillères se retournent ne reste pas dépourvu de tout feu de flanc, on y forme un rentrant. — Les flancs ont de 15 à 30 mètres, les faces, de 60 à 110 mètres.

LIGNES BASTIONNÉES ORDINAIRES et LIGNES BASTIONNÉES A DOUBLES FLANCS. — Les unes et les autres laissent des angles morts, dans les fossés. Les dernières ne présentent que la moitié des saillants à l'attaque; mais elles exigent plus de développement et de profondeur de terrain.

Lignes à intervalles (Pl. 89).

Ces lignes sont composées, suivant le terrain et les circonstances, d'ouvrages détachés qui se flanquent réciproquement. — Devant les intervalles des bataillons, à quelques centaines de pas, une ligne de lunettes ou de redoutes présentant leurs saillants en avant, assez grandes pour contenir chacune 300 ou 400 hommes avec quelques pièces d'artillerie; derrière les intervalles de ces ouvrages, des batteries, couvertes par des redans, pour les flanquer; entre les batteries et derrière les redoutes, des épaulements, pour couvrir quelques escadrons; le reste des troupes en arrière; prêt à agir suivant les circonstances. — En général, les lignes à intervalles doivent être préférées aux lignes continues.

Pour que les lignes puissent produire leur effet, il faut que les flancs de la position ne soient pas dans le cas d'être tournés, ou qu'ils soient fortifiés de manière que l'ennemi n'ait pas avantage à les attaquer plutôt que le front.

Le système suivant, proposé par le général Rogniat, réunit les propriétés des deux espèces de lignes, et peut être construit dans une nuit : une suite de bastions destinés à recevoir de l'infanterie, avec profil réduit à 2 mètres de hauteur et $1^{m},30$ d'épaisseur (Pl. 90); des courtines faites comme la tranchée, avec gradins de franchissement; au milieu des courtines, des redans, dont le profil n'a que 80 cent. de hauteur, pour l'artillerie tirant à barbette.

RÈGLES GÉNÉRALES. — Les retranchements et leurs différentes parties, se défendant mutuellement par des feux de flanc. — Les flan-

quements, à peu près à angle droit; jamais à angle aigu. — Les lignes de défense, n'excédant pas 150 mètres, portée efficace du fusil. — Les angles saillants, plutôt obtus qu'aigus; jamais au-dessous de 60 degrés. — Les retranchements, disposés de manière à faciliter les sorties et les retours offensifs; soutenus par des troupes en arrière, ou contenant une réserve proportionnée à leur importance.

Dans l'application au terrain, étudier le parti qu'on peut tirer des accidents qu'il présente. — Le choisir de manière que les ouvrages n'aient pas besoin d'être défilés ou que le défilement soit facile. — Ne compter, pour la défense, que sur les feux dont la direction est perpendiculaire à la crête intérieure, et ne s'incline pas de plus de 12° à 15° au-dessous de l'horizon. — Diriger les faces vers les parties basses, les marais, les inondations, ou vers des hauteurs hors de portée de canon. — En pays de montagne, suivre la forme des crêtes, de manière à couvrir de feux toute la pente; si la pente est rapide, et si le poste n'est pas d'une grande importance, supprimer le fossé, et donner au parapet la forme d'un glacis, en prenant les terres dans l'intérieur. Garder avec soin les gorges, les vallons, par lesquels l'ennemi pourrait tourner la position.

CAPACITÉ ET PÉRIMÈTRE DES OUVRAGES. — Partir des données suivantes : 1 mètre courant de crête intérieure, et 1 mètre et demi carré dans l'ouvrage par fantassin. — 5 mètres courants sur la crête, et 40 mètres carrés dans l'ouvrage par pièce de campagne (y compris les approvisionnements). — 12 ou 15 mètres carrés par magasin à poudre pour trois ou quatre pièces. — On compte deux rangs de fusiliers sur la banquette; en *réserve*, un cinquième de la garnison.

Soit X, le côté (crête intérieure, en mètres) d'une redoute carrée ; Y, le nombre des défenseurs ; r, le nombre des défenseurs de la réserve; n, le nombre des rangs de soldats sur la banquette; p, le nombre des pièces; S, la surface nécessaire pour l'artillerie, avec le profil ordinaire et $2^m,50$ de hauteur de crête intérieure; le côté du carré formé par le pied du talus de banquette est $X-8$; on a

Pour expression de la surface minimum . $(X-8)^2 = \frac{3}{2} Y + S.$

Pour expression du périmètre. . . . . . . $4X = \frac{Y-r}{n} + 5p.$

En faisant $r = o$, $n = 2$, la valeur de X est le côté maximum de la redoute pour une défense sur deux rangs.

Profils (Pl. 86 et 87.)

HAUTEUR DE LA CRÊTE INTÉRIEURE. — En terrain horizontal, au moins : 2 mètres, si l'ouvrage ne contient que de l'infanterie ; 2^m,50, s'il contient des hommes à cheval ; 1^m,50, au-dessus de la crête du glacis, s'il y en a un.

ÉPAISSEUR DU PARAPET. — Égale à une fois et demie l'enfoncement des projectiles que l'attaque peut employer. — Ordinairement, entre 1^m,60 et 4 mètres.

PLONGÉE. — Dirigée au bord de la contrescarpe ou tout au plus à 1 mètre au-dessus ; inclinée ordinairement du 1/6 de l'épaisseur, jamais de plus du 1/4. S'il est nécessaire, former un petit glacis, pour que ces conditions puissent être observées.

TALUS INTÉRIEUR. — 1 de base sur 3 ou 4 de hauteur.

TALUS EXTÉRIEUR. — Talus naturel.

BERME. — 50 à 60 cent. de largeur. — Comme elle favorise l'assaillant, la réduire et même la supprimer, si la nature des terres le permet.

BANQUETTE. — 1^m,30 au-dessous de la crête ; 1^m,20 de largeur ; la base de son talus, double de sa hauteur.

FOSSÉ. — Profil calculé de manière qu'il fournisse des terres pour le parapet. — Largeur, au moins 4 mètres ; profondeur, de 2 à 4 mètres. — Base du talus de l'escarpe, 2/3 de la profondeur ; de la contrescarpe, 1/2 dans les terres ordinaires.

Le profil du redan (Pl. 86), résiste au boulet de 12. — Déblai, par mètre courant, 10^m,70 ; remblai, 10^m,93.

Le profil de la lunette (Pl. 86), résiste au boulet de 8. — Déblai, par mètre courant, 6^m,20 ; remblai, 7^m,01.

Dispositions intérieures.

L'artillerie ne se met que dans les ouvrages dont le profil est assez fort pour qu'ils ne soient pas emportés d'emblée. Choisir les positions les plus avantageuses, suivant les localités, le but qu'on se propose, etc. — Construire pour les munitions de *petits magasins* sous les traverses ou sous les parapets. (Voy. CHAP. XIII.)

BLOCKHAUS. (Pl. 92.) — Ils forment ordinairement des postes isolés, servent quelquefois de réduits, et sont capables d'une grande résistance. — Ils varient de forme suivant leur position et le but qu'on se propose. Ordinairement, ils ont des angles droits, saillants et rentrants. — Les parois sont formées d'un ou de deux rangs de poutres jointives de 30 cent. d'équarrissage, et percées de créneaux; la couverture est formée de poutres semblables, chargées de terre, de fumier, etc.

Défenses accessoires. (Pl. 91.)

Les défenses accessoires ont pour objet de retarder les approches de l'ennemi, de l'arrêter sous le feu des ouvrages, de rendre l'assaut difficile et meurtrier.

PALISSADES. — Bûches triangulaires, plantées verticalement; longueur, 3 mètres à $3^m,60$; 15 à 18 cent. de côté; la partie supérieure, taillée en pointe sur une longueur de 30 cent. — Enterrées de 80 cent. à 1 mètre; laissant entre elles des intervalles de 8 à 10 cent.; un liteau intérieur de 5 à 10 cent. d'équarrissage, chevillé sur chaque palissade, à $1^m,30$ de hauteur.

FRAISES. — Palissades couchées au haut de l'escarpe, et inclinées vers le fond du fossé, pour ne pas retenir les projectiles lancés à la main sur les assaillants; enterrées de manière à conserver au moins 2 mètres de saillie; chevillées sur 2 lambourdes, l'une en dessous à leur entrée en terre, l'autre sur leurs queues.

ÉVENTAIL. — Il sert à raccorder une file de palissades avec des fraises ou avec un escarpement. — Les palissades qui le forment doivent sortir du sol au moins de 2 mètres, pour que l'ennemi n'en puisse pas saisir le bout.

PALANQUES. — Ce sont de grosses palissades ou corps d'arbres, jointifs, de 20 cent., ou plus, de diamètre. — On fait un créneau de mètre en mètre, en entaillant deux pièces jointives, à 2 mètres au-dessus du sol, s'il y a une banquette dans l'intérieur; à $1^m,30$, s'il y a un fossé en dehors et pas de banquette.

Les palanques peuvent remplacer les parapets en terre contre la mousqueterie. Elles servent pour fermer la gorge des ouvrages, pour établir des communications, des réduits, etc.

TAMBOURS. — Ils servent à couvrir les portes, les communications entre les ouvrages, etc. — On les fait en charpente comme les palanques.

ABATTIS. — On les fait avec des arbres ou des branches de 15 cent. de diamètre, au moins; on ôte les menus branchages et on aiguise tous les rameaux. Les arbres sont entrelacés, liés ensemble et arrêtés sur le sol, les pointes en avant, avec des piquets crochus. — Les abattis se placent ordinairement devant la contrescarpe, couverts contre le canon par un glacis, pour éviter les éclats de bois. Ils servent aussi pour renforcer les points faibles d'une position.

CHEVAUX DE FRISE. — Poutrelles de 15 à 20 cent. d'équarrissage, équarries sur 4 ou 6 faces, percées alternativement de trous distants entre eux de 15 cent., et traversées par des lances en bois, de 3 mètres, ferrées aux deux bouts. Chaque poutrelle porte à l'une de ses extrémités un anneau; à l'autre, un bout de chaîne avec un crochet. — Les chevaux de frise sont principalement employés pour fermer les ouvertures et la gorge des ouvrages. Lorsqu'ils servent de barrière, une extrémité repose sur un pivot; l'autre, sur une roue ou roulette.

BARRICADES. — Ce sont des pièces de bois, disposées par lits, se croisant à angles droits, et formant des caissons que l'on remplit de terre; des voitures, enterrées jusqu'à l'essieu et chargées de terre, de pierres, etc. — Elles servent pour fermer les ouvertures, communications, passages, etc.

PETITS PIQUETS. — On leur donne 50 à 60 cent. de longueur, et on les plante irrégulièrement à 30 cent. de distance, dépassant inégalement le terrain de 20 à 30 cent., en avant de la contrescarpe ou dans le fossé. — Ils sont aiguisés à la partie supérieure.

CHAUSSE-TRAPES (fer). — 4 pointes, de 10 cent. de longueur, disposées de manière qu'il y en ait toujours une en l'air. — Employées comme les petits piquets.

TROUS DE LOUP. — Placés ordinairement en quinconce sur trois rangées, à $3^{m},20$ de distance de centre en centre, en avant du fossé sur la capitale, 6 ou 7 de chaque côté dans chaque rangée.

DIGUES, BARRAGES. — Les digues ou barrages doivent être, ou couverts par des redans, ou sous le feu de retranchements dont les approches soient défendues par le canon.

ÉPIS. — Un *épi* est une digue construite à la surface de l'eau, composée alternativement de couches de fascines, et de rangées de clayonnages, entre lesquelles on met de la terre ou du gravier. La digue s'enfonce à mesure que l'ouvrage avance. Elle prend le nom d'*épi noyé*, lorsque l'eau passe par-dessus.

Postes et camps retranchés.

On retranche les postes par des moyens qui varient suivant leur importance, leur position, leur objet, etc. Tout poste de quelque importance doit avoir un réduit, pour pouvoir faire une défense opiniâtre, et obtenir ensuite une capitulation honorable.

Les camps retranchés sont établis pour recevoir des corps d'armée, prêts à agir en rase campagne suivant les circonstances.

Maisons, fermes, villages.

MAISON. — Pour être capable de quelque résistance, il faut qu'une maison soit en pierres, ou mieux encore en briques, et recouverte en tuiles, en ardoises, etc. — Si elle est couverte en chaume ou en bois, jeter le toit à bas. — Brûler tout ce qui ne peut servir à la défense, afin que l'ennemi ne s'en serve pas pour incendier ou enfoncer la maison. — Barricader ou boucher toutes les portes et fenêtres au moyen de bois, fagots, matelas, sacs, paniers, tonneaux remplis de terre, etc. — Boucher avec soin les jours de la cave, pour que l'ennemi ne puisse pas y introduire de la poudre. — Percer des créneaux dans les murs, surtout aux angles. — Faire un réduit de la partie du rez-de-chaussée la plus difficile à attaquer; disposer en conséquence les communications intérieures. — Faire une coupure derrière la porte d'entrée. — Percer le plancher du premier étage, au-dessus des portes. — Porter aux étages supérieurs des pierres, des pavés, des bûches. — Avoir en réserve de la terre et de l'eau pour les cas d'incendie, ou même, demolir la couverture et charger le plancher supérieur de terre ou de fumier. — Supprimer l'escalier s'il est possible, et le remplacer par une échelle dans le réduit. — Construire des tambours devant les portes et sur chaque face. — Entourer les murs d'un fossé, en relevant la terre en dedans.

FERME. — Dans une ferme, le bâtiment principal, retranché comme il vient d'être dit, sert de réduit. Créneler les murs; fermer les portes et les issues par des palissades, des abattis, etc.; percer des créneaux; établir des tambours, pour fournir des feux de flanc.

VILLAGE. — Dans un village, choisir pour réduit un bâtiment solide, avantageusement situé, tel que l'église avec le cimetière, le château, etc. — Le retrancher fortement; l'isoler de tout ce qui pourrait en rendre l'attaque plus facile. — Faire des coupures, des barricades dans les rues principales; y élever des traverses formant parapet, et retrancher les maisons adjacentes. — Conserver des communications suffisantes, et bien défendues, entre les différents postes. — Créneler les murs; établir, s'il est possible, des tambours, des retranchements, donnant des feux de flanc. — Retenir l'ennemi le plus longtemps possible à bonne portée, et, s'il parvient à pénétrer sur un point, se ménager sur lui des attaques de flanc. — Si l'on construit des retranchements, les éloigner assez des habitations pour que l'incendie ne force pas les défenseurs à les abandonner.

Têtes de ponts.

Une tête de pont est, suivant l'importance des opérations, un simple redan, une lunette, une couronne formée de deux fronts bastionnés, ou tout un système d'ouvrages détachés.

Attaque et défense des retranchements.

ATTAQUE. — Avant l'attaque, faire une bonne reconnaissance des retranchements, et recueillir tous les renseignements possibles sur les moyens de la défense. — Les surprises sont souvent décisives; le succès dépend du secret et du bon ordre. — En général, on n'essaie d'enlever d'emblée que des ouvrages faibles ou mal défendus.

DÉFENSE. — Prévenir les surprises par une grande vigilance, et se préparer à y résister par de fausses alertes. — Contre une attaque de vive force, l'artillerie tire à boulets sur les batteries, à mitraille sur les colonnes, aussitôt qu'elles sont à portée.

Les retranchements doivent être défendus jusqu'à la dernière extrémité, ou évacués avant que les assaillants ne puissent se mêler avec les défenseurs dans leur retraite.

CASTRAMÉTATION.

FRONT DE BANDIÈRE. — Le front de bandière doit en général avoir la même étendue que la ligne de bataille, et lui être parallèle. — Les troupes sont campées dans leur ordre de bataille, chacune derrière la partie de la ligne qu'elle occuperait, en cas de prise d'armes.

BARAQUES. — Les dimensions des baraques varient suivant la nature des matériaux; en général, préférer les plus grandes. — Les baraques pour 20 hommes ont $4^m,60$ sur $6^m,60$; pour 16 hommes, $4^m,60$ sur $5^m,30$; pour 8 hommes, $2^m,60$ sur $5^m,30$. — Les baraques pour la cavalerie, devant contenir les selles, sont occupées par un plus petit nombre d'hommes.

Les baraques sont disposées par files perpendiculaires, et par rangs parallèles au front de bandière. Le nombre des rangs varie suivant la dimension des baraques, et la force des compagnies ou des escadrons.

TENTE, NOUVEAU MODÈLE. — Elle est pour 15 fantassins ou 8 cavaliers, et a 4 mètres sur 6 mètres; l'ouverture, sur un des longs côtés. La tente, ancien modèle, dite *canonnière*, était pour 8 fantassins ou 4 cavaliers, et avait $2^m,60$ sur $3^m,35$; l'ouverture, sur le petit côté. — La disposition des tentes dans un camp est analogue à celle des baraques.

Camp d'une batterie de campagne. (Pl. 95.)

L'étendue sur le front de bandière est d'environ 120 pas (82 mètres), plus 15 pas (10 mètres) entre les baraques extrêmes et les troupes voisines.

Les canonniers, sur la ligne des autres troupes. — Trois files de baraques, une par section, séparées par deux grandes rues, de 48 pas (32 mètres) de largeur, perpendiculaires au front. Les rangs de baraques forment des rues transversales de 15 pas (10 mètres). — Chaque baraque de $5^m,20$ sur $4^m,75$ contient 12 hommes: 1 brigadier ou 1 artificier, 5 servants, 6 conducteurs avec les harnais. — L'ouverture des baraques, vers le front de bandière.

Les chevaux des batteries montées, sur une seule rangée à gauche et dans toute l'étendue des files de baraques, attachés à des prolonges ou à des piquets, à 9 pas (6 mètres) des files. — Les chevaux de trait des batteries à cheval, placés de même; ceux des servants, à droite, le long des quatre premières baraques. — Le fourrage, entre les baraques de chaque file.

Les cuisines, à 30 pas (20 mètres) en avant de chaque file.

Les sous-officiers des sections, dans les baraques du premier rang; ceux de la réserve, dans la baraque centrale du dernier rang. — Les deux autres baraques du même rang occupées, l'une par les hommes chargés de soigner les chevaux malades, l'autre par la blanchisseuse et la cantinière.

Les baraques des officiers, à 30 pas (20 mètres) en arrière et sur les files latérales, les capitaines à droite, les lieutenants à gauche.

Le parc, à 45 pas (30 mètres) en arrière des baraques des officiers, son axe dans le prolongement de celui du camp. — Les files de voitures, séparées par des intervalles de 5 pas (3 mètres); les rangs, par des distances d'environ 12 pas (8 mètres), entre le bout des timons d'un rang et le derrière du rang précédent. — La garde du parc, à 30 pas (20 mètres) en arrière.

Profondeur totale du camp, 380 pas ou 250 mètres (nombres ronds).

Camp d'une batterie de campagne, avec tentes.

Le campement d'une batterie de campagne, avec tentes, est peu différent du campement baraqué.

Les tentes ayant 6 mètres de longueur sur 4 mètres de largeur, pour ne pas donner une plus grande profondeur au camp avec tentes qu'au camp baraqué, les rues transversales ont 12 pas (8 mètres) de largeur.

— L'étendue du front est de 120 pas (82 mètres). Les tentes sont placées sur trois files avec deux grandes rues de 55 pas (35 mètres), l'ouverture des tentes tournée du côté des grandes rues. Chaque file contient une section.

Les chevaux sont placés de chaque côté, et à 3 pas (2 mètres) des tentes; le fourrage, dans les rues transversales de 12 pas (8 mètres) de largeur; les cuisines, à 30 pas (20 mètres) en avant du front; les tentes des officiers, à 30 pas (20 mètres) en arrière de celles de la troupe; le parc, à 45 pas (30 mètres) plus en arrière; la garde du parc, à 30 pas (20 mètres) en arrière de la dernière ligne de voiture.

La profondeur du camp se compose donc:

De 8 longueurs de tentes, 48 mètres;

De 7 intervalles de 8 mètres pour les rues transversales, 56 mètres;

De la distance de la dernière tente de la troupe à celles des officiers, dont l'ouverture est tournée vers le front de bandière, 20 mètres;

De la largeur des tentes d'officiers, 4 mètres;

De l'intervalle qui sépare les tentes d'officiers de la tête du parc, 30 mètres;

De la profondeur du parc sur 5 lignes, $69^{m},50$; de la distance du parc à sa garde de sûreté, 20 mètres;

De la largeur de la tente de cette garde, 4 mètres;

Total : 380 pas ou 250 mètres (nombres ronds).

Camp d'une batterie de montagne.

La batterie campe en carré. — Un côté est occupé par les servants, et les trois autres côtés par les mulets, en arrière desquels sont établies les tentes-abris des conducteurs.

Les servants sont placés sur le front de bandière, les tentes-abris sur quatre lignes. — Laisser entre chaque rang et chaque file une rue de 2 pas (1 mètre). — Les sous-officiers sont placés, partie à droite et à gauche des servants; partie à droite et à gauche de la ligne de conducteurs parallèle au front de bandière, pour surveiller à la fois les hommes et les mulets. — Les officiers ont leurs tentes, à 8 pas (5 mètres) en avant des servants, les capitaines à droite, les lieutenants à gauche.

En arrière des servants, dans l'intérieur du carré, sont les obusiers de montagne sur une seule ligne, à 4 pas (3 mètres) d'axe en axe; les caisses empilées, par pièce, derrière les obusiers, disposées de manière qu'on puisse ouvrir facilement celles de dessus. — Les mulets de la section du centre, sur le côté parallèle au front de bandière, les mulets des autres sections, à droite et à gauche. Tous sont attachés à des cordes. — Les conducteurs, à 6 pas (4 mètres) en arrière des mulets de leur *section*.

Les cuisines, en dehors du carré; placées dans la position la plus sûre pour le parc, suivant la direction du vent.

Les latrines, en arrière; à une distance suffisante des conducteurs de la section du centre.

CHAPITRE XX.

RENSEIGNEMENTS DIVERS.

SOMMAIRE.

POIDS, MESURES, MONNAIES.

Système métrique.

MESURES DE LONGUEUR. — Le *mètre*, unité fondamentale, est la dix-millionième partie du quart du méridien terrestre. — *Décimètre.* — *Centimètre.* — *Millimètre.*

MESURES ITINÉRAIRES. — *Myriamètre*, 10,000 mètres. — *Kilomètre*, 1,000 mètres. — *Hectomètre*, 100 mètres. — *Décamètre*, 10 mètres.

La lieue métrique est de 4 kilomètres.

MESURES AGRAIRES. — *Hectare*, 10,000 mètres carrés. — *Are*, 100 mètres carrés. — *Centiare*, 1 mètre carré.

MESURES DE CAPACITÉ. — *Kilolitre*, 1 mètre cube ou 1,000 décimètres cubes. — *Hectolitre.* — *Décalitre.* — *Litre*, 1 décimètre cube. — *Décilitre.* — *Centilitre.*

MESURES DE SOLIDITÉ. — *Stère*, 1 mètre cube. — *Décistère.* — *Décastère.*

POIDS. — *Millier*, 1,000 kil. (*tonneau de mer*). — *Quintal*, 100 kil. — *Kilogramme.* — *Hectogramme.* — *Décagramme.* — *Gramme*, poids de 1 centimètre cube d'eau distillée et ramenée à son maximum de densité (4° centigrades au-dessus de 0). — *Décigramme.* — *Centigramme.* — *Milligramme.*

MONNAIES. — *Franc.* — *Décime.* — *Centime.*

Les monnaies d'or et d'argent sont au titre de 9/10 de fin avec tolérance de 0.002 de ce titre. La pièce de 5 fr. en or jouit seule d'une tolérance de 0.003.

DÉSIGNATION DES MONNAIES.		POIDS.	TOLÉRANCE en dessous.	TOLÉRANCE en dessus.	DIAMÈTRE.
		gr.	gr.	gr.	mill.
Pièces de	100 fr. en or.	32,25800	32,22572	32,29025	35
	50 «	16,12900	16,09674	16,16125	28
	40 «	12,90322	12,87740	12,92903	26
	20 «	6,45161	6,43871	6,46451	21
	10 «	3,22580	3,21933	3,23225	19
	5 «	1,61290	1,60806	1,61774	17
	5 fr. en arg.	25,00000	24,92500	25,07500	37

Dans notre système monétaire, l'or est à l'argent, pour la valeur, comme 15.5 est à 1.

Conversion des anciens poids et mesures en nouveaux, et réciproquement.

1 mètre = $0^{\text{toise}},513074$. — 1 mètre carré = $0^{\text{toise car.}},263244929476$. — 1 mètre cube = $0^{\text{toise cube}},135064128946$.

1 toise = $1^{\text{m}},9490365912$. — 1 toise carrée = $3^{\text{m. car.}},7987436338$.

1 toise cube = $7^{\text{m c}},4038903430$.

1 kilogramme = 2#,042876519. — 1 livre = $0^{\text{kil}},489505847$.

En multipliant le prix de 1 livre par le premier nombre, on a le prix du kil.; en multipliant le prix de 1 kil. par le dernier, on a le prix de la livre.

Réduction des toises, pieds, pouces, lignes et points, en mètres et parties du mètre.

Toises	Mètres.	Pieds.	Mètres.	Pouces.	Mètres.	Lignes.	Mètres.	Points	Mètres.
1	1,94904	1	0,32484	1	0,02707	1	0,00226	1	0,00019
2	3,89807	2	0,64968	2	0,05414	2	0,00451	2	0,00038
3	5,84711	3	0,97452	3	0,08121	3	0,00677	3	0,00056
4	7,79615	4	1,29936	4	0,10828	4	0,00902	4	0,00075
5	9,74518	5	1,62420	5	0,13535	5	0,01128	5	0,00094
6	11,69422	6	1,94904	6	0,16242	6	0,01354	6	0,00113
7	13,64326	7	2,27388	7	0,18949	7	0,01579	7	0,00132
8	15,59229	8	2,59872	8	0,21656	8	0,01805	8	0,00150
9	17,54133	9	2,92355	9	0,24363	9	0,02030	9	0,00169
10	19,49037	10	3,24839	10	0,27070	10	0,02256	10	0,00188
11	21,43941	11	3,57323	11	0,29777	11	0,02481	11	0,00207

Réduction des mètres et parties du mètre en toises, pieds, pouces, lignes et points.

Mètres.	Toises.	Mètres.	Pieds.	Pouces.	Lignes.	Décim.	Pieds.	Pouces.	Lignes.	Cent.	Pouces.	Lignes.	Mill.	Points.
1	0,51307	1	3.	0.	11,296	1	0.	3.	8,330	1	0.	4,433	1	5,320
2	1,02615	2	6.	1.	10,592	2	0.	7.	4,659	2	0.	8,866	2	10,639
3	1,53922	3	9.	2.	9,888	3	0.	11.	0,989	3	1.	1,299	3	15,959
4	2,05230	4	12.	3.	9,184	4	1.	2.	9,318	4	1.	5,732	4	21,278
5	2,56537	5	15.	4.	8,480	5	1.	6.	5,648	5	1.	10,165	5	26,598
6	3,07844	6	18.	5.	7,776	6	1.	10.	1,978	6	2.	2,598	6	31,917
7	3,59152	7	21.	6.	7,072	7	2.	1.	10,307	7	2.	7,031	7	37,237
8	4,10459	8	24.	7.	6,367	8	2.	5.	6,637	8	2.	11,464	8	42,556
9	4,61767	9	27.	8.	5,663	9	2.	9.	2,966	9	3.	3,897	9	47,876
10	5,13074	10	30.	9.	4,959	10	3.	0.	11,296	10	3.	8,330	10	53,196

Réduction des toises et pieds carrés ou cubes en mètres carrés ou coubes, et réciproquement.

Toises carrées.	Mètres carrés.	Pieds carrés.	Mètres carrés.	Mètres carrés.	Toises carrées.	Mètres carrés.	Pieds carrés.	Toises cubes.	Mètres cubes.	Pieds cubes.	Mètres cubes.	Mètres cubes.	Toises cubes.	Mètres cubes.	Pieds cubes.
1	3,7987	1	0,1055	1	0,2632	1	9,48	1	7,4039	1	0,03428	1	0,1351	1	29,17
2	7,5975	2	0,2110	2	0,5265	2	18,95	2	14,8078	2	0,06855	2	0,2701	2	58,35
3	11,3962	3	0,3166	3	0,7897	3	28,43	3	22,2117	3	0,10283	3	0,4052	3	87,52
4	15,1950	4	0,4221	4	1,0530	4	37,91	4	29,6156	4	0,13711	4	0,5403	4	116,70
5	18,9937	5	0,5276	5	1,3162	5	47,38	5	37,0195	5	0,17139	5	0,6753	5	145,87
6	22,7925	6	0,6331	6	1,5795	6	56,86	6	44,4233	6	0,20566	6	0,8104	6	175,04
7	26,5912	7	0,7386	7	1,8427	7	66,34	7	51,8272	7	0,23994	7	0,9454	7	204,22
8	30,3899	8	0,8442	8	2,1060	8	75,81	8	59,2311	8	0,27422	8	1,0805	8	233,39
9	34,1887	9	0,9497	9	2,3692	9	85,29	9	66,6350	9	0,30850	9	1,2156	9	262,56
10	37,9874	10	1,0552	10	2,6324	10	94,77	10	74,0389	10	0,34277	10	1,3506	10	291,74

Réduction des anciens poids en nouveaux, et réciproquement.

Grains.	Gramm.	Gros.	Gramm.	Onces.	Gramm.	Livers.	Kilogrammes.	Gramm.	Gros.	Grains.	Kilogrammes.	Livres.	Onces.	Gros.	Grains.
10	0,531	1	3,82	1	30,59	1	0,48951	1	0	19	1	2	0	5	35,15
20	1,062	2	7,65	2	61,19	2	0,97901	2	0	38	2	4	1	2	70,30
30	1,593	3	11,47	3	91,78	3	1,46852	3	0	56	3	6	2	0	33,45
40	2,125	4	15,30	4	122,38	4	1,95802	4	1	3	4	8	2	5	68,60
50	2,656	5	19,12	5	152,97	5	2,44753	5	1	22	5	10	3	3	31,75
60	3,187	6	22,94	6	183,56	6	2,93703	6	1	41	6	12	4	0	66,90
70	3,718	7	26,77	7	214,16	7	3,42654	7	1	60	7	14	4	6	30,05
72	3,824	8	30,59	8	244,75	8	3,91605	8	2	7	8	16	5	3	65,20
				9	275,35	9	4,40555	9	2	25	9	18	6	1	28,35
				10	305,94	10	4,89506	10	2	44	10	20	6	6	63,50

Rapport entre différentes mesures anciennes et nouvelles.

Mesures itinéraires et de longueur.

Lieue commune, de 25 au degré. . . . 2280 toises = 4444 mètres.
Lieue marine, de 20 au degré. . . . 2850 toises = 5556 mètres.
Lieue de poste. . . . . 2000 toises = 3898 mètres.
Mille marin ou géographique, la 60e partie du degré = 1851 mètres.
Mille métrique . . . . = 1000 mètres.
Lieue métrique . . . . = 4000 mètres.

Perche des eaux et forêts, 22 pieds = 7^{m},1465.

Perche de Paris, 18 pieds = 5^{m},8471. — Aune de Paris, $3^{pi}7^{po}10^{li}$ = 1^{m},188.

Brasse de la marine, 5 pieds = 1^{m},624. — Encâblure, 100 toises = 194^{m},904 (200 mètres, nombre rond). — Nœud de loch, 1/120 du mille marin = 15^{m},432.

Mesures de superficie.

Perche de Paris, 324 pieds carrés = 0^{are},34189.

Perche carrée des eaux et forêts, 484 pieds carrés = 0^{are},51072.

Arpent des eaux et forêts, 100 perches carrées = $1344^{\text{toises carr.}}$,44 = 51^{ares},072.

Arpent de Paris, 900 toises carrées = 34^{ares},189.

On compte aussi, à Paris, par arpents de 50 ares ou *grands arpents*.

Mesures de solidité et de capacité.

Solive de charpente, 3 pieds cubes = 0^{mc},10283.

Corde des eaux et forêts, $3^{stères}$,839. — Voie de Paris, $1^{stère}$,920.

Muid de blé de Paris, 12 setiers = 1872 litres.

Setier, 12 boisseaux = 156 litres. — Boisseau, 16 litrons = 13 litres. — Litron = $0^{lit},8125$.

Muid de vin de Paris, 288 pintes = $268^{lit},21$. — Pinte = $0^{lit},931$.

Poids.

Tonneau de mer, 2000 livres = $979^{k},01$. — Quintal, 100 livres = $48^{k},95$.

Livre, 2 marcs = 16 onces. — Once = 8 gros. — Gros = 72 grains.

Grain = $0^{gr},05311$. — Karat de joaillier, environ 4 grains = $0^{gr},21244$.

Karat des essayeurs, 1/24 du tout ou 0,04167; il se divise en 32 parties.

Denier des essayeurs, 1/12 du tout ou 0,08333; il se divise en 24 grains.

Monnaies.

Livre tournois, 20 sous = 240 deniers = $0^{f},9877$.

Correspondance des calendriers.

L'ère de la République a commencé le 22 septembre 1792, et fini le 31 décembre 1805. L'année était composée de 12 mois de 30 jours, suivis de 5 jours complémentaires pour les années communes, et de 6 pour les années bissextiles. Les noms des 12 mois étaient : vendémiaire, brumaire, frimaire; nivôse, pluviôse, ventôse; germinal, floréal, prairial; messidor, thermidor, fructidor. Le 1er vendémiaire des ans I, II, III, V, VI et VII de la République répond au 22 septembre des années 1792, 93, 94, 96, 97 et 98; le 1er vendémiaire des ans IV, VIII, IX, X, XI, XIII et XIV, au 23 septembre des années 1795, 1799, 1800, 1801, 1802, 1804 et 1805; enfin, le 1er vendémiaire de l'an XII, au 24 septembre 1803.

L'année russe et grecque diffère de l'année grégorienne par la conservation des années bissextiles séculaires dont le nombre de siècles n'est pas un multiple de 4. Elle commence le 1er septembre, et se trouve en retard de 12 jours sur l'année grégorienne pour le 19e siècle.

L'année arabe ou islamique a 12 mois lunaires : *Moharrem; Safar; Rebiâ Ier*, Elaouel; *Rebiâ IIe*, Eltsani; *Djoumadi Ier*, Elaoula; *Djoumadi IIe*, Eltsania; *Redjeb; Châban; Ramadan; Choual; Dou-el-cada; Dou-el-hadja.* La lunaison moyenne étant de $29^{jours},5305886$, les mois sont alternativement de 30 et de 29 jours, en commençant par Moharrem; en outre, pour chaque période de 30 années, on intercale 11 jours complémentaires dans les années *Kébices*, qui sont les 2e, 5e, 7e, 10e, 13e, 16e, 18e, 21e, 24e, 26e et 29e de chaque cycle trentenaire, à partir du jeudi 16 juillet 622, date de *l'Hégire*, suivant l'ère julienne, et point de départ de l'ère arabe. Le jour complémentaire des années kébices s'ajoute aux 29 jours du mois ordinaire de Dou-el-hadja. La correspondance entre les années de l'Hégire et les années grégoriennes s'établit approximativement par les formules : $G = 621 + H - 0.03\,H;\ H = G - 621 + 0.03\,(G - 621)$.

G est la date de l'année grégorienne, dans laquelle commence l'année d'une date de l'Hégire H.

Mesures itinéraires étrangères.

		kilom.			kilom.
Allemagne	Meile, lieue de 15 au degré	7,408	Hongrie	Mille	7,586
			Irlande	Mile	1,609
Angleterre	Mile, 1760 yards	1,609	Italie	Mille de 60 au degré	1,852
	Mile marin, de 60 au degré	1,852		Mille métrique	1,000
			Naples	Mille	1,852
	Lieu marine, de 20 au degré	5,556	Perse	Parasang	5,565
			Piémont	Mille	2,466
Arabie	Mille	1,964	Pologne	Mille de 20 au degré	5,556
Autriche	Mille de poste	7,586		Mille nouveau, 8 wersts	8,534
Belgique	Mille métrique	1,000	Portugal	Lieue, 18 au degré	6,173
Brabant	Lieue	5,556	Prusse	Mille du Rhin	7,532
Chine	Li	0,577	Rome	Mille géographique	1,852
Danemark	Mile	7,538	Russie	Werst, 500 sagènes	1,067
Écosse	Mile	1,609	Suède	Mille	10,688
Espagne	Lieue de 5000 varas	4,177	Suisse	Lieue, 16000 pieds	4,800
Hambourg	Mille	7,538	Toscane	Mille	1,653
Hollande	Mille, 15 au degré	7,408	Turquie	Berri	1,476
	Mille nouveau	1,000			

Brasses des cartes marines.

		mèt.			mèt.
Angleterre	Fathom (brasse)	1,829	Hollande	Waâm (brasse)	1,883
Danemark	Faun (*idem*)	1,883	Russie	Sagène (*idem*)	2,134
Espagne	Brazza (*idem*)	1,696	Suède	Fannar (*idem*)	1,783

RÉSULTATS D'EXPÉRIENCES ET DONNÉES DE PHYSIQUE.

Marche de l'homme et du cheval. — Ventilation. — Température.

Un *fantassin* parcourt dans 1 minute	au pas ordinaire de . 76 à la minute	50 mètres.
	au pas de route de 85 à 90 —	60 —
	au pas accéléré de. . 100 —	66 —
	au pas de charge de 120 —	81 —

Il occupe dans le rang 50 cent.; dans la file, 32 cent., sans le sac. — Intervalle entre les rangs, 32 cent.

Un *cheval* parcourt	au pas	400 mètres en 4 minutes et demie ou 30″.	
	au trot	—	2 —
	au galop	—	1 —

Il occupe, dans le rang, 1 mètre; dans la file, 3 mètres; dans l'écurie, 1 mètre 45.

Un *homme* peut marcher, en terrain horizontal, pendant 8 1/2 heures par jour, en faisant 6 kilom. à l'heure, au pas de 80 cent.

Le *cheval de selle*, chargé de son cavalier, fait 40 kilom. en 7 ou 8 heures, ce qui revient à 3600 kil. portés à 1 kilom. — Le *cheval de bât* peut être chargé de 100 à 150 kil.; il porte 4000 kil. à 1 kilom. dans une journée. — Le *cheval de roulage* traîne de 700 à 750 kil.; 27,500 kil. à 1 kilom. — Le *cheval de poste* ne traîne que 230 kil.; 8730 kil. à 1 kilom. — Le *cheval des batteries de division* traîne moyennement 12600 kil. à 1 kilom.

Il faut à un homme 4 litres d'eau par jour pour boire, faire la soupe et se blanchir. — Compter 16 litres par chaval.

Une ventilation de 6 à 7 mètres cubes d'air, par heure et par personne, est suffisante dans tous les cas. — Pour des chambres de caserne, une capacité de 10 à 15 mètres cubes par homme est suffisante, l'air se renouvelant en partie par les joints des croisées et par l'ouverture accidentelle des portes.

La température du corps	humain est de	37 degrès centigrades.
	des oiseaux	43 à 44
	des mammifères	37 à 40
	des poissons	14 à 25

Moulins, fours. — Pain, biscuit. — Rations. — Foin.

Un moulin ordinaire, en bon état, avec meules de 2 mètres de diamètre, pesant chacune 2150 kil. et faisant 53 tours par minute, peut moudre, en 24 heures, 45 sacs de blé de 100 kil. — Dans le même temps, un bon moulin à bras, mû par deux hommes, peut moudre 440 kil. de blé.

Poids moyen de l'hectolitre de froment, 75 kil.

100 kil. de blé rendent 98^{k},50 de farine, sans extraction de son. — La farine, pour le pain de munition, est blutée à 20 p. 100, c'est-à-dire qu'on en extrait 20 p. 100 en son, recoupes, etc.

100 kil. de farine produisent 180 rations de pain de 750 gr. chacune.

Le pain de 2 rations a de 22 à 24 cent. de diamètre, et 8 cent. de hauteur.

Le *biscuit* est fait de pure farine de froment, sans son. — 800 gr. de pâte donnent, après la cuisson, 550 gr. de biscuit ou 1 ration.

Un *bœuf* fournit moyennement 900 rations de 250 gr., et consomme par jour 10 kil. de foin. — Un *mouton* fournit 60 rations, et consomme 2 kil. de foin.

Quand les bestiaux sont livrés sur pied, on admet un déchet sur le poids brut de 40 p. 100 pour les bœufs, 44 p. 100 pour les vaches, 40 p. 100 pour les veaux, 47 p. 100 pour les moutons.

3 *bœufs* ou 15 *moutons* consomment le fourrage nécessaire à 2 chevaux.

1000 quintaux métriques de foin occupent { non bottelés 430 m. cubes.
{ bottelés. . . 860 —

Le foin, soumis à l'action de la presse hydraulique, peut être réduit au 1/10 de son volume. — Poids net d'une balle, 105 kil. — Dimensions des balles : longueur, 1 mètre ; largeur, 60 cent. ; hauteur, 47 cent.

PRESSION ATMOSPHÉRIQUE. — Sur 1 cent. carré, le baromètre étant à 76 cent., elle est de $1^{k},033$.

Poids du mètre cube de divers matériaux de construction.

(Extrait du carnet de l'ingénieur.)

		kil.
Terreau		830 à 860
Tourbe	sèche	514 — «
	humide	785 — «
Terre	végétale	1150 — 1280
	forte, graveleuse	1350 — 1450
Gravier		1370 — 1480
Cailloux		1658 — «
Argile et glaise		1636 — 1756
Marne		1570 — 1640
Sable	fin et sec	1400 — 1430
	fossile argileux	1710 — 1800
	de rivière, humide	1770 — 1860
Scories de forge, mâchefer		770 — 1000
Brique		1500 — 1650
Chaux	vive, sortant du four	800 — 860
	éteinte, en pâte ferme	1320 — 1430
Mortier de chaux et de sable		1850 — 2140

		kil.
Mortier de chaux et de	ciment	1650 à 1700
	mâchefer	1130 — 1220
Plâtre	cuit, battu et tamisé	1240 — 1260
	gâché, humide	1570 — 1600
	gâché, sec	1400 — 1415
Pierre à bâtir	tendre	1140 — 1720
	franche, demi-roche	1710 — 2000
	roches très-compactes	2500 — 2710
Maçonnerie de	pierres de taille	2400 — 2700
	cailloux	2300 — 2400
	moellons	2150 — 2250
	briques	1750 — 1800
Houille, en fragments		750 — 920
Bois de construction	chêne	943 — «
	frêne	845 — «
	hêtre	852 — «
	sapin	650 — 720
Bois de sciage et planches		614 — «

Effet utile de l'homme et des animaux, employés au transport horizontal des fardeaux.

NATURE DU TRANSPORT.	POIDS trans-porté.	VITESSE ou chemin par seconde.	DURÉE de l'action jour-nalière.
	kil.	mèt.	heures.
1 homme, sur un chemin horizontal, sans fardeau (transport du poids de son corps)	65	1,50	10
1 homme. Transport dans une petite charrette. Retour à vide	100	0,50	10
1 homme. Transport dans une brouette. Retour à vide	60	0,50	10
1 homme continuellement chargé. Transport à dos	40	0,75	7
1 homme. Transport à dos. Retour à vide	65	0,50	6
1 homme. Transport sur une civière. Retour à vide	50	0,33	10
1 cheval continuellement chargé, au pas. Transport sur une charette	700	1,10	10
1 cheval continuellement chargé, au trot; attelé à une voiture	350	2,20	4,5
1 cheval. Transport sur une charrette. Retour à vide	700	0,60	10
1 cheval, à dos, et allant au pas	120	1,10	10
1 cheval, à dos, et allant au trot	80	2,20	7

FORMULES ET DONNÉES MATHÉMATIQUES.

Rapport de la circonférence au diamètre,

$$\pi = \frac{22}{7} = \frac{355}{113} = 3,1415926$$

Circonférence de cercle, $2\pi r$. *Longueur d'un arc de cercle*, $\frac{\alpha \pi r}{180}$.

α, nombre de degrés de l'arc; r, rayon du cercle.

Longueur du degré sexagésimal, 0,0174533, le rayon étant 1.

— *de la minute*. . . . . . 0,0002909.

— *de la seconde* . . . . . 0,0000048.

Surfaces.

Triangle. Le produit de la base par la moitié de la hauteur,

$$\text{ou bien } \sqrt{p\,(p-a)\,(p-b)\,p-c},$$

$$\text{ou bien } 1/4 \sqrt{[(b+a)^2-c^2]\,[c^2-(b-a^2)]}.$$

$2p$, périmètre; a, b, c, côtés.

Quadrilatère. La moitié du produit des diagonales par le sinus de leur angle.

Trapèze. La moitié du produit de la hauteur par la somme des bases.

Cercle, πr^2.

Secteur circulaire, $\frac{1}{2} r a = \pi r^2 \frac{\alpha}{360}$.

a, longueur de l'arc en mètres; α, nombre de degrés de l'arc.

Segment circulaire compris entre l'arc et la corde, $\frac{1}{2} r a - \frac{1}{2} r^2 \sin \alpha$.

α, arc en degrés.

Ellipse, $\pi a b \sin \alpha$.

$2a$, $2b$, diamètres conjugés; α, angle formé par ces diamètres. Lorsque $\alpha = 90^\circ$, les deux diamètres sont les axes, et l'on a $s = \pi a b$.

Segment parabolique, compris entre l'arc et la corde perpendiculaire à l'axe. Les deux tiers du produit de la corde par la flèche.

Cône droit, $\pi r l$.

l, côté; r, rayon de la base.

Cône tronqué droit, $\pi l (r + r')$.

l, côté; r et r', rayons des bases.

Corps prismatique ou *cylindrique*. L'arête par le périmètre de la section perpendiculaire.

Prisme et *cylindre droits tronqués*. Le produit du périmètre de la base inférieure par la distance des centres de gravité des contours des bases; si le prisme ou le cylindre n'est pas droit, ce produit doit être multiplié par le sinus de l'inclinaison de l'arête sur la base.

Sphère, $4 \pi r^2$.

Zone sphérique, $2 \pi r h$.

h, hauteur de la zone.

Fuseau sphérique, $\frac{\pi r^2 \alpha}{90}$.

α, nombre de degrés du fuseau.

Triangle sphérique, $\pi r^2 \frac{S - 180}{180}$.

S, somme des trois angles du triangle.

Surface de révolution, $2 \pi r l$.

l, longueur de la ligne génératrice; r, distance du centre de gravité de cette ligne à l'axe de rotation.

Volumes.

Corps prismatique ou *cylindrique*. La base par la hauteur.

Corps pyramidal ou *conique*. La base par le tiers de la hauteur.

Tronc pyramidal ou *conique*, $\frac{1}{3} h (b + b' + \sqrt{b b'})$.

h, hauteur ; b, b', bases.

On a aussi $v = \frac{1}{6} h (4 b'' + b + b')$.

b'', section parallèle faite au milieu de la hauteur du tronc.

Prisme triangulaire tronqué. Le produit de la base par le tiers de la somme des trois hauteurs.

Prisme polygonal tronqué. Le produit de la base par sa distance au centre de gravité de la section.

Onglet cylindrique, compris entre la base et un plan oblique mené par le diamètre de la base, 2/3 du diamètre par l'aire de la grande section triangulaire.

Sphère, $\frac{4}{3} \pi r^3 = \frac{1}{6} \pi d^3$. d, diamètre.

Segment sphérique, à bases b et b' parallèles, $h \left(\frac{b+b'}{2} + \frac{\pi h^2}{6}\right)$.

h, distance entre les deux bases.

Secteur sphérique, engendré par un secteur circulaire tournant autour d'un axe. Le tiers du produit du rayon par la surface de la zone.

Ellipsoïde, $\frac{4}{3} \pi a b c$.

$2a$, $2b$, $2c$, les trois axes.

Segment de paraboloïde elliptique, dont la section perpendiculaire à l'axe est une ellipse. Moitié du produit de l'aire de la base par la hauteur.

Solide de révolution, $2 \pi r S$.

S, aire tournante ; r, distance du centre de gravité de cette aire à l'axe de rotation.

Progressions arithmétiques.

a, 1er terme ; r, raison, un terme moins le terme précédent ; n, nombre de termes ; t, terme de rang n ; S, somme des termes depuis le 1er jusqu'à t.

$$t = a + (n - 1) r \qquad S = (a + t) \frac{n}{2}.$$

Progressions géométriques.

r, raison, un terme divisé par le terme précédent ; les autres nota tions comme ci-dessus.

$$t = a r^{n-1} ; \; S = \frac{r t - a}{r - 1} = \frac{a (r^n - 1)}{r - 1}.$$

Limite de la valeur de S, lorsque $r < 1$, $\frac{a}{1-r}$.

e, capital ; i, intérêt annuel de l'unité ; v, valeur du capital après un nombre n d'années. $v = e(1+i)^n$.

Logarithmes.

x, logarithme tabulaire de a ; e, base des logarithmes népériens, $= 2{,}7182818$; x', logarithme népérien de a ; $\log e = 0{,}4342944819$.

$$10^x = a. \qquad e^{x'} = a. \qquad x = x' \log e.$$

CHAPITRE XXI.

COMPTABILITÉ D'UNE BATTERIE DÉTACHÉE.

SOMMAIRE.

PERSONNEL.

§ 1. **DEVOIRS ET RESPONSABILITÉ DU CAPITAINE.** — Dans une batterie s'administrant séparément, le capitaine commandant (ou l'officier qui le remplace) est seul chargé de l'administration, sous la surveillance des fonctionnaires de l'intendance. Il est pécuniairement responsable de la légalité des paiements, consommations ou distributions qu'il ordonne ou autorise; des fonds, matières et effets dont il constate la situation dans l'arrêté de ses registres; des irrégularités ou erreurs signalées, qu'il omet de faire redresser en temps utile; du montant des reprises ou retenues, qu'il néglige d'exercer ; des retenues illégales, qu'il a prescrites ou approuvées. (Ordonnance du 10 mai 1844.)

§ 2. Dans aucun cas, il ne doit réunir sa batterie à une ou plusieurs autres pour l'administration. (Décision ministérielle du 26 juillet 1831.)

§ 3. Au moment où la batterie se sépare de la portion centrale du corps, il régularise avec les officiers comptables les perceptions en argent, subsistances et effets de toute nature, sans faire de coupure dans les feuilles de journées ; la coupure n'a lieu que du jour où la batterie passe la frontière, ou s'embarque soit pour sortir de France, soit pour y rentrer.

§ 4. A compter du jour du départ, les recettes en argent et les perceptions en nature ont lieu sur états établis au titre de la batterie et signés par le capitaine commandant.

§ 5. CORRESPONDANCE EN FRANCHISE. — Les lettres et paquets adressés au Ministre de la guerre se mettent sous enveloppe, sans contre-seing. Ceux qui sont destinés aux Officiers généraux, Préfets, Maires, Officiers de gendarmerie, se mettent sous bandes, et sont contre-signés par le Sous-intendant militaire. Ceux qui sont adressés au conseil d'administration central du corps, se mettent sous bandes, et sont contre-signés par le capitaine. (Ordonnance du 17 novembre 1844.)

§ 6. ORDONNANCES ET RÈGLEMENTS A CONSULTER. — Instruction sur l'exécution des dispositions du Code civil applicables aux militaires, du 8 mars 1823. — Règlement sur le casernement des troupes, du 17 août 1824. — Règlements sur les subsistances militaires, des 1er septembre 1827, 13 janvier et 1er octobre 1855. — Ordonnance sur le service des armées en campagne, du 3 mai 1832, et Ordonnance modifiant la précédente en ce qui concerne le service de l'Artillerie, du 9 décembre 1840. — Ordonnance sur le service intérieur, du 2 novembre 1833. — Ordonnance sur la solde et les revues, du 25 décembre 1837, et Tarifs des 5 décembre 1840, 8 septembre 1852, 14 juin 1854 et 31 mars 1855. — Règlement sur le service des remontes et détachements régimentaires, du 23 mars 1837. — Règlement sur la comptabilité publique, du 1er décembre 1838, faisant suite à l'Ordonnance du 31 mai 1838. — Instruction sur le chauffage, du 30 juin 1840. — Règlement sur l'indemnité de logement en Algérie, du 29 octobre 1841. — Instruction sur le couchage des troupes, du 19 juin 1844; *idem* pour l'Algérie, du 26 février 1846. — Ordonnance sur l'administration intérieure des corps, du 10 mai 1844. — Tarif de l'entretien du harnachement, du 28 octobre 1847. — Règlement sur l'entretien du harnachement, du 9 avril 1848, et Décision ministérielle explicative de l'article 45 dudit règlement, du 21 juin 1849. — Décret sur les indemnités de route, du 15 juin 1853. — Décret sur l'organisation de l'Artillerie, du 20 février 1860. — Règlement sur les réparations, l'entretien et la conservation des armes portatives, du 1er mars 1854, et Tarif du 15 avril 1850, modifié suivant les décisions ministérielles qui ont paru depuis sa publication. — Loi sur la dotation de l'armée, du 26 avril 1855. — Décret du 9 janvier 1856, portant règlement d'administration publique pour l'exécution de la loi du 26 avril 1855. — Circulaire ministérielle sur le même objet, du 26 janvier

1856. — Circulaires et réglements sur le transport des troupes par les chemins de fer, du 6 novembre 1855.

§ 7. COMPOSITION DES BATTERIES ET COMPAGNIES D'ARTILLERIE. (Décr. des 14 févr. 1854, 20 déc. 1855 et 20 févr. 1860.) [Tabl. I, p. 593.]

§ 8. DÉPART DE LA BATTERIE, FEUILLE DE ROUTE. — Au moment du départ de la batterie, le capitaine commandant reçoit une feuille de route, mentionnant l'effectif des partants.

§ 9. REGISTRES ET IMPRIMÉS A EMPORTER. — Le capitaine commandant emporte le livre de détail (§ 67); la matricule du personnel (§§ 68 et 69); la matricule des chevaux (§ 70); un registre de punitions (§ 71); un registre d'ordres (§ 72); un livret d'ordinaire (§ 73); un cahier d'acquits (§ 74); un registre-journal des rengagés.

Il se pourvoit, sur ses frais de bureaux, des objets ci-après :

1° Un registre-journal de recettes et dépenses (§ 75);

2° Un livret de solde (§ 76);

3° Un livret d'armement (§ 77);

4° Un registre de vaguemestre (§ 78);

5° Imprimés divers, savoir : Feuilles de journées en hommes et en chevaux; feuilles de journées spéciales de chauffage; feuilles d'appel (hommes et chevaux) pour revues mensuelles (à établir en simple expédition; la feuille de contrôle des chevaux peut être remplacée, avec l'agrément du sous-intendant, par une récapitulation sommaire des chevaux, établie au dernier verso de la feuille d'appel en hommes); feuilles de décompte des masses individuelles; états de solde pour officiers et troupe; feuilles de prêt et feuilles d'émargement pour officiers; tous les imprimés, généralement, concernant les dépenses que peut faire une batterie détachée; états comparatifs pour officiers et troupe, et extraits du registre des distributions; bons de subsistances (pain, liquides, fourrages et chauffage); billets d'entrée à l'hôpital; bulletins de situation de masse; procès-verbaux de perte et d'autopsie des chevaux morts ou abattus; situations de 10 ou de 30 jours (§ 24); situations mensuelles (Décision ministérielle du 14 décembre 1849; modèle 3); états de mutations des officiers à fournir tous les mois au Ministre, quand la batterie est détachée hors de France (Décision ministérielle du 23 août 1845; modèle 2); signalements de déserteurs, n° 1 et n° 2; feuilles du registre central (§§ 89 et 105).

6° Imprimés relatifs au service de l'habillement en général (§ 115); situations en chevaux (Modèle A et Modèle B, rectifiés) [§ 103]. Si la batterie est à l'armée, ces derniers imprimés sont fournis par le Ministre sur la demande du capitaine.

§ 10. EXONÉRATION. — Les militaires sous les drapeaux peuvent être admis à l'exonération du service par le versement d'une prestation dont le taux est fixé conformément aux dispositions des art. 5 et 6 de la loi du 26 avril 1855. Dans ce cas, l'exonération est prononcée par les conseils d'administration des corps auxquels sont présentés les récépissés de versement.

Les versements par les militaires sous les drapeaux, pour être admis à l'exonération du service, sont faits, soit par eux-mêmes, soit par des tiers pour leur compte : dans le département de la Seine, à la direction générale de la caisse des dépôts et consignations; dans les autres départements, aux préposés de cette caisse (receveurs généraux et particuliers des finances); en Algérie, aux trésoriers-payeurs, sur la production d'une demande approuvée par le général de brigade. (Art. 15 du décret impérial du 9 janvier 1856.)

Ces versements peuvent encore être effectués, hors du territoire français, chez les payeurs des armées, institués par le règlement du 9 janvier 1856, et, pour son exécution, préposés de la caisse des dépôts et consignations, sur la production de la demande ci-dessus énoncée; ils sont reçus par ces comptables pour le compte de la dite caisse. Dans ce dernier cas, les récépissés sont visés, dans les vingt-quatre heures, par le membre de l'intendance chargé de la police administrative du corps. (Article 15 du décret impérial du 9 janvier 1856.)

Les militaires sous les drapeaux, qui désirent obtenir l'exonération du service, en font la demande par la voie hiérarchique. (Article 43 du décret impérial du 9 janvier 1856). Cette demande, visée par l'officier commandant la batterie et par le chef de corps, est soumise au général commandant la brigade ou la subdivision, qui y inscrit son autorisation ou son refus. (Circulaire ministérielle du 26 janvier 1856.) [Modèle I, page 600.]

Les exonérations sont inscrites sur les contrôles du corps, et donnent lieu à un acte spécial. (Modèle II, page 601.)

Les récépissés de versements, produits conformément aux prescriptions de l'article 43 du règlement d'administration publique, restent annexés à l'acte spécial d'exonération. (N° 21 de la même circulaire.)

Pour le paiement du prix de l'exonération, toute fraction d'année de service à accomplir est comptée comme une année entière. (N° 22 de la même circulaire.)

Dans le prix d'exonération, fixé en vertu de l'article 8 de la loi du

26 avril 1855, sont comprises les indemnités d'habillement et de petit équipement précédemment exigées des militaires admis à se faire remplacer au corps. (N° 23 de la même circulaire.)

Le fonds de masse d'un militaire exonéré fait retour au Trésor; en cas de débet, le militaire est tenu d'en rembourser le montant à la caisse du corps. (Décision ministérielle du 8 avril 1856.)

Le conseil d'administration du corps délivre aux militaires un certificat constatant qu'ils ont été exonérés du service. (Article 44 du décret impérial du 9 janvier 1856.) [Modèle III, page 602.)

§ 11. RENGAGEMENT. — Les rengagements sont d'une durée de trois ans au moins, et de sept ans au plus; ils ne peuvent être contractés que par les militaires qui accomplissent leur septième année de service, soit dans l'armée active, soit dans la réserve, ou par les engagés volontaires qui sont dans leur quatrième année de service; leur durée est réglée de manière que les militaires ne soient pas maintenus sous les drapeaux après l'âge de quarante-sept ans. (Article 11 de la loi du 26 avril 1855.)

Le premier rengagement de sept ans donne droit :

1° A une somme de 1000 fr., dont 100 fr. payables le jour du rengagement; 200 fr., soit au jour du rengagement, soit pendant le cours du service, sur l'avis du conseil d'administration du corps, et 700 fr. à la libération définitive du service.

La feuille individuelle (Modèle IV, page 603) constatant le paiement est signée pour quittance par le militaire, et, s'il ne sait pas signer, par l'officier de section.

2° A une haute-paie de rengagement de 10 cent. par jour.

La dépense de la haute-paie est justifiée au moyen d'une feuille numérique, établie à la fin de chaque trimestre. Cette pièce est appuyée de l'état nominatif des hommes qui ont éprouvé ces mutations. (Modèles V, VI, VII, pages 603 et suivantes.)

Tout rengagement contracté pour moins de sept ans donne droit, jusqu'à quatorze ans de service :

1° A une somme de 100 fr. par chaque année, payable à la libération du service.

2° A la haute-paie de rengagement de 10 cent. par jour.

Après quatorze ans de service, le rengagé n'a droit qu'à une haute-paie de rengagement de 20 centimes par jour. (Article 12 de la loi du 26 avril 1855.)

L'engagement volontaire après libération, contracté dans les conditions prescrites par l'article 11 de la loi du 26 avril 1855, et moins d'une année après cette libération, donne droit, suivant sa durée, aux avantages spécifiés par l'article précédent. (Art. 13 de la loi du 26 avril 1855.)

Sur la proposition de la commission supérieure, un arrêté du Ministre de la guerre peut augmenter les allocations fixées par l'art. 12 de la loi du 26 avril 1855, autres que la haute-paie. (Art. 13 de la loi du 25 avril 1855.)

Les hautes-paies de rengagement et les hautes-paies de chevrons sont touchées simultanément, mais d'une manière distincte, par les ayants droit, suivant le mode actuellement en usage. (Art. 48 du décret impérial du 9 janvier 1856.)

Lorsque les militaires en activité sont admis, dans leur dernière année de service, à contracter un rengagement de sept ans, ils ont droit immédiatement à la prime de rengagement; mais la haute-paie ne leur est acquise qu'au jour où commence l'effet de ce rengagement. (Art. 49 du décret impérial du 9 janvier 1856.)

§ 12. SECOND RENGAGEMENT. — Les militaires qui comptent plus de sept ans de service ne sont pas admissibles à jouir des avantages attribués au premier rengagement de sept ans.

Dans ce cas, ils ont droit :

Pour chaque année de leur nouveau rengagement, jusqu'à quatorze ans de service accomplis, à l'annuité et à la haute-paie journalière de 10 cent. (Art. 50 du décret impérial du 9 janvier 1856.)

L'absence illégale, l'envoi, à titre de punition, dans une compagnie de discipline, et la condamnation à une peine correctionnelle entraînent la privation de la haute-paie, pendant la durée de l'absence ou de la peine. (Art. 51 du décret impérial du 9 janvier 1856.)

Dans chaque corps ou portion de corps, il est dressé un état nominatif des militaires qui contractent des rengagements sous les conditions prescrites par la loi du 26 avril 1855 (Modèle VIII, page 605); un double de cet état est adressé directement, et sans lettre d'envoi, au Ministre de la guerre (bureau du recrutement), le 1er de chaque mois. (N° 32 de la circulaire ministérielle du 26 janvier 1856.)

Voyez, pour le paiement des allocations et des hautes-paies attribuées aux rengagements et aux engagements volontaires après libération, les articles y relatifs de la circulaire ministérielle du 26 janvier 1856.

§ 13. RECRUES ET ENGAGÉS VOLONTAIRES. — Si la batterie reçoit des hommes de recrue venant directement des départements, ou des engagés volontaires, le capitaine doit toucher, sur les états de solde des officiers, la première mise du petit équipement. (Tableau III, page 597). Le capitaine doit signaler au corps l'homme de recrue qui n'est pas arrivé à la batterie à l'époque indiquée sur le contrôle signalétique établi par l'officier de recrutement; il en est de même pour un engagé volontaire annoncé, qui ne se présente pas au jour déterminé.

§ 14. HOMMES VENANT D'AUTRES CORPS. — Pour les hommes qui viennent directement à la batterie, sortant d'autres corps, le capitaine, selon le cas, doit percevoir le supplément de première mise (Tableau III, page 597), si les hommes ne sont pas classés à la batterie dans un service analogue à leur position dans l'ancien corps.

§ 15. DÉSERTION. — Tout sous-officier, brigadier ou soldat qui manque aux appels de sa batterie, ou qui, étant dans une position quelconque d'absence légale, ne rejoint pas à l'époque qui lui est prescrite, sans justifier des motifs de son retard, est porté sur les contrôles, *absent illégalement*, et, à l'expiration des délais de repentir, il est déclaré déserteur. — Toutefois, s'il s'agit d'un militaire qui n'est pas rentré à l'expiration d'un congé, le capitaine doit immédiatement, et avant de le déclarer déserteur, écrire au commandant de la gendarmerie du lieu où le militaire jouissait de son congé, pour s'informer des motifs du retard, et s'assurer ainsi que l'homme n'a pas obtenu une prolongation de congé, qu'il n'est pas entré dans un hôpital, ou que, enfin, son retard n'a pas une cause légale. Ce n'est qu'après la réponse du commandant de la gendarmerie, et à l'expiration du délai de repentir, que le capitaine doit, s'il y a lieu, déclarer la désertion.

Il en est de même à l'égard d'un militaire en retard de rejoindre, qui viendrait du dépôt ou d'un autre corps ou batterie. Il faut alors s'enquérir des motifs de ce retard auprès des autorités qui ont dirigé l'homme, ou qui peuvent fournir des renseignements sur sa position; on évite ainsi de déclarer déserteurs des hommes dont la position serait régulière. (Instruction du 16 février 1847.)

§ 16. *Est réputé déserteur à l'ennemi :* 1° Celui qui, sans permission par écrit de son capitaine, a franchi les limites fixées par le commandant de la troupe dont il fait partie, sur les côtés par lesquels on peut communiquer avec l'ennemi. — 2° Celui qui est sorti d'une ville assiégée ou investie par l'ennemi, sans permission par écrit du commandant de la place. — 3° Celui qui, étant en faction ou en vedette en présence de l'ennemi, a, sans avoir rempli sa consigne, abandonné son poste pour ne songer qu'à sa propre sûreté. (Loi du 21 brumaire an V.)

§ 17. *Est réputé déserteur à l'étranger:* Celui qui, sans ordre ou permission de son supérieur, a franchi les limites fixées par le commandant de la troupe dont il fait partie, et qui est arrêté à moins de deux lieues (8 kilomètres) de l'extrême frontière, allant vers cette frontière, lorsque sa famille n'a pas son domicile dans ladite zone de deux lieues et du côté où il se dirigeait. (Loi du 19 vendémiaire an XII.)

§ 18. *Est réputé déserteur à l'intérieur:* Celui qui, sans permission, a dépassé les limites fixées par le commandant, du côté opposé à l'ennemi, soit au camp, soit en cantonnement, soit dans une place en état de siége.

Tout déserteur qui ne se trouve pas dans une des circonstances prévues aux §§ 16 et 17, est réputé déserteur à l'intérieur. (Loi du 21 brumaire an V.)

§ 19. *Pendant la guerre, est déclaré déserteur, quel que soit son temps de service:* 1° Celui qui, étant à l'armée ou dans une place de guerre, s'est absenté pendant 24 heures; pendant 48 heures, dans tout autre lieu. — 2° Celui qui, étant dans une position d'absence légale, a dépassé de 8 jours l'époque à laquelle il aurait dû avoir rejoint. (Arrêté du 19 vendémiaire an XII. — Instruction du 16 février 1847.)

Pendant la paix, est déclaré déserteur: 1° Celui qui, ayant plus de 6 mois de service, a abandonné son corps depuis 3 fois 24 heures, dans un camp ou une place de guerre, et depuis 8 jours, dans tout autre lieu. — 2° Celui qui, étant absent légalement, a, sans avoir justifié de son retard, dépassé de 15 jours l'époque à laquelle il aurait dû avoir rejoint. — Celui qui, ayant moins de 6 mois de service, abandonne son corps, dans un camp ou une place de guerre, pendant 15 jours consécutifs, et, dans tout autre lieu, pendant un mois. S'il est absent légalement, il n'est déclaré déserteur que 1 mois après le jour où il aurait dû avoir rejoint. — Les journées de repentir, accordées pendant la paix aux militaires ayant moins de 6 mois de service, ne peuvent jamais être réclamées pendant la guerre; ni en temps de paix par celui dont la désertion n'a pas été individuelle, ou qui a déserté étant de service, ou qui a emporté son vêtement de grande tenue, ou des effets d'armement, ou des effets de grand équipement. Il est déclaré déserteur après les délais fixés pour les militaires ayant plus de 6 mois de service. (Arrêté du 19 vendémiaire an XII. Loi du 15 juillet 1829.)

Les camps de manœuvres ou les cantonnements ne peuvent jamais être assimilés aux camps ou places de guerre dont il est question dans l'arrêté du 9 vendémiaire an XII. On ne doit considérer comme places de guerre que celles qui sont portées au tableau annexé à la circulaire du 25 octobre 1852.

§ 20. **POURSUITE DES DÉSERTEURS.** — Aussitôt que le commandant de la batterie reconnaît qu'un sous-officier, brigadier ou soldat est absent illégalement, il en avertit les autorités militaires ou civiles du lieu, et prend toutes les mesures convenables pour amener l'arrestation du délinquant.

Si ce militaire se représente volontairement, ou s'il est arrêté par la gendarmerie avant l'expiration du délai de repentir (§ 19), il n'est passible que d'une punition disciplinaire; cependant, s'il a emporté des effets d'habillement, d'armement ou de grand équipement, et ne peut les représenter, le capitaine porte plainte contre lui pour le fait seul de *soustraction* ou *dissipation* d'effets, etc.

Si, à l'expiration des délais de repentir, le délinquant ne s'est pas présenté ou n'a pas été arrêté, et si la batterie ou le détachement est stationné hors de France, son signalement (Modèle IX, n° 1, page 606) est adressé directement par le capitaine, en simple expédition: 1° au Ministre de la guerre (bureau de la justice militaire); 2° au Préfet du département ou des différents départements où l'homme est né, où il était domicilié, et où ces parents avaient leur domicile avant son entrée au service; 3° au colonel de la légion ou des légions de gendarmerie dans la circonscription desquels se trouvent ces départements (Tableau II, page 596). Pour le département de la Seine, le signalement est adressé à M. le Préfet de police.

Ce signalement est en outre transmis à toute autorité présumée à même de connaître la retraite du déserteur, ou en état de faire opérer son arrestation. — Dans la colonne d'observations du signalement adressé au Ministre, on doit indiquer l'envoi qui en a été fait au Préfet et aux autres autorités, ainsi que la date de l'envoi. Ces indications sont de rigueur.

Les signalements doivent être datés, rédigés et écrits avec soin; contenir succinctement tous les renseignements connus sur la position de l'homme au moment de sa désertion, et être signés par le capitaine.

Quand la batterie est stationnée en France, le capitaine se borne à faire connaître la désertion au chef de corps, qui seul doit signaler les déserteurs. (Instruction sur la désertion, du 16 février 1847.)

§ 21. **PLAINTE POUR DÉSERTION.** — A la rentrée du déserteur, soit volontairement, soit par suite d'arrestation, le capitaine examine si son absence peut être justifiée. Dans le cas de la négative, il le fait déposer à la prison militaire, et forme une plainte en désertion (Modèle XI, page 608), qu'il adresse sans délai, avec toutes les pièces à l'appui, et hiérarchiquement, au général commandant la division, lequel en donne récépissé. (Instruction du 16 février 1847.)

§ 22. ENVOI DU SIGNALEMENT N° 2. — Aussitôt que la décision du général de division est connue, soit pour la mise en jugement du déserteur, soit pour le non-lieu, et quand la batterie est hors de France, le capitaine adresse directement au Ministre et à toutes les autorités qui ont reçu le signalement de désertion, celui de rentrée (Modèle X, n° 2, page 607). L'expédition envoyée au Ministre fait connaître la décision prise par le général.

Si la troupe est stationnée en France, le capitaine donne avis de la rentrée du déserteur et de la décision du général au chef de corps, qui fait cesser les recherches par l'envoi du signalement n° 2. (Instruction du 16 février 1847.)

§ 23. PLAINTE POUR CRIMES OU DÉLITS. — La nomenclature des crimes et délits se trouve sur le livret de l'homme. — Porter plainte (Modèle XII, page 609) à l'autorité qui reçoit celle contre les déserteurs.

Toute plainte pour désertion, ou pour crime ou délit, doit être accompagnée des pièces suivantes: 1° le rapport du chef du détachement ou du poste; 2° l'état signalétique et des services du prévenu; 3° le relevé de son folio des punitions; 4° la situation de sa masse individuelle; 5° l'état des effets qu'il a emportés; 6° le procès-verbal d'arrestation, s'il y en a un; 7° toutes les pièces qui ont pu motiver la plainte, ou qui peuvent servir à la découverte de la vérité.

§ 24. SITUATIONS ET MUTATIONS. — Envoyer au dépôt, tous les 10 jours dans l'intérieur, tous les mois à l'armée, une situation de la batterie en hommes et en chevaux (Modèle XVI, page 611), avec les mutations de toute espèce donnant lieu à des gains et pertes dans l'effectif, ou changeant la position des hommes et des chevaux; les gains et pertes sont appuyés des pièces qui les constatent. — Indiquer la date, le genre et le lieu des décès, la commune et le département où se sont retirés les libérés, si l'homme a reçu le certificat de bonne conduite ou si ce certificat lui a été refusé (Note minist. du 24 juillet 1841). — Pour les hommes qui s'absentent temporairement, relater la situation de la masse. — Indiquer les changements dans le signalement physique des hommes et dans la robe des chevaux, les mouvements et changements généraux de la batterie, etc.

§ 25. **PIÈCES A L'APPUI DES MUTATIONS.** — 1° Titres en vertu desquels les incorporations ont eu lieu. — 2° Actes de décès. — 3° Jugements portant acquittement ou condamnation. — 4° Actes de rengagement ou d'exonération. — 5° Certificats, déclarations, copies d'ordres, etc., constatant les blessures, actions d'éclat, etc. — 6° En général, toutes les pièces justificatives que le commandant de la batterie peut avoir à sa disposition.

Les pertes en chevaux sont appuyées d'un procès-verbal (Modèle XIV, page 609) dressé par un sous-intendant militaire ou son suppléant. Le vétérinaire qui est appelé à le signer, doit en outre fournir, pour y être annexé, un procès-verbal d'autopsie (Modèle XV, page 610) [Instruction du 14 juin 1840]. La plupart de ces pièces accompagnent les feuilles de journées, ainsi que cela est rappelé au § 105.

§ 26. **SERVICE DE SANTÉ.** — S'il n'y a pas de médecin militaire désigné pour faire le service de santé de la batterie, en référer au sous-intendant militaire qui doit y pourvoir. Si un médecin civil est désigné pour faire ce service, le sous-intendant lui délivre une commission (Note minist. du 15 novembre 1845), et lui alloue une indemnité qui est fixée à 3 fr. par homme et par an; toutefois, le montant de cette indemnité ne doit jamais excéder 100 fr. par mois. (Circulaire minist. manuscrite du 16 octobre 1837.)

L'indemnité est ordonnancée par l'intendant sur le vu d'une déclaration (Modèle XIII, page 609), et imputée sur les fonds des hôpitaux.

Se conformer, pour les médicaments à tirer des hôpitaux, aux notes ministérielles des 3 février et 9 août 1843.

INFIRMERIES VÉTÉRINAIRES. — S'il n'y a pas de vétérinaire militaire attaché à la batterie, le capitaine en rend compte au sous-intendant qui désigne, pour y faire le service, un vétérinaire militaire, ou, à défaut, un vétérinaire civil. Dans le premier cas, il n'est point dû d'indemnité; dans le second cas, le sous-intendant fixe l'indemnité à payer au vétérinaire civil sur la masse de harnachement et ferrage.

Les médicaments sont tirés des hôpitaux militaires ou achetés directement par le capitaine. (Notes minist. des 29 oct. 1845, 15 avril 1851 et 3 janv. 1853.)

PRESTATIONS MILITAIRES.

§ 27. **PRESTATIONS EN ARGENT.** — 1° Solde et suppléments de solde. — 2° Hautes-paies journalières d'ancienneté. — 3° Hautes-paies journalières de rengagement. — 4° Indemnités représentatives de fourrages, de logement, d'ameublement, de frais de bureaux. Indemnités en remplacement de vivres; extraordinaires; en cas de rassemblement; pour pertes de chevaux ou d'effets; au vaguemestre. — 5° Gratifications; 1res mises aux sous-officiers promus officiers, aux instructeurs; 1res mises d'entrée en campagne. — 6° Masses individuelles; 1res mises et suppléments de 1res mises; primes journalières d'entretien. — 7° Masse générale d'entretien. — 8° Masse d'entretien de harnachement et ferrage. (Tableau III, page 597, et Tarifs I, II, III, pages 628, 630, 632.)

§ 28. **PRESTATIONS EN NATURE.** — Ce sont (Tableaux IV et V, pages 597 et 598): 1° Convois militaires, en route. — 2° Vivres-pain. — 3° Vivres de campagne. — 4° Liquides. — 5° Fourrages. — 6° Chauffage.

Nota. Toutes les règles d'allocations étant bien déterminées dans l'Ordonnance du 25 décembre 1837, dont un commandant de batterie ne peut se dispenser d'être muni, on ne mentionne ici que les règles générales, et les ordonnances et décisions qui ont modifié ce règlement.

§ 29. **ALLOCATIONS GÉNÉRALES.** — La solde de présence et les prestations en nature sont dues à la batterie, selon sa position, en station, en marche, en rassemblement, ou sur le pied de guerre.

§ 30. **ALLOCATIONS INDIVIDUELLES.** — La solde est due pour 30 jours par mois aux officiers, et pour tous les jours dont se compose le mois à la troupe.

Les journées manquant au mois de février pour compléter 30 jours sont payées aux officiers sur le pied de la solde attribuée au 28 ou au 29 de mois.

Prestations en argent.

§ 31. **SOLDE DE PRÉSENCE.** — La solde de présence est allouée aux officiers et aux élèves de l'école d'application, à compter du lendemain de leur arrivée au corps, ou du jour de leur départ pour rejoindre leur nouvelle destination; aux hommes de recrue, engagés volontaires, etc., du jour de leur arrivée au corps, s'ils n'ont point eu d'étapes à parcourir, et du lendemain, s'ils ont voyagé en détachement ou isolément.

§ 32. **SOLDE DE ROUTE EN DÉTACHEMENT.** — Elle n'est due qu'autant que le détachement forme un effectif de 6 hommes, au moins, du même corps. Toutefois, le détachement qui est réduit en route au-dessous de 6 hommes, continue à toucher la solde de route jusqu'à destination (Ordonnance du 25 décembre 1837; art. 56). — Elle est due aux détachements envoyés en service extérieur ou en cantonnement à 12 kilomètres au moins. (Décision minist. du 5 mai 1841.)

Elle cesse d'être due au détachement dont le séjour se prolonge au delà de 2 jours.

Elle est due aux chefs de détachement, chargés de conduire des hommes aux corps stationnés en Algérie, pour le temps de leur séjour sur le sol africain, c'est-à-dire, du jour de leur débarquement jusqu'à celui, exclus, de leur rembarquement pour France, sans distinction de quelques journées passées en mer, d'un point de la côte à un autre, sur le territoire de l'Algérie. Dans cette position, il n'est alloué ni vivres de campagne, ni indemnité de logement. (Dépêche minist. manuscrite du 1er janvier 1843.)

Les troupes en marche, qui font partie d'une armée ou d'un rassemblement sur le pied de guerre, et qui touchent soit les vivres de campagne soit l'indemnité de rassemblement, n'ont point droit à la solde de route. — Lorsque les hommes mis en marche ne sont pas en nombre suffisant pour former détachement, ils sont rappelés, à destination, des journées de route sur le pied de la solde sans vivres, cumulativement avec l'indemnité de route. (Ordonn. du 25 déc. 1837; art. 61.)

Les militaires appelés à se déplacer pour souscrire un acte de rengagement reçoivent la solde sans vivres, cumulativement avec l'indemnité de route. (Décis. minist. du 25 mars 1840.)

§ 33. SOLDE DU NOUVEAU GRADE. — Elle est due aux officiers promus, du jour du visa du sous-intendant militaire, s'ils ne changent pas de corps; ou du jour de départ pour leur nouvelle destination (Ordonnance du 25 décembre 1837; art. 32 et 34). — Les officiers qui, au moment de leur promotion, se trouvent en mission autorisée, ou détachés pour un service commandé, entrent en solde du jour où ils reçoivent l'avis de leur nomination. — Les officiers promus à un nouveau grade, et qui, devant changer de corps, sont retenus à leur ancien poste par ordre du Ministre et dans l'intérêt du service, entrent en jouissance de la solde affectée à leur nouveau grade à partir du jour où ils reçoivent avis de leur promotion. — Les officiers promus, qui sont en congé avant de se rendre à destination, n'entrent en solde du nouveau grade qu'à partir du lendemain de leur arrivée au corps (Décision minist. du 17 avril 1847). — Les officiers promus à un nouveau grade, étant à l'hôpital pour cause de blessures reçues devant l'ennemi ou dans un service commandé, jouissent de la solde du nouveau grade du jour où ils ont reçu leurs lettres de nomination (Décision minist. du 31 octobre 1848). — Les officiers sortant de l'école d'application, pour passer à des emplois d'officiers, ont droit à la solde de congé de sous-lieutenants élèves jusqu'au jour, exclus, déterminé par la date de la lettre de service qui les classe lieutenants en 2e. A partir de cette époque, ils touchent la solde de congé de leur nouveau grade, jusqu'au jour, inclus, de leur arrivée au régiment. — La date de l'entrée en solde est constatée, pour les officiers, par le visa du sous-intendant militaire, et, pour la troupe, par la mutation donnée à ce fonctionnaire. (Ordonnance du 25 décembre 1837; art. 100 et 491.)

§ 34. CHANGEMENT DE CORPS. — Les militaires changeant de corps par suite de promotion, sont payés de la solde de leur ancien grade jusqu'au jour, exclus, de leur départ. Cette règle s'applique aux nouveaux promus dans une portion de corps détachée.

Les sous-officiers, brigadiers et soldats venant d'autres corps dans l'Artillerie, sont payés de leur ancienne solde jusqu'au jour, exclus, de leur départ, et de la nouvelle depuis ce jour, inclus. (Décision impériale du 13 décembre 1854.) Dans ce cas, le rappel est fait sur le pied de la solde sans vivres.

Les hommes qui changent de corps pour convenances personnelles, bien qu'ils n'aient point droit à l'indemnité de route, touchent néanmoins la solde sans vivres. (Dépêche minist. manuscrite du 25 octobre 1841.)

§ 35. SOLDE D'ABSENCE, D'HÔPITAL. — Elle est due du jour de l'entrée à l'hôpital jusqu'au jour, exclus, de la sortie. (Ordonnance du 25 novembre 1837; art. 102). — Un militaire, réformé étant à l'hôpital, ne doit point rentrer à son corps; à sa sortie, il est dirigé sur ses foyers. (Note minist. du 20 août 1840). — Les militaires qui se rendent aux eaux thermales touchent la solde sans vivres, pendant la route, cumulativement avec l'indemnité de route.

Si les officiers sont traités à leurs frais pendant leur séjour aux eaux, ce qu'ils justifient par un certificat signé par le sous-intendant militaire, ils touchent la solde de présence. (Ordonnance du 25 décembre 1837, art. 106.)

§ 36. DOMESTIQUES D'OFFICIERS, AUX HÔPITAUX. — Aux armées, les officiers qui usent de la faculté de faire admettre leurs domestiques dans les hôpitaux ou ambulances de l'armée, supportent sur leur solde une retenue journalière de 1 fr. 50 c. Cette retenue ne cesse que lorsque les billets de sortie d'hôpital sont produits.

§ 37. SOLDE DE PERMISSION, DE CONGÉ. — En toute saison, les permissions donnent droit au rappel de la solde de congé, quand l'absence totale n'excède pas : 8 jours, pour les permissions données par les chefs de corps ; 15 jours, *idem* par le général de brigade ; 30 jours, *idem* par le général de division. — Toutes les fois que l'absence doit être de plus de 30 jours, elle est autorisée par un congé. — Les militaires en permission, en congé de semestre ou de convalescence, ont droit à la solde de congé fixée par les tarifs.

Le Ministre de la guerre peut, dans des cas exceptionnels, accorder des congés de convalescence avec solde de présence ; mais les prolongations de ces congés ne peuvent être qu'avec solde de congé. (Dépêche minist. manuscrite du 3 janv. 1840.)

Les congés en dehors des semestres ne sont accordés que par le Ministre ; ils donnent droit à la solde de congé, dans la limite de 6 mois seulement. (Dépêche minist. manuscrite du 6 juillet 1838.)

Les prolongations qui ont pour objet d'étendre au delà de 6 mois la durée totale de l'absence par permission ou congé, ne donnent point droit à la solde ; toutefois, les prolongations de congé de convalescence, accordées par le Ministre, sont toujours avec solde, quelle qu'en soit la durée. (Dépêche minist. manuscrite du 22 août 1839.)

Les militaires qui dépassent les limites de leurs congés sont privés de tout rappel pour le temps de leur absence ; cependant la déchéance prononcée par l'article 96 de l'ordonnance du 25 décembre 1837 ne peut, en aucun cas, affecter les prestations en deniers acquises pour un temps antérieur, même en position d'absence ; ainsi, ceux desdits militaires qui ont obtenu leur congé à la sortie de l'hôpital du lieu ou d'un hôpital externe, doivent recevoir le rappel de solde ou de prime journalière auquel ils ont droit pour la durée de leur séjour à l'hôpital. (Décision minist. du 29 janvier 1846.)

Les sous-officiers, brigadiers et soldats rentrant de congé ou des eaux sans rapporter de certificats de bonne conduite, sont privés de tout rappel de solde.

§ 38. RAPPELS DE SOLDE. — Tout militaire mis en jugement, acquitté, est rappelé de la solde de congé, depuis le jour de sa détention jusqu'à sa rentrée à la batterie ; condamné, il n'a droit à aucun rappel. S'il a été mis en jugement pour désertion, il n'a droit, même étant acquitté, à aucun rappel. — N'ont également droit à aucun rappel, pour tout le temps de la route, ceux qui rejoignent après avoir subi une détention par suite de jugement.

Les militaires conduits par la gendarmerie à une prison externe, pour y subir une peine disciplinaire, n'ont droit à aucune solde ; après leur détention, s'ils retournent librement au corps, ils touchent la solde sans vivres, cumulativement avec l'indemnité de route. (Décision minist. du 1er juin 1840.)

§ 39. **SOLDE DES OFFICIERS DÉCÉDÉS.** — La solde due par l'État aux officiers décédés est acquise, jusqu'au jour inclus de leur décès, à leurs héritiers ou ayants droit (Ordonnance du 25 décembre 1837; article 31). Cette solde est versée à la caisse des dépôts et consignations. (Ordonnance du 10 mai 1844; art. 140.) [Voy. § 109.]

La solde due, à quelque titre que ce soit, aux sous-officiers, brigadiers et soldats morts, ou ayant déserté, ou rayés des contrôles, soit pour longue absence, soit par suite de condamnation, est acquise à l'État.

§ 40. **ALLOCATION POUR LA FÊTE DE L'EMPEREUR.** — Il est alloué, le jour de la fête de l'Empereur, aux sous-officiers, brigadiers et soldats présents sous les armes, un supplément de solde destiné à l'Ordinaire, et qui consiste dans la moitié d'une journée de solde, suivant la position où les troupes se trouvent le jour même, soit en station, soit en routes, aux armées, ou dans l'intérieur; les enfants de troupe participent à cette allocation. — Les sous-officiers, brigadiers et soldats stationnés à Paris, Versailles et Saint-Germain-en-Laye et dans les places désignées à l'article 139 de l'ordonnance du 25 décembre 1837, ont droit, le jour de la fête de l'Empereur, à la moitié du supplément de solde de Paris.

§ 41. **SOLDE DES MILITAIRES EN REMONTE.** — Tout militaire employé au service de la remonte a droit à un supplément déterminé (Tarif III, page 632), à partir du lendemain de son arrivée au dépôt de remonte jusqu'au jour, inclus, de sa rentrée au corps, s'il y rentre avec un convoi de chevaux; jusqu'à la veille de son départ du dépôt de remonte, s'il rentre sans chevaux.

Les sous-officiers, brigadiers et soldats conduisant des chevaux de remonte, reçoivent, lors même qu'ils sont en nombre suffisant pour former détachement, l'indemnité de route, d'après les jours effectifs de route et de séjour, cumulativement avec la solde de station, mais sans le pain. (Ordonnance du 23 mars 1837; art. 56 et 148. Note minist. du 8 février 1842.)

§ 42. **SUPPLÉMENT DE SOLDE DES OUVRIERS DE BATTERIE.** — Le supplément de 5 centimes accordé aux ouvriers de batterie est dû pour les journées de station et de route; il n'est pas alloué pour les journées de solde sans vivres. (Dépêche ministérielle manuscrite du 19 juillet 1838.)

§ 43. HAUTE-PAIE JOURNALIÈRE DE CHEVRONS. — Elle est due aux sous-officiers, brigadiers et soldats légalement liés au service (Tarif III, page 632). Le 1er chevron est acquis à 7 ans de service; le 2e, à 11 ans; le 3e, à 15 ans. (Ordonnance du 25 décembre 1837: art. 149. Note minist. du 28 août 1839). — Voyez, pour la manière de déterminer les droits à cette haute-paie, l'Ordonnance précitée du 25 décembre 1837; art. 149 à 166.

HAUTE-PAIE DE RENGAGEMENT. — (Voy. page 556.)

§ 44. INDEMNITÉ REPRÉSENTATIVE DE FOURRAGES. — Les officiers allant en congé ou aux eaux, et emmenant les chevaux qui sont leur propriété (ils ne peuvent emmener ceux qui leur sont fournis à titre gratuit qu'en vertu d'une autorisation ministérielle, et, dans ce cas, la nourriture est à leur charge. Règlement du 3 juillet 1855; art. 13), ont droit, pour le temps de leur absence, à l'indemnité représentative de fourrages, à la charge par eux de produire les pièces justificatives prescrites par l'article 180 de l'ordonnance du 25 décembre 1837. — Quand ils voyagent isolément pour objet de service, ils ont la faculté d'opter entre la perception des fourrages en nature et l'allocation de l'indemnité représentative, pour ceux des chevaux attribués à leur grade qu'ils justifient avoir emmenés avec eux. Cette option est consignée sur la feuille de route, au moment du départ, et ne peut plus être changée pendant tout le temps que les officiers sont en marche. (Décision minist. du 19 octobre 1850.)

§ 45. FRAIS DE CONDUITE DES CHEVAUX D'OFFICIERS. — Dans toutes les positions où ils ont à franchir un trajet de plus de 4 étapes, les chevaux d'officiers sont conduits à destination, au compte de l'État, par des canonniers du corps. Toutefois, les officiers qui changent de corps, sur leur demande, ou qui se trouvent dans une position de congé, supportent les frais de la conduite. (Décision ministérielle du 17 juin 1852.)

§ 46. INDEMNITÉ DE LOGEMENT ET D'AMEUBLEMENT. — Elle est due aux officiers à partir du lendemain de leur arrivée dans une place pour y tenir garnison; en cas de départ, elle se paie pour la quinzaine commencée. — Les officiers appelés en témoignage, allant conduire des hommes de recrue, ou allant en remonte, conservent le droit au logement, s'ils en jouissaient au moment de leur départ. (Ordonnance du 25 décembre 1837.)

Ces dispositions sont applicables à tous les officiers d'artillerie chargés de la visite des armes dans les corps. (Décision ministérielle du 17 mars 1851.)

Les officiers d'artillerie, détachés dans les établissements de l'arme ou dans les places de l'intérieur, ont droit, dans toutes les positions d'absence, à l'indemnité de logement ou d'ameublement dont ils jouissaient au moment de leur départ. Dans le cas de changement de résidence, ces officiers ne conservent l'indemnité, s'ils sont présents, que pour la quinzaine commencée au jour de leur départ; s'ils sont absents, que pour la quinzaine dans laquelle leur est parvenu le nouvel ordre de service, sans toutefois que la même indemnité puisse être allouée pour la même quinzaine à leur nouvelle destination. (Décision minist. manuscrite du 26 novembre 1844.)

Pour l'indemnité de logement et d'ameublement des officiers détachés en Algérie, voyez le Tarif III, page 632 ; la Dépêche ministérielle du 19 octobre 1838; l'Arrêté du 29 octobre 1841 ; la Décision ministérielle du 27 septembre 1844; la Décision royale du 12 juin 1834, non insérée au Journal militaire.

§ 47. **FRAIS DE BUREAUX.** — Ils sont dus à la batterie, du jour de sa séparation de la portion principale du corps jusqu'au jour, inclus, de sa rentrée.

Ils sont destinés à subvenir aux dépenses pour achat et renouvellement des registres, imprimés, papier, fournitures de bureaux, passe de sacs, indemnité au maréchal-des-logis chef, etc.

Le capitaine perçoit les frais de bureaux avec ses appointements, et n'a pas à en justifier l'emploi.

§ 48. **INDEMNITÉS.** — Il peut y avoir lieu à indemnités: 1° En cas de rassemblement. 2° Pour pertes de chevaux ou d'effets. 3° En remplacement de vivres. (Tarif III, page 632.) [Ordonnance du 25 décembre 1837; art. 211, 212, 284.]

§ 49. **VAGUEMESTRE.** — Le vaguemestre d'une batterie détachée est nommé par le capitaine; celui de plusieurs batteries réunies, du même corps, est nommé par l'officier supérieur qui commande ces batteries. (Tarif III; page 632.)

§ 50. **GRATIFICATIONS DE 1re MISE.** — La gratification de 1re mise aux sous-officiers promus officiers est payée immédiatement, même à ceux qui passent à d'autres corps. (Tarif III, page 632.)

§ 51. **GRATIFICATIONS AUX INSTRUCTEURS.** — Les gratifications aux instructeurs, pour les batteries détachées hors de l'arrondissement d'inspection dans lequel est placé le conseil d'administration central, sont réglées ainsi qu'il suit : 50 fr., pour les batteries à cheval ou montées; 30 fr., pour les batteries non montées. (Instruction sur les inspections générales.)

§ 52. **GRATIFICATIONS D'ENTRÉE EN CAMPAGNE.** — Pour les gratifications d'entrée en campagne, voyez le Tarif III, page 632, et l'Ordonnance du 25 décembre 1837; art. 226.

§ 53. **MASSES INDIVIDUELLES. 1res MISES.** — Au moment de l'immatriculation, chaque soldat a droit à une 1re mise de petit équipement. (Tableau III, page 597.) [Ordonnance du 25 décembre 1837; art. 248.]

Les enfants de troupe, âgés de 14 ans, qui font le service comme titulaires trompettes ou musiciens, reçoivent la 1re mise et la prime journalière d'homme monté. (Dépêche minist. manuscrite du 9 octobre 1840.) Ils reçoivent la 1re mise et la prime d'homme non monté, s'ils sont employés dans les ateliers ou dans les bureaux des officiers comptables.

§ 54. **ENGAGEMENT DES ENFANTS DE TROUPE.** — Les enfants de troupe doivent, à l'âge de 18 ans, contracter un engagement; sinon, ils sont rayés des contrôles. Ils peuvent contracter cet engagement dès l'âge de 17 ans. (Décret du 10 juillet 1848.)

Si, à l'âge de 14 ans, les enfants de troupe ne font point le service de trompettes ou de musiciens, s'ils ne sont pas employés dans les ateliers ou dans les bureaux, ils doivent être rayés immédiatement des contrôles du corps. (Ordonnance du 14 avril 1832; art. 5. Ordonnance du 10 juillet 1837.)

§ 55. **PRIME JOURNALIÈRE.** — Elle a pour objet l'entretien et le renouvellement des effets de petit équipement des hommes; elle est allouée dans toutes les positions de présence; elle est également allouée dans toutes les positions d'absence légale, mais pendant 3 mois seulement. (Décret du 28 mars 1850, et Note minist. du 5 avril 1850.)

Les militaires conduits par la gendarmerie, pour subir une peine disciplinaire dans une prison externe, ont droit à la prime journalière. (Décision du 19 janvier 1842). — Le droit au rappel de la prime se perd dans les mêmes circonstances que le droit au rappel de solde. (Voy., pour l'administration de la masse individuelle, l'Ordonn. du 10 mai 1844 et la Décision minist. du 17 nov. 1853.)

§ 56. **MASSE GÉNÉRALE D'ENTRETIEN.** — Le conseil d'administration du corps, de concert avec le sous-intendant militaire, lors du départ d'une batterie, fixe, par aperçu, la somme que touchera mensuellement la batterie pour subvenir aux dépenses mises à la charge de cette masse, savoir: 1° frais de traitement des maladies légères; 2° réparations à l'habillement, au grand équipement et à la coiffure, non imputables aux hommes; 3° frais de déplacement pour aller chercher la solde, à raison de 0^{f}25 par kilomètre, tant pour l'aller que pour le retour (Circulaire du 23 mai 1808; Législation de Berriat, 3e vol., page 215); 4° fournitures de théories et règlements aux sous-officiers et brigadiers, et aux soldats proposés pour l'avancement (Décisions minist. des 14 juin 1845 et 7 juin 1850); 5° fournitures d'effets du petit équipement aux enfants de troupe qui n'ont pas de parents au corps (18 fr. par an et par enfant, au plus.) [Décision minist. du 10 décembre 1844]; 6° hache et scie pour la cuisine, et entretien de ces outils. (Instruction du 1er octobre 1840.)

§ 57. **MASSE D'ENTRETIEN DE HARNACHEMENT ET FERRAGE.** — La prime est allouée pour toutes les journées de présence des chevaux de troupe, tant en station qu'en route (Tableau III, page 597); elle est décomptée à raison de 27 fr. par an, ou $0^{f},07397$ par jour. — Les chevaux d'officiers, appartenant à l'État, n'ont pas droit à la prime; néanmoins leur ferrure est, comme celle des chevaux de troupe, au compte de la masse. — La masse est destinée à pourvoir aux dépenses ci-après: 1° entretien du harnachement et du ferrage; 2° achat et entretien des chambrières, plates-longes, caveçons, surfaix de manège, etc. (Décision minist. du 27 octobre 1821, et Circulaire du 27 juin 1822); 3° traitement des chevaux malades, et achats de médicaments; 4° éclairage des quartiers et écuries, et illuminations des casernes pour la fête de l'Empereur; 5° éclairage de l'école régimentaire (Lettre minist. manuscrite du 23 mars 1838); 6° achat et entretien des ustensiles d'écurie; 7° entretien des barres d'écurie (Circulaire du 14 septembre 1842); 8° achat de vanettes pour les écuries (Décision minist. du 8 novembre 1847); 9° dépenses diverses, accidentelles et imprévues.

Sont versés à cette masse: 1° le prix de vente des fumiers et de la dépouille des chevaux morts; 2° le prix de vente des poulains nés dans la batterie.

Prestations en nature.

§ 58. **CONVOIS MILITAIRES.** — Ils sont alloués à une batterie, à raison de:

1 voiture à 1 collier, pour un détachement de 25 à 149 hommes; 500 kil. ou 4 hommes avec sacs ou porte-manteaux;

1 voiture à 2 colliers pour un détachement de 150 à 374 hommes; 800 kil. ou 5 à 7 hommes avec sacs ou porte-manteaux;

Et ainsi de suite, selon l'effectif, en ajoutant un collier pour 125 hommes.

Les détachements de moins de 25 hommes, même quand ils sont commandés par un officier, n'ont pas droit aux fournitures de convois.

Il est accordé 1 voiture à 1 collier seulement pour le transport de la caisse et des papiers de la batterie ou de toute autre fraction de corps s'administrant séparément (Circulaire du 26 juin 1840). Ces fractions de corps doivent justifier, près du fonctionnaire de l'Intendance, de la nécessité d'avoir une caisse à leur suite, et de l'impossibilité d'en assurer le transport au moyen des convois ordinaires qui leur sont accordés. (Décision minist. du 20 février 1851.)

Les agents de transport ne peuvent jamais réduire de plus de 1 collier ceux qui sont alloués, et seulement dans le cas où les routes sont bonnes et les chevaux fournis assez forts pour que l'arrivée à destination ne soit pas retardée. (Note minist. du 6 juin 1831.)

Les moyens que le corps ou détachement a en propre, doivent entrer en déduction des allocations qui lui reviennent. (Circulaire du 26 juin 1852.)

Dans les pays de montagnes où il y a impossibilité absolue de se servir de voiture, les convois sont exécutés en partie par des chevaux de bât ou à dos de mulets, à raison de 125 kil. pour la charge de chaque animal, et en partie par des chevaux de selle. (Règlement du 31 décembre 1823; art. 23.)

2 chevaux de selle et 1 de bât	pour une voiture à	1 collier	125 kil.
3	*id.*	2	*id.*	2	*id.*	250 kil.
4	*id.*	2	*id.*	3	*id.*	375 kil.
6	*id.*	3	*id.*	4	*id.*	500 kil.

(Voyez le règlement précité, page 497; les lieux d'étapes où l'on ne peut se servir de voitures s'y trouvent désignés.)

§ 59. PAIN. — Il est dû, sur le pied de paix, aux sous-officiers, brigadiers, soldats et enfants de troupe en station et en route en détachement; et, sur le pied de guerre, aux officiers, sous-officiers, brigadiers et soldats. — Les militaires nourris chez l'habitant, en temps de guerre, n'y ont pas droit. (Ordonnance du 25 décembre 1837; art. 277.) [Tableau IV, page 597.]

§ 60. VIVRES DE CAMPAGNE. — Ils sont dus en temps de guerre; ils peuvent être distribués en temps de paix, sur l'ordre du Ministre, et dans ce cas, ils peuvent être remplacés par une indemnité représentative en argent. Les vivres de campagne se composent, outre le pain, de riz et de légumes secs (pois, fèves, haricots, lentilles), de sel, de viande fraîche, de bœuf salé, ou de lard salé; pour l'armée d'Afrique, de vin, ou de sucre et café. (Tableau IV, page 597.)

§ 61. LIQUIDES. — Le droit aux rations de liquide est acquis aux sous-officiers, brigadiers et soldats, lorsque des décisions ministérielles ou des ordres des généraux en ont prescrit la distribution. (Ordonnance du 25 décembre 1837; art. 285) [Tableau IV, page 597.]

Conformément à la décision impériale du 20 mars 1854, les rations extraordinaires de vin et d'eau-de-vie, sont remplacées par une indemnité fixée pour chaque division. (Tarif IV, page 634.)

La ration journalière d'eau-de-vie, dite *ration hygiénique,* allouée aux sous-officiers, brigadiers, soldats et enfants de troupe pendant la saison des chaleurs, est remplacée aussi par une indemnité fixée pour chaque division (Tarif IV, page 634). Cette indemnité n'est point due aux hommes présents à la salle des convalescents. (Décision du 12 mars 1846.)

Lorsque des allocations extraordinaires d'eau-de-vie sont autorisées, les corps y pourvoient directement au moyen d'une indemnité payable avec la solde. Le taux de cette indemnité, applicable à la ration de 1/16 de litre, est le double de celle qui est fixée pour la ration hygiénique (Décision minist. du 20 novembre 1851). Les enfants de troupe, au-dessous de 14 ans, n'ont pas droit à cette indemnité.

§ 62. **FOURRAGES.** — Les chevaux de troupe et ceux des officiers ont droit, dans toutes les positions, à des rations de fourrages (voy. page 220). — Les rations de fourrages sur le pied de route sont allouées à partir du jour du départ jusqu'au jour, inclus, de l'arrivée à destination. — Les rations de route sont également dues aux chevaux, toutes les fois que la troupe opère en dehors de sa garnison habituelle. (Décision ministérielle du 20 décembre 1851.) — Les chevaux de remonte participent aux distributions, à compter du jour de leur arrivée.

Les chevaux abattus ou vendus cessent d'être compris dans les allocations de fourrages, à compter du jour même de l'abattage ou de la remise au domaine. — Les chevaux morts à l'écurie, tués sur le champ de bataille ou pris par l'ennemi, comptent pour les fourrages jusqu'au jour, inclus, de la perte.

Un supplément d'avoine, égal à la différence de la ration de station à celle de route, est alloué, pendant les 3 jours qui précèdent le changement de garnison, aux chevaux qui ont pris part aux marches militaires prescrites par l'article 397 de l'ordonnance du 2 novembre 1833. (Voy. page 220.)

§ 63. **OFFICIERS PASSANT EN ALGÉRIE. — OFFICIERS EN RETRAITE.** — Les officiers passant de France en Algérie et réciproquement, les officiers admis à la retraite ou mis en non-activité par suppression d'emploi, les officiers mis en disponibilité ou passant dans une position non montée, sont admis, sur leur demande, à faire à leurs corps la remise des chevaux dont ils sont propriétaires.

La même faculté est accordée aux héritiers des officiers décédés en activité de service.

Le prix d'achat est fixé par une commission spéciale. (Décision minist. du 26 juin 1832.)

Sur le pied de guerre, et toutes les fois que les capitaines doivent avoir 3 chevaux, l'État leur en fournit 2. (Règlement du 3 juillet 1855.)

§ 64. **CHAUFFAGE.** — Sur le pied de paix, les sous-officiers, brigadiers, soldats et enfants de troupe ont seuls droit aux rations de chauffage. Elles ne peuvent être accordées, en temps de guerre, aux officiers, qu'en vertu d'une décision du général commandant en chef. (Ordonnance du 25 décembre 1837; art. 307.)

Le service du chauffage des troupes comporte deux systèmes différents d'allocation: *les rations collectives*, allouées aux corps qui ont des fourneaux économiques; *les rations individuelles*, allouées aux autres. (Tarifs V et VI, page 636 et 637.)

Les fournitures destinées à la cuisson des aliments, qu'elles soient collectives ou individuelles, sont désignées sous le titre de *rations de l'Ordinaire;* le taux est le même en été et en hiver.

Les fourneaux en service dans les casernes sont de 3 espèces, savoir: 1° fourneaux, ancien modèle, à 1 marmite; 2° fourneaux, ancien modèle, à 2 marmites; 3° fourneaux à la Choumara, à 2 marmites accouplées.

Les marmites sont généralement d'une contenance de 65 à 75 litres; mais il en existe de capacités supérieures, quelques-unes contiennent jusqu'à 100 litres.

Les foyers pour l'Ordinaire sont remis par les officiers du Génie. Si, par suite d'une diminution dans l'effectif, la batterie cesse d'avoir droit à tous les foyers qu'elle a à sa disposition, elle remet au Génie ceux qui sont de trop; s'il en manque, le capitaine en fait la demande au sous-intendant militaire. Le procès-verbal de délivrance ou de reprise est signé par le capitaine ou l'officier délégué à cet effet. (Ordonnance du 25 décembre 1837; art. 310 et 554.) Une expédition de ces procès-verbaux doit être jointe à la feuille de journées spéciale de chauffage. (Ordonnance du 25 décembre 1837; art. 534.)

Le nombre d'hommes auquel une marmite peut suffire est égal au nombre de litres de liquide qu'elle peut contenir. Cependant quelques hommes en plus, 10 au maximum, n'empêchent pas de faire la soupe pour tous avec la même marmite; dans ce cas, les 10 hommes en sus reçoivent la ration individuelle fixée par le tableau. Ces rations figurent sur la feuille de journées en hommes. (Tarif VI, page 637.)

§ 65. **DROIT AUX RATIONS DE CHAUFFAGE.** — Les distributions collectives ou individuelles de chauffage des chambres, en hiver, pour les troupes casernées, ont lieu selon les localités pendant 3, 4 ou 5 mois. (Instruction du 30 juin 1840.)

Les localités auxquelles s'applique chacune de ces 3 durées sont désignées sous le titre de: *région chaude*, *région tempérée*, *région froide*. Les allocations diffèrent par région. (Tableau V, page 598.)

Lorsque les troupes sont campées ou baraquées, les distributions de chauffage d'hiver commencent un mois plus tôt et finissent un mois plus tard que pour les troupes casernées.

Les troupes campées ou bivouaquées sans abris ont droit à un supplément de chauffage, en remplacement de paille de couchage. (Décis. minist. du 10 janvier 1852.)

Les militaires isolés ont droit au chauffage à partir du lendemain de leur arrivée dans la place. (Dépêche minist. du 14 juillet 1841.)

Le capitaine reste maître de la répartition intérieure du chauffage; il fait mettre en réserve, pour les grands froids, le combustible non consommé pendant les jours tempérés.

Quand une batterie est légalement autorisée à ouvrir une école, et qu'on a pu lui affecter un local, elle perçoit pour cette école une demi-ration de chambre.

Le chauffage des corps de garde est fourni à la batterie par suite d'ordres émanés des commandants des divisions et subdivisions militaires.

ADMINISTRATION ET COMPTABILITÉ.

Registres à tenir.

§ 66. Une batterie qui s'administre séparément doit tenir les livres ou registres suivants:

§ 67. **LIVRE DE DÉTAIL.** — Le livre de détail doit être conforme au modèle n° 35 de l'ordonnance du 10 mai 1844, et présenter les renseignements spécifiés dans chacun des dix-huit chapitres qui le composent. Il est renouvelé le 1er janvier de chaque année; celui de l'année précédente est déposé aux archives.

§ 68. **MATRICULE DU PERSONNEL, ET DES EFFETS ET ARMES EN SERVICE.** — Cette matricule est conforme au modèle n° 33 de l'ordonnance du 10 mai 1844, art. 138; elle est destinée à recevoir la transcription de tous les renseignements que présente le registre matricule du corps pour les sous-officiers, brigadiers et canonniers composant la batterie, ainsi que l'enregistrement des effets d'habillement, de coiffure, de grand équipement et d'armement qui leur sont distribués, avec indication des époques de réintégration en magasin, ou de pertes des effets de la 1re catégorie.

Les feuillets de la matricule sont individuels et mobiles; il y a un modèle spécial pour les officiers.

Les feuillets concernant les militaires qui cessent d'appartenir à la batterie sont détachés de la matricule, et remis ou envoyés, savoir: 1° Ceux des hommes qui changent de batterie ou qui passent à d'autres corps, à la nouvelle batterie ou au nouveau corps, aussitôt après la radiation des militaires des contrôles; ceux qui sont appelés à faire partie d'un détachement du corps sont remis à l'officier sous le commandement duquel passent les hommes. 2° Ceux des hommes renvoyés dans leurs foyers pour faire partie de la réserve, aux commandants des dépôts de recrutement, immédiatement après la délivrance des congés provisoires de libération. 3° Ceux des hommes qui cessent d'appartenir à l'armée, aux archives du corps.

Les feuillets détachés de la matricule, pour être envoyés à d'autres corps ou aux commandants des dépôts de recrutement, sont vérifiés et certifiés par le capitaine et visés par le sous-intendant militaire. Toutefois, la vérification du capitaine ne porte que sur les inscriptions qui y ont été faites depuis la séparation de la portion centrale.

Les feuillets que la batterie reçoit par suite d'incorporations sont envoyés au conseil d'administration central, aussitôt que les renseignements qu'ils présentent ont été reportés sur des feuillets provisoires qui sont anéantis à la réception des nouveaux feuillets que doit envoyer la portion centrale.

§ 69. FEUILLETS MOBILES. — Sur les feuillets mobiles, l'état civil ne peut recevoir de modifications que pour les mariages et décès, ou pour les rectifications qui sont communiquées par la portion centrale du corps.

L'état militaire se modifie par les promotions, les rengagements, les désertions, les jugements portant condamnation, la prise par l'ennemi, les congés illimités, les sorties de la batterie, les campagnes, blessures, actions d'éclat, etc. Aucune blessure ou action d'éclat ne peut être inscrite à la matricule, sans être appuyée d'un extrait dûment égalisé du rapport spécial de l'officier général commandant ou sans un ordre ministériel. (Règlement du 3 mai 1832, et Décision du 9 novembre 1845.)

Le signalement physique peut éprouver accidentellement des changements, tels que cicatrices et autres marques particulières apparentes; en même temps que ces changements sont notés par la batterie, le capitaine doit en informer la portion centrale du corps.

§ 70. **MATRICULE DES CHEVAUX ET DES EFFETS DE HARNACHEMENT EN SERVICE.** (Ordonnance du 10 mai 1844; art. 139, modèle n° 34.) — La matricule des chevaux est destinée à recevoir : d'une part, les inscriptions extraites de la matricule du corps, faisant connaître les dates de réception et d'arrivée de chaque cheval, son origine, son signalement, les effets de harnachement qui lui sont successivement affectés et le nom du canonnier auquel il appartient; d'autre part, à titre de renseignements sur l'état physique et sanitaire du cheval, son classement aux inspections générales, et la durée des séjours aux infirmeries, avec l'indication sommaire du genre des maladies; enfin, la date et les causes de la radiation des contrôles du corps.

Les feuillets de cette matricule sont individuels et mobiles; il en est établi de particuliers pour les chevaux d'officiers.

Les feuillets des chevaux morts, vendus ou abattus, sont envoyés aux archives du corps. Les prescriptions pour la transmission, la vérification et la conservation des feuillets des hommes, sont applicables à ceux des chevaux.

§ 71. **REGISTRE DES PUNITIONS.** — Le registre des punitions est établi en conformité de la décision ministérielle du 30 avril 1828 et de la note ministérielle du 5 février 1834. Il est à feuillets mobiles, lesquels suivent toujours ceux de la matricule; seulement, les feuillets des hommes libérés par anticipation sont envoyés à la portion centrale.

§ 72. **REGISTRE D'ORDRES.** — Le registre d'ordres d'une batterie est établi pour une année; il est conservé jusqu'à la rentrée de la batterie, pour être remis au lieutenant-colonel, qui fait brûler les anciens registres en sa présence, après avoir fait inscrire en tête du nouveau registre les ordres qu'il peut être utile de conserver. (Ordonnance du 2 novembre 1833; art. 13.)

Ce registre est tenu par le brigadier-fourrier. (Même ordonnance; art. 204.)

§ 73. **LIVRET D'ORDINAIRE** (Ordonnance du 2 novembre 1833; modèle n° 5). — Le livret d'Ordinaire est destiné à l'inscription des recettes et paiements de l'Ordinaire; il est signé tous les cinq jours par le maréchal-des-logis chef, qui est chargé d'inscrire les recettes, et par le brigadier chef d'Ordinaire ; il est vérifié par le lieutenant chargé de la direction de l'Ordinaire.

§ 74. **CAHIER D'ACQUITS.** — Ce cahier sert à justifier des paiements effectués jour par jour aux boulangers, bouchers, épiciers, etc. Les officiers doivent souvent se le faire représenter, et s'assurer qu'il n'est rien dû à ces fournisseurs.

§ 75. **REGISTRE-JOURNAL** (Ordonnance du 10 mai 1844; art. 125). — Le registre-journal (Modèle XVII, page 613) ne se renouvelle que quand il est épuisé ; on y inscrit jour par jour, en chiffres seulement, et par ordre de dates, toutes les recettes et dépenses faites pour le compte de la batterie. Chaque article reçoit un numéro d'ordre qui est aussitôt inscrit sur la pièce justificative; la série des numéros est annuelle; elle est distincte pour les recettes et pour les dépenses.

La balance des recettes et des dépenses est faite à la fin de chaque trimestre, et la situation de la caisse est remise immédiatement au sous-intendant militaire.

§ 76. **LIVRET DE SOLDE.** — Le livret de solde (Ordonnance du 25 décembre 1837; modèle n° 10), portant cessation de paiement au départ de la batterie, et indiquant la somme à percevoir par mois sur la masse générale d'entretien, est destiné à recevoir l'inscription par le payeur de toutes les sommes payées pour solde, masses, indemnités, et autres prestations de toute nature en deniers. On y inscrit, en outre, par ordre de dates, les versements effectués par le conseil d'administration central ou par d'autres corps, et les recettes intérieures de la batterie, telles que versements pour compléter les masses, produits de la vente des fumiers, de la dépouille des chevaux morts ou abattus, des poulains, etc.

Ce livret, signé par le capitaine, coté et paraphé par le sous-intendant militaire, se renouvelle le 1er janvier, et est joint à la comptabilité du 4e trimestre de chaque année; le nouveau livret doit rappeler l'arrêté du conseil central, déterminant la somme mensuelle à percevoir sur la masse générale d'entretien.

En cas de perte du livret, il en est délivré un duplicata sur la déclaration du capitaine, attestant la réalité de la perte ; cette déclaration est inscrite en tête du duplicata. Le nouveau livret doit porter la mention sommaire des sommes perçues qui avaient été inscrites sur le livret perdu.

Lorsque le payeur, en vertu d'opposition juridique, opère sur l'état de solde des officiers une retenue qui est inscrite sur le livret de solde, le capitaine se charge en recette du montant intégral de l'état, sans écriture au journal, et la somme retenue par le payeur est payée en moins à l'officier.

§ 77. **LIVRET D'ARMEMENT** (Règlement du 1er mars 1854; art. 37, modèle n° 1). — Les recettes et les versements y sont inscrits par le directeur d'artillerie, ou par l'officier qu'il délègue à cet effet, si la batterie se trouve dans le lieu même où les armes lui sont délivrées. Si la batterie est éloignée du lieu d'où les armes lui sont expédiées, le livret d'armement est adressé au directeur d'artillerie, et renvoyé au corps après l'inscription, par l'intermédiaire de l'intendance militaire (*idem;* art. 46). Ce livret ne se renouvelle qu'après épuisement.

Si le livret d'armement ne peut être envoyé, l'inscription de la recette d'armes est faite par le sous-intendant militaire chargé de la surveillance administrative de la batterie. Ce fonctionnaire est, dans ce cas, prévenu de l'envoi par le directeur d'artillerie, à qui il donne avis de l'inscription faite sur le livret de la batterie (*idem;* art. 47). Chaque année, au 31 décembre, le livret d'armement doit être arrêté par le capitaine et le sous-intendant militaire, de manière à faire ressortir clairement l'effectif des armes de chaque espèce. (*Idem;* art. 38.)

Dans les premiers jours de janvier, le capitaine adresse au Ministre une expédition de l'état de situation de l'armement de la batterie au 31 décembre de l'année précédente (art. 39 du règlement, modèle n° 11). Une seconde expédition est envoyée à la portion centrale avec le compte de gestion (§ 99).

§ 78. **REGISTRE DU VAGUEMESTRE** (Ordonnance du 2 novembre 1833; art. 150). — Il est divisé en deux parties. Sur la première, le vaguemestre enregistre les titres qu'il reçoit pour retirer de la poste les lettres chargées, les fonds, etc.; il y constate la remise qu'il en a faite aux ayants droit. Sur la seconde, il enregistre les divers chargements de lettres et les envois de fonds qu'il fait pour les militaires de la batterie.

§ 79. **REGISTRE DE L'ÉTAT CIVIL** (hors de France). — Le capitaine remplit les fonctions d'officier de l'état civil pour la rédaction des actes de naissance, de mariage et de décès; il a un registre sur papier libre, coté et paraphé par un sous-intendant militaire; un extrait de ce registre est adressé à la fin de chaque mois au Ministre. (Instruction du 8 mars 1823.)

Pour les testaments, legs, donations, inventaires, scellés, etc., consulter la même instruction.

RECETTES.

§ 80. MARCHÉS, ABONNEMENTS. — Le capitaine passe les marchés pour la vente des fumiers et des dépouilles des chevaux morts ou abattus; quant aux marchés d'achats d'effets de petit équipement, voy. § 113.

Il assure l'entretien de l'habillement, de la chaussure, du grand équipement, de l'armement, du harnachement et de la ferrure; de l'éclairage des corridors, escaliers, écuries. Il règle la fourniture et l'entretien des ustensiles d'écurie par le système *d'abonnement,* système auquel il donne autant que possible la préférence sur celui dit *par économie.*

DÉTACHEMENTS. — Il n'est pas tenu de comptabilité séparée pour les détachements de la batterie, quand bien même ils recevraient directement la solde des payeurs de la guerre. Le capitaine fait écriture sur son journal de toutes les recettes et dépenses relatives aux détachements.

Le relevé de centralisation doit donc comprendre la totalité des recettes et dépenses de la batterie, y compris les dépenses faites par ses subdivisions.

Tous mémoires, factures, etc., acquittés par des particuliers étrangers à la batterie, et avec lesquels il n'aurait pas été passé de marchés pour fournitures portées sur les dits mémoires et factures, sont légalisés par l'autorité du lieu, ou, à défaut, par l'autorité militaire administrative.

§ 81. SOLDE DES OFFICIERS, INDEMNITÉS, etc. — La solde des officiers, les indemnités de logement, de frais de bureaux, de vivres et de fourrages, le produit des masses individuelles et d'entretien, le produit de la masse de harnachement et ferrage, se perçoivent par mois et à terme échu.

Tout paiement de cette nature, à titre d'avance, est formellement interdit. Toutefois, si la batterie change de résidence dans la 2e quinzaine du mois, on peut établir un état de solde par anticipation, pour le paiement de la solde due aux officiers jusqu'au jour du départ exclusivement. (Ordonnance du 25 décembre 1837; art. 395.)

§ 82. SOLDE DE LA TROUPE. — La solde de la troupe et les suppléments acquittables avec la solde, les hautes-paies, l'indemnité au vaguemestre, ainsi que les indemnités en remplacement de vivres et liquides, et celles qui sont accordées en cas de rassemblement, sont perçus par quinzaine, à l'avance, le 1er et le 16 de chaque mois.

Aux armées, et lorsque les troupes reçoivent les vivres de campagne, ces perceptions n'ont lieu qu'à terme échu, à moins que la situation de la caisse de la batterie ne permette pas de faire l'avance du prêt. (Ordonnance du 25 décembre 1837; art. 396.)

§ 83. PERCEPTION DE LA SOLDE. — Les états établis, nominativement pour les officiers au dernier jour du mois échu, et numériquement pour la troupe au 1er et au 16 de chaque mois, sont certifiés par le capitaine, ordonnancés par le sous-intendant militaire, et acquittés à la date réelle du paiement.

§ 84. COUPURE. — La batterie passant du pied de paix au pied de guerre, et *vice versa*, il est fait une coupure dans les états de solde, au passage de la frontière, ou au jour de l'embarquement ou du débarquement pour rentrer dans l'intérieur. La coupure des états se fait à partir du jour où les allocations du pied de guerre commencent ou cessent d'avoir lieu.

§ 85. EMBARQUEMENT. — Pendant la traversée, tant en allant qu'en revenant, le département de la marine pourvoit au couchage des officiers et de la troupe, qui participent à la fourniture des vivres de bord et n'ont droit, en conséquence, pour ce même temps, qu'à la solde sur le pied de guerre.

§ 86. INDEMNITÉ DE ROUTE, CONVOIS MILITAIRES. — Les prestations, sous la dénomination de convois militaires et d'indemnité de route, se perçoivent au moyen de mandats délivrés par les sous-intendants militaires.

§ 87. PERCEPTION DES FOURNITURES EN NATURE. — Les prestations en nature, vivres, fourrages, chauffage et liquides, se distribuent à l'avance; en *marche* dans l'intérieur, les distributions ont lieu dans chaque gîte d'étape, sur des mandats délivrés d'avance par le sous-intendant militaire; en *station*, elles se font tous les quatre jours, même tous les trois ou tous les deux jours. — Le pain se distribue tous les deux jours.

Les distributions ont lieu sur des bons applicables au même mois, signés par le capitaine et visés par le sous-intendant militaire, lequel règle la composition des denrées qui doivent être mises en distribution; toutes celles qui composent la ration de fourrages sont portées sur le même bon. (Voy. page 220.)

§ 88. MOINS-PERÇUS. — Les moins-perçus en vivres, liquides, fourrages et chauffage, ne peuvent donner lieu à aucun rappel. (Ord. du 25 déc. 1837; art. 320.)

§ 89. RECETTES INTÉRIEURES. — *Toutes ces recettes devant figurer* au relevé de centralisation (Modèle XVIII, page 619), elles ont été rangées suivant l'application réglementaire qui leur est propre. Ce relevé est la seule pièce qui puisse fournir au capitaine les moyens de comparer le produit des allocations du trimestre avec les dépenses effectuées ; on ne peut donc se dispenser de l'établir pour être transmis, par le sous-intendant militaire, au conseil d'administration central auquel il est absolument nécessaire.

Le relevé du journal prescrit par le § 2 de l'art. 254 de l'Ordonnance du 10 mai 1844, devenant sans objet, n'est pas fourni. L'utilité de cette substitution est incontestable, et suffisamment autorisée par le dernier paragraphe dudit art. 254.

§ 90. MASSES INDIVIDUELLES. — La recette du produit des versements que font les hommes pour accroître leurs masses est faite en un seul article par trimestre, et appuyée d'un état nominatif.

La recette concernant les fonds de masse des hommes venus d'autres corps est justifiée par le bulletin de situation de l'avoir à la masse, transmis à la batterie.

Il est fait recette de la valeur estimative des effets de petit équipement détruits on dégradés par force majeure, suivant procès-verbaux, et dont le montant est imputé à la masse de harnachement ou à la masse générale d'entretien.

Lorsque la batterie a livré à d'autres corps des effets de petit équipement, le capitaine fait recette à la masse individuelle du montant de la facture.

§ 91. MASSE DE HARNACHEMENT ET FERRAGE. — La recette du produit de la vente des fumiers est constatée sur un état certifié par le capitaine et visé par le sous-intendant militaire. Les fumiers sont vendus avant d'être produits, ou par lots après extraction des écuries, de gré à gré, par voie d'adjudication sur soumissions cachetées, ou aux enchères publiques. Dans l'un ou l'autre cas, le sous-intendant militaire intervient afin que, de concert avec le capitaine, le mode de vente le plus avantageux pour l'État soit adopté.

La recette du produit des dépouilles des chevaux morts ou abattus est faite à la fin du trimestre, d'après un état sommaire des chevaux morts ou abattus pendant le trimestre, certifié par le capitaine et visé par le sous-intendant militaire, et d'après les bases d'un marché passé avec l'équarrisseur ou toute autre personne de la ville, et approuvé.

Les poulains sont remis au Domaine. (Note ministérielle du 2 juillet 1848.)

§ 92. **ENTRETIEN DES ARMES.** — Lorsque des pièces d'armes sont tirées du magasin de la batterie pour être remises au chef armurier, celui-ci doit tenir compte de la valeur de ces pièces d'armes aux prix de manufacture. La batterie en fait recette d'après le décompte établi sur un état.

§ 93. **FONDS DIVERS.** — Les mandats transmis directement à la batterie pour le traitement des membres de la Légion d'honneur et des décorés de la médaille militaire sont portés en recette aux *fonds divers*, qui reçoivent aussi les fonds de toute nature restés sans emploi.

§ 94. **VERSEMENTS DE FONDS D'UNE PORTION DU CORPS A UNE AUTRE.** — Les recettes concernant les versements de fonds d'une portion du corps à une autre se justifient par l'inscription faite sur le livret de solde, et, au besoin, par une pièce de recette portant déclaration de la somme reçue, soit en un mandat, soit pour réception d'imprimés, soit pour règlement de trop-perçu à la solde ou aux fournitures en nature, etc.

DÉPENSES. — MODE DE PAIEMENT.

§ 95. **SOLDE.** — 1° Solde des officiers, à terme échu, sur feuille d'émargement. — 2° Solde de la troupe, y compris la prime individuelle des adjudants, sur une feuille de prêt : à l'avance, sur le pied de paix; à terme échu, sur le pied de guerre, lorsque les vivres de campagne sont fournis et que la troupe ne fait pas Ordinaire (Ordonnance du 10 mai 1844; art. 154). — 3° Première mise d'équipement ou supplément de première mise aux sous-officiers promus officiers, ou adjudants, sur état nominatif émargé. — 4° Gratifications d'entrée en campagne, indemnités pour perte de chevaux ou d'effets, gratifications aux sous-officiers et brigadiers instructeurs, sur états émargés. (Ordonnance du 25 décembre 1837; modèles nos 44, 45 et 46, en ajoutant une colonne intitulée *Emargement.*)

§ 96. **MASSES INDIVIDUELLES.** — 1° Excédant du complet réglementaire. — 2° Avoir à la masse des hommes présents quittant le service; ou des sous-officiers promus officiers, adjudants, ou gardes; ou des hommes passant à d'autres corps. Pour ces derniers, les fonds sont versés chez un receveur du Trésor, qui en donne récépissé au bas du bulletin. — 3° Factures d'effets de petit équipement, achetés en vertu d'un marché. — 4° Factures d'effets expédiés à la batterie par la portion centrale du corps ou par les magasins de l'État (Règlement du 10 mai 1844; art. 222 et 223). — 5° Réparations de toute nature, exécutées à la charge de ces masses. — 6° Dégradations à la literie. — 7° Dégradations au casernement. — 8° Versement au Trésor de la valeur des matières neuves employées aux réparations des effets d'habillement ou de harnachement, au compte des hommes. — 9° Versement au Trésor de la moins-value des effets d'habillement, de grand équipement, de harnachement, de campement, perdus ou mis hors de service par la faute des hommes qui en étaient détenteurs. — 10° Versement au Trésor du prix intégral des armes perdues ou mises hors de service; versement au Trésor de la valeur des réparations des armes dégradées par la faute des hommes, quand ces réparations ont été exécutées dans les ateliers de l'Artillerie.

Chaque espèce d'effets, habillement, grand équipement, armement, harnachement, campement, etc., donne lieu à un versement distinct au Trésor.

§ 97. MASSE GÉNÉRALE D'ENTRETIEN. — 1° Dégradations aux instruments des trompettes ou à l'habillement et au grand équipement, par suite d'accidents, ou par force majeure suivant procès-verbaux. — 2° Abonnement de l'entretien de l'habillement. — 3° Abonnement de l'entretien du grand équipement. — 4° Indemnité de déplacement pour aller chercher la solde (§ 56). — 5° Versement au Trésor de la valeur des médicaments livrés à l'infirmerie des hommes par les hôpitaux militaires. — 6° Facture des objets divers livrés à la même infirmerie. — 7° Mémoire détaillé des objets fournis pour l'achat ou l'entretien des cibles. — 8° Prix aux plus adroits des meilleurs tireurs à la cible, pour le tir du mousqueton et du pistolet (10 fr. par batterie) [Instruction du 10 juin 1852, art. 99]. — 9° Quote-part des objets fournis à l'école de natation.

§ 98. MASSE DE HARNACHEMENT ET FERRAGE. — 1° Dégradations au harnachement, par force majeure suivant procès-verbaux. — 2° Versement au Trésor de la valeur des matières neuves employées aux réparations des schabraques. — 3° Abonnement à l'entretien du harnachement. — 4° Abonnement à l'entretien de la ferrure des chevaux de troupe et d'officiers, fournis par l'État. — 5° Versement au Trésor de la valeur des médicaments vétérinaires délivrés par les hôpitaux militaires. — 6° Mémoire détaillé des médicaments livrés par le commerce à l'infirmerie vétérinaire. — 7° Mémoire détaillé des objets de pansement fournis à la même infirmerie. — 8° Valeur des effets de petit équipement détruits, comme ayant servi à des chevaux atteints de maladies contagieuses. — 9° Dégradations aux écuries. — 10° Abonnement de l'éclairage des corridors, escaliers et écuries. — 11° Mémoire détaillé des lampions employés aux illuminations. — 12° Abonnement de la fourniture et de l'entretien des ustensiles d'écurie. — 13° Gratifications aux brigadiers et canonniers qui ont donné les soins les plus assidus à leurs chevaux.

§ 99. ENTRETIEN DES ARMES PORTATIVES. — L'abonnement est maintenu au chef armurier, quand la batterie est détachée dans l'intérieur, à proximité de la portion centrale (Règlement du 1er mars 1854; art. 124). Si la batterie est éloignée, le capitaine s'adresse au général commandant la division pour obtenir la désignation d'un corps dont le chef armurier soit tenu de réparer ses armes. (*Idem*; art. 125.)

Les réparations sont soldées d'après le tarif en vigueur (*idem*; art. 131). Si on est dans l'obligation de faire réparer les armes de la batterie par un armurier civil, on passe avec lui un marché; la prime ne peut dépasser 20 p. %. Dans ce cas, l'autorisation ministérielle est nécessaire. (*Idem*; art. 176.)

Il peut être accordé, en sus du prix de main-d'œuvre, au chef armurier d'un corps chargé de réparer les armes d'une batterie, 10 p. % dans l'intérieur, et 20 p. % hors du territoire. (*Idem*; art. 175.)

Si la batterie a été autorisée à faire réparer ses armes par la compagnie d'armuriers organisée à la suite de l'armée, il n'y a rien à payer, ni à porter en dépense dans le compte de gestion. Le capitaine se borne à verser le montant des réparations faites au compte des masses individuelles, et à remettre le récépissé à l'intendant militaire, qui le transmet au Ministre. (*Idem*; art. 177.)

Le compte de gestion établi par la batterie employée hors du territoire, et dont le dépôt est en France, doit être adressé, fin d'année, avec toutes les pièces justificatives à l'appui, au conseil d'administration central (*idem*; art. 180). Toutes factures quittancées par des fournisseurs, excédant la somme de 10 fr., doivent être sur papier timbré; les pièces de dépenses au-dessous de 10 fr. portent le titre de *quittance*, et doivent contenir le détail des objets fournis.

Les armes perdues par la faute des hommes sont portées en dépense à leurs comptes, au prix intégral de fabrication. Le montant en est versé au Trésor (*idem*; art. 67). Il en est de même pour les armes mises hors de service par la faute des hommes. (*Idem*; art. 68.)

§ 100. ÉCOLES. — Le capitaine ne peut faire aucune dépense à ses écoles qu'après en avoir référé au conseil d'administration central, qui peut autoriser les dépenses spéciales, basées sur les besoins de la batterie et sur les ressources disponibles à la portion principale du corps.

§ 101. FONDS DIVERS. — Le traitement des membres de la Légion d'honneur et des décorés de la médaille militaire, quand ce traitement est ordonnancé au titre de la batterie, est payé sur états nominatifs distincts pour chaque serie, portant émargement. (Modèle XIX, page 625.) (Voir la circ. du 15 juillet 1861.)

Le 1er janvier de chaque année, le capitaine envoie au conseil d'administration central une double expédition pour chacune des trois séries rappelées au Modèle XIX. Chaque intéressé signe l'état dans la dernière colonne, où il est mentionné qu'il demande que son traitement soit perçu par la portion centrale du corps. (Voir la circ. du 15 juil. 1861.)

§ 102. VERSEMENT DE FONDS D'UNE PORTION DU CORPS A UNE AUTRE. — 1° Les envois de fonds au conseil d'administration central, à titre d'excédant de recettes, se justifient par un récépissé du receveur des finances; 2° les remboursements à la batterie des moins-perçus à la solde, règlement de compte, etc., s'effectuent sur l'avis du conseil d'administration central.

PIÈCES A ADRESSER.

§ 103. AU MINISTRE DE LA GUERRE. — Dans les premiers jours de chaque mois: 1° Situation mensuelle prescrite par la décision ministérielle du 14 décembre 1849, n° 3, divisée en sept parties. — 2° Situation générale mensuelle prescrite par la note ministérielle du 30 décembre 1848. — 3° État nominatif mensuel des mutations survenues parmi les officiers (Décision ministérielle du 23 août 1845; modèle 2). — 4° Situation mensuelle en chevaux (Instruction du 31 mars 1849; modèle A). — 5° A l'armée, un extrait du registre de l'état civil (§ 79). — 6° A la fin de chaque trimestre, l'état général des chevaux, divisés en six tableaux (Circulaire ministérielle du 30 janvier 1836; modèle B, rectifié par l'instruction du 31 mars 1849). Joindre à l'état général du 4e trimestre, pour constater les sorties, un contrôle annuel des pertes et un état signalétique des versements à d'autres corps. — 7° Tous les trois mois,

Pour être adressé à la 2e division, 2e section.	Par une batterie détachée à l'armée.	Inventaire des armes, des matières et objets appartenant au service de l'Artillerie.
	Par une batterie détachée dans l'intérieur.	Même inventaire que ci-dessus, moins ce qui concerne l'armement. (Circulaire du 16 décembre 1852.)

8° A la fin d'année, la situation de l'armement. (§ 77.)

Tous ces états ou situation sont établis sur des imprimés fournis par le Ministre ou par la portion centrale du corps.

§ 104. **AUX OFFICIERS GÉNÉRAUX.** — Les diverses situations de la batterie suivant les modèles variables indiqués par les généraux de division et de brigade. Le capitaine doit en outre obtempérer à toutes les demandes de renseignements qui peuvent lui être faites par les officiers généraux commandants ou par leurs chefs d'état-major.

§ 105. **AU SOUS-INTENDANT MILITAIRE.** — La comptabilité trimestrielle.

Les feuilles de journées en hommes et en chevaux, et les feuilles spéciales de chauffage complétement remplies, en double expédition, sont remises au sous-intendant militaire, au plus tard dans les dix premiers jours de chaque trimestre, pour le trimestre expiré, avec les pièces à l'appui des mutations. Lorsque toutes les opérations concernant la comptabilité-finances du trimestre expiré sont terminées, le relevé de centralisation (Modèle XVIII, page 619), est remis avec le registre-journal (Modèle XVII, page 613) au sous-intendant militaire qui les vérifie sur pièces justificatives auxquelles on joint les marchés, soumissions, etc., ainsi que la feuille de masses individuelles et l'état comparatif des sommes perçues pour la solde de la troupe. (Ordonnance du 10 mai 1844; modèle 52.)

Le relevé de centralisation est accompagné: 1° de la situation des fonds en caisse, conforme aux résultats du relevé et du registre-journal au jour de l'inscription du dernier article de recettes et de dépenses afférentes au trimestre; 2° de l'état des effets de petit équipement, énonçant les recettes et consommations du trimestre, et présentant la valeur en argent de l'existant en magasin; 3° de l'état des pièces d'armes ou autres objets, donnant les mêmes renseignements que pour les effets de petit équipement.

Toutes ces pièces sont transmises par le sous-intendant militaire au conseil d'administration central, à l'exception du journal qui est rendu au capitaine.

Nota. Il n'est question ici que de l'envoi de la comptabilité trimestrielle. Les relations du commandant d'une batterie détachée avec le sous-intendant militaire étant très-multipliées, on ne saurait toutes les énumérer ici. (Voir les ordonnances, règlements et instructions en vigueur, notamment les ordonnances des 25 décembre 1837, 10 mai 1844, etc.)

§ 106. **AU CONSEIL D'ADMINISTRATION CENTRAL.** — 1° La situation de la batterie (§ 24), en y joignant les pièces justificatives des mutations qui ne sont pas exigées à l'appui des feuilles de journées, lesquelles parviennent à la portion centrale par l'intermédiaire du sous-intendant militaire. — 2° Le 15 juin, un état nominatif des hommes de la batterie auxquels il revient des effets d'habillement, de coiffure et de grand équipement, du 1er juillet de l'année courante au 31 décembre de l'année suivante. Le 15 décembre, un état semblable constatant les effets à remplacer dans le courant de l'année suivante (§ 114). Le 1er jour de chaque trimestre, un état des effets dus dans le trimestre suivant. — 3° Le 31 décembre de chaque année, en simple expédition, l'inventaire des matières et des effets qui se trouvent en la possession de la batterie au 31 décembre, service de l'habillement (Circulaire du 16 décembre 1851, et Lettre ministérielle du 28 décembre 1852). — 4° L'inventaire des effets de campement, au 1er jour du trimestre. — 5° L'inventaire des effets du service auxiliaire des lits militaires, *idem*. — 6° La situation des matières à la disposition de la batterie, *idem*. — 7° La situation des effets de harnachement existant dans la batterie, *idem*. — 8° La situation sommaire des effets de la 2e catégorie, de harnachement et des armes en service et en magasin dans la batterie, *idem*. — 9° L'état nominatif des hommes venus d'autres batteries ou passés à d'autres batteries du corps, indiquant les effets de la 2e catégorie dont ils étaient pourvus. — 10° Fin d'année, le compte de gestion de l'entretien des armes (§ 99). — 11° La situation de l'armement (§ 77). — 12° Les feuillets matricules et les feuillets de punitions (§ 68). — 13° L'état, en double expédition, pour les décorés (§ 101). — 14° La situation de l'avoir à la masse de tout homme passant dans une batterie stationnée où se trouve la portion centrale du corps, est envoyée en même temps que le feuillet matricule.

§ 107. AUX CONSEILS D'ADMINISTRATION D'AUTRES CORPS. — 1° Pour les sous-officiers, brigadiers et soldats, passant dans les autres corps, les feuillets mobiles. — 2° La situation de l'Avoir à la masse. — 3° Un mandat du receveur des finances. — 4° Un certificat de cessation de paiement, si l'homme n'a pas reçu de feuille de route. — 5° Un état des effets d'habillement et autres emportés. — 6° Pour les hommes qui auraient été mis en subsistance, un certificat constatant les journées pour lesquelles la prime individuelle est due (Ordonnance du 25 décembre 1837; modèle n° 19). — 7° Même certificat pour un cheval mis en subsistance, mentionnant le nombre de journées de masse de harnachement et ferrage à rappeler par le corps auquel appartient le cheval.

OBJETS DIVERS.

§ 108. **CAS DE FORCE MAJEURE.** — Si, par cas de force majeure, le capitaine perd des fonds ou des pièces de comptabilité, le sous-intendant militaire, ou, à défaut, l'officier général commandant dresse un procès-verbal détaillé et circonstancié de la perte. Le capitaine en réclame deux expéditions; il garde l'une pour sa décharge, il transmet l'autre au conseil d'administration central. Le montant de la perte des fonds est porté en dépense à la masse générale d'entretien.

Dans le cas de perte du registre-journal, le capitaine établit au moyen des pièces et notes qu'il a pu conserver, le relevé des recettes et dépenses depuis le dernier arrêté de comptabilité, lequel, approuvé par le sous-intendant militaire, est transmis au conseil d'administration central et transcrit sur le nouveau journal.

§ 109. **DÉCÈS DES OFFICIERS.** — Le traitement acquis aux officiers décédés est versé, sous la déduction de la somme qu'ils peuvent devoir à l'État ou au corps, et, s'il y a lieu, des frais de subsistance, d'inhumation et de traitement pour la dernière maladie, entre les mains du receveur des finances ou des payeurs d'armée, au titre de la caisse des dépôts et consignations, qui en demeure responsable envers les héritiers. Le décompte, qui sert de base au versement et à l'appui duquel doit rester le récépissé, fait connaître, le cas échéant, la cause de la différence entre le traitement intégral porté en dépense au journal et la somme mentionnée dans le récépissé.

§ 110. **DETTES.** — Si la dette de l'officier décédé excède le montant de sa créance sur le corps, le capitaine constate cette circonstance dans un décompte explicatif qu'il adresse immédiatement au sous-intendant militaire, et que celui-ci transmet avec ses observations à l'intendant militaire, qui le fait parvenir au Ministre, en donnant son avis sur la légalité des imputations mises à la charge de la succession. Au bas de ce décompte doivent être indiqués le dernier domicile du défunt, et, autant que possible, celui de ses héritiers. Un duplicata de cette pièce demeure entre les mains du capitaine comme justification de l'inscription au journal de la somme qu'il a payée.

§ 111. **ARMES.** — Les armes et les décorations de l'officier décédé ne sont jamais vendues; elles sont remises aux héritiers.

§ 112. **LOGEMENT CHEZ L'HABITANT.** — Soit en marche, soit à l'arrivée de la batterie dans une place pour y stationner, le logement chez l'habitant est dû pendant deux nuits au plus sans aucune indemnité.

Quand une batterie en station doit être logée chez l'habitant, l'indemnité de logement par nuit est fixée ainsi qu'il suit: Pour chaque adjudant et maréchal-des-logis chef, ayant droit de coucher seul, 15 c.; pour chacun des militaires de tous grades couchant à deux, 7c,5; pour un cheval, 5 c.

Si les habitants fournissent un lit complet dans des bâtiments appartenant à l'État, il leur est payé, pour chaque lit et par nuit, 10 c.

Les officiers ne peuvent prétendre à des billets de logement pour plus de trois nuits, après lesquelles ils sont tenus de se loger à leurs frais.

Un état nominatif (Modèle XX, page 626) est établi à la fin de chaque trimestre et au moment du départ de la batterie, et transmis au maire par le sous-intendant militaire. (Règlement du 20 juillet 1824.)

§ 113. RÉCEPTION D'EFFETS, DE COLIS, ETC. — Chaque trimestre, la batterie reçoit du dépôt du corps les effets d'habillement et de grand équipement qui lui sont nécessaires; elle reçoit également du corps ou des magasins de l'État les effets de petit équipement. — Il n'est fait d'achat d'effets de petit équipement par la batterie qu'en cas d'urgence; alors, les marchés sont passés dans la batterie avec le concours de tous les officiers qui en font partie. (Ordonnance du 10 mai 1844). — Les pièces d'armes sont aussi, ordinairement, envoyées du dépôt; mais elles peuvent être livrées soit par une direction d'artillerie, soit par une manufacture d'armes.

A l'arrivée des colis à la batterie et avant de les ouvrir, reconnaître l'état et le poids de chacun d'eux, en présence de l'agent des transports ou du voiturier. Si les effets sont arrivés en nombre exact et en bon état, en donner récépissé au bas de l'ordre de transport. Dans le cas contraire, ne donner décharge au voiturier que pour les objets reçus et suivant leur état; faire appeler le sous-intendant militaire ou son suppléant, qui dresse un procès-verbal constatant les pertes ou avaries reconnues. Ce procès-verbal, que signent le destinataire et l'agent des transports, indique à la charge de qui devra être mis le montant des pertes ou avaries constatées. Une expédition de ce procès-verbal doit être remise au destinataire par le sous-intendant militaire.

Aux armées, les colis devant être expédiés aux batteries de guerre par l'intermédiaire des magasins de l'État, on doit également faire appeler le sous-intendant militaire dans le cas de déficit ou d'avaries, et les indiquer par une annotion sur la facture d'envoi, faite par l'agent comptable du magasin expéditeur.

Quelle que soit la nature des effets à expédier, les colis doivent, autant que possible, ne renfermer que des effets de même nature, et porter extérieurement, en gros caractères, le numéro des colis et l'indication de la batterie ou du régiment sur lequel ils sont dirigés.

Il est expédié deux factures d'envoi; elles portent les numéros d'ordre des colis, le contenu de chacun en particulier, ainsi que son poids. L'une de ces factures reste entre les mains du destinataire; l'autre est renvoyée, acquittée, à l'expéditeur. Une troisième facture a dû être délivrée au sous-intendant militaire chargé d'établir l'ordre de transport.

§ 114. EFFETS A REMPLACER. — Afin que l'on puisse constater les besoins du corps, en effets d'habillement, de coiffure et de grand équipement, le capitaine adresse chaque année, au conseil d'administration central, des états nominatifs. (§ 106.)

§ 115. Le conseil d'administration central doit fournir à chaque commandant de batterie s'administrant séparément, tous les imprimés, modèles d'états, de situations, etc., et les instructions concernant la comptabilité, qui ne peuvent, vu leur multiplicité, trouver place dans ce travail; la plupart de ces modèles variables se trouvent à la suite de l'Ordonnance du 10 mai 1844.

INSTRUCTIONS. — 1° Sur les marques, empreintes et numéros à apposer sur les effets. 2° Effets à classer hors de service. 3° Versements et destinations à leur donner. 4° Remboursements pour effets perdus, dégradés ou détériorés. 5° Changements d'effets pour les hommes passant du service à pied au service à cheval, ou *vice versâ*. 6° Frais de confection et de réparations. 7° Compte des recettes et consommations, et pièces à y joindre. 8° Réception et versement d'effets de harnachement; entretien; désinfection; masse de garantie, fixée à 300 fr. pour le bourrelier. (Règlement du 9 avril 1848.) 9° Effets du Campement et du service auxiliaire des lits militaires.

§ 116. DIVISION DES EFFETS EN DEUX CATÉGORIES. — Les effets d'habillement, de coiffure et de grand équipement, sont classés sous les titres de *première et deuxième catégorie*. (Ordonnance du 10 mai 1844.)

§ 117. SUPPUTATION DE LA DURÉE RÉGLEMENTAIRE DES EFFETS. — La durée réglementaire des effets de la 1re catégorie est supputée par trimestre, depuis et y compris celui où la distribution en est faite par le magasin d'habillement. Lorsque les effets rentrent en magasin avant d'avoir accompli la durée réglementaire, elle est suspendue à compter du trimestre qui suit celui de la réintégration. Elle n'est pas suspendue pour les effets déposés en magasin par les hommes entrant en position d'absence.

La durée des effets de la 2e catégorie, des effets de harnachement et des instruments de musique, est supputée par année, et n'est pas suspendue par suite des réintégrations en magasin.

§ 118. MODE DE REMPLACEMENT DES EFFETS. — Les effets de la 1re catégorie sont remplacés au terme de la durée réglementaire, excepté ceux qui ont été réformés et pour qui l'époque du remplacement a été fixée par l'inspecteur général. Les effets de la 2e catégorie, ceux de harnachement et les instruments de musique, ne sont remplacés qu'après avoir été réformés par l'inspecteur général.

Le remplacement des effets et des armes, perdus ou mis hors de service, s'oppère dès que le fait a été dûment constaté.

§ 119. MODE DE DISTRIBUTION DES EFFETS. — Les hommes nouvellement immatriculés sont habillés et équipés dès leur arrivée au corps.

Ceux qui sont présumés devoir être renvoyés dans leurs foyers, os réformés à la première revue trimestrielle, ne reçoivent que les effetu qui leur sont rigoureusement nécessaires, lesquels sont pris parmi ceux en cours de durée ou même dont la durée est accomplie.

Les anciens soldats reçoivent à titre de remplacement, autant que possible, des effets neufs.

La distribution des effets de la 1re catégorie date toujours du trimestre pendant lequel elle est faite par le capitaine, alors même qu'elle n'a lieu que postérieurement aux époques déterminées, soit que les hommes à qui les effets revenaient à ces époques aient alors été absents, malades ou détenus, soit que la situation du magasin n'ait pas permis de les leur délivrer.

§ 120. HOMMES QUITTANT LE CORPS. — Aucun remplacement n'a lieu dans le semestre qui précède celui de la libération, c'est-à-dire, à compter du 30 juin, pour les hommes libérables le 31 décembre suivant. (Lettre ministérielle et explicative, du 2 novembre 1846.)

Les hommes qui sont désignés ou proposés pour quitter le corps avant l'époque de la libération, soit par congé illimité, soit par tout autre cause emportant la radiation des contrôles annuels, ne reçoivent pas d'effets de remplacement à partir de l'époque de la notification de l'ordre d'après lequel doit s'opérer cette radiation.

Ces dispositions ne sont appliquables ni aux militaires en instance pour obtenir la pension de retraite, ni à ceux qui doivent être libérés aux armées.

§ 121. EFFETS QUE LES HOMMES DOIVENT EMPORTER OU LAISSER EN CAS DE MUTATION. — Voyez le Tableau VI, page 599.

TABLEAUX, MODÈLES ET TARIFS.

TABLEAU 1.

§ 7. *Composition des batteries et des compagnies d'artillerie.*

(Décrets des 14 février 1854 et 20 décembre 1855.) *

DÉSIGNATION DES GRADES.	PIED de PAIX. Hommes.	PIED de PAIX. Chevaux de selle.	PIED de PAIX. Chevaux de trait.	PIED de rassemblement. Hommes.	PIED de rassemblement. Chevaux de selle.	PIED de rassemblement. Chevaux de trait.	PIED de GUERRE. Hommes.	PIED de GUERRE. Chevaux de selle.	PIED de GUERRE. Chevaux de trait.
Batterie à pied.									
Officiers. (Effectif commun à une batterie à pied, montée ou à cheval, et à une compagnie de canonniers-pontonniers) — Capitaines de 1re cl.	1	2	«	1	2	«	1	3	«
Capitaines de 2e cl.	1	2	«	1	2	«	1	3	«
Lieutenants de 1re cl.	1	1	«	1	1	«	1	2	«
Lieutenants de 2e cl. ou S.-lieuten.	1	1	«	1	1	«	1	2	«
Totaux	4	6	«	4	6	«	4	10	«
Troupe. — Maréchal-des-logis chef	1	«	«	1	«	«	1	«	«
Maréchaux-des-logis	6	«	«	6	«	«	6	«	«
Fourrier	1	«	«	1	«	«	1	«	«
Brigadiers	8	«	«	8	«	«	8	«	«
Artificiers	6	«	«	6	«	«	6	«	«
Canonniers-servants de 1re classe	30	«	«	50	«	«	70	«	«
Canonniers-servants de 2e classe	42	«	«	72	«	«	102	«	«
Ouvriers en fer et en bois	4	«	«	4	«	«	4	«	«
Trompettes	2	«	«	2	«	«	2	«	«
Totaux	100	«	«	150	«	«	200	«	«
Enfants de troupe. — Effectif commun à toute espèce de batteries et compagnies	2	«	«	2	«	«	2	«	«
Compagnie de canonniers-pontonniers.									
Troupe. — Maréchal-des-logis chef, ouvrier ou batelier	1	«	«	«	«	«	1	«	«
Maréchaux-des-logis. — *Bateliers* 4, Ouvrier en fer 1, Ouvrier en bois 1	6	«	«	«	«	«	6	«	«
Fourrier, batelier ou ouvrier	1	«	«	«	«	«	1	«	«
Brigadiers — Bateliers 4, Ouvrier en fer 1, Ouvrier en bois 1	6	«	«	«	«	«	6	«	«
Maîtres — Bateliers 4, Ouvrier en fer 4, Ouvrier en bois 4	12	«	«	«	«	«	12	«	«
Canonniers-pontonniers de 1re cl. — Bateliers 14 (22), Ouvriers 8 (12)	22	«	«	«	«	«	34	«	«
Canonniers-pontonniers de 2e cl. — Bateliers 34 (46), Ouvriers 16 (24)	50	«	«	«	«	«	70	«	«
Trompettes	2	«	«	«	«	«	2	«	«
Totaux	100	«	«	«	«	«	132	«	«

* (Voir page 639 l'organisation du 20 février 1860.)

DÉSIGNATION DES GRADES.	PIED DE PAIX.			PIED DE rassemblement			PIED DE GUERRE.		
	Hommes.	Chevaux		Hommes.	Chevaux		Hommes.	Chevaux	
		de selle.	de trait.		de selle.	de trait.		de selle.	de trait.
Batterie monté.									
Troupe . . Adjudant sous-officier. . . .	1	1	«	1	1	«	1	1	«
Troupe . . Maréchal-des-logis chef. . .	1	1	«	1	1	«	1	1	«
Troupe . . Maréchaux-des-logis	8	6	«	8	8	«	8	8	«
Troupe . . Fourriers	2	2	«	2	2	«	2	2	«
Troupe . . Brigadiers.	12	6	«	12	6	«	12	6	«
Troupe . . Artificiers	6	«	«	6	«	«	6	«	«
Troupe . . Canonniers-servants de 1re classe .	16	«	«	24	«	«	29	«	«
Troupe . . Canonniers-servants de 2e classe .	24	«	«	36	«	«	43	«	«
Troupe . . Canonniers-conducteurs de 1re classe .	16	«	40	28	«	90	48	«	180
Troupe . . Canonniers-conducteurs de 2e classe .	24			44			72		
Troupe . . Ouvrier en fer et en bois . .	4	«	«	4	«	«	4	«	«
Troupe . . Maréchaux ferrants	3	1	«	3	2	«	3	3	«
Troupe . . Bourreliers	2	«	«	2	«	«	2	«	«
Troupe . . Trompettes	3	2	«	3	2	«	3	3	«
Totaux	122	19	40	174	22	90	234	24	180
		59			112			204	
Batterie à cheval.									
Troupe . . Adjudant sous-officier. . . .	1	1	«	1	1	«	1	1	«
Troupe . . Maréchal-des-logis chef. . .	1	1	«	1	1	«	1	1	«
Troupe . . Maréchaux-des-logis	8	8	«	8	8	«	8	8	«
Troupe . . Fourriers	2	2	«	2	2	«	2	2	«
Troupe . . Brigadiers.	12	12	«	12	12	«	12	12	«
Troupe . . Artificiers	6	3	«	6	6	«	6	6	«
Troupe . . Canonniers-servants de 1re classe .	16	30	«	29	66	«	34	72	«
Troupe . . Canonniers-servants de 2e classe .	24			43			50		
Troupe . . Canonniers-conducteurs de 1re classe .	16	«	40	26	«	80	42	«	156
Troupe . . Canonniers-conducteurs de 2e classe .	24			38			62		
Troupe . . Ouvriers en fer et en bois. .	4	«	«	4	«	«	4	«	«
Troupe . . Maréchaux ferrants	3	1	«	3	2	«	3	3	«
Troupe . . Bourreliers	2	«	«	2	«	«	2	«	«
Troupe . . Trompettes	3	2	«	3	3	«	3	3	«
Totaux	122	60	40	178	101	80	230	108	156
Batterie de parc. — Compagnie de canonn.-conducteurs (pontonn.)		100			181			264	
Officiers . . Capitaine de 2e classe. . . .	1	2	«	«	«	«	1	3	«
Officiers . . Lieutenants de 1re classe	1	1	«	«	«	«	1	2	«
Officiers . . Lieutenants de 2e classe	1	1	«	«	«	«	1	2	«
Totaux	3	4	«	«	«	«	3	7	«
Troupe . . Maréchal-des-logis chef. . .	1	1	«	«	«	«	1	1	«
Troupe . . Maréchaux-des-logis	6	4	«	«	«	«	6	6	«
Troupe . . Fourrier.	1	1	«	«	«	«	1	1	«
Troupe . . Brigadiers	6	4	«	«	«	«	6	6	«
Troupe . . Canonniers-conducteurs de 1re classe .	20	«	40	«	«	«	54	«	200
Troupe . . Canonniers-conducteurs de 2e classe .	30						81		
Troupe . . Maréchaux ferrants	3	1	«	«	«	«	3	3	«
Troupe . . Bourreliers	2	«	«	«	«	«	2	«	«
Troupe . . Trompettes	4	1	«	«	«	«	4	4	«
Totaux	74	12	40	«	«	«	158	21	200
		52						221	

DÉSIGNATION DES GRADES.	PIED DE PAIX. Hommes.	PIED DE GUERRE. Hommes.	PIED DE GUERRE. Chevaux de selle.	OBSERVATIONS.
Compagnie d'ouvriers.				
Officiers. Capitaines de 1re classe	1	1	3	
Officiers. Capitaines de 2e classe	1	1	3	
Officiers. Lieutenants de 1re classe	1	1	2	
Officiers. Lieutenants de 2e cl. ou S.lieut.	1	1	2	
Totaux	4	4	10	
Troupe. Maréchal-des-logis chef, ouvrier en bois ou en fer	1	1	«	
Maréchaux-des-logis. Ouvriers en bois	3 } 6	6	«	dont 1 menuisier.
Maréchaux-des-logis. Ouvriers en fer	3			dont 1 serrurier.
Fourrier, ouvrier en fer ou en bois	1	1	«	
Brigadiers. Ouvriers en bois	3 } 6	6	«	
Brigadiers. Ouvriers en fer	3			
Maîtres. Forgeurs	3 } 12	12	«	
Maîtres. Serruriers	3			
Maîtres. Charrons	3			
Maîtres. Charpentiers ou menuisiers	3			
Canonniers-ouvriers de 1re classe	6	12	«	
Canonniers-ouvriers de 2e classe	12	24	«	
Canonniers-ouvriers de 3e classe	24	36	«	
Tromp. (dont 1 taill. et 1 cordonn.)	2	2	«	
Totaux	70	100	«	
Répartition des ouvriers entre les différentes professions.				
Brigadiers-maîtres et canonniers-ouvriers. Ouvriers en fer. Forgeurs	26 } 46	30 } 40	«	dont 2 ferblantiers. Surtout sur le pied de guerre.
Ouvriers en fer. Serruriers	14	16		
Ouvriers en bois. Charrons	10 } 20	24 } 44	«	dont 2 tonneliers.
Ouvriers en bois. Charpentiers	10	20		
Compagnie d'armuriers.				
Officiers. Capitaines de 1re classe		1	3	
Officiers. Capitaines de 2e classe		1	3	
Officiers. Lieutenants de 1re classe		1	2	
Officiers. Lieutenants de 2e classe ou s.-lieutenant		1	2	
Totaux		4	10	
Troupe. Maréchal-des-logis chef		1	«	
Maréchaux-des-logis. Platineurs		3 } 6	«	
Maréchaux-des-logis. Monteurs		2		
Maréchaux-des-logis. Limeurs de garnitures		1		
Fourrier		1	«	
Brigadiers. Platineurs		3 } 6	«	
Brigadiers. Monteurs		1		
Brigadiers. Limeurs de garnitures		2		
Maîtres. Platineurs		6 } 12	«	
Maîtres. Monteurs		3		
Maîtres. Limeurs de garnitures		3		
Canonniers-armuriers de 1re cl. Platineurs		12 } 24	«	
Canonniers-armuriers de 1re cl. Monteurs		6		
Canonniers-armuriers de 1re cl. Limeurs de garnit.		6		
Canonniers-armuriers de 2e cl. Platineurs		24 } 48	«	
Canonniers-armuriers de 2e cl. Monteurs		12		
Canonniers-armuriers de 2e cl. Limeurs de garnit.		12		
Trompettes (dont 1 tailleur et 1 cordonnier)		2	«	
Totaux		100	«	

TABLEAU II.

§. 20.

Légions de gendarmerie.

N° des légions.	CHEFS-LIEUX des LÉGIONS.	DÉPARTEMENTS.	N° des légions.	CHEFS-LIEUX des LÉGIONS.	DÉPARTEMENTS.
1re	PARIS.	Seine. — Seine-et-Oise. — Seine-et-Marne.	13e	TOULOUSE. . .	Haute-Garonne. — Tarn-et-Garonne. — Gers. — Hautes-Pyrénées.
2e	CHARTRES . .	Eure-et-Loire. — Loiret. — Orne. — Sarthe.	14e	CARCASSONNE.	Aude. — Tarn. — Pyrénées-Orientales. — Ariége.
3e	ROUEN	Seine-Inférieure. — Somme. — Oise. — Eure.	15e	NIMES.	Gard. — Ardèche. — Hérault. — Lozère.
4e	CAEN	Calvados. — Mayenne. — Manche.	16e	MARSEILLE . .	Bouches-du-Rhône. — Vaucluse. — Var. — Alpes-Maritimes.
5e	RENNES . . .	Ille-et-Vilaine. — Côtes-du-Nord. — Finistère.	17e	BASTIA	Corse.
6e	NANTES. . . .	Loire-Inférieure. — Maine-et-Loire. — Morbihan.	18e	VALENCE . . .	Drôme. — Basses-Alpes. — Hautes-Alpes.
7e	TOURS.	Indre-et-Loir. — Loir-et-Cher. — Vienne. — Indre.	19e	LYON	Rhône. — Saône-et-Loire. — Loire. — Haute-Loire.
8e	MOULINS . . .	Allier. — Puy-de-Dôme. — Nièvre. — Cher.	20e	DIJON	Côte-d'or. — Yonne. — Aube.
9e	NIORT.	Deux-Sèvres. — Vendée. — Charente-Inférieure.	21e	BESANÇON. . .	Doubs. — Jura. — Ain.
10e	BORDEAUX. . .	Gironde. — Charente. — Landes. — Basses-Pyrénées.	22e	NANCY	Meurthe. — Vosges. — Haute-Marne.
11e	LIMOGES . . .	Haute-Vienne. — Creuse. — Dordogne. — Corrèze.	23e	METZ	Moselle. — Meuse. — Marne. — Ardennes.
12e	CAHORS. . . .	Lot. — Lot-et-Garonne. — Aveyron. — Cantal.	24e	ARRAS	Pas-de-Calais. — Nord. — Aisne.
			25e	STRASBOURG. .	Bas-Rhin. — Haut-Rhin. — H.-Saône.
			26e	GRENOBLE. . .	Isère. — Savoie. — Haute-Savoie.
			AFR.	ALGER	Algérie.

TABLEAU III.

§§ 53, 54, 55, 56 et 57. ***Masses individuelles.***

DÉSIGNATION DES GRADES.	Fixation de la 1re mise.	Prime journalière.	Complet de la masse	SUPPLÉMENT de 1re mise aux Hommes à pied classés à cheval.	Hommes à cheval classés à pied.	S.-officiers promus adjudants.	OBSERVATIONS.
Ligne.	fr.	fr.	fr	fr.	fr.	fr.	(a) Ces suppléments sont applicables aux hommes venant d'autres corps. (b) Les adjudants de la ligne, passant avec leur emploi dans la Garde, reçoivent un supplément de 1re mise de 450 fr.
Hommes adjudants	«	0,36	«	«	«	170,00	
Hommes montés servants	74,00	0,14	55,00	40,00 a	«	«	
Hommes montés conducteurs	75,00	0,14	55,00		«	«	
Hommes non montés	49,00	0,10	40,00	«	10,00 a	«	
Garde.							
Adjudants	«	0,75	«	«	«	400 (b)	
Sous-officiers non montés	70,00	0,15	70,00	«	«	«	
Sous-officiers montés	80,00	0,18	65,00	50,00	«	«	
Brigad. et sold. non montés	65,00	0,15	60,00	«	30,00	«	
Brigad. et sold. montés	75,00	0,16	65,00	45,00	«	«	

Masse de harnachement et ferrage par cheval et par an, 27f; par jour, 0f,07397.

Le maximum d'entretien de la ferrure est de 1f25 par mois; 0f,04109589 par jour pour l'année de 365 jours et 0f,0409836 pour celle de 366 jours.

La prime annuelle pour l'entretien du harnachement est fixée à 13 fr. par cheval de selle ou de trait, indistinctement. (*Décision ministérielle du* 7 *sept.* 1852)

TABLEAUX IV.

§§ 28, 59, 60, 61 et 62. ***Composition des diverses rations.***

Rations de vivres de toute espèce.

Pain biscuité ou non	7 hect.	5 déc.
Biscuit	5 *id.*	5 *id.*
Viande fraîche ou bœuf salé	2 *id.*	5 *id.*
Lard salé	2 *id.*	« *id.*
Riz	« *id.*	3 *id.*
Légumes secs	« *id.*	6 *id.*
Sel	1/60	de kil.
Vin	1/4	de litre.
Bière ou cidre	1/2	*id.*
Eau-de-vie	1/16	*id.*
Vinaigre	1/20	*id.*

Observation. *Pain.* Il est de farine de pur froment, blutée à 20 p. 0/0; ce pain, appelé de munition, doit peser 1k,500 (2 rations).

Viande fraîche. La ration se compose de 3/4 de bœuf et 1/4 de vache ou mouton. Les pieds, les jarrets, les fressures, les têtes (à l'exception des bajoues), les suifs formant des masses volumineuses dans l'intérieur, ne peuvent faire partie des distributions.

Lard salé. La viande de cochon ladre, les pieds et les têtes des animaux abattus sont rejetés.

Bœuf salé. La tête, les pieds, les gros os à moelle et les jarrets coupés au-dessous de la jointure sont rejetés.

Vin. Il peut être blanc ou rouge.

Eau-de-vie. Elle doit être de vin ou de marc de raisin; celle de grains, de genièvre, peut être admise à défaut de celle de vin ou de marc, mais sur l'autorisation du sous-intendant militaire.

Vinaigre. Il doit être de vin; celui de bière peut être admis sur l'autorisation spéciale du Ministre ou de l'intendant.

Dans la distribution des vivres, une denrée ne peut être substituée à une autre sans l'autorisation du Ministre ou sans un ordre du général en chef.

Nota. La ration de vivres de campagne se compose de pain ou biscuit, viande fraîche, bœuf ou lard salé, riz ou légumes secs, sel, vin, ou sucre et café en Algérie.

§ 65.

TABLEAU V.

Circonscriptions pour le chauffage

DIVISIONS MILITAIRES.	DÉPARTEMENTS OU LE CHAUFFAGE DURE.			OBSERVATIONS.
	TROIS MOIS. Du 1er déc. au dernier jour de février incl.	QUATRE MOIS. Du 16 novembre au 15 mars inclus.	CINQ MOIS. Du 1er novembre au 31 mars inclus.	
	Région chaude.	Région tempérée.	Région froide.	
1re	. . . .	Tous ceux de la division.		
2e	. . . .	Eure. — Orne	Calvados. — Seine-Inferieure.	**Nota.** Bien que le département de la Seine (1re division) se trouve dans la région tempérée, le chauffage des chambres des troupes formant la garnison de Paris, et des forts et postes-casernes, est perçu aux taux fixés pour la région froide, mais sans modification de la durée déterminée pour la région tempérée. Cette disposition est également applicable à la garnison du Mont-Valérien.
3e	. . . .	. . . .	Tous ceux de la division.	
4e	. . . .	. . . .	*Idem.*	
5e	. . . .	. . . .	*Idem.*	
6e	. . . .	. . . .	*Idem.*	
7e	. . . .	Côte-d'Or	Doubs. — Jura. — Haute-Saône. — Haute-Marne.	
8e	Ardèche.	Rhône. — Loire. — Drôme. — Saône-et-Loire	Ain. — Isère. — Hautes-Alpes.	
9e	Bouches-du-Rhône. — Var	Vaucluse	Basses-Alpes.	
10e	Hérault. — Gard	. . . .	Lozère. — Aveyron.	
11e	Aude	Pyrénées-orientales. — Ariège . .	Place de Montlouis.	
12e	. . . .	Tous ceux de la division.		
13e	. . . .	*Idem.*		
14e	. . . .	Gironde. — Charente. — Dordogne. Lot-et-Garonne	Charente-Inférieure.	
15e	. . . .	Maine-et-Loire. — Deux-Sèvres . .	Loire-Inférieure. — Vendée.	
16e	. . . .	Mayenne	Ille-et-Vilaine. — Morbihan. — Finistère. — Côtes-du-Nord. — Manche.	
17e	Places de Corte, Prunelli, Vivario, Vizzavona, Boccognagno et Sartène			
18e	. . . .	Tous ceux de la division.		
19e	. . . .	*Idem.*		
20e	. . . .	. . . .	Tous ceux de la division.	
21e	. . . .	Haute-Vienne. — Creuse	Corrèze.	
Algérie.	Le gouverneur général détermine les places où il y a lieu d'allouer des rations de chambres.			

TABLEAU VI.

§ 121. *Effets d'habillement que les hommes emportent, en cas de mutation.*

		TROUPES A PIED.						TROUPES A CHEVAL.							
		HABIT DE grande tenue.	HABIT DE petite tenue.	Veste.	Pantalon d'ordonn.	Bonnet de police.	Schako.	HABIT DE grande tenue.	HABIT DE petite tenue.	Veste.	PANTAL. d'ordonn.	PANTAL. de cheval.	Bonnet de police.	Schako.	Porte-manteau.
1° Sous-officiers promus		1	1	«	1	1	«	1	1	«	«	1	1	«	«
2° Hommes admis à la retraite	S.-offic.	1	1	«	1	1	1	1	1	«	«	1	1	1	1
	Soldats	1	«	1	1	1	1	1	«	1	«	1	1	1	1
3° Congédiés ou réform. pr suite de blessures ou d'infirmit. contractées au service. — Envoyés en congé d'un an renouvelable	S.-offic.	1	1	«	1	1	«	1	1	«	«	1	1	«	1
	Soldats	1	«	1	1	1	«	1	«	1	«	1	1	«	1
4° Semestriers	S.-offic.	1	1	«	1	1	1	1	1	«	1	1	1	1	1
	Soldats	1	«	1	1	1	1	1	«	1	1	1	1	1	1
5° Renvoyés dans leurs foyers pour inaptitude au service. — Passant d'un corps de quelque arme que ce soit, dans une compagnie de discipline, et vice-versa. — Détenus. — Mis en jugement	S.-offic.	«	1	«	1	1	«	«	1	«	«	1	1	«	1
	Soldats	«	«	1	1	1	«	«	«	1	«	1	1	«	1
6° Passant d'un corps de ligne dans la gendarmerie ou dans la garde de Paris.	S.-offic.	«	1	«	1	1	«	«	1	«	«	1	1	«	1
	Soldats	«	«	1	1	1	«	«	«	1	«	1	1	«	1
7° Passant d'un corps dans un autre corps dont l'uniforme est le même, sauf quelques accessoires.	S.-offic.	1	1	«	1	1	1	1	1	«	1	1	1	1	1
	Soldats	1	«	1	1	1	1	1	«	1	1	1	1	1	1
8° Passant d'un corps dans un autre corps dont l'uniforme est différent.	S.-offic.	«	1	«	1	1	«	«	1	«	«	1	1	«	1
	Soldats	«	«	1	1	1	«	«	«	1	«	1	1	«	1

Les adjudants sous-officiers et les maîtres-ouvriers emportent la totalité des effets dont l'entretien et le remplacement sont à leur charge. Les hommes montés qui se retirent définitivement du service ou qui passent dans un corps où leurs porte-manteaux ne seraient pas d'uniforme, ne doivent emporter que des porte-manteaux réformés ou dans la dernière année de durée.

Dans les catégories 1, 2, 4, 7, 8, les hommes emportent leurs propres effets ; dans toutes les autres catégories, et lorsque ces effets sont de distribution récente, ils doivent être échangés contre des objets ayant parcouru au moins la moitié de leur durée.

Enfin, les effets emportés par un homme passant d'un corps à un autre doivent être maintenus en service jusqu'à l'expiration de la durée légale, dans toutes les positions, les sous-officiers, brigadiers et soldats conservent, en sus des effets ci-dessus désignés, le pantalon de cheval ou d'ordonnance dont la durée est expirée, ainsi que tous les effets dont l'achat et l'entretien sont au compte de la masse individuelle.

Les semestriers susceptibles d'être libérés par anticipation, avant leur rentrée au corps, ne doivent emporter que les effets indiqués au n° 5 ; mais, à l'exception du porte-manteau, s'il a encore une longue durée à parcourir, les effets ne sont pas échangés contre d'autres (*Circulaire du 1er juin* 1835).

Les hommes allant aux eaux de Barèges doivent emporter le manteau (*Lettre minist. du* 23 *juin* 1847). — D'après les circul. des 15 nov. 1831 et 7 mai 1832, les hommes passant dans la Garde de Paris ou la Gendarmerie, ne doivent emporter que des effets pris parmi ceux qui ont atteint le terme de la durée.

DIVISION
MILITAIRE.
—
PLACE
d

§ 10. MODÈLE I.

Loi du 26 avril 1855.
—
Instruction ministérielle du 26 janvier 1856, nº 19.

Désigner le corps et la portion du corps.

Déclaration pour l'admission à l'exonération, faite par le sieur (1)

(1) Nom, prénoms, et grade du déclarant.

(2) Grade du chef de corps.

(3) Désigner le corps.

(4) Si le déclarant ne sait pas signer, il apposera sa croix.

Je, soussigné, déclare que je désire être admis à l'exonération du service par le versement de la prestation dont le taux a été fixé pour l'année
par l'arrêté du Ministre de la guerre en date du
18 .

En conséquence, je demande que M. (2)
commandant le (3)
veuille bien me délivrer l'autorisation nécessaire à cet effet.

Fait à , le 18 .

(Signature du déclarant [4].)

(5) Grade de l'officier.

(6) La batterie ou la compagnie.

Vu et certifié par nous (5)
commandant (6)
la présente déclaration.

A , le 18 .

Le (2) commandant le (3)
déclare que la demande du
Sieur est (ou n'est pas)
admissible (7).

A , le 18 .

(7) Indiquer succinctement les motifs.

(8) Porter ici la mention : *approuvé* ou *rejeté*.

Vu et (8)

Le Général de brigade,

• DIVISION

MILITAIRE.

—

PLACE

d

Loi du 26 avril 1855.

—

Art. 43 du Règlement.

§ 10. MODÈLE II.

Désigner le corps et la portion du corps.

Acte d'exonération du service d'un militaire sous les drapeaux.

Nous, Membres du Conseil d'administration du (1) , d'après la demande d'exonération approuvée par (2) , le (3) , et qui nous a été représentée,

Certifions que le nommé (4) , porté sur le registre matricule du corps sous le n° , né le , à canton d , département d , taille d'un mètre millimètres, cheveux , sourcils , yeux , front , nez , bouche , menton , visage , après nous avoir présenté un récépissé en date du , constatant le versement, à la caisse de la Dotation de l'armée, de la somme de francs, montant de la prestation fixée par l'arrêté du Ministre de la guerre en date du , a été admis à l'exonération du service militaire, en conformité de l'art. 8 de la loi du 26 avril 1855.

En conséquence, il est permis au nommé de quitter le corps, sans pouvoir être inquiété pour raison de service militaire.

L'exonéré a déclaré vouloir se retirer dans la commune d , canton d , département d .

Fait à , le 18 , en présence du nommé , qui a signé avec nous le présent, après lecture.

L'exonéré,

Les Membres du Conseil d'administration,

Vu : *Le Sous-Intendant militaire chargé de la surveillance administrative du corps,*

(1) Désignation du corps.

(2) Indication de l'officier général qui a approuvé la demande d'exonération.

(3) Date de l'approbation.

(4) Nom, prénoms et grade du militaire.

DIVISION

MILITAIRE.

—

DÉPARTEMENT

d

—

PLACE

d

Loi du 26 avril 1855.

—

Art. 44 du Règlement.

§ 10. MODÈLE III.

Certificat constatant qu'un militaire a été exonéré du service, conformément à l'article 8 de la loi du 26 avril 1855.

Désigner le corps et la portion du corps.

(1) Nom, prénoms, grade, batterie ou compagnie du militaire exonéré.

Nous, Membres composant le Conseil d'administration, attestons que le nommé (1) , fils d , et d , domiciliés à , canton d , département d , né le , à , canton d , département d , taille d'un mètre millimètres, cheveux , sourcils , yeux , front , nez , bouche , menton , visage , porté sur le registre matricule du corps sous le n° , a été exonéré du service en conformité de l'article 8 de la loi du 26 avril 1855, après avoir justifié du paiement de la prestation individuelle fixée par l'arrêté du ministre de la guerre, en date du 18 , pour l'année 18 .

En foi de quoi nous lui avons délivré le présent certificat.

Fait à , le 18 .

Les Membres du Conseil d'administration,

Vu:

Le Sous-Intendant militaire chargé de la surveillance administrative du corps,

NOTA. Dans les corps ou établissements où il n'existe pas de Conseil d'administration, le présent certificat est délivré par l'officier commandant.

DÉPENSE
imputable à la Caisse
de la
Dotation de l'armée.

PRIME
DE RENGAGEMENT.

trimestre 18 .

§ 11. MODÈLE IV.

Loi du 26 avril 1855.

Instruction ministérielle
du 26 janvier 1856, nº 1.

Désigner le corps
et
la portion du corps.

Feuille individuelle pour servir à constater le paiement de la prime de rengagement à un militaire du corps.

Nº du contrôle annuel.	Nº du registre matricule.	NOM, PRÉNOMS et surnoms.	GRADE.	DATE de la naissance.	DURÉE du service accompli.	Date à partir de laquelle commence à courir le rengagement.	MUTATION. (1)	MONTANT de la prime.	DATE du paiement.	ÉMARGEMENT portant quittance. (2)

(1) On indiquera dans cette colonne le montant des à-compte payés sur la prime.
(2) L'officier de section signera pour les hommes qui ne le pourront.
(3) Trésorier ou capitaine-commandant, suivant le cas.
(4) Pour les corps où cet emploi existe.

Vu par nous, Major (4), pour autorisation de paiement,

CERTIFIÉ par nous (3), la présente Feuille individuelle s'élevant à la somme de

A , le 18 .

Vu et vérifié après paiement, par nous, Sous-Intendant militaire chargé de la surveillance administrative du corps.

DÉPENSE
imputable à la Caisse
de la
Dotation de l'armée.

HAUTE-PAIE
DE RENGAGEMENT.

Mois d

§ 11. MODÈLE V.

Loi du 26 avril 1855.

Instruction ministérielle
du 26 janvier 1856, nº 1.

Désigner le corps
et
la portion du corps.

Feuille de dépense du au 18 .

NOMBRE				MONTANT de la dépense.	OBSERVATIONS.
D'HOMMES JOUISSANT de la haute-paie		DE JOURNÉES			
à 10 centimes.	à 20 centimes.	à 10 centimes.	à 20 centimes.		

(1) Grade de l'officier commandant.
(2) La batterie ou la compagnie.

CERTIFIÉ par nous (1), Commandant (2) , la présente Feuille de dépense, montant à la somme de , dont quittance.

A , le 18 .

DÉPENSE
imputable à la Caisse
de la
Dotation de l'armée.

HAUTE-PAIE
DE RENGAGEMENT.

• trimestre 18 .

§ 11. MODÈLE VI.

Désigner le corps
et
la portion du corps.

Loi du 26 avril 1855.

Instruction ministérielle
du 26 janvier 1856, n° 1.

Feuille numérique des sous-officiers, brigadiers et soldats auxquels la haute-paie de rengagement a été allouée pendant les mois d 18 .

	EFFECTIF DES HOMMES jouissant de la haute-paie		NOMBRE DE JOURNÉES de haute-paie	
	à 10 c.	à 20 c.	à 10 c.	à 20 c.
Effectif des hommes présents au 1er jour du trimestre, et nombre de journées qui en résulte A augmenter par suite des mutations et des mouvements survenus pendant le trimestre, d'après l'état ci-joint				
Totaux				
A diminuer pour les mêmes motifs				
Effectif au dernier jour du trimestre, et totaux des journées de haute-paie.				

DÉCOMPTE.	MONTANT DE LA DÉPENSE.
journées à 10 centimes . . .	
journées à 20 centimes . . .	
Total	

Certifié par nous(1), , la présente Feuille numérique, s'élevant à la somme de

A , le 18 .

(1) Trésorier ou capitaine-commandant, suivant le cas.

(2) Pour les corps où cet emploi existe.

Vu par nous, Major (2), et reconnu conforme au contrôle général du corps,

Vu et vérifié par nous, Sous-Intendant militaire chargé de la surveillance administrative du corps,

DÉPENSE
imputable à la Caisse de la Dotation de l'armée.

HAUTE-PAIE
DE RENGAGEMENT.

° trimestre 18 .

§ 11. MODÈLE VII.

Désigner le corps et la portion du corps.

Loi du 26 avril 1855.
Instruction ministérielle du 26 janvier 1856, n° 1.

État nominatif des militaires ayant droit à la haute-paie de rengagement, qui ont éprouvé des mutations pendant les mois d 18 .

NUMÉRO			NOM, PRÉNOMS et surnoms.	GRADES	MUTATIONS et MOUVEMENTS.	RÉSULTAT			
						en augmentation.		en diminution.	
de la batterie ou compagnie.	du contrôle annuel.	du registre matricule.				Effectif.	Nombre de journées de haute-paie.	Effectif.	Nombre de journées de haute-paie.
					Totaux				

(1) Trésorier ou capitaine-commandant, suivant le cas.
(2) Pour les corps où cet emploi existe.

Certifié par nous (1)

A , le 18

Vu par nous, Major (2), et reconnu conforme au contrôle général du corps,

Vu et vérifié par nous, Sous-Intendant militaire chargé de la surveillance administrative du corps,

° DIVISION
MILITAIRE.

Place d

§ 12. MODÈLE VIII.

Désigner le corps et la portion du corps.

Loi du 26 avril 1855.
Instruction ministérielle du 26 janvier 1856, n° 32.

État nominatif des militaires du corps qui ont contracté des rengagements, en conformité de la loi du 26 avril 1855, pendant le mois d 18 .

N°		NOM et PRÉNOMS.	GRADE.	DATE et lieu de la naissance.	TITRE en vertu duquel le militaire est lié au service au moment du rengagement.	DURÉE du service accompli.	DATE du rengagement	DURÉE du rengagement.					ÉPOQUE à laquelle le rengagement commencera à courir.
d'ordre.	de la matricule							3 ans.	4 ans.	5 ans.	6 ans.	7 ans.	

A le 18 .

Vu et vérifié par nous, S.-Intendant milit. chargé de la surveillance administrative du corps,

Les Membres du Conseil d'administration,

§ 20. MODÈLE IX.

• DIVISION MILITAIRE.

Place d

(Signalement enregistré sous le n° (*C*) sur le contrôle des déserteurs du corps tenu au Ministère de la guerre.)

Désigner le corps et la portion du corps.

SIGNALEMENT DE DÉSERTION.

Modèle n° 1.

Déserteur qui doit être arrêté et ramené au corps.

NOM et PRÉNOMS. 1	SIGNALEMENT. 2	ÉTAT des services du déserteur. 3	JOUR où il a manqué à l'appel pour déserter à l'intérieur. 4	JOUR où il a manqué à l'appel pour déserter à l'étranger. 5	CIRCONSTANCES de la désertion et désignation des effets qu'il a emportés. 6	INDICATION des autorités qui ont reçu le signalement. OBSERVATIONS. 7
N° matricule (*A*) (*D*)	Fils d , et d , domiciliés à , arrondissement d , département d , né le , à , arrondissement d , département d , domicilié, avant son entrée au service, à , arrondissement d , département d , taille d'un mètre millimètres, cheveux , sourcils , yeux , front , nez , bouche , menton , visage , teint , marqué	Entré au service, le				Libérable le

(*A*) Le nom sera écrit en bâtarde ; il aura 5 mill. de hauteur.
(*B*) Cette date est celle de la déclaration en état de désertion.
(*C*) Laisser en blanc l'indication du numéro.
(*D*) Indication du grade.
(*E*) Indication de l'autorité à laquelle est adressé le signalement. Ceux transmis au Ministre porteront : A. M. le Ministre de la guerre (Direction du personnel et des opérations militaires ; bureau de la justice militaire).

NOTA. Le format du présent signalement doit avoir 35 cent. de larg. et 24 cent. de haut.

Certifié véritable par moi, (*D*) *Commandant le*

A *, le* 18 (*B*)

A M. (*E*)

§ 22. MODÈLE X.

DIVISION MILITAIRE.

Place d

(Signalement enregistré sous le n° (*B*) sur le contrôle des déserteurs du corps tenu au Ministère de la guerre.

Désigner le corps et la portion du corps.

SIGNALEMENT DE RENTRÉE.

Modèle n° 2.

Déserteur rentré au corps, et à l'égard duquel les recherches doivent cesser.

NOM et PRÉNOMS.	SIGNALEMENT.	ÉTAT des services du déserteur.	DATE du jour où il a manqué à l'appel pr déserter à	DATE de la déclaration en état de désertion.	DATE de sa présentation volontaire ou de son arrestation et du retour au corps, et indication des agents qui l'ont ramené.	DÉCISION prise sur le déserteur rentré.	INDICATION des autorités qui ont reçu le signalement; désignation des effets rapportés et OBSERVATIONS.
N° matricule (*A*)	Fils d , et d , domiciliés à , arrondissement d , département d , né le , à , arrondissement d , département d , domicilié, avant son entrée au service, à , arrondissement d , département d , taille d'un mètre millimètres, cheveux , sourcils , yeux , front , nez , bouche , menton , visage , teint , marqué .	Entré au service le			On mettra ici: Présenté volontairement le *Ou:* Arrêté le par et ramené au corps le par		Était, au moment de sa désertion, libérable le

(*A*) Le nom sera écrit en bâtarde; il aura 5 mill. de hauteur.
(*B*) Laisser en blanc l'indication du numéro.
(*C*) Indication du grade.
(*D*) Indication de l'autorité à laquelle est adressé le signalement. Ceux transmis au Ministre porteront: A M. le Ministre de la guerre (Direction du personnel et des opérations militaires; bureau de la justice militaire).

NOTA. Le format du présent signalement doit avoir 35 cent. de larg. et 24 cent. de haut.

Certifié véritable par moi, (*C*) *Commandant le*

A , *le* 18 .

A M. (*D*)

Plainte en désertion.

Circulaire du 16 mars 1816.

(1) Cette plainte doit toujours être adressée au commandant supérieur du lieu où siége le conseil de guerre permanent.

(2) L'officier qui porte plainte fera mention de sa qualité et du corps auquel il appartient.

(3) Désigner ici le grade de l'accusé, la batterie ou la compagnie dont il fait partie, ainsi que le numéro et l'arme du corps auquel il appartient.

(4) Si l'accusé est remplaçant, il faudra mettre : *comme remplaçant de* (indiquer les nom, prénoms et domicile du remplacé).

S'il est enrôlé volontaire, on mettra : *comme enrôlé volontaire devant la municipalité d , canton d , arrondissement d , département d , le du mois d , an*

Si c'est un ancien soldat rappelé au service, on l'indiquera. S'il avait été amnistié ou s'il avait subi sa peine, ou obtenu sa grâce, on mettra : *après amnistie, après grâce* ou *après avoir subi la peine de pour désertion.*

(5) Si l'accusé a été déclaré déserteur pour n'avoir pas rejoint, après enrôlement volontaire, au lieu de ces mots : *a abandonné, etc.*, on mettra : *n'a pas reparu au corps dans les délais qui lui avaient été fixés.*

Si l'accusé est déserteur pour n'avoir pas rejoint à l'expiration de son congé, au lieu de ces mots : *a abandonné, etc.*, on mettra : *ayant obtenu un congé limité pour en jouir jusqu'au , en a dépassé la durée et n'a pas rejoint dans le délai de faveur accordé par la loi.*

Si l'accusé est déserteur pour s'être évadé d'un hôpital ou n'avoir pas rejoint après sa sortie de l'hôpital ; dans le premier cas, au lieu de ces mots : *a abandonné, etc.*, on mettra : *s'est évadé de l'hôpital d , département d .*

Dans le second cas, on mettra : *n'a pas rejoint à sa sortie de l'hôpital d , département d , le .*

Dans l'un et l'autre cas on ajoutera : *suivant la déclaration de* (faire mention de qui l'on tiendra les renseignements, et joindre les pièces à l'appui).

(6) Indiquer la prison, si le corps est stationné dans la ville où réside le conseil de guerre permanent ; dans le cas contraire, au lieu de ces mots : *où il a été déposé à la prison*, on mettra ceux-ci : *d'où il a été dirigé sur , pour y être déposé à la prison militaire.*

§ 21. MODÈLE XI.

Plainte.

A Monsieur (1)

Le soussigné (2), , a l'honneur de vous représenter que le nommé , fils d , et d , domiciliés à , canton d , arrondissement d , département d , né le , à , canton d , arrondissement d , département d , domicilié, avant d'entrer au service, à , canton d , arrondissement d , département d , taille d'un mètre millimètres, cheveux , sourcils , yeux , front , nez , bouche , menton , visage , teint , ayant pour marques particulières (3)

entré au service le (4)
inscrit au contrôle du corps sous le n°

a abandonné ses drapeaux (5) le , du mois d , an , à heures du , pour déserter , et n'a plus reparu au corps depuis cette époque jusqu'au du mois d 18 , qu'il est arrivé à , où il a été déposé à la prison (6) d .

Les témoins de la désertion sont

Les pièces à l'appui de la procédure, au nombre de , sont ci-jointes.

Pourquoi il vous demande qu'il en soit informé, afin que ledit soit ensuite jugé conformément aux dispositions de l'ordonnance du Roi, du 21 février 1816, et qu'il soit donné au soussigné un récépissé de la présente plainte.

Fait à , le du mois d 18 .

Plaintes pour crimes et délits autres que désertion.

§ 23. MODÈLE XII.

Elles sont établies dans une forme analogue à celle des plaintes pour désertion, modèle XI.

• DIVISION MILITAIRE.

PLACE d

Exercice 18 .

§ 26. MODÈLE XIII. CIRCULAIRE du 16 octobre 1837.

Modèle de déclaration trimestrielle

à faire par un médecin civil appelé à donner ses soins aux hommes de la batterie.

Je soussigné, médecin civil de la ville d , déclare avoir donné mes soins aux militaires en garnison dans cette Place, du , au , et que, pendant ce laps de temps, j'ai fait les diverses visites prescrites par l'Ordonnance du 2 novembre 1833 sur le service intérieur des corps.

A le 18 .

Nous, capitaine commandant, certifions que M. a donné ses soins, du au , aux militaires de la • batterie du • régiment d'artillerie, dont l'effectif est de hommes, ce qui donne un nombre de journées de présence de

A , le 18 .

VU ET VÉRIFIÉ,
Le Sous-Intendant militaire,

• DIVISION MILITAIRE.

Place d

• RÉGIMENT

• BATTERIE.

N° du { registre matricule. / contrôle annuel.
Nom :
de selle .
de trait .

(*) La mort ou l'abattage.
(a) Nom et autorité (sous-intendant militaire ou maire de la commune).
(b) La batterie ou le détachement.
(c) Un cheval mort à enlever ou susceptible d'être abattu.
(d) Qu'il était mort de ou qu'il était atteint de et qu'il convenait de l'abattre.
(e) Enlevé ou abattu.

§ 25. MODÈLE XIV.

Procès-verbal constatant l d'un cheval.*

L'an mil huit cent , le , Nous (a) , sur l'avis qui nous a été donné qu'il existait dans les écuries occupées par (b) dudit régiment un cheval (c) , nous sommes transporté audit lieu, accompagné de M. , commandant l (b) , et de M. , vétérinaire, requis à l'effet de vérifier le contenu du rapport, et y avons trouvé ledit cheval signalé comme il suit : Sexe , âge , taille 1 mètre millimètres, robe .

Examen fait dudit cheval, M. nous a déclaré qu'il était (d) d

Nous avons en conséquence ordonné que ledit cheval serait (e) de suite, et transporté à la voirie, conformément aux règlements.

De tout ce que dessus nous (a) susdit, avons dressé le présent procès-verbal que M. le et le vétérinaire susdénommés ont signé avec nous.

Fait à , les jour, mois et an susdits

Le Vétérinaire, *Le* , *Le* ,

§ 25. MODÈLE XV.

• DIVISION MILITAIRE.

PLACE

d

• RÉGIMENT D'ARTILLERIE.

Procès-verbal d'autopsie d'un cheval.

L'an mil huit cent , le , à heures.
Nous , conformément à l'article 7 du Règlement du 12 juin 1852, relatif aux attributions et devoirs des vétérinaires militaires , avons procédé à l'autopsie cadavérique du cheval désigné au tableau ci-après.

NUMÉRO matricule.	SEXE.	AGE.	SIGNALEMENT.	DÉPOT de remonte d'où il provient.	DATE		MALADIE à laquelle il a succombé ou qui a nécessité l'abattage.	CAUSE présumée de la maladie.	DATE		TRAITEMENT SUIVI.
					de l'immatriculation.	de l'admission comme cheval d'escadron.			de l'entrée à l'infirmerie.	de la sortie.	

L'autopsie a présenté les particularités suivantes :

De tout quoi nous avons rédigé le présent procès-verbal.

A , le 18 .

Le Vétérinaire,

MODÈLE XVI.

§§ 24 et 106. *Situation de ladite batterie à l'époque du 18 .*

DÉSIGNATION des GRADES.	Présents.	Détachés à	Détachés à	Aux hôpit. du lieu.	Aux hôpit. externes.	En congé ou en permission.	En détachement ou en jugement.	En remonte.		Total des absents.	Effectif général.	OBSERVATIONS.
Capitaine en premier.												
Capitaine en second.												
Lieutenant en premier.												
Lieutenant en second.												
Vétérinaire en 2ᵉ attaché à la batterie												
Totaux												
Adjudant de batterie . . .												
Maréchal-des-logis chef .												
Maréchaux-des-logis. . .												
Fourriers												
Brigadiers												
Artificiers												
Ouvriers de 1ʳᵉ cl. .												
Ouvriers de 2ᵉ cl. .												
Canonniers-servants de 1ʳᵉ cl. .												
Canonniers-servants de 2ᵉ cl. .												
Canonniers-conducteurs de 1ʳᵉ cl. .												
Canonniers-conducteurs de 2ᵉ cl. .												
Maréchaux												
Bourreliers.												
Trompettes												
Totaux												
Enfants de troupe												
Chevaux d'officiers . . .												
Chevaux de troupe de selle												
Chevaux de troupe de trait												
Totaux												

	Officiers.	Troupe.	Chevaux d'officiers.	Chevaux de troupe de selle	Chevaux de troupe de trait
L'effectif de la batterie était au 18 de					
Gains détaillés d'autre part					
Totaux					
Pertes détaillées d'autre part					
Reste égal à l'effectif au 18 . . .					

Suite du modèle XVI. *(A mettre au dos.)*

Mutations survenues dans la journée du

NUMÉRO matricule.	NUMÉRO annuel.	NOM et PRÉNOMS.	GRADE.	DÉTAIL des MUTATIONS.	SITUATION de la masse individuelle. Avoir.	SITUATION de la masse individuelle. Doit.	Gains.	Pertes.
					Totaux . . .			

NUMÉRO		NOMS des CHEVAUX.	CHEVAUX d'officiers.	CHEVAUX de selle.	CHEVAUX de trait.	DÉTAIL des MUTATIONS.	Gains.	Pertes.
						Totaux		

Certifié par le Capitaine commandant, *Vérifié par le Major,*

MODÈLE

d'après le modèle 17 de l'ordonnance

du 10 mai 1844.

§ 75. MODÈLE XVII.

REGISTRE-JOURNAL

du 15 août 1857 au

Le présent *registre-journal* contenant feuillets a été coté et paraphé par nous, Sous-Intendant militaire, pour servir à l'inscription de toutes les recettes qui seront faites pour le compte de la e batterie du e régiment d'artillerie, et des dépenses effectuées par le capitaine commandant à dater du 15 août 1857.

A , le 14 août 1857.

Nota. Les *recettes* et *dépenses* fictives inscrites, pour exemples, dans le présent modèle de *registre-journal*, ont reçu chacune distinctement un *numéro d'ordre* qui est reproduit sur le modèle XVIII.

Les batteries détachées ne faisant point de virements de fonds d'une masse à une autre par suite d'accidents ou de force majeure, peuvent, quand il y a lieu, suppléer à cette opération par une recette à la masse individuelle et une dépense égale à la masse d'entretien qui supporte l'imputation.

Dans le cas où, après vérification et clôture, par le sous-intendant militaire, de la comptabilité du trimestre expiré, il se présente de nouvelles opérations au titre de ce même trimestre, le capitaine doit s'abstenir de faire ces sortes d'opérations dont les pièces adressées au sous-intendant militaire servent au corps à effectuer les recettes ou les paiements arriérés et à les appliquer au trimestre arrêté, qui demeure clos pour la batterie seulement.

DATES.	NUMÉROS d'ordre des recettes.	NUMÉROS d'ordre des dépenses.	DÉTAIL des RECETTES ET DÉPENSES.	Trimestre auquel s'appliquent les recettes et dépenses.	RECETTES.	DÉPENSES.
					fr.	fr.
			Restant en caisse au 15 août 1857		«	«
15 août 1857	1	«	Reçu du conseil d'administration, pour les premiers besoins du service administratif	3e	2700,00	«
16 —	«	1	Payé le prêt du 16 au 20 août . . .	3e	«	512,23
19 —	2	«	Reçu le produit de la vente de la dépouille d'un cheval mort le 18 août	3e	14,00	«
21 —	«	2	Payé le prêt du 21 au 25 août . . .	3e	«	510,11
26 —	«	3	*Idem* le prêt du 26 au 31 août . . .	3e	«	605,94
1er sept. 1857	3	«	Reçu du payeur la solde des officiers et masses (août)	3e	1632,84	«
1er —	4	«	*Idem* du payeur celle de la troupe (1re quinzaine de septembre) . . .	3e	1536,32	«
1er —	«	4	Payé aux officiers leurs traitements du mois d'août.	3e	«	730,12
1er —	«	5	*Idem* le prêt du 1er au 5 septembre .	3e	«	508,87
1er —	«	6	*Idem* aux maréchaux ferrants, l'entret. de la ferrure des chevaux (août)	3e	«	156,28
2 —	«	7	*Id.* l'avoir à la masse du brigad. Michel réformé par congé de réforme n° 1.	3e	«	57,15
4 —	«	8	Envoyé au conseil d'administration du 1er d'artillerie l'avoir à la masse de l'artificier Simon passé à ce corps	3e	«	39,89
4 —	5	«	Reçu le montant de l'avoir à la masse du nommé Léon, venu du 5e d'artill.	3e	48,72	«
5 —	«	9	Payé au sieur Ver, pour objets livrés et employés à l'entretien des cibles	3e	«	2,15
6 —	6	«	Reçu le produit de la vente des fumiers du 21 au 31 août	3e	121,00	«
6 —	«	10	Payé le prêt du 6 au 10 septembre .	3e	«	510,21
6 —	«	11	Versé au Trésor la valeur d'effets de petit équipement reçus des magasins de l'État	3e	«	212,00
7 —	«	12	Payé au conseil d'administration du 7e d'artillerie la valeur des mêmes effets reçus de ce corps	3e	«	51,50
8 —	«	13	*Idem* la gratification aux canonniers qui ont donné à leurs chevaux les soins les plus assidus	3e	«	10,00
11 —	«	14	*Idem* le prêt du 11 au 15 septembre	3e	«	499,51
11 —	7	«	Reçu de la recette générale le traitement pour 1856, dû aux légionnaires et décorés de la médaille militaire.	3e	825,10	«
11 —	«	15	Payé aux mêmes leurs traitements de 1856.	3e	«	825,10
11 —	«	16	*Idem* aux instructeurs la gratification qui leur a été accordée	3e	«	50,00
12 —	«	17	Fait dépense de la valeur estimative des effets de pansage du canonnier Ledo, qui ont été détruits comme ayant servi à des chevaux atteints de maladies contagieuses	3e	«	5,17
			A reporter		6877,98	5286,23

DATES.	NUMÉROS d'ordre des recettes.	NUMÉROS d'ordre des dépenses.	DÉTAIL des RECETTES ET DÉPENSES.	Trimestre auquel s'appliquent les recettes et dépenses.	RECETTES.	DÉPENSES.
					fr.	fr.
			Report	«	6877,98	5286,23
12 sept. 1857	8	«	Fait recette de ladite valeur estimative au produit de la masse du dénommé	3e	5,17	«
14 —	9	«	Reçu de l'artificier Bast, exonéré, le montant de son débet à la masse.	3e	30,48	«
15 —	«	18	Fait dépense de la valeur estimative des effets de petit équipement du trompette Jean, dégradés par suite d'accidents, suivant procès-verbal du 19 août 1856	3e	«	8,42
15 —	10	«	Fait recette de la valeur précitée au profit de la masse individuelle du dénommé	3e	8,42	«
15 —	11	«	Reçu de la 1re batterie du 8e d'artillerie la valeur d'effets de petit équipement livrés à cette batterie .	3e	82,50	«
16 —	12	«	*Idem* du payeur la solde de la troupe (2e quinzaine de sept.).	3e	1498,21	«
16 —	«	19	Payé le prêt du 16 au 20 septembre.	3e	«	503,29
16 —	«	20	*Idem* les frais de déplacement pour aller chercher la solde.	3e	«	10,00
17 —	«	21	*Idem* la quote-part de dépenses faites à l'école de natation (1856)	3e	«	8,00
18 —	«	22	*Idem* au sieur Burr le prix de 40 lampions à 0f,10 pour illumination de ce jour	3e	«	4,00
19 —	«	23	*Idem* au sieur Trit, sa livraison de 50 chemises à 4 fr., en exécution de son marché.	3e	«	200,00
21 —	«	24	*Idem* le prêt du 21 au 25 septembre.	3e	«	487,25
26 —	«	25	*Idem* le prêt du 26 au 30 septembre.	3e	«	489,03
30 —	«	26	*Idem* à l'armurier le montant des réparations exécutées à l'armement.	3e	«	22,68
30 —	13	«	Reçu du même le prix des pièces d'armes à lui délivrées	3e	7,25	«
30 —	«	27	Versé au Trésor le prix intégral d'un pistolet perdu par le trompette Chaton.	3e	«	19,50
30 —	14	«	Fait recette du produit des versements pour accroître ou compléter les masses individuelles	3e	122,00	«
1er oct. 1857	15	«	Reçu du payeur la solde des officiers et masses (septembre)	3e	1462,28	«
1er —	16	«	*Idem* du payeur la solde de la troupe (1re quinzaine d'octobre)	4e	1502,35	«
1er —	«	28	Payé aux officiers leurs traitements de septembre	3e	«	698,24
1er —	«	29	*Idem* le prêt du 1er au 5 octobre . .	4e	«	492,05
1er —	«	30	*Idem* aux maréchaux ferrants l'entretien de la ferrure des chevaux (septembre)	3e	«	155,36
			A reporter		11596,64	8384,05

DATES.	NUMÉROS d'ordre des recettes.	NUMÉROS d'ordre des dépenses.	DÉTAIL des RECETTES ET DÉPENSES.	Trimestre auquel s'appliquent les recettes et dépenses.	RECETTES.	DÉPENSES.
					fr.	fr.
			Report	«	11596,64	8384,05
4 oct. 1857	«	31	Payé le montant des dépenses à l'école d'enseign. des canonniers .	3e	«	8,00
4 —	«	32	*Idem* au bourrelier son abonnement de l'entretien du harnachement . .	3e	«	235,00
4 —	«	33	*Idem* au même celui de l'entretien du grand équipement	3e	«	11,40
4 —	«	34	*Idem* au tailleur celui de l'entretien de l'habillement.	3e	«	17,10
5 —	«	35	*Idem* le montant du bordereau des réparations de toute nature exécutées au compte de la masse individuelle	3e	«	128,08
5 —	17	«	Reçu le produit de la vente des fumiers (septembre)	3e	244,46	«
6 —	«	36	Payé le prêt du 6 au 10 octobre . .	4e	«	490,12
6 —	«	37	*Idem* au sieur Brunet son abonnement de l'éclairage des corridors et écuries	3e	«	28,16
6 —	«	38	*Idem* au sieur Brunet l'abonnement de la fourniture et entretien des ustensiles d'écurie	3e	«	32,65
7 —	«	39	Versé au Trésor la valeur de médicaments délivrés par les hôpitaux milit. à l'infirmerie des hommes	3e	«	5,20
7 —	«	40	*Idem* au Trésor la valeur de médicaments délivrés par les hôpitaux militaires à l'infirmerie des chevaux	3e	«	52,45
8 —	«	41	Payé au sieur Louis le montant des dégradations faites à la literie. . .	3e	«	15,25
8 —	«	42	*Idem* au même le montant des dégradations faites au casernement. . .	3e	«	16,80
8 —	«	43	*Idem* au même le montant des dégradations faites aux écuries, au compte du corps et des hommes. .	3e	«	61,71
9 —	«	44	Versé au Trésor la valeur des matières neuves employées aux réparations de l'habillement	3e	«	1,60
9 —	«	45	*Idem* au Trésor la moins-value d'effets d'habillement, etc., perdus ou détériorés par les hommes qui en étaient détenteurs	3e	«	27,30
9 —	«	46	Payé au sieur Vatt son mémoire d'objets livrés à l'infirmerie vétérin.	3e	«	23,40
9 —	«	47	Envoyé au conseil d'administration central, conformément à l'art. 222 de l'ordonnance du 10 mai 1844, un mandat du payeur (ou receveur) en remboursement du prix des effets de petit équipement expédiés à la batterie le 1er septembre dernier et reçus le 9 octobre.	3e	«	350,00
			A reporter		11841,10	9888,27

DATES.	NUMÉROS d'ordre des recettes.	NUMÉROS d'ordre des dépenses.	DÉTAIL des RECETTES ET DÉPENSES.	Trimestre auquel s'appliquent les recettes et dépenses.	RECETTES.	DÉPENSES.
					fr.	fr.
			Report		11841,10	9888,27
9 oct. 1857	18	«	Fait recette de la valeur d'imprimés du trésorier	4e	18,26	«
9 —	«	48	Fait dépense du moins perçu à la solde pendant le 2e trimestre . . .	3e	«	6,00
10 —	«	49	Payé l'excédant du complet réglementaire de la masse individuelle	4e	«	131,66
10 —	«	50	Envoyé un mandat au conseil d'administration, à titre d'excédant de recettes	3e	«	600,00
10 —	«	51	Remis au sous-intendant militaire pour être adressé au Ministre par l'intermédiaire de l'intendant (art. 182 et 223 de l'ordonnance du 10 mai 1844) un récépissé du payeur (ou receveur) représentant la valeur des effets de petit équipement expédiés à la batterie des magasins de l'État	3e	«	250,00
			Totaux		11859,36	10875,93
			Report des dépenses		10875,93	
			Restant en caisse au 10 octobre 1857		983,43	

Certifié les inscriptions faites depuis le 15 août dernier, et arrêté par nous, Capitaine commandant, le présent registre, duquel il résulte que le restant en caisse aujourd'hui, s'élève à la somme de neuf cent quatre-vingt-trois francs quarante-trois centimes, pour servir de base de comparaison avec la situation des fonds portée au relevé de centralisation à la date de ce jour.

A , le 10 octobre 1857.

Vérifié sur pièces, par nous Sous-Intendant militaire, les recettes et dépenses effectuées depuis le 15 août dernier, de la balance desquelles il résulte qu'il reste en caisse aujourd'hui une somme de neuf cent quatre-vingt-trois francs quarante-trois centimes, qui nous a été représentée.

A , le 10 octobre 1857.

MODÈLE
d'après le modèle 18 de
l'ordonnance
du 10 mai 1844.

§ 89. MODÈLE XVIII.

RELEVÉ DE CENTRALISATION DES RECETTES ET DÉPENSES.

3e TRIMESTRE 1857.

Instruction.

Ce relevé de centralisation ne doit comprendre que les recettes et dépenses afférentes au trimestre pour lequel il est établi, c'est-à-dire, qu'on ne doit point y confondre des recettes et dépenses de deux trimestres différents. Pour l'établissement de ce relevé, on doit suivre l'ordre des opérations inscrites dans le journal au titre du trimestre centralisé; le restant en caisse ou l'excédant de dépense du trimestre précédent ne doit se reporter que pour la balance de la situation des fonds de la batterie, afin que les recettes et dépenses applicables au trimestre soient nettement déterminées.

Les deux colonnes intitulées *fonds divers* sont destinées à recevoir le chiffre des recettes et dépenses qui, vu leur nature particulière, ne pourraient convenablement être portées dans aucune des autres.

INDICATION SOMMAIRE des RECETTES ET DÉPENSES.	NUMÉROS des articles au registre-journal.		TOTAUX des		DISTINCTION DES						
					SOLDE ET MASSES.					FONDS	
						Masses					
							génér. d'ent.				
	RECETTES.	DÉPENSES.	RECETTES.	DÉPENSES.	Solde.	Individuelles.	1re port.	2e port.	d'entretien du harnachement.	Habillement.	Harnachement.
			fr.	fr.	fr.	fr.	fr.	fr.	fr.	fr.	fr.
Reçu du conseil d'administration	1	«	2700,00	«	«	«	«	«	«	«	«
Prêt	«	1	«	512,23	«		«	«	«	«	«
Produit d'une dépouille d'un cheval mort	2	«	14,00	«	«	«	«	«	14,00	«	«
	«	2	«	510,11	«	«	«	«	«	«	«
Prêt	«	3	«	605,94	«	«	«	«	«	«	«
Solde. des officiers	3	«	1632,84	«	730,12	580,32	«	«	322,40	«	«
Solde. de la troupe	4	«	1536,32	«	1536,32	«	«	«	«	«	«
Traitements des officiers	«	4	«	730,12	«	«	«	«	«	«	«
Prêt	«	5	«	508,87	«	«	«	«	«	«	«
Entretien de la ferrure des chevaux	«	6	«	156,28	«	«	«	«	«	«	«
	«	7	«	57,15	«	«	«	«	«	«	«
Avoir à la masse	«	8	«	39,89	«	«	«	«	«	«	«
	5	«	48,72	«	«	48,72	«	«	«	«	«
Entretien des cibles	«	9	«	2,15	«	«	«	«	«	«	«
Produit des fumiers	6	«	121,00	«	«	«	«	«	121,00	«	«
Prêt	«	10	«	510,21	«	«	«	«	«	«	«
Effets de petit équipement	«	11	«	212,00	«	«	«	«	«	«	«
	«	12	«	51,50	«	«	«	«	«	«	«
Gratification aux conducteurs	«	13	«	10,00	«	«	«	«	«	«	«
Prêt	«	14	«	499,51	«	«	«	«	«	«	«
Ordonnance du grand chancelier de la Légion d'honn.	7	«	825,10	«	«	«	«	«	«	«	«
Traitements des légionnaires et des décorés de la médaille militaire	«	15	«	825,10	«	«	«	«	«	«	«
Gratification aux instructeurs	«	16	«	50,00	«	«	«	«	«	«	«
Effets de pansage détruits	«	17	«	5,17	«	«	«	«	«	«	«
Valeur desdits effets	8	«	5,17	«	«	5,17	«	«	«	«	«
Débet à la masse d'un soldat exonéré	9	«	30,48	«	«	30,48	«	«	«	«	«
Effets de petit équipement dégradés	«	18	«	8,42	«	«	«	«	«	«	«
Valeur des dits effets	10	«	8,42	«	«	8,42	«	«	«	«	«
Cession d'effets de petit équipement	11	«	82,50	«	«	82,50	«	«	«	«	«
Solde de la troupe	12	«	1498,21	«	1498,21	«	«	«	«	«	«
Prêt	«	19	«	503,29	«	«	«	«	«	«	«
Frais de déplacement	«	20	«	10,00	«	«	«	«	«	«	«
École de natation	«	21	«	8,00	«	«	«	«	«	«	«
Illumination	«	22	«	4,00	«	«	«	«	«	«	«
A reporter			8502,76	5819,94	3764,65	755,61	«	«	457,40	«	«

RECETTES.				DISTINCTION DES DÉPENSES.										
SPÉCIAUX.				SOLDE ET MASSES.					FONDS SPÉCIAUX.					
					Masses									
						générale d'entretien								
Entretien des armes.	Entretien des écoles régimentaires.	Fonds divers.	Versement de fonds d'une portion de corps à une autre.	Solde.	Individuelles.	1re port.	2e port.	d'entretien du harnachement.	Habillement.	Harnachement.	Entretien des armes.	Entr. des écol. régim.	Fonds divers.	Versement de fonds d'une portion de corps à une autre.
fr.	fr.	fr.	fr.	fr.	fr.	fr.	fr.	fr.	fr.	fr.	fr.	fr.	fr.	fr.
«	«	«	2700,00	«	«	«	«	«	«	«	«	«	«	«
«	«	«	«	512,23	«	«	«	«	«	«	«	«	«	«
«	«	«	«	«	«	«	«	«	«	«	«	«	«	«
«	«	«	«	510,11	«	«	«	«	«	«	«	«	«	«
«	«	«	«	605,94	«	«	«	«	«	«	«	«	«	«
«	«	«	«	«	«	«	«	«	«	«	«	«	«	«
«	«	«	«	«	«	«	«	«	«	«	«	«	«	«
«	«	«	«	730,12	«	«	«	«	«	«	«	«	«	«
«	«	«	«	508,87	«	«	«	«	«	«	«	«	«	«
«	«	«	«	«	«	«	«	156,28	«	«	«	«	«	«
«	«	«	«	«	57,15	«	«	«	«	«	«	«	«	«
«	«	«	«	«	39,89	«	«	«	«	«	«	«	«	«
«	«	«	«	«	«	«	«	«	«	«	«	«	«	«
«	«	«	«	«	«	«	2,15	«	«	«	«	«	«	«
«	«	«	«	«	«	«	«	«	«	«	«	«	«	«
«	«	«	«	510,21	«	«	«	«	«	«	«	«	«	«
«	«	«	«	«	212,00	«	«	«	«	«	«	«	«	«
«	«	«	«	«	51,50	«	«	«	«	«	«	«	«	«
«	«	«	«	«	«	«	«	10,00	«	«	«	«	«	«
«	«	«	«	499,51	«	«	«	«	«	«	«	«	«	«
«	«	825,10	«	«	«	«	«	«	«	«	«	«	«	«
«	«	«	«	«	«	«	«	«	«	«	«	«	825,10	«
«	«	«	«	50,00	«	«	«	«	«	«	«	«	«	«
«	«	«	«	«	«	«	«	5,17	«	«	«	«	«	«
«	«	«	«	«	«	«	«	«	«	«	«	«	«	«
«	«	«	«	«	«	«	«	«	«	«	«	«	«	«
«	«	«	«	«	«	«	8,42	«	«	«	«	«	«	«
«	«	«	«	«	«	«	«	«	«	«	«	«	«	«
«	«	«	«	«	«	«	«	«	«	«	«	«	«	«
«	«	«	«	«	«	«	«	«	«	«	«	«	«	«
«	«	«	«	503,29	«	«	«	«	«	«	«	«	«	«
«	«	«	«	«	«	«	10,00	«	«	«	«	«	«	«
«	«	«	«	«	«	«	8,00	«	«	«	«	«	«	«
«	«	«	«	«	«	«	«	4,00	«	«	«	«	«	«
«	«	825,10	2700,00	4430,28	360,54	«	28,57	175,45	«	«	«	«	825,10	«

INDICATION SOMMAIRE des RECETTES ET DÉPENSES.	NUMÉROS des articles au registre-journal.		TOTAUX des		DISTINCTION DES — SOLDE ET MASSES.					FONDS	
						Masses	génér. d'ent.				
	RECETTES.	DÉPENSES.	RECETTES.	DÉPENSES.	Solde.	Individuelles.	1re port.	2e port.	d'entretien du harnachement.	Habillement.	Harnachement.
			fr.	fr.	fr.	fr.	fr.	fr.	fr.	fr.	fr.
Report	«	«	8502,76	5819,94	3764,65	755,61	«	«	457,40	«	«
Achat d'effets de petit équipement	«	23	«	200,00	«	«	«	«	«	«	«
Prêt.	«	24	«	487,25	«	«	«	«	«	«	«
	«	25	«	489,03	«	«	«	«	«	«	«
Réparations à l'armement. .	«	26	«	22,68	«	«	«	«	«	«	«
Pièces d'armes	13	«	7,25	«	«	«	«	«	«	«	«
Valeur d'un pistolet versée au Trésor	«	27	«	19,50	«	«	«	«	«	«	«
Versements volontaires . . .	14	«	122,00	«	«	122,00	«	«	«	«	«
Solde des officiers	15	«	1462,28	«	698,24	461,71	«	«	302,33	«	«
Traitements des officiers . .	«	28	«	698,24	«	«	«	«	«	«	«
Entretien de la ferrure . . .	«	30	«	155,36	«	«	«	«	«	«	«
Écoles de la batterie	«	31	«	8,00	«	«	«	«	«	«	«
Entretien . du harnachement	«	32	«	235,00	«	«	«	«	«	«	«
du grand équipement. . .	«	33	«	11,40	«	«	«	«	«	«	«
de l'habillement	«	34	«	17,10	«	«	«	«	«	«	«
Réparations de toute nature	«	35	«	128,08	«	«	«	«	«	«	«
Produit des fumiers.	17	«	244,46	«	«	«	«	«	244,46	«	«
Éclairage	«	37	«	28,16	«	«	«	«	«	«	«
Ustensiles d'écurie	«	38	«	32,65	«	«	«	«	«	«	«
Médicaments hommes . .	«	39	«	5,20	«	«	«	«	«	«	«
chevaux . .	«	40	«	52,45	«	«	«	«	«	«	«
Dégradations à la literie .	«	41	«	15,25	«	«	«	«	«	«	«
au casernement . . .	«	42	«	16,80	«	«	«	«	«	«	«
aux écuries.	«	43	«	61,71	«	«	«	«	«	«	«
Matières neuves	«	44	«	1,60	«	«	«	«	«	«	«
Moins-value d'effets détériorés	«	45	«	27,30	«	«	«	«	«	«	«
Objets livrés à l'infirmerie vétérinaire	«	46	«	23,40	«	«	«	«	«	«	«
Envoi d'un mandat au conseil d'administration central en remboursement d'effets . .	«	47	«	350,00	«	«	«	«	«	«	«
Moins perçu à la solde. . .	«	48	«	6,00	«	«	«	«	«	«	«
Envoi de fonds au conseil d'administration.	«	50	«	600,00	«	«	«	«	«	«	«
Envoi d'un récépissé du payeur, en remboursement d'effets de l'État.	«	51	«	250,00	«	«	«	«	«	«	«
Totaux			10338,75	9762,10	4462,89	1339,32	«	«	1004,19	«	«

RECETTES.				DISTINCTION DES DÉPENSES.										
SPÉCIAUX.				SOLDE ET MASSES.					FONDS SPÉCIAUX.					
					Masses									
						générale d'entretien								
Entretien des armes.	Entretien des écoles régimentaires.	Fonds divers.	Versement de fonds d'une portion de corps à une autre.	Solde.	Individuelles.	1re port.	2e port.	d'entretien du harnachement.	Habillement.	Harnachement.	Entretien des armes.	Entr. des écol. régim.	Fonds divers.	Versement de fonds d'une portion de corps à une autre.
fr.	fr.	fr.	fr.	fr.	fr.	fr.	fr.	fr.	fr.	fr.	fr.	fr.	fr.	fr.
«	«	825,10	2700,00	4430,28	360,54	«	28,57	175,45	«	«	«	«	825,10	«
«	«	«	«	«	200,00	«	«	«	«	«	«	«	«	«
«	«	«	«	487,25	«	«	«	«	«	«	«	«	«	«
«	«	«	«	489,03	«	«	«	«	«	«	«	«	«	«
«	«	»	«	«	«	«	«	«	«	«	22,68	«	«	«
7,25	«	«	«	«	«	«	«	«	«	«	«	«	«	«
«	«	«	«	«	19,50	«	«	«	«	«	«	«	«	«
«	«	«	«	«	«	«	«	«	«	«	«	«	«	«
«	«	«	«	«	«	«	«	«	«	«	«	«	«	«
«	«	«	«	698,24	«	«	«	«	«	«	«	«	«	«
«	«	«	«	«	«	«	«	155,36	«	«	«	«	«	«
«	«	«	«	«	«	«	«	«	«	«	«	«	«	8,00
«	«	«	«	«	«	«	«	235,00	«	«	«	«	«	«
«	«	«	«	«	«	«	11,40	«	«	«	«	«	«	«
«	«	«	«	«	«	«	17,10	«	«	«	«	«	«	«
«	«	«	«	«	128,08	«	«	«	«	«	«	«	«	«
«	«	«	«	«	«	«	«	«	«	«	«	«	«	«
«	«	«	«	«	«	«	«	28,16	«	«	«	«	«	«
«	«	«	«	«	«	«	«	32,65	«	«	«	«	«	«
«	«	«	«	«	«	«	5,20	«	«	«	«	«	«	«
«	«	«	«	«	«	«	«	52,45	«	«	«	«	«	«
«	«	«	«	«	15,25	«	«	«	«	«	«	«	«	«
«	«	«	«	«	16,80	«	«	«	«	«	«	«	«	«
«	«	«	«	«	47,25	«	«	14,46	«	«	«	«	«	«
«	«	«	«	«	1,60	«	«	«	«	«	«	«	«	«
«	«	«	«	«	27,30	«	«	«	«	«	«	«	«	«
«	«	«	«	«	«	«	«	23,40	«	«	«	«	«	«
«	«	«	«	«	350,00	«	«	«	«	«	«	«	«	«
«	«	«	«	«	«	«	«	«	«	«	«	«	«	6,00
«	«	«	«	«	«	«	«	«	«	«	«	«	«	600,00
«	«	«	«	«	250,00	«	«	«	«	«	«	«	«	«
7,25	«	825,10	2700,00	6104,80	1416,32	«	62,27	716,93	«	«	22,68	«	825,10	614,00

Balance du 3e trimestre 1857.	fr.	*Situation des fonds au* 10 *octobre* 1857.	fr.
L'excédant des recettes du 2e trimestre 1857 était de	«	Report de l'excédant des recettes du 3e trimestre 1857	576,65
Les recettes du trim. s'élèvent à	10338,75	Recettes du trimestre courant. .	1520,61
Total	10338,75	Total	2097,26
Les dépenses s'élèvent à. . . .	9762,10	Dépenses du trimestre courant .	1113,83
Excédant de recettes du 3e trimestre 1857 à reporter	576,65	Excédant de recettes égal à celui du journal	983,43

Indépendamment de la somme de 576f,65 présentée par le présent relevé de centralisation, la batterie a en magasin, SAVOIR :

	fr.
En effets de petit équipement	1200,00
En pièces d'armes	21,00
Ensemble	1221,00

ARRÊTÉ par nous, Capitaine commandant, les inscriptions faites sur le présent relevé de centralisation, au titre du 3e trimestre 1857, desquelles il résulte un excédant de recettes de la somme de cinq cent soixante-seize francs soixante-cinq centimes, et **CERTIFIÉ** la situation des fonds ci-contre, de laquelle il résulte que l'Avoir en caisse est, aujourd'hui, de neuf cent quatre-vingt-trois francs quarante-trois centimes.

A , le 10 octobre 1857.

VÉRIFIÉ par nous, Sous-Intendant militaire, les recettes et dépenses inscrites au titre du 3e trimestre 1857, la balance où elles sont résumées, et la situation des fonds ci-contre, desquelles il résulte :

1° Que les recettes du 3e trimestre ont excédé les dépenses de cinq cent soixante-seize francs soixante-cinq centimes.

2° Que l'Avoir en caisse est aujourd'hui de neuf cent quatre-vingt-trois francs quarante-trois centimes, ainsi que nous l'avons constaté au registre-journal, sur la présentation qui nous a été faite des fonds existant dans la caisse de la batterie.

A , le 10 octobre 1857.

LÉGION D'HONNEUR.

Exercice 18

TRAITEMENT
DES DÉCORÉS.

§ 101. MODÈLE XIX.

État pour servir du paiement du traitement de l'année 18 , auquel ont droit les militaires décorés qui font partie de la batterie.

N° sous lequel le militaire décoré est payé.	NOM ET PRÉNOMS.	Grade dans le corps.	Date des nominations dans l'ordre.	Montant des sommes dues pour traitement de l'année 18 .	Sommes retenues aux militaires promus dans le courant de l'année p. prix de la décoration.	Sommes à payer.	ÉMARGEMENT.
	1re SÉRIE. Décorés étant sous-officiers, brigadiers ou soldats en activité. CHEVALIERS. —	Voir page 650 et suivantes (circ. du 15 juillet 1861).					
	2e SÉRIE. Officiers nommés ou promus dans l'ordre, depuis le décret du 22 janvier, et qui ont droit au traitement en vertu du décret. COMMANDEURS. — OFFICIERS. — CHEVALIERS. —						
	3e SÉRIE. Sous-officiers, brigadiers et soldats décorés de la médaille militaire.						
	Totaux						

Certifié véritable par nous, Capitaine commandant la e batt. du e rég. d'artill., le présent état montant à la somme de , pr les causes y énoncées.

A , le 18 .

§ 112. MODÈLE XX.

État nominatif des sous-officiers, brigadiers et canonniers qui ont été logés chez les habitants de , ou couchés dans les casernes sur des lits fournis par la commune d , pendant le e trimestre 18

NOM.	GRADE.	TEMPS pendant lequel ils ont été logés.	NOMBRE DE JOURNÉES DE sous-officiers couchant seuls.	NOMBRE DE JOURNÉES DE sous-officiers et canonniers couchant à deux.	OBSERVATIONS.
		Logés chez l'habitant.			
		Fournitures de lits dans les casernes.			
		Totaux			
Logement des chevaux dans des écuries particulières.					
Chevaux du		au			
Idem du		au			
Total des journées de logement de chevaux					

Certifié véritable par nous, Capitaine commandant la • batterie du • régiment d'artillerie, le présent état montant aux quantités de journées de sous-officiers couchant seuls, de journées de sous-officiers, brigadiers et canonniers couchant à deux, de journées de logement de chevaux.

A , le 18 .

Vu par nous, Sous-Intendant militaire, chargé de la police administrative de la batterie,

TARIFS.

§§ 27 et 55.

TARIF I.

Solde de présenee et d'absence ; masses individuelles, etc.

GRADES. (1) Les enfants de troupe, après 14 ans, reçoivent la solde de trompette s'ils sont titulaires de cet emploi. Les enfants de troupe ne touchent jamais la solde de congé.			SOLDE DE PRÉSENCE ET SUPPLÉMENT DE SOLDE. Avec vivres de campagne ou sans vivres.		En station avec le pain seulement.	En marche en corps avec le pain.	Supplément de solde dans Paris.	SOLDE D'ABSENCE. En semestre ou en congé.	A l'hôpital.	A l'hôpital, en congé ou en semestre av. solde.	PRIME pour masse individuelle.
			Par an.	Par mois.	Par jour.	Par jour.	Par jour.	Par jour.	Par jour.	Par jour.	Par jour.
Officiers (a). État-major	Chef d'escadron	monté	4900,00	408,333	13,611	17,611	2,7220	6,805	10,611	3,805	«
	Médecin aide-major	de 1re classe	2250,00	187,500	6,250	8,750	2,0833	3,125	4,750	1,625	«
		de 2e classe	1850,00	154,166	5,138	7,638	1,7126	2,569	3,638	1,069	«
	Aide-vétérinaire	de 1re classe	1800,00	150,000	5,000	7,500	1,6660	2,500	3,750	1,250	«
		de 2e classe	1500,00	125,000	4,166	6,666	1,3880	2,083	2,916	0,833	«
Batteries, Pontonniers, Ouvriers, Armuriers	Capit. en 1er	monté	3000,00	250,000	8,333	11,333	2,0830	4,166	6,333	2,166	«
		non monté	2800,00	233,333	7,777	10,777	1,9440	3,888	5,777	1,888	«
	Capit. en 2e	monté	2600,00	216,666	7,222	10,222	1,8050	3,611	5,222	1,611	«
		non monté	2400,00	200,000	6,666	9,666	1,6660	3,333	4,666	1,333	«
	Lieut. en 1er	monté	2050,00	170,833	5,694	8,194	1,8980	2,847	4,194	1,347	«
		non monté	1850,00	154,166	5,138	7,638	1,7126	2,569	3,638	1,069	«
	Lieut. en 2e	monté	1850,00	154,166	5,138	7,638	1,7126	2,569	3,638	1,069	«
		non monté	1650,00	137,500	4,583	7,083	1,5270	2,291	3,083	0,791	«
Canonniers-vétérans.	Capitaine	en 1er	2400,00	200,000	6,666	9,666	1,6660	3,333	4,666	1,333	«
		en 2e	2000,00	166,666	5,555	8,555	1,3880	2,777	3,555	0,777	«
	Lieutenant en 1er		1750,00	145,833	4,861	7,361	1,6200	2,430	3,361	0,930	«
	Lieutenant en 2e ou S.-lieut.		1450,00	120,833	4,027	6,527	1,3420	2,013	2,527	0,513	«
			Par jour.		Par jour.						
	Adjudant sous-officier		3,10		3,250	4,100	0,988	1,460	1,006	0,533	0,36
	Maréchal-des-logis chef	monté	1,82		1,970	2,220	0,516	0,770	«	«	0,14
		non monté	1,72		1,870	2,120	0,476	0,720	«	«	0,10
	Maréchal-des-log. et fourr.	monté	1,16		1,310	1,510	0,332	0,540	«	«	0,14
		non monté	1,06		1,210	1,410	0,292	0,490	«	«	0,10
	Brigadier-	monté	1,06		1,210	1,410	0,332	0,440	«	«	0,14

	Corps	Grade								
Troupe.	Régiments d'artillerie.	Brigadier . . . monté	0,77	0,920	1,020	0,305	0,305	«	«	0,14
		Brigadier . . . non monté .	0,67	0,820	0,920	0,255	0,255	«	«	0,10
		Artificier . . . à cheval . .	0,61	0,760	0,860	0,230	0,230	«	«	0,14
		Artificier . . . à pied . . .	0,51	0,660	0,760	0,180	0,180	«	«	0,10
		1er serv. à cheval et 1er cond.	0,51	0,660	0,760	0,180	0,180	«	«	0,14
		1er serv. à pied et bourrelier.	0,41	0,560	0,660	0,130	0,130	«	«	0,10
		2e serv. à cheval et 2e cond.	0,42	0,570	0,670	0,135	0,135	«	«	0,14
		2e servant à pied	0,32	0,470	0,570	0,085	0,085	«	«	0,10
		Maréchal ferrant	0,51	0,560	0,660	0,180	0,180	«	«	0,14
		Trompette . . monté	0,65	0,800	0,900	0,250	0,250	«	«	0,14
		Trompette . . non monté .	0,55	0,700	0,800	0,200	0,200	«	«	0,10
		(1) Enfant de troupe avant 14 ans	«	0,285	0,485	0,092	«	«	«	«
		(1) Enfant de troupe après 14 ans	0,32	0,470	0,570	0,085	0,085	«	«	«
		Ouvrier en bois et en fer (b)	«	«	«	«	«	«	«	«
	6e d'artillerie-pontonniers.	Maréchal-des-logis chef. . .	1,72	1,870	2,120	0,476	0,720	«	«	0,10
		Maréchal-des-logis et fourr.	1,06	1,210	1,410	0,292	0,490	«	«	0,10
		Brigadier-fourrier	0,96	1,110	1,310	0,292	0,390	«	«	0,10
		Brigadier	0,84	0,990	1,090	0,340	0,340	«	«	0,10
		Maître-ouvrier	0,69	0,840	0,940	0,265	0,265	«	«	0,10
		Canonnier-pontonnier de 1re classe	0,49	0,640	0,740	0,170	0,170	«	«	0,10
		Canonnier-pontonnier de 2e classe	0,40	0,550	0,650	0,125	0,125	«	«	0,10
	Ouvriers et Armuriers.	Maréchal-des-logis chef. . .	2,07	2,220	2,470	0,616	0,895	«	«	0,10
		Maréchal-des-logis et fourr.	1,06	1,210	1,410	0,292	0,490	«	«	0,10
		Brigadier-fourrier	0,96	1,110	1,310	0,292	0,390	«	«	0,10
		Brigadier	0,84	0,990	1,090	0,340	0,340	«	«	0,10
		Maître-ouvrier, chef armurier	0,79	0,940	1,040	0,315	0,315	«	«	0,10
		Canonnier-ouvrier ou armurier de 1re classe	0,68	0,830	0,930	0,265	0,265	«	«	0,10
		Canonnier-ouvrier ou armurier de 2e classe	0,53	0,680	0,780	0,190	0,190	«	«	0,10
		Canonnier-ouvrier ou armurier de 3e classe	0,43	0,580	0,680	0,140	0,140	«	«	0,10
		Trompette.	0,53	0,680	0,780	0,080	0,140	0,140	«	0,10
		Enfant de troupe avant 14 ans	«	0,340	0,540	0,120	«	«	«	«
		Enfant de troupe après 14 ans	0,31	0,460	0,560	0,080	«	«	«	«
	Vétérans . . .	Sergent-major	1,75	1,800	2,150	0,580	0,745	0,503	«	0,10
		Sergent et fourrier	1,15	1,200	1,500	0,420	0,545	0,370	«	0,10
		Caporal-fourrier	1,05	1,100	1,400	0,420	0,445	0,370	«	0,10
		Caporal	0,73	0,780	0,980	0,375	0,295	0,170	«	0,10
		Canonnier.	0,47	0,520	0,720	0,250	0,170	0,086	«	0,10
		Tambour.	0,57	0,620	0,820	0,250	0,170	0,186	«	0,10
		Enfant de troupe	«	0,350	0,550	0,125	«	«	«	«

(a) Une décision impériale du 12 juillet 1857 accorde un supplément de solde de 150 francs par an aux capitaines, lieutenants et sous-lieutenants.
(b) La solde de 1er ou 2e canonnier servant, avec un supplément de 5 cent. pour les journées de présence.

TARIF II.

Artillerie de la garde. — (Tarif de solde du 31 mars 1855.)

	GRADES.		SOLDE DE PRÉSENCE.				SOLDE D'ABSENCE.			PRIME pour masse indivi-duelle.	OBSERVATIONS.
			Avec vivres de campagne ou sans vivres.		En station, avec le pain seulement.	En marche en corps avec le pain.	En semestre ou en congé.	A l'hôpital.	A l'hôpital en semestre ou en congé avec solde		
			Par an.	Par mois.	Par jour.	Par jour.	Par jour.	Par jour.	Par jour.	Par jour.	
Officiers.	Chef d'escadron		6780	565,000	18,833	22,833	9,416	15,833	6,416	«	
	Capitaine	de 1re classe	4950	412,500	13,750	16,750	6,875	11,750	4,875	«	
		de 2e classe	4250	354,166	11,805	14,805	5,902	9,805	3,902	«	
	Lieutenant	de 1re classe	3530	294,166	9,805	12,305	4,902	8,305	3,402	«	
		de 2e classe	3190	265,833	8,861	11,361	4,430	7,361	2,930	«	
	Médecin aide-major	de 1re classe	4125	343,750	11,458	13,958	5,729	9,958	4,229	«	
		de 2e classe	3390	282,500	9,416	11,916	4,708	7,916	3,208	«	
	Aide-vétérinaire	de 1re classe	3300	275,000	9,166	11,666	4,583	7,916	3,333	«	
		de 2e classe	2750	229,166	7,638	10,318	3,819	6,388	2,569	«	

	Par jour.	Par jour.						
Batterie à pied.								
Troupe. Maréchal-des-logis chef	2,611	2,761	3,261	0,882	«	«	0,15	
Maréchal-des-logis et fourrier	1,704	1,854	2,354	0,620	«	«	0,15	
Brigadier-fourrier	1,604	1,754	2,254	0,520	«	«	0,15	
Brigadier	1,225	1,375	1,775	0,355	«	«	0,15	
Artificier	1,015	1,165	1,465	0,280	«	«	0,15	
Canonnier	0,865	1,015	1,315	0,230	«	«	0,15	
Ouvrier en bois ou en fer	0,915	1,065	1,365	0,230	«	«	0,15	
Trompette	1,075	1,225	1,525	0,300	«	«	0,15	
Enfant de troupe, avant l'âge de 14 ans.	«	0,482	0,782	«	«	«	«	
Enfant de troupe, après l'âge de 14 ans.	0,865	1,015	1,315	«	«	«	«	Ou la solde de trompette, s'il en fait titulairement le service.
Batterie de parc et batterie à cheval.								
Troupe. Adjudant sous-officier	4,888	5,038	5,788	1,860	1,273	0,686	0,75	
Maréchal-des-logis chef	2,711	2,861	3,361	0,932	«	«	0,18	
Maréchal-des-logis et fourrier	1,804	1,954	2,454	0,670	«	«	0,18	
Brigadier-fourrier	1,704	1,854	2,354	0,570	«	«	0,16	
Brigadier	1,325	1,475	1,875	0,405	«	«	0,16	
Artificier et chef conducteur	1,115	1,265	1,565	0,330	«	«	0,16	
Canonnier ou conducteur	0,965	1,115	1,415	0,280	«	«	0,16	
Ouvrier en bois ou en fer	1,015	1,165	1,465	0,280	«	«	0,16	
Maréchal-ferrant	0,865	1,015	1,315	0,280	«	«	0,16	
Bourrelier	0,815	0,965	1,265	0,230	«	«	0,16	
Trompette	1,175	1,325	1,625	0,350	«	«	0,16	
Enfant de troupe, avant l'âge de 14 ans.	«	0,482	0,782	«	«	«	«	
Enfant de troupe, après l'âge de 14 ans.	0,965	1,115	1,415	«	«	«	«	Ou la solde de trompette, s'il en fait titulairement le service.

TARIF

Suppléments de solde,

§§ 41, 43, 44, 46, 47, 48, 49, 50 et 52.

DÉSIGNATION des GRADES.		Pour chaque distance d'étape parcourue en un jour en sus de la première.	INDEMNITÉS							
			de logement par mois.		d'ameublement par mois.		extraordinaires en rassemblement.	aux prisonniers de guerre pour perte		aux militaires non prisonniers de guerre pour chaque cheval tué par l'ennemi.
			Intérieur.	Algérie (a)	Intérieur.	Algérie (a)		d'effets.	de chevaux.	
		fr.	fr.	fr.	fr.	fr.	fr.	fr.	fr.	fr.
Chef d'escadron		1,60	60,00	60,00	20,00	25,00	60 (b)	700	450	450
Capitaine		1,20	30,00	35,00	15,00	15,00	40,00	500	450	450
Lieutenant et Sous-lieutenant, Méd. aide-maj. et Aide-vétérinaire		1,00	20,00	25,00	10,00	15,00	30,00	400(c)	450(d)	450
Par jour.	Adjudant	0,40	«	«	«	«	0,15	«	«	«
	Maréchal-des-logis chef	0,16	«	«	«	«	0,08	«	«	«
	Maréchal-des-log. et fourr.	0,14	«	«	«	«	0,08	«	«	«
	Brigad. et canonnier	0,10	«	«	«	«	0,05	«	«	«
	Enf. de troupe.	0,10	«	«	«	«	0,05	«	«	«

(a) Décision ministérielle du 15 novembre 1845, page 426. — (b) Décision du 1er juillet 1852,
(1) Lorsqu'un officier est promu pour rester à l'armée, il a droit à la différence d'entrée en
(2) Les détachements de remonte, en raison de leur effectif peu élevé, n'ont pas droit aux frais
(3) Si par la suite le nouveau promu est classé comme lieutenant dans un régiment, il a droit
les enfants de troupe reçoivent les vivres de campagne, il est fait sur leur solde une retenue de
par jour, en remplacement de deux rations de vivres. — Les sous-officiers, brigadiers, canonniers,
par jour, en remplacement de viande, légumes secs et sel; cette ration se décompose ainsi qu'il
position y assimilable, reçoivent un supplément de viande d'un cinquième de la ration, ce qui
fications, aux intructeurs des batteries détachées hors de l'arrondissement du dépôt, sont générale-

III.

indemnités et gratifications.

Gratification d'entrée en campagne (1)	HAUTE-PAIE journalière d'ancienneté. NOMBRE DE CHEVRONS. 1 après 7 ans de service.	2 après 11 ans de service.	3 après 15 ans de service.
fr.	fr.	fr.	fr.
1000	«	«	«
700	«	«	«
500	«	«	«
«			
«	0,15	0,20	0,25
«			
«	0,12	0,15	0,20
«	«	«	«

En remonte.	Les officiers reçoivent un supplément de solde du 5e en sus. Les sous-officiers et canonniers reçoivent un supplément de 5 cent. par jour.
A l'ordinaire pour la fête de l'Empereur.	La moitié d'une journée de solde suivant la position où se trouve la troupe le jour même de la fête.
Frais de bureau.	Pour une batterie montée ou à pied s'administrant séparément, 16f666 par mois; par jour 0f555. Un détachement moindre qu'une batterie a droit à 8f33 par mois; 0f277 par jour (2).
Indemnité représentative de fourrages.	Est payée pour toutes les journées composant le mois, à raison de 1 fr. par chaque ration et par jour.
Au vaguemestre d'une batterie.	15 cent. par jour. Si plusieurs batteries du même régiment sont réunies dans la même place, il n'y a qu'un vaguemestre; il reçoit 5 cent. par jour pour chaque batterie en sus de la 1re pour laquelle il a droit à 15 cent.
Sous-officiers promus officiers.	Classés dans un régiment . 950f Dans les ouvriers, armuriers(3) 700

page 151. — (c) Pr l'aide-major, 300 fr. seulement. — (d) Pr l'aide-vétérinaire, 400 fr. seulement.
campagne de son ancien à son nouveau grade.
de bureau.
à un rappel de 250 francs. — L'indemnité de vivres est réglée par le Ministre de la guerre. Lorsque
15 cent. par jour. — Les officiers employés à l'armée d'Afrique reçoivent une indemnité de 88 cent.
enfants de troupe et vivandières employés à l'armée d'Afrique reçoivent une indemnité de 185 mill.
suit : viande, 15 cent.; légumes, 3 cent.; sel, 5 mill. — Les troupes en expédition ou dans une
porte alors l'indemnité à 215 mill, dont 18 cent. pour la viande. (4 déc. 1852, 399.) — Les grati-
ment fixées à 50 francs par batterie montée, et 30 francs par batterie non montée.

TARIF

§ 61. *Indemnités en remplacement de vin et d'eau-de-vie.*

DÉPARTEMENTS.	Divisions militaires.	INDEMNITÉ en remplacement de vin ; ration de 25 centilit. 1/4 de litre.	INDEMNITÉ en remplacement d'eau-de-vie ; ration de 6 cent. 250, 1/16.	INDEMNITÉ en remplacement d'eau-de-vie ; ration de 3 cent. 125, 1/32.	DÉPARTEMENTS.	Divisions militaires.	INDEMNITÉ en remplacement de vin ; ration de 25 centilit. 1/4.	INDEMNITÉ en remplacement d'eau-de-vie ; ration de 6 cent. 250, 1/16.	INDEMNITÉ en remplacement d'eau-de-vie ; ration de 3 cent. 125, 1/32.
		c. m.	c. m.	c. m.			c. m.	c. m.	c. m.
Ain	8	9,00	9,50	4,75	Deux-Sèvres	15	10,00	11,00	5,50
Aisne	4	11,00	10,00	5,00	Dordogne	14	12,50	10,00	5,00
Allier	19	10,00	9,50	4,75	Doubs	7	10,00	8,00	4,00
Alpes (Basses-)	8	10,00	8,50	4,00	Drôme	9	15,00	10,00	5,00
Alpes (Hautes-)	9	15,00	11,00	5,50	Eure	2	15,00	11,00	5,00
Ardèche	9	11,00	8,50	4,25	Eure-et-Loir	1	11,00	11,00	5,50
Ardennes	4	16,50	9,50	4,75	Finistère	16	12,50	7,50	3,75
Ariége	11	10,50	8,40	4,20	Gard	10	10,00	9,00	4,50
Aube	1	8,00	10,00	5,00	Garonne (Haute-)	12	11,00	11,00	5,50
Aude	11	10,00	8,50	4,30	Gers	13	8,50	11,00	5,50
Aveyron	10	12,50	11,50	5,75	Gironde	14	12,50	12,50	6,25
Bouches-du-Rhône	9	11,00	9,00	4,50	Hérault	10	8,50	10,00	5,00
Calvados	2	17,50	11,00	5,50	Ille-et-Vilaine	16	14,00	11,00	5,50
Cantal	20	10,00	9,50	4,75	Indre	19	10,00	9,50	4,75
Charente	14	8,50	10,00	5,00	Indre-et-Loire	18	10,00	8,50	4,25
Charente-Infér[e]	14	8,50	12,50	6,25	Isère	8	12,50	10,50	5,25
Cher	19	10,00	9,50	4,75	Jura	7	9,50	9,00	4,50
Corrèze	21	9,50	9,00	4,50	Landes	13	12,50	11,50	5,75
Corse	17	10,00	7,00	3,50	Loir-et-Cher	18	7,50	9,00	4,50
Côte-d'or	7	11,00	7,50	3,75	Loire	8	13,00	13,00	6,50
Côtes-du-Nord	16	18,00	12,00	6,00	Loire (Haute-)	20	12,00	9,50	4,75
Creuse	21	11,00	9,00	4,50	Loire-Inférieure	15	12,50	9,50	4,75

Durée réglementaire de l'allocation de l'indemnité, } Dans les 1re, 2e, 3e, 4e, 5e, 6e, 7e, 15e, 16e,
en remplacement de la ration hygiénique d'eau-de-vie } Dans les 8e, 9e, 10e, 11e, 12e, 13e, 14e et

La ration d'eau-de-vie de 3 centilitres 125 est la ration hygiénique prescrite par l'article 288
travaux extraordinaires et notamment aux travailleurs du polygone, par la décision ministérielle
ment de la ration d'eau-de-vie en nautre. Cette indemnité est payable avec la solde.

IV.

(Décision impériale du 20 mars 1854.)

DÉPARTEMENTS.	Divisions militaires.	INDEMNITÉ en remplacement de vin ; ration de 25 centilit. 1/4.	INDEMNITÉ en remplacement d'eau-de-vie ; ration de 6 cent. 250, 1/16.	INDEMNITÉ en remplacement d'eau-de-vie ; ration de 3 cent. 125, 1/32.	DÉPARTEMENTS.	Divisions militaires.	INDEMNITÉ en remplacement de vin ; ration de 25 centilit. 1/4.	INDEMNITÉ en remplacement d'eau-de-vie ; ration de 6 cent. 250, 1/16.	INDEMNITÉ en remplacement d'eau-de-vie ; ration de 3 cent. 125, 1/32.
		c. m.	c. m.	c. m.			c. m.	c. m.	c. m.
Loiret	1	10,00	10,00	5,00	Rhin (Bas-)	6	11,00	9,00	4,50
Lot	12	11,00	10,00	5,00	Rhin (Haut-)	6	11,00	9,50	4,75
Lot-et-Garonne	14	10,00	9,50	4,75	Rhône	8	11,00	9,50	4,75
Lozère	10	13,50	11,00	5,50	Saône-et-Loire	8	12,00	8,00	4,00
Maine-et-Loire	15	12,00	11,00	5,50	Saône (Haute-)	7	7,50	8,00	4,00
Manche	16	18,00	10,00	5,00	Sarthe	18	15,00	10,00	5,00
Marne	4	10,00	8,50	4,25	Seine { Paris	1	18,00	11,00	5,50
Marne (Haute-)	7	7,50	10,50	5,25	Seine { Banlieue		16,00	9,00	4,50
Mayenne	16	20,00	12,00	6,00	Seine-et-Marne	1	12,50	9,00	4,50
Meurthe	5	10,00	9,50	4,75	Seine-et-Oise	1	15,00	13,00	6,50
Meuse	5	10,00	9,50	4,75	Seine-Inférieure	2	16,00	10,00	5,00
Morbihan	16	18,00	12,00	6,00	Somme	3	17,50	12,00	6,00
Moselle	5	10,00	9,50	4,75	Tarn	12	12,50	10,00	5,00
Nièvre	19	8,50	8,50	4,25	Tarn-et-Garonne	12	8,00	8,00	4,00
Nord	3	18,00	10,00	5,00	Var	9	12,00	9,50	4,75
Oise	1	15,00	9,00	4,50	Vaucluse	9	10,00	9,50	4,75
Orne	2	17,50	9,00	4,50	Vendée	15	9,50	7,00	3,50
Pas-de-Calais	3	18,00	9,00	4,50	Vienne	18	10,00	10,50	5,25
Puy-de-Dôme	20	10,00	8,00	4,00	Vienne (Haute-)	21	9,50	9,00	4,50
Pyrénées (Basses-)	13	11,00	10,00	5,00	Vosges	5	7,50	11,00	5,50
Pyrénées (Hautes-)	13	15,00	12,50	6,25	Yonne	1	11,00	11,00	5,50
Pyrénées-Oriental.	11	10,60	10,20	5,10					

18e, 19e, 20e et 21e divisions militaires, du 21 juin au 31 août.
17e divisions militaires, du 1er juin au 30 septembre.
de l'ordonnance du 25 décembre 1837, et celle de 6 centilitres 250 est la ration allouée pour des
du 26 avril 1821. La décision du 20 novembre 1851 substitue l'indemnité en argent, en remplace-

TARIF V.

Paille de couchage.

Campement et baraquement.

La paille de couchage se distribue à raison d'une botte de 5 kil. par homme, tous les 15 jours et à chaque changement de position, en paille longue; ou de 7 kil. pour le même temps en paille courte dépiquée sous les pieds des chevaux.

Corps de garde n'ayant pas de lit de camp . . . { 1re classe, tous les 15 jours, 20 bottes de 5 kil.
2e — *idem* 12 *idem*
3e — *idem* 6 *idem*

La paille de baraquement se distribue à raison de 40 bottes de 5 kil. par régiment ou bataillon pour les abris-vents de la garde du camp; elle est toujours fournie en paille longue.

§§ 59, 60 et 61.

Tarif des rations de vivres, de fourrages et de chauffage.

DÉSIGNATION DES GRADES.	PIED DE PAIX.			PIED DE GUERRE et de RASSEMBLEMENT.			OBSERVATIONS.
	Pain.	Fourrage.	Chauffage	Vivres.	Fourrage.	Chauffage	
Chef d'escadron	«	2	«	2	4 (1)	4	Aux armées, il est quelquefois accordé des rations aux femmes de troupe, blanchisseuses, vivandières, ainsi qu'à leurs enfants des deux sexes; mais ces fournitures ne sont accordées que sur des ordres spéciaux des généraux en chef ou du Ministre de la guerre. (1) Dont 1 par cheval ou mulet de bât.
Capitaine	«	2	«	2	3	4	
Lieutenant et Sous-lieutenant	«	1	«	2	2	4	
Médecins aides-majors	«	1	«	2	2	4	
Aides-vétérinaires	«	«	«	1	1	4	
Adjudant, maréchal-des-logis chef, maréchal-des-logis et fourrier	1	«	2	1	«	2	
Brigadier, artificier et canonnier	1	«	1	1	«	1	
Enfant de troupe	1	«	1	«	«	«	

TARIF VI.

Composition des rations de chauffage.

§§ 28, 64 et 65.

Droit aux allocations.

Pour une batterie faisant usage de foyers économiques.	Cuisson des aliments.	Sur le pied de paix ou sur le demi-pied de guerre	2 marmites.
		Sur le pied de guerre	3 marmites.
	Chauffage des chambres.	Sur le pied de paix	1 1/2 ration.
		Sur le demi-pied de guerre	2 rations.
		Sur le pied de guerre	3 rations.
Une batterie a droit, si on lui a affecté un local pour une école, à			1/2 ration.

Tarif des allocations.

DÉSIGNATION DES COMBUSTIBLES.		TAUX DE LA RATION. Bois.	Charbon de terre.	FAGOTS D'ALLUMAGE pour le charbon de terre.	OBSERVATIONS.
1° *Cuisson des aliments.*		kil.	kil.		
Ration des sous-officiers, et des parties prenantes traitées au même titre, dans les corps qui font usage de fourneaux économiques; par homme et par jour		1,60	0,80	1 par 20 rations.	
Ration collective de l'ordinaire, aux troupes faisant usage de fourneaux économiques.	1° Fourn. anc. mod. à 1 marmite, par fourneau et par jour	25,00	14,00		
	2° Fourn. anc. mod. à 2 marmites, par fourneau et par jour	42,00	24,00	2 par ration.	
	3° Fourn. choumara à double marmite, par fourneau et par jour	40,00	22,00		Pr les marmites au-dessus de 75 lit.
		45,00	25,00		Pr les marm. de 75 lit. et au-dessous.
Ration individuelle d'ordinaire, aux troupes casernées ne faisant point usage de fourneaux économiques		0,80	0,40	1 par 20 rations.	1 ration par homme et par jour avec double ration pour les sous-officiers et les parties prenantes traitées comme eux.
Ration individuelle d'ordinaire, aux troupes en station logées chez l'habitant		1,00	0,50		
Ration individ. d'ordin., aux troupes campées et baraquées.		1,20	0,60		
2° *Chauffage d'hiver* (dit *ration des chambres*).					
Ration collective de chauffage des chambres.	Région chaude	20,00	12,00	3 pr ration, excepté pr les écoles régiment., qui n'ont droit qu'à 1 par poêle à chauffer.	
	Région tempérée	25,00	15,00		
	Région froide	30,00	18,00		
Ration individuelle de chauffage des chambres aux troupes casernées.	Région chaude	0,50	0,25	1 par 20 rations.	*Idem.*
	Région tempérée	0,70	0,35		
	Région froide	0,80	0,40		
Ration individuelle de chauffage d'hiver aux troupes campées ou baraquées.	Région chaude	1,00	0,50		
	Région tempérée	1,20	0,60		
	Région froide				

Des distributions de fourrages.

Le foin et la paille sont distribués en bottes, du poids fixé par le tarif pour chaque espèce de ration.

DES LIENS. — Les bottes de foin et de paille, au-dessous de 6 kil., ne peuvent avoir plus de 2 liens, et celles de 6 kil. et au-dessus, plus de 3. Lorsque les liens sont de même nature et de même qualité que la denrée distribuée, ils entrent dans le poids de la ration. — Si les liens sont de denrées impropres au service, ils sont défalqués en totalité. — Si les liens des bottes de foin sont en paille de froment, le poids de chacun, qui ne doit pas excéder 125 gr., entre pour moitié dans le poids de la ration.

PAILLE DÉPIQUÉE ET HACHÉE. — Dans les localités où le blé est dépiqué sous les pieds des chevaux, la paille, destinée tant à la subsistance des chevaux qu'au couchage des troupes, est distribuée en barillons que les corps sont tenus de rapporter en magasin; il en est de même, à l'égard de la paille hachée.

ROMAINES ET PESONS INTERDITS. — L'usage des romaines et pesons est interdit dans les magasins; les pesées se font à la balance.

USAGE DES BALANCES. — La vérification du poids des fourrages aux distributions a lieu en mettant 10 bottes à la fois sur la balance, et en faisant trois pesées successives, dont on prend le taux moyen.

AVOINE ET SON. — Les distributions d'avoine et de son s'effectuent à la balance, et en déduisant le poids des sacs.

DISTRIBUTION DU VERT. — Lorsque la fourniture du vert a lieu à l'écurie, la pesée se fait au quartier sur une balance et par trousse. Lorsqu'elle a lieu à la soûlée, la portion de pré à livrer au pacage est déterminée selon le nombre de chevaux et l'abondance de l'herbe, et elle est limitée par des cordes tendues sur des piquets que l'on déplace chaque jour pour ouvrir un nouveau champ de pacage.

Une troupe en route, qui ne trouve pas une litière toute faite chez l'habitant, est autorisée à remplacer par 4 kil. de paille 1 kil. d'avoine par ration. Dans ce cas, la nature des denrées distribuées est exprimée en toutes lettres au mandat d'étape. (*Décision ministérielle du* 8 *juillet* 1845.)

APPENDICE.

COMPOSITION DES BATTERIES ET DES COMPAGNIES D'ARTILLERIE.

(Décret du 20 février 1860.)

GARDE IMPÉRIALE.

Division à pied.

Batterie à pied.

DÉSIGNATION DES GRADES.	PIED DE PAIX.		PIED DE GUERRE.		OBSERVATIONS.
	HOMMES.	CHEVAUX.	HOMMES.	CHEVAUX.	
OFFICIERS.					
Capitaines de 1re classe	1	2	1	3	
Capitaines de 2e classe	1	2	1	3	
Lieutenants de 1re classe	1	1	1	2	
Lieutenants de 2e classe ou s.-lieutenants	1	1	1	2	
Totaux	4	6	4	10	
TROUPE.					
Maréchal des logis chef	1	«	1	«	
Maréchal des logis	6	«	6	«	
Fourrier	1	«	1	«	
Brigadiers	8	«	8	«	
Artificiers	6	«	6	«	
Canonniers servants	92	«	122	«	
Ouvriers en fer et en bois	4	«	4	«	
Trompettes	2	«	2	«	
Totaux	120	«	150	«	
Enfants de troupe	2	«	2	«	

Compagnie d'ouvriers-pontonniers.

DÉSIGNATION DES GRADES.	PIED DE PAIX.		PIED DE GUERRE.		OBSERVATIONS.
	HOMMES.	CHEVAUX.	HOMMES.	CHEVAUX.	
OFFICIERS.					
Capitaines . { de 1re classe. . . .	1	2	1	3	
Capitaines . { de 2e classe. . . .	1	2	1	3	
Lieutenants { de 1re classe. . . .	1	1	1	2	
Lieutenants { de 2e classe ou s.-lieutenants .	1	1	1	2	
Totaux	4	6	4	10	
TROUPE.					
Maréchal des logis chef, ouvrier ou batelier	1	«	1	«	
Maréchaux des logis. { Bateliers	4 } 6	«	6	«	
Maréchaux des logis. { Ouvrier en fer . .	1				
Maréchaux des logis. { Ouvrier en bois .	1				
Fourrier, batelier ou ouvrier. .	1	«	1	«	
Brigadiers . { Bateliers	4 } 6	«	6	«	
Brigadiers . { Ouvrier en fer . .	1				
Brigadiers . { Ouvrier en bois .	1				
Maîtres . . { Bateliers	4 } 12	«	12	«	
Maîtres . . { Ouvrier en fer . .	4				
Maîtres . . { Ouvrier en bois .	4				
Cannoniers-pontonniers { Bateliers	62 } 92	«	82 } 122	«	
Cannoniers-pontonniers { Ouvriers	30		40		
Trompettes	2	«	2	«	
Totaux	120	«	150	«	
Enfants de troupe	2	«	2	«	

Régiment monté (8 batteries).

Batterie monté.

DÉSIGNATION des GRADES.	PIED DE PAIX.			PIED DE GUERRE.			OBSERVATIONS.
	HOMMES	CHEVAUX de selle.	CHEVAUX de trait.	HOMMES	CHEVAUX de selle.	CHEVAUX de trait.	
OFFICIERS.							
Capitaines. de 1re classe.	1	2	«	1	3	«	
Capitaines. de 2e classe.	1	2	«	1	3	«	
Lieutenants de 1re classe.	1	1	«	1	2	«	
Lieutenants de 2e classe ou s.-lieutenants	1	1	«	2	4	«	
Totaux	4	6	«	5	12	«	
TROUPE.							
Adjudant sous-officier	1	1	«	1	1	«	
Maréchal des logis chef	1	1	«	1	1	«	
Maréchaux des logis	8	8	«	8	8	«	
Fourriers	2	2	«	2	2	«	
Brigadiers	12	6	«	12	6	«	
Artificiers	6	«	«	6	«	«	
Canonniers servants.	54	«	«	62	«	«	
Canonniers conducteurs	60	«	76	94	«	140	
Ouvriers en fer et en bois	4	«	«	4	«	«	
Maréchaux ferrants	3	2	«	3	3	«	
Bourreliers	2	«	«	2	«	«	
Trompettes	3	2	«	3	3	«	
Totaux	156	22	76	198	24	140	
		98			164		
Enfants de troupe	2	«	«	2	«	«	

NOTA. Cette composition de la batterie au pied de guerre s'applique au service d'une batterie de canons de 4 rayés, de campagne.

Régiment à cheval (6 batteries).

Batterie à cheval.

DÉSIGNATION des GRADES.	PIED DE PAIX.			PIED DE GUERRE.			OBSERVATIONS.
	HOMMES	CHEVAUX de selle.	CHEVAUX de trait.	HOMMES	CHEVAUX de selle.	CHEVAUX de trait.	
OFFICIERS.							
Capitaines. de 1re classe.	1	2	«	1	3	«	
Capitaines. de 2e classe.	1	2	«	1	3	«	
Lieutenants de 1re classe.	1	1	«	1	2	«	
Lieutenants de 2e classe ou s.-lieutenants	1	1	«	2	4	«	
Totaux	4	6	«	5	12	«	
TROUPE.							
Adjudant sous-officier	1	1	«	1	1	«	
Maréchal des logis chef	1	1	«	1	1	«	
Maréchaux des logis	8	8	«	8	8	«	
Fourriers	2	2	«	2	2	«	
Brigadiers	12	12	«	12	12	«	
Artificiers	6	6	«	6	6	«	
Canonniers servants	60	48	«	78	66	«	
Canonniers conducteurs	58	«	72	84	«	124	
Ouvriers en fer et en bois	4	«	«	4	«	«	
Maréchaux ferrants	3	2	«	3	3	«	
Bourreliers	2	«	«	2	«	«	
Trompettes	3	2	«	3	3	«	
Totaux	160	82	72	204	102	124	
		154			226		
Enfants de troupe	2	«	«	2	«	«	

Escadron du train (2 compagnies).

Compagnie.

DÉSIGNATION des GRADES.	PIED DE PAIX. HOMMES	PIED DE PAIX. CHEVAUX de selle.	PIED DE PAIX. CHEVAUX de trait.	PIED DE GUERRE. HOMMES	PIED DE GUERRE. CHEVAUX de selle.	PIED DE GUERRE. CHEVAUX de trait.	OBSERVATIONS.
OFFICIERS.							
Capitaine de 1re ou de 2e classe	1	2	«	1	3	«	
Lieutenants de 1re classe	1	1	«	1	2	«	
Lieutenants de 2e classe ou s.-lieutenant	1	1	«	1	2	«	
Totaux	3	4	«	3	7	«	
TROUPE.							
Adjudant sous-officier	1	1	«	1	1	«	
Maréchal des logis chef	1	1	«	1	1	«	
Maréchaux des logis	6	4	«	6	6	«	
Fourrier	1	1	«	1	1	«	
Brigadiers	8	4	«	8	8	«	
Cavaliers	74	«	60	154	«	250	
Maréchaux ferrants	3	1	«	3	3	«	
Bourreliers	2	«	«	2	«	«	
Trompettes	4	2	«	4	4	«	
Totaux	100	14	60	180	24	250	
		74			274		
Enfants de troupe	2	«	«	2	«	«	

NOTA. Le dédoublement d'une compagnie de guerre s'opère de la même manière que dans le train d'artillerie de la ligne.

LIGNE.

Régiments à pied, n° 1 à 5 (16 batteries chacun).

Batterie à pied.

DÉSIGNATION des GRADES.	PIED DE PAIX.		PIED DE GUERRE.						OBSERVATIONS.
			Service de siége, de place, de côtes et de parc.		Service d'une batterie de canons de 12 rayés (de réserve) attelée par le train.		Service d'une batt. de can. de 4 rayés, de montagne ou d'une batterie de fusées, transportées par le train.		
	Hommes.	Chevaux.	Hommes.	Chevaux.	Hommes.	Chevaux.	Hommes.	Chevaux.	
OFFICIERS.									
Capitaines { de 1re classe. .	1	2	1	3	1	3	1	3	
Capitaines { de 2e classe. .	1	2	1	3	1	3	1	3	
Lieutenants { de 1re classe. .	1	1	1	2	1	2	1	2	
Lieutenants { de 2e classe ou s.-lieutenant.	1	1	1	2	2	4	2	4	
Totaux	4	6	4	10	5	12	5	12	
TROUPE.									
Maréchal des logis chef. . .	1	«	1	«	1	«	1	«	
Maréchaux des logis	6	«	6	«	6	«	6	«	
Fourrier.	1	«	1	«	1	«	1	«	
Brigadiers.	8	«	8	«	8	«	8	«	
Artificiers	6	«	6	«	6	«	6	«	
Canonniers servants { de 1re classe. .	30	«	70	«	30	«	25	«	
Canonniers servants { de 2e classe. .	42	«	102	«	42	«	37	«	
Ouvriers en fer et en bois. .	4	«	4	«	4	«	4	«	
Trompettes	2	«	2	«	2	«	2	«	
Totaux	100	«	200	«	100	«	90	«	
Enfants de troupe	2	«	2	«	2	«	2	«	

Régiment de pontonniers, n° 6 (12 compagnies).

Compagnie de canonniers-pontonniers.

DÉSIGNATION DES GRADES.	PIED DE PAIX.		PIED DE GUERRE.		OBSERVATIONS.
	HOMMES.	CHEVAUX.	HOMMES.	CHEVAUX.	
OFFICIERS.					
Capitaines de 1re classe	1	2	1	3	
Capitaines de 2e classe	1	2	1	3	
Lieutenants de 1re classe	1	1	1	2	
Lieutenants de 2e classe ou s.-lieutenants	1	1	1	2	
Totaux	4	6	4	10	
TROUPE.					
Maréchal des logis chef, ouvrier ou batelier	1	«	1	«	
Maréchaux des logis. Bateliers	4				
Maréchaux des logis. Ouvrier en fer	1 } 6	«	6	«	
Maréchaux des logis. Ouvrier en bois	1				
Fourrier, batelier ou ouvrier	1	«	1	«	
Brigadiers. Bateliers	4				
Brigadiers. Ouvrier en fer	1 } 6	«	6	«	
Brigadiers. Ouvrier en bois	1				
Maîtres. Bateliers	4				
Maîtres. Ouvrier en fer	4 } 12	«	12	«	
Maîtres. Ouvrier en bois	4				
Canonniers-pontonniers de 1re cl. Bateliers	14 } 22	«	22 } 34	«	
Canonniers-pontonniers de 1re cl. Ouvriers	8		12		
Canonniers-pontonniers de 2e cl. Bateliers	34 } 50	«	46 } 70	«	
Canonniers-pontonniers de 2e cl. Ouvriers	16		24		
Trompettes	2	«	2	«	
Totaux	100	«	132	«	
Enfants de troupe	2	«	2	«	

Régiments montés, nos 7 à 16 (10 batteries chacun).

Batterie montée.

DÉSIGNATION des GRADES.	PIED DE PAIX.			PIED DE GUERRE.						OBSERVATIONS.
				Service d'une batterie de canons de 12 rayés (de réserve).			Service d'une batterie de canons de 4 rayés de campagne.			
	HOMMES.	CHEVAUX		HOMMES.	CHEVAUX		HOMMES.	CHEVAUX		
		de selle.	de trait.		de selle.	de trait.		de selle.	de trait.	
OFFICIERS.										
Capitaines de 1re classe.	1	2	«	1	3	«	1	3	«	
Capitaines de 2e classe.	1	2	«	1	3	«	1	3	«	
Lieutenants de 1re classe.	1	1	«	1	2	«	1	2	«	
Lieutenants de 2e classe ou s.-lieutenants	1	1	«	2	4	«	2	4	«	
Totaux	4	6	«	5	12	«	5	12	«	
TROUPE.										
Adjudant sous-officier	1	1	«	1	1	«	1	1	«	
Maréchal des logis chef	1	1	«	1	1	«	1	1	«	
Maréchaux des logis	8	6	«	8	8	«	8	8	«	
Fourriers	2	2	«	2	2	«	2	2	«	
Brigadiers	12	6	«	12	6	«	12	6	«	
Artificiers	6	«	«	6	«	«	6	«	«	
Canonniers servants de 1re classe	17	«	«	30	«	«	25	«	«	
Canonniers servants de 2e classe	25	«	«	42	«	«	37	«	«	
Canonniers conduct. de 1re classe	20	«	40	48	«	180	38	«	140	
Canonniers conduct. de 2e classe	31			72			56			
Ouvriers en fer et en bois	4	«	«	4	«	«	4	«	«	
Maréchaux ferrants	3	1	«	3	3	«	3	3	«	
Bourreliers	2	«	«	2	«	«	2	«	«	
Trompettes	3	2	«	3	3	«	3	3	«	
Totaux	135	19	40	234	24	180	198	24	140	
		59			204			164		
Enfants de troupe	2	«	«	2	«	«	2	«	«	

Régiments à cheval, nos 17 à 20 (8 batteries chacun).

Batterie à cheval.

DÉSIGNATION des GRADES.	PIED DE PAIX.			PIED DE GUERRE.			OBSERVATIONS.
	HOMMES	CHEVAUX de selle.	CHEVAUX de trait.	HOMMES	CHEVAUX de selle.	CHEVAUX de trait.	
OFFICIERS.							
Capitaines de 1re classe.	1	2	«	1	3	«	
Capitaines de 2e classe.	1	2	«	1	3	«	
Lieutenants de 1re classe.	1	1	«	1	2	«	
Lieutenants de 2e classe ou s.-lieutenants	1	1	«	2	4	«	
Totaux	4	6	«	5	12	«	
TROUPE.							
Adjudant sous-officier	1	1	«	1	1	«	
Maréchal des logis chef	1	1	«	1	1	«	
Maréchaux des logis	8	8	«	8	8	«	
Fourriers	2	2	«	2	2	«	
Brigadiers	12	12	«	12	12	«	
Artificiers	6	3	«	6	6	«	
Canonn. servants de 1re cl.	17	30	«	32	66	«	
Canonn. servants de 2e cl.	25			46			
Canonn. conduct. de 1re cl.	20	«	40	34	«	124	
Canonn. conduct. de 2e cl.	31			50			
Ouvriers en fer et en bois	4	«	«	4	«	«	
Maréchaux ferrants	3	1	«	3	3	«	
Bourreliers	2	«	«	2	«	«	
Trompettes	3	2	«	3	3	«	
Totaux	135	60	40	204	102	124	
		100			226		
Enfants de troupe	2	«	«	2	«	«	

Escadrons du train, n°s 1 à 6 (5 compagnies chacun, susceptible de se dédoubler en temps de guerre).

Compagnie (Mère).

DÉSIGNATION des GRADES.	PIED DE PAIX. HOMMES	PIED DE PAIX. CHEVAUX de selle.	PIED DE PAIX. CHEVAUX de trait.	PIED DE GUERRE. HOMMES	PIED DE GUERRE. CHEVAUX de selle.	PIED DE GUERRE. CHEVAUX de trait.	OBSERVATIONS.
OFFICIERS.							
Capitaine (de 1re ou de 2e classe	1	2	«	1	3	«	
Lieutenants de 1re classe	1	1	«	1	2	«	
Lieutenants de 2e classe ou *s.-lieutenants*	1	1	«	1	2	«	
Totaux	3	4	«	3	7	«	
TROUPE.							
Adjudant sous-officier	1	1	«	1	1	«	
Maréchal des logis chef	1	1	«	1	1	«	
Maréchaux des logis	6	2	«	6	6	«	
Fourrier	1	1	«	1	1	«	
Brigadiers	8	2	«	8	8	«	
Cavaliers de 1re classe	14	«	30	50	«	250	
Cavaliers de 2e classe	28			104			
Maréchaux ferrants	3	1	«	3	3	«	
Bourreliers	2	«	«	2	«	«	
Trompettes	4	1	«	4	4	«	
Totaux	68	9	30	180	24	250	
		39			274		
Enfants de troupe	2	«	«	2	«	«	

Compagnie de guerre dédoublée.

DÉSIGNATION des GRADES.	COMPAGNIE principale.			COMPAGNIE (*bis*) AFFECTÉE au service des parcs.			COMPAGNIE (*bis*) ATTELANT une batterie de canons de 12 rayés, (de réserve) servie par une batterie à pied.			COMPAGNIE (*bis*) ATTACHÉE à une batterie de canons de 4 rayés, de montagne, ou à une batterie de fusées, ou destinée à transporter des cartouches d'infanterie en pays de montagne.			OBSERVATIONS.
	Hommes.	Chevaux de selle.	Chevaux de trait.	Hommes.	Chevaux de selle.	Chevaux de trait.	Hommes.	Chevaux de selle.	Chevaux de trait.	Hommes.	Chevaux de selle.	Chevaux de trait ou mulets.	
OFFICIERS.													
Capitaine	1	3	«	«	«	«	«	«	«	«	«	«	
Lieutenants de 1re cl.	«	«	«	1	2	«	1	2	«	1	2	«	
Lieutenants de 2e cl. ou s.-lieut	1	2	«	(A) 1	2	«	(A) 1	2	«	(A) 1	2	«	
Totaux	2	5	«	2	4	«	2	4	«	2	4	«	
TROUPE.													
Adjudant sous-officier	1	1	«	1	1	«	1	1	«	1	1	«	
Maréchal des logis chef	1	1	«	1	1	«	1	1	«	1	1	«	
Maréchaux des logis	6	6	«	6	6	«	6	6	«	6	6	«	
Fourrier	1	1	«	1	1	«	1	1	«	1	1	«	
Brigadiers	8	8	«	8	8	«	8	8	«	8	8	«	
Cavaliers de 1re cl.	50	«	250	50	«	250	48	«	180	(B)26	«	(B) 120	
Cavaliers de 2e cl.	104			104			72			(B)54			
Maréchaux ferrants	3	3	«	3	3	«	3	3	«	3	3	«	
Bourreliers	2	«	«	2	«	«	2	«	«	2	«	«	
Trompettes	2	2	«	2	2	«	2	2	«	2	2	«	
Totaux	178	22	250	178	22	250	144	22	180	104	22	120	
		272			272			202			142		
Enfants de troupe	2	«	«	«	«	«	«	«	«	«	«	«	

(A) A nommer au moment du dédoublement. (B) Nombres variables selon les besoins.

Nota. La composition des 12 compagnies d'ouvriers et des 2 compagnies d'armuriers reste fixée comme il est indiqué dans les tableaux annexés au décret de l'organisation du 14 février 1854, et par le décret du 20 février 1855.

Celle de 4 compagnies de canonniers vétérans est maintenue comme il est prescrit par l'ordonnance du 17 novembre 1831 et les décrets des 1er juin 1848 et 20 avril 1854.

TRAITEMENT DES LÉGIONNAIRES.

(Voir la note page 625.)

GRANDE CHANCELLERIE de l'Ordre impérial de la LÉGION D'HONNEUR.	(1) Dépôt à Département d	MODÈLE N° 1. Circulaire du 15 juillet 1861.

(1) Indication du corps.

TRAITEMENT DES MEMBRES DE LA LÉGION D'HONNEUR.

État nominatif des officiers, sous-officiers et soldats faisant partie d(1) , auxquels sont dues les sommes portées ci-après, tant pour le e semestre 186 que pour les arrérages antérieurs.

Nos sur les registres d'inscription.	NOMS et PRÉNOMS.	QUOTITÉ DU TRAITEMENT affecté à chaque grade dans l'ordre.			DATE de la NOMINATION ou promotion. — Époque de la jouissance du traitement.	Arrérages antérieurs au semestre.	Semestre échu le 186	SOMMES à verser pour prix		OBSERVATIONS.
		Commandeur.	Officier.	Chevalier.				de décoration.	de brevet.	
1	2	3	4	5	6	7	8	9	10	11

Le présent état est dressé par nous, Membres du Conseil d'administration du à l'effet de constater l'existence, au 186 des Membres de la Légion d'honneur qui font partie du corps et qui ont droit aux sommes ci-dessus portées.

Fait à , le 186 .

Les Membres du Conseil d'administration,

Vu par nous, Intendant militaire.
Le 186 .

GRANDE CHANCELLERIE
de l'Ordre impérial
de la
LÉGION D'HONNEUR.

(1) Indication du corps.

(1)

Dépôt à

Département d

MODÈLE N° 2.

Circulaire

du 15 juillet 1861.

TRAITEMENT DES DÉCORÉS DE LA MÉDAILLE MILITAIRE.

État nominatif des sous-officiers et soldats, faisant partie d (¹) auxquels sont dues les sommes portées ci-après, tant pour le ᵉ semestre 186 , que pour arrérages antérieurs.

Nᵒˢ sur les registres d'inscription.	NOMS et PRÉNOMS.	DATE de la NOMINATION. — Époque de la jouissance du traitement	ARRÉRAGES antérieurs au semestre.	SEMESTRE 186 échu le	SOMMES A VERSER pour prix de la médaille.	OBSERVATIONS.
1	2	3	4	5	6	7

Le présent état est dressé par nous, Membres du Conseil d'administration du à l'effet de constater l'existence au 186 des décorés de la Médaille militaire qui font partie du corps et qui ont droit aux sommes ci-dessus portées.

Fait à , le 186 .

Les Membres du Conseil d'administration,

Vu par nous, Intendant militaire.
Le 186 .

GRANDE CHANCELLERIE
de l'Ordre impérial
de la
LÉGION D'HONNEUR.

DIVISION DES FONDS
et
DE LA COMPTABILITÉ.

1er Bureau.

MODÈLE N° 3.
Circulaire
du 15 juillet 1861.

PROCÈS-VERBAL D'INDIVIDUALITÉ

pour servir à la constation du droit au traitement en conformité de l'article 33 du décret organique de la Légion d'honneur du 16 mars 1852, et à l'immatriculation sur les registres d'inscription des titulaires du traitement.

(1)

L'an mil huit cent
le du mois de

Par-devant nous, soussignés, Membres du Conseil d'administration d (1)
a comparu M. (2)
né le à (3)
département d , ainsi qu'il résulte de son acte de naissance qu'il nous a représenté;

Lesquels, dans le but de constater l'individualité du comparant et son activité de service à la date de sa nomination, ont déclaré que ledit sieur

est bien le titulaire de la nomination comme
qui a été faite par décret en date
du pour prendre rang
du , et qu'à cette dernière date il était en activité de service en qualité de
dans le corps dont l'administration nous est confiée.

En foi de quoi nous avons dressé le présent procès-verbal, pour être transmis de suite à la Grande Chancellerie, afin de servir aux causes indiquées en tête du présent.

Les Membres du Conseil d'administration,

Vu par nous,
de
Intendant militaire

NOTA.

(1) Désignation du corps.

(2) Les nom, prénoms et autres renseignements lisiblement écrits et littéralement copiés sur l'acte de naissance ou toute autre pièce en tenant lieu.

(3) Si le titulaire est né en pays étranger, le corps devra faire connaître comment la qualité de citoyen français a été acquise, ou s'il y a instance pour obtenir cette qualité. Ces renseignements seront portés au Nota placé au bas du présent procès-verbal.

S'il y a des différences entre l'état civil du comparant et les mentions portées dans le décret de nomination, le Conseil d'administration donnera des explications sur ces différences, qui se trouveront ainsi rectifiées par le présent.

GRANDE CHANCELLERIE
de l'Ordre impérial
de la
LÉGION D'HONNEUR.

(1)

MODÈLE N° 4.
Circulaire
du 15 juillet 1861.

(1) Désignation du corps

État nominatif des membres de la Légion d'honneur et des décorés de la Médaille militaire, qui sont entrés dans le (1) ou qui l'ont quitté du au 186 .

Nos d'inscription.	NOMS et PRÉNOMS.	DATES et LIEUX DE NAISSANCE	GRADE dans L'ORDRE.	MUTATIONS.
		ENTRÉES.		
		SORTIES.		

A le 186 .

Les Membres du Conseil d'administration,

MODÈLE N° 5.
Circulaire du 15 juillet 1861.

CERTIFICAT DE CESSATION DE PAIEMENT.

Avis de mutation pour les Membres de la Légion d'honneur ou les décorés de la Médaille militaire.

Nous soussignés, Membres du Conseil d'administration d (1)
certifions que M. (2)
jouissant d'un traitement annuel de francs, en qualité
de (3) a cessé d'être payé par nos soins à compter du (4)

Le dernier paiement qui lui a été fait étant celui du (5)
il ne sera plus compris sur les états de paiement du corps à partir de la date ci-dessus indiquée.

Nous certifions, en outre, qu'il (6)

Fait à , le 186..

Les Membres du Conseil d'administration,

Vu par nous, Intendant militaire,

Le 186 .

(1) Désignation du corps.

(2) Nom, prénoms, date et lieu de naissance, d'après l'acte de naissance.

(3) Grade dans la Légion d'honneur, *ou* décoré de la Médaille militaire.

(4) 1er janv. ou 1er juill. 186 .

(5) 1er ou 2e semestre 186 .

(6) Si le titulaire change de corps : *« Qu'il est passé au . . . en qualité de . . . »*

S'il est libéré ou retraité : *« Qu'il est libéré ou retraité et qu'il a fixé sa résidence à . . . »* L'indication du domicile doit être rigoureusement inscrite.

S'il est détaché, l'indication du lieu de détachement.

Et, enfin, s'il est décédé, la date précise du décès.

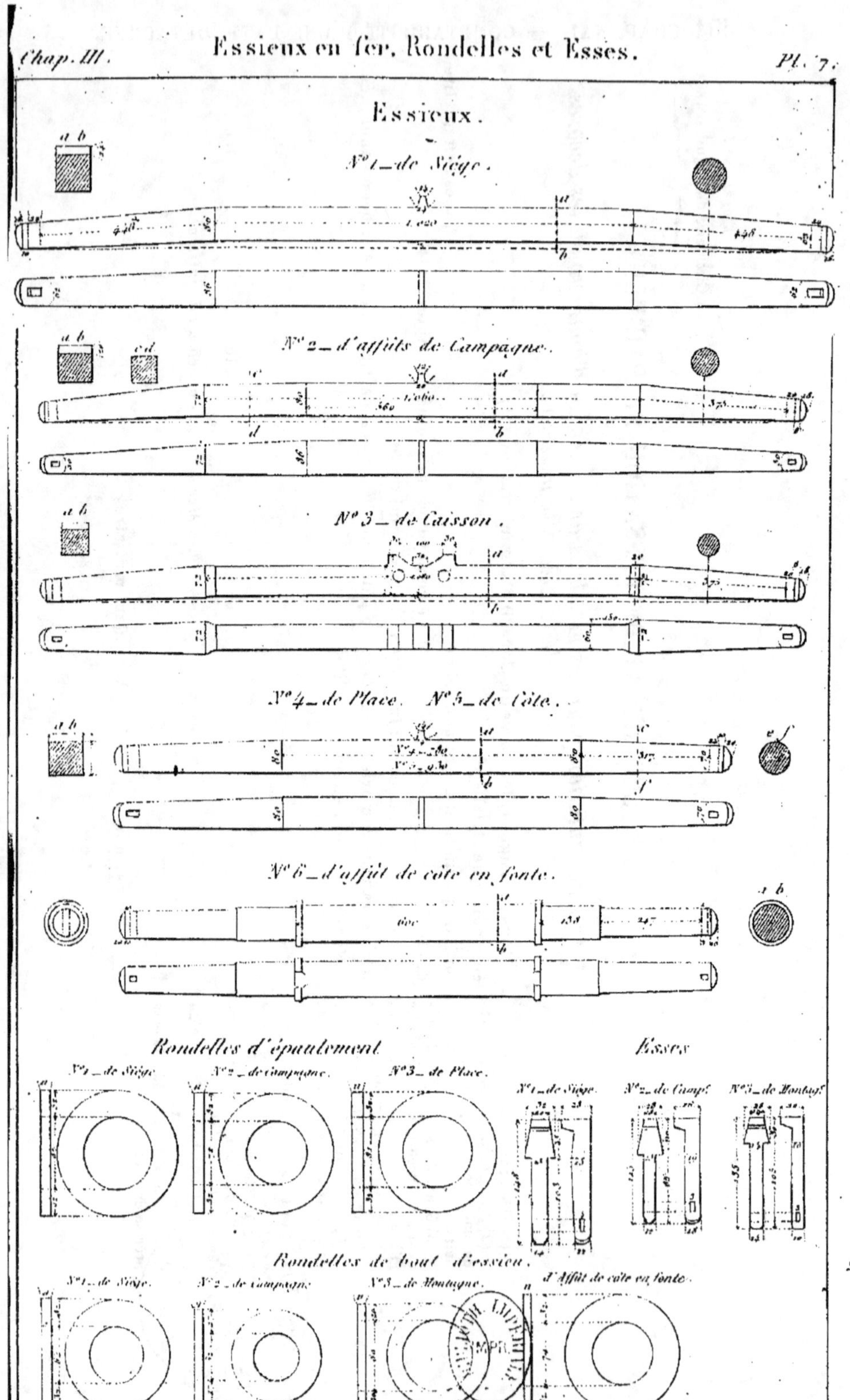
Essieux.
N° 1 – de Siége.
N° 2 – d'affûts de Campagne.
N° 3 – de Caisson.
N° 4 – de Place. N° 5 – de Côte.
N° 6 – d'affût de côte en fonte.
Rondelles d'épaulement
N° 1 – de Siége.
N° 2 – de campagne.
N° 3 – de Place.
Esses
N° 1 – de Siége.
N° 2 – de Campe.
N° 3 – de Montagne.
Rondelles de bout d'essieu.
N° 1 – de Siége.
N° 2 – de campagne.
N° 3 – de Montagne.
d'Affût de côte en fonte.

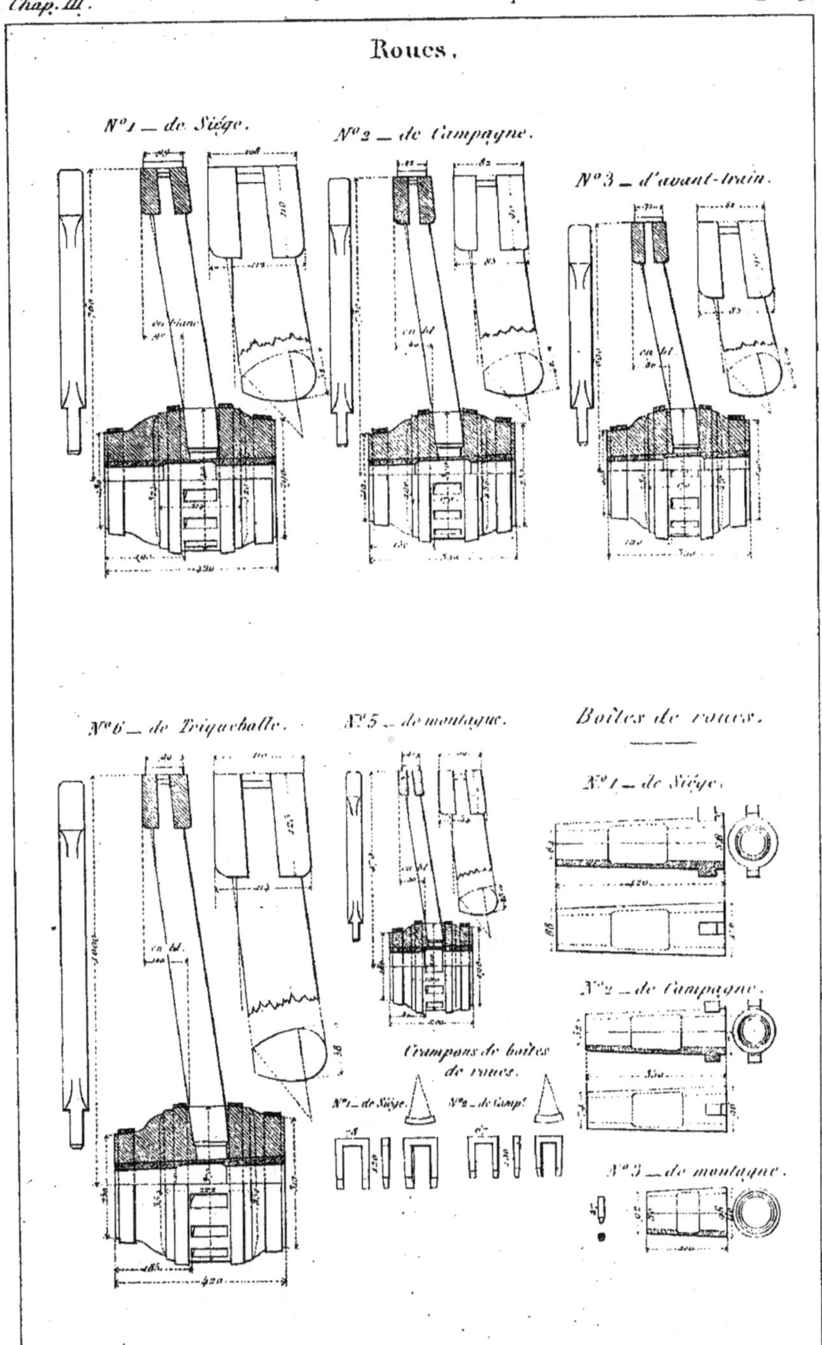
Roues.
N° 1 _ de Siége.
N° 2 _ de Campagne.
N° 3 _ d'avant-train.
N° 6 _ de Triqueballe.
N° 5 _ de montagne.
Boîtes de roues.
N° 1 _ de Siége.
N° 2 _ de Campagne.
N° 3 _ de montagne.
Crampons de boîtes de roues.
N° 1 _ de Siége.
N° 2 _ de Camp.

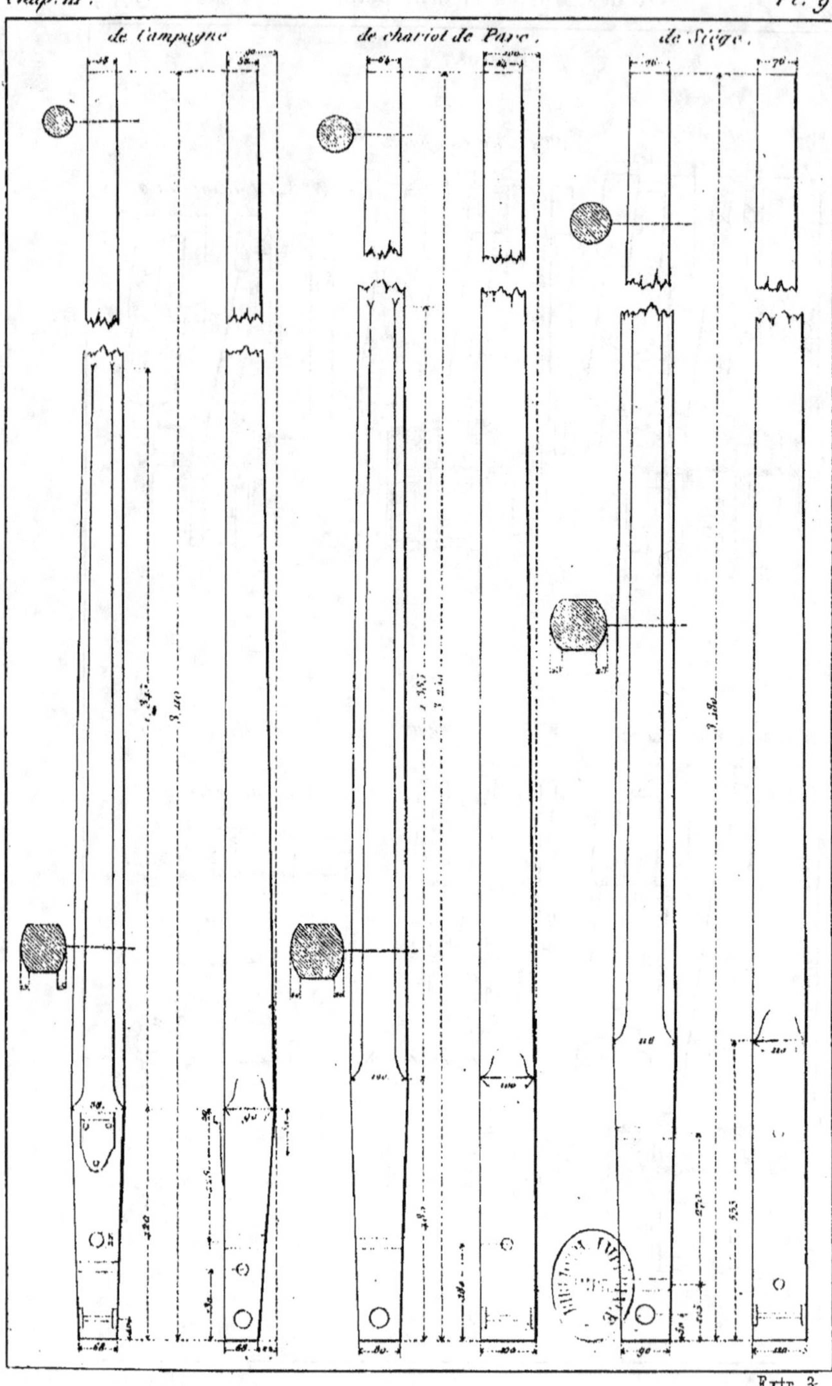
de Campagne
de chariot de Parc.
de Siège.

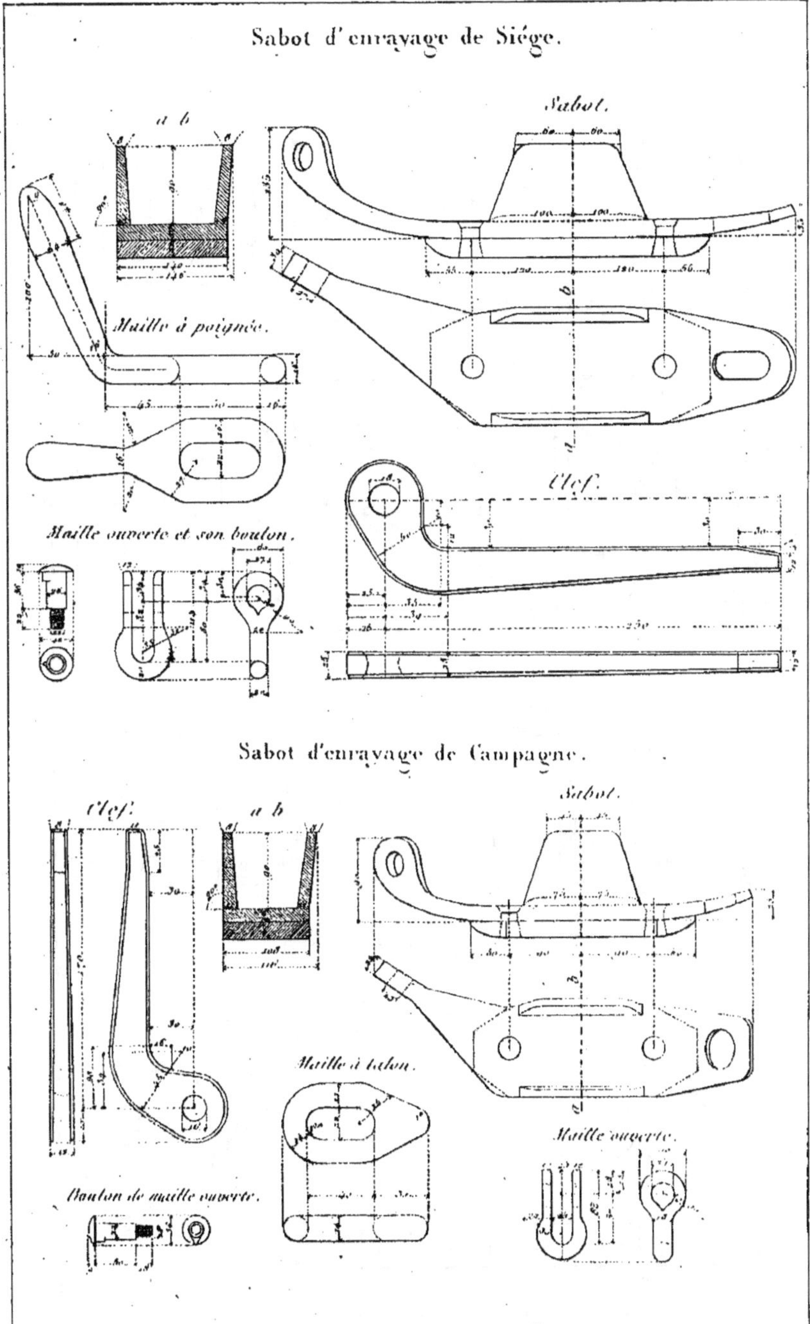
Sabot d'enrayage de Siége.
Sabot.
a b
Maille à poignée.
Clef.
Maille ouverte et son boulon.
Sabot d'enrayage de Campagne.
Sabot.
Clef.
a b
Maille à talon.
Maille ouverte.
Boulon de maille ouverte.

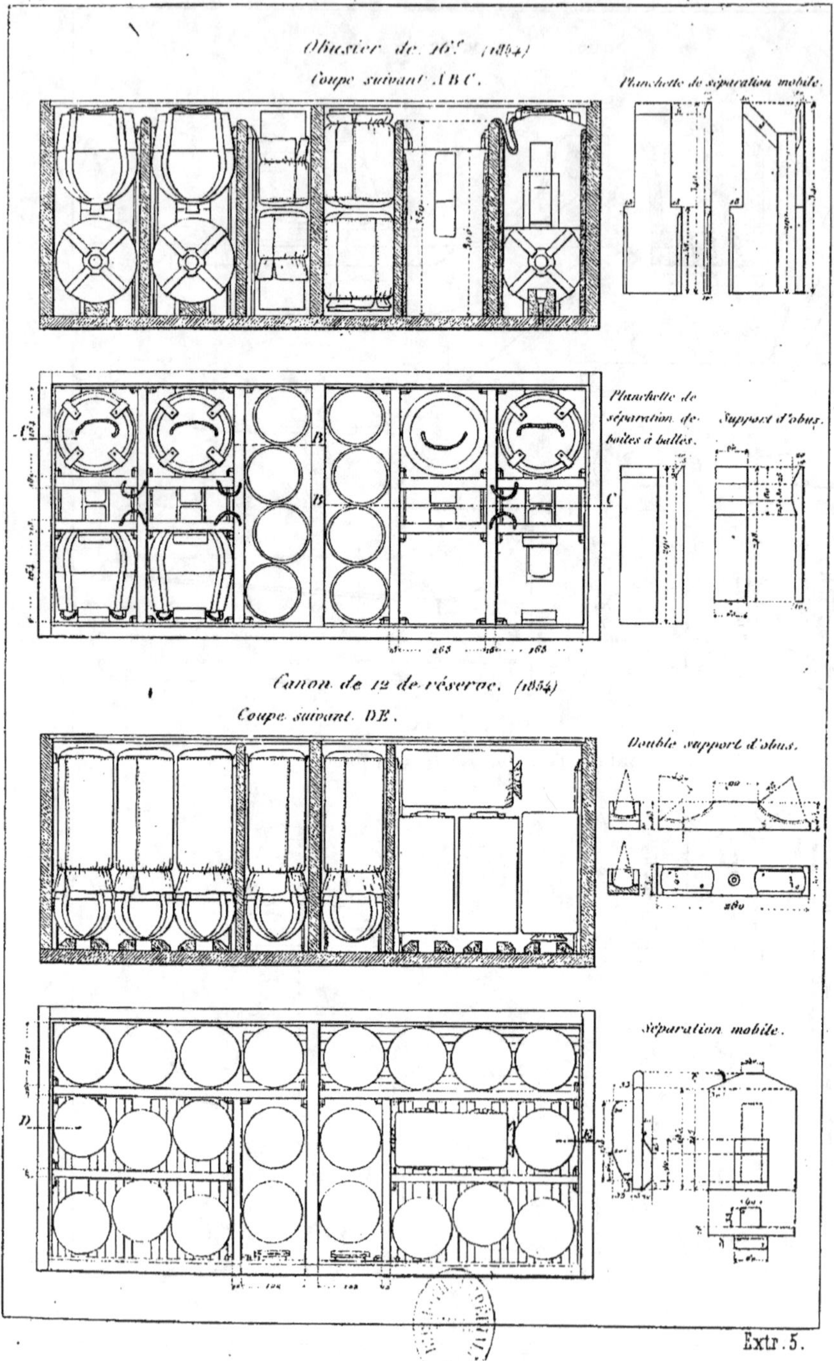
Obusier de 16c (1854)
Coupe suivant ABC.
Planchette de séparation mobile.
Planchette de séparation de boites à balles.
Support d'obus.
Canon de 12 de réserve. (1854)
Coupe suivant DE.
Double support d'obus.
Séparation mobile.

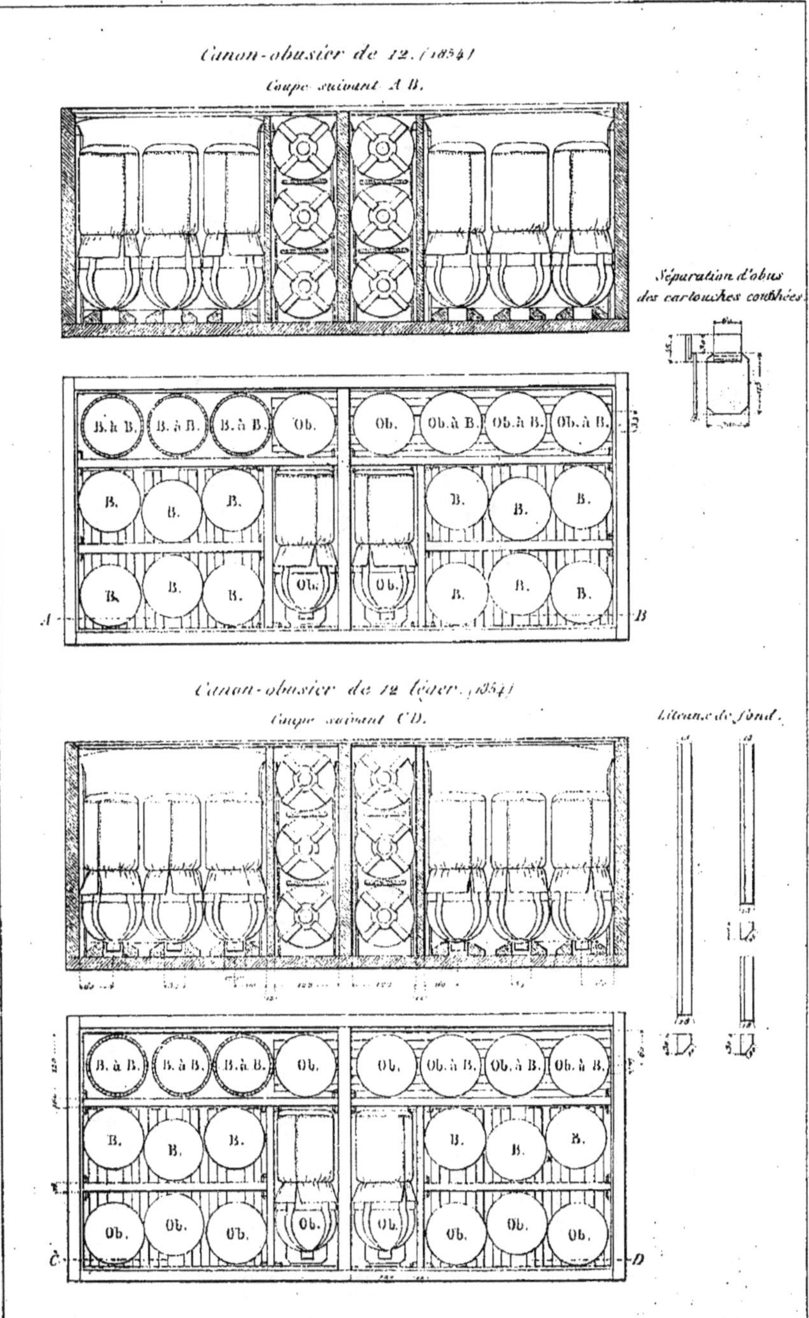
Canon-obusier de 12. (1854)
Coupe suivant A B.
Séparation d'obus des cartouches confectionnées.
B. à B.
Ob.
Ob. à B.
B.
A
B
Canon-obusier de 12 léger. (1854)
Coupe suivant C D.
Liteaux de fond.
C
D

Chargement des coffres à munitions.

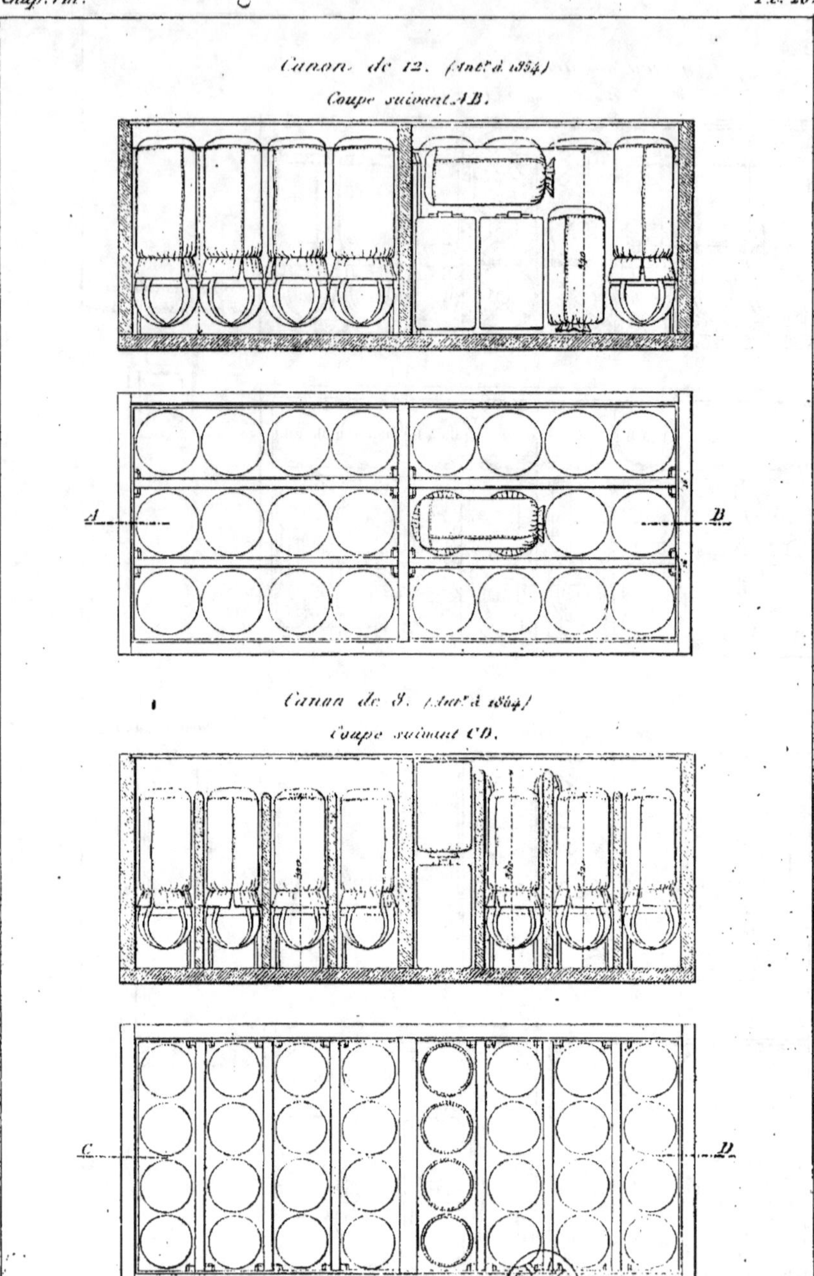

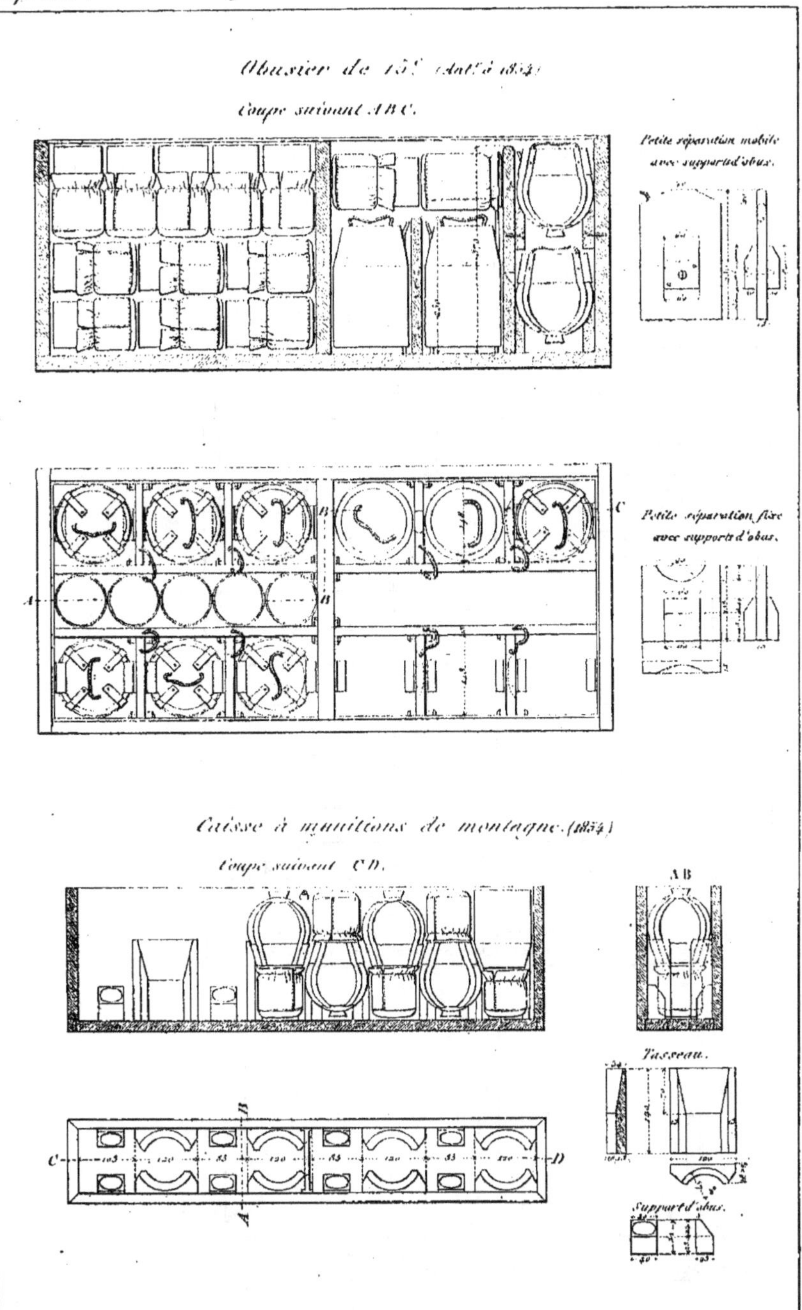
Obusier de 15c (Mod. 1854)
Coupe suivant ABC.
Petite séparation mobile avec support d'obus.
Petite séparation fixe avec supports d'obus.
Caisse à munitions de montagne (1854)
Coupe suivant CD.
AB
Tasseau.
Support d'obus.

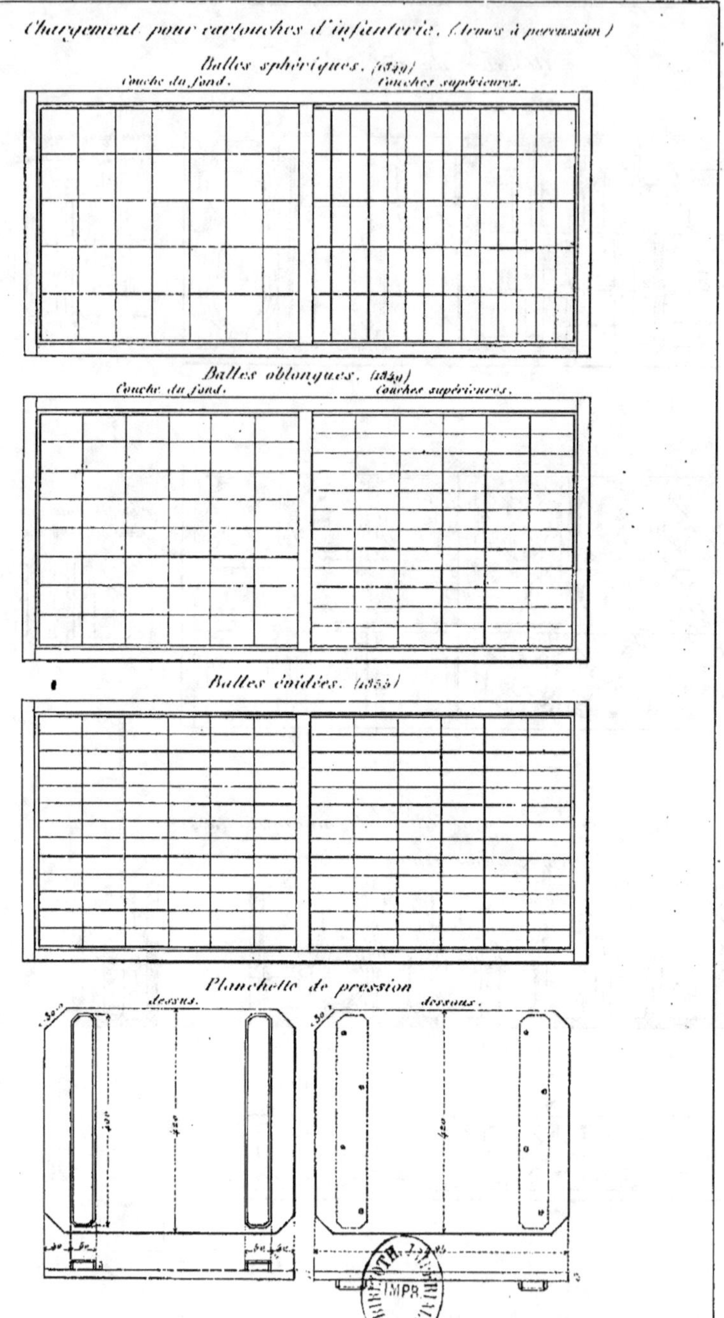
Chargement pour cartouches d'infanterie. (Armes à percussion)
Balles sphériques. (1849)
Couche du fond.
Couches supérieures.
Balles oblongues. (1849)
Couche du fond.
Couches supérieures.
Balles évidées. (1855)
Planchette de pression
dessus.
dessous.

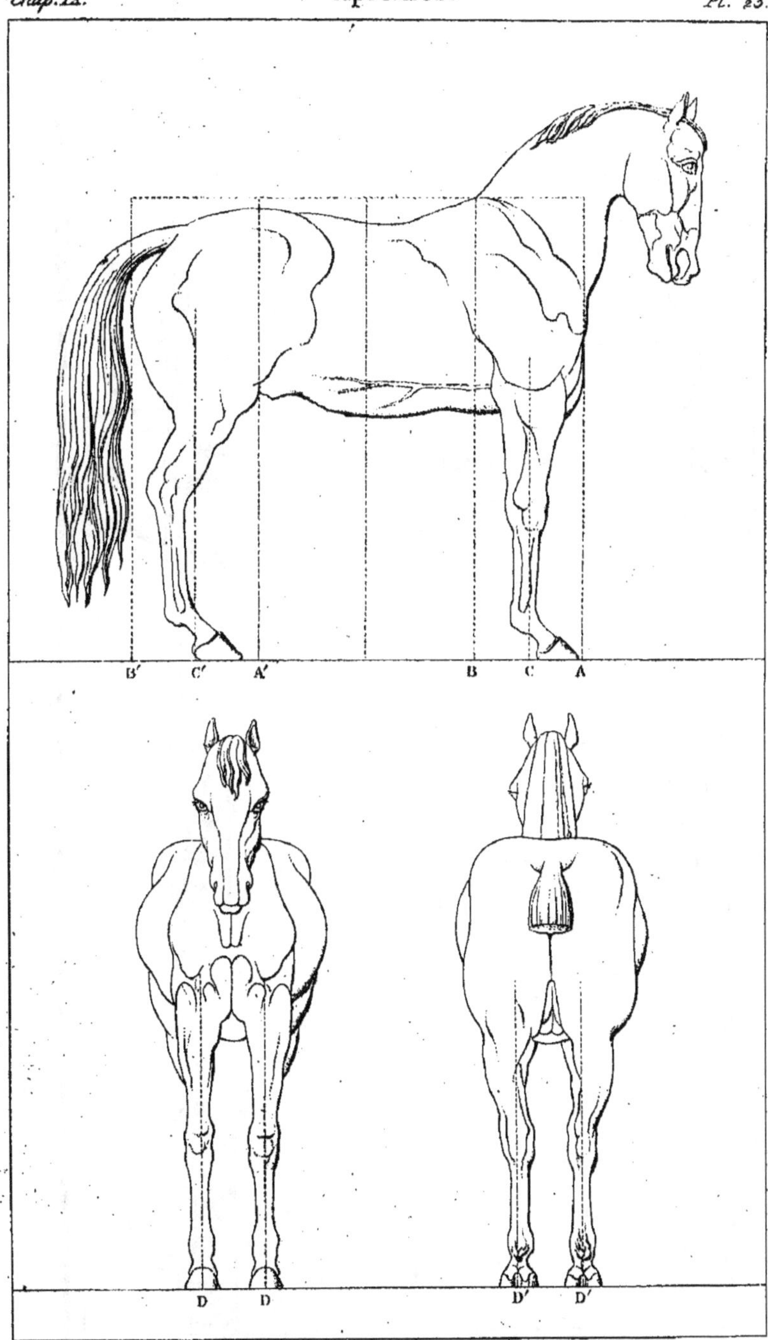
B′
C′
A′
B
C
A
D
D
D′
D′

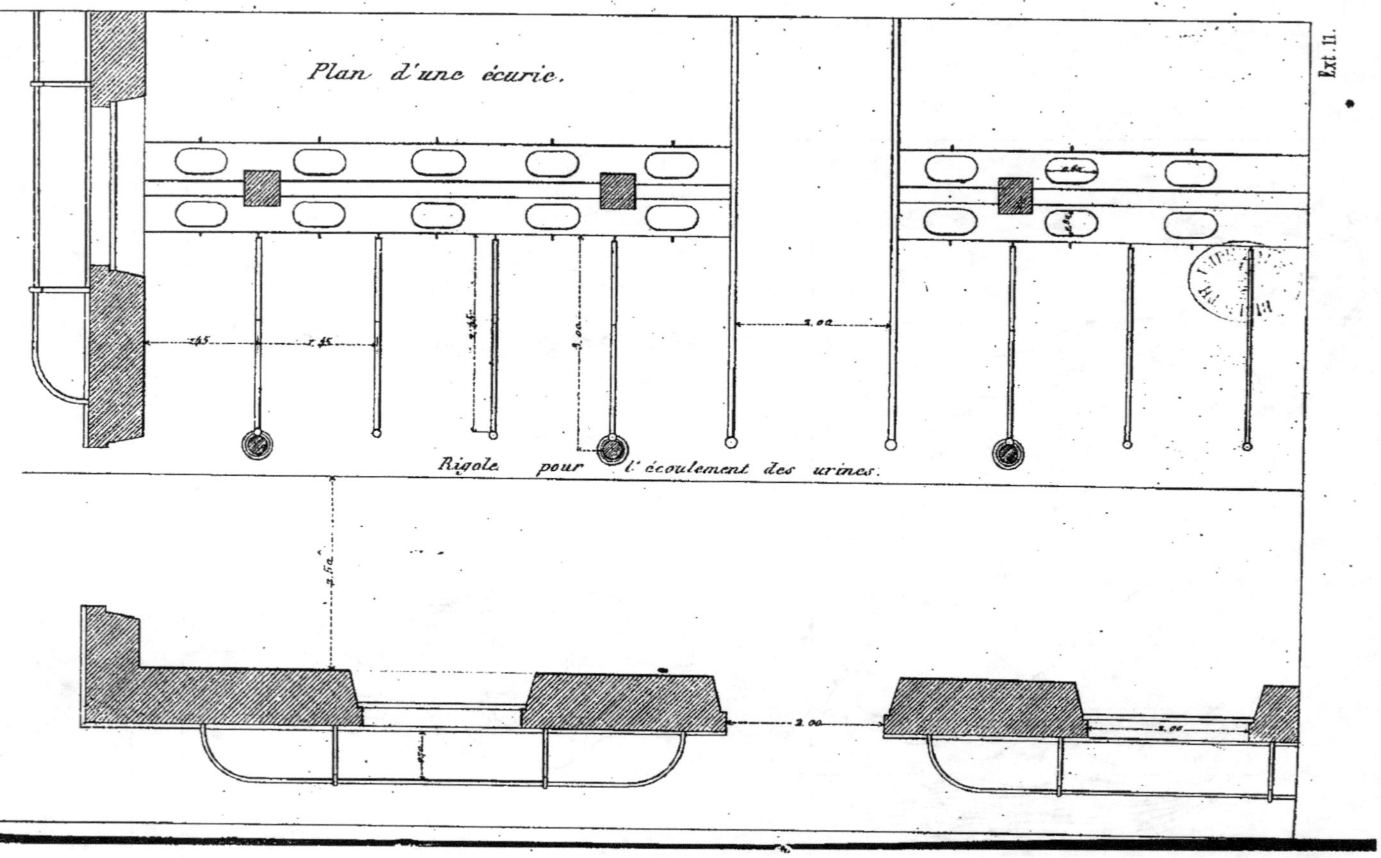
Plan d'une écurie.
Rigole pour l'écoulement des urines.
1.45
1.45
1.45
2.00
2.00
2.00
2.00
2.50

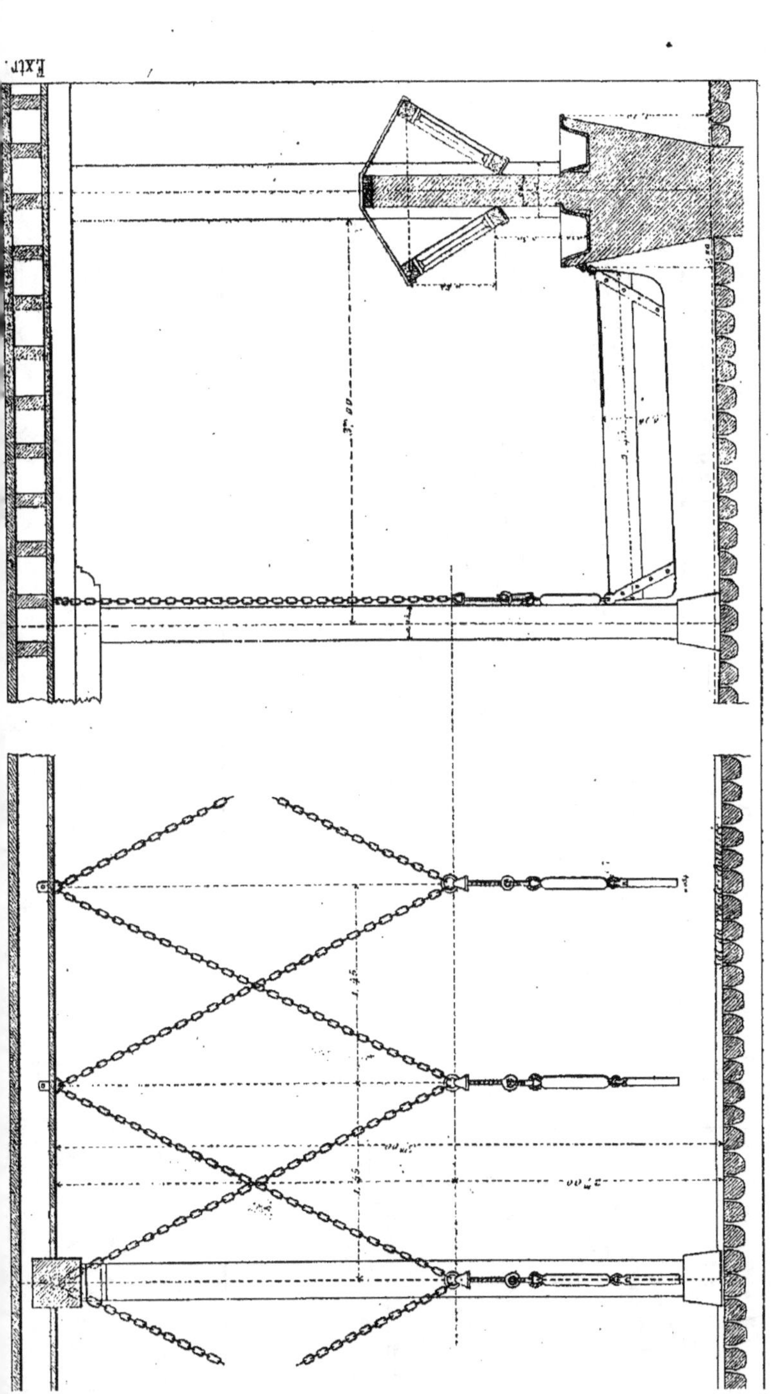

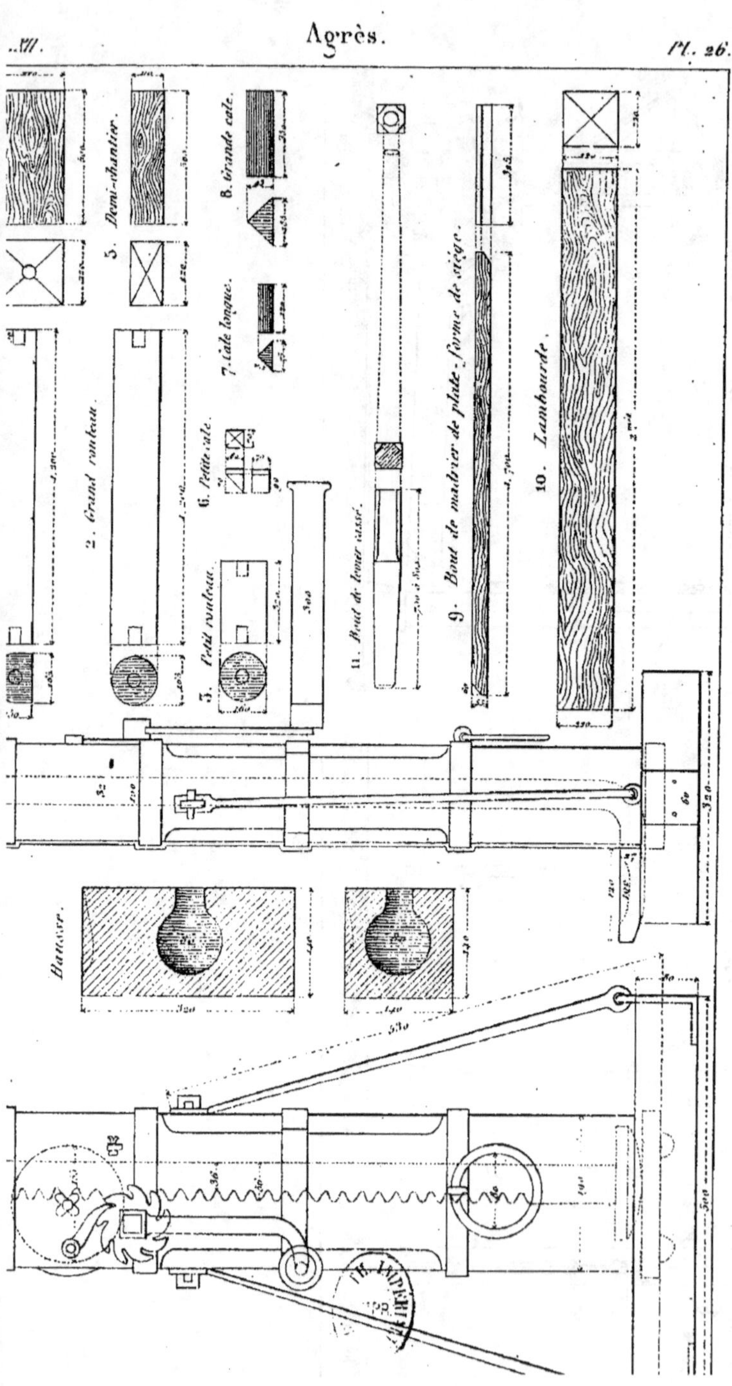
2. Grand rouleau.
5. Demi-chantier.
8. Grande cale.
7. Cale longue.
6. Petite cale.
3. Petit rouleau.
11. Bout de levier cassé.
9. Bout de madrier de plate-forme de siège.
10. Lambourde.
Hausse.

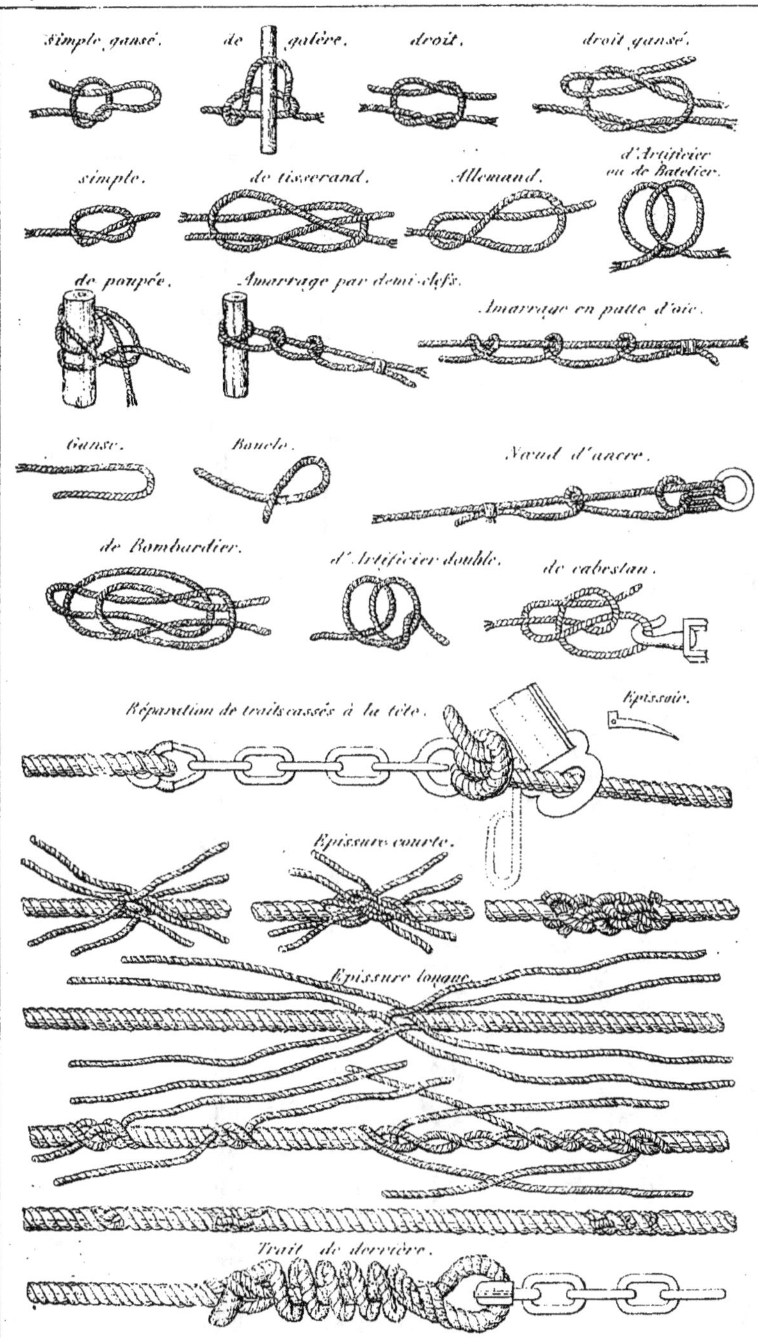
Simple gansé.
de galère.
droit.
droit gansé.
simple.
de tisserand.
Allemand.
d'Artificier ou de Batelier.
de poupée.
Amarrage par demi-clefs.
Amarrage en patte d'oie.
Ganse.
Boucle.
Nœud d'ancre.
de Bombardier.
d'Artificier double.
de cabestan.
Réparation de traits cassés à la tête.
Epissoir.
Epissure courte.
Epissure longue.
Trait de derrière.

Extr. 15.

Trait de devant.

Transformation du trait de devant en trait de derrière.

Trait de devant transformé en trait de derrière.

Trait de cheval de selle.

Trait de cheval de selle transformé en trait de devant.

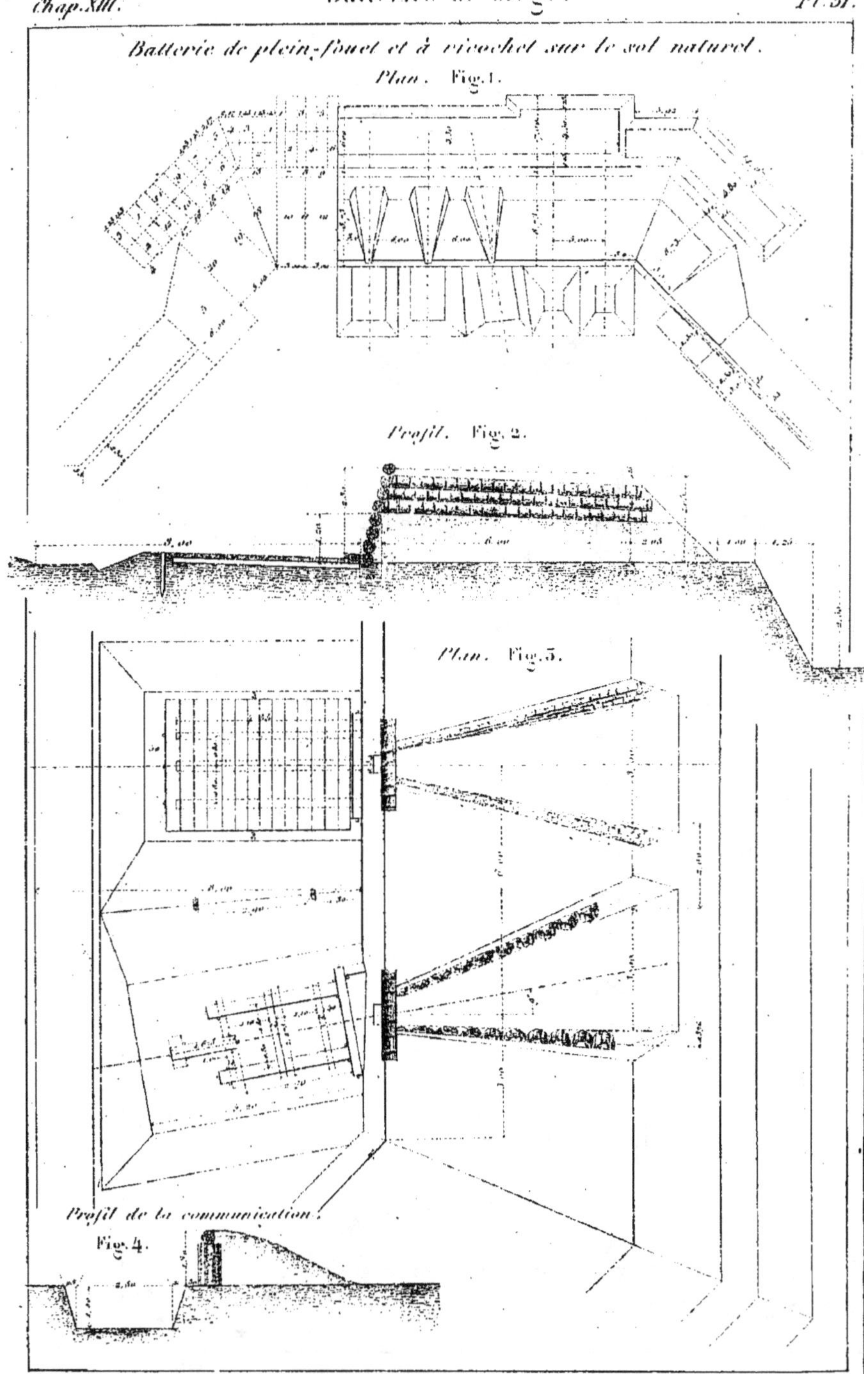
Batterie de plein-fouet et à ricochet sur le sol naturel.
Plan. Fig. 1.
Profil. Fig. 2.
Plan. Fig. 3.
Profil de la communication.
Fig. 4.

Extr. 16.

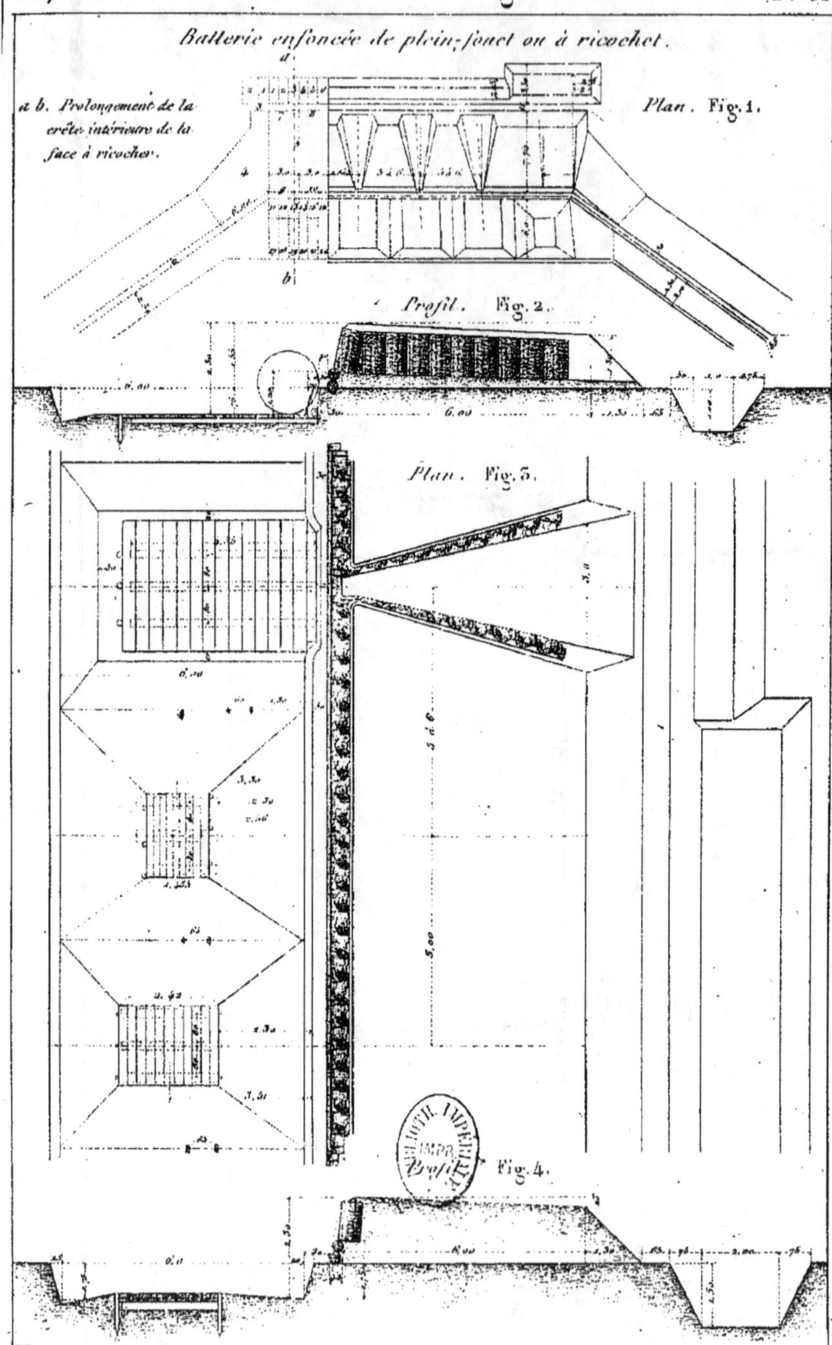
Batterie enfoncée de plein-fouet ou à ricochet.
a b. Prolongement de la crête intérieure de la face à ricocher.
Plan. Fig. 1.
Profil. Fig. 2.
Plan. Fig. 3.
Profil Fig. 4.

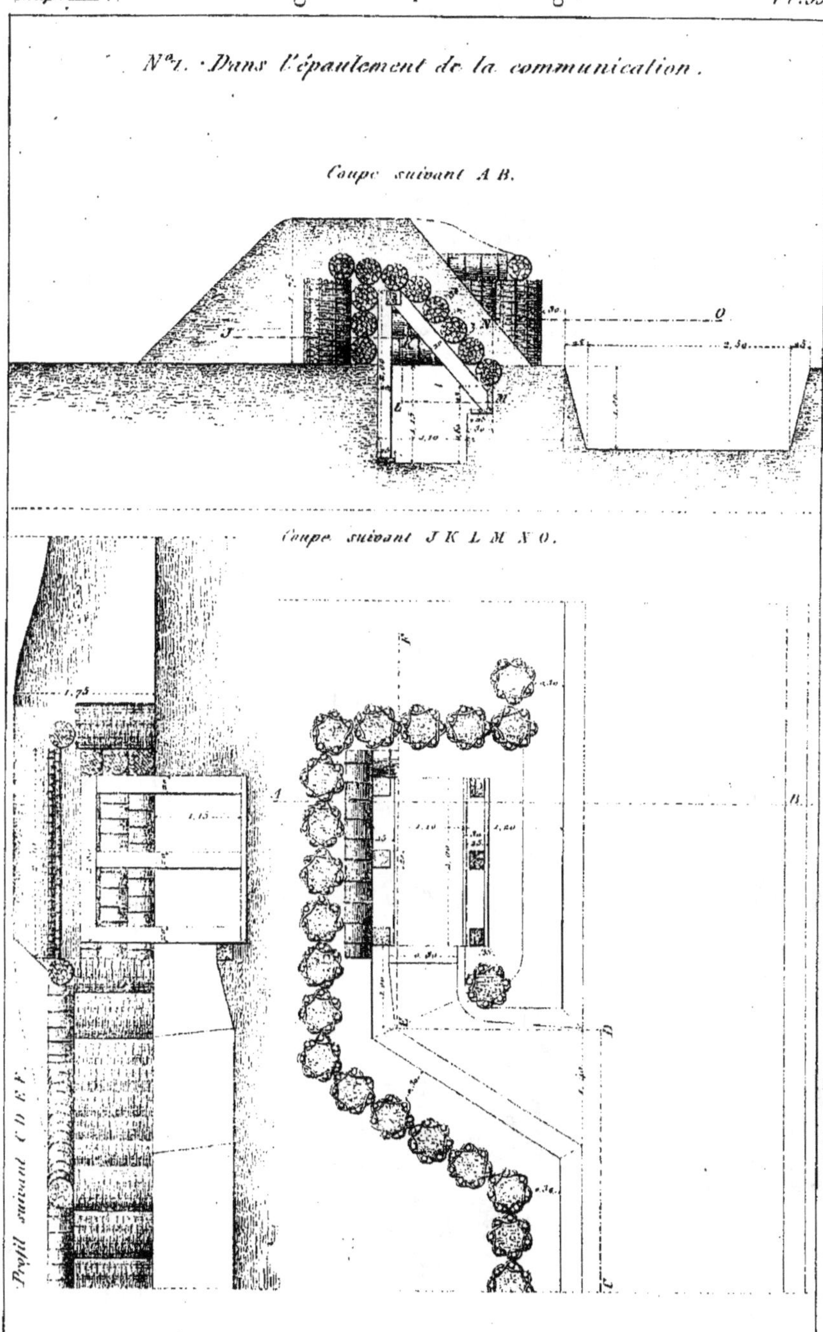
N° 1. Dans l'épaulement de la communication.
Coupe suivant A B.
Coupe suivant J K L M N O.
Profil suivant C D E F.

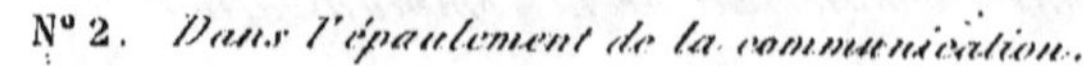
N° 2. *Dans l'épaulement de la communication.*

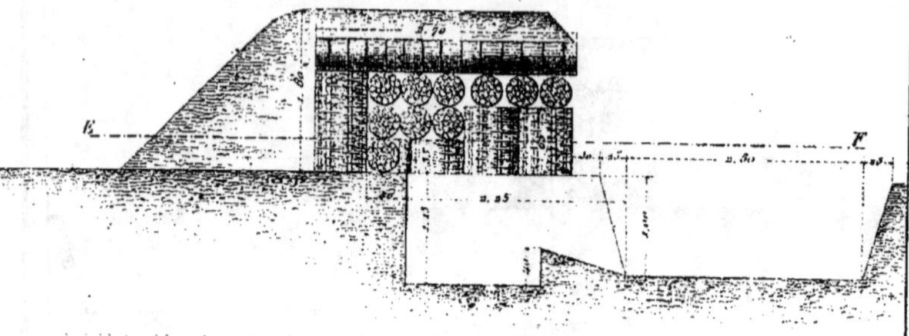
Coupe suivant A B.
E
F

Coupe suivant E F.

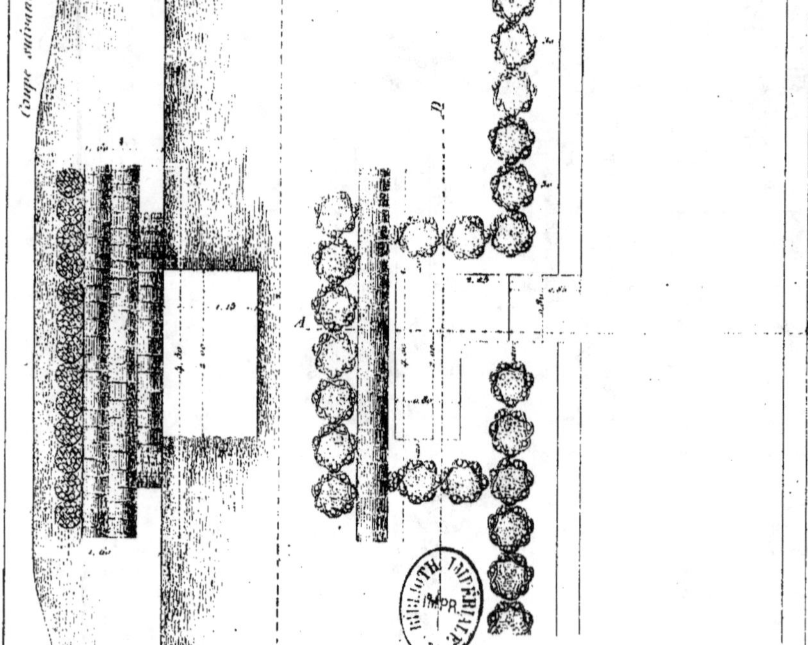
Coupe suivant C D.
D
A
B

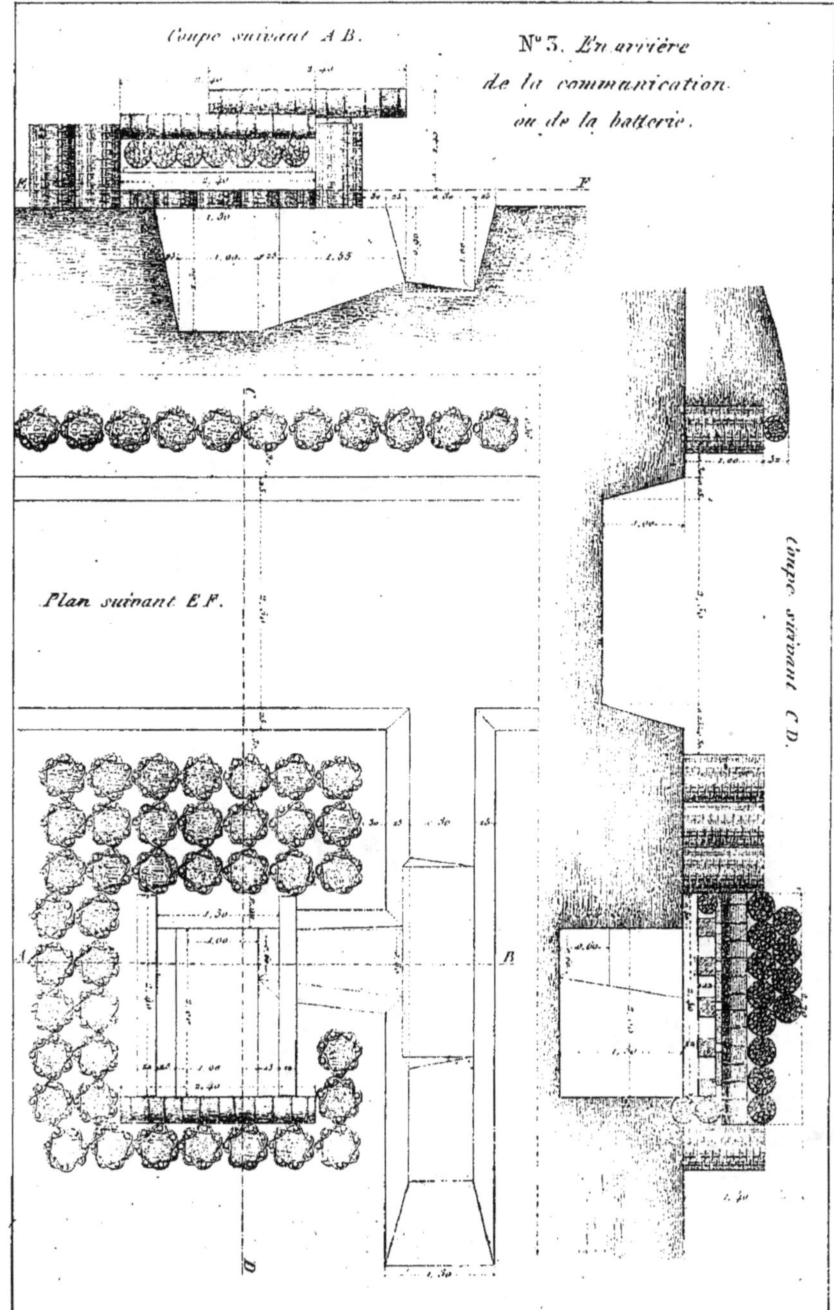
Coupe suivant A B.
N° 3. En arrière de la communication ou de la batterie.
Plan suivant E F.
Coupe suivant C D.

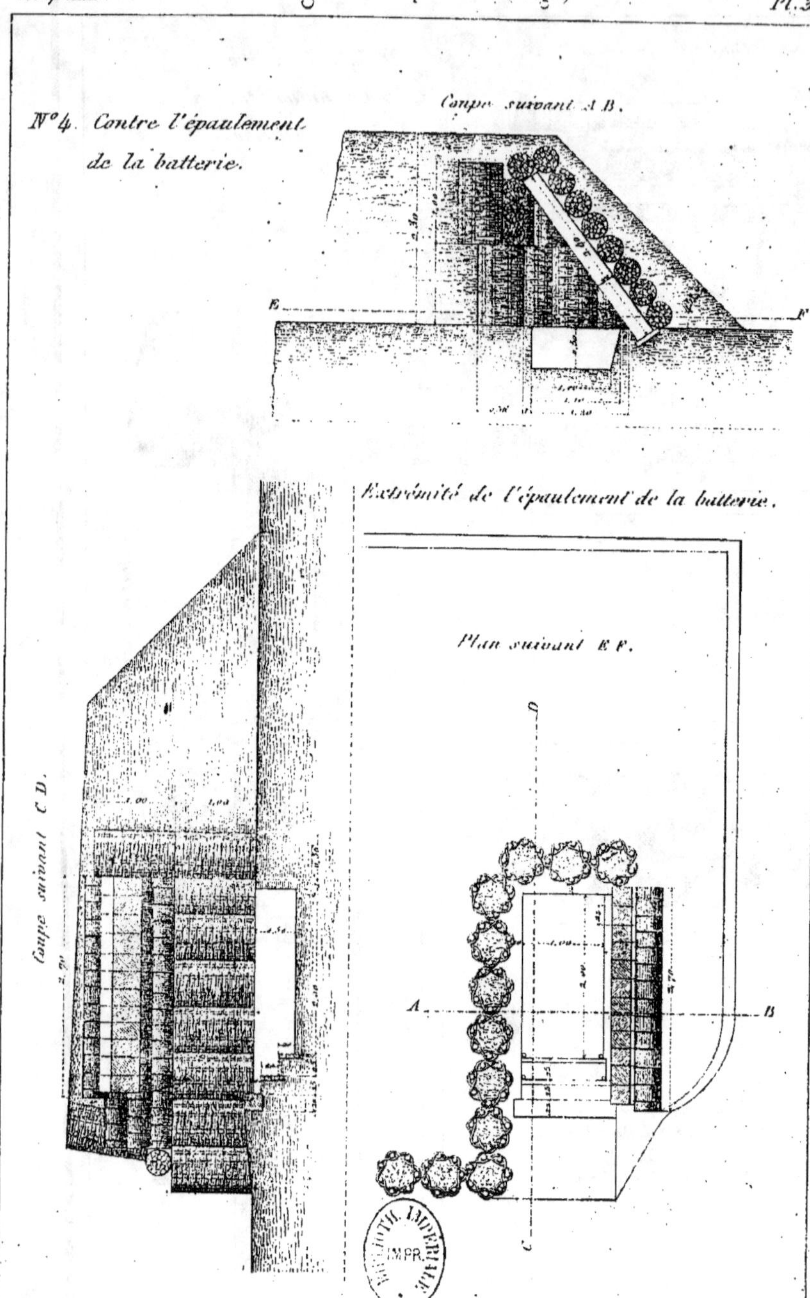
N° 4. Contre l'épaulement de la batterie.
Coupe suivant A B.
Extrémité de l'épaulement de la batterie.
Plan suivant E F.
Coupe suivant C D.

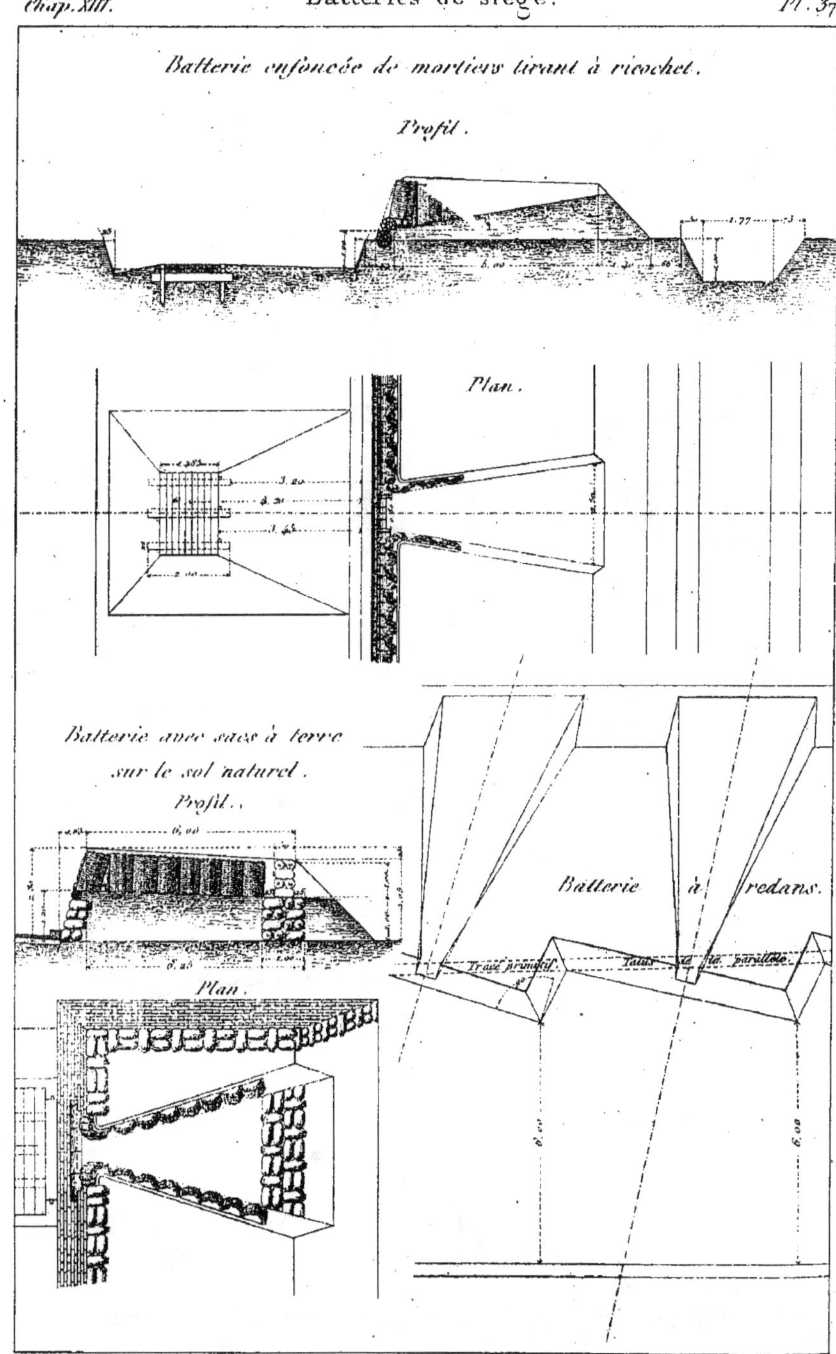
Batterie enfoncée de mortiers tirant à ricochet.
Profil.
Plan.
Batterie avec sacs à terre sur le sol naturel.
Profil.
Plan.
Batterie à redans.
Tracé primitif.
Talus de la parallèle.
6,00

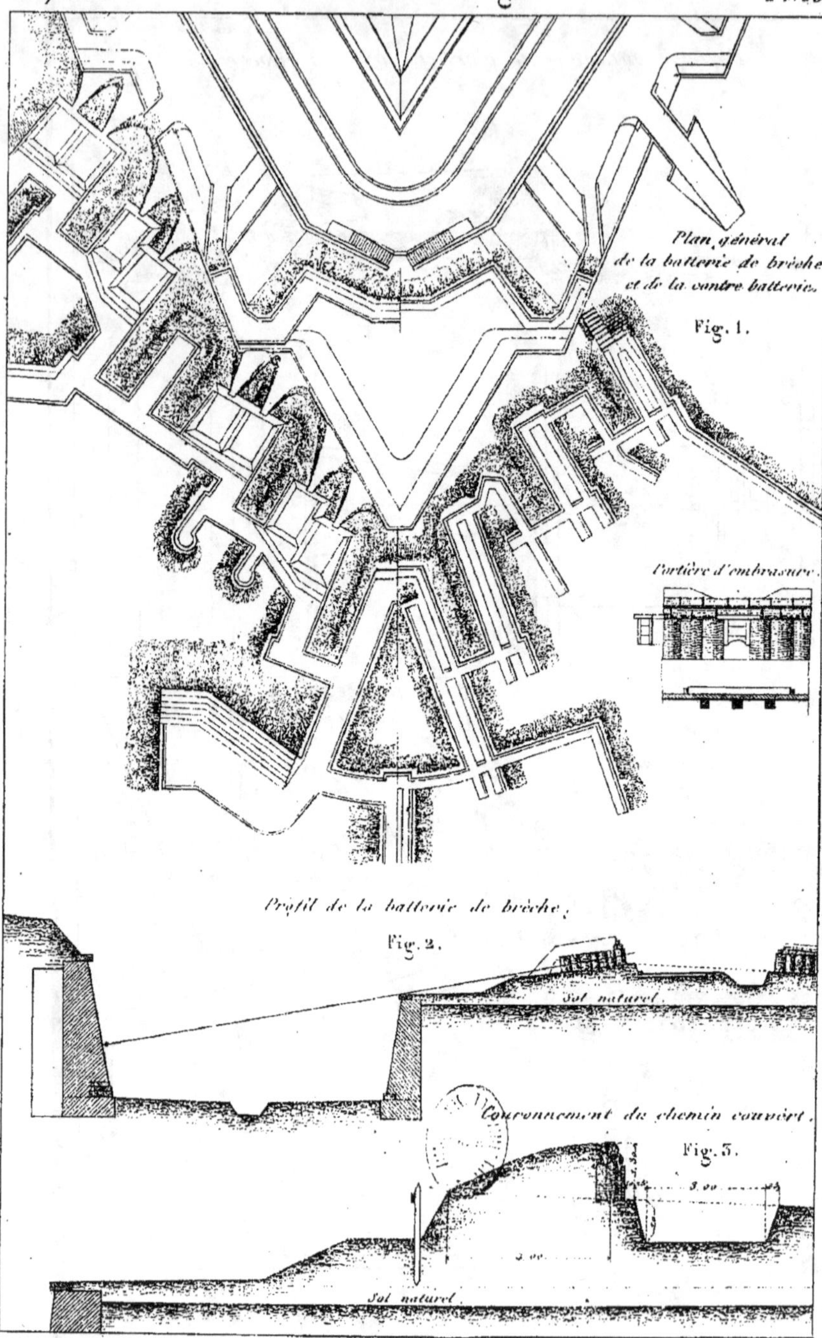
Plan général de la batterie de brèche et de la contre batterie.
Fig. 1.
Portière d'embrasure.
Profil de la batterie de brèche.
Fig. 2.
Sol naturel.
Couronnement du chemin couvert.
Fig. 3.
3.00
Sol naturel.

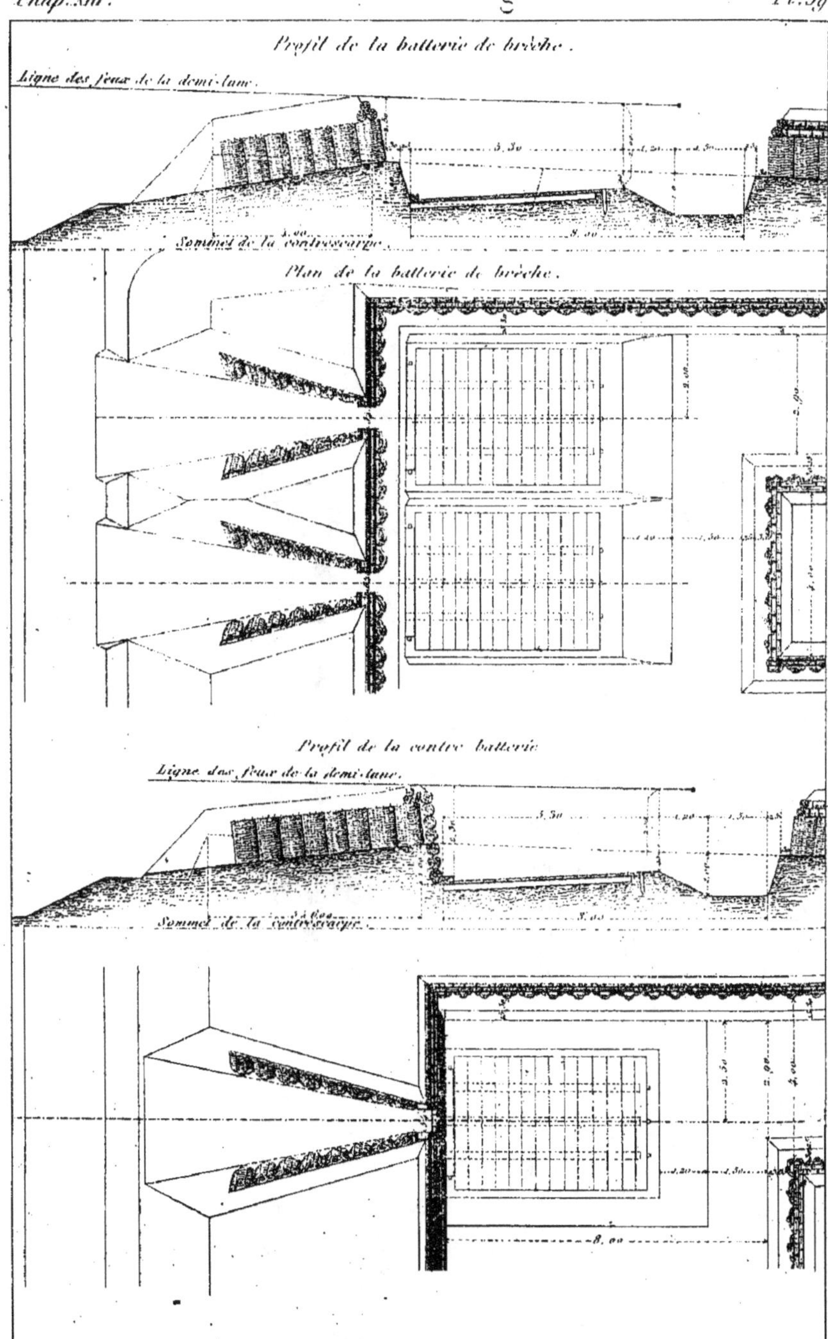
Profil de la batterie de brèche.
Ligne des feux de la demi-lune.
Sommet de la contrescarpe.
Plan de la batterie de brèche.
Profil de la contre batterie
Ligne des feux de la demi-lune.
Sommet de la contrescarpe.

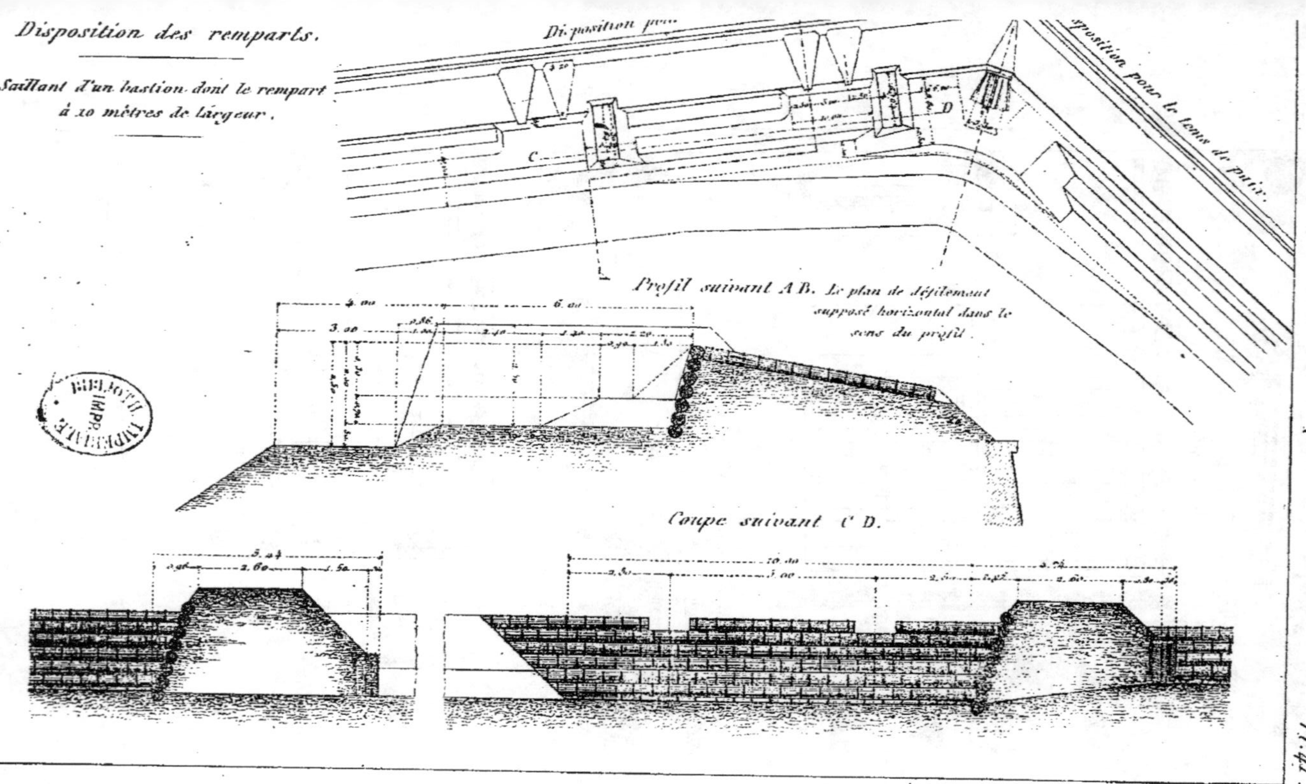
Disposition des remparts.
Saillant d'un bastion dont le rempart à 10 mètres de largeur.
Disposition pour le tems de paix.
Profil suivant A B. Le plan de défilement supposé horizontal dans le sens du profil.
Coupe suivant C D.

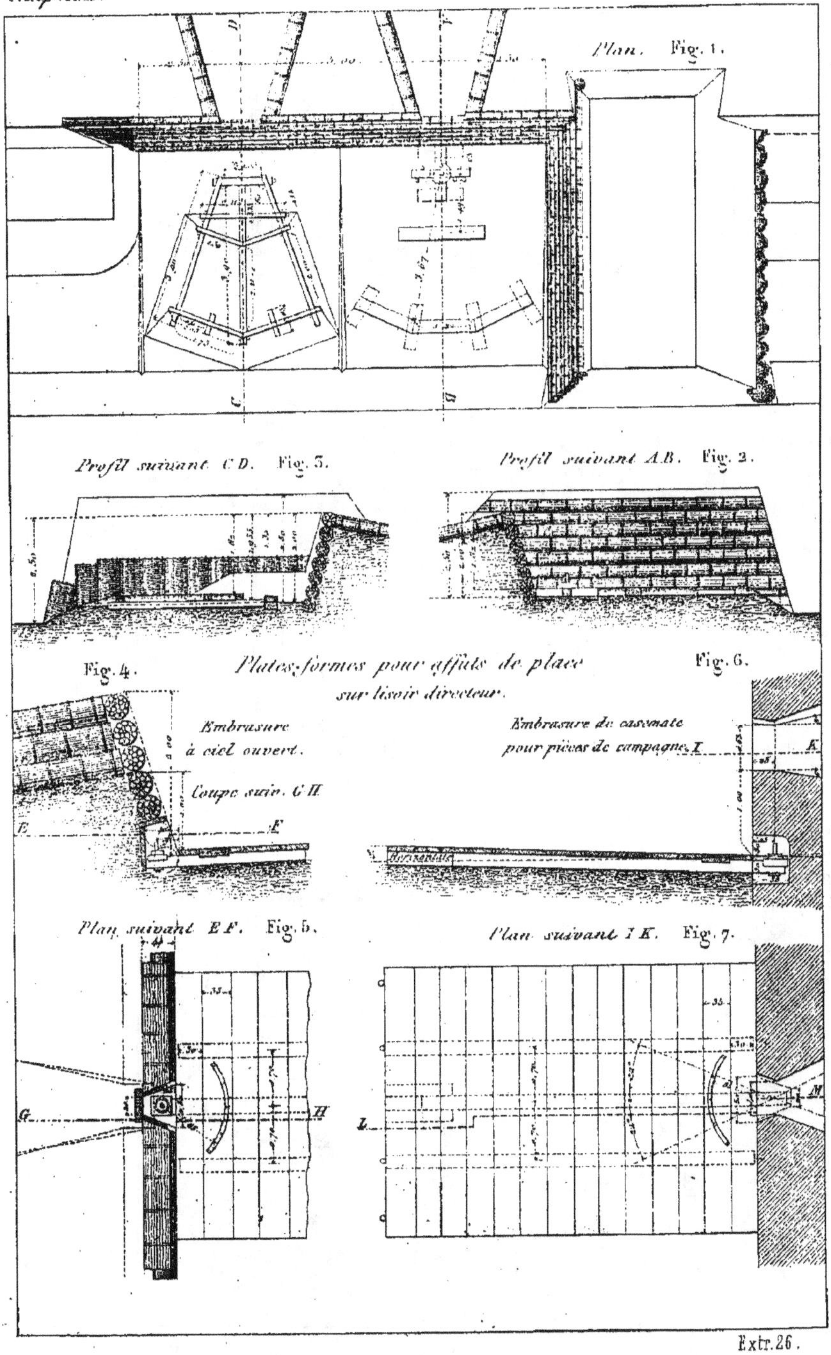

Plan. Fig. 1.

Profil suivant C D. Fig. 3.

Profil suivant A B. Fig. 2.

Fig. 4. Plates-formes pour affûts de place sur lisoir directeur. Fig. 6.

Embrasure à ciel ouvert.

Coupe suiv. G H.

Embrasure de casemate pour pièces de campagne.

Plan suivant E F. Fig. 5.

Plan suivant I K. Fig. 7.

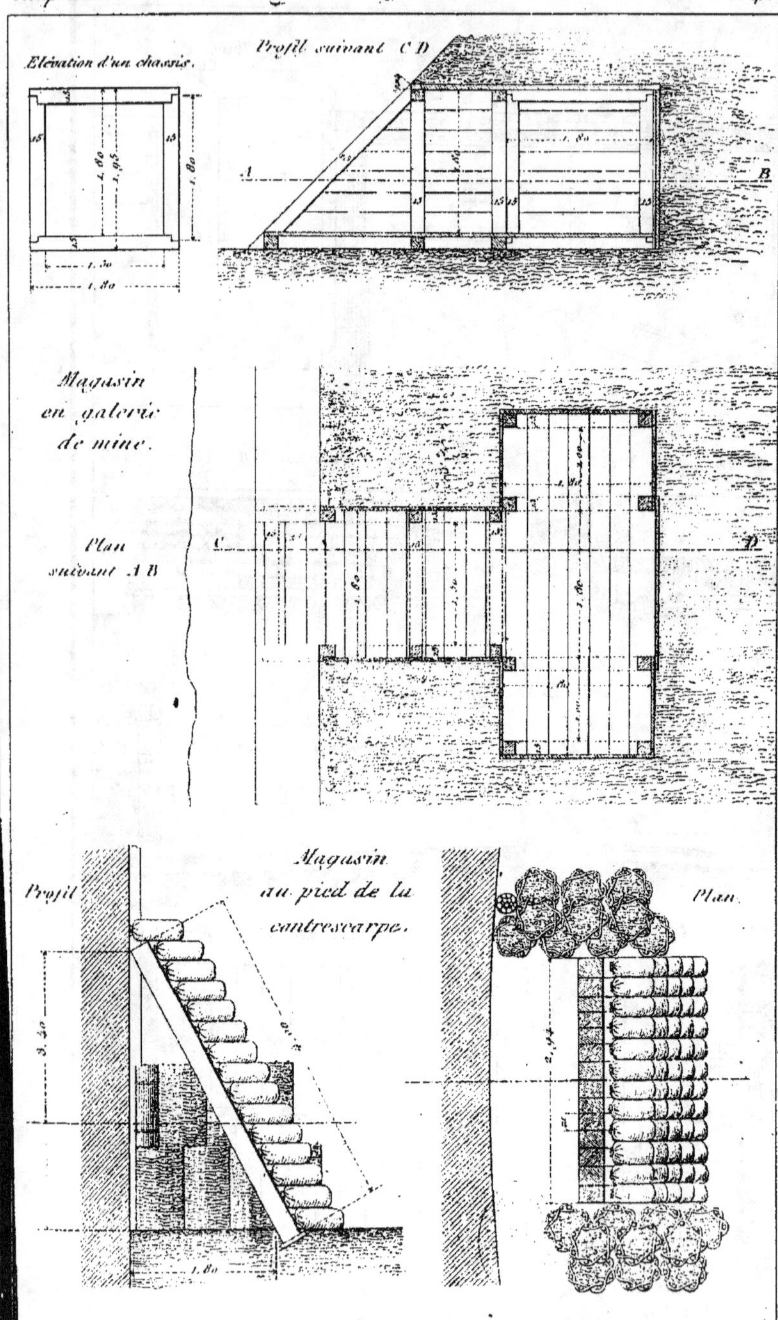
Élévation d'un chassis.
Profil suivant C D
Magasin en galerie de mine.
Plan suivant A B
Profil
Magasin au pied de la contrescarpe.
Plan

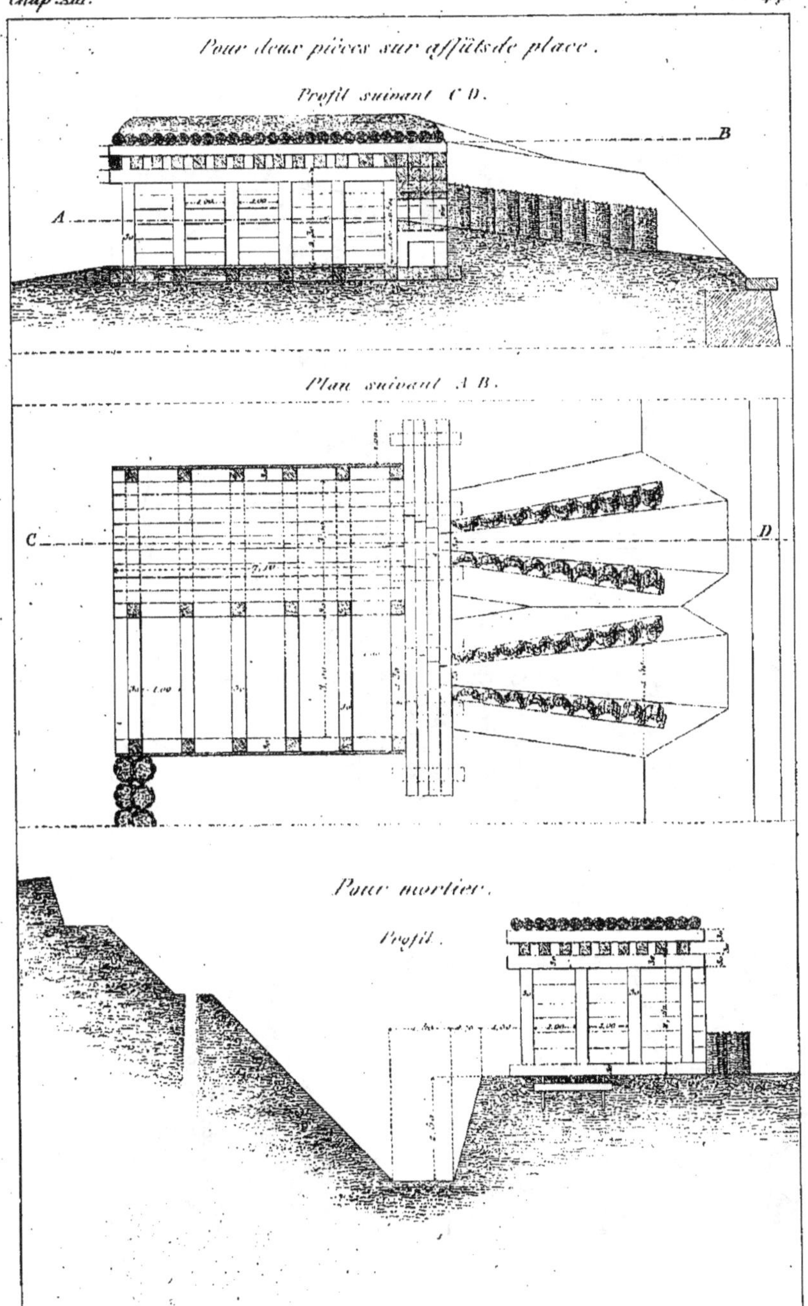
Pour deux pièces sur affûts de place.
Profil suivant C D.
A
B
Plan suivant A B.
C
D
Pour mortier.
Profil.

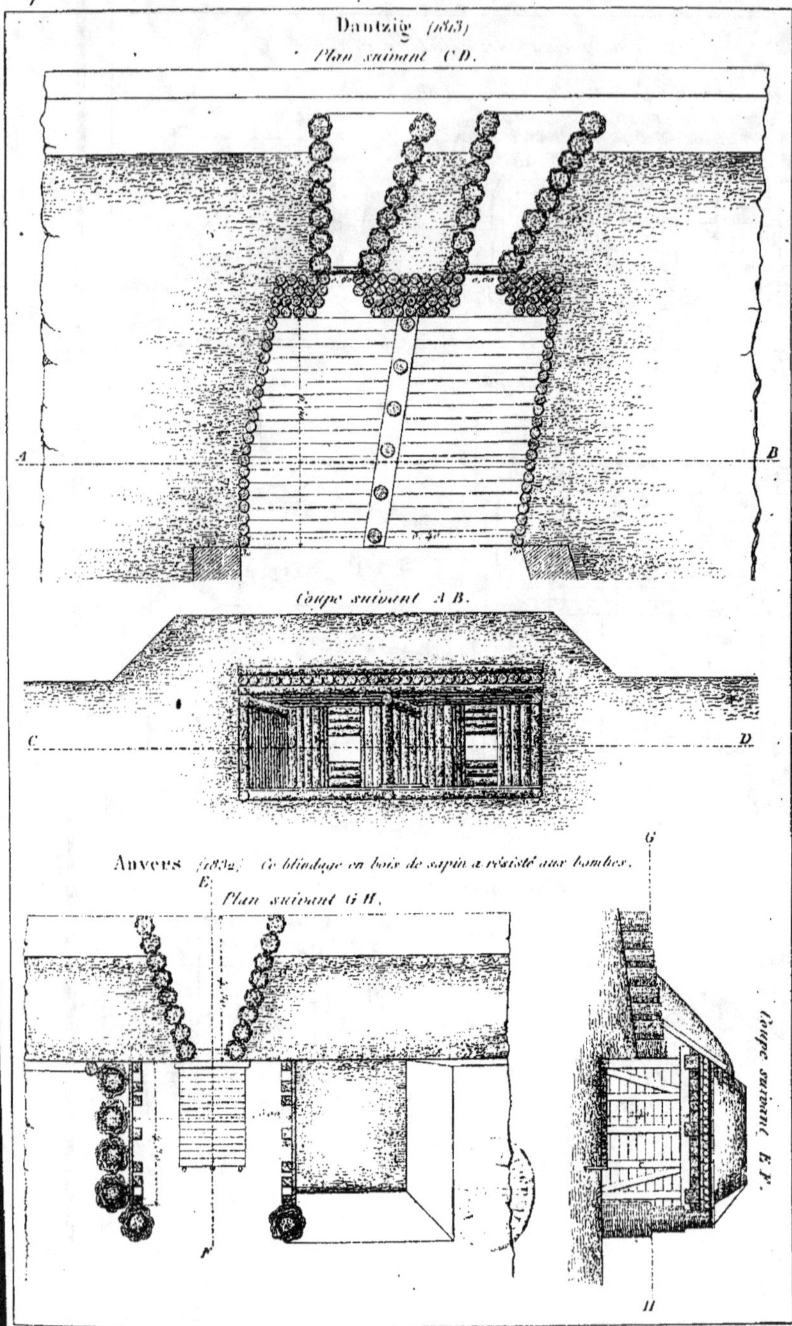
Dantzig (1813)
Plan suivant CD.
A
B
Coupe suivant AB.
C
D
Anvers (1832) Ce blindage en bois de sapin a résisté aux bombes.
G
E
Plan suivant GH.
F
Coupe suivant EF.
H

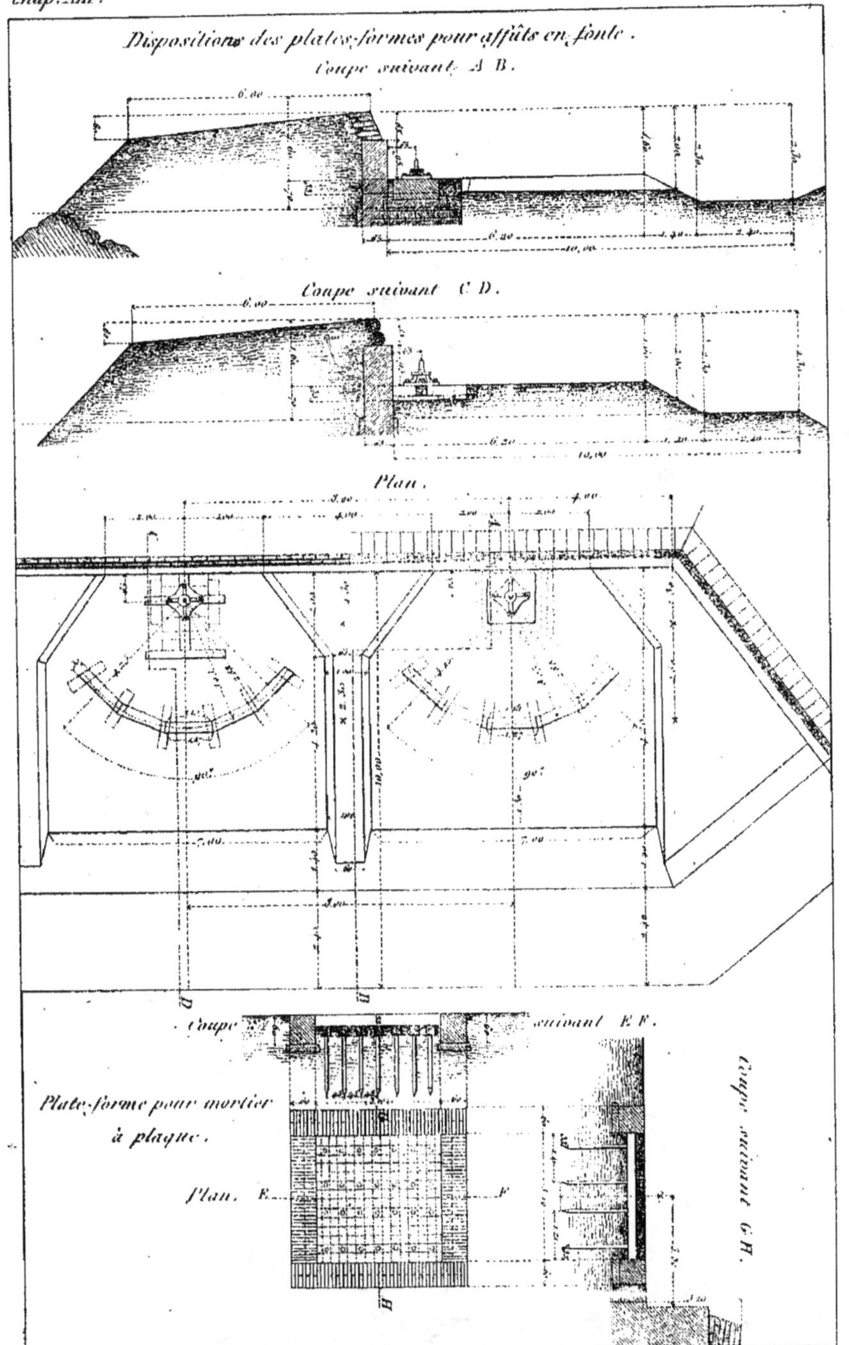
Dispositions des plates-formes pour affûts en fonte.
Coupe suivant A B.
Coupe suivant C D.
Plan.
Coupe suivant E F.
Plate-forme pour mortier à plaque.
Plan.
Coupe suivant G H.

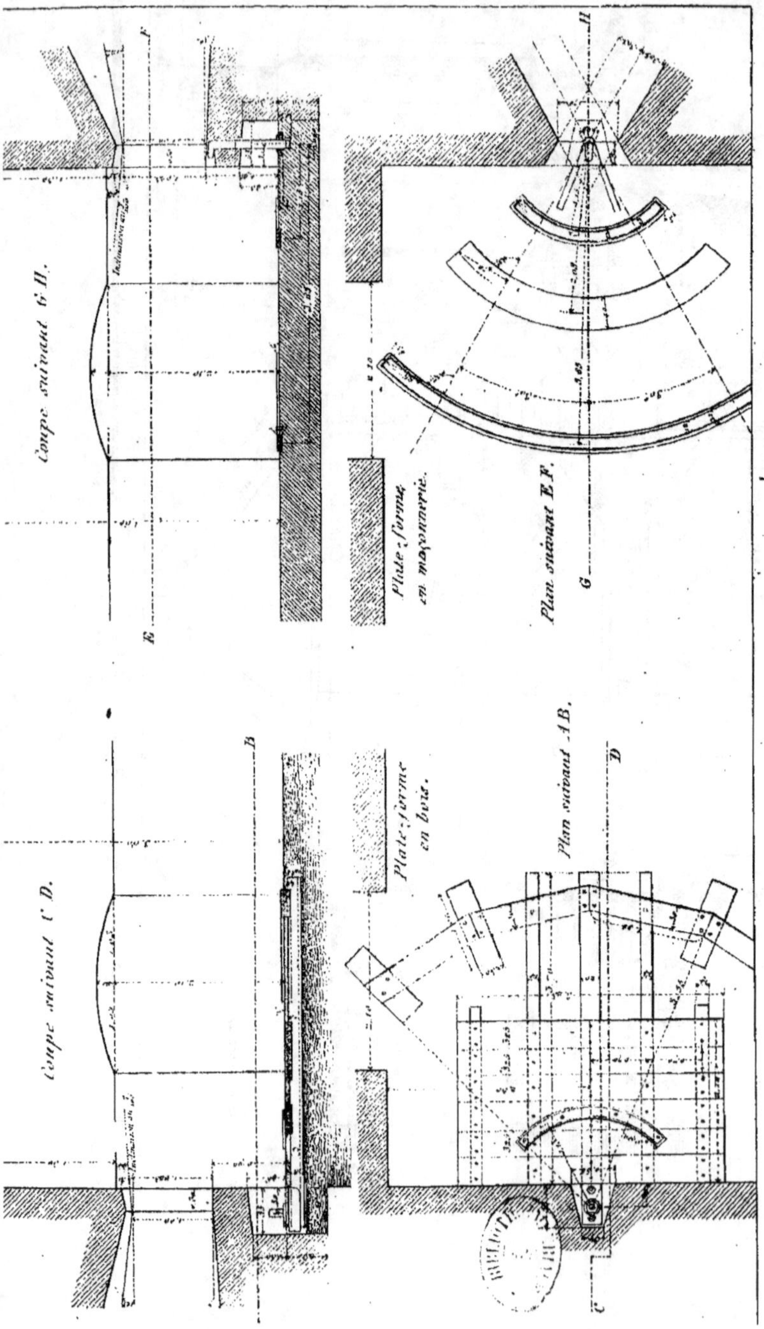

Coupe suivant G H.

Plate-forme en maçonnerie.

Plan suivant E F.

Coupe suivant C D.

Plate-forme en bois.

Plan suivant A B.

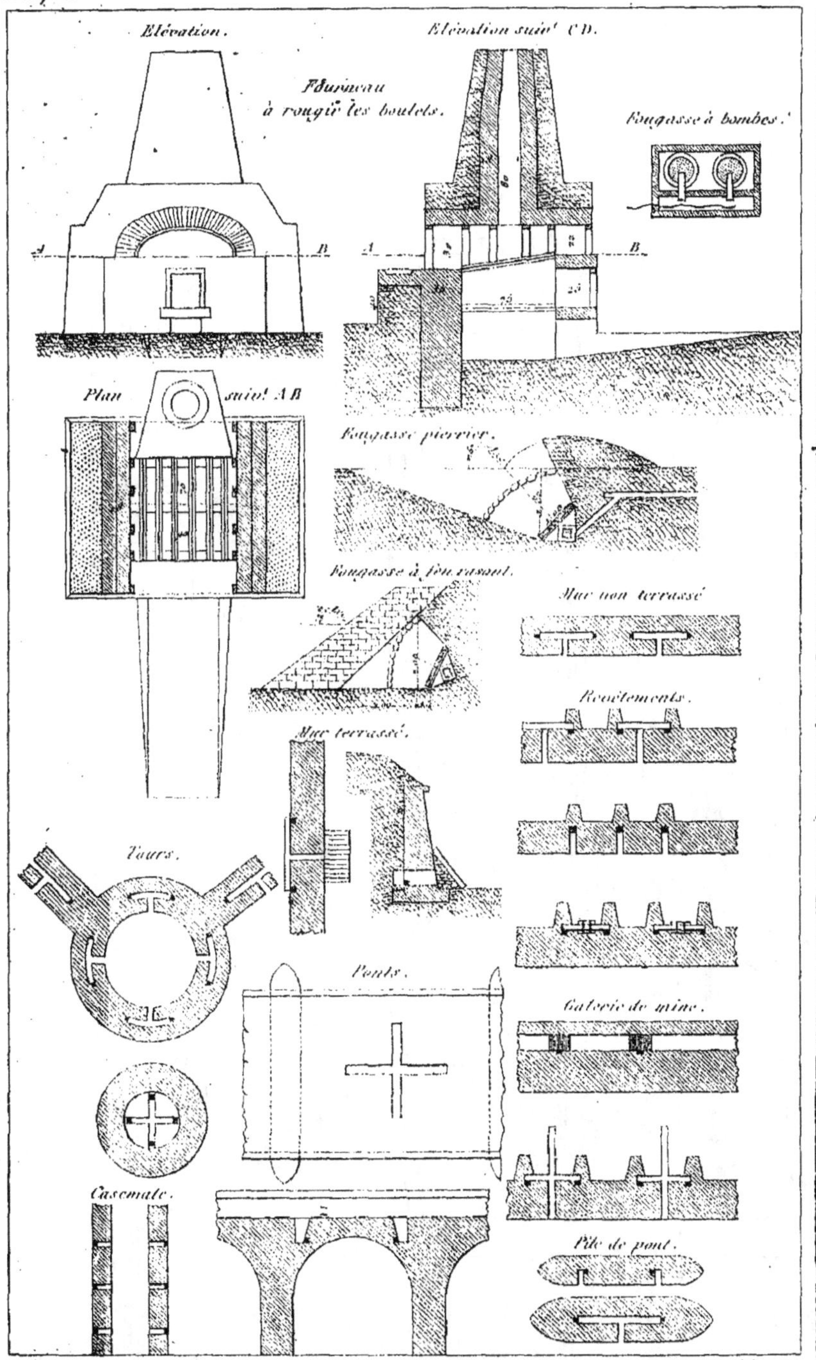
Elévation.
Elévation suivt CD.
Fourneau à rougir les boulets.
Fougasse à bombes.
Plan suivt AB
Fougasse pierrier.
Fougasse à feu rasant.
Mur non terrassé.
Revêtements.
Mur terrassé.
Tours.
Ponts.
Galerie de mine.
Casemate.
Pile de pont.

Extr. 33.

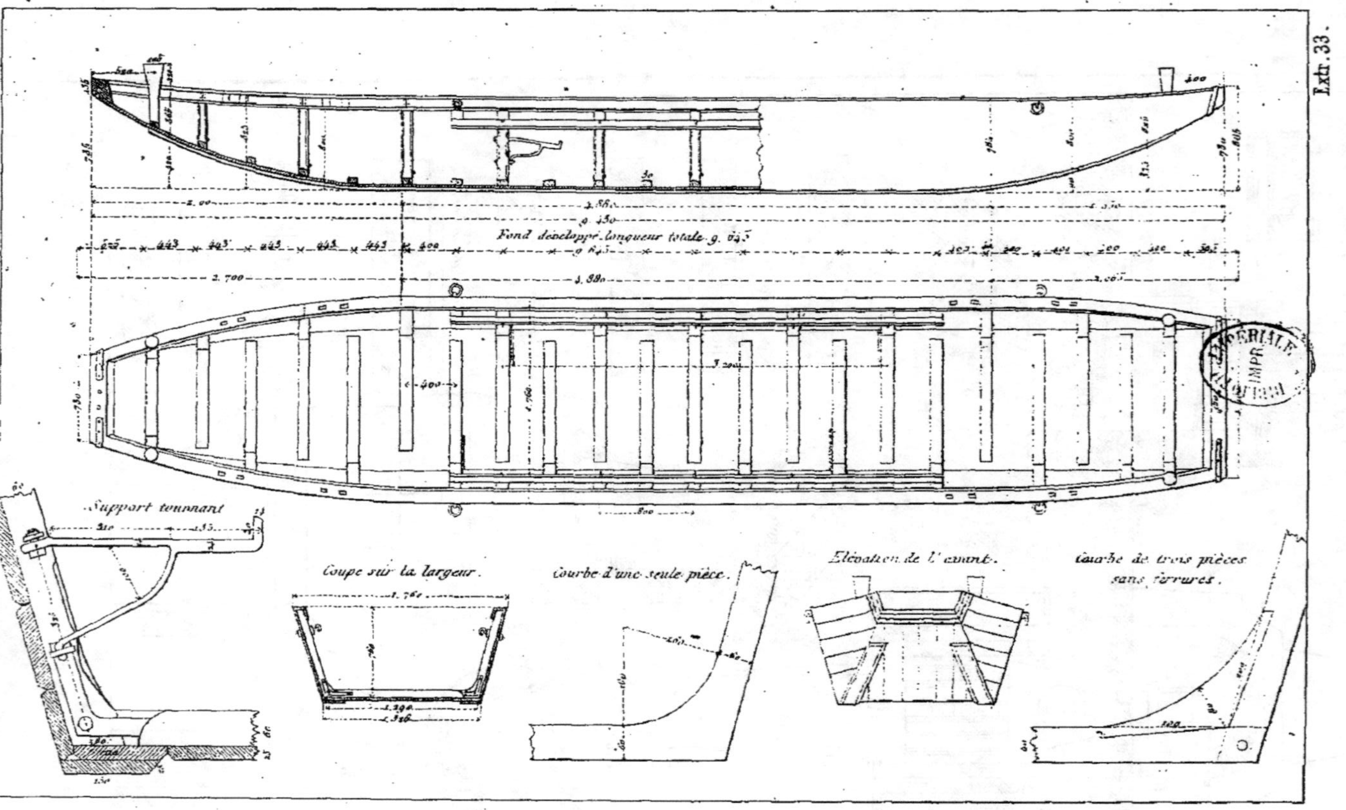

Fond développé longueur totale 9. 645
Support tournant
Coupe sur la largeur.
Courbe d'une seule pièce.
Élévation de l'avant.
Courbe de trois pièces
sans ferrures.

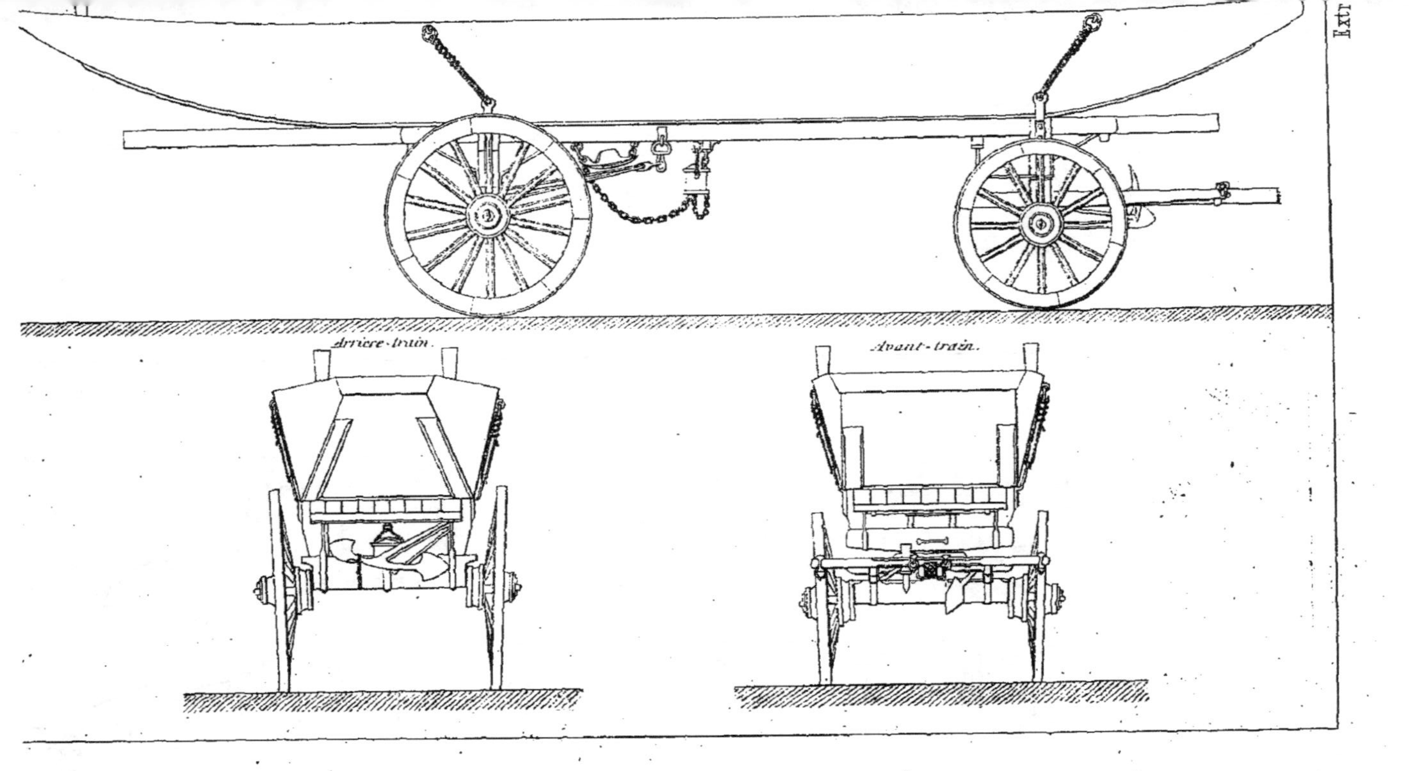
Arrière-train.
Avant-train.

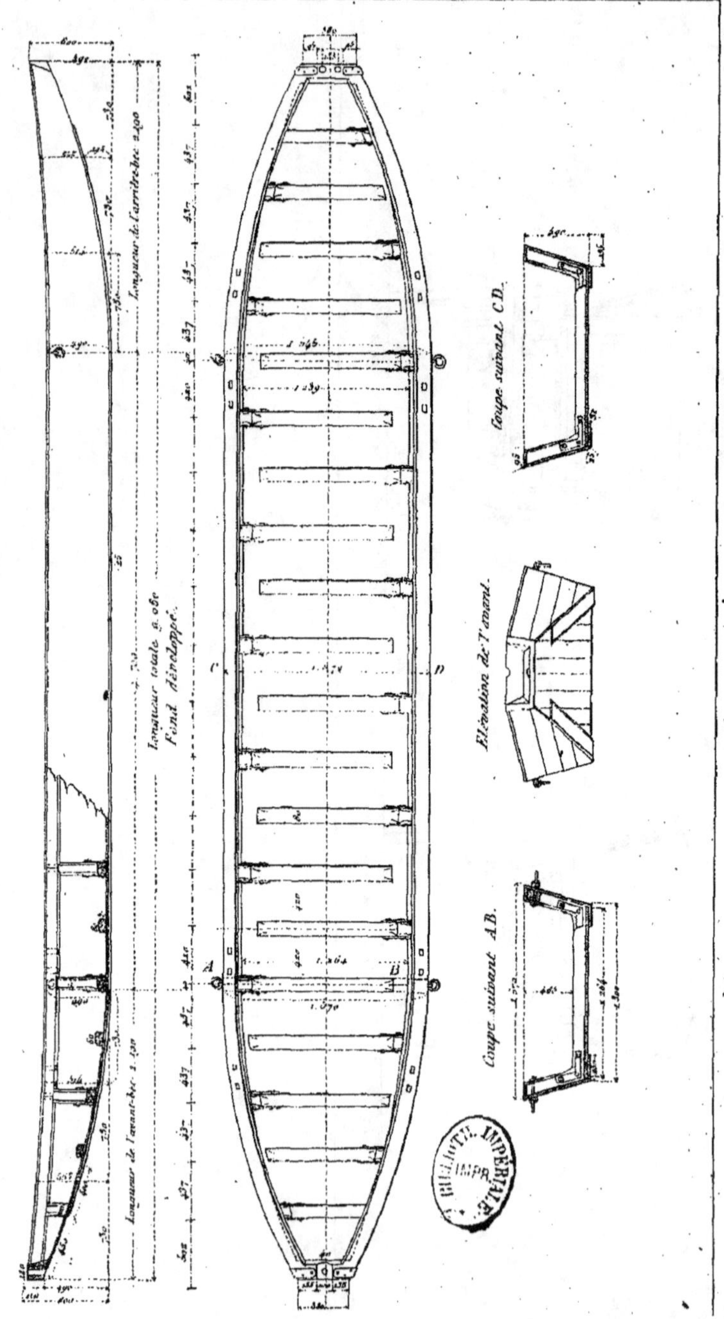
Coupe suivant C.D.
Elévation de l'avant.
Coupe suivant AB.
Longueur totale 9.080
Fond développé.
Longueur de l'arrière-bec 2.200
A
B
C
D

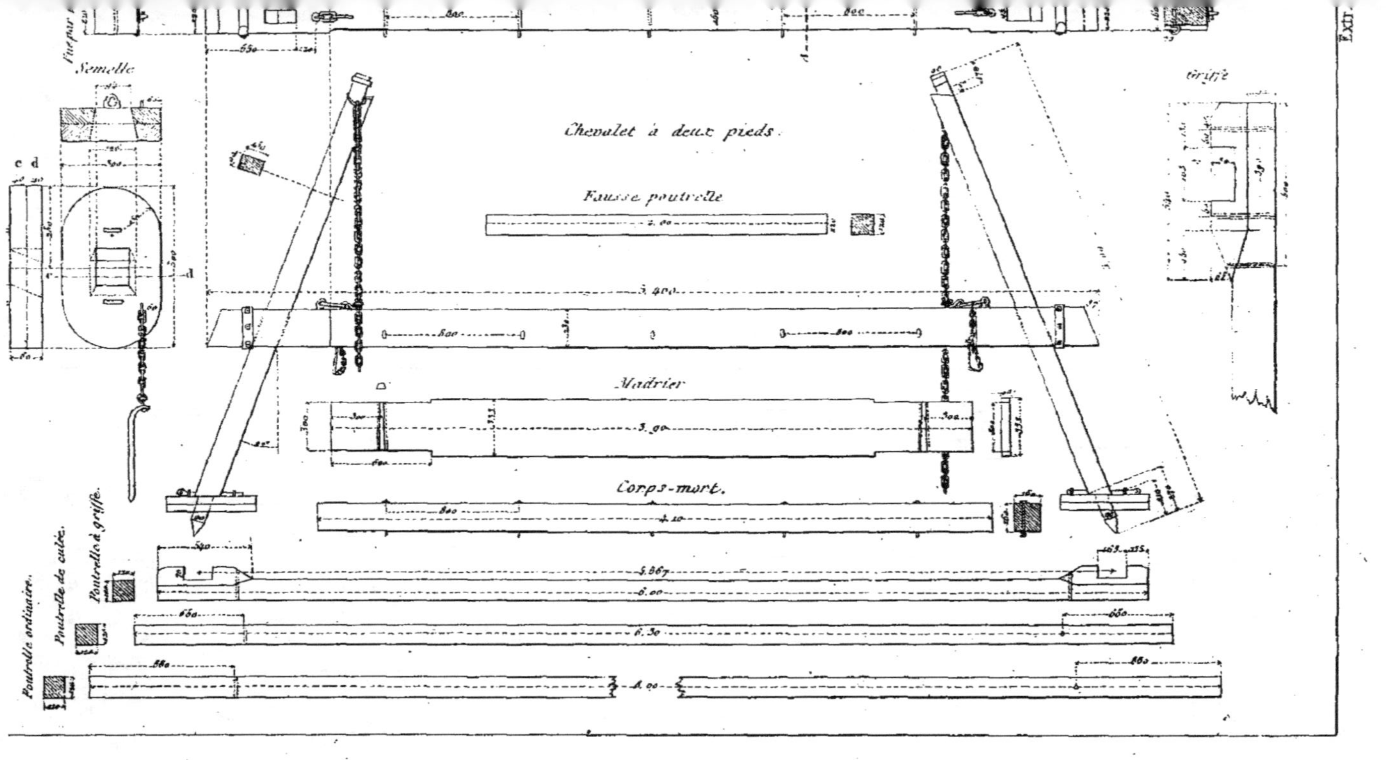
Chevalet à deux pieds.
Fausse poutrelle
Madrier
Corps-mort.
Semelle
Griffe
Poutrelle à griffe.
Poutrelle de culée.
Poutrelle ordinaire.
3.400
3.90
4.10
5.867
6.00
6.30
8.00

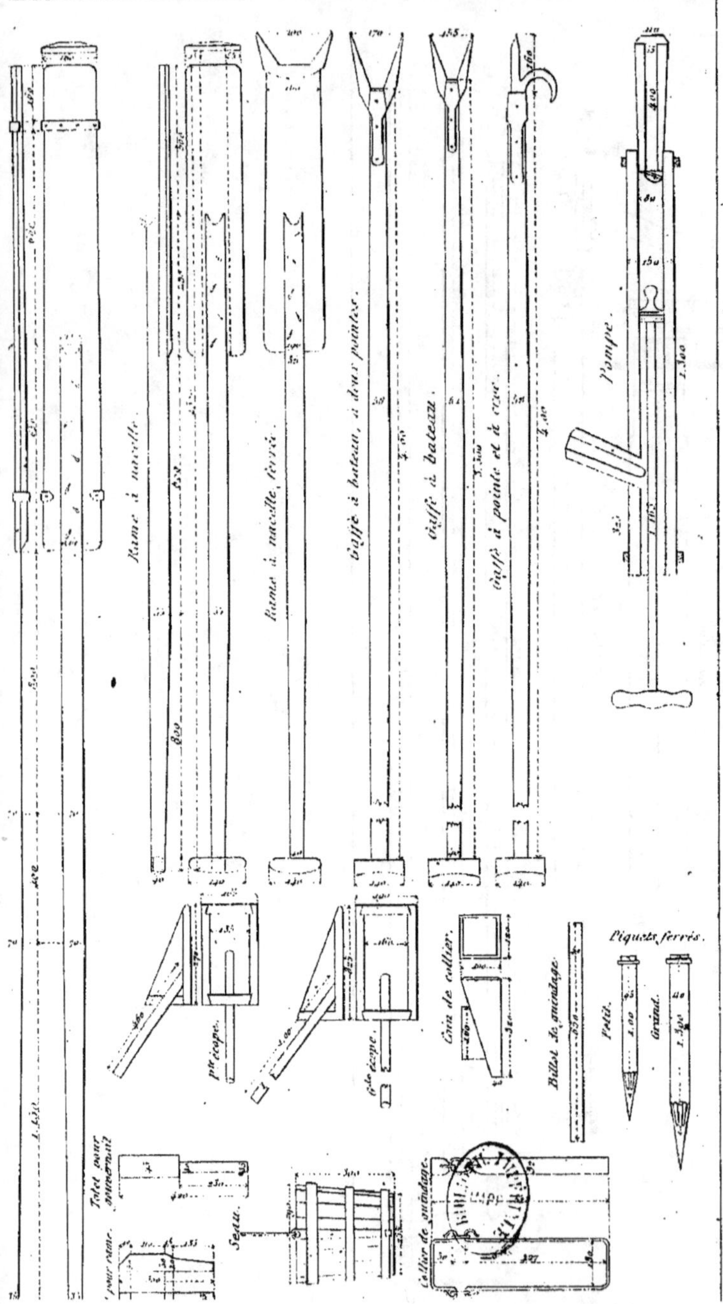
Rame à nacelle.
Rame à nacelle, ferrée.
Gaffe à bateau, à deux pointes.
Gaffe à bateau.
Gaffe à pointe et à croc.
Pompe.
Piquets ferrés.
Petit.
Grand.
Billot de guindage.
Coin de collier.
Pte écope.
Gde écope.
Seau.
Collier de guindage.

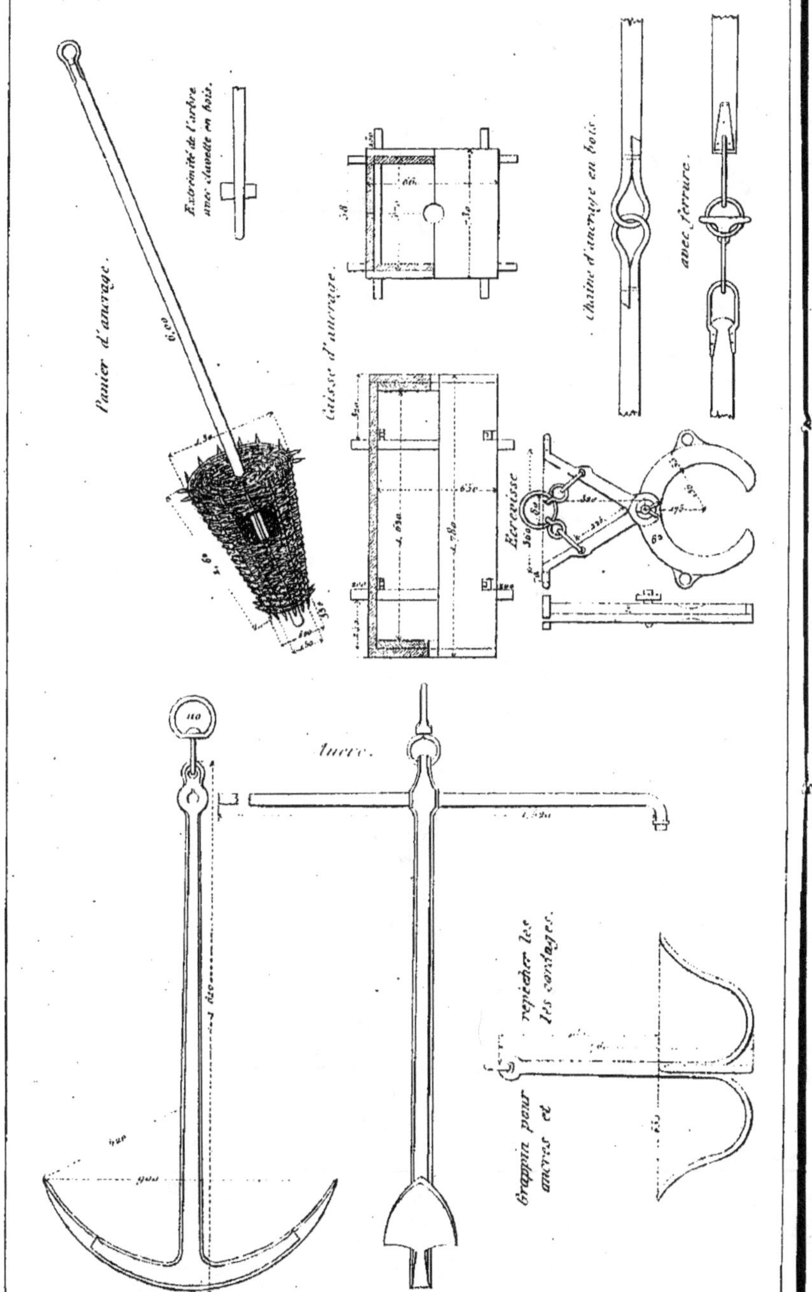
Panier d'ancrage.
Extrémité de l'arbre avec clavette en bois.
Caisse d'ancrage.
Chaîne d'ancrage en bois
avec ferrure.
Ecrevisse
Ancre.
Grappin pour repêcher les ancres et les cordages.

Redan.

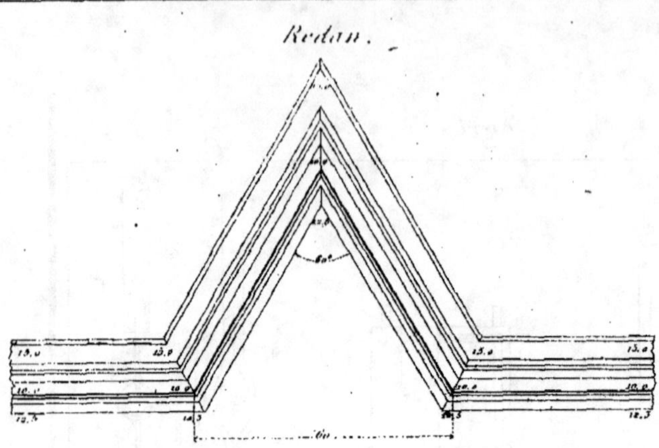

Profil capable de résister au Canon de 12.

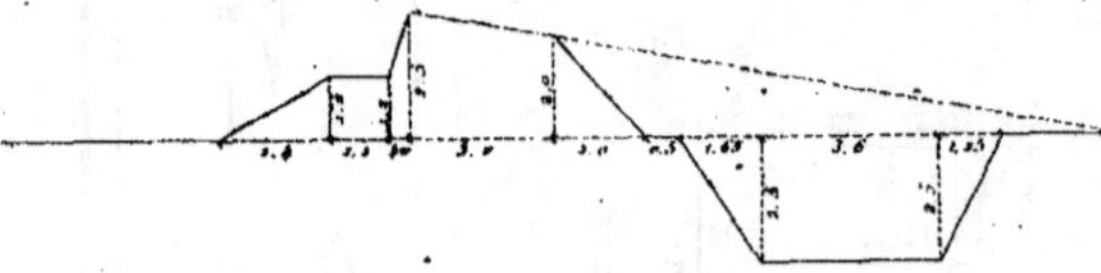

Lunette.

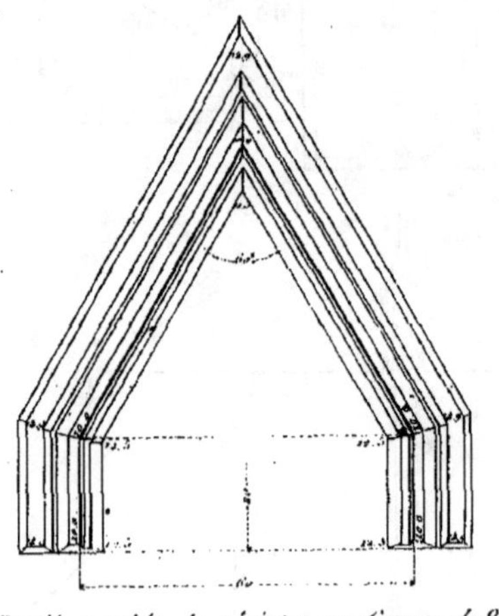

Profil capable de résister au Canon de 8.

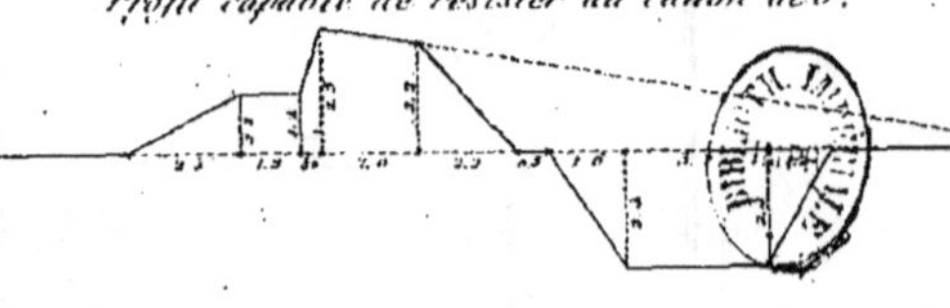

Redoute maximum pour 500 hommes.

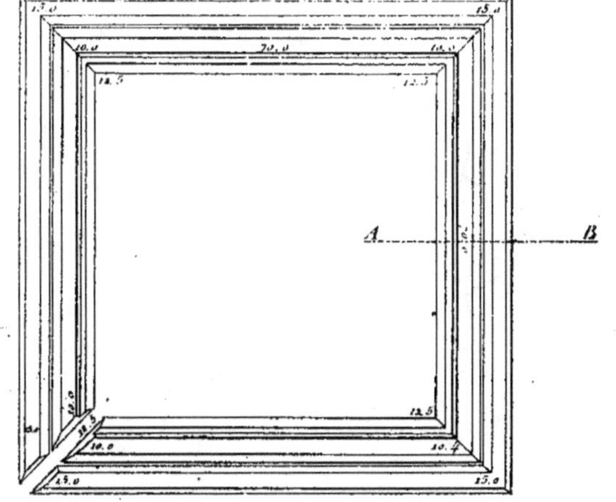

Coupe suivant A B

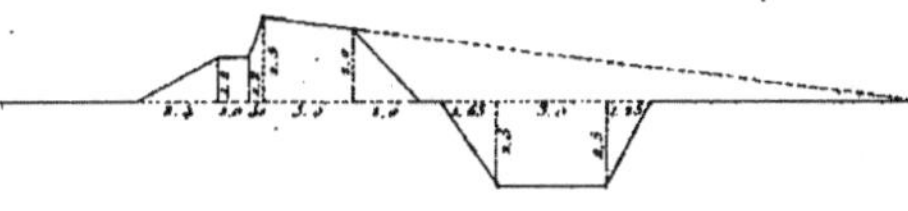

Fort bastionné.

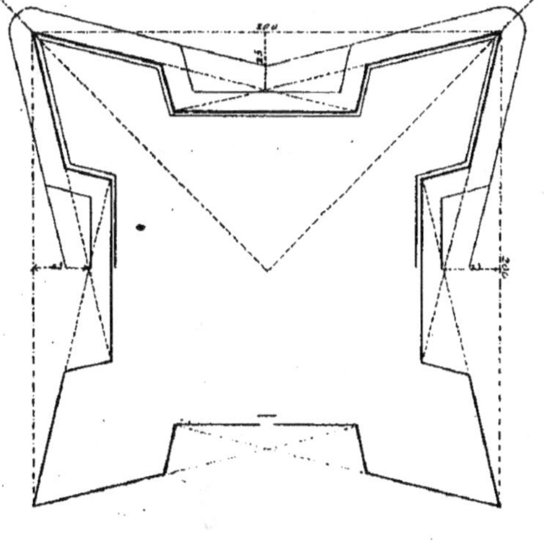

Fort étoilé (1er Système)

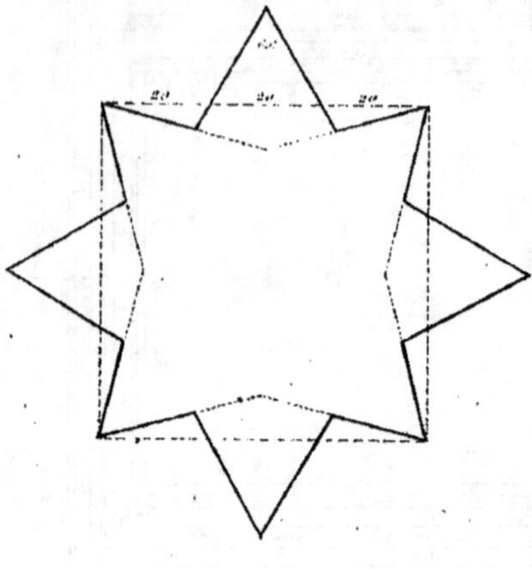

Face de Redoute à crémaillères.

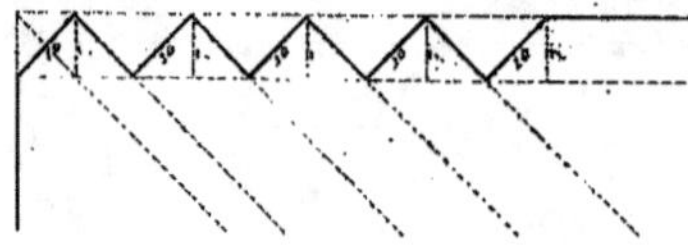

Fort étoilé (2e Système)

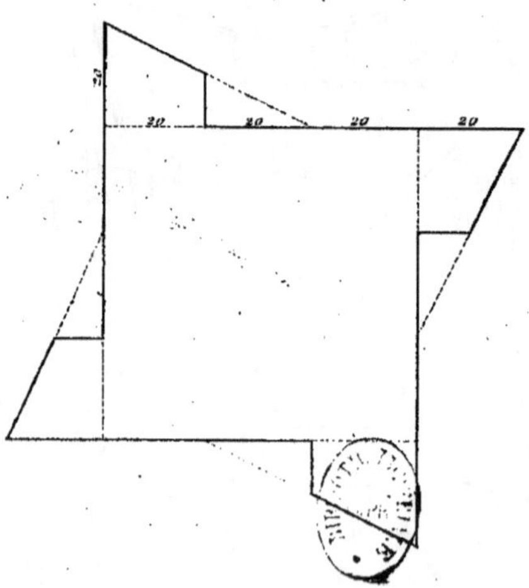

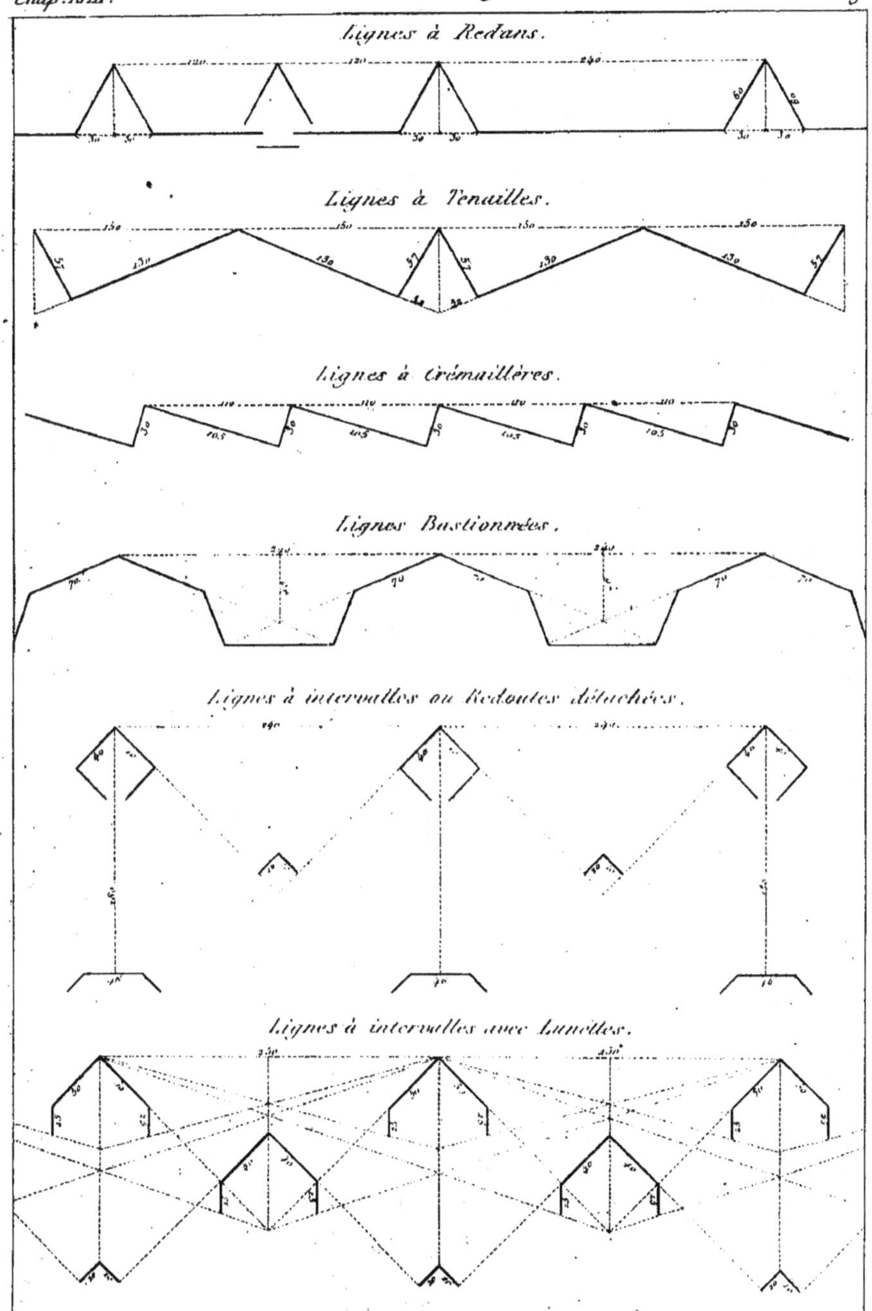
Lignes à Redans.
Lignes à Tenailles.
Lignes à Crémaillères.
Lignes Bastionnées.
Lignes à intervalles ou Redoutes détachées.
Lignes à intervalles avec Lunettes.

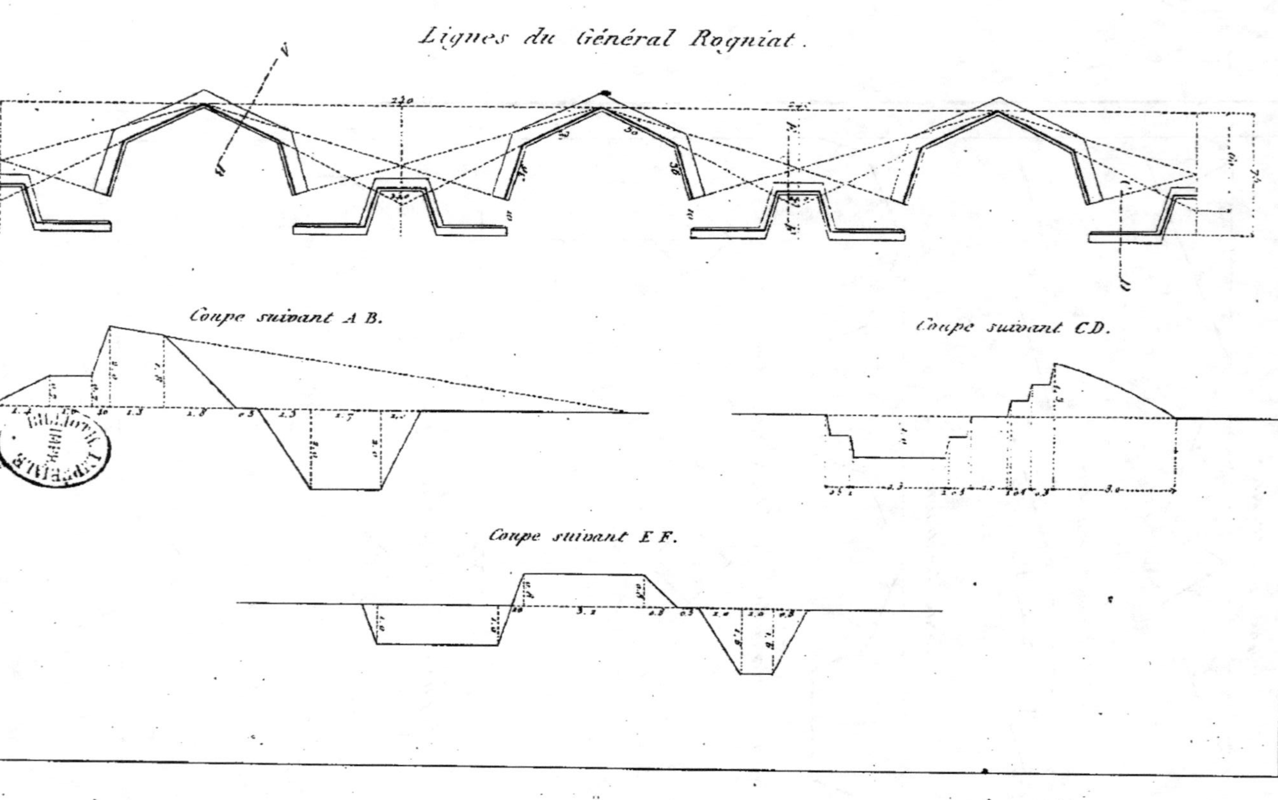
Lignes du Général Rogniat.
Coupe suivant A B.
Coupe suivant CD.
Coupe suivant E F.

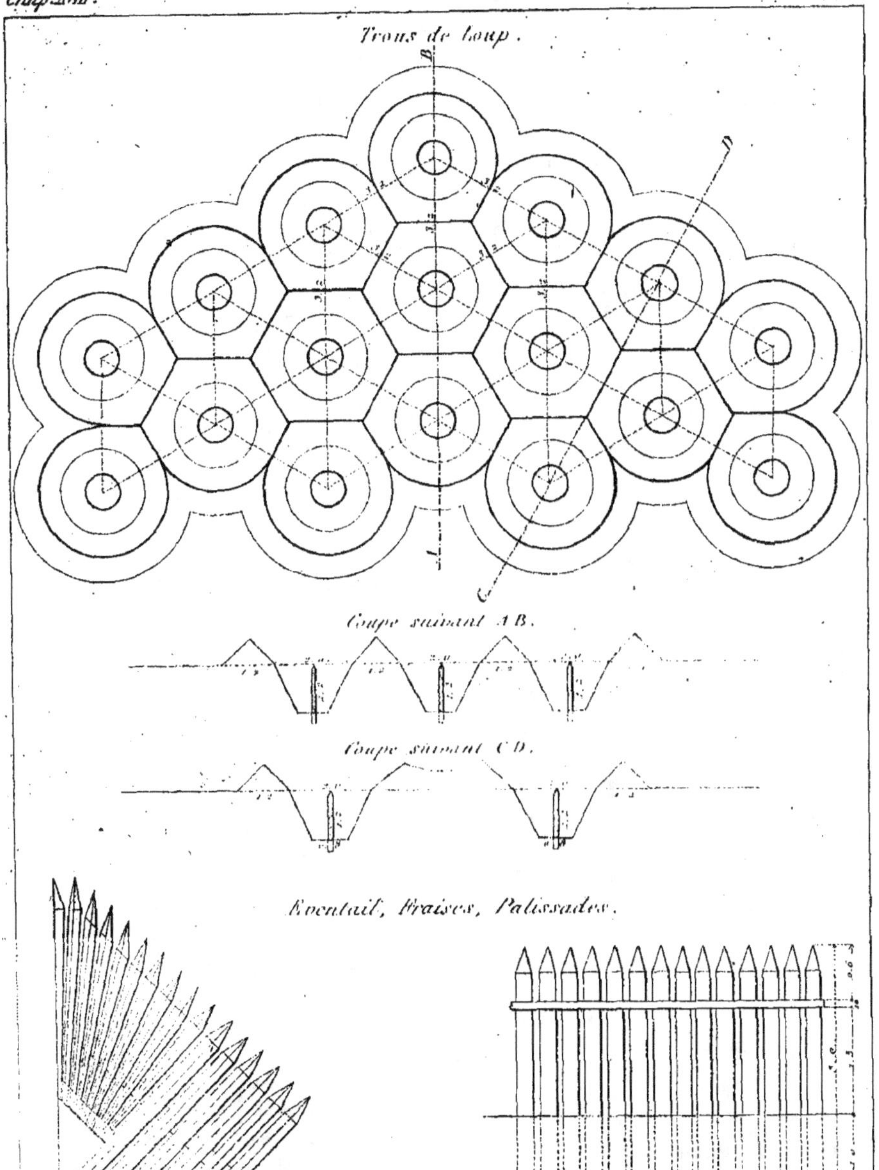

Trous de loup.

Coupe suivant A B.

Coupe suivant C D.

Eventail, Fraises, Palissades.

Chausse-trape.

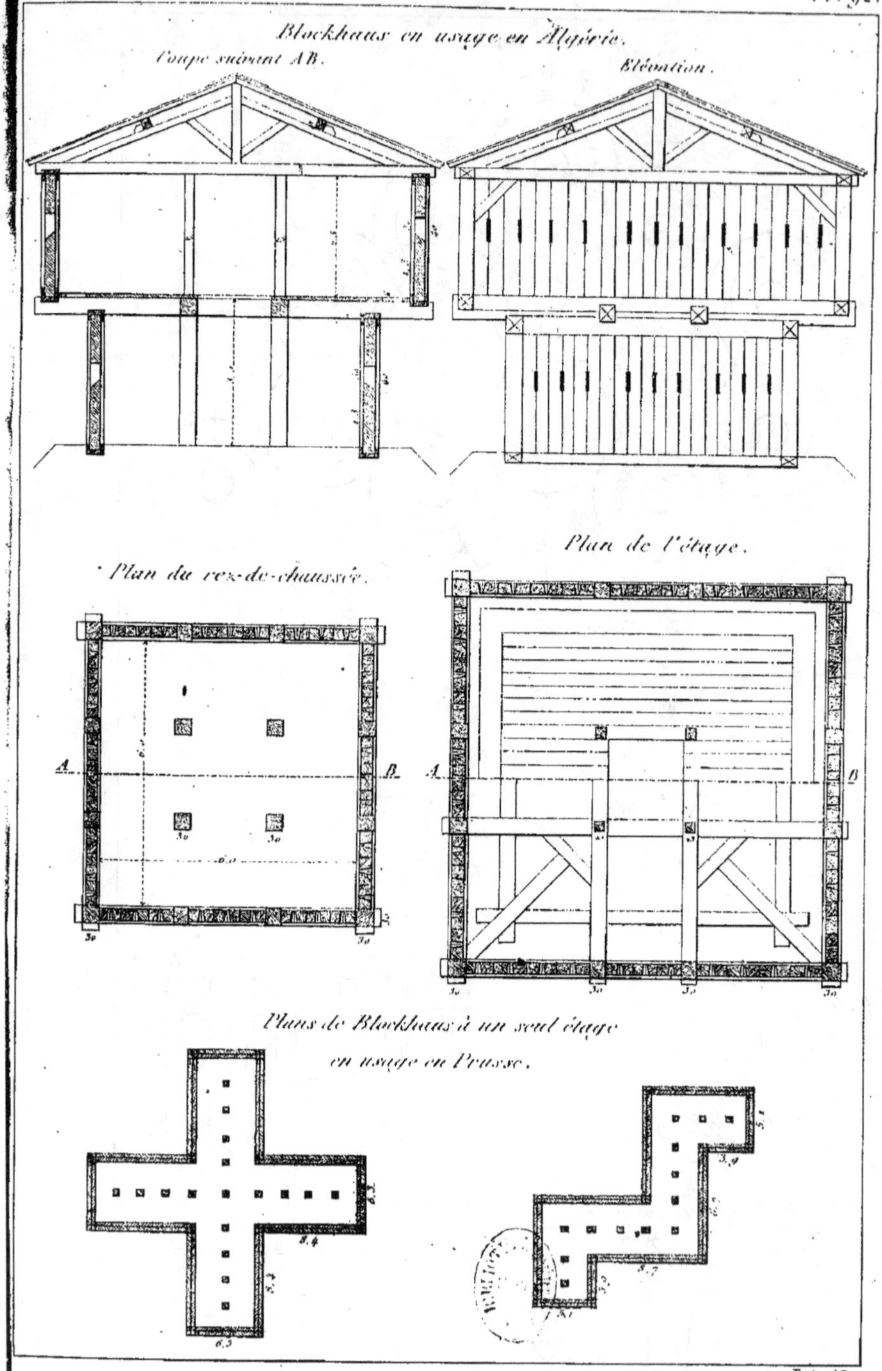

Blockhaus en usage en Algérie.

Coupe suivant AB.

Élévation.

Plan de l'étage.

Plan du rez-de-chaussée.

A B

A B

Plans de Blockhaus à un seul étage en usage en Prusse.

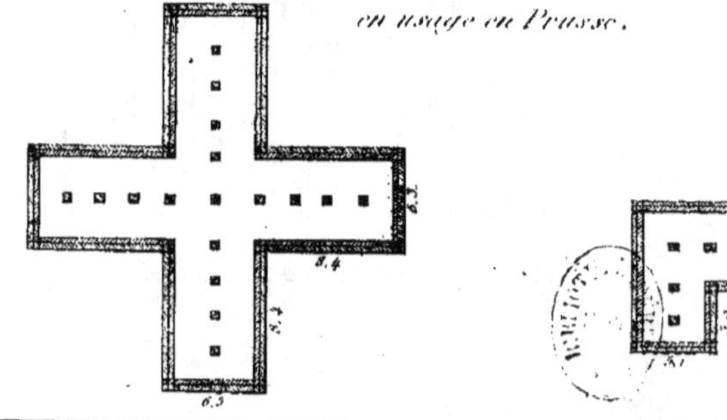

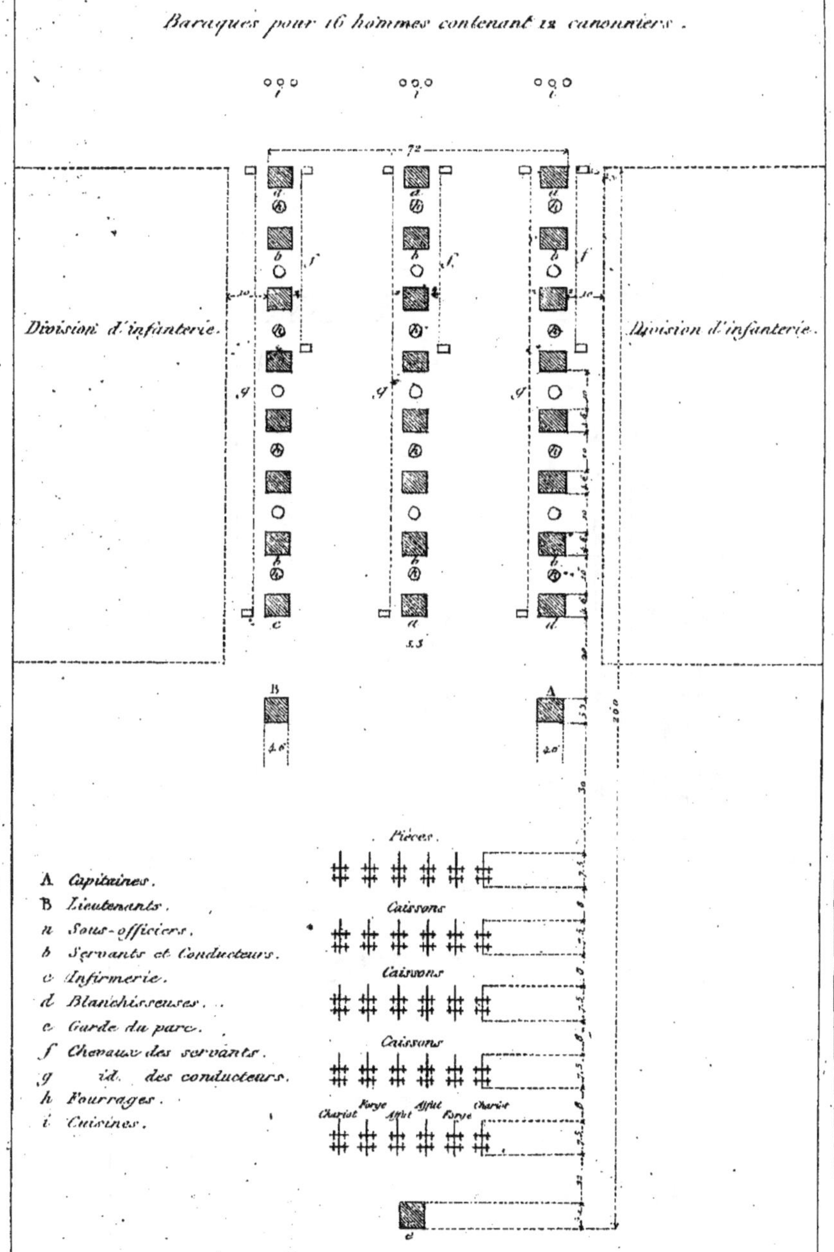

Baraques pour 16 hommes contenant 12 canonniers.

Division d'infanterie.

Division d'infanterie.

Pièces.

Caissons

Caissons

Caissons

Chariot Forge Affût Affût Forge Chariot

A Capitaines.
B Lieutenants.
n Sous-officiers.
b Servants et Conducteurs.
c Infirmerie.
d Blanchisseuses.
e Garde du parc.
f Chevaux des servants.
g id. des conducteurs.
h Fourrages.
i Cuisines.

Camp d'une batterie d'artillerie de montagne.
Tente-Abri pour 3 hommes.

A Capitaines.
B Lieutenants.
a Sous-officiers.
b Servants.
c Conducteurs.
d Munitions.
e Mulets.

EXTRAIT DU CATALOGUE GÉNÉRAL

de la Librairie militaire de Ve BERGER-LEVRAULT et FILS.

---

www.ingramcontent.com/pod-product-compliance
Lightning Source LLC
Chambersburg PA
CBHW071659300426
44115CB00010B/1255

* 9 7 8 2 0 1 3 5 0 8 1 2 4 *